LA
RESPONSABILIDAD CIVIL
POR
SERVICIOS DE INTERMEDIACIÓN
PRESTADOS POR
PLATAFORMAS DIGITALES

LA

RESPONSABILIDAD CIVIL

POR

SERVICIOS DE INTERMEDIACIÓN

PRESTADOS POR

PLATAFORMAS DIGITALES

Dirección

Hernández Sainz, Esther

Mate Satué, Loreto Carmen

Alonso Pérez, María Teresa

COLEX 2023

Grupo de Investigación GOBIERNO DE ARAGÓN

LegMiBIO

Proyecto PID2020-115352GB-I00 financiado por

GOBIERNO DE ESPAÑA
MINISTERIO DE CIENCIA E INNOVACIÓN

AGENCIA ESTATAL DE INVESTIGACIÓN

Calle Costa Rica, número 5, 3.º B (local comercial)
A Coruña, C.P. 15004
info@colex.es
www.colex.es

I.S.B.N.: 978-84-1359-881-9
Depósito legal: C 896-2023

SUMARIO

LA DMA: ¿UN NUEVO REGLAMENTO PARA —O CONTRA— LOS MERCADOS DIGITALES EN LA UE?

Fernando Díez Estella

MECANISMOS DE APLICACIÓN DEL REGLAMENTO DE MERCADOS DIGITALES, SU APLICACIÓN PRIVADA Y RESPONSABILIDAD CIVIL DE LOS GUARDIANES DE ACCESO: UNA PRIMERA APROXIMACIÓN

Pedro-José Bueso Guillén

LA RESPONSABILIDAD DE LAS PLATAFORMAS DE INTERMEDIACIÓN CONTRACTUAL EN LÍNEA: DE LA DIRECTIVA DE COMERCIO ELECTRÓNICO AL REGLAMENTO DE SERVICIOS DIGITALES

Loreto Carmen Mate Satué

PLATAFORMAS EN LÍNEA Y DECISIONES SOBRE CONTENIDOS: EL SISTEMA INTERNO DE RECLAMACIÓN Y LA RESOLUCIÓN EXTRAJUDICIAL DE LITIGIOS COMO VÍAS DE IMPUGNACIÓN REGULADAS EN LA LEY DE SERVICIOS DIGITALES

Patricia Llopis Nadal

APUNTES CRÍTICOS SOBRE EL MODELO REGULATORIO EUROPEO DE LA RESPONSABILIDAD DEL PRESTADOR DE SERVICIOS PARA COMPARTIR CONTENIDOS EN LÍNEA: ENIGMA JURÍDICO EN EL *DIGITAL SERVICES PACKAGE*

Sara Martín Salamanca

PROPIEDAD INTELECTUAL, FILTRADO AUTOMATIZADO DE CONTENIDOS Y DERECHOS FUNDAMENTALES DE LOS USUARIOS DE LAS PLATAFORMAS EN LÍNEA

Julián López Richart

EL CONOCIMIENTO EFECTIVO EN LA JURISPRUDENCIA DEL TRIBUNAL SUPREMO: ¿HACIA UNA OBLIGACIÓN GENERAL DE SUPERVISIÓN?

Laura Herrerías Castro

LA RESPONSABILIDAD CIVIL DE LAS PLATAFORMAS DE DONACIÓN PARTICIPATIVA POR LA FALTA DE EJECUCIÓN DEL PROYECTO (*CROWDFUNDING*-DONACIÓN)

María Teresa Alonso Pérez

PRÉSTAMOS EN MASA O *CROWDLENDING* Y RESPONSABILIDAD DEL OPERADOR DE LA PLATAFORMA

Matilde Cuena Casas

RESPONSABILIDAD CIVIL DEL PSFP EN CASO DE OMISIONES, INEXACTITUDES O FALSEDADES EN LA FICHA DE DATOS FUNDAMENTALES DE LA INVERSIÓN FACILITADA AL INVERSOR EN LAS OPERACIONES DE CAPTACIÓN DE CAPITAL A TRAVÉS DE UNA PLATAFORMA DE FINANCIACIÓN PARTICIPATIVA (*EQUITY CROWDFUNDING*)

Esther Hernández Sainz

EVALUACIÓN DEL RIESGO Y RESPONSABILIDAD DE LAS PLATAFORMAS DE FINANCIACIÓN PARTICIPATIVA

Jordi Marcè Calzada

ABREVIATURAS

AA.VV.	Autores varios
ABE	Autoridad Bancaria Europea
AEVM	Autoridad Europea de Valores y Mercados
ANC	Autoridades Nacionales de la Competencia
AP	Audiencia Provincial
art./arts.	artículo/artículos
B2B	Business to Business
B2C	Business to Consumer
BOE	Boletín Oficial del Estado
CC	Código Civil
Cdo./s.	Considerando/s
CNMC	Comisión Nacional de Mercados y la Competencia
CNMV	Comisión Nacional del Mercado de Valores
C2C	Consumer to Consumer
CIRBE	Central de Información de Riesgos del Banco de España
cit.	citado
Coord./s.	Coordinador/ores
DCC	Directiva 2008/48/CE del Parlamento Europeo y del Consejo, de 23 de abril de 2008, relativa a los contratos de crédito al consumo y por la que se deroga la Directiva 87/102/CEE del Consejo
DCE	Directiva 2000/31/CE, de 8 de junio de 2000, relativa a determinados aspectos jurídicos de los servicios de la sociedad de la información, en particular el comercio electrónico en el mercado interior (en adelante, DCE)
DDAMUD /DMUD	Directiva (UE) 2019/790 sobre derechos de autor en el mercado único digital
Dir./s.	Director/es
DMA	Digital Markets Act (Reglamento UE 2022/1925 del Parlamento Europeo y del Consejo de 14 de septiembre de 2022 sobre mercados disputables y equitativos en el sector digital y por el que se modifican las Directivas UE 2019/1937 y UE 2020/1828)
DOUE	Diario Oficial de la Unión Europea

DSA	Digital Services Act (Reglamento UE 2022/2065 del Parlamento Europeo y del Consejo de 19 de octubre de 2022 relativo a un mercado único de servicios digitales y por el que se modifica la Directiva 2000/31/CE)
ECN	Red Europea de Competencia
ed.	editor
ELI	European Law Institut
ESMA	European Securities and Markets Authority
FJ	Fundamento Jurídico
IFPI	Federación Internacional de la Industria Fonográfica
JPI	Juzgado de Primera Instancia
LCDes	Ley 3/1991, de 10 de enero, de competencia desleal
LDC	Ley 15/2007, de 3 de julio, de Defensa de la competencia
LEC	Ley 1/2000, de 7 de enero, de Enjuiciamiento Civil
LCCE	Ley 18/2022, de 28 de septiembre, de creación y crecimiento de empresas
LCCC	Ley 16/2011, de 24 de junio, de contratos de crédito al consumo
LCGC	Ley 7/1998, de 13 de abril, sobre condiciones generales de la contratación
LFFE	Ley 5/2015, de 27 de abril, de Fomento de la Financiación Empresarial
LOPD	Ley Orgánica 3/2018, de 5 de diciembre, de Protección de Datos Personales y garantía de los derechos digitales
LSD	Ley de Servicios Digitales (Reglamento (UE) 2022/2065 del Parlamento Europeo y del Consejo de 19 de octubre de 2022 relativo a un mercado único de servicios digitales y por el que se modifica la Directiva 2000/31/CE)
LSSI	Ley 22/2007, de 11 de julio, sobre comercialización a distancia de servicios financieros destinados a los consumidores
n.º	Número
ONG	Organización No Gubernamental
OPS	Oferta Pública de Suscripción
OPV	Oferta Pública de Venta
p./pp.	página/páginas
PDCC	Directiva del Parlamento Europeo y del Consejo relativa a los créditos al consumo (COM(2021)0347
PFP	Plataforma de financiación participativa
PSCL	Prestadores de servicios en línea
PSFP	Proveedor europeo de servicios de financiación participativa
PYME	Pequeña y Mediana Empresa

P2P	Peer to Peer
RD	Real Decreto
RGPD	Reglamento (UE) 2016/679 del Parlamento Europeo y del Consejo, de 27 de abril de 2016, relativo a la protección de las personas físicas en lo que respecta al tratamiento de datos personales y a la libre circulación de estos datos y por el que se deroga la Directiva 95/46/CE
Rgto. P2B	Reglamento (UE) 2019/1150 del Parlamento Europeo y del Consejo, de 20 de junio de 2019, sobre el fomento de la equidad y la transparencia para los usuarios profesionales de servicios de intermediación en línea
RPESFP	Reglamento (UE) 2020/1503 del Parlamento Europeo y del Consejo de 7 de octubre de 2020 relativo a los proveedores europeos de servicios de financiación participativa para empresas, y por el que se modifican el Reglamento (UE) 2017/1129 y la Directiva (UE) 2019/1937
RMD	Reglamento UE 2022/1925 del Parlamento Europeo y del Consejo de 14 de septiembre de 2022 sobre mercados disputables y equitativos en el sector digital y por el que se modifican las Directivas UE 2019/1937 y UE 2020/1828
RSD	Reglamento (UE) 2022/2065 del Parlamento Europeo y del Consejo de 19 de octubre de 2022 relativo a un mercado único de servicios digitales y por el que se modifica la Directiva 2000/31/CE
SA	Sociedad anónima
SAP	Sentencia de Audiencia Provincial
sec.	sección
SL	Sociedad limitada
STJUE	Sentencia del Tribunal de Justicia de la Unión Europea
STS	Sentencia del Tribunal Supremo
TEDH	Tribunal Europeo de Derechos Humanos
TFUE	Tratado de Funcionamiento de la Unión Europea
TIC	Tecnologías de la Información y la Comunicación
TRLC	Real Decreto Legislativo 1/2020, de 5 de mayo, por el que se aprueba el texto refundido de la Ley Concursal
TRLGDCU	Real Decreto Legislativo 1/2007, de 16 de noviembre, por el que se aprueba el texto refundido de la Ley General para la Defensa de los Consumidores y Usuarios y otras leyes complementarias
TJUE	Tribunal de Justicia de la Unión Europea
TS	Tribunal Supremo
UE	Unión Europea
vid.	véase
vol.	volumen

INTRODUCCIÓN

Este libro recoge las ponencias y comunicaciones presentadas al Congreso titulado «Servicios de intermediación contractual prestados por plataformas digitales y responsabilidad civil» que se celebró en la Facultad de Derecho de la Universidad de Zaragoza los días 20 y 21 de octubre del año 2022. Dicho Congreso y este libro que ahora se publica son fruto de la colaboración que, desde hace tiempo y sobre temas de investigación comunes, vienen desarrollando el grupo de investigación LegMIBIO de la Universidad de Zaragoza —financiado por el Gobierno de Aragón— y el Proyecto de investigación PID2020-115352GB-I00 titulado «Daños en el entorno digital: Nuevos desafíos en torno a su reparación» gestionado desde la Universidad Carlos III de Madrid, de manera que miembros de uno y otro equipo han intervenido en su realización además de otros ponentes expertos en las materias que aquí se abordan. Como digo no es esta la primera colaboración entre estos dos grupos de investigación, puesto que en el año 2020 ya publicamos otro libro colectivo desarrollado conjuntamente y titulado *Servicios digitales, condiciones generales y transparencia* (coord. por María Teresa Alonso Pérez y Esther Hernández Sáinz), que prologó la profesora María José Santos Morón.

Como puede comprobarse, los dos grupos de investigación hemos coincidido en el estudio de aspectos jurídicos que guardan relación con lo que se ha dado en llamar la Revolución Digital. El fenómeno representa un desafíoapasionante para los científicos del Derecho en la medida en que se trata de abordar un cambio social y económico en plena efervescencia y que, además, ha adquirido dimensiones impensables hace pocos años. Esta nueva realidad que vemos evolucionar vertiginosamente afecta a todos los sectores jurídicos y, desde luego, el Ordenamiento no está preparado para encajarlo en sus estructuras que responden a principios que toman en consideración realidades sociales y económicas bien distintas y no conformadas en torno a la tecnología digital. De ahí la importancia de analizar su desarrollo, detectar los problemas que se van generando y prever los que pueden plantearse en el futuro para ofrecer soluciones adecuadas, bien sea en el marco del Derecho vigente, bien proponiendo nuevas normas. Asimismo, se debe analizar, desde una perspectiva crítica, la normativa existente y la que se va proponiendo para regular los problemas jurídicos que se generan con el desarrollo de la tecnología digital para ver si, efectivamente, se atienden convenientemente los diferentes intereses en juego.

Nos encontramos en una fase incipiente del tratamiento científico-jurídico de estas materias. La dificultad de análisis del fenómeno, desde una perspectiva estrictamente jurídica, viene dada porque, por un lado, hay una excesiva generalización en el tratamiento de los diferentes problemas que se aprecia no sólo en ciertas actividades científicas como Congresos y publicaciones, sino que, incluso, puede percibirse en la legislación; por otro lado, es difícil encontrar recursos, incluso conceptuales, que nos ayuden a reflexionar sobre los distintos problemas.

La falta de asideros conceptuales es evidente de modo que el discurso a desarrollar, en pos del planteamiento de los problemas, su análisis y la búsqueda de soluciones, no surge fluidamente en ningún caso. Para dar muestras de la complejidad es suficiente con aludir a la idea de que la contratación tal y como está regulada en el Código civil está pensada prioritariamente para relaciones bilaterales y aquí nos encontramos con relaciones en que se introduce un sujeto más que es la plataforma y en las que pueden llegar a intervenir un número indeterminado de sujetos como ocurre en las plataformas de financiación o donación participativas. La plurilateralidad que concurre en estos casos complica sobremanera el planteamiento de los problemas en una relación triangular en la que el papel que desempeña la entidad titular de la plataforma varía notablemente de unos supuestos a otros y, en consecuencia, es difícil proponer soluciones o ideas que las fundamenten.

Otra idea que refleja cómo conceptualmente nos encontramos inermes viene dada por el hecho de que esté fenómeno está generando la implosión de la tradicional diversificación entre contratos civiles, mercantiles y de consumo. Esta catalogación encaja mal con la economía de plataformas en relación a la cual acaso haya que suscitar si la regulación debe tener en cuenta si los sujetos que contratan son particulares o empresarios, pues cualquiera de ellos puede aparecer como usuario de la plataforma o en los dos polos del contrato intermediado a través de ella. Quizás las soluciones normativas deban superar esa catalogación.

A las dificultades conceptuales se añade que puede percibirse una cierta confusión sobre la propia realidad que se intenta estudiar y, en su caso, regular, la cual es muy compleja ya que, reduciéndonos a las plataformas, no suscita los mismos interrogantes la que presta servicios de televisión, cine, música, que la que presta servicios digitales de juego en línea o las que sirven como canal de comunicación entre usuarios o las que intermedian la contratación. En ocasiones, parece pretenderse abordar todo el conjunto cuando puede ser más fructífero proceder a una disección quirúrgica que impida que se mezcle el análisis de problemas que suscitan unas realidades con los que solo cabe plantear respecto a otras. Pero esa disección tampoco es tarea sencilla.

En lo que a este libro concierne, hemos intentado concentrarnos en el estudio de los problemas de responsabilidad civil que suscitan las plataformas digitales en dos sentidos diversos: por un lado, se estudian las consecuencias que puede revestir para la entidad titular de la plataforma el alojamiento o transmisión de contenidos ilícitos, y, por otro lado y referido específicamente a algunas plataformas de intermediación contractual, si a dicha entidad se le puede considerar responsable por el incumplimiento del contrato que celebran sus usuarios a través de la misma.

El libro comienza por una serie de análisis de carácter general centrados en cómo se regulan las cuestiones de responsabilidad en las normas europeas que inciden sobre la materia y que se han promulgado recientemente —lo que da la medida de la actualidad del tema sobre el que versa el libro—. Se analiza en primer lugar el Reglamento (UE) 2022/2065 del Parlamento Europeo y del Consejo de 19 de octubre de 2022 relativo a un mercado único de servicios digitales y por el que se modifica la Directiva 2000/31/CE (Reglamento de servicios digitales o DSA por sus siglas en inglés), y también se estudia en varios capítulos el Reglamento (UE) 2022/1925 del Parlamento Europeo y del Consejo UE de 14 de septiembre de 2022 sobre mercados disputables y equitativos en el sector digital y por el que se modifican las Directivas (UE) 2019/1937 y (UE) 2020/1828 (Reglamento de Mercados Digitales). En este sentido quiero destacar en esta Introducción que nos encontramos ante dos Reglamentos y no dos Directivas lo que evidencia cómo, en esta materia, la Unión Europa, aprovechando la ausencia de regulación específica en los Derechos nacionales, está ejerciendo de manera decidida un liderazgo importante que va a traducirse en la homogeneidad normativa en los diferentes países miembros.

Siguiendo con el hilo conductor del libro que versa sobre cuestiones de responsabilidad de las plataformas, tras el análisis de esas normas generales recientemente aprobadas y que incluye también el estudio de cuestiones procesales, nos hemos centrado en el análisis de los dos problemas más relevantes que se suscitan: por un lado, se incluye un conjunto de trabajos relacionados con el problema de la ilicitud de contenidos que pueden transmitirse o alojarse en algunas plataformas, para pasar a estudiar, en la última parte del libro, la responsabilidad de las que se dedican a la intermediación contractual por el incumplimiento del contrato que ayudan a concertar entre sus usuarios; esta última cuestión se analiza concretamente en relación a las plataformas de donación, préstamo y financiación participativos.

Nos encontramos ante una fase incipiente del estudio científico y de la regulación de estas cuestiones, de modo que no puede garantizarse que los fundamentos en que se apoya la regulación actual de estos problemas se consoliden posteriormente; de hecho, hay premisas que, si bien puedan servir para atender normativamente la regulación de las fases iniciales del desarrollo de alguna realidad jurídica relacionada con la tecnología, pero, acaso, con el tiempo ciertos fundamentos o ideas deban ser revisados una vez que el fenómeno esté completamente asimilado e implantado socialmente. Quién sabe si uno de los aspectos que deban ser matizados en el futuro en relación a ciertas plataformas sea precisamente la perspectiva desde la que se regula la responsabilidad civil de las que prestan servicios de transmisión y alojamiento de datos, pretendiendo englobar a todas aquellas cuyos servicios son más amplios. Cabe recordar que su responsabilidad se reguló en la DCE, cuyo objetivo primordial era garantizar la indemnidad de estos actores económicos mediante un sistema de puerto seguro para favorecer su desarrollo; esa misma perspectiva es desde la que se regula esta cuestión en el Reglamento DSA introduciendo algunos matices que se deben a los valiosos aportes del TJUE en esta materia. Quizás deberían haberse tenido en cuenta los diferentes modelos de plataforma que se han desarrollado y que están más perfilados en la actualidad que cuando se aprobó la DCE en el año 2000 para incorporar diferentes perspectivas a la regulación de la responsabilidad en el Reglamento DSA y acaso para atender al hecho de que nos encontramos ante entidades que activan el mercado desde el lado de la oferta y que se están lucrando, idea que no debe ser irrelevante en materia de responsabilidad civil. Las normas contenidas en la DSA prescinden de la tipología de plataformas, de que se trata de entidades que se están lucrando y vuelve a esforzarse, como ya hizo la DCE, en marcar un ámbito de indemnidad, pero, quizás, debería haberse dado un paso más y haberse abordado la regulación de los supuestos en que cabe imputar responsabilidad a estas entidades que operan en el mercado y no dejar esta cuestión a los Derechos nacionales.

Con esta publicación, asumimos la responsabilidad que nos corresponde en este momento y fase del tratamiento de esta materia, aportamos nuestras reflexiones ayudando de este modo a componer en la medida de nuestras posibilidades un sustrato conceptual que nos permita seguir analizando este fenómeno en el futuro cada vez con mayor solvencia y seguridad.

No quiero acabar esta introducción sin agradecer a todos los colaboradores su implicación y su esfuerzo para que este libro haya podido ver la luz.

María Teresa Alonso Pérez
Catedrática de Derecho civil
Universidad de Zaragoza

LA FÓRMULA DE LA DSA PARA RESOLVER EL «DILEMA DE LA RESPONSABILIDAD DE LAS PLATAFORMAS»: UN EQUILIBRIO ENTRE CONTINUIDAD E INNOVACIÓN

Teresa Rodríguez de las Heras Ballell
Miembro del Grupo de Expertos del Observatorio de la Unión Europea sobre la Economía de Plataformas
Profesora titular de Derecho Mercantil
Universidad Carlos III de Madrid
teresa.rodriguezdelasheras@uc3m.es

1. Introducción: continuidad e innovación en la DSA para resolver el dilema de la responsabilidad de las plataformas

La publicación en el Diario Oficial de 27 de octubre de 2022 del *Reglamento (UE) 2022/2065 del Parlamento Europeo y del Consejo, de 19 de octubre de 2022, relativo a un mercado único de servicios digitales y por el que se modifica la Directiva 2000/31/CE (Reglamento de Servicios Digitales)*, conocido habitualmente como DSA (*Digital Services Act*) marca un importante punto de inflexión en la estrategia regulatoria europea de la economía digital.

La DSA completa con su adopción y publicación el tándem normativo con el que la Unión se aproxima a la profunda transformación de los mercados digitales en las últimas décadas —la DMA (*Digital Markets Act*) se había publicado el 12 de octubre[1]— y se integra en un exuberante y expansivo entorno legislativo y regulatorio de la economía digital, en el que concurren normas (o propuestas) sobre inteligencia artificial, ciberseguridad, computación en la nube, datos y activos digitales.

Desde la Directiva 2000/31 de Comercio Electrónico, que ha sido el eje central y vertebrador del marco normativo para los servicios digitales de la Unión e impulsor de su expansión y desarrollo en las últimas dos décadas, la economía digital se ha transformado profundamente, ha evolucionado hacia una economía de plataformas y se ha expandido de forma extraordinaria hasta desbordar los cautos y discretos contornos de la Directiva de Comercio Electrónico (en adelante, DCE).

La pieza esencial de la DCE y la razón fundamental de su valiosa función facilitadora de la economía digital la constituían precisamente las reglas de (exclusión/exención) de responsabilidad («puerto seguro») de los prestadores de servicios de intermediación. Algo más de dos décadas de vigencia de la Directiva han puesto a prueba esta pieza basal del marco normativo europeo. La presencia y abrumadora expansión de las plataformas como protagonistas principales de la economía digital contemporánea (una «economía de plataformas»)[2], la implementación voluntaria por parte de las plataformas de prácticas de moderación de contenidos y mecanismos algorítmicos de supervisión y control, y una tendencia[3] progresiva pero creciente hacia una mayor responsabilidad (en el sentido de «greater responsibility»)[4] de las plataformas en la prevención y contención de contenidos ilegales y actividades ilícitas han puesto de manifiesto un desbordamiento del sencillo sistema del «puerto seguro».

---

1 Reglamento (UE) 2022/1925 del Parlamento Europeo y del Consejo de, 14 de septiembre de 2022, sobre mercados disputables y equitativos en el sector digital y por el que se modifican las Directivas (UE) 2019/1937 y (UE) 2020/1828 (Reglamento de Mercados Digitales).

2 Como venimos planteando en trabajos previos, por ejemplo, entre los más recientes y con ocasión precisamente de la propuesta de DSA, Teresa Rodríguez De Las Heras Ballell, «The background of the Digital Services Act: looking towards a platform economy», en *ERA Forum*, 22(1), pp. 75-86, 2021. DOI: 10.1007/s12027-021-00654-w. https://rdcu.be/ce8dM.

3 Tackling Illegal Content Online Towards an Enhanced Responsibility of Online Platforms, COM (2017) 555 final (Sept. 28, 2017).

4 Como distinguimos en un previo trabajo en co-autoría Teresa Rodríguez De Las Heras Ballell y Jorge Feliu Rey, «Digital Intermediary Liability or Greater Responsability: A Remedy for Fake News?», en *Twenty-First Century Remedies,* obra colectiva, editor Russel Weaver, North Carolina: Carolina Academic Press, 2019, pp. 91-114 en línea con Tackling Illegal Content Online Towards an Enhanced Responsibility of Online Platforms, COM (2017) 555 final (Sept. 28, 2017).

Si bien el núcleo de la exención de responsabilidad sigue demostrando eficacia y solidez y responder a un equilibrio razonable de derechos e intereses, parece, no obstante, en el nuevo contexto de la economía de plataformas, requerir adaptaciones y mejoras. La DSA enfrenta el «dilema de la responsabilidad de las plataformas» tratando de alcanzar un equilibrio estable y adecuado entre continuidad e innovación.

El núcleo del régimen de exención de responsabilidad se conserva y se coloca en el centro de la DSA, en el primer nivel de un modelo escalonado de obligaciones, pero acompañado de varias innovaciones, algunas de ellas sutiles, otras mucho más contundentes y visibles, que refinan, afinan e incluso actualizan las reglas de responsabilidad sobre la base de la experiencia de mercado acumulada, la jurisprudencia y la interpretación del marco normativo. Así, la disposición del «buen samaritano» (Art. 7); la tentadora solución, de efectos y alcances aún inciertos, escondida en el apartado 3 del artículo 6, y el abanico de normas que regulan los mecanismos de notificación y acción y la declaración de motivos (arts. 16 y 17) son las principales novedades.

Este trabajo analiza las implicaciones de estas nuevas soluciones en el contexto del modelo de «puerto seguro», que se preserva y cuya lógica se perpetúa, y evalúa críticamente cómo la DSA logra un equilibrio entre la continuidad y la innovación para enfrentar el dilema de responsabilidad de las plataformas.

2. Los factores impulsores del cambio: el agotamiento de la directiva de comercio electrónico y la necesidad de la DSA

2.1. Hacia una economía de plataformas

En el contexto de la creación de un Mercado Único Digital para Europa[5], la Unión Europa ha entendido el papel esencial que desempeñan las plataformas en la sociedad digital y la necesidad de asegurar un entorno adecuado para su desarrollo y consolidación[6].

De un lado, las plataformas son motores de innovación y crecimiento y constituyen un componente estratégico fundamental para la competitividad de la región. De otro lado, las plataformas ocupan una posición crítica en una estra-

5 Comunicación de la Comisión al Parlamento Europeo, al Consejo, al Comité Económico y Social Europeo y al Comité de las Regiones, *Una Estrategia para el Mercado Único Digital de Europa*, COM(2015) 192 final, Bruselas, 6.5.2015.

6 Comunicación de la Comisión al Parlamento Europeo, al Consejo, al Comité Económico y Social Europeo y al Comité de las Regiones, *Las plataformas en línea y el mercado único digital. Retos y oportunidades para Europa*, COM(2016) 288 final, 25.5.2016.

tegia cada vez más visible de co-regulación, implicación de los intermediarios en la prevención y protección de derechos, y la implementación de mecanismos voluntarios de ejecución. En este sentido, plataformas e intermediarios se convierten en colaboradores prioritarios en la detección y retirada de contenido ilegal, la contención de la oleada de noticias falsas y manipulación informativa, y de prevención y seguimiento de actos de incitación al terrorismo[7].

Por tanto, toda decisión de iniciar una acción legislativa para establecer un marco normativo europeo para las plataformas ha de atender ambas consideraciones.

La primera, asegurar que el entorno normativo es adecuado, removiendo obstáculos innecesarios y eliminando el riesgo de divergencias entre normativas nacionales inconsistentes con la natural dimensión transfronteriza de la actividad en las plataformas[8]. En efecto, la ausencia de un marco armonizado en el mercado europeo no sólo trasladaría al entorno digital una indeseada fragmentación territorial, sino que además avivaría un nuevo fenómeno de arbitraje regulatorio para el que hemos acuñado el término *platform shopping*[9]. Especialmente, la falta de armonización en el modelo de responsabilidad (o exención/exclusión de responsabilidad) de las plataformas agrava los efectos

7 Directiva (UE) 2017/541 del Parlamento Europeo y del Consejo de 15 de marzo de 2017 *relativa a la lucha contra el terrorismo y por la que se sustituye la Decisión marco 2002/475/JAI del Consejo y se modifica la Decisión 2005/671/JAI del Consejo*, L 88/6, 31.3.2017.

8 Sobre la inadecuación de estrategias legislativa nacionales o regionales que fragmentan esta nueva realidad global o globalizada que representa la economía de plataformas, y que denominamos «digitalidad», más que simple «globalidad», nos remitimos a lo expuesto en Teresa Rodríguez de las Heras Ballell, «The Emergence of Digital Communities: Generating Trust, Managing Conflicts, and Regulating Globality... Digitality», en *Landscapes of Law: Practicing Sovereignty in Transnational Terrain,* obra colectiva editada por Carol Greenhouse y Davies, University of Pennsylvania Press, 2020, pp. 250-277,

9 Teresa Rodríguez de las Heras Ballell, «Rules for a Platform Economy: A Case for Harmonization to Counter «Platform shopping» in the Digital Economy», en *Conflict of Laws in the Maze of Digital Platforms — Le droit international privé dans le labyrinthe des plateformes digitales — Actes de la 30e Journée de droit international privé du 28 juin 2018 à Lausanne,* obra colectiva coordinada por Ilaria Pretelli, Shulthess, Zurich, 2018, pp. 55-79. En la citada obra (p. 62) acuñé el término «platform shopping», una nueva variante del concepto de arbitraje regulatorio, «to describe the intentional search for those platforms that offer a more favourable climate or a friendlier regulation for a specific activity». En un entorno normativo no armonizado, las plataformas compiten entre sí como sistemas basados en sistemas jurídicos privados para atraer a los usuarios a unirse a su comunidad y operar en su «jurisdicción privada». Así, en ausencia de normas armonizadas sobre plataformas, la competencia regulatoria permitiría a los actores del mercado digital desplegar acciones estratégicas y buscar la plataforma más conveniente. Aunque estos esfuerzos podrían ser una respuesta natural por parte de los actores privados a la sana competencia entre plataformas, el «platform shopping» describe más bien los riesgos de la falta de un marco jurídico armonizado, que establezca los deberes, las obligaciones y las responsabilidades de los operadores de las plataformas, y que conduzca a la proliferación de contenidos ilegales, discursos de odio, noticias falsas, actividades ilícitas dentro de las plataformas sometidas a leyes aplicables menos estrictas y que explotan el trasfondo jurídico no armonizado.

más perniciosos del este arbitraje regulatorio[10] que denominamos *platform shopping.* Por ello, una aproximación coherente, común y unificada es clave en la regulación de la economía de plataformas en un contexto global.

La segunda, diseñar un régimen de obligaciones y de responsabilidad que asigne los incentivos correctamente para la colaboración de intermediarios y plataformas en la prevención y protección de derechos e intereses. Se trata de un trasvase de funciones y poderes que parte de la constatación de las limitaciones de las fórmulas más tradicionales de detección y prevención de ilícitos y resolución de conflictos en los sistemas de base estatal. Las plataformas, por el contrario, se muestran ágiles y eficaces en la detección y la sanción e incluso en la prevención de ciertas infracciones con métodos de moderación y localización de contenidos. Por ello, a ellas se traslada progresivamente la «responsabilidad»[11] de luchar contra contenidos ilícitos y nocivos[12], que sutilmente se hace convivir con el régimen de responsabilidad consagrado en la DCE[13] como «puerto seguro».

La transformación profunda de la economía digital hasta la actual economía de plataformas, antesala de un siguiente estadio evolutivo, ya emergente, impulsado por tecnologías de realidad aumentada y extendida (y metaversos) y una auténtica expansión explosiva de la inteligencia artificial, necesita recalibrar las bases sobre las que la Unión Europea había sólidamente asentado el crecimiento de los servicios y mercados digitales.

---

10 Nos remitimos al desarrollo de este planteamiento en otro trabajo previo que aborda el impacto en el control de las «fake news» de un modelo (o un cambio de modelo) no armonizado de responsabilidad de las plataformas. Teresa Rodríguez de las Heras Ballell, «Credibility-enhancing regulatory models to counter Fake News: Risks of a Non-harmonized intermediary liability paradigm shift», en *Journal of International Media and Entertainment Law,* vol. 8, num. 2, 2020, pp. 129-162.

11 En el sentido de una mayor responsabilidad social hacia los usuarios y la sociedad («responsibility») que no compromete la aplicación del régimen de responsabilidad civil («liability») que les corresponda como prestadores de servicios de intermediación, en la medida que satisfagan los requisitos del «puerto seguro». Frosio, G. y Husovec, M., «Accountability and Responsibility of Online Intermediaries», en *The Oxford Handbook of Online Intermediary Liability*, obra colectiva editda por G. Frosio, Oxford University Press, Oxford, 2020; Teresa Rodríguez de las Heras Ballell y Jorge Feliu Rey, «Digital Intermediary Liability or Greater Responsability: A Remedy for Fake News?», en *Twenty-First Century Remedies,* obra colectiva dirigida por Rusell Weaver, Carolina Academic Press, North Carolina, 2019, pp. 91-114.

12 Comunicación de la Comisión al Parlamento Europeo, al Consejo, al Comité Económico y Social Europeo y al Comité de las Regiones, *Lucha contra el contenido ilícito en línea. Hacia una mayor responsabilización de las plataformas en línea*, COM(2017) 555 final, 28.9.2017; Recomendación (UE) 2018/334 de la Comisión de 1 de marzo de 2018 sobre *medidas para combatir eficazmente los contenidos ilícitos en línea*, L 63/50, 6.3.2018.

13 Directiva 2000/31/CE del Parlamento Europeo y del Consejo, de 8 de junio de 2000, relativa a determinados aspectos jurídicos de los servicios de la sociedad de la información, en particular el comercio electrónico en el mercado interior (*Directiva sobre el comercio electrónico*), L 178/1, 17.07.2000.

Si trazamos un recorrido entre los fundamentos del marco jurídico de la Unión para los servicios digitales que toman forma en la DCE y las razones que respaldan el inicio de las actuales, y ya aprobadas, iniciativas para una auténtica economía de plataformas (DSA y DMA), podemos valorar cuáles de estas bases ya asentadas deben preservarse, y desvelar las limitaciones que comenzaba a presentar la estrategia minimalista y esencialmente, y básicamente, facilitadora de la Directiva.

2.2. El agotamiento de la Directiva de Comercio Electrónico: fortalezas y debilidades

La adopción de la DCE en el año 2000 sentó las bases del marco jurídico de la UE para los servicios digitales. Desde entonces, el marco jurídico ha permanecido prácticamente inalterado, mientras que la economía digital ha experimentado una profunda transformación.

A pesar de su papel fundamental, la DCE había empezado a mostrar deficiencias para hacer frente a los nuevos retos de la economía digital actual. Algunas deficiencias derivan simplemente de una aplicación dispar de la DCE por parte de los Estados miembros, mientras que otras revelan lagunas que hay que colmar o la posible inadecuación de determinadas normas para gestionar los nuevos problemas que plantea la economía de las plataformas[14].

2.2.1. Aplicación inarmónica: calibrar la «distancia legal»

Las disposiciones de la DCE se han incorporado de forma diferente a los ordenamientos jurídicos nacionales. Las diferencias entre las normas nacionales han dado lugar a la fragmentación jurídica y, en la práctica, a la compartimentación del mercado de los servicios digitales. La «distancia jurídica» causada por las divergencias legislativas se ha convertido en «distancia comercial», debido a los mayores costes de cumplimiento y a la menor previsibilidad. La aplicación dispar de las disposiciones en los ordenamientos jurídicos nacionales puede deberse a una interpretación diferente de las soluciones previstas en la Directiva o simplemente a un desarrollo diverso de aquellas cuestiones en las que la Directiva no contiene normas específicas para el diseño, el contenido o el funcionamiento de los mecanismos, procedimientos o sistemas, en lo que respecta a la responsabilidad de los proveedores de hipervínculos o a los procedimientos de «notificación y retirada». En estos casos, la disparidad nacional aumenta, en ausencia de un régimen armonizado a nivel de la UE.

---

14 EPRS — European Parliamentary Research Service, Digital Services Act. European added value assessment, October. 2020.

El efecto obstaculizador de la «distancia legal» se ha visto agravado por otras barreras nacionales indirectas a la entrada relacionadas con la complejidad de los procedimientos administrativos, el coste de los mecanismos de resolución de litigios transfronterizos o la falta de disponibilidad de información normativa para la prestación de servicios digitales. Esta combinación de fragmentación jurídica y barreras nacionales indirectas puede obstaculizar la prestación real de servicios digitales en toda la UE.

La divergencia jurídica es difícilmente conciliable con el carácter global de los modelos digitales (el factor de la «digitalidad»)[15]. Más allá de la prestación de servicios digitales, la aparición de las plataformas digitales como nueva arquitectura de la economía digital rompe la lógica subyacente de la territorialidad legislativa[16]. El verdadero reto que plantea la economía de las plataformas va más allá del carácter transnacional de la actividad digital: las plataformas pretenden emular y gestionar un «sistema jurídico privado». Por lo tanto, el reto es cómo regular a los operadores de las plataformas como reguladores, supervisores, generadores de confianza y facilitadores de la resolución de conflictos sin promover el *platform shopping*.

Aunque no se cuestione el papel central de la cláusula del mercado interior de la DCE, la determinación de los factores de conexión adecuados y la delimitación del ámbito de aplicación de las normas de la UE —aunque estén armonizadas— son decisiones clave que suponen un reto. Hay que encontrar un equilibrio estable entre garantizar la prestación de servicios digitales en la UE, tanto para los proveedores establecidos en la UE como fuera de ella (siempre que dirijan los servicios a la Unión) y minimizar el riesgo de arbitraje reglamentario y su impacto en la accesibilidad de los usuarios de la UE a los servicios digitales.

---

15 Más allá del concepto de globalidad o universalidad, destinado a describir la expansión del comercio internacional y la naturaleza de las transacciones transfronterizas, abogo por la acuñación de un nuevo concepto que refleje mejor la naturaleza genuina de las actividades digitales: la «digitalidad». Teresa RODRÍGUEZ DE LAS HERAS BALLELL, «The Emergence of Digital Communities: Generating Trust, Managing Conflicts, and Regulating Globality... Digitality», en *Landscapes of Law: Practicing Sovereignty in Transnational Terrain,* obra colectiva dirigida por Greenhouse, C. J. y Davis, Ch. L., University of Pennsylvania Press, Philadelphia, 2020, pp. 250-277.

16 Por lo tanto, sería muy aconsejable y deseable un enfoque jurídico global armonizado de las plataformas, como defendí en Teresa RODRÍGUEZ DE LAS HERAS BALLELL, «*Rules for a Platform Economy: A Case for Harmonization to Counter «Platform shopping» in the Digital Economy*», en *Conflict of Laws in the Maze of Digital Platforms — Le droit international privé dans le labyrinthe des plateformes digitales — Actes de la 30e Journée de droit international privé du 28 juin 2018 à Lausanne,* obra colectiva editada por Ilaria Pretelli, Shulthess, Zurich, 2018, pp. 55-79.

2.2.2. Enfrentarse a la transformación de la economía digital: la maleabilidad de las normas tecnológicamente neutras

Aunque las disposiciones tecnológicamente neutras de la DCE no ignoraban el dinamismo de los modelos de negocio y no desconocían en absoluto el progreso tecnológico, algunos conceptos que sustentan la DCE parecen inadecuados para abarcar plenamente los contornos de la economía digital actual. Aunque los principios clave puedan perdurar, la transformación del contexto es demasiado drástica y sustancial para forzar simplemente la adaptación de las normas existentes. Sin duda, se necesitan soluciones específicas para el nuevo contexto. El uso intensivo y extensivo de algoritmos para clasificar, filtrar, priorizar o eliminar contenidos digitales desafía la interpretación clásica de «obtener conocimiento», según el art. 14 de la Directiva, y amplía la interpretación tradicional de la «obligación general de supervisión», prohibida en el artículo 15 de la Directiva.

Las soluciones tecnológicamente neutras que sustentan el régimen jurídico de la DCE para la contratación electrónica pueden verse superadas por los retos de los contratos inteligentes (Smart contracts)[17] y la aplicación extensiva de la inteligencia artificial y las técnicas de aprendizaje[18] de fondo, como precisamente revela, en otro contexto pero con la misma lógica de fondo, el proyecto de CNUDMI en su Grupo de Trabajo IV sobre Uso de la inteligencia artificial y contratación automatizado[19].

2.2.3. Reconsiderar el enfoque horizontal

Desde la entrada en vigor de la Directiva, se han adoptado normas sectoriales en la UE que han tenido un impacto en el ámbito de aplicación y los objetivos de la DCE. Tanto la Directiva de derechos de autor de 2019[20] como la Directiva de servicios de comunicación audiovisual de 2018[21] prevén

17 Feliu Rey, J.: Smart Contract: concepto, ecosistema y principales cuestiones de Derecho privado 47 La Ley Mercantil, 1-27 (2018).

18 Tal y como ha valorado el EU Expert Group on Liability and New Technologies has assessed in the *Report on Liability for Artificial Intelligence and other emerging digital technologies,* European Union (2019), at https://ec.europa.eu/transparency/regexpert/index.cfm?do=groupDetail.groupMeetingDoc&docid=36608.

19 Documentación del trabajo del Grupo de Trabajo IV en www.uncitral.org.

20 Directiva (UE) 2019/790 del Parlamento Europeo y del Consejo, de 17 de abril de 2019, relativa a los derechos de autor y derechos afines en el mercado único digital y por la que se modifican las Directivas 96/9/CE y 2001/29/CE (Texto pertinente a efectos del EEE) [2019] *DO L 130/92.*

21 Directiva (UE) 2018/1808 del Parlamento Europeo y del Consejo, de 14 de noviembre de 2018, por la que se modifica la Directiva 2010/13/UE, sobre la coordinación de determi-

normas que se aplicarán a los prestadores de servicios de la sociedad de la información en el sentido de la DCE: prestador de servicios para compartir contenidos en línea y operador de plataformas de intercambio de vídeos, respectivamente. Sin embargo, el enfoque de ambos regímenes sectoriales difiere. Mientras que la Directiva de servicios audiovisuales opta por un reconocimiento explícito de la aplicabilidad a los proveedores de servicios de intercambio de vídeos del régimen de «puerto seguro» (artículo 28b y considerandos 44 y 48), la Directiva de derechos de autor (artículo 17.3 y considerando 65) prevé expresamente la responsabilidad de los prestadores de servicios para compartir contenidos en línea por determinados actos que incumplen el artículo 14.1 de la Directiva. 14(1) DCE[22]. Por lo tanto, el enfoque horizontal monolítico de la DCE empezaba a fragmentarse gradualmente con la adopción de normas sectoriales[23] destinadas a lograr un adecuado equilibrio entre los intereses en conflicto.

Por otra parte, el Reglamento P2B[24] prevé determinadas normas aplicables a los «proveedores de servicios de intermediación en línea» que entran en su ámbito de aplicación. Según el art. 2(2)(a) del Reglamento P2B, los servicios de intermediación en línea constituyen servicios de la sociedad de la información.

Así pues, la DCE, piedra angular del marco jurídico de los servicios digitales de la UE, comenzaba a requerir una revisión profunda y exhaustiva. La modernización del marco jurídico para la prestación de servicios digitales, de modo que abarque la innovación tecnológica e iguale las condiciones de la economía de plataformas, era fundamental para la consolidación y el fortalecimiento del mercado único digital. Una estrategia digital para Europa debe afrontar y dar cabida a la transformación de la arquitectura de la economía digital.

---

nadas disposiciones legales, reglamentarias y administrativas de los Estados miembros relativas a la prestación de servicios de comunicación audiovisual (Directiva de servicios de comunicación audiovisual), a la vista de la evolución de la realidad del mercado [2018] *DO L 303/69.*

22 La complejidad que subyace a la compatibilidad del Art. 17 de la Directiva sobre los derechos de autor y la prohibición de la obligación general de control según el art. 15 de la Directiva sobre derechos de autor ha sido acertadamente puesta de manifiesto por Spindler, G.: The liability system of Art. 17 DSMD and national implementation. Contravening prohibition of general monitoring duties? *JIPITEC — Journal of Intellectual Property, Information Technology and E-Commerce Law,* 344-374 (2019).

23 Frosio, G.F.: From horizontal to vertical: an intermediary liability earthquake in Europe *12 Journal of Intellectual Property Law & Practice*, pp. 565-575 (2016).

24 Reglamento (UE) 2019/1150 del Parlamento Europeo y del Consejo, de 20 de junio de 2019, relativo al fomento de la equidad y la transparencia para los usuarios profesionales de los servicios de intermediación en línea (Texto pertinente a efectos del EEE) [2019] DO L 186/57.

El nuevo paquete para los Servicios Digitales (DSA y DMA) ha sido el medio por el que se canaliza el firme compromiso de la UE por sentar las bases de una estrategia renovada para afrontar los retos y las oportunidades de una economía de plataformas.

2.3. La necesidad de la DSA: normas orientadas a las plataformas

En este proceso de incorporación de las plataformas en el marco normativo europeo se observa, primero, una interesante permeabilidad sustantiva con referencias a la «economía de plataformas» y, finalmente, una definitiva adopción conceptual y terminológica del fenómeno en las iniciativas más recientes. En efecto, las plataformas entran en el terreno normativo como descriptoras de la nueva arquitectura de la economía digital[25], la economía de plataformas, pero sin entidad terminológica propia. Siguen siendo calificadas como «servicios de intermediación» en el modelo dual que la DCE había instalado para clasificar los servicios de la sociedad de la información. Esta continuidad de la terminología existente es particularmente gráfica en el Reglamento 2019/1150 que, aun siendo popularmente conocido como el Reglamento Platform-to-Business, recurre a una elusiva definición de las plataformas como proveedores de «servicios de intermediación en línea» que cumplen ciertos requisitos (Art. 2.2 b y c), que no hacen más que destacar su propósito transaccional («con el objetivo de facilitar el inicio de transacciones directas») y ahondar en la base contractual («sobre la base de relaciones contractuales entre el proveedor de los servicios y los usuarios profesionales») que conforma la anatomía de las plataformas[26]. Este Reglamento P2B, que

---

25 Se constituye así el Grupo de Expertos del Observatorio de la Economía de las Plataformas por Decisión C(2018)2393 de la Comisión, de 26 de abril de 2018, por la que se crea grupo de expertos del Observatorio de la Economía de las Plataformas en Línea. La autora forma parte del Grupo de Expertos desde su primer mandato, actualmente renovado a un segundo mandato. Todas las opiniones vertidas en este trabajo son personales de la co-autora y no representan la posición de la Comisión Europea, del grupo de expertos ni del Observatorio.

26 Compartiendo fines de política legislativa muy evidentes con el Reglamento 2019/1150, las *Model Rules on Online Intermediary Platforms* del ELI (*European Law Institute*) optan por normalizar el empleo del término plataforma en el cuerpo de la propuesta legislativa y para determinar el ámbito de aplicación del instrumento. El *ELI Project for Model Rules on Online Intermediary Platforms* fue aprobado por el Consejo del ELI el 7 de septiembre de 2019. La autora se incorporó al ELI Project Team en 2016. Los relatores del Proyecto son Christoph Busch, Gerhard Dannemann, Hans Schulte-Nölke, Aneta Wiewiorowska-Domagalska, Fryderyk Zoll. Las opiniones expresadas en este trabajo son exclusivamente de la autora y no representan necesariamente la postura ni la opinión del equipo del Proyecto. Texto de las Model Rules en https://www.europeanlawinstitute.eu/fileadmin/user_upload/p_eli/Publications/ELI_Model_Rules_on_Online_Platforms.pdf. En particular, los esfuerzos por proceder a una adecuada conceptualización, delimitación y definición de

entró en vigor el 12 de julio 2020, parecería haberse concebido para tiempos de pandemia, a pesar de que en el momento de su adopción en 2019 nada hacía vaticinar lo que el año siguiente traería a la economía global. Y es que precisamente este Reglamento nace de la constatación de la relevancia de las plataformas para la innovación, el emprendimiento, el bienestar social y el acceso a nuevos mercados, de la que deriva la preocupación por una intensa, creciente y cada vez más amplia dependencia económica de las empresas («usuarios profesionales») establecidas en la UE de las plataformas a las que recurren para ofrecer sus productos y servicios a los consumidores («localizados en la Unión») (Art. 1.2). Es así un esfuerzo por limar las fricciones de la economía de plataformas sin comprometer las ventajas de su despegue y consolidación en el mercado común.

Es curioso comprobar cómo la elusión del término en el Reglamento P2B había sido precedida, sin embargo, por su uso expreso en dos Directivas cruciales que abonan el debate sobre la perdurabilidad del régimen monolítico del «puerto seguro»[27] ante ciertos signos de cambio sectoriales[28] que ya hemos mencionados sobre servicios audiovisuales y sobre derechos de autor que rompen la prudencia terminológica e incorporan expresamente las plataformas de intercambio de videos y las plataformas de videos a la carta.

No obstante, y a pesar de los decididos pasos que representan estas iniciativas, aún no se concreta el viraje definitivo del Derecho de la Unión para mirar de frente a la economía de plataformas. El punto de inflexión se produce con la adopción de las propuestas de Reglamento para una Ley de Servicios Digitales[29] y una Ley de Mercados Digitales[30], en el año crítico de la pandemia (2020). El protagonismo de las plataformas era ya indiscutible. La DSA construye un marco de obligaciones escalonadas desde los servi-

---

las plataformas en el proyecto representan un importante hito en la adecuación terminológico del marco normativo europeo. Teresa Rodríguez de las Heras Ballell, T., «Article 2. Definitions», en *Discussion Draft of a Directive on Online Intermediary Platforms. Commentary,* obra colectiva coordinada por Busch, Dannemann, Schulte-Nölke, Wiewiórowska-Domagalska & Zoll, Jagiellonian University Press, Krakow, 2019, pp. 41-53.

27 Teresa Rodríguez de las Heras Ballell, «Il Paradigma della Responsabilità degli Intermediari Digitali nel Contesto di una Economia di Piattaforme (Platform Economy)», en *Diritto Comunitario E Degli Scambi Internazionali*, Fasc. 1-2/2018, pp. 203-221.

28 Frosio, G., «From Horizontal to Vertical: An Intermediary Liability Earthquake in Europe», en *Oxford Journal of Intellectual Property and Practice*, vol. 12, 2017, p. 65; Centre for International Intellectual Property Studies (CEIPI) Research Paper n.° 2017-05, https://ssrn.com/abstract=3009156 or http://dx.doi.org/10.2139/ssrn.3009156.

29 Propuesta de Reglamento del Parlamento Europeo y del Consejo relativo a un mercado único de servicios digitales (Ley de servicios digitales) y por el que se modifica la Directiva 2000/31/CE, 15.12.2020, COM(2020) 825 final 2020/0361 (COD).

30 Propuesta de Reglamento del Parlamento Europeo y del Consejo sobre mercados disputables y equitativos en el sector digital (Ley de Mercados Digitales), 15.12.2020, COM(2020) 842 final2020/0374 (COD).

cios de alojamiento de datos hasta las plataformas de muy gran tamaño que incorpora así a las plataformas como sujetos centrales. La DMA articula una compleja maquinaria basada en la designación como guardián de acceso a los proveedores de «servicios básicos de plataforma» sobre la base de una combinación de umbrales cualitativos y cuantitativos.

Esta conquista del terreno normativo por las plataformas no es puramente terminológica, ni debe entenderse meramente simbólica, es sustantivo y crucial en muchos aspectos.

En primer lugar, la DSA conserva la lógica de las exenciones de responsabilidad de la DCE, pero las ambienta en el nuevo contexto que las decisiones del TJUE habían venido abonando, pero, sobre todo, tomando en consideración los extraordinarios avances en las prácticas, mecanismos y políticas para moderación y control de contenidos implementados por las plataformas (sistemas privados de detección y retirada, mecanismos automatizados de filtrado, modelos de moderación de contenidos). El régimen previsto es mucho más complejo y sofisticado, porque también lo es el delicado equilibrio de intereses que confluyen en el ejercicio de derechos fundamentales en la sociedad digital[31].

Las reglas de exención (exclusión) de responsabilidad de la DCE mantienen su esencia y alcance en la DSA, pero aparecen enmarcadas en un contexto que aporta tres novedades de enorme importancia.

Primera, ante la dispar transposición de la Directiva, se contienen en un Reglamento.

Segunda, se incorpora una cláusula, denominada habitualmente como del «buen samaritano» (*Good samaritan clause*) que cierra la brecha y ajusta la inestable tensión entre la ausencia de un deber de supervisar y la lógica de la exención basada en el conocimiento y el control. Así el nuevo art. 7 DSA aclara que no perderán la posibilidad de quedar protegidos por el «puerto seguro» aquellos prestadores que «realicen, de buena fe y de modo diligente, investigaciones por iniciativa propia de forma voluntaria, o adopten medidas con el fin de detectar, identificar y retirar contenidos ilícitos, o bloquear el acceso a estos, o adoptar las medidas necesarias para cumplir los requisitos del Derecho de la Unión y del Derecho nacional en cumplimiento del Derecho de la Unión, incluidos los requisitos establecidos en el presente Reglamento». Es decir, se aprovecha así el extraordinario potencial de las plataformas en la prevención y la moderación de contenidos ilícitos eliminando los desincentivos para implementar estas medidas proactivas que un concepto amplio de «conocimiento» podría implicar, y así de hecho hacía.

---

31 Frosio, G. y Geiger, C., «Taking Fundamental Rights Seriously in the Digital Services Act's Platform Liability Regime», (12 de diciembre de 2020), en https://ssrn.com/abstract=3747756 o http://dx.doi.org/10.2139/ssrn.3747756 .

Tercera, se incluye una interesantísima excepción en el art. 6(3) DSA basado en la confianza razonable del consumidor en la apariencia de que el operador (proveedor de hosting, pero esencialmente, una plataforma) es el proveedor directo del producto o servicio o de la información o que éstos se ofrecen o prestan bajo su autoridad o control. Así, esta disposición precisa que la exención no se aplicarán con respecto a la «responsabilidad, en virtud del Derecho en materia de protección de los consumidores, de las plataformas en línea que permitan que los consumidores celebren contratos a distancia con comerciantes, cuando dicha plataforma en línea presente el elemento de información concreto, o haga posible de otro modo la transacción concreta de que se trate, de manera que pueda inducir a un consumidor medio a creer que esa información, o el producto o servicio que sea el objeto de la transacción, se proporcione por la propia plataforma en línea o por un destinatario del servicio que actúe bajo su autoridad o control».

En segundo lugar, la DSA se enfrenta a la nada fácil cuestión de la ley aplicable a las plataformas y la determinación de una conexión sustancial con la Unión para aplicar las reglas que contiene este Reglamento a plataformas con establecimiento fuera de la UE (Art. 2.1 DSA). La necesidad, ya no sólo de determinar con claridad la aplicación de las normas europeas a las plataformas porque dirigen y prestan sus servicios a destinatarios en la Unión, sino además y, sobre todo, de constituir una infraestructura que asegure la eficacia de las medidas de supervisión y cumplimiento sobre prestadores no establecidos en la Unión, explica la adopción de normas, de apariencia puramente procedimental, sobre puntos de contacto y representantes legales (Arts. 11y 13 DSA).

Finalmente, la DSA cristaliza, sin matices, la esencia normadora de las plataformas como sistemas jurídicos de base contractual, que definen en sus condiciones, políticas, procedimientos y mecanismos internos (Art. 14 DSA). Y es a partir de la aceptación de esta autonomía reguladora y de supervisión, sobre la que la DSA concreta las reglas dirigidas a asegurar la motivación de las decisiones, la transparencia, la gestión efectiva de quejas, la resolución de conflictos, las medidas para limitar usos indebidos o notificar sospechas de delitos, la trazabilidad de los comerciantes o incluso los esfuerzos por verificar la fiabilidad de la información. No son meras obligaciones caprichosamente impuestas a un prestador de servicios, sino un reconocimiento de su capacidad reguladora, gestora de conflictos, preventiva y resolutiva de ilícitos, limitadora del ejercicio de derechos fundamentales y libertades en su espacio de interacción[32]. En definitiva, son obligaciones a medida para

32 Como hemos abogado previamente, entender este perfil funcional (polifacético) de las plataformas y su anatomía, de base contractual, es esencial para diseñar una estrategia regulatoria adecuada y para diseñar una fórmula adecuada para abordar y resolver en gran medida el dilema de la responsabilidad de las plataformas. Teresa Rodríguez De Las Heras Ballell, «The Legal Anatomy of Electronic Platforms: A Prior Study to Assess the Need of a Law of Platforms in the EU», en *The Italian Law Journal*, num. 1/3, 2017, pp. 149-176.

someter a ciertas reglas las funciones de auténticos reguladores, supervisores y generadores de confianza[33]. No es un cambio de tono, sino de enfoque.

3. La DSA ante el dilema de la responsabilidad de las plataformas

La modelo de exención/exclusión de responsabilidad de las plataformas basado en el «puerto seguro» para prestadores de servicios de intermediación, que cristaliza la DCE, afronta al dilema de la responsabilidad de las plataformas y lo resuelve, desde una perspectiva teórica, de forma razonable y correcta. La práctica muestra la complejidad de los intereses concurrentes y la inestabilidad del equilibrio alcanzado y, por ello, demuestra que la solución no es perfecta.

El dilema al que se enfrenta el regulador es lograr un balance satisfactorio y estable de incentivos para que la cooperación de las plataformas en la detección, la prevención y la retirada o suspensión de contenidos ilegales y actividades ilícitas no censure ni interfiera en el ejercicio de los derechos y libertades, pero confiera la efectividad e inmediatez que sus mecanismos de moderación, notificación y acción permiten. El regulador trata de conjurar el fantasma de la censura sin renunciar a la cooperación de las plataformas en la primera línea del *enforcement* ante la incapacidad e inadecuación de los sistemas y procedimientos convencionales para gestionar y resolver eficientemente los conflictos de derechos e intereses de la economía digital. Con este objetivo, se formula la solución de la exención de responsabilidad, que coloca los incentivos para lograr la colaboración de las plataformas en el juego entre conocimiento y control.

El dilema que el regulador cree así resuelto se traslada a las plataformas. Ante el «puerto seguro», las plataformas se enfrentan a otro dilema, cómo lograr un equilibrio entre generar credibilidad, supervisando, moderando e interviniendo en la actividad de la plataforma, y minimizar su exposición al riesgo de incurrir en responsabilidad. En definitiva, cómo maximizar los beneficios y reducir los costes del binomio conocimiento-control. Y este dilema, es, en realidad, un dilema de las plataformas, es decir, un dilema asociado a la transformación de la economía digital en una economía de plataformas en la que, naturalmente, las plataformas son el modelo predominante y los

33 Una tesis defendida y reiterada en trabajos previos. Nos remitimos, por ejemplo, a uno de los más recientes. Teresa Rodríguez De Las Heras Ballell, «Las plataformas: nuevos actores (y reguladores) de la actividad económica», en Derecho y política ante la pandemia: Reacciones y transformaciones. Tomo II. Reacciones y transformaciones en el Derecho Privado, *Anuario de la Facultad de Derecho de la Universidad Autónoma de Madrid,* n.º Extra 3, 2021, pp. 403-417.

operadores de plataformas los actores protagonistas. Por eso, un régimen de exención/exclusión de responsabilidad concebido y formulado para prestadores de servicios de intermediación presenta inevitablemente deficiencias cuando se quiere trasladar, sin ajustes, a operadores de plataformas.

Este es el primer desafío, entender y apreciar cuándo y en qué medida los operadores de plataformas son prestadores de servicios de intermediación. El ajuste no es pleno ni siempre convincente y, desde luego, se presenta incierto y cambiante. De ahí que, el «puerto seguro» pueda preservarse en esencia, pero debe matizarse, calibrarse, depurar ciertas fricciones. Este es el objetivo de innovar manteniendo la continuidad de las reglas previas. Las principales novedades de la DSA pueden interpretarse como soluciones dirigidas a ajustar las reglas previas y acomodarlas a la economía de las plataformas.

En el contexto de la DCE, el debate se centraba en hasta qué punto el uso intensivo de la automatización en la detección, filtrado y retirada puede poner en peligro la sólida base del «puerto seguro». Aunque ya previamente se había venido anticipando[34] que la adopción de una supervisión proactiva fomentada no implica la pérdida del beneficio de la exención de responsabilidad para las plataformas colaboradoras, es innegable que puede considerarse una herramienta para obtener conocimiento y, por tanto, capaz de activar el deber de actuar rápidamente. Cómo se van a evaluar la idoneidad de las medidas y las consecuencias que tendrán las medidas defectuosas o ineficaces, es crítico. Incluso aún no está claro si el deber de vigilancia, incluso de forma voluntaria, es una obligación de resultado o una obligación de medios. Es discutible si las medidas de control proactivo sirven para conocer realmente la ilegalidad o el potencial ilícito de una actividad o contenido y cuándo se materializa este conocimiento.

Si un sistema de eliminación basado en algoritmos respeta la lógica de notificación y retirada o constituye *de facto* una supervisión general de la plataforma es también una cuestión interesante que no estaba resuelta en la DCE y que la DSA aborda al menos. En caso de que el uso de un sistema automático mejore la eficacia, pero, al mismo tiempo, aumente la exposición a la responsabilidad o, al menos, genere incertidumbre, las plataformas se verían desanimadas a la hora de aplicar mecanismos de supervisión más sofisticados. Por eso, la DSA afronta este dilema expresamente, aunque no lo haga con todos los matices ni resuelva todas las aristas.

34 De acuerdo con la *Comunicación de Contenidos Ilegales*, par. 3.3.1.:
«La Comisión considera que la adopción de estas medidas voluntarias y proactivas no hace que la plataforma en línea pierda automáticamente el beneficio de la exención de responsabilidad prevista en el artículo 14 de la Directiva sobre comercio electrónico.
Como reitera la Recomendación de la Comisión de 1.3.2018 sobre medidas para abordar eficazmente los contenidos ilícitos en línea, C (2018) 1177 final (26).

3.1. Recalibrando la ausencia de un deber general de supervisión

El primero de los pilares del «puerto seguro» es la ausencia de un deber general de supervisión. Con ello, se acentúan los incentivos hacia una estrategia de pasividad o inhibición por los intermediarios, enfocados en diseñar mecanismos claros y efectivos de obtención del conocimiento, que es el detonante de la necesidad de actuar. El riesgo, por tanto, se calibra en esa etapa del proceso y se evita, sencillamente, en todo el periodo previo.

La economía de plataformas cuestiona, contradice e incluso pervierte esta lógica. La contraposición entre modelos es cada vez más evidente. La capacidad de creación de valor de una plataforma depende en gran medida de su estrategia de regulación, supervisión y generación de confianza, alejándose a diferente distancia, según el modelo específico de la estrategia de pasividad e inacción.

Más allá de mejorar la prestación de servicios digitales aprovechando sus eficiencias de red, economías de escala y beneficios de creación de valor, las plataformas aspiran a crear «sistemas jurídicos privados» de base contractual. Dentro de una inmensa variedad de modelos de negocio, los operadores de plataformas actúan como reguladores (contractuales) adoptando las normas y políticas de la plataforma, supervisando el cumplimiento y sancionando las infracciones (de forma centralizada o, más frecuentemente, aplicando mecanismos de supervisión P2P descentralizados y adoptando políticas de sanciones), facilitando la resolución de conflictos y proporcionando sistemas para crear y preservar la reputación.

Estas funciones de los operadores de plataformas rompen el molde creado por la DCE para los proveedores de servicios intermediarios. De hecho, la variedad de operadores de plataformas en el mercado difícilmente encaja en la taxonomía binaria del DCE: proveedores de servicios (generales) y proveedores de servicios intermediarios. Si bien es cierto que los operadores de plataformas actúan como facilitadores, habilitadores o incluso intermediarios, su perfil funcional dista mucho de la concepción pasiva o puramente técnica de un proveedor de servicios intermediarios tal y como se concebía originariamente por la DCE. Mientras que los rasgos distintivos de los prestadores de servicios intermediarios amparados por el «puerto seguro» son precisamente la ausencia de control y la falta de conocimiento, los operadores de plataformas se esfuerzan por crear un entorno de confianza para los usuarios proporcionando mecanismos para obtener conocimiento, gestionar avisos, eliminar contenidos o garantizar el cumplimiento de las políticas internas de las plataformas. En este sentido, las plataformas implementan sistemas de aviso y retirada, filtrado algorítmico o mecanismos de clasificación que se apoyan en verificadores de hechos y marcadores de confianza, y se esfuerzan por adoptar normas comunes y garantizar el cumplimiento efectivo. Por lo tanto, las plataformas deben abandonar la posición de meros intermediarios pasivos, tal y como prevé la DCE, para mejorar sus servicios, captar y conservar a los usuarios y resultar atractivas en un «mercado de plataformas» competitivo.

Así, dada la constelación de variados modelos de negocio que pueden adoptar las plataformas, la categorización jurídica de un operador de plataforma ha de basarse en un análisis previo de sus funciones, deberes y obligaciones, tal y como se recogen en el acuerdo de acceso (y otros contratos relacionados) y del funcionamiento de todos los sistemas y mecanismos implementados para la calificación, la gestión de las notificaciones, la eliminación, el etiquetado o la clasificación. Este es el camino que ha seguido el Tribunal de Justicia de las Comunidades Europeas en sus últimas decisiones sobre plataformas (*Uber* y *Airbnb*). El análisis de cada plataforma revela si el operador de la plataforma tiene el control y la influencia decisiva sobre la actividad de los usuarios dentro de la plataforma y, en caso afirmativo, en qué medida[35]. En consecuencia, el Tribunal de Justicia incorpora en la taxonomía binaria de los prestadores de servicios los factores pertinentes de control e influencia decisiva para evaluar el papel del operador de la plataforma. Una consecuencia natural de la evaluación multifactorial del TJUE debería ser el impacto en el régimen de responsabilidad. Sin alterar el «puerto seguro», la evaluación de la influencia y el control afecta inevitablemente al papel pasivo del operador de la plataforma que sustenta la exención de responsabilidad.

Esta realidad, no requiere renunciar definitivamente al modelo de «puerto seguro». No lo hace así la DSA, de hecho, pero exige recontextualizarlo. De un lado, preserva claramente la ausencia del deber general de supervisión o de búsqueda activa. Así, el artículo 8 DSA recuerda que «(n)o se impondrá a los prestadores de servicios intermediarios ninguna obligación general de monitorizar la información que transmitan o almacenen, ni de buscar activamente hechos o circunstancias que indiquen la existencia de actividades ilícitas». E incluso de forma elocuente se insiste en esta continuidad en el Considerando 30 al insistir que (n)ada de lo dispuesto en el Reglamento debe interpretarse como la imposición de una obligación general de monitorización o de una búsqueda activa de hechos, o una obligación general de que los prestadores adopten medidas proactivas en relación con contenidos ilícitos, pero también en aclarar que esta ausencia de un deber general no afecta a las obligaciones de monitorización en un caso específico y además que no interfiere con las órdenes de las autoridades nacionales de conformidad con el Derecho nacional, en cumplimiento del Derecho de la Unión, y de conformidad con las condiciones del Reglamento. Pero la continuidad de este pilar fundamental se matiza con dos particulares novedades de la DSA apuntan en esta dirección y responde a estas fricciones (Considerando 16 DSA). En la estructura escalonada de la DSA, estas disposiciones constituyen el primer nivel.

---

35 Alberto De Francheschi, «Uber Spain and the «Identity Crisis» of Online Platforms», en *EuCML— Journal of European Consumer and Market Law*, num. 1, 2018, pp. 1-4.

Primera, la referencia explícita a la relevancia del papel activo que el operador pueda desempeñar y que sea de tal índole que le confiera conocimiento o control (Considerando 18 DSA). Así, la DSA reconoce e incorpora la jurisprudencia del Tribunal de Justicia que modela y modula el alcance y la extensión de las reglas del «puerto seguro».

La decisión del TJUE en el caso eBay[36] confirma la calificación como intermediario de eBay, pero deja abierta una vía interpretativa al condicionar su respuesta a la constatación de que el operador no desempeñe un papel activo. Resulta poco realista reducir la función del operador de una plataforma al almacenamiento de datos y contenidos o la mera provisión de motores de búsqueda. En el ejercicio de sus funciones como regulador, supervisor o generador de confianza, es improbable que pueda negarse una cierta intervención activa del operador en la comunidad.

En el análisis del caso Uber[37], que en el Tribunal perfila con especial cuidado y en el que se mantiene rigurosamente como ámbito fáctico de su pronunciamiento, el TJUE recurre a tres criterios fundamentales sobre los que gira su calificación jurídica del operador y de los servicios prestados.

En primer lugar, el Tribunal valora, en el caso UberPop en el que los conductores no son profesionales, la función del operador como creador de un mercado que sin su intervención no sería factible. En definitiva, en opinión del TJUE, la condición no profesional de los conductores determina que la labor del operador no consiste en la mera intermediación entre una oferta existente y una demanda para tales trayectos, sino que la plataforma conforma en sí misma la oferta de servicios de transporte de unos conductores que, de otro modo, no estarían en condiciones de prestar el servicio. Con este primer argumento, la Corte está dotando de valor sustantivo a la función de agregación de la tecnología digital empleada (aplicaciones, dispositivos móviles, plataforma). Es decir, el Tribunal no entiende que el vector causal del servicio prestado por Uber se detenga en el ofrecimiento y puesta a disposi-

---

36 TJUE 12 Jul. 2011, C-324/09 *L'Oréal SA and Others* v. *eBay International AG and Others*, http://curia.europa.eu/juris/liste.jsf?language=en&num=C-324/09:
«El artículo 14, apartado 1, de la Directiva 2000/31/CE del Parlamento Europeo y del Consejo, de 8 de junio de 2000, relativa a determinados aspectos jurídicos de los servicios de la sociedad de la información, en particular el comercio electrónico en el mercado interior (Directiva sobre el comercio electrónico), debe interpretarse en el sentido de que se aplica al operador de un mercado electrónico cuando éste no desempeñe un papel activo que le permita adquirir conocimiento o control de los datos almacenados».

37 La sentencia del TJUE en el asunto C-434/15, de 20 de diciembre de 2017, tiene por objeto una petición de decisión prejudicial planteada por el Juzgado de lo Mercantil n.° 3 de Barcelona, mediante auto de 16 de julio de 2015, en el procedimiento entre *Asociación Profesional Élite Taxi* y *Uber Systems Spain, S.L.* La decisión del TJUE en este asunto, precedida de una importante y discutida Opinión del Abogado General Szpunar, emitida el 11 de mayo de 2017, se aguardaba en el mercado con gran expectación por su esperado impacto en la configuración del sector y la delimitación del concepto de economía colaborativa.

ción de un entorno digital para la interacción y la realización de transacciones entre conductores y pasajeros, sino que lo proyecta sobre la naturaleza misma del servicio. De este modo, le confiere el sentido causal del servicio de transporte prestado por los conductores registrados en la plataforma.

Este criterio, que el Tribunal delimita muy bien y aplica convincentemente en el caso objeto de análisis, se vuelve difuso y ambiguo cuando se traslada a otros sectores. En realidad, los modelos entre iguales (P2P) arrancan todos ellos de una situación de partida muy similar. La oferta no existe previamente porque está atomizada y no tiene alcance suficiente para llegar a una demanda latente pero también dispersa, por lo que la plataforma la agrega y la estructura permitiendo que la actividad devenga factible y viable. En el corazón de la economía colaborativa más pura, la plataforma actúa inevitablemente como creadora del mercado al facilita la interacción y la cooperación. Más aún, una de las funciones básicas tradicionales de un intermediario en el sentido económico es precisamente agregar y centralizar, permitiendo la interacción, la selección y la contratación[38]. Ciertamente, en el caso de UberPop, a pesar de la condición no profesional de los conductores, la actividad se desarrolla con ánimo de lucro y el servicio de transporte se presta a cambio de una remuneración. Por tanto, el pronunciamiento del Tribunal se hace conforme a estos parámetros de referencia. Con todo, es un criterio cuya aplicación puede devenir muy incierta en su aplicación en otros sectores. Como criterio único para la calificación jurídica del operador, nos parece, por tal motivo, insuficiente y, en cierta medida, inadecuado.

No obstante, en segundo lugar, el TJUE completa su doctrina sobre la calificación jurídica del operador con otros dos factores: influencia decisiva y capacidad de control. Ambos criterios actuarían como puentes de conexión entre el estrato del operador y la comunidad de usuarios. Como consecuencia, la separación entre ambos niveles se estrecha y el argumento de la no intervención del operador en la actividad de la comunidad más allá de la gestión de la plataforma se debilita.

Ninguno de estos criterios forma parte de la definición con la que la DCE describe a los prestadores de servicios de la sociedad de la información. Por tanto, la primera pregunta es si la concurrencia de ambos factores transforma inevitable y automáticamente el estatuto jurídico del prestador en proveedor principal del servicio, de trasporte en este caso, dejando de ser un PSSI, o puede, en otros casos, sólo afectar a la aplicación del régimen de responsabilidad. Pues si se afirmara que a pesar de todo el operador de la plataforma es un intermediario, la presencia de control e influencia decisiva activaría la inaplicación del régimen de exclusión de responsabilidad (Artí-

38 Joseph Bailey y Yannis Bakos, «An Exploratory Study of the Emerging Role of Electronic Intermediaries», en *Int.J.Electronic Commerce,* vol. 1, n.° 3, Spring 1997, pp. 7-20.

culo 14.2 DCE). En este sentido, el efecto de la concurrencia de los factores de control e influencia decisiva más allá del caso concreto analizado por la Corte no son evidentes.

Más delicado nos resulta todavía valorar qué tipo de actividades, comportamientos, prácticas o funciones de los operadores de una plataforma revelarían la existencia de influencia decisiva y control. El Tribunal identifica en este caso, en particular, que (par. 39) el operador «establece al menos el precio máximo de la carrera, que recibe este precio del cliente para después abonar una parte al conductor no profesional del vehículo y que ejerce cierto control sobre la calidad de los vehículos, así como sobre la idoneidad y el comportamiento de los conductores, lo que en su caso puede entrañar la exclusión de éstos». Habría así que analizar en cada uno de los modelos de negocio el alcance, el contenido, y el efecto de control de las funciones desempeñadas por el operador en relación con la operativa de la plataforma para valorar sin son relevadoras de una influencia decisiva. Esta valoración no es sencilla porque precisamente la capacidad de crear valor de una plataforma deriva de sus funciones de regulación, supervisión, monitorización y, en ocasiones, resolución de conflictos. Por tanto, una estrategia de generación de confianza basada en el desarrollo amplio de estas funciones expondría claramente al operador a una calificación jurídica de proveedor directo o a una inaplicación del puerto seguro.

Segunda, la incorporación de la disposición conocida como del «buen samaritano». En el artículo 7 DSA, el Reglamento introduce una notable novedad:

> No se considerará que los prestadores de servicios intermediarios no reúnen las condiciones para acogerse a las exenciones de responsabilidad a que se refieren los artículos 4, 5 y 6 por la única razón de que realicen, de buena fe y de modo diligente, investigaciones por iniciativa propia de forma voluntaria, o adopten medidas con el fin de detectar, identificar y retirar contenidos ilícitos, o bloquear el acceso a estos, o adoptar las medidas necesarias para cumplir los requisitos del Derecho de la Unión y del Derecho nacional en cumplimiento del Derecho de la Unión, incluidos los requisitos establecidos en el presente Reglamento».

Esta solución se dirige directamente a atacar el efecto «indeseado» de pasividad que el puro modelo del «puerto seguro» incentiva. Esta disposición presenta, al menos en su redacción literal, dos derivadas. Su objetivo es único y común: lanzar un puente entre la ausencia de obligación de búsqueda activa y la preservación de la exención de responsabilidad. En definitiva, un comportamiento proactivo no impide a los prestadores acogerse a la exención de responsabilidad. La primera derivada parece ser la más amplia: realizar, de buena fe y de modo diligente, investigaciones por iniciativa propia de forma voluntaria. La segunda derivada conectaría las exenciones de responsabilidad con las obligaciones que escalonadamente establece la propia DSA en su articulado ulterior. Como explica el Considerando 26, la repercusión de estas prácticas y medidas voluntarias en la aplicabilidad de las exenciones de responsabilidad era incierta y, por ello, incluir esta disposición expresamente confiere seguridad jurídica y está dirigida precisamente a promover estrategias proactivas de los intermediarios. Más aún, es, sobre todo, una incorporación plena y expresa del modelo funcional y estratégico de las plataformas que buscan y necesitan generar un espacio confiable regulando, supervisando, con mecanismos de detección y moderación de contenidos.

Este reconocimiento es, sin duda, una «ampliación» del «puerto seguro» en la medida en que aclara el alcance y la extensión de esta zona de protección en la que los intermediarios (especialmente, las plataformas) desarrollan y despliegan su estrategia para generar confianza y credibilidad, limitan su exposición al riesgo y articulan sus prácticas comerciales. Especialmente revelador es la referencia expresa en el Considerando al uso de herramientas automatizadas (*algorithmic content moderation*) que abordamos más adelante. Por tanto, las prácticas ampliamente implementadas por las plataformas para detectar, identificar o retirar contenidos (*flagging systems, automated moderation,* la más amplia variedad de sistemas privados de detección y retirada) ganar carta de naturaleza en la DSA.

La disposición, no obstante, no está exenta de incertidumbres que las plataformas deberán gestionar. El mantenimiento de la exención no es pleno, sino que está sujeto a que las medidas se adopten de buena fe y con diligencia. El Considerando 26 desarrolla estos requisitos en una actuación bajo criterios objetivos, no discriminatorios y proporcionados, que tenga en cuenta debidamente los derechos e intereses legítimos de todas las partes implicadas, y que proporcione las garantías necesarias contra la retirada injustificada de contenidos lícitos. Nuevamente, aunque con un marco mejor definido, serán fundamentales los esfuerzos de las plataformas por diseñar, articular y operar mecanismos de detección, identificación y retirada (y reposición) que acrediten y alineen con estos criterios. Y es que en este caso parece que debemos interpretar que se está abogando por una aproximación del tipo de *procedural fairness.* Es decir, que son las políticas, los procedimientos y los mecanismos implementados los que deben diseñarse para que operan de forma objetiva, proporcionada y no discriminatoria. Porque esto es lo que mantiene a la plataforma bajo la protección del Artículo 8 y manteniendo su eligibilidad para las exenciones. Es un análisis de conjunto que habilita al prestador específico a acogerse a las exenciones, si bien no asegura que sea necesariamente así. En definitiva, la mera adopción de medidas, el elemento procedimental, no desactiva las exenciones, por sí mismo.

3.2. El impacto de la automatización en el paradigma de la responsabilidad

La eficacia en el control y la eliminación de contenidos ilegales puede mejorarse significativamente incorporando el filtrado automático, los mecanismos basados en algoritmos y sistemas de inteligencia artificial[39]. La automatización plantea, sin embargo, riesgos preocupantes de eliminación excesiva y despierta el fantasma de la censura. Una tendencia creciente hacia el aumento de la transparencia en la configuración, el funcionamiento y el proceso de autoaprendizaje de los algoritmos se hace eco de estas preocupaciones. La plena divulgación y la explicación clara de la política de contenidos de las plataformas en las condiciones del servicio, de los procedimientos de notificación y acción y de los criterios de filtrado automático deberían atenuar esas preocupaciones. En términos de mercado, la transparencia aumentaría la competencia en el mercado de las plataformas y permitiría elegir de forma razonable y tomar decisiones informadas.

Asimismo, podrían adoptarse otras salvaguardias contra la eliminación excesiva y el abuso del sistema para aliviar el riesgo de coartar la libertad de expresión. Los procedimientos de notificación razonables, el filtrado automático bien diseñado y continuamente supervisado, y una política de eliminación equilibrada deben complementarse con sistemas de señalización de confianza, procedimientos de contra-notificación y medidas para prevenir y penalizar las notificaciones y contra-notificaciones de mala fe.

El Considerando 22 de la DSA trata de aproximarse a algunas cuestiones, aclarando, por ejemplo, que el hecho de que «el prestador indexe automáticamente la información cargada en su servicio, tenga una función de búsqueda y recomiende información basándose en los perfiles o preferencias de los destinatarios del servicio no es motivo suficiente para considerar que dicho prestador tenga un conocimiento «específico» de las actividades ilegales llevadas a cabo en esa plataforma o de los contenidos ilícitos almacenados en ella». Pero la incertidumbre sigue estando en el uso de mecanismos automatizados de base algorítmica que responden a unos criterios predeterminados de «ilegalidad» o «incompatibilidad» con las normas de la plataforma, o a unos patrones con los que el mecanismo de filtrado o moderación identificará contenidos sospechosos (para *demoting*) o incluso retirará o suspenderá. Es inevitable preguntarse por el momento en el que se obtiene conocimiento a los efectos de las exenciones de responsabilidad: en la determinación de los criterios, en la identificación específica del contenido, en la valoración del mismo o en la decisión (automatizada o no) de retirada o suspensión.

3.3. La confianza del consumidor en la apariencia y la protección de sus expectativas

El artículo 6, que reproduce en la DSA, la disposición de la DSA sobre los prestadores de servicios de alojamiento de datos (art. 14 CDE) incorpora una interesante novedad cuyos efectos y alcance, no obstante, pueden resultar algo inciertos.

39 ELI Guiding Principles for Automated Decision Making in Europe, 2022.

Se añade un párrafo 3 que presenta, en la delimitación de su ámbito de aplicación, una curiosa desviación en la estructura de la DSA. En la lógica de obligaciones escalonadas de la DSA, las exenciones de responsabilidad representan el primer nivel que se aplica a los prestadores de servicios intermediarios. Las capas sucesivas van apilando obligaciones y reglas específicas para los servicios de alojamiento de datos, incluyendo, las plataformas, para las plataformas que permitan la conclusión de contratos entre comerciantes y consumidores, y a plataformas y buscadores de muy gran tamaño. La nueva regla, que es, de hecho, una excepción a la exención, se aplica exclusivamente a ciertos prestadores de hosting, en concreto, a plataformas transaccionales B2C. Es decir, se aplica a plataformas que permiten la celebración de contratos entre comerciales y consumidores. De este modo, el párrafo 3 trae al primer nivel una excepción aplicable a categorías de prestadores a los que dedica secciones ulteriores del texto con disposiciones específicas.

Con este concreto ámbito de aplicación, la nueva disposición excluye de la protección del «puerto seguro», con un alcance determinado que analizamos a continuación, a los operadores de esas plataformas en la medida en que, por el modo en el que presenten la información o permitan la celebración de las transacciones induzcan a los consumidores a creer que el operador de la plataforma es quien presenta la información u ofrece el producto o servicio o que el comerciante lo hace bajo su autoridad o control. En definitiva, la idea de fondo es que ciertos elementos en la operativa de la plataforma crean la apariencia de que no es un mero intermediario, sino que interviene de algún modo en la transacción y, por tanto, el consumidor medio tiene la expectativa razonable de que la plataforma controla, conoce o incluso presta el servicio u ofrece el producto final.

Si transcribimos la disposición, podemos completar el análisis de la excepción con una matización importante:

> El apartado 1 no se aplicará con respecto a la responsabilidad, en virtud del Derecho en materia de protección de los consumidores, de las plataformas en línea que permitan que los consumidores celebren contratos a distancia con comerciantes, cuando dicha plataforma en línea presente el elemento de información concreto, o haga posible de otro modo la transacción concreta de que se trate, de manera que pueda inducir a un consumidor medio a creer que esa información, o el producto o servicio que sea el objeto de la transacción, se proporcione por la propia plataforma en línea o por un destinatario del servicio que actúe bajo su autoridad o control

La disposición está destinada a inaplicar la exención de responsabilidad de los prestadores de servicios de alojamiento de datos, pero no lo hace de forma absoluta y plena sino limitada en su alcance: *con respecto a la responsabilidad, en virtud del Derecho en materia de protección de los consumidores.* Es decir, que el operador de la plataforma pasa a ser responsable ante el consumidor como lo sería el comerciante en todo aquello que resulte de la normativa de protección del consumidor. En sentido contrario, deberíamos entender que estas plataformas podrían aún quedar protegidas por la exención en relación con responsabilidad que no esté relacionada con la normativa de protección del consumidor.

Naturalmente, la pieza clave de esta excepción es qué factores determinarán la aplicación de esta disposición. La redacción del párrafo 3 parece girar alrededor de la idea de expectativas razonables del consumidor medio que confía en la apariencia, esto incluye el diseño, el funcionamiento y la operativa y la forma en la que la información se presenta, es accesible o se verifica, y en su contenido.

El Considerando 24 ofrece algunas ilustraciones. *Entre los ejemplos de estas prácticas encontramos el de una plataforma en línea que no muestre claramente la identidad del comerciante como exige el presente Reglamento, el de una plataforma en línea que no revele la identidad o los datos de contacto del comerciante hasta después de la formalización del contrato celebrado entre el comerciante y el consumidor, o el de una plataforma en línea cuando comercialice el producto o servicio en su propio nombre en lugar de en nombre del comerciante que suministrará el producto o servicio.* Y advierte que esta valoración debe hacerse de manera objetiva y *teniendo en cuenta todas las circunstancias pertinentes.* Claramente esta referencia a la identidad del comerciante conecta con el artículo 30 DSA sobre trazabilidad de los comerciantes (KYBU — *Know Your Business User*)[40]. Pero con esta alusión, sin referencia directa en la disposición normativa, se abre un debate de contornos inciertos. En qué medida el incumplimiento de alguna de las disposiciones aplicables a las plataformas que permitan a los consumidores la conclusión de contratos con comerciantes, en particular, artículos 30 (trazabilidad), 31 (cumplimiento desde el diseño) y 32 (derecho a la información), activa automáticamente la excepción o representa, en todo caso, un factor para determinar si precisamente este incumplimiento es suficiente para inducir al consumidor medio a la expectativa razonable de que la plataforma controla, supervisa o presta el servicio y/o la información.

Este debate además plantea una segunda derivada sobre si son obligaciones de medios o de resultado. Las referencias a «mejores esfuerzos» y «hará todo lo posible» nos sitúa en la primera categoría. Pero, aun así, la cuestión interesante es si cumplimiento con los requisitos de estos artículos, que pueden ser en la práctica de tipo procedimental —habilitar procesos, diseñar el

40 Sobre el alcance de esta obligación y sus implicaciones, Teresa Rodríguez De Las Heras Ballell, «Supervision and Enforcement in the DSA — Key Factors for Enhancing the Effectiveness of Enforcement: Analytical Framework and Proposals», en Policy Department for Economic, Scientific and Quality of Life Policies for the committee on Internal Market and Consumer Protection (IMCO), *The Digital Services Act and the Digital Markets Act — a forward-looking and consumer-centred perspective*, June 2021.

interfaz, obtener información del comerciante y hacer los mejores esfuerzos para verificarla— es, sin embargo, en sí misma una garantía de que «no se induce» al consumidor medio a la confianza razonable en la influencia del operador de la plataforma.

En busca de los antecedentes de esta novedosa disposición, encontramos un anclaje muy revelador[41] en las *ELI Model Rules on Online Platforms*[42]. Dos de las disposiciones de estas reglas modelo arrojan luz sobre el fin último que parecería inspirar esta novedad de la DSA. El artículo 19[43], *Liability of the Platform Operator for Lack of Transparency*, explica con claridad que el incumplimiento que actúa de detonante es la violación del artículo 13[44] en virtud del cual la plataforma debe informar expresamente y de forma destacada que el contrato que el consumidor va a celebrar no se concluye con el operador de la plataforma sino con el comerciante que será su contraparte. Por tanto, es el incumplimiento de una obligación clara y bien delimitada la que activa la responsabilidad bajo el artículo 19. A diferencia del «puerto seguro» que no contiene normas de atribución de responsabilidad, el artículo 19 de las *Model Rules on Online Platforms* se formula de forma positiva reconociendo la facultad del consumidor de ejercer los derechos y las acciones que tendría frente al comerciante en virtud del contrato que ha concluido frente a la plataforma. El párrafo 3 del artículo 6 de la DSA exceptúa la exención, por tanto, hace posible la aplicación de las normas de consumo, sin atribución expresa.

Pero es el artículo 20 de las *Model Rules on Online Platforms* el que resulta más inspirador para entender el alcance y calibrar la aplicación del artículo 6(3) de la DSA. Su tenor respalda el planteamiento de las expectativas y la confianza razonables («can reasonably rely on») del consumidor que, sobre la base de ciertos criterios, cree y confía en que el operador de la plataforma tiene una influencia predominante sobre el comerciante. Lo interesante de esta disposición es que lista ciertos criterios que revelarían esta apariencia y reforzarían la confianza razonable: a) El contrato proveedor-cliente se celebra exclusivamente a través de los mecanismos proporcionados en la plataforma;

---

41 Con ámbitos de aplicación coincidentes, Teresa RODRÍGUEZ DE LAS HERAS BALLELL, «Article 2. Definitions», en *Discussion Draft of a Directive on Online Intermediary Platforms. Commentary,* obra citada.

42 Detalles del proyecto y sus resultados en https://www.europeanlawinstitute.eu/projects-publications/completed-projects/online-platforms/.

43 Article 19 Model Rules on Online Platforms:
"In the case of a violation of Article 13, the customer can exercise the rights and remedies available against the supplier under the supplier-customer contract also against the platform operator".

44 Article 13: Duty to Inform About the Role of the Platform
"At the earliest opportunity and directly before the conclusion of the supplier-customer contract, the platform operator must inform the customer, in a prominent manner, that the customer will be entering into a contract with a supplier and not with the platform operator."

b) El operador de la plataforma retiene la identidad del proveedor o los datos de contacto hasta después de la celebración del contrato proveedor-cliente; c) El operador de la plataforma utiliza exclusivamente sistemas de pago que permitan al operador de la plataforma retener los pagos realizados por el cliente al proveedor; d) Los términos del contrato proveedor-cliente son determinados esencialmente por el operador de la plataforma; e) El precio a pagar por el cliente lo fija el operador de la plataforma; f) El marketing está enfocado al operador de la plataforma y no a los proveedores; o g) El operador de la plataforma se compromete a vigilar la conducta de los proveedores y a velar por el cumplimiento de sus estándares más allá de lo requerido por la ley.

Los anteriores criterios no son factores fijos ni representan una lista cerrada y exhaustiva. Son factores que deberán tenerse en cuenta para apreciar si el consumidor confiaba razonablemente en que el operador tenía influencia predominante.

Son factores interesantes que definen el modelo de negocio, el diseño de la operativa transaccional, la estrategia de marketing o incluso el modelo algorítmico de fijación de condiciones y precios. Pueden servir de referencia en la aplicación del artículo 6(3) de la DSA.

Pero, además, es particularmente clarificador el modo en que determinan las *Model Rules on Online Platforms* el alcance y los efectos sobre la responsabilidad que desencadena esta confianza razonable del consumidor. La facultad del consumidor de ejercitar frente al operador de la plataforma las acciones y derechos que tendría en caso de incumplimiento frente al comerciante que es su contraparte. La DSA es mucho más sutil y la formulación es más ambigua. No es una regla positiva de atribución sino de excepción de la exención. Y además se refiere ampliamente a la responsabilidad derivada del Derecho en materia de protección del consumidor. La discusión planteada en el marco de las *Model Rules* se refería precisamente a qué acciones y remedios tenía sentido que el consumidor ejercitara frente a la plataforma. Pues si bien la compensación de daños será siempre viable, una acción de reparación o de entrega específica en caso de incumplimiento, podrían ser, en la práctica, de cumplimiento imposible por el operador de la plataforma que no es, en realidad, el vendedor o el prestador del producto o servicio.

LA DMA: ¿UN NUEVO REGLAMENTO PARA –O CONTRA– LOS MERCADOS DIGITALES EN LA UE?

Fernando Díez Estella
Profesor titular (acreditado) de Derecho Mercantil, Universidad Antonio de Nebrija.
fdieze@nebrija.es

1. Introducción

Posiblemente, pocas normas emanadas del Parlamento y el Consejo Europeos hayan despertado nunca una expectación semejante a la generada por el Reglamento de Mercados Digitales[1] (conocido como la DMA, por sus siglas en inglés: *Digital Markets Act*).

En efecto, pese a que a su aprobación se ha llevado a una velocidad supersónica, teniendo en cuenta los estándares habituales de la normativa en la UE (su publicación en el DOUE ha tenido lugar menos de dos años después de la propuesta[2] inicial), lo cierto es que era una normativa sobre la que se llevaba hablando mucho tiempo, que era esperada con un gran interés, y que sin duda será objeto de una acalorada discusión y debate a lo largo de los próximos años.

---

1 Reglamento (UE) 2022/1925 del Parlamento Europeo y del Consejo de 14 de septiembre de 2022 sobre mercados disputables y equitativos en el sector digital y por el que se modifican las Directivas (UE) 2019/1937 y (UE) 2020/1828 (Reglamento de Mercados Digitales). DOUE n.º 265, de 12 de octubre de 2022, pp. 1 a 66.

2 Propuesta de Reglamento del Parlamento Europeo y del Consejo sobre mercados disputables y equitativos en el sector digital {SEC (2020) 437 final} — {SWD (2020) 363 final} — {SWD (2020) 364 final}. Bruselas, 15 de diciembre de 2020 COM (2020) 842 final 2020/0374 (COD).

Este trabajo tiene su base en la ponencia «El Reglamento (UE) 2022/1925, de Mercados Digitales: ámbito de aplicación y obligaciones de los guardianes de acceso», presentada en el Congreso Nacional Servicios de intermediación contractual prestados por plataformas digitales y responsabilidad civil, celebrado en la Universidad de Zaragoza, los días 20 y 21 de octubre de 2022.

De ahí que el objeto de estas páginas no sea un análisis exhaustivo de la DMA, ni dar cuenta de su complejo sistema de *enforcement* (que se lleva ca cabo en otro capítulo de esta obra) o su régimen sancionador, sino que se limita a su ámbito de aplicación y las obligaciones de los denominados «guardianes de acceso», a los que habremos de referirnos con el término en inglés ya aceptado de *gatekeepers*.

Naturalmente, si se harán algunas referencias a la tramitación de esta norma, ineludibles para entender el «resultado final» que ha salido del Parlamento, y el régimen legal de las obligaciones impuestas a partir de su entrada en vigor a las grandes plataformas digitales que operan en la UE.

Queremos desde este primer apartado de introducción señalar que la valoración que la DMA merece en su conjunto es positiva, y sin duda algo había que hacer para completar la aplicación de las normas de Derecho de Defensa de la Competencia —en este ámbito, principalmente el art. 102 del Tratado de Funcionamiento de la UE (TFUE), que prohíbe el abuso de posición dominante— a estos nuevos operadores. Sin embargo, no podemos tampoco dejar de señalar algunas «disfunciones» que esta norma va a provocar, precisamente en su interacción con la normativa *antitrust* comunitaria.

Este punto es el que va a constituir el hilo argumental de estas páginas, la que en nuestra opinión es la cuestión peor resuelta por la DMA: su articulación con la prohibición de posición dominante en la UE, ya que ésta actúa *ex post*, mientras que las previsiones regulatorias de la DMA funcionan *ex ante*.

El otro gran tema de debate es lo tremendamente complejo y costoso que su aplicación práctica va a suponer, pero eso es objeto de otro trabajo de esta obra, y por tanto no haremos referencia a ello en estas páginas.

Tanto la DMA como la DSA[3] (*Digital Services Act*) forman parte del *Digital Services Act package*[4], que es uno de los ejes de la Estrategia Digital Europea. Esta estrategia, presentada oficialmente en febrero de 2020, tiene como objetivo conformar «*una sociedad europea impulsada por soluciones digitales que sitúan en el lugar preferente a las personas, abre nuevas oportunidades para las empresas y da impulso al desarrollo de una tecnología fiable*

3 Reglamento (UE) 2022/2065 del Parlamento Europeo y del Consejo de 19 de octubre de 2022, relativo a un mercado único de servicios digitales y por el que se modifica la Directiva 2000/31/CE (Reglamento de Servicios Digitales), DOUE L 277/1, de 27 de octubre de 2022.

4 Disponible en: https://ec.europa.eu/digital-single-market/en/digital-services-act-package.

que fomente una sociedad abierta y democrática y una economía dinámica y sostenible»[5]. Como puede apreciarse, y lo veremos perfectamente reflejado al analizar en detalle el nuevo Reglamento, la UE parece poner más énfasis en la sostenibilidad de la economía y una cierta función «social» respecto de las empresas, que en consideraciones basadas en criterios de eficiencia y competitividad.

Con todo, la finalidad principal de esta normativa sigue siendo —o debería ser— la de poner coto al poder sistémico de un pequeño número de plataformas digitales que, sin embargo, tienen un enorme impacto en los mercados en los que actúan, actuando como reguladores privados y obstaculizando e impidiendo la entrada a nuevas empresas, a modo de «cuello de botella», lo que priva de elección a los usuarios y consumidores finales.

Hasta ahora, la actuación frente a estas empresas se había centrado, como ha quedado dicho, en la aplicación del Derecho de la Competencia, principalmente la prohibición de abuso de posición dominante, contenida en el art. 102 TFUE. Sin embargo, la lentitud de estos procesos sancionadores y la escasez de remedios estructurales que acompañan a su finalización, se ha demostrado insuficiente para atajar estos excesos de las grandes plataformas, ya que su actuación —pese a que se condene como anticompetitiva y se le impongan cuantiosas multas— causa un daño irreversible la competencia, con el consiguiente perjuicio para los consumidores.

De ahí la necesidad, o por lo menos conveniencia, de un nuevo instrumento, que asegure la existencia de mercados en los que siempre pueda haber entrada de nuevos operadores, o expansión de los ya existentes, y que las relaciones entre las plataformas y sus usuarios (tanto profesionales como finales) se desarrollen bajo principios de equidad, y no de flagrante desequilibrio.

Para ello se seguirá el siguiente esquema: tras este epígrafe de introducción, en el apartado 2.º del trabajo se llevará a cabo una breve descripción y caracterización de los mercados digitales, y especialmente de los nuevos operadores a quienes va dirigida esta normativa: las grandes plataformas. A continuación, en el apartado 3.º, se analizarán los dos conceptos claves que delimitan el ámbito de aplicación de la DMA: por un lado, los llamados «servicios básicos de plataforma» (conocidos como CPS, por sus siglas en inglés, *Core Platform Services*); por otro, la figura del «guardián de acceso» o *gatekeeper*. Una vez delimitado este ámbito de aplicación, se analizan, en el apartado 4.º, las obligaciones impuestas a estas empresas, y que se contienen principalmente en los artículos 5, 6 y 7 de la DMA. Finalmente se ofrecen —en el apartado 5.º— una serie de conclusiones, así como la relación de bibliografía consultada.

---

5 Disponible en: https://ec.europa.eu/commission/presscorner/detail/es/ip_20_273.

2. Mercados digitales, mercados de plataformas

Pese a que llevar a cabo una caracterización exhaustiva de estos mercados excedería con creces el objetivo de este trabajo, nos ha parecido oportuno hacer si quiera una breve referencia a los mercados digitales, y especialmente a las plataformas que operan en ellos, y que han configurado un nuevo «orden» competitivo, pues resulta indispensable para entender el sentido y la finalidad de la DMA.

En efecto, si hace tiempo se hablaba de las «nuevas tecnologías» como fenómeno que había irrumpido en el tráfico jurídico, y al que el ordenamiento tenía que dar una respuesta, y más recientemente (estos últimos diez años) se ha puesto el foco en los nuevos «mercados digitales», el reto regulatorio al que hoy en día nos enfrentamos es el de las «plataformas digitales»[6], y así es como se enfoca en las publicaciones más recientes.

De hecho, en la literatura económica no es infrecuente encontrar la denominación «ecosistema»[7] aplicada a estas plataformas, ya que —entre otros muchos aspectos que las diferencian de los operadores tradicionales— operan en varios mercados a la vez, y el despliegue de aplicaciones y funcionalidades que sus productos y servicios exhiben hace que se resistan a ser categorizadas como pertenecientes a un sector concreto.

Este punto de partida lo expresa con precisión la propia DMA, en su Considerando n.º 1:

> «Los servicios digitales en general y las plataformas en línea en particular desempeñan un papel cada vez más importante en la economía, especialmente en el mercado interior, posibilitando que las empresas lleguen a usuarios de toda la Unión, facilitando el comercio transfronterizo y ofreciendo oportunidades de negocio completamente nuevas a un gran número de empresas en la Unión en beneficio de los consumidores de esta».

De esta forma sale al paso también de una de las principales críticas que se han vertido contra esta normativa, desde el momento mismo que en que se conoció de su existencia, por los propios operadores del mercado a quien iba dirigida, las plataformas digitales. Lo que sostenían es que todo el punto de partida del entonces proyecto de Reglamento ponía el acento sólo en las prácticas desleales y anticompetitivas de estos gigantes tec-

6 Martínez Nadal, A.: «Capítulo 5. La propuesta de Reglamento de Mercados Digitales ('Digital Markets Act'): una aproximación jurídica», en Martínez Nadal, A. (Dir), *Plataformas digitales: Aspectos jurídicos*, Ed. Thomson Reuters Aranzadi, 2021, pp. 123 y ss.

7 *Vid.*, entre otros, Marty, F. y Mouton, J.: «Ecosystems as quasi-essential facilities: should we impose platform neutrality?», *Journal of Law, Market & Innovation*, Vol. 1 — Issue 3/2022, 108-134.

nológicos, sin recoger en ningún momento los enormes beneficios que su existencia ha supuesto para millones de usuarios en todo la UE.

Sin embargo, es evidente también que se ha producido una concentración excesiva de poder de mercado por parte de estas grandes plataformas, que actúan como cuasi reguladores privados, dictando las normas de funcionamiento en sus ecosistemas. En un plano mucho más amplio, puede decirse que no sólo peligran los mercados, también los valores europeos de la democracia y sus derechos y libertades fundamentales. Por eso, y como han señalado destacados expertos en nuestro país en derecho digital, «indirectamente, la norma es un intento de afirmar la soberanía digital de la UE»[8].

Y es que tras esta inicial declaración sobre las «bondades» de las plataformas digitales, se hace un bosquejo de los rasgos de estos mercados (integración, efectos de red, *lock-in*, ventajas de los datos, etc.), para concluir que:

> «Todas estas características, combinadas con las prácticas desleales de las empresas prestadoras de los servicios básicos de plataforma, pueden tener el efecto de socavar sustancialmente la disputabilidad de los servicios básicos de plataforma, así como afectar a la equidad de la relación comercial entre las empresas prestadoras de dichos servicios y sus usuarios profesionales y usuarios finales» (Considerando 2.º).

Esta, y no otra, es la doble finalidad de la norma, explícitamente contenida en el propio título del Reglamento 2022/1925: garantizar la «disputabilidad» de los mercados en el sector digital, y salvaguardar la «equidad» en las relaciones comerciales entre las grandes plataformas y los usuarios finales, y naturalmente los consumidores.

Como han señalado acertados análisis[9] de esta normativa, todo este planteamiento que hemos descrito someramente obligaba a la UE a una cierta intervención. Y, visto que las normas de derecho de la competencia se habían demostrado insuficientes para frenar las prácticas de las llamadas GAFA (*Google*, *Amazon*, *Facebook* y *Apple*), y otros gigantes tecnológicos, se requería un nuevo instrumento, y no *ex post*, cuando ya el daño estaba hecho, y era irreparable, sino *ex ante*, para garantizar la equidad y disputabilidad de estos mercados.

El punto de partida, el elemento clave en la configuración de estos nuevos mercados digitales, y el principal activo con el que operan las plataformas es, naturalmente, ese «petróleo del s. XXI»: los datos. En efecto, ya en el mes de marzo de 2021 el Parlamento Europeo emitió su informe sobre la *Estrategia*

8 BARRIO ANDRÉS, M.: «El nuevo Reglamento europeo de Mercados Digitales», *Diario La Ley*, n.º'150, 14 de octubre de 2022.

9 TAMAYO VELASCO, J.: *Los retos de la economía digital y la propuesta de «Ley de mercados digitales» de la Unión Europea*, Ed. Comares, Granada 2021.

Europea de Datos[10], en el que se señala que los datos se han convertido en un nuevo activo económico, que ya es un requisito para asegurar la viabilidad y competitividad de las empresas.

La importancia que los datos cobran y la necesidad de una adecuada regulación tuvo su pronto reflejo en el ámbito de la Unión Europea con la aprobación del Reglamento (UE) 2016/679 del Parlamento Europeo y del Consejo, de 27 de abril de 2016, relativo a la protección de las personas físicas en lo que respecta al tratamiento de datos personales y a la libre circulación de estos datos y por el que se deroga la Directiva 95/46/CE (RGPD)[11]. La interacción entre el RGPD y la DMA es una cuestión que, desde luego, va a dar mucho de qué hablar en el futuro[12].

En España, la transposición del RGPD provocó un proceso de «actualización» de la normativa en materia de protección de los datos personales, que culminó con la promulgación de la Ley Orgánica 3/2018, de 5 de diciembre, de Protección de Datos Personales y garantía de los derechos digitales (LOPD) [13].

Sin embargo, esta normativa contempla sólo un aspecto de los datos, su vertiente «personal», como rasgo de la personalidad, y sujeto por tanto a un derecho fundamental de protección de la privacidad[14]. Faltaba por desarrollar la vertiente «económica», la del dato en cuanto activo —y en ocasiones, activo esencial— en la operativa de las empresas y elemento constitutivo y nuclear de sus estrategias de mercado y modelos de negocio.

A este respecto, hay un fenómeno —la publicidad personalizada, o *targeted advertising*— que evidencia este doble aspecto de los datos: su valor personal para el consumidor y su valor económico para las plataformas digitales, y como tal ha sido estudiado por la doctrina más atenta[15]. Todo ello desde

---

10 Resolución de 25 de marzo de 2021, sobre una *Estrategia Europea de Datos* (2020/2217(INI)). En https://eur-lex.europa.eu/legal-content/EN/TXT/?qid=1593073685620&uri=CELEX:52020DC0066.

11 *D.O.U.E.* L 119, 4.5.2016, pp. 1-88 (ELI: http://data.europa.eu/eli/reg/2016/679/oj).

12 *Vid.* una primera aproximación en Geradin, D.; Bania, K. y Karanikioti, T.: «The interplay between the Digital Markets Act and the General Data Protection Regulation» (August 29, 2022). Disponible en SSRN: https://ssrn.com/abstract=4203907

13 *BOE* n.° 294, de 6 de diciembre de 2018.

14 Martínez López-Saez, M.: «Capítulo 2. La dignidad humana y los derechos personalísimos como punto de partida de un derecho a la protección de datos de carácter personal», en *Una revisión del derecho fundamental a la protección de datos de carácter personal*, 1.ª ed., pp. 26-27. Valencia 2018, Ed. Tirant lo Blanch.

15 Tamayo Velasco, J. (2021): «Big Data, Competencia y Protección de Datos: el Rol del Reglamento General de Protección de Datos en los modelos de negocio basados en la publicidad personalizada», *Revista de Estudios Europeos*, n.° 78, Julio-diciembre 2021, pp. 183-202.

la duda, todavía no resuelta (ha sido acertadamente caracterizada como el «*antitrust privacy dilemma*»[16]), de hasta qué punto las consideraciones sobre privacidad han de integrarse en el Derecho de la competencia[17]; el efecto de las normas de protección de datos sobre la competencia[18]; y, las teorías del daño basadas en la protección de la privacidad[19]. Sobre este punto ya he tenido ocasión de pronunciarme anteriormente, y me remito a esos trabajos[20] para un mayor desarrollo de la cuestión.

Baste señalar aquí que, pese a que las cuestiones respecto a los datos están presentes en las obligaciones de los artículos 5 y 6 de la DMA, el debate de esta trascendental cuestión ha sido bastante ignorado[21] en todo el proceso de elaboración de la norma, y teniendo en cuenta su importancia de cara precisamente a la disputabilidad de los mercados, la somera referencia que se hace en el Considerando n.° 36[22] es a todas luces insuficiente.

Lo que resulta a todas luces evidente es que urgía una actualización de la normativa europea aplicable a los mercados de intermediación on-line que, recordemos, hasta la aprobación de la DSA y la DMA seguían rigiéndose por la ya «venerable» Directiva[23] del año 2000, sobre comercio electrónico.

---

16 Carugati, C. (2021) *The Antitrust Privacy Dilemma*, 2 de diciembre de 2021. Disponible en: https://ssrn.com/abstract=3968829

17 Costa-Cabral, F., y Lynskey, O. (2017): «Family ties: the intersection between data protection and competition in EU Law», *Common Market Law Review*, 54 (1).

18 Ferrer, E. y Pol, A.: «Capítulo 5. Protección de datos y derecho de la competencia», en Recuerda Girela, M. A. (Dir), *Anuario de Derecho de la Competencia*, Ed. Civitas, Madrid 2020, pp. 119-142.

19 Botta, M. y Wiedemann, K. (2019): «The Interaction of EU Competition, Consumer, and Data Protection Law in the Digital Economy: The Regulatory Dilemma in the Facebook Odyssey», *The Antitrust Bulletin*, Vol. 64(3), pp. 428-446.

20 Díez Estella, F. y Ribera Martínez, A.: «Derecho de la Competencia vs. Privacidad: ¿el gran dilema en los nuevos mercados digitales?», *Cuadernos de Derecho Transnacional* (Marzo 2022), ISSN 1989-4570, Vol. 14, n.° 1, pp. 169-195.

21 Kerber, W.: «Taming Tech Giants: The Neglected Interplay between Competition Law and Data Protection (Privacy) Law», 67(2) *Antitrust Bulletin* (2022).

22 «*El tratamiento, a efectos de la prestación de servicios de publicidad en línea, de datos personales de terceros que utilicen servicios básicos de plataforma proporciona a los guardianes de acceso ventajas potenciales en términos de acumulación de datos, lo que crea obstáculos a la entrada al mercado. Esto se debe a que los guardianes de acceso tratan datos personales de un número considerablemente mayor de terceros que otras empresas*».

23 Directiva 2000/31/CE del Parlamento Europeo y del Consejo, de 8 de junio de 2000, relativa a determinados aspectos jurídicos de los servicios de la sociedad de la información, en particular el comercio electrónico en el mercado interior, DOCE n.° 178, de 17 de julio de 2000, pp. 1 a 16.

3. Objeto y ámbito de aplicación de la DMA

Esta cuestión se aborda en el Artículo 1 del nuevo Reglamento, bajo la rúbrica «Objeto y ámbito de aplicación», y que junto con el Artículo 2 —dedicado a las «definiciones»— constituyen el Capítulo 1 de la DMA.

En este sentido, y a diferencia de otras normas comunitarias más complejas, es loable que la DMA no deja lugar a dudas, y en los dos primeros párrafos de su Artículo 1 establece sin ambages cuál es la finalidad de la norma, y a quién se le va a aplicar:

> «1. La finalidad del presente Reglamento es contribuir al correcto funcionamiento del mercado interior estableciendo normas armonizadas que garanticen a todas las empresas, en toda la Unión, la equidad y la disputabilidad de los mercados en el sector digital donde haya guardianes de acceso, en beneficio de los usuarios profesionales y los usuarios finales.
>
> 2. El presente Reglamento se aplicará a los servicios básicos de plataforma prestados u ofrecidos por guardianes de acceso a usuarios profesionales establecidos en la Unión o a usuarios finales establecidos o situados en la Unión, independientemente del lugar de establecimiento o residencia de los guardianes de acceso y del Derecho que, por lo demás, sea aplicable a la prestación del servicio».

Aunque tengan su cierto anclaje en la jurisprudencia más reciente de los tribunales de justicia de la UE, y desde luego en documentos de trabajo y todo tipo de aportaciones doctrinales, no cabe duda de que nos hallamos ante conceptos totalmente novedosos en el acervo legislativo comunitario. Esta es una de las razones por las que vaticinamos que la DMA va a necesitar de un largo período de puesta en marcha, y que seguramente no sea pacífico, ya que es perfectamente presumible que la litigiosidad va a acompañar los primeros pasos de esta nueva normativa.

Y, frente a los intentos de apartarse de la normativa *antitrust*, que ahora desarrollaremos, destacan reconocidos expertos que: «La DMA es esencialmente derecho de la competencia sectorial. Sus disposiciones relativas a la equidad son secundarias. Las principales obligaciones de comportamiento impuestas a los gatekeepers tienen por objeto preservar los procesos competitivos»[24].

Sin duda se nos presenta por delante una apasionante época histórica en la que aclararnos con qué son mercados «disputables y equitativos»; perfilar el alcance del término «servicios básicos de plataforma»; y, sobre todo, el gran caballo de batalla de la puesta en marcha de la DMA: la designación de quiénes son los afortunados *gatekeepers*. Con un saludable punto de ironía,

24 Petit, N.: «The Proposed Digital Markets Act (DMA): A Legal and Policy Review» (May 11, 2021). Disponible en SSRN: https://ssrn.com/abstract=3843497

se ha dicho[25] que va a ser un arte mantener disputables los mercados de los *gatekeepers*, y todo un reto saber qué significa que sean equitativos.

3.1. Mercados «disputables y equitativos»

En primer lugar tenemos que analizar la finalidad de esta norma, explicitada en el nombre oficial del nuevo Reglamento 2022/1925, de 14 de septiembre de 2022, «sobre mercados disputables y equitativos en el sector digital».

El propio texto de la norma indica qué ha de entenderse por dichos conceptos: la *disputabilidad* «debe estar relacionada con la capacidad de las empresas para superar de forma efectiva los obstáculos a la entrada y la expansión, y competir con el guardián de acceso sobre la base de la calidad intrínseca de sus productos y servicios» (Considerando n.º 32). Por su parte, la *falta de equidad* «debe estar relacionada con un desequilibrio entre los derechos y las obligaciones de los usuarios profesionales en el que el guardián de acceso obtenga una ventaja desproporcionada» (Considerando n.º 33).

La primera de estas dos finalidades evidencia que la DMA se inspira en el derecho de la competencia, aunque se ha dicho repetidamente que la DMA *no es* derecho de la competencia; sin embargo, en este mismo Artículo 1, reza el apartado 6.º: «El presente Reglamento se entiende sin perjuicio de la aplicación de los artículos 101 y 102 del TFUE». Esto se repite como un *mantra* a lo largo de todo el texto, y está largamente desarrollado en los considerandos.

Así, señala el Considerando n.º 11:

> «Los artículos 101 y 102 del TFUE y las correspondientes normas nacionales de competencia relativas a conductas anticompetitivas multilaterales y unilaterales, así como al control de las concentraciones, tienen como objetivo la protección de la competencia no falseada en el mercado. El presente Reglamento persigue un objetivo complementario, pero distinto al de proteger la competencia no falseada en un mercado determinado, tal como se define en el Derecho de la competencia, que es el de garantizar que los mercados donde haya guardianes de acceso sean y sigan siendo disputables y equitativos, independientemente de los efectos reales, potenciales o supuestos sobre la competencia en un mercado determinado de la conducta de un determinado guardián de acceso al que se aplique el presente Reglamento. Por lo tanto, el presente Reglamento tiene por objeto proteger un interés jurídico diferente del protegido por esas normas y debe aplicarse sin perjuicio de la aplicación de estas últimas».

25 Schweitzer, H.: «The Art to Make Gatekeeper Positions Contestable and the Challenge to Know What is Fair: A Discussion of the Digital Markets Act Proposal» (April 30, 2021). Forthcoming, ZEuP 2021, Issue 3, Disponible en SSRN: https://ssrn.com/abstract=3837341

Tienen por objeto proteger intereses jurídicos distintos, pero ¡ciertamente complementarios![26] Y que su finalidad sea la de asegurar unos mercados disputables y equitativos en el ámbito digital ha reabierto el viejo debate sobre cuáles sean los objetivos a su vez del derecho de la competencia. No se trata aquí de remontarse a los orígenes históricos de esta normativa, y el contexto socioeconómico estadounidense que dio lugar a la *Sherman Act*, en 1890, o el intenso debate que jalonó gran parte del s. XX entre la *Escuela de Harvard* y la *Escuela de Chicago*.

Nuestro precedente histórico es más cercano, el Tratado de Roma de 1957, cuyos preceptos sobre acuerdos colusorios y abuso de posición dominante siguen vigentes hoy en día, en el vigente Tratado de Funcionamiento de la Unión Europea (TFUE), con un texto prácticamente inalterado. Con evidente influencia de la *Escuela Ordoliberal* de Friburgo, el modelo comunitario asigna al derecho de la competencia la función de asegurar la existencia de un mercado competitivo, que incluye el objetivo de servir a la integración del mercado único, y se refleja en última instancia en asegurar una situación de competencia efectiva (*workable competition*).

Lo que subyace a este debate es si el Derecho de la Competencia está para garantizar el acceso al mercado a los rivales de las compañías dominantes, y así permitir una mayor libertad de elección de los clientes, o si lo que hace la normativa *antitrust* comunitaria es simplemente preservar la existencia de un proceso competitivo. Simplificando un poco, la primera postura se ha venido en calificar *welfarista*, o de resultados, mientras que la segunda es el clásico enfoque *ordoliberal*.

La discusión se ha recrudecido al hilo de la reciente Sentencia[27] del Tribunal General de la UE (TG) en el caso *Intel*, que anula la histórica multa impuesta al gigante norteamericano de los microprocesadores en 2009. Señala el propio TG en el párrafo n.º 116 que: «*el Tribunal de Justicia subrayó, en esencia, que la competencia por el precio puede conducir a la exclusión del mercado de los competidores menos eficaces, recordando al mismo tiempo la responsabilidad especial que incumbe a las empresas en posición dominante de no obstaculizar la competencia real y no falseada*».

26 Incidiendo en lo defectuoso de la interrelación entre la DMA y la normativa *antitrust* comunitaria, cuando hubiera sido sin duda deseable que se hubiera hecho con otro planteamiento, destacados autores y expertos en la materia no duda en calificar al nuevo Reglamento como un «hijo perdido» del Derecho de la Competencia; LAROUCHE, P. y DE STREEL, A.: «The European Digital Markets Act: A Revolution Grounded on Traditions», *Journal of European Comp. Law & Practice*, 2021, Vol. 12 (7), pp. 542-560.

27 Sentencia del Tribunal General de la UE, de 26 de enero de 2022, *Intel Corp. c.* COMISIÓN EUROPEA, asunto T-286/09 RENV, (ECLI: EU:T:2022:19).

En opinión de un amplio sector doctrinal[28], lo que el TJUE hace en su sentencia[29] de 2017 es un cierto acercamiento al enfoque *welfarista*, sin abandonar del todo los planteamientos *ordoliberales*. En un análisis que refleja bien esta ambigüedad —tan característica, por otra parte, del Derecho de la Competencia en la UE, y especialmente de la prohibición del art. 102 TFUE—, se ha señalado que:

> «La última decisión del TJUE en el caso de Intel es un buen ejemplo del cambio actual en la interpretación de los objetivos de la legislación de la UE en materia de competencia. Aunque la decisión del TJUE, especialmente en lo que respecta a la interpretación y aplicación del artículo 102 TFUE, no adopta una postura clara a favor del enfoque del bienestar de los consumidores, muestra que hay un cierto cambio de mentalidad ( ). La interpretación del concepto de abuso experimenta un cambio que bien podría considerarse como un giro desde el anterior enfoque de un ordoliberalismo radical al nuevo enfoque que tiene en cuenta el bienestar del consumidor»[30].

Pues bien, la irrupción de los nuevos mercados digitales, y el vertiginoso crecimiento en ellos de las plataformas, han obligado a la Comisión Europea a «posicionarse» sobre qué rol respecto de ellos ha de jugar la política de competencia, y donde ésta no llegue, o llegue demasiado tarde, una herramienta preventiva que actúe *ex ante*.

¿La base filosófica de la DMA? Pues como ya adelantaran el TJUE y el TG en *Intel*, desde un firme anclaje en los planteamientos ordoliberales[31], un cierto acercamiento a lo que hemos denominado *welfarismo*: su función es asegurar unos mercados disputables, en los que los rivales de las grandes plataformas incumbentes (las GAFA, y otras) tengan alguna posibilidad de entrar, todo ello enfocado claramente hacia la protección de los consumidores y que disfruten de un mayor rango de posibilidades de elección.

---

28 Geradin, D. (2015): «Loyalty Rebates After *Intel*: Time for the European Court of Justice to Overrule *Hoffmann-La Roche*», *Journal of Competition Law & Economics*, 11 (3), pp. 579-615.

29 Sentencia del TJUE de 6 de septiembre de 2017, *Intel Corp. c. Comisión*, asunto C-413/14 P (ECLI:EU:C:2017:632).

30 Kraffert, F. (2019): «How the Intel case changed our understanding of the objectives of EU competition law», *European Competition Journal*, Vol. 15, Issue 1, pp. 136-152.

31 Esta es, desde luego, la opinión doctrinal mayoritaria, como por ejemplo manifiesta De Streel, A. (2020): «Should Digital Antitrust be Ordoliberal?» Foreword. *Concurrences* 1-2020, 2-4. Aunque no faltan tampoco los autores que discuten esta supuesta base ordoliberal de la DMA. Para una revisión exhaustiva de la literatura reciente sobre esta cuestión, *Vid.* Wörsdörfer, M.: «The Digital Markets Act and E.U. Competition Policy: A Critical Ordoliberal Evaluation», 31 August 2022. Disponible en: https://ssrn.com/abstract=4187064

En este sentido, el concepto de «mercado disputable» y la teoría de la «contestabilidad» de los mercados no es, ni mucho menos, nueva en el acervo doctrinal[32] y jurisprudencial del derecho de la competencia. En nuestro país, baste recordar la Resolución del entonces Tribunal de Defensa de la Competencia, de hace casi un cuarto de siglo, en el caso[33] *Bacardí*, en el que con una cuota de mercado del 70% no se consideró acreditada la existencia de posición dominante sencillamente porque al no haber barreras de entrada significativas al mercado del ron en nuestro país, no podría llevar a cabo un comportamiento independiente de sus competidores. Era, por tanto, un mercado disputable, impugnable.

Más dudas interpretativas plantea el concepto de mercado «equitativo». Ya desde los primeros borradores y propuestas de DMA, en el debate doctrinal en nuestro país se suscitó una cierta expectación sobre cómo se traduciría el término original *fairness*.

En efecto, desde que se conoció que la finalidad de la proyectada regulación era la existencia de unos «*contestable and fair markets in the digital sector*» empezaron las especulaciones. Y es que, en nuestro ordenamiento, las *fair practices* tienen unas resonancias jurídicas muy claras: hacen referencia a la normativa de competencia desleal, que, por lo menos de partida, poco tiene que ver con la DMA.

Sin embargo, y dado que ése es el término adoptado, encontramos en el texto del Reglamento referencias como la del Considerando n.º 6, que señala: «*El impacto negativo de las prácticas desleales en el mercado interior y la escasa disputabilidad de los servicios básicos de plataforma, incluidas las consecuencias sociales y económicas negativas de tales prácticas desleales, han llevado a los legisladores nacionales y a los reguladores sectoriales a actuar*» (el subrayado es nuestro).

Y así hasta un total de una veintena de ocasiones. En España, la normativa que regula esas conductas es la Ley 3/1991, de 10 de enero, de Competencia Desleal[34], reformada[35] en 2009 para la transposición de la Directiva de Prácticas Comerciales Desleales[36]. Naturalmente, nada de esta normativa es a la que se refiere la DMA con el concepto de mercados «equitativos».

---

32 PASCUAL SEQUEROS, A.: «Doctrina reciente del Tribunal de Defensa de la Competencia en materia de abuso de posición dominante», *Gaceta Jurídica de la Competencia y de la Unión Europea*, n.º 209, Octubre 2000, pp. 93 a 106.

33 Resolución del TDC, de 30 de septiembre de 1999, Exp. R 362/99.

34 *BOE* n.º 10, de 11 de enero de 1991.

35 Ley 29/2009, de 30 de diciembre, por la que se modifica el régimen legal de la competencia desleal y de la publicidad para la mejora de la protección de los consumidores y usuarios. *BOE* n.º 315, de 31 de diciembre de 2009, pp. 112039 a 112060.

36 Directiva 2005/29/CE del Parlamento Europeo y del Consejo de 11 de mayo de 2005, relativa a las prácticas comerciales desleales de las empresas en sus relaciones con los consumidores en el mercado interior, que modifica la Directiva 84/450/CEE del Consejo, las

En nuestra opinión, la mejor explicación de qué significa el adjetivo «equitativo» aplicado a los mercados digitales, y a la política de competencia en general, es el que da la propia Comisaria de Competencia, y Vicepresidenta de la Comisión Europea, Margarite Vestager, en su discurso en Praga el pasado 10 de octubre de 2022, con motivo del día de la Competencia en Europea. En el texto[37], titulado «*Fairness and Competition Policy*», se despejan todas las dudas que pudiéramos albergar sobre el alcance de este concepto:

> «So protecting competition is about efficiency, but not only. Fundamentally, it is a question of fairness. Fairness is a concept I am pleased to say has been gaining traction in the competition policy community in recent weeks, and rightly so. (...) properly functioning markets become an instrument of social change and progress, against a historic background that has not always been so fair. The concept of fairness as applied to competition policy is well recognised both in the Treaties and in EU case law (...). Fairness is also at the heart of the Digital Markets Act, which seeks to ensure fair conditions for all businesses».

Nos ha parecido oportuno transcribir aquí este texto, porque estamos ante una radical transformación del papel que tradicionalmente se había asignado al Derecho de la Competencia, y en este sentido la DMA es un primer hito, pero que sin duda no va a ser el único, en conducir la política *antitrust* comunitaria en esta nueva dirección. Veinte años después, el debate[38] planteado por los profesores Kaplow y Shavell sigue vivo, y la toma de posición tan clara y firme por parte de la Comisión Europea será sin duda objeto de una acalorada discusión doctrinal en los próximos años.

Para finalizar este apartado, y a modo de resumen de la interrelación entre la DMA y el Derecho de la competencia, hacemos nuestras estas palabras: «La DMA cambiará sin duda la realidad jurídica de los guardianes de acceso digitales. Inspirada en derecho de la competencia, la DMA siempre llevará ese ADN. Al mismo tiempo, es importante recordar que la DMA difiere del Derecho de la competencia en varios aspectos: sigue un sistema de prohibición, incluye un numerus clausus de obligaciones prescriptivas y prohibiciones y es un régimen regulador sectorial *ex ante*. El reto consistirá en que la complementariedad entre la DMA y las normas de competencia no se traduzca en fragmentación e incoherencias»[39].

Directivas 97/7/CE, 98/27/CE y 2002/65/CE del Parlamento Europeo y del Consejo y el Reglamento (CE) n.° 2006/2004 del Parlamento Europeo y del Consejo. DOUE L 149/22, de 11 de junio de 2005.

37 Disponible en: https://ec.europa.eu/commission/presscorner/detail/es/SPEECH_22_6067

38 Kaplow, L. and Shavell, S.: «Fairness versus Welfare: Notes on the Pareto Principle, Preferences, and Distributive Justice», *The Journal of Legal Studies*, Vol. 32, n.° 1 (January 2003), pp. 331-362.

39 Komninos, A.: «The Digital Markets Act: How Does it Compare with Competition Law?» (June 14, 2022). Disponible en SSRN: https://ssrn.com/abstract=4136146

3.2. Los servicios básicos de plataforma

Aunque también está sometido a un cierto margen de interpretación, desde luego que el concepto de «servicios básicos de plataforma» (en inglés, CPS, *core platform services*), que delimita el ámbito objetivo de aplicación de la DMA, se aleja afortunadamente de las consideraciones filosóficas inherentes al de mercados «disputables y equitativos».

No hay, estrictamente hablando, una definición de CPS en todo el texto del Reglamento, sino una caracterización, y un listado de ejemplos. Así, se señala en el Considerando n.º 14 que: «*tienen la capacidad de afectar a un gran número de usuarios finales y empresas, lo que conlleva el riesgo de que se produzcan prácticas comerciales desleales*».

Y, en el mismo párrafo, que «*A efectos del presente Reglamento, la definición de servicios básicos de plataforma debe ser neutral desde el punto de vista tecnológico y debe entenderse que incluye los servicios prestados en o a través de diversos medios o dispositivos, como los televisores inteligentes o los servicios digitales integrados en vehículos*».

El listado de los diez servicios que la DMA califica como «servicios básicos de plataforma» está contenido en el Artículo 2, párrafo 2.º:

a) servicios de intermediación en línea;

b) motores de búsqueda en línea;

c) servicios de redes sociales en línea;

d) servicios de plataforma de intercambio de vídeos;

e) servicios de comunicaciones interpersonales independientes de la numeración;

f) sistemas operativos;

g) navegadores web;

h) asistentes virtuales;

i) servicios de computación en nube;

j) servicios de publicidad en línea, incluidas las redes de publicidad, las plataformas de intercambio de publicidad y cualquier otro servicio de intermediación publicitaria, prestados por una empresa que preste cualquiera de los servicios básicos de plataforma enumerados en las letras a) a i).

Como puede apreciarse a simple vista, una lista amplia, y que —en principio— tiene carácter tasado, y no es meramente ejemplificativa. Decimos en principio, porque naturalmente la CE se reserva la facultad (Artículo 17 DMA) de revisarla, y ampliarla o modificarla en el futuro, a partir de las denominadas «investigaciones de mercado» (Capítulo IV).

Esta categoría de CPS se completa con una cualificación precisa: para entrar en al ámbito de aplicación de la DMA, no basta prestar este tipo de servicios, tienen que ser «*una puerta de acceso importante para que los usuarios profesionales lleguen a los usuarios finales*» (Art. 3.1.b) DMA).

Por tanto la completa integración del concepto de CPS hay que hacerla teniendo en cuenta el elemento subjetivo de *gatekeeper* y los otros conceptos de usuario profesional y usuario final. Y no sólo eso, nos encontramos también ante una cualificación del concepto: el CPS no sólo es «puerta de acceso», tiene que ser «importante».

Afortunadamente —ya que, si no, la inseguridad jurídica, falta de predictibilidad económica y la imprecisión de la norma alcanzaría cotas sencillamente insostenibles—, el propio texto de la DMA ofrece, en el Art. 3.2.b) una presunción de cuándo ha de considerarse que se da por cumplido este requisito:

> «cuando proporcione un servicio básico de plataforma que, en el último ejercicio, haya tenido al menos 45 millones mensuales de usuarios finales activos establecidos o situados en la Unión y al menos 10.000 usuarios profesionales activos anuales establecidos en la Unión, identificados y calculados de conformidad con la metodología y los indicadores establecidos en el anexo».

Este es, pues, el elemento objetivo que constituye el criterio delimitador del ámbito de aplicación de la DMA.

3.3. Los «guardianes de acceso»

Hablábamos en la introducción a estas páginas de la enorme expectación que la DMA ha generado, y del impacto mediático que su aprobación ha tenido. Pues bien, quizá el concepto de todo este flamante Reglamento del que más se ha hablado y escrito, y que en cierta forma personifica toda la normativa que contiene, es el de «guardián de acceso», o *gatekeeper*, protagonista indiscutido —y destinatario último— de la DMA.

Al igual que con los servicios básicos de plataforma, no hay como tal una definición de guardián de acceso, sino que de modo tautológico e inoperante señala el Artículo 2 (*Definiciones*) que, «*a los efectos del presente Reglamento se entenderá por: 1) "guardián de acceso", una empresa prestadora de servicios básicos de plataforma, designados de conformidad con el artículo 3*».

Y, esta vez con más detalle y rigor que en el caso de los CPS, señala el Artículo 3 (*Designación de los guardianes de acceso*):

> «1. Una empresa será designada como guardián de acceso si:
>
> a) tiene una gran influencia en el mercado interior;
>
> b) presta un servicio básico de plataforma que es una puerta de acceso importante para que los usuarios profesionales lleguen a los usuarios finales;
>
> c) tiene una posición afianzada y duradera, por lo que respecta a sus operaciones, o es previsible que alcance dicha posición en un futuro próximo».

En el apartado 2.º de este mismo precepto, se ofrecen una serie de presunciones para saber cuándo una empresa cumple los requisitos del apartado 1.º:

a) La «gran influencia» del apartado 1.a) se dará «*cuando la empresa consiga un volumen de negocios anual en la Unión igual o superior a 7.500.000.000 EUR en cada uno de los tres últimos ejercicios, o cuando su capitalización bursátil media o su valor justo de mercado equivalente ascienda como mínimo a 75.000.000.000 EUR en el último ejercicio, y preste el mismo servicio básico de plataforma en al menos tres Estados miembros*».

   Como puede verse, son umbrales puramente cuantitativos, y aunque naturalmente su cálculo no esté exento de dificultades, por lo menos ofrecen un marco de seguridad jurídica aceptable. El problema, como veremos seguidamente, es que estos criterios se combinan con otros, de naturaleza cualitativa, y ahí la inseguridad jurídica[40] y el excesivo margen de apreciación del que goza la Comisión.

b) Hemos visto ya en el epígrafe anterior cómo se establece la presunción de «importancia» del apartado 1.b), que se dará «*cuando proporcione un servicio básico de plataforma que, en el último ejercicio, haya tenido al menos 45 millones mensuales de usuarios finales activos establecidos o situados en la Unión y al menos 10.000 usuarios profesionales activos anuales establecidos en la Unión, identificados y calculados de conformidad con la metodología y los indicadores establecidos en el anexo*».

c) Finalmente, el tercero de los requisitos para ser designado como gatekeeper, el de la «posición afianzada y duradera», del apartado 1.c), se entenderá cumplido «*cuando se hayan alcanzado los umbrales establecidos en la letra b) del presente apartado en cada uno de los últimos tres ejercicios*».

Recordemos que la previsión del tercer requisito es que tenga esa posición, o sea previsible que la alcance en un futuro próximo. ¿Cuánto de próximo? ¿En un marco temporal de tres años, de dos, de uno ? Y, ¿cómo va a hacer la Comisión Europea esta suerte de ejercicio de adivinación del futuro? Precisamente por tratarse de mercados digitales, en los que un rasgo característico es la volatilidad de las posiciones de dominio, y la experiencia demuestra que es muy complicado prever con cierto éxito cómo se van a desarrollar los acontecimientos en el futuro, este inciso de la DMA resulta, cuando menos, cuestionable.

Pero es el concepto mismo de «posición afianzada y duradera» el que resulta todavía más complicado de interpretar. Es patente aquí la influencia del Derecho de la Competencia en la DMA, y resulta inevitable asociar la posición «afianzada y duradera» a la posición dominante del art. 102 TFUE.

---

40 Así lo señala, pensamos que acertadamente, MARTÍNEZ NADAL, A.: «La Propuesta de Reglamento de Mercados Digitales («Digital Markets Act»): una aproximación jurídica», en *Plataformas Digitales: Aspectos jurídicos*, Ed. Thomson Reuters Aranzadi, 2021.

Pero el nuevo Reglamento no dice nada al respecto, y es de prever —esta vez con absoluta seguridad— que será la jurisprudencia la que vaya delimitando hasta qué punto ambas categorías jurídicas son equiparables.

En el concepto de *gatekeeper* está implícito el poder de mercado[41], ya que sin él ni tendría «gran influencia» en el mercado interior (art. 3.1.a) DMA) ni el servicio básico de plataforma que presta sería una puerta de acceso «importante» (art. 3.1.b) DMA). Por tanto, nada debería impedir importar todo el acervo doctrinal y jurisprudencial de más de medio siglo de aplicación en la UE de la prohibición de abuso de posición de dominio contenida en el art. 102 TFUE para perfilar, *mutatis mutandis*, los contornos precisos de esta «posición afianzada y duradera».

Sin embargo, y adelantamos en este momento la que va a constituir nuestra mayor crítica a la DMA, esta interrelación entre el nuevo Reglamento de Mercados Digitales y la normativa de Derecho de la Competencia no está en absoluto elaborada. Salvo ese «sin perjuicio de la aplicación de los arts. 101 y 102 TFUE» que vemos que se repite sin parar, y la constatación a la que ya hemos hecho referencia de que ambas normativas persiguen objetivos distintos, nada más se dice al respecto, y sin duda algo debiera haberse previsto en este sentido.

Como ha señalado la más autorizada doctrina, que ha tenido ocasión de pronunciarse sobre el texto de la DMA, cuando era todavía un proyecto: «No aborda la propuesta de Reglamento las relaciones entre esta normativa y la relativa al Derecho de la competencia, y debiera haberlo hecho ante la posibilidad de que determinadas infracciones de los guardianes de acceso puedan simultáneamente considerarse que vulneran este Reglamento y el Derecho de la competencia, situación que puede producirse principalmente en relación con el abuso de posición dominante prohibido por el art. 102 del Tratado de funcionamiento de la UE»[42].

Para complicar aún más las cosas, además de los umbrales cuantitativos del Artículo 3.2, que sirven para comprobar si una empresa cumple los requisitos para ser designado *gatekeeper* conforme al Artículo 3.1, la Comisión podrá igualmente llevar a cabo esta designación de empresas que no alcance dichos umbrales, teniendo en cuenta los elementos relacionados en el apartado 8.º de este mismo Artículo 3:

> «a) el tamaño, incluidos el volumen de negocios y la capitalización bursátil, las operaciones y la posición de dicha empresa;
>
> b) el número de usuarios profesionales que utilizan el servicio básico de plataforma para llegar a los usuarios finales y el número de usuarios finales;

41 Geradin, D.: «What is a digital gatekeeper? Which platforms should be captured by the EC proposal for a Digital Market Act?» (18 February 2021). Disponible en: https://ssrn.com/abstract=3788152

42 Velasco San Pedro, L.: «El papel del Derecho de la Competencia en la era digital», *Revista de Estudios Europeos*, n.º 78, julio-diciembre 2021, pp. 108 y 109.

c) los efectos de red y las ventajas derivadas de los datos, en particular en relación con el acceso de dicha empresa a los datos personales y los datos no personales, con la recopilación de esos datos por parte de la empresa o con sus capacidades de análisis;

d) cualesquiera efectos relacionados con la escala o el alcance de los que se beneficie la empresa, en particular con respecto a los datos y, en su caso, a sus actividades fuera de la Unión;

e) la cautividad de los usuarios profesionales o finales, incluidos los costes que conlleva el cambio de empresa prestadora y los sesgos de comportamiento que reducen la capacidad de los usuarios profesionales y los usuarios finales para cambiar de empresa prestadora o recurrir a varias para un mismo servicio;

f) una estructura de conglomerado empresarial o una integración vertical de la empresa que, por ejemplo, le permita compensar ganancias y pérdidas entre actividades, combinar datos procedentes de distintas fuentes o aprovechar su posición, o

g) otras características estructurales de las empresas o servicios».

Llegados a este punto, adelantamos también otra de las conclusiones de este trabajo: el margen de apreciación que se deja a la Comisión Europea, y la inseguridad jurídica que esta previsión provocará en las empresas susceptibles de ser designadas como *gatekeepers* es, desde nuestro punto de vista, totalmente inaceptable.

Por razones de espacio, vamos a limitarnos en estas páginas al análisis de las cuestiones sustantivas relativas a los *gatekeepers*, y las obligaciones que la DMA les impone. Por ello, necesariamente omitiremos el análisis del procedimiento de designación, en el que es verdad que hay una cierta «negociación» de las empresas con la CE, y la capacidad —veremos si es real en la práctica— de rebatir las presunciones del Artículo 3. Pero nos plantea grandes interrogantes, pese a las cautelas que sin duda de buena fe ha previsto el legislador comunitario, que la presunción de inocencia y la libertad de empresa sean correctamente respetadas y estén a salvo de indebidas injerencias por parte de la Comisión.

Finalmente, merece una valoración positiva que la Comisión Europea haya delimitado la aplicación de unas normas tan restrictivas y estrictas a un número limitado de empresas, en lugar de optar por extender el ámbito subjetivo de aplicación, relajando el contenido y la rigidez de la norma. Esta segunda opción es la que encontramos en un «precedente» muy cercano a la DMA, el Reglamento[43] (UE) 2019/1150, del Parlamento Europeo y del Consejo, de 20 de junio de 2019, sobre el fomento de la equidad y la transparencia para los usuarios profesionales de servicios de intermediación en línea.

---

43 DOUE n.º 186, de 11 de julio de 2019, pp. 57 a 79.

4. El nuevo marco de obligaciones de los *gatekeepers*

El Capítulo III —el más extenso de toda la DMA— se dedica enteramente, bajo la rúbrica «*Prácticas de los guardianes de acceso que limitan la disputabilidad o son desleales*», a establecer el nuevo marco de obligaciones y prohibiciones que los *gatekeepers* tendrán que cumplir. Lo hace en los artículos 5 a 15, y al igual que el concepto mismo de *gatekeeper*, son sin duda los artículos 5 y 6 los que han cobrado desde el principio del debate un mayor protagonismo, ya que son el cuerpo central de esta normativa: qué cosas pueden y qué cosas no pueden hacer las empresas consideradas como guardianes de acceso.

Es imposible, por razones de espacio, entrar al detalle de cada una de ellas (sólo las obligaciones propiamente dichas, de los artículos 5 y 6, suman un total de 21 preceptos), así como analizar el resto de las obligaciones asociadas a estas, como por ejemplo las de enviar informes (Artículo 11), notificar operaciones de concentración (Artículo 14), o de auditoría (Artículo 15). Por ello en este apartado nos limitaremos a analizar las obligaciones que ya están delimitadas (Artículo 5); las que pueden ser especificadas con más detalle (Artículo 6); y, finalmente, las relativas a la interoperabilidad de los servicios de comunicaciones interpersonales independientes de la numeración (Artículo 7).

Con carácter general, sí es preciso señalar que la técnica legislativa empleada por la UE en esta normativa, al establecer un listado —en principio *numerus clausus*, pero revisable por la Comisión— tan estricto, casuístico e inflexible, de obligaciones y prohibiciones, mientras que establece un marco legal claro (no se le puede reprochar, como en otros aspectos de la DMA, inseguridad jurídica), desconoce también la diversidad y dinamismo de los mercados digitales, desatiende las diferencias entre operadores, y plantea serias trabas y cortapisas a los nuevos modelos de negocio.

Está claro que una lista de obligaciones —y, sobre todo, prohibiciones— *per se*, ahorra el largo costoso proceso que la aplicación del art. 102 TFUE obligaba a las autoridades de investigar a fondo la conducta de las plataformas, y evaluar sus efectos en el mercado y sobre los competidores. Esta técnica legislativa adoptada por la DMA evita eso, y en ese sentido ha sido elogiada[44] por destacadas expertas en mercados digitales. También se ha destacado[45] que, frente a las críticas de que la lista se basa en las prácticas anticompetitivas existentes en los mercados digitales, la DMA es mucho más

44 WITT, A.: «Platform regulation in Europe — per se rules to the rescue?», 18 *Journal of Competition Law & Economics*, Vol. 18, Issue 3, September 2022, pp. 670-708.

45 MONTI, G. (2021): «The Digital Markets Act — Institutional Design and Suggestions for Improvement» (February 22, 2021), *TILEC Discussion Paper n.º 2021-04*, En: https://ssrn.com/abstract=3797730

que una versión *ex ante*, ampliada y reforzada del art. 102 TFUE: mira hacia adelante, persiguiendo crear un entorno competitivo en el que el poder de los *gatekeepers* esté bajo control.

Sin embargo, y también esta opción legislativa ha sido objeto de las críticas más feroces que se han vertido contra este nuevo Reglamento, no solo por parte de sus «destinatarios», sino desde un amplio sector doctrinal[46], que acusa a la Comisión Europea de primar la regulación sobre la innovación, de provocar fragmentación del mercado digital y de obviar consideraciones de eficiencias y el principio comunitario fundamental de la proporcionalidad.

En efecto, aún siendo el objetivo perseguido una mayor *rapidez* en la intervención de las autoridades en los mercados digitales, ésta ha de llevarse a cabo con *precisión*. Y, habida cuenta de la naturaleza dinámica y cambiante de dichos mercados, con la *flexibilidad* suficiente para no obstaculizar la innovación. Todo ello, sin merma de la necesaria *seguridad jurídica* para los operadores económicos. Como puede verse, y así se ha puesto de manifiesto[47] por la más autorizada doctrina, factores todos ellos en delicado equilibrio.

Lo que parece indudable, y en la línea del debate que hemos reseñado en la introducción sobre los fines del Derecho de la Competencia, inspirador y base de la DMA, y el caso *Intel*, es que esta formulación de obligaciones y prohibiciones se aleja del «more-economic-approach» que parecía haberse consolidado ya en la aplicación del art. 102 TFUE, y es un regreso al pasado formalista: «Los beneficios potenciales de las obligaciones *ex ante* podrían no compensar sus costes. Además, es probable que una consecuencia no deseada sea que las prácticas inocuas también se vean afectadas por la DMA. En otras palabras, la probabilidad de errores de tipo I es alta»[48].

Y esto es así, como han señalado los propios expertos consultados por la Comisión en el proceso de elaboración de una de las propuestas normativas que están en la génesis de la DMA, la «New Competition Tool», porque las normas de competencia *ex ante* «podrían permitir la intervención incluso sin demostrar que la conducta es abusiva: sencillamente, si se considera que el efecto (dinámico) adverso sobre la competencia es suficientemente elevado, aplicando una especie de principio de cautela» [49]. Es lo que se ha venido en

46 PORTUESE, A.: «The Digital Markets Act: A triumph of Regulation over Innovation», *Information Technology & Innovation Foundation*, August 24, 2022. Disponible en: https://itif.org/publications/2022/08/24/digital-markets-act-a-triumph-of-regulation-over-innovation/

47 AKMAN, P.: «Regulating Competition in Digital Platform Markets: A Critical Assessment of the Framework and Approach of the EU Digital Markets Act», *European Law Review*, n.º 1, 2022, pp. 85-114.

48 DE LA MANO, M. *et al.*: «The Digital Markets Act: Back to the 'Form-Based' Future?» *Compass Lexecon*, May 2021. Disponible en: https://www.compasslexecon.com/wp-content/uploads/2021/06/The-DMA-Back-to-the-Form-Based-Future.pdf

49 MOTTA, M. and PEITZ, M.: «Intervention triggers and underlying theories of harm», Expert advice for the Impact Assessment of a New Competition Tool (2020). Disponible en la

denominar *precautionary antitrust*, que simplificando —y caricaturizándolo un poco— regula pese a desconocer el mercado, interviene pese a la ausencia de daño, invierte la carga de la prueba sobre las empresas, y parte de la asunción de una irreversibilidad de los efectos de su conducta[50].

4.1. Las obligaciones inmediatamente aplicables (art. 5 DMA)

De partida ya resulta un poco curioso esta categorización que lleva a cabo el Reglamento, entre obligaciones «inmediatamente aplicables», en el Artículo 5, y las que pueden ser especificadas con más detalle en el Artículo 6, que añade confusión a un texto normativo que ya de suyo es ciertamente complejo.

Entre las inmediatamente aplicables, se enumeran las siguientes:

- Abstenerse de cruzar datos personales de los usuarios finales (procedentes tanto de sus propios servicios básicos de plataforma como los obtenidos de servicios de terceros), combinarlos, o tratarlos, de forma que le genere un auto-favorecimiento de sus propios servicios en detrimento de los de sus rivales (art. 5.2);
- No impedir que los usuarios profesionales ofrezcan a los usuarios finales los mismos servicios y prestaciones que la propia plataforma ofrece (art. 5.3);
- Permitir a los usuarios profesionales comunicar y promover ofertas a los usuarios finales y celebrar contratos con independencia de si usan los servicios del guardián de acceso (art. 5.4);
- Permitir a los usuarios finales acceder a los contenidos, suscripciones y prestaciones de los usuarios profesionales, y hacer uso de ellos mediante aplicaciones, aunque los hayan adquirido sin utilizar los CPS de la plataforma (art. 5.5);
- No impedir ni dificultar el ejercicio de acciones legales y reclamaciones por parte de tanto los usuarios finales como profesionales (art. 5.6);
- No exigir el uso de servicios de identificación, motor de navegación o medios de pago propios de la plataforma para operar en ella (art. 5.7), ni tener que registrarse para usar sus servicios (art. 5.8);

página web de la propia CE: https://ec.europa.eu/competition/consultations/2020_new_comp_tool/kd0420575enn.pdf

50 SCHWEITZER, H.: «The New Competition Tool: Its institutional set-up and procedural design», Expert report, (2020). https://ec.europa.eu/competition/consultations/2020_new_comp_tool/kd0420574enn.pdf

- Proporcionar tanto a los anunciantes como a los editores que presten servicios de publicidad *on-line* (y a los terceros autorizados por ellos) información diaria y gratuita sobre los anuncios (arts. 5.9 y 5.10).

Como puede apreciarse, toda una amalgama de obligaciones y prohibiciones, en su mayor parte nacidas de la experiencia existente[51] ya en los mercados digitales, cómo no, a partir de expedientes sancionadores de Derecho de Competencia, algunos ya cerrados, otros abiertos, y muchos de ellos pendientes todavía de revisión judicial. Lo que plantea una espinosa cuestión, que debería preocupar a la Comisión Europea: ¿qué ocurre si una de estas prácticas, condenada como anticompetitiva, es absuelta por el Tribunal General o el Tribunal de Justicia de la UE? ¿Será retirada también de la lista del Artículo 5 DMA?

4.2. Obligaciones susceptibles de mayor especificación (art. 6 DMA)

Dentro de este segundo catálogo de obligaciones y prohibiciones, que pueden ser especificadas con mayor detalle en virtud del art. 8 DMA, encontramos las siguientes:

- No utilizar, en competencia con los usuarios profesionales, cualquier dato que no sea públicamente accesible generado a través de las actividades de dichos usuarios profesionales (art. 6.2);
- Permitir a los usuarios finales desinstalar cualquier aplicación informática preinstalado en su servicio de plataforma básico, salvo que sean esenciales (art. 6.3);
- Permitir y posibilitar técnicamente la instalación y el uso efectivo de aplicaciones informáticas o tiendas de programas de terceros que utilicen su sistema operativo o interoperen con él (art. 6.4);
- Abstenerse de tratar más favorablemente, ni en la clasificación ni en las funciones relacionadas de indexado y rastreo, a los servicios y productos ofrecidos por el propio guardián de acceso que a los servicios o productos similares de terceros, aplicando condiciones transparentes, equitativas y no discriminatorias a dicha clasificación (art. 6.5);

51 Es muy interesante el ejercicio que hacen unos autores de exponer en cuál de estos expedientes tienen su origen las obligaciones, y lo fácil que resulta «rastrear» todo el contenido de los artículos 5 y 6 de la DMA en los casos *Google*, *Amazon*, *Apple*, *Facebook*, etc. *Vid.* Caffarra, C. y Scott-Morton, F.: «How Will the Digital Markets Act Regulate Big Tech?», en *Promarket (Stigler Center)*, 11 de enero de 2021. Disponible en: https://www.promarket.org/2021/01/11/digital-markets-act-obligations-big-tech-uk-dmu/

- Abstenerse de restringir técnicamente la capacidad de los usuarios finales para cambiar y suscribirse a diferentes programas de aplicación y servicios accesibles mediante el sistema operativo del guardián de acceso (art. 6.6);
- Permitir a los prestadores de servicios y a los suministradores de hardware interoperar de forma gratuita y efectiva con las mismas funciones del hardware y el software accesibles o controlables a través del sistema operativo o del asistente virtual (art. 6.7)
- Proporcionar a los anunciantes y editores, a petición de estos y de forma gratuita, acceso a los instrumentos de medición del rendimiento del guardián de acceso y a la información necesaria para que los anunciantes y editores realicen su propia verificación independiente del inventario de anuncios (art. 6.8);
- Proporcionar una portabilidad efectiva de los datos generados a través de la actividad de los usuarios profesionales o usuarios finales (art. 6.9), así como el acceso efectivo, de calidad, continuo y en tiempo real a los datos agregados o desagregados, y el uso de tales datos, incluidos los datos personales, que se proporcionen o se generen en el contexto de la utilización de los servicios básicos de plataforma (art. 6.10);
- Proporcionar a terceras empresas proveedoras de motores de búsqueda en línea el acceso a datos sobre clasificaciones, consultas, clics y visualizaciones en relación con la búsqueda gratuita y de pago generados por los usuarios finales en sus motores de búsqueda en línea (art. 6.11);
- Aplicar a los usuarios profesionales condiciones generales equitativas, razonables y no discriminatorias de acceso a sus tiendas de aplicaciones informáticas, motores de búsqueda en línea y servicios de redes sociales en línea (art. 6.12);
- Abstenerse de establecer condiciones generales para poner fin a la prestación de un servicio básico de plataforma que sean desproporcionadas, así como garantizar que las condiciones para la resolución puedan ejercerse sin dificultades indebidas art. 6.13).

Como ha quedado dicho, estas obligaciones del Artículo 7 pueden especificarse más detalladamente conforme al procedimiento previsto en el Artículo 8 (*Cumplimiento de las obligaciones de los guardianes de acceso*), que prevé, en su apartado 2.º:

> «La Comisión podrá, por iniciativa propia o previa petición de un guardián de acceso con arreglo al apartado 3 del presente artículo, incoar un procedimiento en virtud del artículo 20. La Comisión podrá adoptar un acto de ejecución en el que se especifiquen las medidas que deberá aplicar el guardián de acceso de que se trate para cumplir efectivamente las obligaciones establecidas en los artículos 6 y 7».

Por otra parte, y en relación con este procedimiento para tomar una decisión de conformidad, señala el apartado 3.º de este mismo Artículo 8:

> «Un guardián de acceso podrá pedir a la Comisión participar en un procedimiento para determinar si las medidas que ese guardián de acceso pretende aplicar o ha aplicado para garantizar el cumplimiento de lo dispuesto en los artículos 6 y 7 son eficaces para alcanzar el objetivo de la obligación correspondiente en las circunstancias específicas del guardián de acceso. La Comisión tendrá facultad discrecional para decidir si participa en tal procedimiento, respetando los principios de igualdad de trato, proporcionalidad y buena administración».

Ya hemos indicado anteriormente que los temas de *enforcement* de la DMA son objeto de análisis en otro capítulo de esta obra, y por tanto no procede aquí abordar su estudio. Pero no podemos dejar de señalar que, con independencia del mayor o menor acierto en el diseño «material» de las obligaciones impuestas a los *gatekeepers*, es desde luego el componente «procesal» de su aplicación efectiva lo que sin duda más problemas y litigiosidad va a provocar a la Comisión Europea.

4.3. Otras obligaciones de los *gatekeepers*

Así como en versiones iniciales, y en la propuesta inicial del Reglamento, las obligaciones en materia de interoperabilidad de los servicios de comunicaciones interpersonales independientes de la numeración (o sea, los servicios ofrecidos por *WhatsApp*, *Line* o *Telegram*, entre otros) eran parte del catálogo contenido en los artículos 5 y 6, finalmente se han tipificado en un precepto independiente, el Artículo 7, sin que exista una especial justificación para ello.

Así, señala el apartado 1.º que:

> «Cuando un guardián de acceso preste servicios de comunicaciones interpersonales independientes de la numeración que se enumeren en la decisión de designación con arreglo al artículo 3, apartado 9, hará que las funcionalidades básicas de sus servicios de comunicaciones interpersonales independientes de la numeración sean interoperables con los servicios de comunicaciones interpersonales independientes de la numeración de otro proveedor que ofrezca o tenga intención de ofrecer tales servicios en la Unión, proporcionando las interfaces técnicas necesarias o soluciones similares que faciliten la interoperabilidad, previa solicitud y de forma gratuita».

A continuación, en el apartado 2.º fija una hoja de ruta (según sea para mensajes de texto o intercambio de vídeos, usuarios finales individuales o grupos de chat) inmediata, a dos y a cuatro años a partir de la designación, que roza el delirio regulatorio, en esa búsqueda de esa especie de Santo Grial en el ámbito de los servicios de comunicaciones a través de aplicaciones digitales que es la interoperabilidad.

Y, en franca oposición contra lo que ya han dicho todos los operadores de este tipo de servicios, no duda la DMA en afirmar con toda rotundidad que «*El nivel de seguridad, incluido el cifrado de extremo a extremo, en su caso, que proporcione el guardián de acceso a sus propios usuarios finales se mantendrá en todos los servicios interoperables*» (art. 7.3).

El resto de las obligaciones previstas en este Capítulo III hacen referencia, principalmente, a cuestiones de información, control y cumplimiento:

- Proporcionar a la Comisión, a los seis meses de la designación como *gatekeeper*, de un informe en el que «se describan de manera detallada y transparente las medidas que ha aplicado para garantizar el cumplimiento de las obligaciones establecidas en los artículos 5, 6 y 7» (art. 11.1);
- No segmentar, dividir o separar servicios con el fin de eludir los umbrales cuantitativos para la designación como *gatekeeper* (art. 13);
- Informar a la Comisión de «cualquier concentración prevista en el sentido del artículo 3 del Reglamento (CE) 139/2004, cuando las entidades fusionadas o la empresa resultante de la concentración presten servicios básicos de plataforma o cualesquiera otros servicios en el sector digital o permitan la recogida de datos, independientemente de que sea notificable a la Comisión en virtud de dicho Reglamento o a una autoridad nacional competente en materia de competencia con arreglo a las normas nacionales sobre concentraciones» (art. 14);
- Presentar a la Comisión, también a los seis meses de la designación como *gatekeeper*, una «descripción auditada independientemente de las técnicas para elaborar perfiles de los consumidores que apliquen en sus servicios básicos de plataforma» (art. 15).

5. Conclusiones

De todo lo señalado anteriormente podemos extraer las siguientes conclusiones:

1) En primer lugar, es loable la actitud y el trabajo de la Comisión Europea —y el resto de las instituciones comunitarias que han hecho posible la existencia de la DMA— de actualizar la normativa para dar respuesta a los nuevos retos que las plataformas y mercados digitales plantean. Esto es digno de encomio, y posiblemente se ha intentado con este Reglamento —al igual que ocurrió en 2016 con el RGPD— dar un ejemplo que pueda servir de pauta en otras jurisdicciones de todo el mundo, como se ha venido en denominar el «efecto Bruselas».

2) Sin embargo, esta valoración positiva inicial no debe tampoco ignorar las deficiencias técnicas que el texto de la DMA contiene, y que hemos examinado brevemente en este trabajo. Desde nuestro punto de vista, la más

preocupante es la inseguridad jurídica que va a provocar entre los operadores de mercado, y que en última instancia perjudicará también a los consumidores, los supuestamente «beneficiarios» de los mercados disputables y equitativos que este nuevo marco legal pretende garantizar.

3) Lo anteriormente indicado se pone de manifiesto, de forma palmaria, en el proceso de designación de *gatekeeper*, eje central del Reglamento 2022/1925, y clave para su éxito. Como hemos señalado, la combinación de criterios cuantitativos y cualitativos, la coexistencia de procedimientos de oficio por la CE y a instancia de parte, las presunciones *iuris tantum* y su posible desvirtuación, y las listas cerradas junto con cláusulas discrecionales para que la Comisión amplie o modifique su contenido, no ofrece desde luego un marco de seguridad jurídica adecuado.

4) Así mismo, la técnica legislativa de establecer una serie de obligaciones (DOs) y de prohibiciones (DON-Ts) no está claro que sea la óptima si lo que se quiere es el desarrollo de unos mercados digitales disputables y equitativos. Máxime si, como hemos visto, gran parte de estas obligaciones son fruto de la experiencia de prácticas anticompetitivas enjuiciadas en expedientes sancionadores antitrust. En vez de tanta casuística cerrada, hubiera sido más apropiado establecer un régimen jurídico apoyado en principios amplios, que luego podrían irse concretando caso por caso.

5) Finalmente, si bien se predica desde el principio que esta normativa persigue un objetivo distinto —aunque complementario— que el propio del Derecho de la Competencia, y que se aplica sin perjuicio de la aplicación de los artículos 101 y 102 TFUE, el hecho es que hay demasiadas áreas de solapamiento para no haber hecho un mayor esfuerzo de coordinación y articulación entre ambos. No está claro si la combinación ahora de una normativa *ex ante* con la clásica normativa *ex post* propia del derecho antitrust va a conseguir mejores resultados en el mercado, o va a crear un mayor grado de confusión regulatoria e inseguridad jurídica entre los operadores.

6. Bibliografía

Akman, P.: «Regulating Competition in Digital Platform Markets: A Critical Assessment of the Framework and Approach of the EU Digital Markets Act», *European Law Review*, n.º 1, 2022, pp. 85-114.

Barrio Andrés, M.: «El nuevo Reglamento europeo de Mercados Digitales», *Diario La Ley*, n.º 150, 14 de octubre de 2022.

Botta, M. y Wiedemann, K. (2019): «The Interaction of EU Competition, Consumer, and Data Protection Law in the Digital Economy: The Regulatory Dilemma in the Facebook Odyssey», *The Antitrust Bulletin*, Vol. 64(3), pp. 428-446.

Caffarra, C. y Scott-Morton, F.: «How Will the Digital Markets Act Regulate Big Tech?», en *Promarket (Stigler Center)*, 11 de enero de 2021. Disponible en: https://www.promarket.org/2021/01/11/digital-markets-act-obligations-big-tech-uk-dmu/

Carugati, C. (2021): *The Antitrust Privacy Dilemma*, 2 de diciembre de 2021. Disponible en: https://ssrn.com/abstract=3968829

Costa-Cabral, F., y **Lynskey, O. (2017)**: «Family ties: the intersection between data protection and competition in EU Law», *Common Market Law Review*, 54 (1).

De La Mano, M. et al: «The Digital Markets Act: Back to the 'Form-Based' Future?» *Compass Lexecon*, May 2021. Disponible en: https://www.compasslexecon.com/wp-content/uploads/2021/06/The-DMA-Back-to-the-Form-Based-Future.pdf

De Streel, A. (2020): «Should Digital Antitrust be Ordoliberal?» Foreword. *Concurrences* 1-2020, 2-4.

Díez Estella, F. y **Ribera Martínez, A.**: «Derecho de la Competencia vs. Privacidad: ¿el gran dilema en los nuevos mercados digitales?», *Cuadernos de Derecho Transnacional* (Marzo 2022), ISSN 1989-4570, Vol. 14, n.º 1, pp. 169-195.

Ferrer, E. y Pol, A.: «Capítulo 5. Protección de datos y derecho de la competencia», en Recuerda Girela, M. A. (Dir), *Anuario de Derecho de la Competencia*, Ed. Civitas, Madrid 2020, pp. 119-142.

Geradin, D. (2015): «Loyalty Rebates After *Intel*: Time for the European Court of Justice to Overrule *Hoffmann-La Roche*», *Journal of Competition Law & Economics*, 11 (3), pp. 579-615.

Geradin, D. (2021): «What is a digital gatekeeper? Which platforms should be captured by the EC proposal for a Digital Market Act?» (18 February 2021). Disponible en: https://ssrn.com/abstract=3788152

Geradin, D.; Bania, K. y Karanikioti, T.: «The interplay between the Digital Markets Act and the General Data Protection Regulation» (August 29, 2022). Disponible en SSRN: https://ssrn.com/abstract=4203907

Kaplow, L. and Shavell, S.: «Fairness versus Welfare: Notes on the Pareto Principle, Preferences, and Distributive Justice», *The Journal of Legal Studies*, Vol. 32, No. 1 (January 2003), pp. 331-362.

Kerber, W.: «Taming Tech Giants: The Neglected Interplay between Competition Law and Data Protection (Privacy) Law», 67 (2) *Antitrust Bulletin* (2022).

Komninos, A.: «The Digital Markets Act: How Does it Compare with Competition Law?» (June 14, 2022). Disponible en SSRN: https://ssrn.com/abstract=4136146

Kraffert, F. (2019): «How the Intel case changed our understanding of the objectives of EU competition law», *European Competition Journal*, Vol. 15, Issue 1, pp. 136-152.

Larouche, P. y **De Streel, A.**: «The European Digital Markets Act: A Revolution Grounded on Traditions», *Journal of European Competition Law & Practice*, 2021, Vol. 12 (7), pp. 542-560.

Martínez López-Saez, M.: «Capítulo 2. La dignidad humana y los derechos personalísimos como punto de partida de un derecho a la protección de datos de carácter personal», en *Una revisión del derecho fundamental a la protección de datos de carácter personal*, 1.ª ed., pp. 26-27. Valencia 2018, Ed. Tirant lo Blanch.

Martínez Nadal, A.: «Capítulo 5. La propuesta de Reglamento de Mercados Digitales ('Digital Markets Act'): una aproximación jurídica», en Martínez Nadal, A. (Dir), *Plataformas digitales: Aspectos jurídicos*, Ed. Thomson Reuters Aranzadi, 2021, pp. 123 y ss.

Martínez Nadal, A.: «La Propuesta de Reglamento de Mercados Digitales («Digital Markets Act»): una aproximación jurídica», en *Plataformas Digitales: Aspectos jurídicos*, Ed. Thomson Reuters Aranzadi, 2021.

Marty, F. y **Mouton, J.**: «Ecosystems as quasi-essential facilities: should we impose platform neutrality?», *Journal of Law, Market & Innovation*, Vol. 1 — Issue 3/2022, 108-134.

Monti, G. (2021): «The Digital Markets Act — Institutional Design and Suggestions for Improvement» (February 22, 2021), *TILEC Discussion Paper No. 2021-04*, Disponible en SSRN: https://ssrn.com/abstract=3797730

Motta, M. and Peitz, M.: «Intervention triggers and underlying theories of harm», Expert advice for the Impact Assessment of a New Competition Tool (2020). Disponible en la página web de la propia CE: https://ec.europa.eu/competition/consultations/2020_new_comp_tool/kd0420575enn.pdf

Pascual Sequeros, A.: «Doctrina reciente del Tribunal de Defensa de la Competencia en materia de abuso de posición dominante», *Gaceta Jurídica de la Competencia y de la Unión Europea*, n.º 209, Octubre 2000, pp. 93 a 106.

Petit, N.: «The Proposed Digital Markets Act (DMA): A Legal and Policy Review» (May 11, 2021). Disponible en SSRN: https://ssrn.com/abstract=3843497

Portuese, A.: «The Digital Markets Act: A triumph of Regulation over Innovation», *Information Technology & Innovation Foundation*, August 24, 2022. Disponible en: https://itif.org/publications/2022/08/24/digital-markets-act-a-triumph-of-regulation-over-innovation/

Schweitzer, H.: «The New Competition Tool: Its institutional set-up and procedural design», Expert report, (2020). https://ec.europa.eu/competition/consultations/2020_new_comp_tool/kd0420574enn.pdf

Schweitzer, H.: «The Art to Make Gatekeeper Positions Contestable and the Challenge to Know What is Fair: A Discussion of the Digital Markets Act Proposal» (April 30, 2021). Forthcoming, ZEuP 2021, Issue 3, Disponible en SSRN: https://ssrn.com/abstract=3837341

Tamayo Velasco, J. (2021): «Big Data, Competencia y Protección de Datos: el Rol del Reglamento General de Protección de Datos en los modelos de negocio basados en la publicidad personalizada», *Revista de Estudios Europeos*, n.° 78, Julio-diciembre 2021, pp. 183-202.

Tamayo Velasco, J.: *Los retos de la economía digital y la propuesta de «Ley de mercados digitales» de la Unión Europea*, Ed. Comares, Granada 2021.

Velasco San Pedro, L.: «El papel del Derecho de la Competencia en la era digital», *Revista de Estudios Europeos*, n.° 78, julio-diciembre 2021, pp. 108 y 109.

Witt, A.: «Platform regulation in Europe — per se rules to the rescue?», 18 *Journal of Competition Law & Economics*, Vol. 18, Issue 3, September 2022, pp. 670-708.

Wörsdörfer, M.: «The Digital Markets Act and E.U. Competition Policy: A Critical Ordoliberal Evaluation», 31 August 2022. Disponible en: https://ssrn.com/abstract=4187064

MECANISMOS DE APLICACIÓN DEL REGLAMENTO DE MERCADOS DIGITALES, SU APLICACIÓN PRIVADA Y RESPONSABILIDAD CIVIL DE LOS GUARDIANES DE ACCESO: UNA PRIMERA APROXIMACIÓN[1]

Pedro-José Bueso Guillén
Dr., LL.M. Eur., Profesor Titular de Universidad de Derecho Mercantil, Universidad de Zaragoza
pbueso@unizar.es

SUMARIO: 1. Consideraciones preliminares. 1.2. Objeto y ámbito de aplicación del Reglamento de Mercados Digitales. 1.3. Normas conexas reguladoras de los prestadores de servicios de plataforma en línea. 1.3.1. Reglamento de Servicios de Intermediación en Línea. 1.3.2. Reglamento de Servicios Digitales. 2. Mecanismos para la aplicación efectiva del Reglamento de Mercados Digitales. 2.1. Mecanismos de aplicación efectiva voluntaria. 2.2. Mecanismos de aplicación efectiva coercitiva. 2.3. Competencia para la aplicación efectiva. 2.4. Mecanismos de aplicación efectiva en las normas conexas. 3. Aplicación privada del Reglamento de Mercados Digitales y responsabilidad civil de los guardianes de acceso. 3.1. Aplicación privada de las normas conexas. 3.2. Relación del Reglamento de Mercados Digitales con las normas de Derecho de la competencia: a vueltas con su naturaleza. 3.3. Opciones para la exigencia de responsabilidad civil a los guardianes de acceso. 4. Reflexiones finales (provisionales). 5. Bibliografía

---

1 Los medios necesarios para la presentación en el Congreso Nacional «Servicios de intermediación contractual prestados por plataformas digitales y responsabilidad civil» de la ponencia que trae causa este trabajo, así como para la elaboración del mismo, han sido financiados por el Grupo de Investigación de Referencia del Gobierno de Aragón «Gestión jurídica de negocios, instrumentos y organizaciones innovadoras — LegMiBIO» (S12_17R), así como por el proyecto de investigación de la convocatoria de Proyectos de I+D Retos Investigación del Programa Estatal de I+D+i Orientada a los Retos de la Sociedad, en el marco del Plan Estatal de Investigación Científica y Técnica y de Innovación 2013-2016 del Ministerio de Ciencia, Innovación y Universidades, titulado «*Blockchain* y Derecho societario. *Bigdata, Fintech* y la protección del usuario de los servicios financieros» (RTI2018-095721-B-I00).

1. Consideraciones preliminares

El presente trabajo tiene por objeto dar cuenta de las novedades que en materia de «aplicación efectiva»[2] trae consigo el Reglamento (UE) 2022/1925 del Parlamento Europeo y del Consejo UE de 14 de septiembre de 2022 sobre mercados disputables y equitativos en el sector digital y por el que se modifican las Directivas (UE) 2019/1937 y (UE) 2020/1828 (Reglamento de Mercados Digitales)[3] (en adelante, RMD); Reglamento también conocido por su denominación y/o su acrónimo en lengua inglesa, *Digital Markets Act — DMA*. Las decisiones sistémicas de aplicación efectiva adoptadas en el RMD, que se antojan decisivas para el éxito de esta medida regulatoria, descansan en mecanismos jurídico-públicos a cargo de las autoridades de la competencia de la UE, principalmente por la Comisión Europea, aunque también se contempla cierto grado de participación de las Autoridades Nacionales de la Competencia (en adelante, ANC). Tras realizar una aproximación al estudio del sistema de aplicación efectiva, cabe preguntarse si el RMD deja margen para su aplicación privada en su controvertida consideración como una norma de Derecho de defensa de la competencia, y si, aunque sea por vías alternativas, cabe esperar que sea posible exigir responsabilidad civil a los guardianes de acceso por los daños que causen sus conductas contrarias al RMD. Al tratamiento de ambas cuestiones les seguirán unas reflexiones finales con carácter provisional.

1.2. Objeto y ámbito de aplicación del Reglamento de Mercados Digitales

El RMD toma como base para su elaboración el art. 114 TFUE (aproximación de la legislación en el Mercado Interior); por lo tanto, desde el punto de vista de su título competencial, ciertamente, no se trataría de una norma de Derecho de defensa de la competencia (sobre esta cuestión se volverá *infra*).

La necesidad urgente que el RMD viene a intentar satisfacer explica que el proceso de aprobación del RMD se haya desarrollado a una elevada velocidad legislativa. La propuesta de Proyecto de Reglamento se presenta por la Comisión Europea el 15 de diciembre de 2020; el acuerdo entre el Parlamento Europeo y el Consejo UE se alcanza el 24 de marzo de 2022, con voto final del Parlamento Europeo el 5 de julio de 2022, adoptándose la norma por el Consejo UE con fecha 18 de julio de 2022, con publicación en el DOUE de 12 de octubre de 2022 y entrada en vigor el 1 de noviembre de 2022. Es

2 Entiéndase esta terminología utilizada como traducción al español del término inglés «*enforcement*», por contraposición a «*aplicaction*», término este último que se asocia con los criterios de aplicación de una determinada norma.

3 DOUE L 265/1, de 12.10.2022; ELI: http://data.europa.eu/eli/reg/2022/1925/oj.

decir, que no han transcurrido ni dos años desde la presentación del proyecto hasta su entrada en vigor. Ahora bien, el RMD no será de plena aplicación hasta el 2 de mayo de 2023, encontrándose, en la actualidad, en plena fase de implementación; es para ello que ya desde su entrada en vigor sí son de aplicación los arts. 3(6) y (7), 40, 46, 48, 49 y 50 RMD, pues en dichos preceptos se regulan las actuaciones preparatorias para la aplicación efectiva del RMD; en cuanto a los arts. 42 y 43 RMD[4], finalmente serán aplicables a partir del 25 de junio de 2023 (v. párr. 3.º y 4.º del art. 54 RMD[5]).

Tras plantearse diversas opciones normativas[6], la UE se ha inclinado finalmente por articular su respuesta a los guardianes de acceso en los mercados digitales mediante el RMD, cuyo objetivo es combatir ciertos comportamientos de ciertos prestadores de ciertos servicios de la sociedad de la información que se califican como «servicios básicos de plataforma» (véase *infra*). Un catálogo de partida de los comportamientos objeto de control *ex ante* viene establecido en los listados fijados en los arts. 5 a 7 RMD, que, de modo muy sintético, pueden agruparse en aquellos que suponen la imposición de obligaciones a los guardianes de acceso (así, no prohibición a las empresas

4 El art. 42 RMD se refiere a las acciones de representación, para establecer que la Directiva (UE) 2020/1828 del Parlamento Europeo y del Consejo de 25 de noviembre de 2020 relativa a las acciones de representación para la protección de los intereses colectivos de los consumidores, y por la que se deroga la Directiva 2009/22/CE (DOUE L 409/1, de 4.12.2020; ELI: http://data.europa.eu/eli/dir/2020/1828/oj; en adelante, Directiva 2020/1828/UE), se aplicará a las acciones de representación ejercitadas frente a actos de guardianes de acceso que infrinjan las disposiciones del presente Reglamento y perjudiquen o puedan perjudicar los intereses colectivos de los consumidores. No obstante, la Directiva 2020/1828/UE todavía no ha sido transpuesta al ordenamiento español. Por su parte, el 43 RMD trata de la denuncia de infracciones y protección de los denunciantes, previendo que la Directiva (UE) 2019/1937 del Parlamento Europeo y del Consejo, de 23 de octubre de 2019, relativa a la protección de las personas que informen sobre infracciones del Derecho de la Unión (DOUE L 305/17, de 26.11.2019; ELI: http://data.europa.eu/eli/dir/2019/1937/oj), se aplicará a la denuncia de todas las infracciones del RMD y a la protección de las personas que informen sobre tales infracciones. A diferencia del caso anterior, esta Directiva ya ha sido transpuesta en España mediante la Ley 2/2023, de 20 de febrero, reguladora de la protección de las personas que informen sobre infracciones normativas y de lucha contra la corrupción (BOE n.º 44, de 21/02/2023; ELI: https://www.boe.es/eli/es/l/2023/02/20/2/con), en vigor desde el 13 de marzo de 2023.

5 El art. 54 RMD representa un curioso ejemplo de disposición sobre la entrada en vigor de una norma. Pues prevé para los arts. 42 y 43 RMD como fecha de entrada en vigor el 25 de junio de 2023, a no ser que la fecha de aplicación plena del RMD fuese posterior a dicha fecha; una previsión como esta tiene sentido en fase de elaboración de la norma, pero una vez que ya se conocía que la fecha de aplicación general es anterior al 25 de junio de 2023, debería haberse suprimido el párr. 4.º del art. 54 RMD.

6 Al respecto de las opciones normativas que se barajaron, véase Liñán Hernández, P., «Las plataformas digitales en el Derecho de la competencia: suficiencia de las normas clásicas o necesidad de nuevos instrumentos normativos», en Recuerda Girela, M.A. (dir.), *Anuario de Derecho de la competencia 2021*, Civitas-Thomson Reuters, Cizur Menor (Navarra), 2021, pp. 338-339.

del uso de otras plataformas: solo cláusulas de paridad estrictas; desinstalación de aplicaciones preinstaladas, acceso de los usuarios profesionales a los datos que han generado el uso de la plataforma, no prohibición del uso de aplicaciones de terceros, notificación de cualquier concentración), aquellos que constituyen comportamientos prohibidos (así, uso no equitativo de datos, auto-preferencia, usuarios cautivos, impedir reclamaciones, servicios vinculados) y aquellos que consisten en la adopción de medidas proactivas (compartir/dar acceso a ciertos datos).[7]

No obstante, dado el carácter extremadamente dinámico de los mercados digitales, el RMD no se concibe como un catálogo cerrado de conductas debidas y prohibidas por parte de y a los guardianes de acceso, sino que se entiende como un instrumento de control *ex ante* abierto a la evolución de estos mercados. Es por ello que se dota de mayores poderes de investigación a la Comisión Europea (véase arts. 21-23 RMD), así como de poderes normativos, de forma que será la Comisión Europea, por delegación, la competente para la revisión periódica y actualización de los servicios y los comportamientos objeto de control (véase arts. 12, 19 y 46 y ss. DMA)[8]. Todo ello acompañado de los mecanismos para su aplicación efectiva que *infra* van a ser objeto de aproximación.

Como ya se ha mencionado, el RDM pone su punto de mira en un espectro muy concreto de prestadores de servicios intermediarios: los denominados «guardianes de acceso» (*gatekeepers*, en lengua inglesa). Se trata de prestadores de servicios de la sociedad de la información respecto de los que se cumplen tres requisitos cumulativos (art. 3.1 y 2 RMD): a) son prestadores que tiene una *gran influencia* en el mercado interior, influencia que se determina, alternativamente, sobre la base de su volumen de negocio anual en la UE (igual o superior a 7500 millones de euros en cada uno de los tres últimos ejercicios), de su valor de capitalización bursátil media o su valor justo (igual o superior a 7500 millones de euros en el último ejercicio), o de su implantación UE (presta el mismo servicio básico de plataforma, al menos, en tres Estados miembros); b) es prestador de un *servicio básico de plataforma* que

7 Al respecto de las obligaciones de los guardianes de acceso, para un mayor detalle, además del trabajo de Fernando Díez Estella en este mismo libro, véase Ruiz Peris, J.I., «Gatekeepers, discriminación autopreferente exclusionaria y reforzamiento de la posición de dominio: la nueva propuesta europea de Digital Market Act», en Martí Miravals, J. (dir.), Rodilla Martí, C. (coord.), *Competencia en mercados digitales y sectores regulados*, Tirant lo Blanch, Valencia, 2021, pp. 53-58.

8 Véase *Ibidem*, pp. 59-60. Los potenciales guardianes de acceso han manifestado sus reticencias por la merma de seguridad jurídica que implica la falta de previsibilidad de la evaluación de sus conductas, y han insistido en que se garantice el control judicial de las decisiones; véase Reig Fabado, I., «La adaptación del Derecho de la competencia europeo a la 'era digital': algunos aspectos de la propuesta legislativa para las grandes plataformas digitales», en Castelló Pastor, J.J. (dir.), *Desafíos jurídicos ante la integración digital: aspectos europeos e internacionales*, Aranzadi-Thomson Reuters, Cizur Menor (Navarra), 2021, p. 243.

es una puerta de acceso *importante* para que los usuarios profesionales lleguen a los usuarios finales, midiéndose la importancia, cumulativamente, sobre la base del número mensual de usuarios finales activos establecidos o situados en la UE (al menos, 45 millones) y del número anual de usuarios profesionales activos establecidos en la UE (al menos, 10000); y c) dicho prestador tiene una posición afianzada y duradera por lo que respecta a sus operaciones o es previsible que alcance dicha posición en un futuro, requisito que concurre cuando el prestador haya alcanzado los umbrales relativos a los usuarios durante los tres últimos ejercicios.

Para completar esta delimitación de los guardianes de acceso es preciso conocer qué servicios de la sociedad de la información se identifican como *servicio básico de plataforma*. Pues bien, de conformidad con el art. 2.2 RMD, estos son: servicios de intermediación en línea; motores de búsqueda en línea; servicios de redes sociales en línea; servicios de plataforma de intercambio de videos; servicios de comunicaciones interpersonales independientes de la numeración; sistemas operativos; navegadores web; asistentes virtuales; servicios en nube; y servicios de publicidad en línea (esto es, redes de publicidad, plataformas de intercambio de publicidad y cualquier otro servicio de intermediación publicitaria) prestados por cualquiera de los prestadores de los servicios anteriores.

En definitiva, se trata de empresas que, sin que necesariamente lleguen a tener una posición de dominio, tienen alto poder de mercado; tal es así, que constituyen un cuello de botella de la relación entre otras empresas que recurren a ellos (los que se identifican como «profesionales» para diferenciarlos de los prestadores de servicios básicos de plataformas) y los consumidores, ostentando el control de ecosistemas completos de plataformas. Pues bien, una de las novedades que presenta el RMD es que la condición de guardián de acceso, a los efectos de su aplicación, ha de ser establecida por la Comisión Europea: solo a aquellas empresas designadas como guardianes de acceso por la Comisión Europea les va a ser de aplicación el RMD.

1.3. Normas conexas reguladoras de los prestadores de servicios de plataforma en línea

Los servicios de básicos de plataforma no son sino una clase especial de servicios de la sociedad de la información, tal y como éstos se definen en art. 1.1.b) de la Directiva (UE) 2015/1535 del Parlamento Europeo y del Consejo, de 9 de septiembre de 2015, por la que se establece un procedimiento de información en materia de reglamentaciones técnicas y de reglas relativas a los servicios de la sociedad de la información[9] (en adelante, Dir 2015/1535):

9 Versión codificada en DOUE L 241/1, de 17.9.2015; ELI: http://data.europa.eu/eli/dir/2015/1535/oj.

«todo servicio prestado normalmente a cambio de una remuneración, a distancia, por vía electrónica y a petición individual de un destinatario de servicios», que es la definición que ya había acogido la Directiva 2000/31/CE del Parlamento Europeo y del Consejo, de 8 de junio de 2000, relativa a determinados aspectos jurídicos de los servicios de la sociedad de la información, en particular el comercio electrónico en el mercado interior (Directiva sobre el comercio electrónico)[10] (en adelante, DCE), procedente del art. 1.2 de la derogada Directiva 98/34/CE[11], modificada por la también ya derogada Directiva 98/48/CE[12], y que es la que sigue vigente en el Anexo, a), de nuestra Ley 34/2002, de 11 de julio, de servicios de la sociedad de la información y de comercio electrónico[13] (en adelante LSSI). Dentro de los servicios de la sociedad de la información se diferenciaban ya entonces, por la existencia de un régimen legal de responsabilidad especial aplicable, los que la DCE denominaba «servicios intermediarios»(que en la LSSI se denominaron «servicios de intermediación»), que se definen con carácter general en la LSSI como todo «servicio de la sociedad de la información por el que se facilita la prestación o utilización de otros servicios de la sociedad de la información o el acceso a la información» (anexo, b), LSSI). Realmente, la DCE delimitaba los servicios intermediarios mediante su enumeración: a) mera transmisión (*mere conduit*): provisión de servicios de acceso a Internet y transmisión de datos por redes de telecomunicaciones; b) memoria tampón (*caching*): realización de copia temporal de las páginas de Internet solicitadas por los usuarios; c) alojamiento de datos (*hosting*): alojamiento en los propios servidores de datos, aplicaciones o servicios suministrados por otros; a los que la LSSI sumó los servicios consistentes en d) la provisión de instrumentos de búsqueda, acceso y recopilación de datos o de enlaces a otros sitios de Internet.

Pues precisamente estos dos últimos servicios intermediarios son los que entran en juego cuando de servicios de plataformas en línea se trata, y es por ello que han sido objeto de regulación por la UE, igualmente recurriendo al instrumento del Reglamento. Y si bien los objetivos de estas normas conexas son dispares de los del RMD, se trata de normas todas ellas en las que se puede apreciar una evidente intersección de sus ámbitos de aplicación subjetivos y entre las que puede darse cierto solapamiento a la hora de su aplicación efectiva.

---

10 DOUE L 178/1, de 17.7.2000; ELI: http://data.europa.eu/eli/dir/2000/31/oj.

11 Directiva 98/34/CE del Parlamento Europeo y del Consejo de 22 de junio de 1998 por la que se establece un procedimiento de información en materia de las normas y reglamentaciones técnicas (DOUE L 204/37, de 21.7.1998; ELI: http://data.europa.eu/eli/dir/1998/34/oj).

12 Directiva 98/48/CE del Parlamento Europeo y del Consejo de 20 de julio de 1998 que modifica la Directiva 98/34/CE por la que se establece un procedimiento de información en materia de las normas y reglamentaciones técnicas (DOUE L 217/18, de 5.8.1998; ELI: http://data.europa.eu/eli/dir/1998/48/oj).

13 BOE n.° 166, de 12/07/2002; ELI: https://www.boe.es/eli/es/l/2002/07/11/34/con.

1.3.1. Reglamento de Servicios de Intermediación en Línea

La primera de estas normas es el Reglamento (UE) 2019/1150 del Parlamento Europeo y del Consejo, de 20 de junio de 2019, sobre el fomento de la equidad y la transparencia para los usuarios profesionales de servicios de intermediación en línea[14] (en adelante, Rgto. P2B), de aplicación a partir del 12 de julio de 2020. Pues bien, el Rgto. P2B se aplica a la actividad que, en sus relaciones con los usuarios profesionales, despliegan los servicios de intermediación en línea y los motores de búsqueda en línea. Los servicios de intermediación en línea son servicios de la sociedad de la información en el sentido del art. 1.1.b) Dir 2015/1535), más concretamente, son servicios intermediarios que permiten a los usuarios profesionales ofrecer bienes o servicios a los consumidores con el objetivo de facilitar el inicio de transacciones directas entre ambos, prestándose el servicio de intermediación en línea sobre la base de una relación contractual entre usuario profesional y el prestador del servicio (art. 2.2 Rgto. P2B). Por su parte, los motores de búsqueda en línea se definen como un servicio digital que permite a los usuarios introducir consultas para hacer búsquedas de sitios web mediante palabras clave u otro tipo de entrada y que, en respuesta a la consulta, muestra resultados de información relacionada con el contenido solicitado (art. 2.5 Rgto. P2B). En este caso, sin que se expresamente se exija que exista una relación contractual, la misma se da entre el usuario de un sitio web corporativo y el prestador del servicio (véase arts. 2.6 y 7 Rgto. P2B).

Como puede apreciarse, el Rgto. P2B se aplica a la prestación de dos de los servicios que en el RMD se califican como servicio básico de plataformas. De hecho, la definición de estos servicios a los efectos del RMD se realiza mediante la remisión a las definiciones de los mismos establecidas en el Rgto. P2B de las que acabamos de dar cuenta. Si bien, claro está, el Rgto. P2B presenta un ámbito de aplicación subjetivo más general respecto de estos servicios intermediarios, ya que se aplica a todos los prestadores de los servicios de intermediación en línea y de motores de búsqueda que: a) ofrezcan sus servicios a usuarios profesionales y de sitios web corporativos con establecimiento o domicilio en la UE; y b) que vayan destinados a consumidores ubicados en la UE (v. art. 1.2 Rgto. P2B); si bien, con ciertas exclusiones, como servicios de pago en línea, herramientas de publicidad en línea y las plataformas de intercambios publicitarios en línea cuya finalidad no sea la de propiciar el inicio de transacciones directas y que no impliquen una relación contractual con los consumidores (art. 1.3 Rgto. P2B).

Su objetivo es «contribuir al correcto funcionamiento del mercado interior mediante el establecimiento de normas para asegurar que se conceden opciones apropiadas de transparencia, *de equidad* y de reclamación a los usuarios profesionales de servicios de intermediación en línea y a los usuarios

14 DOUE L 186/57, de 11.7.2019; ELI: http://data.europa.eu/eli/reg/2019/1150/oj.

de sitios web corporativos en relación con los motores de búsqueda en línea» (v. art. 1.1 Rgto. P2B; énfasis añadido), para lo que son objeto de tratamiento diversas cuestiones a través de regulación de las condiciones generales de los contratos que ligan a los prestadores de los servicios intermediarios con los profesionales. Así, se exige que dichas condiciones sean comprensibles; fácilmente disponibles en todas las fases contractuales; que se establezca un preaviso suficiente si se va a proceder a modificar las condiciones generales, sin que quepan las modificaciones retroactivas; ha de regularse el derecho de resolución de los usuarios profesionales, contemplando en tal caso el acceso a datos generados por el uso del servicio de intermediación; y han de establecerse causas de suspensión, restricción o terminación justificadas. Además, dichas condiciones han de incluir un contenido que se considera necesario: reglas aplicables a los derechos de propiedad intelectual de los usuarios profesionales; existencia de canales de distribución adicionales y programas asociados a través de los que el prestador del servicio de intermediación en línea compita con el profesional; identificación de los usuarios profesionales de forma claramente visible; parámetros de clasificación *(rating)*, bienes y servicios ofrecidos por el prestador del servicio intermediario; trato diferenciado, acceso a datos; restricciones al uso de medios o canales; y sistema interno de tramitación de reclamaciones, que se acompaña de previsiones sobre mediación entre prestadores y usuarios, y sobre reparación de daños (v. arts. 11 a 14 Rgto. P2B)[15].

De entre dichas previsiones merecen atención, en primer lugar, la que aborda las cuestiones que suscita la clasificación de los profesionales (art. 5 Rgto. P2B), donde se busca garantizar la transparencia, en la medida que se establece la obligación de señalar los parámetros principales y los motivos para categorizar como principales tales parámetros, indicando los más significativos y su importancia relativa; su descripción ha de ser de fácil acceso y público, ha de estar actualizada, y ha de informarse de si es posible influir en la clasificación mediante remuneración[16]. En segundo lugar, y en cuanto al trato diferenciado (art. 7 Rgto. P2B), cuestión especialmente relevante cuando se trata de plataformas híbridas, se establece la obligación de describirlo, con explicación de los motivos económicos, comerciales o jurídicos que lo fundamentan. Igualmente ha de informarse sobre el acceso a datos personales, la clasificación y la remuneración por uso del servicio. Finalmente, por lo que se refiere a las restricciones a la oferta de condiciones diferentes por otros medios (art. 10 Rgto. P2B), es decir, a las cláusulas de paridad, ha de informarse sobre la restricción por parte del prestador del ser-

---

15 Para un mayor detalle, véase De Miguel Asensio, P.A., *Derecho privado de Internet*, 6.ª ed., Civitas-Thomson Reuters, Cizur Menor (Navarra), 2022, pp. 587-594.

16 A este respecto, la Comisión Europea ha publicado una Comunicación en la que se contienen las Directrices sobre la transparencia de la clasificación con arreglo al Rgto. P2B (C/2020/8579) – DOUE C 424/1, de 8.12.2020; accesible en: https://eur-lex.europa.eu/legal-content/ES/TXT/?uri=CELEX:52020XC1208(01).

vicio intermediario a ofertas que haga el usuario profesional de sus bienes o servicios en otras plataformas y bajo condiciones diferentes, con explicación de los motivos económicos, comerciales o jurídicos que lo fundamentan.

Pues bien, para garantizar el cumplimiento de todas estas obligaciones, y al margen de las previsiones relativas a reclamaciones, mediación y reparación de daños, el Rgto. P2B, se dota de un sistema de garantía de su cumplimiento al que haremos referencia *infra*.

1.3.2. Reglamento de Servicios Digitales

La otra norma conexa a la que ha de hacerse referencia es el Reglamento (UE) 2022/2065 del Parlamento Europeo y del Consejo de 19 de octubre de 2022 relativo a un mercado único de servicios digitales y por el que se modifica la Directiva 2000/31/CE (Reglamento de Servicios Digitales)[17] (en adelante, RSD), Reglamento también conocido por su denominación y/o su acrónimo en lengua inglesa, *Digital Services Act — DSA*. La conexión entre el RMD y el RSD es evidente, pues ambas normas son el resultado de misma estrategia de la UE.[18]

Por ello no es de extrañar que la necesidad urgente cuya satisfacción preside la elaboración del RMD sea compartida por el RSD, lo que igualmente explica la velocidad del proceso de su aprobación. El RSD, cuyo Proyecto es coetáneo de el del RDM, se publica poco después del RDM, en el DOUE de 27 de octubre de 2022 y entra en vigor el 16 de noviembre de 2022. Ahora bien, igual que sucede con el RMD, el RSD no será de plena aplicación hasta el 17 de febrero de 2024, encontrándose también, en la actualidad, en fase de implementación; así, ya desde su entrada en vigor son de aplicación los arts. 24(2) (3) y (6), 33 (3-6), 37(7), 40 (13), 43 y cap. IV, sec. 4 a 6, RSD, pues en dichos preceptos se regulan las actuaciones preparatorias para la plena aplicación del RSD.

Primeramente, el RSD procede a efectuar una actualización parcial de la DCE por lo que se refiere al régimen especial de responsabilidad de los prestadores de servicios intermediarios por las conductas de sus usuarios. Pero va más allá, al incorporar a su paradigma de referencia el papel de los intermediarios en línea, en especial, de las plataformas en línea, y muy en especial, de las plataformas sistémicas, que son aquellas que alcanzan a más del 10 % población de la población de la UE. Si bien la economía de las plataformas en línea presenta evidentes ventajas, también genera un riesgo de abuso, que afecta tanto a la difusión de contenidos ilícitos como a la comercialización de bienes o servicios ilegales. Es por ello que impone a los

---

17 DOUE L 277/1, de 27.10.2022; ELI: http://data.europa.eu/eli/reg/2022/2065/oj.

18 La estrategia de la UE «*Shaping Europe's digital future*» (al respecto, véase: https://ec.europa.eu/digital-single-market/en/content/european-digital-strategy).

prestadores de servicios intermediarios, y en función de su categorización, cuestión de la que se trata *infra*, nuevas obligaciones específicas de diligencia; medidas que, en el caso de las plataformas sistémicas, se acompañan de un sistema específico de supervisión.

En cuanto a la categorización de los prestadores de servicios digitales, el RDS distingue hasta cinco ámbitos de aplicación subjetivos que se corresponden con otros tantos niveles de regulación cumulativos. Así, en un primer nivel, el RSD comienza estableciendo normas comunes a todos los prestadores de servicios intermediarios (arts. 4 a 10 y 11 a 15 RSD), que se definen igual que se hace en la DCE (v. art. 3.g) RSD): operadores de redes y prestadores de acceso (*mere conduit*); prestadores de acceso con copia temporal de datos (*cache memory*); y servicios de alojamiento de datos (*hosting*), que incluye la computación en nube y el alojamiento web; no se incluye el servicio de enlaces a contenidos o instrumentos de búsqueda, por lo que, desde la fecha de entrada en vigor del RSD, cabe preguntarse si puede considerarse que sigue vigente el art. 17 LSSI, dado que el art. 89 RSD ya ha entrado en vigor. A continuación, en un segundo nivel, el RSD pasa a regular, añadiendo más obligaciones, a todos los prestadores de servicios de alojamiento de datos (arts. 16 a 18 RSD), incluidas las plataformas en línea, a las que procede a regular específicamente, en un tercer nivel, sumando nuevas obligaciones (arts. 19 a 28 RSD). Estas se definen como un «un servicio de alojamiento de datos que, a petición de un destinatario del servicio, almacena y difunde información al público, salvo que esa actividad sea una característica menor y puramente auxiliar de otro servicio o una funcionalidad menor del servicio principal y que no pueda utilizarse sin ese otro servicio por razones objetivas y técnicas, y que la integración de la característica o funcionalidad en el otro servicio no sea un medio para eludir la aplicabilidad del presente Reglamento» (art. 3.i) RSD), definición que incluye tanto a las redes sociales como a los mercados en línea. Pues bien, a continuación, son objeto de regulación, en un cuarto nivel, las plataformas en línea que permiten a los consumidores celebrar contratos a distancia con comerciantes (arts. 29 a 32 RSD), plataformas que serían las vendrían a coincidir con las que son objeto de regulación por el Rgto. P2B. Y, finalmente, en un quinto nivel, se imponen más obligaciones a las plataformas en línea y a los motores de búsqueda en línea (que se definen en el art. 3.j) RSD en los mismos términos que en el Rgto. P2B) de muy gran tamaño (arts. 33 a 43 RSD). Estos servicios digitales se definen como aquellas plataformas en línea y motores de búsqueda en línea que tengan un promedio mensual de destinatarios del servicio activos en la UE igual o superior a 45 millones. Como puede apreciarse, este dato delimitador es compartido con los guardianes de acceso sometidos al RMD, pues es uno de los criterios que determina si el prestador es una puerta de acceso importante al servicio básico de plataforma que presta (véase *supra*). Igualmente, las plataformas en línea y los motores de búsqueda de muy gran tamaño del RSD comparten con los guardianes de acceso del RMD que han de ser designados por la Comisión Europea como tales (véase art.

33.1 RSD). Así pues, a la vista del criterio delimitador de los prestadores de gran tamaño establecido en el RSD, en principio[19], todo guardián de acceso que preste servicios básicos de plataforma de intermediación y de motor de búsqueda en línea va a ser a una plataforma en línea o motor de búsqueda de gran tamaño conforme al RSD, aunque no viceversa, pues el RMD establece requisitos adicionales que no siempre se van a cumplir en el caso de las plataformas de intermediación y los motores de búsqueda en línea de gran tamaño designados como tales por la Comisión Europea conforme al RSD.

En cuanto a las medidas regulatorias adoptadas en el RSD, vistas en su conjunto, pueden clasificarse en dos grandes bloques: a) Nuevas obligaciones específicas de diligencia debida, tales como las medidas para contrarrestar el contenido ilegal en línea, incluidos los bienes y servicios ilegales, con el establecimiento de mecanismos que permiten, de una parte, a los usuarios marcar contenido ilegal en línea, y, de otra parte, a las plataformas cooperar con «marcadores de confianza» especializados en identificar y eliminar contenido ilegal; en el caso de los mercados en línea, las obligaciones de rastreo de vendedores (trazabilidad de operadores) y de verificación aleatoria con las bases de datos existentes de la legalidad de los productos y servicios que se ofrecen a través de ellos, así como la mejora de la trazabilidad de los productos con soluciones de tecnología avanzada; garantías para los usuarios, incluida la posibilidad de cuestionar las decisiones de moderación del contenido por las plataformas, lo que incluye decisiones de moderación basadas en una nueva información obligatoria para los usuarios cuando su contenido es eliminado o restringido; amplias medidas de transparencia para las plataformas en línea, tanto en sede de condiciones generales como de los algoritmos utilizados para recomendar contenido o productos a los usuarios; obligaciones para la protección de menores; obligaciones de las plataformas en línea y los motores de búsqueda de muy gran tamaño para evitar el abuso de sus sistemas mediante la adopción de medidas basadas en la gestión del riesgo, a los efectos de mitigar los riesgos de desinformación, manipulación electoral, violencia cibernética contra las mujeres o daños a menores en línea, con ponderación con la libertad de expresión, y sujeto a auditorías independientes; mecanismos de respuesta a las crisis en casos de grave amenaza para la salud y la seguridad públicas; prohibición de publicidad dirigida en plataformas en línea mediante *profiling* (niños, origen étnico, opiniones políticas, orientación sexual); mejora de transparencia de publicidad en plataformas en línea y comercial de *influencers*; prohibición de utilizar los llamados «patrones oscuros» en la interfaz de las plataformas en línea). b) Normas de aplicación y ejecución del RSD: así, normas sobre designación de puntos de contacto y de representantes legales, poderes de control del funcionamiento de las plataformas, incluyendo el acceso de los investigadores a los datos clave; mecanismos internos de reclamación y de queja ante una autoridad nacional; indemnización

19 Y a reserva de que las metodologías establecidas en el RSD y en el RMD para medir el cumplimiento de este requisito pudieran dar lugar a resultados discrepantes.

por incumplimiento de las normas; ejercicio individual y colectivo de acciones; fomento de la resolución alternativa de disputas, mediante organismos certificados, complementaria de la solución judicial de disputas; establecimiento de una estructura de supervisión única, con la Comisión Europea como principal regulador de muy grandes plataformas en línea, y con delegación en las autoridades nacionales de la supervisión de los restantes prestadores de servicios digitales, si bien en el marco de un sistema de cooperación innovador entre Comisión Europea y las autoridades nacionales para garantizar la aplicación efectiva en todo el mercado único, con facultades de ejecución similares a las que tiene en los procedimientos antimonopolio[20].

2. Mecanismos para la aplicación efectiva del Reglamento de Mercados Digitales

La regulación de los mecanismos destinados a la aplicación efectiva del RMD puede ubicarse, principalmente, en su cap. III, arts. 8, 11 y 13, y en su cap. V, arts. 20 a 43. En relación con estos mecanismos puede apreciarse una notable incidencia de la actividad legislativa del Consejo UE y el Parlamento Europeo, si se atiende a la propuesta de proyecto de RMD de la Comi-

---

20 Si atendemos a los distintos niveles de regulación cumulativos *supra* identificados, las medidas adoptadas en el RSD podrían sintetizarse como sigue: en el nivel 1, obligaciones de transparencia informativa (art. 15 RSD), exigencias sobre las condiciones de servicios para tomar en consideración los derechos fundamentales (art. 14 RSD), y obligaciones de cooperación con autoridades (art. 11 RSD), incluyendo puntos de contacto para los destinatarios (Art. 12 RSD), y, en su caso, designación de representantes legales en la UE (art. 13 RSD). En el nivel 2, obligación de establecimiento de mecanismos de notificación y retirada (art. 16 RSD), de declaración de motivos por los que se impongan restricciones a los destinatarios (art. 17 RSD) y de notificación de sospechas de delitos (art. 18 RSD). En el nivel 3, obligación de establecer un sistema interno de reclamaciones (art. 20 RSD) y de resolución extrajudicial de litigios (art. 21 RSD), recurso a alertadores fiables (art. 22 RSD), establecimiento de medidas de protección contra usos indebidos (art. 23 RSD), obligaciones de transparencia informativa adicionales a las del art. 15 RSD (art. 24 RSD), obligaciones en el diseño y la organización de los *interfaces* (art. 25 RSD), información sobre la publicidad en línea (art. 26 RDS), exigencias de trasparencia del sistema de recomendación (art. 27 RDS) y obligaciones a cumplir por las plataformas accesibles a menores (art. 28 RSD). En el nivel 4, obligaciones de trazabilidad de comerciantes (art. 30 RSD), de cumplimiento desde el diseño (art. 31 RSD) y de información a los consumidores sobre comercialización de productos o servicios ilícitos a través de su servicio digital (art. 32 RSD). Y, en el nivel 5, obligaciones de gestión de riesgos y de respuesta a crisis (arts. 34-36 RSD), de auditoría externa (art. 37 RSD), función de comprobación de cumplimiento (art. 41 RSD) y obligaciones de transparencia informativa (art. 42 RSD), así como la obligación de permitir elegir al usuario no recibir recomendaciones basadas en *profiling* (art. 38 RSD), obligaciones adicionales de información sobre publicidad en línea (art. 39 RSD) y de acceso a datos a autoridades e investigadores para escrutinio (art. 40 RDS).
Al respecto, si bien sobre el proyecto de RSD, puede verse De Miguel Asensio, P.A., *Derecho privado de Internet*, 6.ª ed., ob. cit., pp. 366-377.

sión Europea, especialmente por lo que hace a las previsiones destinadas a coordinar la actuación con las ANC (véase art. 38 RMD), las autoridades (sectoriales) nacionales (véase art. 37 RSD) y los tribunales nacionales (véase art. 39 RMD). A ello debe añadirse la inclusión de la exigencia de la elaboración de un informe anual por la Comisión Europea sobre la aplicación del RMD dirigido al Parlamento Europeo y al Consejo UE (art. 35 RMD), el establecimiento de un Grupo de Alto Nivel sobre el RMD (art. 40 RMD), así como los arts. 42 y 43 RMD, en materia de acciones de representación y denuncia de infracciones y de protección de los denunciantes, respectivamente, a los que ya se ha aludido *supra*.

En una primera aproximación, puede distinguirse entre mecanismos de aplicación efectiva voluntaria y coercitiva del RMD.

2.1. Mecanismos de aplicación efectiva voluntaria

Un primer grupo de mecanismos de aplicación efectiva se encuentra ubicado en el cap. III, dedicado a regular las «prácticas de los guardianes de acceso que limitan la disputabilidad o son desleales», pero que incluyen previsiones que se pueden considerar integrantes de los de aplicación efectiva, en la medida que articulan que la misma tenga lugar de forma «voluntaria» (entiéndase, sin que sea preciso recurrir a un mecanismo coercitivo) por parte del guardián de acceso.

En primer lugar, las previstas en el art. 8 RSD, que versa, precisamente, sobre el cumplimiento de las obligaciones (y prohibiciones) por parte de los guardianes de acceso. El RSD impone a los guardianes de acceso la carga de garantizar y de demostrar el cumplimiento de las obligaciones y prohibiciones establecidas en los arts. 5 a 7 RSD, lo que incluye la adopción de medidas eficaces para ello.

Dichas medidas pueden ser especificadas por la Comisión Europea en relación con las obligaciones del art. 6 y 7 RDS, medidas que deben ser eficaces y proporcionadas, atendiendo al guardián de acceso y al servicio básico de plataforma en cuestión. Ello puede suceder de oficio o a instancia del guardián de acceso, ya que el guardián puede solicitar de la Comisión Europea que se pronuncie sobre la eficacia de las medidas.

En íntima conexión con el mecanismo descrito, el art. 11 RMD obliga a los guardianes de acceso, a los seis meses de su designación, a presentar un informe a la Comisión Europea sobre medidas aplicadas para garantizar el cumplimiento de las obligaciones y prohibiciones de los arts. 5 a 7 RMD, acompañado de un resumen no confidencial, del que la Comisión Europea dará publicidad en su sitio web.

Este conjunto de resortes se ha de completar con las previsiones contenidas en los apdos. 3 a 8 del art. 13 RDM, donde se prevé un mecanismo antielusión de las obligaciones y prohibiciones contenidas en los arts. 5 a

7 RMD. Tras insistir en la carga que recae sobre los guardianes de garantizar el cumplimiento pleno y eficaz de tales obligaciones y prohibiciones, se prohíbe que los guardianes incurran, de cualquier forma (contractual, comercial, técnica), en comportamientos que supongan un menoscabo del cumplimiento eficaz de las prohibiciones obligaciones; así, que busquen degradar las condiciones del servicio básico de plataforma prestado o dificultar el ejercicio derechos u opciones por parte de los usuarios profesionales o finales. Prohibición que se acompaña de pautas de conducta para el caso de la obtención del consentimiento por parte de los usuarios profesionales de los datos personales de sus clientes. Pues bien, si se detectan estos comportamientos, la Comisión puede, con base en el art. 8 RMD, especificar las medidas que deben adoptar los guardianes de acceso que intentan eludir sus obligaciones.

Todo ello sin perjuicio del ejercicio de sus facultades de supervisión por la Comisión Europea, de lo que se trata *infra*.

Aunque se ha ubicado en el Cap. V RMD, no quedaría completo este epígrafe si no se hiciera referencia aquí a la obligación de *compliance* establecida en el art. 28 RMD. Este precepto obliga a los guardianes de acceso a establecer una función de comprobación del cumplimiento, que ha de ser independiente de sus funciones operativas, con uno o varios agentes de verificación y un responsable, un oficial de cumplimiento, a la cabeza.

2.2. Mecanismos de aplicación efectiva coercitiva

El Cap. V RMD es el dedicado a las «competencias de investigación, ejecución y supervisión». Cualquier actuación de la Comisión Europea, tanto de aplicación efectiva voluntaria (especificación de medidas conforme al art. 8 RMD, y reacción ante actos de elusión del cumplimiento de las obligaciones conforme al art. 13.7 RDM), como coercitiva se inicia con base en el art. 20 RMD. Efectivamente, cuando de aplicación efectiva coercitiva se trata, la Comisión Europea ha de incoar un procedimiento conforme al art. 20 RMD conducente a determinar un incumplimiento del guardián de acceso (art. 29 RMD), incumplimiento que llevará aparejada, en principio, una multa sancionadora (art. 30 RMD).

Los incumplimientos establecidos en el art. 29.1 RMD son los que consisten en el de obligaciones de art. 5, 6 ó 7 RMD, así como en el de medidas para cumplimiento obligaciones arts. 6 y 7 RMD establecidas por la Comisión Europea conforme al art. 8.2 RMD. Pero también constituye una infracción del RMD el incumplimiento de medidas correctoras impuestas de conformidad con el art. 18.1 RMD como resultado de una investigación de mercado de incumplimiento sistemático, el de medidas cautelares impuestas conforme al art. 24 RMD, así como el de compromisos jurídicamente vinculantes establecidos conforme al art. 25 RMD.

En efecto, para el caso de incoación de procedimiento con base en el art. 20 RMD con vistas a adopción de una decisión de incumplimiento conforme al art. 29.1 RMD, la Comisión Europea puede acordar medidas cautelares (art. 24 RMD), siempre que se pueda apreciar urgencia debido al riesgo de daños graves e irreparables para los usuarios profesionales o finales, y que exista *prima facie* una infracción de arts. 5, 6 ó 7 RMD. Dichas medidas deberán acordarse por un período de tiempo determinado, si bien pueden renovarse si ello es necesario y apropiado.

A su vez, como se ha apuntado *supra*, además de multas, la Comisión Europea puede imponer, conforme al art. 18.1 RMD, medidas correctoras o estructurales en caso de incumplimiento sistemático de sus obligaciones por parte de un guardián de acceso. El incumplimiento sistemático concurre únicamente si se han adoptado al menos tres decisiones de incumplimiento contra el guardián de acceso en relación con cualesquiera de sus servicios básicos de plataforma dentro de los ocho años anteriores (art. 18.3 RMD). En tal caso, la Comisión Europea puede imponer «cualquier medida correctora del comportamiento o estructural que sea proporcionada y necesaria para garantizar el cumplimiento efectivo» del RMD (art. 18.1 RMD), lo que puede incluir la prohibición al guardián de acceso, durante un tiempo limitado, de tomar parte en operaciones de concentración económica en relación con los servicios básicos de plataforma, otros servicios prestados en el sector digital o los servicios que posibiliten la recopilación de datos que se hayan visto afectados por el incumplimiento sistemático (art. 18.2 RMD). No obstante, en este caso, y de conformidad con el art. 25.1 RMD, el guardián de acceso puede proponer a la Comisión Europea compromisos sobre los servicios básicos de plataforma afectados destinados a garantizar el cumplimiento de arts. 5, 6 y 7 RMD. Si dichos compromisos son aceptados por la Comisión Europea, pasan a ser jurídicamente vinculantes y ponen fin al procedimiento incoado conforme al art. 20 RMD. No obstante, el art. 25.2 RMD prevé situaciones en las que la Comisión Europea puede reabrir el procedimiento sancionador.

Ahora bien, salvo los remedios del art. 18.1 RMD, las sanciones previstas por el RMD para los incumplimientos del art. 29.1 RMD *supra* esquematizados consisten en multas sancionadoras (art. 30 RMD): hasta el 10 % del volumen de negocios total a nivel mundial en ejercicio anterior, para el caso de comisión dolosa o negligente de una de las infracciones previstas en el art. 29.1 DMA; y hasta el 20 % del volumen de negocios total a nivel mundial en ejercicio anterior, en caso de reincidencia en una misma infracción o infracción similar en los 8 años anteriores[21]. Además, para cumplimiento medidas

21 Multas sancionadoras a las que ha de añadirse la que consiste en el 1 % del volumen de negocios total a nivel mundial en ejercicio anterior cuando el guardián de acceso ha incumplido de forma dolosa o negligente sus deberes de notificación o colaboración respecto de las obligaciones de información o en el marco de una inspección (véase arts. 3.3, 14, 15, 21, 22, 23, 26, 28, 34.4 RMD).

o decisiones adoptadas conforme a los arts. 8.2, 18.1, y 29(1) DMA[22], cabe la imposición de multas coercitivas (art. 31 RMD) por importe de hasta el 5 % del volumen de negocios total a nivel mundial en ejercicio anterior.

En cuanto a la caducidad de las infracciones, se establece un plazo de tres años a contar desde la comisión o, en su caso, el cese de la conducta; plazo que puede ser interrumpido por el inicio de actuaciones por parte de la Comisión Europea (véase art. 32 RMD). Por lo que se refiere a la caducidad de las sanciones, se establece un plazo de cinco años para su ejecución (véase art. 33 RMD).

2.3. Competencia para la aplicación efectiva

El análisis de las normas anteriormente expuestas permite constatar la concentración de la competencia para la aplicación efectiva del RMD en la Comisión Europea, tanto para los mecanismos de aplicación efectiva voluntaria como coercitiva.

No obstante, el RMD ha querido establecer un marco para la participación de los Estados miembros en su efectiva aplicación. Al margen de apelar a la cooperación y la coordinación con las autoridades (sectoriales) nacionales (véase art. 37 RMD, donde no se establece un canal específico; si bien se prevé su incorporación al canal de la Red Europea de la Competencia — *ECN*), sí que se regula con cierto detalle las competencias de las ANC y de los tribunales nacionales. Y se hace para reafirmar que el control absoluto en la aplicación efectiva del RMD recae sobre la Comisión Europea; lo que se justifica, en principio, para garantizar una aplicación efectiva uniforme del RMD.

Así, en cuanto a las ANC, la lectura del art. 38 RMD confirma que éstas no tienen competencia para proceder a la aplicación efectiva del RMD. Lo que resulta de dicho precepto es que, en aplicación efectiva de las normas listadas en el art. 1.6 RMD (es decir, normas *antitrust* de la UE y nacionales sobre conductas colusorias, abuso de posición de dominio y control de concentraciones, y de las «normas nacionales de competencia que prohíban otras formas de conducta unilateral en la medida en que se apliquen a empresas que no sean guardianes de acceso o (*sic.*) [no] equivalgan a imponer obligaciones adicionales a los guardianes de acceso» — sobre estas últimas normas se volverá *infra*), las ANC pueden realizar una investigación sobre guardianes de acceso, e incluso pueden llegar a imponerles obligaciones. Pero no en aplicación efectiva del RMD. Además, el RMD limita la competencia de las ANC (o cualesquiera autoridades nacionales) que resulta de su propia normativa nacional: no pueden adoptar una decisión que sea contraria a una decisión adoptada por la Comisión Europea en aplicación del RMD (art. 1.7 RMD); de manera que, en la práctica, bastará con que la Comisión Europea incoe un procedimiento conforme al art. 20 RMD para que la ANC o la autoridad (sectorial) nacional se vea en la tesitura, bien de tener

22 También para medidas o decisiones adoptadas conforme a los arts. 21, 23, 24 y 25.1 RMD.

que suspender el procedimiento que haya iniciado para imponer obligaciones a un guardián de acceso, bien, cuando menos, de dejar sin efecto la resolución dictada hasta que la Comisión Europea adopte una decisión en aplicación del RMD. Tal consecuencia no se establece expresamente, pero no cabe llegar a otra conclusión, cuando, al margen de lo dispuesto en el ya mencionado art. 1.7 RMD, ya respecto de la investigación de un guardián de acceso que pueda estar llevando a cabo una ANC por un posible incumplimiento de los arts. 5, 6 y 7 RMD, se establece que si la Comisión Europea incoa un procedimiento conforme al art. 20 RMD, ello da lugar a que la ANC no pueden investigar a ese guardián de acceso o haya de concluir dicha investigación (art. 38.7 RMD). En definitiva, como se ha dicho, control absoluto por parte de la Comisión Europea, que viene garantizado por las obligaciones de información impuestas a las ANC para asegurar la cooperación y coordinación con la Comisión Europea: intercambio de información sobre medidas de ejecución a través de la ECN; obligación de la ANC de informar previa o simultáneamente si va a iniciar investigación, tanto con base en normas de Derecho (de la competencia), como por incumplimiento de los arts. 5, 6 y 7 RMD, sobre un guardián de acceso (además, la Comisión Europea puede reclamar el apoyo de las ANC para las investigaciones sobre incumplimiento del RMD); y coordinación en la aplicación efectiva de normas nacionales Derecho (de la competencia) a guardianes de acceso, tanto si se trata de imponer obligaciones como medidas cautelares.

Por lo que se refiere a los tribunales nacionales, el art. 39 RMD sigue la misma senda que la marcada en el art. 38 RMD respecto de las ANC. La Comisión Europea puede actuar como «*amicus curiae*», de modo que los tribunales pueden pedir información a la Comisión; pero, además, la Comisión puede remitir o presentar observaciones ante los tribunales nacionales; y los Estados miembros han de remitir «copia de toda sentencia dictada por un órgano jurisdiccional nacional que se pronuncie sobre la aplicación del presente Reglamento» (art. 39.3 RMD). No obstante, dichas sentencias van a venir marcadas, en la práctica, por la prejudicialidad de la decisión de la Comisión: los tribunales nacionales no pueden adoptar resolución contraria a decisión adoptada por Comisión Europea en aplicación del RMD (art. 39.5); es más, para evitar un conflicto con una «decisión prevista» (es decir, cuando exista procedimiento ya incoado por la Comisión en aplicación del RMD en relación con determinado guardián de acceso), se «invita» a los tribunales nacionales a valorar si procede la suspensión del procedimiento nacional (en una suerte de prejudicialidad «inducida»), sin perjuicio de poder plantear una cuestión prejudicial ante el TJUE. La lectura del artículo invita a pensar que, de hecho, la Comisión Europea va a ser considerada, en mayor medida, como un «*inimicus curiae*».

En relación con todo lo anterior, el art. 5.6 RMD prohíbe a los guardianes de acceso impedir directa o indirectamente que los usuarios profesionales o finales «puedan presentar ante cualquier autoridad pública pertinente, incluidos los órganos jurisdiccionales nacionales, reclamaciones por incumplimiento del guardián de acceso del Derecho de la Unión o el Derecho nacional pertinente, en relación con cualquier práctica del guardián de acceso, o de limitar su posibilidad de hacerlo». Dicha prohibición, no obstante, «sin perjuicio del derecho de los usuarios profesionales y de los guardianes de acceso a establecer en sus contratos las condiciones de uso de mecanismos legales para la tramitación de reclamaciones».

Este conjunto de previsiones se completa con dos preceptos: El art. 41 RMD, en el que se regula la solicitud de la investigación de mercado por un Estado miembro, que únicamente cabe que se cursa si se trata de la aplicación de los arts. 17 (designación de guardián de acceso), 18 (incumplimiento sistemático; es decir, no de cualquier incumplimiento que haya podido detectar un Estado miembro) ó 19 (revisión listado servicios básicos o del de las conductas) RMD. Y el art. 45 RMD a propósito del control del Tribunal de Justicia sobre las decisiones sancionatorias de la Comisión Europea en aplicación del RMD, conforme al art. 261 TFUE. Ahora bien, ello no quiere decir que no sea de aplicación el art. 263.1 TFUE, por el que el TJUE es competente para controlar la legalidad de los actos de la Comisión Europea, lo que incluye también el ejercicio por parte de esta de las muy relevantes facultades delegadas (véase art. 49 RMD).

2.4. Mecanismos de aplicación efectiva en las normas conexas

El planteamiento a este respecto del RMD difiere en buena medida del que se ha materializado en las normas conexas previamente identificadas. Así, en el Rgto. P2B, la decisión es de absoluta descentralización de las medidas en garantía de su cumplimiento en los Estados miembros (véase art. 15 Rgto. P2B; en España, los incumplimientos de esta norma constituyen infracciones administrativas tipificadas en el art. 37 y sigs. LSSI). Y en el RSD, conforme resulta de la síntesis de sus normas de aplicación y ejecución efectuada *supra*, puede apreciarse un alto grado de descentralización en los Estados miembros (véase art. 49 y sigs. RSD). Ahora bien, la Comisión Europea se reserva la supervisión de las plataformas y los motores de búsqueda en línea de gran tamaño (véase art. 64 y sigs. RSD).

3. Aplicación privada del Reglamento de Mercados Digitales y responsabilidad civil de los guardianes de acceso

La aplicación privada en Derecho de defensa de la competencia ha de ser entendida, en primera instancia, como un mecanismo jurídico-privado destinado a reforzar los mecanismos jurídico-públicos de aplicación efectiva de la norma *antitrust*[23].

23 A este respecto, véase MARTÍ MIRAVALS, J., *Responsabilidad civil por la infracción del Derecho de la competencia*, Real Academia Valenciana de Jurisprudencia y Legislación, Tirant lo Blanch, Valencia, 2022, pp. 19-21 y 25-32.

Dicho mecanismo jurídico-privado se traduce, fundamentalmente, en dos pretensiones: para el caso de conductas colusorias, en la nulidad del acuerdo que articula la conducta prohibida; y, tanto para el caso de las conductas colusorias como del abuso de posición de dominio, en la indemnización de los daños y perjuicios derivados de la comisión de la conducta prohibida. En el caso de los incumplimientos de obligaciones establecidas en el RMD por los guardianes de acceso, al tratarse de conductas unilaterales (aunque puedan entrar en juego relaciones contractuales, suelen descansar sobre condiciones generales de la contratación que se considerarían impuestas por el guardián de acceso al usuario profesional o final, comportamiento que, por razón del poder de mercado que ostentan los guardianes de acceso, recibiría el tratamiento de una conducta unilateral[24]), cabe afirmar que, en su caso, la aplicación privada del RMD se orientaría a la segunda de las pretensiones.

A este respecto, debe partirse de la constatación de que el RMD carece de un régimen para su aplicación privada destinado a facilitar la reclamación de los daños y perjuicios que se deriven de su incumplimiento. A este respecto ha de traerse a colación el marcadamente «cauto» art. 39 RSD con respecto a las pautas de la cooperación con los tribunales nacionales (que han sido expuestas *supra*). No obstante, como se ha indicado, en el art. 42 RMD se establece la posibilidad del ejercicio de acciones de representación frente a comportamientos de los guardianes de acceso sobre la base de la norma nacional que transponga la Directiva 2020/1828/UE, cuando dichos comportamientos (cumulativamente) infrinjan las disposiciones del RMD y perjudiquen o puedan perjudicar los intereses colectivos de los consumidores. Pues bien, dicha norma permite el ejercicio de acciones de representación por las que se solicite una medida de cesación o una medida resarcitoria, o ambas (véase art. 3.5 Directiva 2020/1828/UE). Medidas entre las que, no solo pero también, se incluye la indemnización, junto con la reparación, la sustitución, la reducción del precio, la resolución del contrato o el reembolso del precio pagado, «según corresponda y se disponga de ellas en virtud del Derecho de la Unión o nacional» (art. 9.1 Directiva 2020/1828/UE).

24 Al respecto, véase STJUE de 19 de enero de 2023, As. C-680/20 *Unilever Italia Mkt. Operations vs. AGCM*, donde se falla que «El artículo 102 TFUE debe interpretarse en el sentido de que las actuaciones llevadas a cabo por distribuidores que forman parte de la red de distribución de los productos o de los servicios de un productor que ocupa una posición dominante pueden imputarse a este si se demuestra que tales actuaciones no fueron adoptadas de manera independiente por dichos distribuidores, sino que forman parte de una política decidida unilateralmente por ese productor y aplicada a través de los referidos distribuidores»; sentencia accesible en: https://curia.europa.eu/juris/document/document.jsf;jsessionid=16EEF4C2CD541364AAEDB9E37E67DDAB?text=&docid=269403&pageIndex=0&doclang=ES&mode=lst&dir=&occ=first&part=1&cid=9778404.

3.1. Aplicación privada de las normas conexas

Ello contrasta, hasta cierto punto, con las soluciones adoptadas en las normas conexas respecto de su aplicación privada. Así, por lo que se refiere al Rgto. P2B, como se ha expuesto *supra*, su art. 15 encomienda la concreción de la garantía de su cumplimiento a cada Estado miembro, sin que se excluya la opción por el establecimiento de remedios jurídico-privados; es una cuestión que pasa a ser decisión del legislador nacional, al que únicamente se le exige que establezca medidas de aplicación adecuada y efectiva, que han de ser eficaces, proporcionadas y disuasorias. Como se ha informado, en el caso español se ha optado por un mecanismo jurídico-público. No obstante, ello no quiere decir que, aunque no se haya previsto expresamente, no puedan derivarse efectos jurídico-privados de las conductas de los prestadores de servicios de intermediación en línea que infrinjan lo previsto en el Rgto. P2B, tal y como puede deducirse de lo dispuesto en el art. 14.9 Rgto. P2B; pero en Derecho español no existen previsiones específicas al respecto. Lo cierto es que esta opción de los Reglamentos de la UE por la «descentralización» de la decisión sobre los efectos en caso de su contravención, con la variedad de mecanismos y la diversidad en su configuración a la que da lugar, genera importantes divergencias en el grado de aplicación efectiva de las normas entre los Estados miembros y puede dar lugar a prácticas de *forum shoping* dentro del Mercado Interior que han de considerar como no deseables.

Por contra, el RSD opta por requerir expresamente que ambos mecanismos, jurídico-público y jurídico-privado, sean implementados por los Estados miembros para su aplicación efectiva. Así, junto a la exigencia del establecimiento de un régimen de sanciones, concretamente multas (véase art. 52 RSD), el art. 54 RSD requiere, con carácter imperativo, la articulación del mecanismo jurídico-privado indemnizatorio:

> «Los destinatarios del servicio tendrán derecho a solicitar, de conformidad con el Derecho de la Unión o nacional, una indemnización con cargo a los prestadores de servicios intermediarios por cualquier daño o perjuicio sufrido como consecuencia del incumplimiento por parte de dichos prestadores de sus obligaciones en virtud del presente Reglamento».

Es decir, no se trata de la atribución de responsabilidad civil consecuencia de la aplicación de los arts. 3 a 9 RSD (donde se regula el régimen de responsabilidad de los prestadores de servicios intermediarios por los comportamientos de sus destinatarios, en sustitución del establecido en los arts. 12 a 15 DCE), sino de la responsabilidad civil consecuencia de daños causados por incumplimiento de las nuevas obligaciones que a los prestadores de servicios digitales impone el RDS.

Ahora bien, este modelo no se ha extendido a los mecanismos de aplicación efectiva del RSD a las plataformas en línea y los motores de búsqueda de muy gran tamaño (art. 64 y sigs. RSD) Es este escenario, y en conexión con la competencia exclusiva de la Comisión Europea para su supervisión, la solución implantada para su aplicación efectiva es similar a la que se ha adoptado en el RMD. Así, en cuanto a los tribunales nacionales, el art. 82 RSD presenta evidentes similitudes con el art. 39 RMD. En efecto, aquí el RSD opta por mecanismos jurídico-públicos y, como sucede en el caso del RMD, carece de un régimen para su aplicación privada a estos prestadores de servicios digitales, específicamente, para la reclamación de los daños y perjuicios que se deriven del incumplimiento del RSD por su parte. Ello, al margen de que el art. 90 RSD haya modificado el anexo I Directiva 2020/1828/UE para incluir en su listado al RSD, lo que permite el ejercicio de acciones de representación de carácter resarcitorio en tutela de los intereses colectivos de los consumidores.

3.2. Relación del Reglamento de Mercados Digitales con las normas de Derecho de la competencia: a vueltas con su naturaleza

A la vista de que el RMD no contiene un régimen ni previsiones para su aplicación privada, cabe plantearse si se puede recurrir al régimen de aplicación privada del Derecho de defensa de la competencia a tal efecto. Sin embargo, si se considera que el RMD no es una norma de Derecho de la defensa de la competencia, debe descartarse, en todo caso, la aplicación de la Directiva 2014/104/UE del Parlamento Europeo y del Consejo, de 26 de noviembre de 2014, relativa a determinadas normas por las que se rigen las acciones por daños en virtud del Derecho nacional, por infracciones del Derecho de la competencia de los Estados miembros y de la Unión Europea[25] (en adelante, Directiva 2014/104/UE); lo que, en el caso español, del art. 71 y sigs. de la Ley 15/2007, de 3 de julio, de Defensa de la Competencia[26] (en adelante, LDC), pues dichas normas únicamente son de aplicación si existe una vulneración de los arts. 101 ó 102 TFUE o de los arts. 1 ó 2 LDC; como tampoco cabría aplicar la doctrina jurisprudencial del TJUE previa a Directiva 2014/104/UE relativa a la aplicación privada de los arts. 101 y 102 TFUE.

Ahora bien, la afirmación de que el RMD no es una norma de Derecho de defensa de la competencia ha de ser objeto de cierto escrutinio[27]. En efecto, el propio RMD niega tener tal calificación. Ello es manifestado abiertamente en su cdo. 11:

> «Los artículos 101 y 102 del TFUE y las correspondientes normas nacionales de competencia relativas a conductas anticompetitivas multilaterales y unilaterales,

25 DOUE L 349/1, de 5.12.2014; ELI: http://data.europa.eu/eli/dir/2014/104/oj.

26 BOE n.º 159, de 04/07/2007: ELI: https://www.boe.es/eli/es/l/2007/07/03/15/con.

27 Al hilo de estas cuestiones, puede verse también Reig Fabado, I., «La adaptación del Derecho de la competencia europeo a la 'era digital'..., ob. cit., pp. 243-246.

así como al control de las concentraciones, tienen como objetivo la protección de la competencia no falseada en el mercado. **El presente Reglamento persigue un objetivo complementario, pero distinto al de proteger la competencia no falseada en un mercado determinado, tal como se define en el Derecho de la competencia,** que es el de garantizar que los mercados donde haya guardianes de acceso sean y sigan siendo **disputables** y equitativos, **independientemente de los efectos reales, potenciales o supuestos sobre la competencia** en un mercado determinado de la conducta de un determinado guardián de acceso al que se aplique el presente Reglamento. Por lo tanto, el presente Reglamento tiene por objeto proteger un **interés jurídico diferente** del protegido por esas normas y debe aplicarse sin perjuicio de la aplicación de estas últimas» (énfasis añadido).

En cuanto a la desconexión con los efectos sobre la competencia en el mercado, no ha de olvidarse que el Derecho de defensa de la competencia también permite controlar las conductas que tienen por objeto eliminar, restringir o falsear la competencia; lo que sucede es que se trata de un control *a posteriori*, no *a priori*, tal y como se configura en el RMD.

En todo caso, este entendimiento del legislador de la UE explica cómo se ha configurado en el RMD su relación con otras normas, señaladamente, con de la competencia. Dicha relación resulta de lo dispuesto en los apdos. 5 a 7 del art. 1 RMD. Se parte de la base de que el objetivo primordial es asegurar una aplicación efectiva uniforme y no interferida por los Estados miembros del RMD. Es por ello que se establece un bloqueo del ámbito normativo «uniformizado» por el RMD en favor de la UE: los Estados miembros no pueden imponer obligaciones adicionales a los guardianes de acceso, ya sea por disposiciones legislativas o reglamentarias, ya sea mediante decisiones administrativas. Solo cabe que los Estados miembros adopten decisiones regulatorias cuando se trate de imponer obligaciones sean compatibles con el Derecho de la UE y no deriven de la consideración de las empresas afectadas como guardianes de acceso. Es decir, los Estados miembros no pueden regular a los guardianes de acceso en cuestiones que quedan dentro del ámbito de aplicación del RMD (cuestiones estas que no se determinan en el precepto y cuya concreción puede suscitar dudas, como sucedió con las que integran el ámbito normativo coordinado de la DCE).

El legislador de la UE toma esta decisión, tal y como explica en el cdo. 9 RMD, porque

«La fragmentación del mercado interior solo puede evitarse eficazmente si se impide a los Estados miembros aplicar normas nacionales que entren en el ámbito de aplicación del presente Reglamento y que persigan sus mismos objetivos».

Sin embargo,

«Eso no excluye la posibilidad de que se apliquen a los guardianes de acceso, en el sentido del presente Reglamento, otras normas nacionales que persigan **otros**

objetivos de interés público legítimos, según se establecen en el TFUE, o razones imperiosas de interés general reconocidas en la jurisprudencia del Tribunal de Justicia de la Unión Europea» (énfasis añadido).

Es por ello que el RMD se aplica, tal y como dice su art. 1.6, «*sin perjuicio de* la aplicación» de los arts. 101 y 102 TFUE, de las normas nacionales de competencia equivalentes a art. 101 y 102 TFUE (en el caso de España, los arts. 1 y 2 LDC), del Reglamento (CE) n.º 139/2004, de las normas nacionales relativas al control de las concentraciones y de las «*normas nacionales de competencia* que prohíban otras formas de conducta unilateral en la medida en que *se apliquen a empresas que no sean guardianes de acceso* o (*sic*.) [no] *equivalgan a imponer obligaciones adicionales a los guardianes de acceso*» (énfasis añadido).

Lo cierto es que la identificación de este último conjunto normativo resulta críptica. Al respecto de estas normas, en el cdo. 10 RMD se añade que se trata de:

> «**normas** nacionales **de competencia** relativas a conductas unilaterales basadas en una valoración individualizada de las posiciones en el mercado y el comportamiento en este, incluidos sus efectos reales o potenciales y el alcance exacto del comportamiento prohibido, y que prevén la posibilidad de que las empresas presenten justificaciones fundadas sobre la eficiencia y los objetivos del comportamiento de que se trate» (énfasis añadido).

El art. 1 RMD se cierra con lo previsto en su apdo. 7, *supra* aludido, en el que se establece que las autoridades nacionales (sean ANC o autoridades sectoriales) no tomarán decisiones que sean contrarias a una decisión adoptada por la Comisión UE en virtud del RMD, pues «la aplicación de esas normas no debe afectar a las obligaciones impuestas a los guardianes de acceso en virtud del presente Reglamento ni a su aplicación uniforme y efectiva en el mercado interior» (cdo. 10 RMD). Y termina remitiendo a lo dispuesto en los arts. 37 y 38 RMD, preceptos que ya han sido objeto de comentario.

En este punto, se antoja que las situaciones *de lege data* en los distintos Estados miembros son dispares al respecto de estas «otras normas de competencia nacionales».

Así, en primer lugar, cabe pensar en el § 19a de la Ley alemana de defensa de la competencia (*Gesetz gegen Wettbewerbsbeschränkungen*; en adelante, GWB), parágrafo introducido mediante la reforma de la GWB introducida mediante *GWB-Digitalisierungsgesetz* de 18 de enero de 2021[28], para actuar frente al com-

---

28 *Gesetz zur Änderung des Gesetzes gegen Wettbewerbsbeschränkungen für ein fokussiertes, proaktives und digitales Wettbewerbsrecht 4.0 und anderer Bestimmungen (GWB-Digitalisierungsgesetz) vom 18. Jaunar 2021*; BGBl parte I, n.º 1, de 18 de enero de 2021; https://www.bgbl.de/xaver/bgbl/start.xav#__bgbl__%2F%2F*%5B%40attr_id%3D%27bgbl121s0002.pdf%27%5D__1682241737102.

portamiento abusivo de las empresas de particular importancia para la competencia en mercados cruzados («*Missbräuchliches Verhalten von Unternehmen mit überragender marktübergreifender Bedeutung für den Wettbewerb*»). El § 19a GWB permite intervenir a la ANC alemana, el *Bundeskartellamt* (en adelante, BKA) mediante un control *ex ante*, cuando ciertos grandes grupos digitales representen una amenaza para la competencia por su posición estratégica y los recursos de los que disponen. El BKA puede prohibir ciertos comportamientos de estas empresas (así, autopreferencia, cierre de mercado basados en el procesamiento de datos relevantes para la competencia) como medida preventiva[29]; norma que cabe plantearse si ha devenido incompatible con la DMA.

También cabe pensar que se está aludiendo al art. L420-2 párr. 2.º del *Code du commerce* francés[30], donde se prohíben las situaciones de abuso de dependencia económica, precepto cuya aplicación se encomienda a la ANC francesa. Y, en cuanto al caso español, a la regulación de dicha conducta establecida en el art. 16.2 y 3 de la Ley 3/1991, de 10 de enero, de Competencia Desleal[31] (en adelante, LCDes)[32], o a la de otras conductas unilaterales

---

29 Además, se ha acortado el procedimiento para la obtención de una decisión firme, ya que contra las resoluciones del BKA en aplicación de este parágrafo solo cabe recurso ante el Tribunal Federal de Justicia. También se han modificado las disposiciones del control de abuso clásico para incluir criterios específicos aplicables a los mercados digitales. Así, para medir el poder de mercado, ha de tenerse en cuenta el acceso a datos relevantes para la competencia y la cuestión de si una plataforma tiene el llamado poder de intermediación (*Intermediationsmacht*), pues se asume que tal posición puede dar lugar una situación de dependencia relevante a los efectos del Derecho antitrust. Además, en cuanto a la regulación de las empresas con poder de mercado relativo o superior, el ámbito de protección de la norma ya no se limita a las pequeñas y medianas empresas. A su vez se viene a permitir que el BKA ordene, en favor de las empresas dependientes y bajo ciertas condiciones, que se otorgue acceso a los datos a cambio de una tarifa razonable. Finalmente, se han establecido poderes especiales de intervención para el caso de que un mercado de plataformas amenace con inclinarse (*tipping*) en la dirección de un gran operador. Véase Bundeskartellamt, «Novelle des Gesetzes gegen Wettbewerbsbeschränkungen», en https://www.bundeskartellamt.de/SharedDocs/Meldung/DE/Pressemitteilungen/2021/19_01_2021_GWB-Novelle.html?nn=3591568 (consultado el 31 de diciembre de 2022).

30 https://www.legifrance.gouv.fr/codes/article_lc/LEGIARTI000038725501?init=true&page=1&query =L420-2&searchField=ALL&tab_selection=all; al respecto, véase Bueso Guillén, P.-J. «Cláusulas de sumisión a fuero y ejercicio de acciones de daños y perjuicios derivados del ilícitos 'antitrust'. A propósito del As. C595/17 Apple vs. MJA», en Ruiz Peris, J.I., (dir.), Estevan de Quesada, C. (coord.), Problemas actuales en las acciones de compensación de daños por infracción de las normas de competencia, Thomson Reuters-Aranzadi, Cizur Menor (Navarra), 2019, p. 58.

31 BOE n.º 10, de 11/01/1991; ELI: https://www.boe.es/eli/es/l/1991/01/10/3/con.

32 *Cfr.* Ruiz Espinosa, J., «Aproximación a la nueva propuesta de reglamento de mercados digitales 2020/842: vicisitudes en el marco de su delimitación material. Legal regime of the digital markets», en Madrid Parra, A., Alavardo Herrera, L. (dir.), Blanco Sánchez, M.J. (coord.), *Derecho digital y nuevas tecnologías*, Aranzadi-Thomson Reuters, Cizur Menor (Navarra), 2022, p. 379, quien parece entender que, en sede de aplicación privada, nada aportaría el art. 16.2 LCDes.

objeto de tratamiento en la LCDes cuando sus preceptos son aplicados por la CNMC en el marco del art. 3 LDC[33]. Ha de tenerse presente que, en nuestro caso, la LCDes no es una norma cuya aplicación efectiva se encomiende primeramente a la CNMC, sino a los tribunales del orden civil. Además, parece que cabe afirmar que parte de la LCDes no se correspondería con las normas a las que se quiere referir el art. 1.6.b) RMD, dado que, en el cdo. 12 RMD, que no en su articulado, se dice que el RMD también se aplica sin perjuicio de, entre otras, la Directiva 2005/29/CE del Parlamento Europeo y del Consejo, de 11 de mayo de 2005, relativa a las prácticas comerciales desleales de las empresas en sus relaciones con los consumidores en el mercado interior, que modifica la Directiva 84/450/CEE del Consejo, las Directivas 97/7/CE, 98/27/CE y 2002/65/CE del Parlamento Europeo y del Consejo y el Reglamento (CE) n° 2006/2004 del Parlamento Europeo y del Consejo («Directiva sobre las prácticas comerciales desleales»)[34] (en adelante, Directiva 2005/29/CE) y la norma nacional que aplica dicho acto; en nuestro caso, habrá de entenderse que el considerando se refiere a la parte de la LCDes que traspone la Directiva 2005/29/CE, siendo susceptible de integrar ese conjunto de normas de competencia nacionales el resto de la LCDes, en una disección nada sencilla. Sin embargo, las dudas se mantienen. Si se atiende a la descripción de estas normas dada en el cdo. 10 RMD *supra* reproducido, que descansa en razones de eficiencia, ello da pie a pensar que se ha de tratar de normas *antitrust*, y no de competencia desleal. A la vista está que lo dispuesto en el art. 1.6.b) RMD está llamado a generar controversia. En todo caso, no parece que la técnica del legislador de la UE haya sido la más acertada; podría haberse acompañado la delimitación abstracta de estas normas nacionales de la competencia de un listado ejemplificativo y no exhaustivo que ayudase a su identificación (si se me permite recurrir a un símil con sabor a Gila, este precepto es como decir que «alguien ha matado a alguien» cuando se tiene una firme sospecha de quién es el asesino).

Sea como fuere, lo que queda claro es que ni la CNMC, cuando aplique el art. 3 LDC, ni los tribunales, cuando dicten sentencia en aplicación de la LCDes, pueden pronunciarse en sentido contrario a lo que decida la Comisión Europea en aplicación del RMD. Ahora bien, sí en sentido concurrente. Es decir, que parece haberse instaurado un sistema de barrera doble en parecidos términos a los establecidos en el art. 3.2, inciso 1.°, del Reglamento (CE) n° 1/2003 del Consejo, de 16 de diciembre de 2002, relativo a la aplicación de las normas sobre competencia previstas en los artículos 81 y 82 del Tratado[35] (en adelante, Rgto. CE 1/2003), para el art. 101 TFUE.

33 *Cfr. Ibidem*, pp. 379-380, que igualmente descarta la vía del art. 3 LDC.

34 DOUE L 149/22, de 11.6.2005; ELI: http://data.europa.eu/eli/dir/2005/29/oj.

35 DOUE L 1/1, de 4.1.2003; versión consolidada: ELI: http://data.europa.eu/eli/reg/2003/1/2009-07-01.

A vueltas con todo lo anterior, hay argumentos para negar la premisa mayor de este planteamiento de legislador de la UE. Puede sostenerse que, en parte, el RMD es Derecho de defensa de la competencia. El RMD persigue un doble objetivo. El primero es intentar restaurar la disputabilidad de los mercados de servicios básicos de plataforma. El segundo el evitar el abuso por parte de los guardianes de acceso de su poder de mercado frente a los usuarios profesionales (véase art. 12.5 RMD, que puede considerarse la cláusula general de la casuística de comportamientos fijada (por ahora) en los arts. 5 a 7 RMD: la letra a) define qué se entiende por «disputabilidad»[36] y la letra b) que se entiende por «deslealtad»[37]. Este doble objetivo hace que pueda afirmarse la naturaleza híbrida del RMD, pues parte de su ADN es Derecho de defensa de la competencia: la disputabilidad es un problema de barreras de entrada y de acceso al mercado, de conductas excluyentes, que es típicamente una de las cuestiones que preocupan al Derecho *antitrust* y que se combaten con el Derecho *antitrust*. Y parte es Derecho de la competencia leal en los mercados digitales, pues se persiguen conductas que, al fin y a la postre, son contrarias a las exigencias de la buena fe en sentido objetivo.

3.3. Opciones para la exigencia de responsabilidad civil a los guardianes de acceso

Aquí ha de partirse de afirmar la posibilidad de exigir responsabilidad civil a los guardianes de acceso por los daños y perjuicios que causen al infringir las obligaciones del RMD. Tal exigibilidad no afecta a las obligaciones tal y como se configuran en el RMD, es decir, reclamar daños y perjuicios «no [...] equivale a imponer obligaciones adicionales a los guardianes de acceso», sino que consiste en derivar unos efectos para el caso de contravención distintos de los que para dicho comportamiento están específicamente previstos en el RMD sobre la base de las normas generales de responsabilidad extracontractual (art. 1902 y sigs. del Código civil), dado que los comportamientos de

36 La disputabilidad se entiende como todo comportamiento de un guardián de acceso que «pueda obstaculizar la innovación y limitar las posibilidades de elección de los usuarios profesionales y los usuarios finales debido a que:
i) afecte o amenace con afectar a la disputabilidad de un servicio básico de plataforma u otros servicios del sector digital de forma duradera debido a la creación o la consolidación de obstáculos a la entrada de otras empresas o a su desarrollo como prestadoras de un servicio básico de plataforma o de otros servicios del sector digital, o
ii) impida que otros operadores tengan el mismo acceso a un insumo clave que el guardián de acceso".

37 Se entiende que se da un comportamiento desleal del guardia de acceso cuando «exista un desequilibrio entre los derechos y las obligaciones de los usuarios profesionales y el guardián de acceso obtenga de los usuarios profesionales una ventaja que sea desproporcionada en comparación con el servicio que preste a dichos usuarios profesionales».

los guardianes de acceso tienen la consideración de conductas unilaterales. Por lo tanto, la exigencia de responsabilidad civil a los guardianes de acceso por daños causados por la infracción del RMD no vulnera lo establecido en el art. 1 RMD.

Ahora bien, ciertamente, aunque pueda estarse de acuerdo en calificar al RMD como norma de defensa de la competencia (al menos, en parte), ha de descartarse la aplicación directa con carácter general de las soluciones contenidas en el régimen de aplicación privada del Derecho de defensa de la competencia: la propia Directiva 2014/104/UE, en su art. 2.1 y 3, es taxativa al limitar su ámbito de aplicación a los daños causados por la vulneración de los arts. 101 y 102 TFUE y a las normas homólogas en el Derecho nacional, en nuestro caso, los arts. 1 y 2 LDC. Y es discutible plantear su aplicación analógica, si quiere parcial, al tratarse de un régimen excepcional. Claro está que si la conducta infractora del RMD, a su vez, constituye un abuso de posición de dominio, entonces sí que cabría recurrir al art. 71 y sigs. LDC, si bien en el marco de las reglas de jerarquía normativa y competenciales *supra* expuestas para la aplicación efectiva coordinada de las normas de defensa de la competencia con el RMD como resultado de la intervención de las autoridades y los tribunales nacionales.

No obstante, el RMD es también Derecho de la competencia leal en los mercados digitales. Por lo que es muy probable que, cuando el comportamiento del guardián de acceso sea una conducta desleal, pueda ser de aplicación la LCDes, tanto *ex* art. 3 LDC por la CNMC, como directamente por los tribunales civiles, ya sea acudiendo a su art. 15, ya sea entendiendo que las conductas desleales de los guardianes de acceso reguladas en el RMD son supuestos que concretan, para los mercados digitales, las exigencias de la cláusula general de la LCDes establecida en su art. 4.1-1.º; es decir, que la cláusula general contenida en el art. 12.5.b) RMD está en sintonía con la contenida en el art. 4.1-1.º LCDes. En el caso de la vía civil, ya se acuda a ella directamente (*stand-alone*), bien en ejercicio de acciones de seguimiento (*follow-on*) tras una resolución de la CNMC en aplicación del art. 3 LDC, ello deja expedito el camino para la reclamación de los daños y perjuicios causados mediante la acción prevista en el art. 32.1-5.ª LCDes. Si bien, efectivamente, esta vía nos lleva a la aplicación del régimen de responsabilidad extracontractual general (es decir, el que resulta del art. 1902 y sigs. del Código civil) y a la aplicación de la jurisprudencia del TJUE sobre la aplicación normas nacionales de responsabilidad extracontractual para el caso de contravención del Derecho de la UE[38]. En definitiva, la reclamación de daños y perjuicios queda abocada a la aplicación de un régimen de responsabilidad

38 Establecida, fundamentalmente, en los As. *Frankovich* (STJUE de 19 de noviembre de 1991, As. C-6/90 y C-9/90; ECLI:EU:C:1991:428) y *Brasserie du Pêcheur* (STJUE de 5 de marzo de 1996, As. C-46/93 y C-48/93; ECLI:EU:C:1996:79). Al respecto, véase Martí Miravals, J., *Responsabilidad civil por la infracción del Derecho de la competencia,* ob. cit., pp. 133-134.

que se antoja insuficiente para la viabilidad de las indemnizaciones, ya no por tratarse de un sistema de responsabilidad subjetiva, sino por razón de los problemas sobradamente conocidos de prueba y cuantificación del daño con los que las reclamaciones habrán de enfrentarse.[39]

4. Reflexiones finales (provisionales)

Con el único propósito de recoger alguna de las ideas que fluyen en el texto, con carácter (muy) provisional, procede hacer algunas reflexiones finales como cierre del mismo. En cuanto a la decisión del modelo de aplicación efectiva del RMD, la UE ha optado por conceder a la Comisión Europea una situación de cuasi monopolio, con ausencia prácticamente absoluta de descentralización y un sistema de cooperación esencialmente unidireccional a demanda de la Comisión. Decisión que evoca los orígenes de la aplicación efectiva del Derecho de defensa de la competencia de la UE. Recordemos como los problemas de capacidad llevaron a la descentralización articulada a través del Rgto. CE 1/2003. Cabe preguntarse si, ante la ingente tarea que supone cumplir con lo dispuesto en el art. 26.2 RMD, la Comisión Europea va a disponer de medios humanos y materiales suficientes[40]. En todo caso, sus contrapartes disponen de medios considerables, tanto desde una perspectiva cuantitativa como cualitativa. Además, cabe cuestionarse cuál va a ser el nivel de implicación que va a haber por parte de las autoridades nacionales habida cuenta del protagonismo tan limitado que el RMD les atribuye en su aplicación efectiva.

En cuanto a la aplicación privada del RMD, ha de concluirse que los incumplimientos del mismo por parte los guardianes de acceso pueden servir de base para el ejercicio de acciones de daños y perjuicios causados por dichos incumplimientos, aunque el RMD carezca de un régimen específico para su aplicación privada. En todo caso, dichas acciones van a acabar siendo *follow-on*, pues el RMD impone la prejudicialidad, *de iure* o *de facto*, de las decisiones de infracción de la Comisión. No obstante, tal posibilidad, que en el caso español parece que se articularía a través del recurso a la LCDes, bien directamente, bien tras una resolución de la CMNC en aplicación del art. 3 LDC, es remota, habida cuenta de la ausencia de soluciones regulatorias específicas como las que se han establecido en la Directiva 2014/104/UE para los arts. 101 y 102 TFUE y los arts. 1 y 2 LDC, tal y como se ha apuntado, ya no tanto por la exigencia del requisito de la culpa, sino por los de prueba y cuantificación del daño y las dificultades a las que da lugar su satisfacción por parte del demandante.

---

39 Véase *Ibidem*, pp. 131 y sigs., y 178 y sigs., respectivamente.

40 A este respecto, véase Geradin, D., «The DMA has been published: Now the real challenges start», *The Platform Law Blog*, 12 de octubre de 2022, accesible en: https://theplatformlaw.blog/2022/10/12/the-dma-has-been-published-now-the-real-challenges-start/ (consultado a 31 de diciembre de 2022).

Finalmente, puede apreciarse como el RDM articula su separación artificiosa del Derecho de defensa de la competencia de consecuencias inciertas, pues muchos de los comportamientos fijados en los arts. 5 a 7 RDM y su valoración tienen su origen en casos de Derecho *antitrust.* Por otra parte, es difícil predecir cuál va a ser el impacto del RMD en la aplicación de Derecho *antitrust* y cómo se va a articular la relación entre el RDM y esas «otras normas de la competencia nacionales» del art. 1.6.b) RMD; si finalmente el RMD acaba configurándose como como *lex specialis vs. lex generalis* del resto de las normas de competencia, o qué intensidad va a tener la aplicación del principio de prevalencia del Derecho de la UE frente al Derecho nacional.

5. Bibliografía

Bueso Guillén, P.-J. «Cláusulas de sumisión a fuero y ejercicio de acciones de daños y perjuicios derivados del ilícitos 'antitrust'. A propósito del As. C595/17 *Apple vs. MJA*», en: Ruiz Peris, J. I., (dir.), Estevan de Quesada, C. (coord.), *Problemas actuales en las acciones de compensación de daños por infracción de las normas de competencia*, Thomson Reuters-Aranzadi, Cizur Menor (Navarra), 2019, pp. 55-76.

De Miguel Asensio, P. A., *Derecho privado de Internet*, 6.ª ed., Civitas-Thomson Reuters, Cizur Menor (Navarra), 2022.

Geradin, D., «The DMA has been published: Now the real challenges start», *The Platform Law Blog*, 12 de octubre de 2022, accesible en: https://theplatformlaw.blog/2022/10/12/the-dma-has-been-published-now-the-real-challenges-start/ (consultado a 31 de diciembre de 2022)

Liñán Hernández, P., «Las plataformas digitales en el Derecho de la competencia: suficiencia de las normas clásicas o necesidad de nuevos instrumentos normativos», en Recuerda Girela, M. A. (dir.), *Anuario de Derecho de la competencia 2021*, Civitas-Thomson Reuters, Cizur Menor (Navarra), 2021, pp. 325-344.

Martí Miravals, J., *Responsabilidad civil por la infracción del Derecho de la competencia*, Real Academia Valenciana de Jurisprudencia y Legislación, Tirant lo Blanch, Valencia, 2022.

Reig Fabado, I., «La adaptación del Derecho de la competencia europeo a la 'era digital': algunos aspectos de la propuesta legislativa para las grandes plataformas digitales», en Castelló Pastor, J. J. (dir.), *Desafíos jurídicos ante la integración digital: aspectos europeos e internacionales*, Aranzadi-Thomson Reuters, Cizur Menor (Navarra), 2021, pp. 227-260.

RUIZ ESPINOSA, J., «Aproximación a la nueva propuesta de reglamento de mercados digitales 2020/842: vicisitudes en el marco de su delimitación material. Legal regime of the digital markets», en MADRID PARRA, A., ALAVARDO HERRERA, L. (dir.), BLANCO SÁNCHEZ, M. J. (coord.), *Derecho digital y nuevas tecnologías*, Aranzadi-Thomson Reuters, Cizur Menor (Navarra), 2022, pp. 363-383.

RUIZ PERIS, J. I., «Gatekeepers, discriminación autopreferente exclusionaria y reforzamiento de la posición de dominio: la nueva propuesta europea de Digital Market Act», en MARTÍ MIRAVALS, J. (dir.), RODILLA MARTÍ, C. (coord.), *Competencia en mercados digitales y sectores regulados*, Tirant lo Blanch, Valencia, 2021, pp. 29-63.

LA RESPONSABILIDAD DE LAS PLATAFORMAS DE INTERMEDIACIÓN CONTRACTUAL EN LÍNEA: DE LA DIRECTIVA DE COMERCIO ELECTRÓNICO AL REGLAMENTO DE SERVICIOS DIGITALES

Loreto Carmen Mate Satué[1]

Profesora Ayudante Doctora de Derecho Civil — Universidad de Zaragoza

1 Este trabajo se ha realizado en el marco del Proyecto de generación de conocimiento «Consumidor, vulnerabilidad y vivienda sostenible» del Ministerio de Ciencia y Educación y del Grupo de Investigación «Gestión Jurídica de Negocios, Instrumentos y Organizaciones Innovadores» (LegMIBIO) de la Universidad de Zaragoza y del «Instituto Universitario de Investigación en Empleo, Sociedad Digital y Sostenibilidad Universidad de Zaragoza» (IEDIS).

de responsabilidad y la excepción a las exenciones cuando la plataforma de intermediación contractual opera con consumidores. 2.2.1.2. El control voluntario de contenido de las plataformas de intermediación contractual y su incidencia en las exenciones de responsabilidad. 2.2.2. Las obligaciones de diligencia debida en el Reglamento de Servicios Digitales y su incidencia en la responsabilidad de las plataformas de intermediación contractual. 3. Conclusiones. 4. Bibliografía

1. Punto de partida: la insuficiencia del régimen normativo previsto en la Directiva 2000/31/CE en la nueva «economía de las plataformas»[2]

1.1. El escenario: Las plataformas de intermediación y la economía de mercado

En nuestro actual sistema económico ha adquirido un papel principal la economía digital, constituyéndose en uno de los objetivos actuales de la Unión Europea, hacia el que se está enfocando su política legislativa[3]. Son muchos los contratos que se formalizan a través de internet [*cfr.* art. 23.1 Ley 34/2002, de 11 de julio, de servicios de la sociedad de la información y de comercio electrónico (en adelante, LSSI)] y, en muchas ocasiones, además, el oferente del producto o prestador del servicio y el demandante o destinatario de éstos, no tienen su localización en el mismo país, lo que dota a la transacción de un carácter transfronterizo.

Los contornos de esta economía digital en la que se sitúan las plataformas de intermediación en línea son amplios y flexibles, en parte, porque la actividad que desarrollan no está sujeta a la obtención de autorizaciones administrativas previas ni a la normativa sectorial aplicable a la actividad subyacente y, por otro lado, porque resultan favorecidas por el régimen de exenciones de responsabilidad que se establece en la normativa que les resulta de aplicación[4]. Estos factores han influido decisivamente, en el nacimiento y con-

2 Rodríguez de las Heras Ballell, T.: «Una regulación europea para las plataformas electrónicas: propuestas en curso y alternativas» en Blanco Sánchez, M.J. y Madrid Parra, A. *Derecho mercantil y tecnología*, 2018, Marcial Pons, Madrid, p. 428 considera que la actual economía digital se ha convertido en una economía de las plataformas, porque estas representan el modelo organizativo dominante en la economía digital y la base de la emergencia y popularidad de algunos modelos disruptivos de economía colaborativa, *crowfunding* o *fintech.*

3 La Unión Europea para adecuar el mercado interior a la economía digital ha planteado como líneas de actuación, entre otras materias, los servicios digitales, la economía de datos, la inteligencia artificial, la ciber seguridad, la identificación digital europea, etc.

4 El propio considerando 16 del Reglamento de Servicios Digitales reconoce el papel del régimen de exenciones de responsabilidad en el desarrollo de la economía digital al afir-

solidación de las «plataformas de intermediación en línea», de modo que, han relegado el tradicional modelo contractual basado en la bilateralidad, adquiriendo un importante protagonismo dentro de la economía digital como medio de conexión entre oferentes de productos o prestadores de servicios y destinatarios de éstos[5], lo que también ha propiciado la entrada a este mercado digital de pequeñas y medianas empresas que, de otro modo, tendrían un radio de alcance más limitado[6].

La función de las plataformas de intermediación en línea se caracteriza por mediar entre oferentes y demandantes de bienes o servicios con un propósito transaccional. Para ello, almacenan y difunden la información de los bienes o servicios y, en la mayoría de los casos, ofrecen, además, otros servicios complementarios para crear un marco de confianza que fomente la celebración de contratos. Sin embargo, es común que se presenten siempre como plataformas de intermediación neutrales y que en sus condiciones de acceso recalquen su exoneración de responsabilidad.

Dentro de estas plataformas de intermediación en línea tenemos que diferenciar, por la cualidad que tiene el oferente del bien o servicio entre el modelo empresario-consumidor [*Business to Consumer* (B2C)] y la variante dentro de la denominada economía colaborativa[7] consumidor-consumidor [*Consumer to Consumer* (C2C)], porque en esta segunda modalidad, el destinatario del

---

mar que «la seguridad jurídica que proporciona el marco horizontal de exenciones condicionales de la responsabilidad de los prestadores de servicios intermediarios, establecidos en la Directiva 2000/31/CE, ha hecho posible que en el mercado interior surjan y se desarrollen muchos servicios novedosos».

5 Martínez Nadal, A.: «Naturaleza (y responsabilidad) de las plataformas digitales de la Directiva de Comercio Electrónico a la Propuesta de Reglamento de Servicios Digitales» en Madrid Parra, A. y Alvarado Herrera, L. (dir.) *Derecho Digital y Nuevas Tecnologías,* Thomson Reuters Aranzadi, Cizur Menor (Navarra), 2022, pp. 389 y 390, reconoce que, con la aparición de las plataformas de intermediación, entre proveedores y usuarios *«se interpone, como vértice, de la nueva estructura triangular, la plataforma digital»*. Así, destaca la autora que las operaciones no se desarrollan entre el proveedor y el cliente (ángulos inferiores del triángulo), sino, por una parte, entre la plataforma y el cliente y, por el otro, entre el proveedor y la plataforma.

6 *Cfr.* Arroyo Amañuelas, E.: «El Derecho de las plataformas en la Unión Europea» en *Servicios en plataforma Estrategias regulatoria*, Marcial Pons, Madrid, 2021, p. 25.

7 Sobre el papel que tienen las «plataformas de intermediación en línea» en la consolidación de la economía colaborativa, puede verse, Pertiñez Vílchez, F.: «La responsabilidad del operador de la plataforma como prestador del servicio subyacente» en Rubio Gimeno, G. y Ortí Vallejo, A. (dirs.) *Propuestas de regulación de las plataformas de economía colaborativa: perspectivas y sectoriales*, Thomson Reuters Aranzadi, Cizur Menor (Navarra), 2019, p. 145 quien reconoce que «La creación de un mercado accesible mediante herramientas informáticas creadas «ad hoc» es consustancial a cualquier actividad de economía colaborativa, que crea las condiciones técnicas para la conexión de una oferta de prestación de servicios, principalmente por no profesionales, y una demanda, que de otra manera no podría encontrarse» o Fernández Pérez, N.: «La controvertida naturaleza jurídica de las plataformas de alojamiento» en *Revista General de Derecho del Turismo*, n.º 1, 2020.

bien o servicio no se encuentra protegido por la normativa de consumo[8]. Este trabajo que se presenta se va a circunscribir al estudio del modelo triangular: Empresario-Plataforma de intermediación en línea-Consumidor.

El planteamiento de la responsabilidad de las plataformas surge porque son el agente identificador de esta nueva forma de actividad económica[9]. Esto supone que el destinatario de un bien o servicio, cuando en el desarrollo del contrato sufre un daño, atribuye el perjuicio a la propia plataforma de intermediación, bien porque exista confusión en el consumidor sobre quién realmente le ha proporcionado el producto o servicio, bien porque consideran que la plataforma ha intervenido en algún modo en el cumplimiento defectuoso del contrato[10].

La atribución de responsabilidad a las plataformas de intermediación en línea tiene como finalidad última procurar la protección de los destinatarios del bien o servicio que, en la mayoría de los casos, ostentarán la condición de consumidores *ex* artículo 3 del TRLGDCU. Hasta la aprobación del Reglamento (UE) 2022/2065, de 19 de octubre de 2022, relativo a un mercado único de servicios digitales (en adelante, Reglamento de Servicios Digitales), el régimen de responsabilidad aplicable a las plataformas de intermediación en línea era la Directiva 2000/31/CE sobre comercio electrónico en el mercado interior (en adelante, DCE) y, en España, por su transposición, la LSSI[11].

---

8 Entre otros, TOMILLO URB, J.: «La responsabilidad por la prestación de servicios a través de plataformas de intermediación online» en SOLAR CAYÓN, J.I. (ed.) *Dimensiones éticas y jurídicas de la inteligencia artificial en el marco del Estado de Derecho*, Cuadernos de la Cátedra de Democracia y Derechos Humanos, Alcalá de Henares (Madrid), 2020, p. 360. Sin embargo, ALONSO PÉREZ, M.T.: «La evolución del concepto de consumidor como consecuencia del desarrollo de los servicios digitales y de las plataformas de intermediación» en *Revista Boliviana de Derecho*, n.° 34, 2022, p. 578 reconoce que el usuario de servicios digitales que contrata mediante plataformas intermediarias online «[...] está reclamando una adaptación del *Derecho de contratos*, que, en el momento presente, pasa por pedir que se les considere consumidores [...] habida cuenta que es el único marco normativo del *Derecho de contratos* que atiende algún tipo de desequilibrio entre los sujetos que contratan y del que pueden obtener algún tipo de protección frente a las plataformas con o a través de la que contratan ».

9 RUBIO GIMENO, G.: «Responsabilidad de las plataformas de economía colaborativa y responsabilidad del proveedor del servicio» en RUBIO GIMENO, G. y ORTÍ VALLEJO, A. (dirs.) *Propuestas de regulación de las plataformas de economía colaborativa: perspectivas y sectoriales*, Thomson Reuters Aranzadi, Cizur Menor (Navarra), 2019, p. 125.

10 MONTERROSO CASADO, E.: «Responsabilidad civil por daños derivados del alojamiento colaborativo» en GOÑI RODRÍGUEZ DE ALMEIDA, M. (dir.) *Conflictos y retos jurídicos del alojamiento colaborativo (a través de plataformas electrónicas),* Thomson Reuters Aranzadi, Cizur Menor (Navarra), 2019, p. 216 plantea con relación a la atribución de responsabilidad a la plataforma de intermediación contractual, que la plataforma proporciona una imagen de apariencia de garantía en torno a los requisitos y condiciones del alojamiento anunciadas en la plataforma.

11 De conformidad con el artículo 2.1 de la LSSI se aplicará esta norma cuando los prestadores de la sociedad de la información se encuentren establecidos en España, porque

El transcurso de veintidós años entre estas dos normas comunitarias hace evidente que la realidad digital regulada por la DCE no se corresponde —y, por consiguiente, resulta insuficiente— para resolver los modelos de negocio y de servicios que se plantean actualmente, en la economía digital.

1.2. La responsabilidad de los servicios de la sociedad de la información en Directiva 2000/31/CE: un régimen basado en las exenciones de responsabilidad, el papel del Tribunal de Justicia de la Unión Europea y la necesidad de modificar el régimen establecido

1.2.1. La aplicación de la Directiva 2000/31/CE a las plataformas de intermediación contractual en línea: el concepto de «influencia decisiva»

La aparición de las plataformas de intermediación en línea planteó dos cuestiones en torno al ámbito de aplicación objetivo de la DCE. La primera de carácter más general era si estas plataformas de intermediación contractual podían considerarse «servicios de la sociedad de la información» a efectos de aplicar esta normativa y, en este sentido, existe consenso en considerar que en tanto que alojan información de los oferentes, prestadores de servicios y del objeto del contrato, su actividad que podrían encuadrarse en el denominado «hosting» o «almacenamiento de datos»[12], previsto en el artículo 14 DCE.

La atribución de esta actividad de alojamiento de datos a las plataformas de intermediación contractual es contemplada expresamente en la definición de «plataforma en línea» que se establece en el artículo 3 i) del Reglamento

---

su residencia o domicilio social se encuentre en territorio español y en él se encuentre centralizada la gestión administrativa y la dirección de sus negocios.

12 En esta línea, Fernández García de la Yedra, A.: «Cambios normativos en torno a la responsabilidad de las plataformas electrónicas de intermediación» en Martínez Nadal, A. (dir.) *Plataformas digitales: aspectos jurídicos,* Thomson Reuters Aranzadi, Cizur Menor (Navarra), 2021, p. 38; Pertiñez Vílchez, F.: «La responsabilidad del operador de la plataforma...», *op. cit.,* 2019, p. 141. En cambio, hay otros autores, que defienden que las plataformas de intermediación contractual en línea no encajan propiamente en el concepto de «servicios de la sociedad de la información» porque sus funciones exceden del mero alojamiento neutral de datos, en tanto que no son ajenas a la información que acumulan, entre ellos podemos destacar a Herrero Suárez, C.: «La economía colaborativa en el sector del alojamiento turístico —reflexiones desde la óptica de la competencia desleal—» en Miranda Serrano, L.m. y Pagador López, J. (dirs.) *Retos y tendencias del Derecho de la contratación mercantil*, Marcial Pons, Madrid, 2017, p. 156 o Martínez Nadal, A.: «Naturaleza (y responsabilidad) de las plataformas digitales ...» *op. cit.* 2022, p. 395.

de Servicios Digitales. Por su parte, el Reglamento (UE) 2019/1150, de 20 de junio, sobre el fomento de la equidad y la transparencia para los usuarios profesionales de servicios de intermediación en línea (en adelante, Reglamento de equidad y transparencia) cuando define en su artículo 2.2 los «servicios de intermediación en línea» establece en su apartado a) como uno de los rasgos que los definen, el que constituyen un «servicio de la sociedad de la información».

La segunda de las cuestiones que se planteaba, en conexión con la anterior, es si estas plataformas de intermediación contractual pueden acogerse al régimen de exención de responsabilidad previsto en el artículo 14 de la DCE, en tanto que su actividad no se limita exclusivamente al alojamiento de datos, sino que prestan otros servicios para fomentar la celebración de contratos y, en ocasiones, influyen decisivamente sobre las condiciones en las que el oferente del producto o el prestador del servicio ejecutan el contrato.

En síntesis, el artículo 14 de la DCE (artículo 16 de la LSSI) reconoce la exención de responsabilidad cuando se preste un servicio de la sociedad de la información consistente en almacenar datos facilitados por el destinatario del servicio, si el prestador de servicios de la sociedad de la información no tiene conocimiento efectivo de que la información que aloja es ilícita o no tiene conocimiento de los hechos o circunstancias que revelen su carácter ilícito. Este artículo reconoce también, la posibilidad de exonerar de responsabilidad al servicio de la sociedad de la información cuando el prestador del servicio actúe con prontitud para retirar los datos o hacer que el acceso a ellos sea imposible.

La aplicación de esta exención de responsabilidad a las plataformas de intermediación contractual plantea el problema de determinar si la actividad de estas plataformas se limita a la mera puesta en contacto entre el oferente o prestador y el demandante, esto es, si su función dentro de esa relación triangular a la que hacíamos referencia anteriormente, es neutral o pasiva —en cuyo caso, no existirá responsabilidad de las plataformas por el contenido de los datos que aloja— o, si por el contrario desarrollan una influencia o control en la fase contractual y en las condiciones de la transacción que se materializa a través de las plataformas. Este análisis sobre el funcionamiento de las plataformas de intermediación contractual se plantea cuando existen dudas sobre la neutralidad de la plataforma en la relación subyacente, de modo que se hace necesario un examen individualizado[13] sobre el rol de la plataforma en la organización del funcionamiento del servicio.

13 Existe cierto consenso en considerar que los fallos del Tribunal de Justicia de la Unión Europea sobre el papel que realiza cada plataforma no pueden ser extrapolables a otras, es decir, que cada plataforma requiere de un análisis individualizado sobre Pazos Castro, R.: «Uber, Airbnb y la llamada «influencia decisiva» de las plataformas digitales» en *Revista de Internet, Derecho y Política*, n.º 31, 2020, p. 5 (según numeración del pdf). Esta valoración individualizada del papel que ostenta la plataforma es reconocida también en

En este escenario, el Tribunal de Justicia de la Unión Europea ha tenido que pronunciarse —de modo, divergente— sobre si la actividad que desempeñan dos importantes plataformas de intermediación «Uber» [STJUE (Gran Sala), de 20 diciembre 2017 (ECLI:EU:C:2017:981)] y «Airbnb» [STJUE (Gran Sala), de 19 de diciembre de 2019 (ECLI:EU:C:2019:1112)] tenía la consideración de «servicio de la sociedad de la información» o, si prestaban un servicio subyacente[14]. El fallo no abarcaba la posible responsabilidad de estas plataformas, sin embargo, la calificación que de ellas hace el Tribunal, resulta relevante para la aplicación o no, de las normas sobre responsabilidad.

En el caso «Uber» concluye el Tribunal de Justicia de la Unión Europea que el servicio que proporciona esta plataforma debe calificarse como «servicio de transporte» por cuanto la intermediación que efectúa es, a juicio del Tribunal comunitario, una parte integrante de un servicio global cuyo elemento principal es el transporte. El órgano judicial ampara esta calificación sobre la base de que la plataforma ejerce una influencia decisiva sobre las condiciones de las prestaciones efectuadas por los conductores, al establecer, al menos, el precio máximo de la carrera y ejercer cierto control sobre la calidad de los vehículos, así como sobre la idoneidad y el comportamiento de los conductores. En contraposición, en el asunto «Airbnb» el Tribunal mantiene que la plataforma analizada cumple con las condiciones objetivas para entender que está prestando un «servicio de la sociedad de la información», porque el servicio que proporciona a las partes (huésped-anfitrión) no es indispensable para que puedan llegar a celebrar idéntico contrato sin su intervención, por lo que el Tribunal de Justicia de la Unión Europea no aprecia la existencia de un «control efectivo» o una «influencia decisiva» sobre el prestador del servicio. Es destacable que el Tribunal en su argumentación sobre la plataforma «Airbnb» considera que los servicios adicionales que pro-

---

la comunicación de la Comisión al Parlamento, al Consejo, al Comité Económico y Social y al Comité de las Regiones «*una agenda europea para la economía colaborativa*» está accesible en: https://eur-lex.europa.eu/legal-content/ES/TXT/PDF/?uri=CELEX:52016DC0356&from=ES [última consulta: marzo de 2023], p. 6 (según numeración del pdf).

14 En nuestro ámbito nacional, resulta muy reseñable la Sentencia del Tribunal Supremo (Sala 3.ª), de 30 de diciembre de 2020 (ECLI:ES:TS:2020:4484) que se tuvo que pronunciar sobre la función que desempeña la plataforma de intermediación contractual «Homeaway». En este sentido, el Alto Tribunal considera que la plataforma desarrolla una labor de intermediación propia de la sociedad de la información y que, por tanto, se encuentra sujeta a la Directiva 2000/31/CE y a la LSSI. Más recientemente, por unos hechos similares a los que motivaron el pronunciamiento de 2020, el Tribunal Supremo ha declarado respecto a la plataforma «Airbnbn» [*cfr.* Sentencia del Tribunal Supremo (Sala 3.ª), de 7 de enero de 2022 (ECLI:ES:TS:2022:6)] que la actividad que desarrolla puede ser calificada como «servicio de la sociedad de la información».
Para ahondar en los pronunciamientos del Tribunal Supremo y de otras Audiencias Provinciales sobre el papel que desarrollan las plataformas de intermediación contractual, resulta muy recomendable el trabajo de De Artiñano Marra, P.: «Responsabilidad civil de plataformas de mediación electrónica. Dificultades en su determinación» en *Revista Crítica de Derecho Inmobiliario*, n.º 789, 2022, pp. 569-586.

porciona la plataforma para diferenciarse de sus competidores, como puede ser la herramienta de estimación del precio del servicio, no puede modificar la naturaleza jurídica de la plataforma y la calificación jurídica de la actividad que desempeña[15].

El antecedente del que trae causa el criterio de la «influencia decisiva» aplicado por el Tribunal de Justicia de la Unión Europea en los pronunciamientos descritos, lo encontramos en la Comunicación de la Comisión al Parlamento, al Consejo, al Comité Económico y Social y al Comité de las Regiones: «una agenda europea para la economía colaborativa» de 2 de junio de 2016 que plantea una serie de indicios —no del todo coincidentes con los utilizados por el Tribunal de Justicia de la Unión Europea— para diferenciar entre las plataformas que desarrollan un papel de mera intermediación, de aquéllas que prestan el servicio subyacente. La Comunicación diferencia unos criterios que de concurrir cumulativamente, serían claros para atribuir a la plataforma la prestación de un servicio subyacente, éstos son: si la plataforma interviene o no en la fijación del precio por el servicio que va a efectuar el prestador, si la plataforma interviene en el establecimiento de otras condiciones contractuales que resulten determinantes sobre la prestación del servicio y, por último, si la plataforma cuenta con activos para la prestación del servicio.

La Comunicación enuncia otros indicios que también pueden servir para valorar el rol que desarrolla la plataforma; sin embargo, con una incidencia menor que los anteriores, éstos son, si la plataforma sufraga los gastos y asume todos los riesgos relacionados con la prestación del servicio subyacente, o si concurre una relación laboral entre la plataforma y la persona que presta el servicio. Por el contrario, no se consideran indicios a estos efectos, el ofrecimiento que puede realizar el intermediario de determinadas actividades auxiliares respecto a los servicios principales, como son el ofrecimiento de modalidades de pago, la cobertura de seguro, los servicios postventa, etc.; al igual que tampoco influyen a efectos de la calificación de la naturaleza de la plataforma como prestadora de servicios, la oferta de mecanismos de evaluación o de calificación, en tanto que, esa función evaluadora la realizan los usuarios y no la propia plataforma.

15 MARTÍNEZ NADAL, A.: «Naturaleza (y responsabilidad) de las plataformas digitales...» *op. cit.* 2022, pp. 399-401 muestra —en mi opinión, con acierto— su disconformidad con el fallo del Tribunal de Justicia de la Unión Europea en el caso de la plataforma «Airbnb» por entender que un prestador como esta plataforma puede no ser necesariamente un prestador del servicio subyacente, pero tampoco un simple intermediario, y aboga por crear una «categoría intermedia con un régimen diferenciado en un mayor o menor número de aspectos y más ajustado y conforme al modelo económico real, en función de la mayor o menor influencia de la plataforma». Entre los aspectos que destaca esta autora para argumentar a favor de que esta plataforma no ejerce un mero papel neutral, se encuentra la imposición por parte de la plataforma de la forma y condiciones de pago del precio del hospedaje, la influencia en la forma y presentación de los anuncios, la posibilidad de cancelar reservas y el establecimiento de un modelo de «tasas de servicio».

En síntesis, puede concluirse que la aplicación de la DCE —y, en su caso, de las excepciones a efectos de responsabilidad de las plataformas— dependía de la valoración de si la plataforma de intermediación contractual en línea ejercía una actuación neutral o pasiva basada en el alojamiento de los datos o, por el contrario, influía en la organización del funcionamiento del servicio; lo que debe ser valorado caso por caso, según las circunstancias concurrentes. Esto es así, porque si bien es cierto que la plataforma de intermediación contractual no comercializa el bien o no presta propiamente el servicio, lo cierto es que predisponen —en mayor o menor medida, según la plataforma— el contenido contractual y ponen a disposición de oferente o prestador del servicio y del demandante el escenario para su formalización. Esta situación justifica que algunos autores —entre los que me incluyo— se muestren partidarios de reconocer una responsabilidad a la plataforma por el incumplimiento contractual que pueda acontecer en la ejecución del objeto del contrato, en tanto que, no es un tercero ajeno a la relación contractual y, en cierto modo, puede entenderse que concurre en ella una obligación de supervisión sobre el cumplimiento de las obligaciones derivadas de la transacción realizada[16]

1.2.2. La necesidad de modificar el régimen de responsabilidad previsto en la Directiva 2000/31/CE

La consolidación de internet como vía para la formalización de transacciones económicas, la creación de una economía digital y la aparición de nuevos modelos de negocio, así como, la consolidación de las plataformas en línea ha puesto en evidencia la inadecuación de la DCE para hacer frente al actual panorama. En este epígrafe, se pretende exponer algunos desajustes que la práctica planteaba en torno al funcionamiento de las plataformas en línea y la aplicación de la DCE, advirtiendo ya al lector, que algunos de estos aspectos no han sido enmendados en el recién aprobado Reglamento de Servicios Digitales.

El primer aspecto que debe ser tenido en cuenta es que las plataformas de intermediación en línea tienen distinta naturaleza y, por tanto, en mi opinión resulta insatisfactorio que compartan el mismo régimen de responsabilidad. Dentro de las plataformas que se dedican al «hosting» o «almacenamiento de datos» no plantean las mismas cuestiones jurídicas —y, por tanto, la res-

16 Al respecto, puede verse, Pazos Castro, R.: «Uber, Airbnb y la llamada...» *op. cit.,* 2020, p. 8 (según numeración del pdf); Rubio Gimeno, G.: «Responsabilidad de las plataformas de economía colaborativa ...» *op. cit.* 2019, p. 132. Por su parte, Pertíñez Vílchez, F.: «La responsabilidad del operador de la plataforma...», *op. cit.,* 2019, pp. 153 y 154 plantea también la posibilidad de reconocer responsabilidad a la plataforma cuando ésta ejerza una influencia decisiva en la organización del servicio subyacente, por entender que, en este caso, la plataforma quedaría contractualmente obligada con el usuario para garantizar el cumplimiento correcto de la prestación, al amparo del artículo 1258 del Código Civil.

puesta normativa no debería ser unitaria— la sección de comentarios de un periódico en línea o los comentarios en una red social que la responsabilidad de una plataforma de intermediación contractual online.

En el primero de los supuestos, será necesario aunar la libertad de expresión y/o de información con el control que pueda realizar la plataforma —evitando, la eliminación injustificada de los datos—. Además, hay otro aspecto que influye y es que, en estos casos, aunque pueda existir un «contrato de acceso» entre el usuario y la plataforma —y, que pueda ser discutible, si este contrato es oneroso o gratuito, según la consideración que se acepte sobre la utilización y cesión de los datos personales—, lo cierto es que estas plataformas no obtienen un rédito económico directo, lo que en mi opinión, justificaría la determinación de un régimen de responsabilidad más laxo que cuando concurre un interés económico directo.

En el segundo escenario, este es el de las plataformas de intermediación contractual, será necesario aunar la libertad de empresa con la garantía de calidad del producto o servicio y la protección del destinatario del objeto el contrato que, en la mayoría de los casos, tendrá la consideración de consumidor[17]. La obtención de un rédito económico directo por la participación de la plataforma en la celebración del contrato entre el oferente o prestador del servicio y el usuario demandante justifica la posibilidad de aplicarles un régimen de responsabilidad más riguroso, atendiendo a esa condición de garante en la ejecución del contrato, que subyace por su intervención.

Otro de los aspectos vinculados a esa distinta naturaleza que presentan las plataformas digitales de «hosting», es el contenido de la exención prevista en el artículo 14 de la DCE (artículo 16 de la LSSI). Me refiero a que cuando la norma alude a la «información o contenido ilícito», el legislador comunitario estaba pensado, fundamentalmente, en expresiones, datos o contenido de naturaleza delictiva más que en supuestos de falta de conformidad en la ejecución de un contrato o de vulneración de las normas de protección de consumidores[18].

---

17 *Cfr.* Vilalta Nicuesa, A. E.: «La regulación europea de las plataformas de intermediarios digitales en la era de la economía colaborativa» en *Revista Crítica de Derecho Inmobiliario*, n.º 765, 2018, p. 281.

18 Una muestra de ello es que cuando el cdo. 12 del Reglamento de Servicios Digitales plantea qué debe entenderse como «contenido ilícito» y realiza una enumeración ejemplificativa —que no supone un *numerus clausus*, porque reconoce previamente que este concepto «[...] debe definirse de manera amplia para abarcar la información relacionada con contenidos, productos, servicios y actividades de carácter ilícito»—, plantea ejemplos de actividades que en nuestro ordenamiento jurídico son delictivas, como la publicación de imágenes que representen abusos sexuales de menores, el intercambio ilícito no consentido de imágenes privadas, el acoso en línea, etc. y los aspectos vinculados a la responsabilidad de las plataformas de intermediación contractual, deben entenderse subsumidos en las expresiones genéricas de «venta de productos no conformes o falsificados» o «la venta de productos o la prestación de servicios que infrinjan el Derecho en materia de protección de los consumidores».

La consolidación de las plataformas de intermediación contractual en el mercado ha comportado también la traslación de este modelo de negocio al ámbito de la economía colaborativa [Consumidor-Plataforma de intermediación en línea-Consumidor]. Este fenómeno, ha planteado la responsabilidad de la plataforma cuando el oferente del bien o el prestador del servicio no actúa con un propósito relacionado con su actividad empresarial y, por otro lado, si en estos casos en los que interviene una plataforma de intermediación el destinatario del bien o del servicio quedaría protegido por las normas tuitivas de los consumidores.

Un tercer aspecto que, a mi modo de ver justificaba la necesidad de replantear el régimen de responsabilidad previsto en la DCE es la aplicación del criterio de la «influencia decisiva» por parte del Tribunal de Justicia de la Unión Europea. De modo que, si se consideraba que la plataforma prestaba un servicio subyacente quedaba sujeta a responsabilidad y, en el caso de reconocerle un papel neutral o pasivo, se exoneraba de responsabilidad en virtud del artículo 14 de la DCE (artículo 16 de la LSSI).

La utilización de este criterio es insatisfactorio, en primer lugar, porque requiere que prácticamente todas las plataformas de intermediación contractual pasen por el examen de los Tribunales, en el sentido, de que no cabe duda de que actualmente, la mayoría de las plataformas no se dedican, en exclusividad, al alojamiento de datos, sino que ofrecen a sus usuarios otras herramientas o servicios adicionales[19]. Esto no sólo plantea una litigiosidad importante, sino que, además, torna los debates jurídicos en infructuosos, porque, aunque se analicen hechos que pueden, *a priori*, demostrar la existencia de una influencia de la plataforma en las condiciones contractuales de la relación jurídica subyacente, lo cierto es que existe una tendencia a no considerarla de entidad suficiente como para enervar la exención de responsabilidad.

La última de las causas que, considero que justifican la actualización del régimen normativo de responsabilidad de la DCE era su articulación mediante exenciones. Es decir, en vez de articular un régimen en el que se indicara cuando las plataformas eran responsables, lo que hace es determinar las condiciones en las que no lo son. Esto provoca necesariamente, la aplicación de las normativas nacionales sobre responsabilidad civil para la apreciación de responsabilidad —cuando no concurran estas exenciones— y, por tanto, la no aplicación de un régimen unitario de responsabilidad en todos los Estados Miembros, de modo que, lejos de armonizar, se hacen más patentes las diferencias. Por otro lado, si bien la amplitud de la extensión de

19 Arroyo Amañuelas, E.: «La responsabilidad de los intermediarios en internet ¿puertos seguros a prueba de futuro» en *Cuadernos de Derecho Trasnacional*, n.º 1, 2020, p. 810, plantea la necesidad de abandonar el papel neutral que hasta este momento han desempeñado los intermediarios hacia un régimen de responsabilidad que exige a las empresas intervenir preventivamente para impedir el ilícito.

estas exenciones ha promovido el desarrollo de la economía digital y de estos nuevos modelos de negocio[20], ha provocado también, que muchas de estas plataformas hayan eludido posibles responsabilidades que, con otro régimen normativo, habrían asumido[21].

El Reglamento de Servicios Digitales reconoce la necesidad de realizar una actualización de las normas relativas a la responsabilidad previstas en la DCE, por las divergencias en la transposición y aplicación de las normas en el ámbito nacional y por la necesidad de precisar algunos aspectos a la vista de los pronunciamientos del Tribunal de Justicia de la Unión Europea (*cfr.* cdo. 16 del Reglamento de Servicios Digitales).

2. El régimen de responsabilidad de las plataformas de intermediación contractual en el Reglamento de Servicios Digitales y la Incidencia del *Model Eules on Online Platforms* del *European Law Institute*[22]

2.1. Aspectos generales del Reglamento de Servicios Digitales

2.1.1. Las plataformas de intermediación contractual como «plataforma en línea»: reflexiones

La DCE ha sido sustituida recientemente por el Reglamento de Servicios Digitales con el objetivo de renovar el marco normativo aplicable a las plataformas en línea y a procurar solventar algunas de las distorsiones que planteaba el régimen anterior.

El Reglamento de Servicios Digitales proporciona una definición de «plataforma en línea» [artículo 3 i) del Reglamento de Servicios Digitales] considerándolo «un servicio de alojamiento de datos que, a petición de un destinatario del servicio, almacena y difunde información al público, salvo que esa

---

20 *Cfr.* Cdo. 16 del Reglamento de Servicios Digitales; en la misma línea, Martínez Nadal, A.: «Naturaleza (y responsabilidad) de las plataformas digitales ...» *op. cit.* 2022, p. 405.

21 En esta línea, plantea con acierto Pazos Castro, R.: «Uber, Airbnb y la llamada...» *op. cit.*, 2020, p. 9 (según numeración del pdf) que el prestador de un servicio de la sociedad de la información recibe un mejor trato por las exenciones de responsabilidad y la libertad que tiene para la prestación de servicios que algunos servicios subyacentes que se encuentran fuertemente regulados.

22 El texto de *Model Rules on Online Platforms del European Law Institute* puede consultarse en: https://www.europeanlawinstitute.eu/fileadmin/user_upload/p_eli/Publications/ELI_Model_Rules_on_Online_Platforms.pdf (última consulta: marzo de 2023).

actividad sea una característica menor y puramente auxiliar de otro servicio o una funcionalidad menor del servicio principal y que no pueda utilizarse sin ese otro servicio por razones objetivas y técnicas, y que la integración de la característica o funcionalidad en el otro servicio no sea un medio para eludir la aplicabilidad del presente Reglamento»[23]. El cdo. 13 del Reglamento puntualiza que estas plataformas en línea son una subcategoría dentro de la categoría general de «prestadores de servicios de alojamiento de datos» y, a afectos ejemplificativos, enumera como plataformas en línea, las redes sociales y aquéllas que permiten a los consumidores celebrar contratos a distancia con comerciantes.

La definición de las «plataformas en línea» que se establece y la explicación que efectúa de ella el considerando referido, perpetua la continuidad en el Reglamento de Servicios Digitales de la no distinción entre modalidades de plataformas de alojamiento de datos —plataformas de redes sociales *vs* plataformas de intermediación contractual—. En este sentido, puede advertirse que si bien el Reglamento hace un esfuerzo en intentar dar cabida en el mismo texto a estos dos tipos de plataformas (*cfr.* cdo. 3 del Reglamento[24]), lo cierto es que la aprobación de un régimen unitario de responsabilidad aplicable a ambas no parece, *a priori*, la decisión más acertada.

En la definición que el Reglamento de Servicios Digitales muestra sobre las «plataformas en línea» puede advertirse como soslayadamente se acoge el criterio del Tribunal de Justicia de la Unión Europea que requiere la valoración del rol de la plataforma en el contrato subyacente, aunque no alude expresamente a la valoración de la influencia decisiva de la plataforma en la relación contractual entre el oferente o prestador del servicio y el destinatario. En mi opinión, esta fórmula no subsana el inconveniente que comporta —por la falta de seguridad jurídica que presenta— el tener que realizar una valoración individualizada de cada plataforma para concluir si tiene o no, la consideración de «plataformas en línea».

23 MARTÍNEZ NADAL, A.: «Naturaleza (y responsabilidad) de las plataformas digitales ...» *op. cit.* 2022, p. 392 se muestra crítica con la terminología utilizada por el Reglamento de Servicios Digitales, en tanto que, hace alusión a distintos conceptos como «prestadores de servicios intermediarios», «prestadores de servicios de alojamiento de datos», «plataformas en línea», que generan cierta confusión.

24 El cdo. 3 del Reglamento de Servicios Digitales establece que los prestadores de servicios intermediarios deben comportarse de modo diligente y responsable para crear un entorno en el que se puedan ejercer los derechos garantizados por la Carta de los Derechos Fundamentales de la Unión Europea, el concreto, la libertad de expresión y de información, la libertad de empresa, el derecho a la no discriminación y la garantía de un nivel elevado de protección de los consumidores. Pues bien, en el ámbito de las plataformas de almacenamiento de datos queda claro que en el ámbito de las plataformas de redes sociales se deberá procurar, especialmente, la protección de los derechos de la Carta y del derecho a la no discriminación, mientras que, cuando el legislador comunitario alude a la libertad de empresa o a la protección de los derechos de los consumidores, se está refiriendo a las plataformas en línea de intermediación contractual.

En cambio, valoración distinta requiere la incorporación en la definición de un elemento objetivo como es la «difusión de información al público», puesto que es un concepto que presenta unos contornos mucho más determinados [*cfr.* cdo. 14 y artículo 3 k) del Reglamento de Servicios Digitales]. En este sentido, según la propia definición que estamos analizando, los prestadores de servicios de alojamiento de datos no tendrán la consideración de «plataformas en línea» cuando la difusión pública sea una característica menor o auxiliar de otro servicio que presta.

2.1.2. La protección del consumidor en las plataformas de intermediación contractual

La protección de los derechos de los consumidores es una máxima que se reitera en el Reglamento de Servicios Digitales —a modo ejemplificativo, se puede traer a colación, entre otros, los cdos. 3, 12, 13, 23, 24—. En este sentido, es especialmente esclarecedor el cdo. 10 y el artículo 2.4 del Reglamento de Servicios Digitales que reconoce que esta norma comunitaria debe entenderse sin perjuicio del Derecho de la Unión en materia de protección de los consumidores —en concreto, enumera los Reglamentos (UE) 2017/2394 y 2019/1020 y las Directivas 2001/95/CE y 2013/11/UE—.

El legislador comunitario ha perdido la oportunidad del Reglamento de Servicios Digitales de aprovechar la ocasión para para regular de forma pormenorizada el modelo de negocio *Consumer to Consumer* (C2C) formalizado mediante plataformas de intermediación contractual[25]. Sin embargo, se hace necesario plantear el establecimiento de un régimen jurídico aplicable a estas relaciones jurídicas o equiparar las soluciones propuestas para el modelo *Business to Consumer* (B2C)[26].

En el *Model Rules on Online Platforms* del European Law Institute (en adelante, ELI) se planteaba que el operador de la plataforma debe informar de manera destacada lo antes posible e inmediatamente antes de la conclusión del contrato entre el proveedor y el cliente que éste se concluye con el proveedor y no con el operador de la plataforma (artículo 13), con el objetivo

25 El Reglamento de Servicios Digitales establece obligaciones de diligencia para las plataformas en línea que permitan a los consumidores celebrar contratos a distancia con comerciantes; no en cambio, para plataformas cuyo modelo de negocio es el *Consumer to Consumer*.

26 Al respecto, Arroyo Amañuelas, E.: «El Derecho de las plataformas en la Unión Europea» *op. cit.,* 2021, p. 55 señala que la ampliación de la regulación al modelo en el que el oferente o prestador del servicio es un consumidor «demostraría hasta qué punto es preciso o conveniente ampliar las costuras del Derecho de consumo, ahora que también el contrato ha pasado de ser una relación habitualmente bilateral a otra trilateral». En la misma línea, Alonso Pérez, M.T.: «La evolución del concepto de consumidor ...» *op. cit.,* 2022, p. 578

último de evitar la confusión del destinatario del bien o producto. En caso de infracción de este deber, el cliente puede hacer valer frente al operador de la plataforma los derechos y remedios que tenga frente al proveedor derivados de la relación entre el proveedor y el cliente. Pues bien, el artículo 21 del *Model Rules on Online Platforms* cierra estas previsiones, considerando que estos derechos que corresponden al consumidor propios del modelo *Business to Consumer,* los tendría el destinatario del bien o servicio, aunque el oferente o el prestador del servicio no tuviera la consideración de empresario. La obligación de la plataforma de identificar al oferente del producto o al prestador del servicio se ha incorporado con la reforma efectuada por la Directiva (UE) 2019/2161.

Por tanto, habría sido conveniente que el Reglamento de Servicios Digitales hubiera continuado con la reglamentación de este modelo de negocio *Consumer to Consumer* (C2C) en el que intervienen las plataformas de intermediación contractual.

2.2. La responsabilidad de las plataformas de intermediación contractual en la DSA

El Reglamento de Servicios Digitales no plantea cambios significativos en relación con la DCE respecto al régimen de responsabilidad[27], en tanto que mantiene el régimen de exenciones de responsabilidad de los prestadores de servicios intermediarios, según el tipo de servicio que prestan de «mera transmisión», de «memoria caché» y de «alojamiento de datos». Sin embargo, sí que incorpora obligaciones específicas de diligencia —con la transcendencia jurídica que, posteriormente, se analizará— y normas sobre aplicación y ejecución del Reglamento.

En esta ocasión, el legislador comunitario ha optado por utilizar la forma de Reglamento en vez de Directiva, seguramente con el objetivo de evitar las diferencias que pueden generarse en los Estados Miembros por la transposición de la norma comunitaria a sus ordenamientos jurídicos internos. No obstante, ya adelanto que el mantenimiento del régimen de responsabilidad por la vía de la exención comporta que corresponda a los Estados Miembros determinar las condiciones por las que los prestadores de servicios de intermediación tienen que responder de los daños y perjuicios que ocasionen, lo que lejos de reducir las diferencias, continua en la vía de mantener los contrastes.

27 Sagar, S. y Hoffmann, T. «Intermediary Liability in the EU Digital Common Market — from the E-Commerce Directive to the Digital Services Act» en *Revista de Internet, Derecho y Política*, n.° 34, 2021, p. 8, (según numeración del pdf).

2.2.1. La continuidad del régimen de exenciones de responsabilidad: la nueva excepción a la exención para las plataformas de intermediación contractual[28] y la incidencia de las actuaciones voluntarias de las plataformas en su responsabilidad

2.2.1.1. Las reglas de exención de responsabilidad y la excepción a las exenciones cuando la plataforma de intermediación contractual opera con consumidores

El régimen normativo en materia de responsabilidad aplicable a las plataformas de intermediación contractual se mantiene casi inalterable en relación con la DCE[29]. El Reglamento de Servicios Digitales continúa con el sistema responsabilidad basado en las exenciones, de tal modo que, conforme al artículo 6 del Reglamento de Servicios Digitales —aplicable a las plataformas que alojan datos—, éstas no serán responsables de la información almacenada a petición del destinatario en dos casos: el primero, cuando la plataforma no tenga conocimiento efectivo de la actividad ilícita o de un contenido ilícito o, cuando se trate de solicitudes de indemnización de daños y perjuicios, la plataforma no sea consciente de hechos o circunstancias que pongan de manifiesto la actividad ilícita o el contenido ilícito; y, en segundo lugar, tampoco tendrá responsabilidad si cuando la plataforma tenga conocimiento o sea consciente de ello, actúa con prontitud para retirar el contenido ilícito o bloquear el acceso a éste.

El sistema de responsabilidad en el Reglamento de Servicios Digitales se sigue articulando, en sentido negativo, en vez de establecer una normativa que determinara las condiciones en las que se tiene que reconocer su responsabilidad. A este respecto, el cdo. 17 del Reglamento de Servicios Digitales afirma que no debe entenderse que las exenciones determinen una base positiva para establecer cuándo se pueden exigir responsabilidades a un prestador, pues eso corresponde determinarlo a las normas de Derecho comunitario o nacionales de los Estados Miembros. Esta situación, perpetúa en mi opinión, la diversidad de regímenes de responsabilidad y, en conso-

28 Se excluyen de la materia de estudio las actividades de otros servicios intermediarios como son los servicios de «mera transmisión» o de «memoria caché».

29 Sobre el continuismo del régimen de responsabilidad de las plataformas de alojamiento de datos del DCE en el Reglamento de Servicios Digitales, pueden verse, ARGELICH COMELLES, C.: «Gobernanza de las plataformas en línea ante la DSA y las Propuestas de Reglamento de Mercados Digitales e Inteligencia Artificial (DMA y AIA)» en *Anuario de Derecho Civil*, n.° 2, 2022, p. 509 y FERNÁNDEZ GARCÍA DE LA YEDRA, A.: «Cambios normativos en torno a la responsabilidad...» *op. cit.,* 2021, p. 43.

nancia, el distinto tratamiento que los Estados Miembros pueden realizar respecto a las condiciones necesarias para atribuir responsabilidad a estas plataformas y sus consecuencias jurídicas, cuando no concurran las circunstancias que permiten la exención de responsabilidad de las plataformas de alojamiento de datos conforme al Reglamento de Servicios Digitales.

La aplicación de estas exenciones de responsabilidad requiere como condición previa a la valoración de la concurrencia del supuesto de hecho previsto en la exención, la consideración de que la plataforma de alojamiento de datos desarrolla su actividad de modo neutral, es decir, de forma automática y técnica, sin que pueda considerarse que desempeña un papel activo que le confiera un conocimiento o control sobre la información que publica. Al respecto, el cdo. 18 del Reglamento de Servicios Digitales reconoce explícitamente que el prestador del servicio de alojamiento de datos no podrá acogerse a estas exenciones cuando la responsabilidad se derive de información no proporcionada por el destinatario del servicio, sino por el propio prestador del servicio intermediario.

La necesidad de valorar, en el caso concreto, la influencia que desarrollan las plataformas de alojamiento de datos sobre las condiciones en las que se presta el servicio o se ofrece el producto ha sido una constante en los pronunciamientos del Tribunal de Justicia de la Unión Europea, hasta el punto, que el cdo. 16 del Reglamento de Servicios Digitales lo ha planteado como una de las causas que ha motivado la aprobación de esta norma comunitaria. Sin embargo, el legislador comunitario no ha aprovechado la ocasión para incorporar a la norma —bien en el articulado, bien a través de los considerandos— los indicios que deben ser valorados para concluir si la plataforma presta un servicio de intermediación neutral o, por el contrario, que presta un servicio subyacente.

En mi opinión, el tratamiento de la responsabilidad de las plataformas de alojamiento de datos que no ostentan un papel neutral en la prestación del servicio resulta más adecuado en el *Model Rules on Online Platforms* del ELI que en el Reglamento de Servicios Digitales. El artículo 20 del texto bajo la rúbrica «liability of the platform operator with predominant influence» establece una serie de criterios —que no constituyen un *numerus clausus*— de circunstancias que deben ser valoradas en el caso concreto, a efectos de determinar si la plataforma ejerce realmente, una influencia predominante. En este sentido, se nombran, entre otros, la valoración de si la conclusión del contrato se realiza exclusivamente a través de facilidades proporcionadas por la plataforma, un marketing que se centra en el operador de la plataforma, posibilidad de la plataforma para retener pagos realizados por clientes bajo contratos proveedor-cliente, si la plataforma determina esencialmente los términos del contrato proveedor-cliente y el precio a pagar por el cliente. La atribución a estos criterios de la naturaleza de orientativa no excluye que cuantos más criterios se cumplan, más aparente será la existencia de una influencia predominante de la plataforma.

La principal novedad que incorpora el Reglamento de Servicios Digitales es la previsión de una excepción al régimen de exenciones en las plataformas dedicadas a la intermediación contractual y, no aplicable a otras plataformas de alojamiento de datos, como las redes sociales (artículo 6.3 del Reglamento de Servicios Digitales y cdos. 23 y 24)[30]. Este apartado dispone que las exenciones de responsabilidad previstas en la norma para las plataformas de alojamiento de datos, no se aplicarán cuando éstas permitan a los consumidores celebrar contratos a distancia con comerciantes, si esta plataforma en línea presenta el elemento de información concreto, o haga posible de otro modo la transacción concreta de que se trate, de manera que pueda inducir a un consumidor medio a creer que esa información, o el producto o servicio que constituya el objeto de la transacción, se proporcione por la propia plataforma en línea o por un destinatario del servicio que actúe bajo su autoridad o control.

El artículo 6.3 del Reglamento de Servicios Digitales parece que adopta en la articulación de la excepción el criterio de la influencia decisiva, aunque no alude expresamente a él[31]. En la línea, de las dificultades ya advertidas *ut supra*, esta nueva incorporación —que tiene su antecedente en el artículo 20.1 del texto *Model Rules on Online Platforms* del ELI— plantea como obstáculo la necesidad de valorar, nuevamente, en el caso concreto, cuándo es razonable que un consumidor medio considere que la plataforma es la oferente del bien o la prestadora del servicio que contrata[32]. La lectura del cdo. 24 permite determinar algunos ejemplos, en los que puede encajar el supuesto de hecho previsto en la excepción, así cuando esta plataforma no muestre claramente la identidad del comerciante como exige el Reglamento de Servicios Digitales, cuando la plataforma no revele la identidad o los datos de contacto del comerciante hasta después de la formalización del contrato celebrado entre el comerciante y el consumidor, o en el caso de que una plataforma comercialice el producto o servicio en su propio nombre en lugar de en nombre del comerciante que suministrará el producto o servicio.

---

30 Fernández García de la Yedra, A.: «Cambios normativos en torno a la responsabilidad...» *op. cit.,* 2021, p. 44 reconoce que esta excepción al régimen de exenciones previsto para las plataformas de intermediación contractual supondrá un aumento de las obligaciones en materia de transparencia y claridad tanto en el clausulado como en la prestación del servicio, a la vez que confirma la aplicación del principio jurídico por el que los contratos son lo que son y no lo que las partes consideran.

31 Al respecto, Arroyo Amañuelas, E.: «El Derecho de las plataformas en la Unión Europea» *op. cit.,* 2021, p. 53 considera que «la norma adopta el criterio de la influencia decisiva, pero no interfiere en la determinación del rol contractual de la plataforma —aunque podría pensarse que, al privarla del beneficio de la exención, en realidad presupone que no es o no se la puede considerar intermediaria— ni le imputa responsabilidad alguna».

32 En la misma línea, De Artiñano Marra, P.: «Responsabilidad civil de plataformas de mediación...» *op. cit.,* 2022, p. 572 y Arroyo Amañuelas, E.: «El Derecho de las plataformas en la Unión Europea» *op. cit.,* 2021, p. 54.

Sin embargo, acaba señalando el considerando que esta circunstancia debe determinarse de manera objetiva, teniendo en cuenta todas las circunstancias pertinentes.

El régimen de responsabilidad de las plataformas de intermediación contractual previsto en el artículo 6 del Reglamento de Servicios Digitales se cierra con la previsión en el apartado 4 que este régimen no afectará a la posibilidad de que una autoridad judicial o administrativa, de conformidad con la normativa interna de cada Estado miembro, exija al prestador de servicio que ponga fin a una infracción o que la impida.

2.2.1.2. El control voluntario de contenido de las plataformas de intermediación contractual y su incidencia en las exenciones de responsabilidad

El intervalo temporal entre la DCE y el Reglamento de Servicios Digitales ha permitido al legislador comunitario tomar conciencia de que las plataformas desarrollan un rol fundamental en la regulación, supervisión, detección y retirada de contenidos ilegales. De este modo, el Reglamento de Servicios Digitales pretende fomentar la seguridad jurídica e impulsar el potencial preventivo que tienen estas plataformas, estableciendo un régimen que incentive a las plataformas a incorporar herramientas proactivas que eviten la difusión de contenidos ilícitos. En concreto, la postura del legislador comunitario es precisamente impedir que las plataformas prefieran mantener una situación de pasividad por el riesgo de que se las haga responsables —por no apreciar la concurrencia de las exenciones de responsabilidad que prevé la norma— si realizan actividades de detección e identificación de contenidos ilícitos.

Con este fin el artículo 7 del Reglamento de Servicios Digitales declara que no afectará a las exenciones que prevé la norma para los prestadores de servicios intermediarios —de «mera transmisión», de «memoria caché» o de «alojamiento de datos» (*cfr.* artículos 4, 5 y 6 del Reglamento de Servicios Digitales, respectivamente)— la realización de buena fe y de modo diligente, de investigaciones de forma voluntaria, o la adopción de medidas con el fin de detectar, identificar y retirar contenidos ilícitos, o bloquear el acceso a éstos, o adoptar las medidas necesarias para cumplir los requisitos del Derecho de la Unión y del Derecho nacional en cumplimiento del Derecho de la Unión, incluidos los requisitos establecidos en el Reglamento de Servicios Digitales.

El propio cdo. 26 ayuda a perfilar el canon de «buena fe y diligencia» que exige el artículo 7 del Reglamento de Servicios Digitales, al concretar que debe entenderse en el sentido de que el servicio intermediario actúe de manera objetiva, no discriminatoria y proporcionada, teniendo en consideración los derechos e intereses legítimos de las partes implicadas y proporcionando garantías suficientes contra la retirada injustificada de contenidos lícitos. Sin embargo, el propio considerando precisa, en mi opinión, con mejor intención que virtualidad, que las acciones voluntarias que puedan adoptar los servicios de intermediación, no deben utilizarse para eludir las obligaciones que tienen en virtud del Reglamento de Servicios Digitales.

Este régimen que fomenta la voluntariedad de las actuaciones proactivas de las plataformas en la identificación, localización y retirada de contenidos ilícitos debe completarse con el contenido del artículo 8 del Reglamento de Servicios Digitales que mantiene una prohibición general de vigilancia de los contenidos —*cfr.* artículo 15.1 de la DCE[33]—. Así, se rechaza la imposición a los prestadores de servicios intermediarios de una obligación general de monitorizar la información que transmitan o almacenen, ni de buscar activamente hechos o circunstancias que indiquen la existencia de actividades ilícitas.

Esta prohibición general de monitorización que se establece —de *iure* y de *facto*— en el artículo 8 del Reglamento a los prestadores de servicios intermediarios no afecta a la monitorización que puede fijarse, por ejemplo, por una orden de una autoridad nacional, en un caso concreto. Es, por tanto, una directriz interpretativa del Reglamento (*cfr.* cdo. 30 del Reglamento).

2.2.2. Las obligaciones de diligencia debida en el Reglamento de Servicios Digitales y su incidencia en la responsabilidad de las plataformas de intermediación contractual

En la línea de perfeccionar el régimen normativo previsto en la DCE[34], el Reglamento de Servicios Digitales establece una serie de normas armonizadas sobre obligaciones de diligencia que tienen que cumplir los prestadores de servicios intermediarios, adaptadas al tipo, tamaño y naturaleza de los mismos, con el objetivo de garantizar distintos objetivos de interés público como son la salvaguardia de los intereses legítimos de los destinatarios del servicio, la lucha contra las prácticas ilícitas y la protección de los derechos fundamentales de la Carta [*cfr.* artículo 1.2 b) y cdos. 40 y 41 del Reglamento de Servicios Digitales].

La articulación de estas obligaciones de diligencia se establece de modo escalonado. La norma incorpora una serie de «obligaciones básicas» para

33 El contenido del artículo 8 del Reglamento de Servicios Digitales no es del todo coincidente con el artículo 15.1 de la DCE, en el sentido de que los destinatarios de la prohibición de no imponer obligaciones de supervisión en la Directiva, eran los Estados Miembros; mientras, que en el Reglamento de Servicios Digitales —por su condición formal, que no requiere de transposición a los ordenamientos jurídicos internos—, se establece la prohibición con carácter general, sin determinar el destinatario concreto.

34 En la DCE el cdo. 48 remitía a los Estados Miembros la posibilidad de exigir a los prestadores de servicios dedicados al alojamiento de datos, la aplicación de un deber de diligencia con el objetivo de detectar y prevenir determinados tipos de actividades ilegales.

todo tipo de servicios de intermediación (Sección 1: artículos 11-15 del Reglamento de Servicios Digitales), unas «obligaciones adicionales» para los *prestadores de servicios de alojamiento de datos* (Sección 2: artículos 16-18 del Reglamento de Servicios Digitales), y, por último, otras complementarias para *prestadores de plataformas en línea* (Sección 3: artículos 19-28 del Reglamento de Servicios Digitales), para *prestadores de plataformas en línea que permitan a consumidores celebrar contratos a distancia* (Sección 4: artículos 29-32 del Reglamento de Servicios Digitales), *plataformas en línea de muy gran tamaño y motores de búsqueda en línea de muy gran tamaño* (Sección 5: artículos 33-43 del Reglamento de Servicios Digitales) y, por último, *otras disposiciones relativas a obligaciones de diligencia debida* (Sección 6: artículos 44-48 del Reglamento de Servicios Digitales).

La delimitación del objeto de este estudio a la responsabilidad de las plataformas de intermediación contractual en línea nos obliga a detenernos en el estudio de la Sección 4 (artículos 29 a 32 del Reglamento de Servicios Digitales), sin perjuicio, de que les resulten de aplicación también, las normas de diligencias propias de su naturaleza como «servicios de intermediación», «servicios de alojamiento de datos» y de «plataformas en línea», previstas en los artículos precedentes.

El primero de los aspectos que debe tenerse en consideración sobre las obligaciones de diligencia aplicables a plataformas de intermediación contractual conforme al Reglamento de Servicios Digitales, es que las mismas no serán de aplicación a fin de evitar cargas desproporcionadas, cuando los comerciantes que ofrezcan sus bienes o productos a través de la plataforma tengan la consideración de microempresas o pequeñas empresas —según, la Recomendación 2003/361/CE—, salvo que la plataforma en cuestión tenga la consideración de plataforma en línea de muy gran tamaño *ex* artículo 33 del Reglamento de Servicios Digitales.

El artículo 30 del Reglamento de Servicios Digitales establece una obligación de trazabilidad a los prestadores de plataformas de intermediación contractual con el objetivo de contribuir a la creación de un entorno en línea seguro, fiable y transparente (*cfr.* cdo. 72). En este sentido, los prestadores de las plataformas deben tener una serie de información que se detalla en el apartado primero del precepto para permitir a los comerciantes promocionar mensajes u ofrecer productos y servicios[35]. De forma complementaria, se les

35 El apartado primero del artículo 30 del Reglamento de Servicios Digitales exige que las plataformas hayan obtenido la siguiente información del comerciante: el nombre, la dirección, el número de teléfono y la dirección de correo electrónico del comerciante, una copia del documento de identificación del comerciante o cualquier otra identificación electrónica; los datos de la cuenta de pago del comerciante; cuando el comerciante esté inscrito en un registro mercantil o registro público análogo, el registro mercantil en el que dicho comerciante esté inscrito y su número de registro o medio equivalente de identificación en ese registro; una certificación del propio comerciante por la que se comprometa a ofrecer exclusivamente productos o servicios que cumplan con las disposiciones aplicables del Derecho de la Unión.

impone a las plataformas —con carácter previo a autorizar al comerciante el uso de sus servicios— la obligación de evaluar si la información que ha proporcionado el comerciante es fiable y completa, para lo cual puede utilizar cualquier base de datos o interfaz en línea oficial de libre acceso o solicitar al comerciante que aporte documentos acreditativos de fuentes fiables. En este último caso, los comerciantes serán responsables de la exactitud de la información proporcionada.

Este artículo establece también un periodo de doce meses para que las plataformas puedan recabar la información de los comerciantes que vengan prestando su actividad comercial o empresarial a fecha 17 de febrero de 2024, so pena de que si los comerciantes no proporcionan dicha información en el plazo exigido se suspenda la prestación de los servicios de información. Con idéntica consecuencia, si el prestador de la plataforma obtiene indicaciones suficientes o tiene razones para considerar que la información es inexacta, incompleta o no se encuentra actualizada, podrá solicitar al comerciante la subsanación, sin dilación o en el plazo que se determine legalmente y, en el caso de que no corrija o complete la información, se suspenderá el servicio.

La información sobre los comerciantes deberá ser conservada por los prestadores de plataformas en línea de intermediación contractual durante un periodo de seis meses desde la finalización de su relación contractual con el comerciante y deberá estar a disposición del destinatario del servicio en la interfaz en línea de la plataforma de forma clara, accesible y comprensible.

El artículo 31 del Reglamento de Servicios Digitales exige que la interfaz en línea de la plataforma de intermediación contractual se encuentre diseñada y organizada de manera que los comerciantes puedan cumplir con sus obligaciones relativas a la información precontractual, la conformidad y la información de seguridad del producto. En concreto, la interfaz del prestador del servicio garantizará a los comerciantes que puedan proporcionar información sobre el nombre, la dirección, el número de teléfono y la dirección de correo electrónico del operador económico.

La última de estas obligaciones específicas para las plataformas de intermediación contractual es el deber de la plataforma de informar a los consumidores —en la medida en que la plataforma tenga sus datos de contacto— de que han adquirido a través de sus servicios un producto o servicio ilícito. La información que debe suministrar la plataforma a los consumidores que se encuentren en esta situación es la información sobre el producto o servicio ilícito, la identidad del comerciante y la vía de recurso pertinente.

Esta obligación prevista en el artículo 32 del Reglamento de Servicios Digitales se encuentra acotada a los productos o servicios ilícitos adquiridos por los consumidores durante los seis meses anteriores al momento en que el prestador ha tenido consciencia de la ilegalidad. En el caso de que el prestador de la plataforma no disponga de los datos de contacto de todos los consumidores afectados, la plataforma pondrá a disposición pública y hará que sea fácilmente accesible en su interfaz la información sobre el producto o servicio ilícito, la identidad del comerciante y toda vía de recurso.

Una vez expuestas las obligaciones de diligencia características de este tipo de plataformas en línea hay que abordar la cuestión principal que se plantea en relación con las obligaciones de diligencia que reconoce esta norma. Es decir, las consecuencias jurídicas que tiene el incumplimiento de las obligaciones de diligencia debida establecidas en el Reglamento de Servicios Digitales. Esto es, si la falta de cumplimiento de estas obligaciones de diligencia por parte de las plataformas permitiría concluir la existencia de responsabilidad o, si, por el contrario, tiene otras consecuencias jurídicas.

La respuesta a esta cuestión se deriva del artículo 52.1 del Reglamento de Servicios Digitales que remite a los Estados Miembros la labor de establecer un régimen de sanciones aplicables a cualquier infracción del Reglamento por los prestadores de servicios intermediarios que estén bajo su competencia. En esta línea, el cdo. 41 in *fine* del Reglamento reconoce que las obligaciones de diligencia debida son independientes de la cuestión de la responsabilidad de los prestadores de servicios intermediarios y, por tanto, deben apreciarse de manera independiente.

En mi opinión, habría sido más adecuado configurar la consecuencia jurídica del incumplimiento de las obligaciones de diligencia de los prestadores de servicios intermediarios otorgándoles una incidencia en el régimen de responsabilidad de los prestadores de servicios intermediarios que, remitiendo a los Estados Miembros para que sancionen el incumplimiento de estas obligaciones[36].

La adecuación de la propuesta que planteo, al menos en la actual articulación del régimen de responsabilidad civil de nuestro ordenamiento jurídico interno, es clara. Por un lado, porque dentro de la responsabilidad contractual —en la que podríamos incardinar la responsabilidad de los prestadores de servicios intermediarios—, el cumplimiento negligente de la obligación que tiene el prestador es uno de los presupuestos de la responsabilidad civil *ex* artículo 1101 del Código Civil y, en relación con ello, porque el concepto de diligencia —y, en sentido contrario, el de ausencia de diligencia— se debe completar con las fuentes de integración del artículo 1258 del Código Civil[37],

36 En la misma línea, MARTÍNEZ NADAL, A.: «Naturaleza (y responsabilidad) de las plataformas digitales ...» *op. cit.* 2022, pp. 411 y 412 se mostraba partidaria de que prosperara la enmienda que había planteado el Comité del Mercado Interior y Protección de Consumidores que planteaba que el incumplimiento de determinadas obligaciones fuese causa de la pérdida de exoneración de responsabilidad de las plataformas digitales. Esta autora argumenta cómo, de este modo, el establecimiento de una vinculación entre la exoneración de responsabilidad y el incumplimiento de las obligaciones adicionales resultaba conveniente y adecuada porque supone un refuerzo para el cumplimiento de éstas y, por consiguiente, una mayor protección a los usuarios.

37 Sobre la incidencia que tienen los deberes accesorios en la determinación del canon de diligencia en la responsabilidad contractual y, la incidencia del artículo 1258 del Código

éstas son, la buena fe, el uso y la ley, entendida ésta última en sentido amplio y, por tanto, integrada conforme a las obligaciones que prevé para el prestador de servicios intermediarios el Reglamento de Servicios Digitales.

El otro aspecto que considero que justificaría que el incumplimiento de los deberes de diligencia de los prestadores de servicios de intermediación debe tener una respuesta desde la óptica del Derecho de daños y no desde el Derecho sancionador, es porque resulta dudoso que el incumplimiento de obligaciones de diligencia que se enmarcan en el ámbito contractual deba tener una respuesta punitiva desde el Derecho Público.

Por último, la vinculación del incumplimiento de las obligaciones de diligencia a la pérdida por parte de los prestadores de servicios de intermediación de las exenciones de responsabilidad podría constituir un límite al importante poder que presentan en el mercado actual las plataformas de intermediación contractual en beneficio de los destinatarios finales de los bienes y servicios.

3. Conclusiones

La irrupción de las plataformas de intermediación contractual en línea en el mercado ha puesto en evidencia la insuficiencia y las limitaciones del régimen normativo de la Directiva 2000/31/CE, a pesar de la no desdeñable labor interpretativa realizada por el Tribunal de Justicia de la Unión Europea en relación con los servicios digitales y las plataformas de intermediación contractual.

La responsabilidad de las plataformas de intermediación contractual es quizás, uno de los ejes que requiere una respuesta más detallada por parte del legislador comunitario. Entre los motivos que nos permiten realizar esta afirmación podemos destacar que las plataformas se presentan en este modelo contractual como el elemento identificador para el destinatario de productos o servicios, que con frecuencia ostentan la condición de consumidores y en muchos casos, no se encuentran ni en el mismo territorio nacional con el empresario o comerciante con el que están entablando esa relación jurídica. El segundo de los motivos es que cada Estado Miembro tiene un régimen normativo específico, la ausencia de un sistema de responsabilidad unitario que pueda aplicarse a todos los países de la Unión Europea, lo único que consigue es remarcar las diferencias entre ellos.

Civil en su articulación, pueden verse, Carrasco Perera, A.: «Comentario al artículo 1101 del Código Civil» en Albaladejo, M. (dir.) *Comentarios al Código Civil y Compilaciones Forales*, Tomo XV, vol. 1, Editorial de Derecho Reunidas, Madrid, 1989, pp. 392, 422 y 423 y Miquel González, J.M.: «La responsabilidad contractual y extracontractual: distinción y consecuencias» en *Cuadernos de Derecho Judicial,* Consejo General del Poder Judicial, Madrid, 1993, p. 63.

En las líneas precedentes hemos apuntado distintos aspectos que considerábamos merecían ser tenidos en consideración por el legislador comunitario en el texto que se aprobara. Entre ellas destacábamos un distinto régimen de responsabilidad para las plataformas de alojamiento de datos según su naturaleza y rédito económico, puesto que no resulta adecuado —por las distintas cuestiones jurídicas que plantean— que compartan régimen de responsabilidad las redes sociales y las plataformas de intermediación contractual. También, se ha hecho referencia a la necesidad de abordar la regulación de la responsabilidad de las plataformas de intermediación en el modelo *Consumer to Consumer* (C2C) y las dificultades interpretativas del criterio de «influencia decisiva» para la valoración de si una concreta plataforma debe beneficiarse de la exención de responsabilidad prevista en la normativa porque constituya un «servicio de la sociedad de la información» o desarrolla un servicio subyacente. Por último, se planteaba la necesidad de aprovechar la coyuntura para plantear un régimen de responsabilidad en sentido positivo y no articulado mediante exenciones de responsabilidad, lo que, en mi opinión, promueve las diferencias entre Estados Miembros cuando, de no concurrir las exenciones, tienen que aplicar su normativa nacional para articular la responsabilidad de las plataformas.

En síntesis, puede decirse que el Reglamento de Servicios Digitales ha adaptado discretamente el régimen normativo de la DCE al entorno digital actual, después de veintidós años de vigencia de la Directiva. Sin embargo, no se ha aprovechado la oportunidad para realizar un replanteamiento más innovador que permitiera poner fin a los problemas planteados, porque lejos de algunas adaptaciones, se sigue articulando el régimen de responsabilidad de las plataformas de alojamiento de datos basado en las exenciones, con un régimen unitario que no establece diferencias según se trate de una red social o una plataforma de intermediación en línea y, remitiendo a los regímenes nacionales, en el caso de que no concurra alguna de las exenciones que prevé la norma. Por otro lado, el Reglamento de Servicios Digitales ha perdido la oportunidad de incorporar previsiones normativas dirigidas a plataformas que intermedian en el modelo *Consumer to Consumer* (C2C) y, el Tribunal de Justicia de la Unión Europea deberá seguir revisando caso por caso, el papel que efectúa la plataforma en la relación jurídica subyacente entre el oferente o prestador del servicio y el destinatario final.

Por el contrario, resultan novedosas las obligaciones de diligencia que establece el Reglamento de Servicios Digitales para los prestadores de servicios de intermediación, en el sentido de que, además, son articuladas teniendo en cuenta los distintos tipos de prestadores. Sin embargo, no comparto que el incumplimiento de estas obligaciones deba obtener una respuesta sancionadora y no, en cambio, una incidencia en el régimen de responsabilidad de las plataformas en el sentido de enervar la aplicación de las exenciones de responsabilidad que prevé el Reglamento, porque son opciones que lejos de promover una actuación más consciente de los prestadores de servicios de intermediación en el ámbito contractual, promueve la exoneración de responsabilidad de estos agentes que han irrumpido en la economía digital para quedarse.

4. Bibliografía

Alonso Pérez, M. T.: «La evolución del concepto de consumidor como consecuencia del desarrollo de los servicios digitales y de las plataformas de intermediación» en *Revista Boliviana de Derecho*, n.º 34, 2022, pp. 566-580.

Argelich Comelles, C.: «Gobernanza de las plataformas en línea ante la DSA y las Propuestas de Reglamento de Mercados Digitales e Inteligencia Artificial (DMA y AIA)» en *Anuario de Derecho Civil*, n.º 2, 2022, pp. 501-530.

Arroyo Amañuelas, E.:

— «La responsabilidad de los intermediarios en internet ¿puertos seguros a prueba de futuro» en *Cuadernos de Derecho Trasnacional*, n.º 1, 2020, pp. 808-837.

— «El Derecho de las plataformas en la Unión Europea» en *Servicios en plataforma Estrategias regulatoria*, Marcial Pons, Madrid, 2021, pp. 21-67.

Carrasco Perera, A.: «Comentario al artículo 1101 del Código Civil» en Albaladejo, M. (dir.) *Comentarios al Código Civil y Compilaciones Forales*, Tomo XV, vol. 1, Editorial de Derecho Reunidas, Madrid, 1989, pp. 377-444.

De Artiñano Marra, P.: «Responsabilidad civil de plataformas de mediación electrónica. Dificultades en su determinación» en *Revista Crítica de Derecho Inmobiliario*, n.º 789, 2022, pp. 569-586.

Fernández García de la Yedra, A.: «Cambios normativos en torno a la responsabilidad de las plataformas electrónicas de intermediación» en Martínez Nadal, A. (dir.) *Plataformas digitales: aspectos jurídicos,* Thomson Reuters Aranzadi, Cizur Menor (Navarra), 2021, pp. 31-48.

Fernández Pérez, N.: «La controvertida naturaleza jurídica de las plataformas de alojamiento» en *Revista General de Derecho del Turismo*, n.º 1, 2020.

Herrero Suárez, C.: «La economía colaborativa en el sector del alojamiento turístico —reflexiones desde la óptica de la competencia desleal—» en Miranda Serrano, L. M. y Pagador López, J. (dirs.) *Retos y tendencias del Derecho de la contratación mercantil*, Marcial Pons, Madrid, 2017, pp. 145-158.

Martínez Nadal, A.: «Naturaleza (y responsabilidad) de las plataformas digitales de la Directiva de Comercio Electrónico a la Propuesta de Reglamento de Servicios Digitales» en Madrid Parra, A. y Alvarado Herrera, L. (dir.) *Derecho Digital y Nuevas Tecnologías,* Thomson Reuters Aranzadi, Cizur Menor (Navarra), 2022, pp. 389-414.

Miquel González, J. M.: «La responsabilidad contractual y extracontractual: distinción y consecuencias» en *Cuadernos de Derecho Judicial,* Consejo General del Poder Judicial, Madrid, 1993, pp. 61-78.

Monterroso Casado, E.: «Responsabilidad civil por daños derivados del alojamiento colaborativo» en Goñi Rodríguez De Almeida, M. (dir.) *Conflictos y retos jurídicos del alojamiento colaborativo (a través de plataformas electrónicas),* Thomson Reuters Aranzadi, Cizur Menor (Navarra), 2019, pp. 181-221.

Pazos Castro, R.: «Uber, Airbnb y la llamada «influencia decisiva» de las plataformas digitales» en *Revista de Internet, Derecho y Política*, n.º 31, 2020.

Pertiñez Vílchez, F.: «La responsabilidad del operador de la plataforma como prestador del servicio subyacente» en Rubio Gimeno, G. y Ortí Vallejo, A. (dirs.) *Propuestas de regulación de las plataformas de economía colaborativa: perspectivas y sectoriales*, Thomson Reuters Aranzadi, Cizur Menor (Navarra), 2019, pp. 141-155.

Rodríguez De Las Heras Ballell, T.: «Una regulación europea para las plataformas electrónicas: propuestas en curso y alternativas» en Blanco Sánchez, M. J. y Madrid Parra, A. *Derecho mercantil y tecnología*, 2018, Marcial Pons, Madrid, pp. 427-452.

Rubio Gimeno, G.: «Responsabilidad de las plataformas de economía colaborativa y responsabilidad del proveedor del servicio» en Rubio Gimeno, G. y Ortí Vallejo, A. (dirs.) *Propuestas de regulación de las plataformas de economía colaborativa: perspectivas y sectoriales*, Thomson Reuters Aranzadi, Cizur Menor (Navarra), 2019, pp. 115-140.

Sagar, S. y Hoffmann, T.: «Intermediary Liability in the EU Digital Common Market — from the E-Commerce Directive to the Digital Services Act» en *Revista de Internet, Derecho y Política*, n.º 34, 2021.

Tomillo Urb, J.: «La responsabilidad por la prestación de servicios a través de plataformas de intermediación online» en Solar Cayón, J. I. (ed.) *Dimensiones éticas y jurídicas de la inteligencia artificial en el marco del Estado de Derecho*, Cuadernos de la Cátedra de Democracia y Derechos Humanos, Alcalá de Henares (Madrid), 2020, pp. 333-364.

Vilalta Nicuesa, A. E.: «La regulación europea de las plataformas de intermediarios digitales en la era de la economía colaborativa» en *Revista Crítica de Derecho Inmobiliario*, n.º 765, 2018, pp. 275-330.

PLATAFORMAS EN LÍNEA Y DECISIONES SOBRE CONTENIDOS: EL SISTEMA INTERNO DE RECLAMACIÓN Y LA RESOLUCIÓN EXTRAJUDICIAL DE LITIGIOS COMO VÍAS DE IMPUGNACIÓN REGULADAS EN LA LEY DE SERVICIOS DIGITALES[1]

Patricia Llopis Nadal
Profesora Contratada Doctora
Derecho Procesal — Universitat de València
Correo electrónico: patricia.llopis@uv.es

1 Esta publicación es parte del proyecto de I+D+i PID2020-115352GB-I00, financiado por AEI/10.13039/501100011033.

1. Introducción: la Ley de Servicios Digitales y las plataformas en línea

El 19 de octubre de 2022, el Parlamento Europeo y el Consejo aprobaron el texto definitivo del *Reglamento relativo a un mercado único de servicios digitales* —en adelante el Reglamento o, como se le ha denominado durante estos años, la Ley de Servicios Digitales—[2]. Entre otras cuestiones, con esta norma de Derecho de la Unión de carácter horizontal se modifica —de un modo parcial— la Directiva 2000/31[3], se actualiza —tras dos décadas en funcionamiento— el régimen de responsabilidad de los prestadores de servicios y se regulan —de manera cumulativa— las obligaciones de diligencia debida que estos han de respetar[4] —incrementándolas, para los distintos prestadores intermediarios, atendiendo a factores como su categoría, sus funciones y su tamaño[5]—.

Así, mediante un total de cinco secciones, en el Capítulo III de este nuevo Reglamento se establecen, primero, las obligaciones que son aplicables a todos los prestadores de servicios intermediarios (Sección 1, arts. 11 a 14); segundo, las que, además, han de cumplir todos los prestadores de servicios de alojamiento de datos (Sección 2, arts. 16 a 18); tercero, una serie de obligaciones que, sumadas a todas las anteriores, deben cumplir los alojadores que tengan la condición de prestadores de plataforma en línea (Sección 3,

2 Reglamento (UE) 2022/2065, del Parlamento Europeo y del Consejo, de 19 de octubre de 2022, relativo a un mercado único de servicios digitales y por el que se modifica la Directiva 2000/31/CE (Reglamento de Servicios Digitales), *DOUE*, de 27 de octubre de 2022, L 277/1.

3 Directiva 2000/31/CE, del Parlamento Europeo y del Consejo, de 8 de junio de 2000, relativa a determinados aspectos jurídicos de los servicios de la sociedad de la información, en particular el comercio electrónico en el mercado interior (Directiva sobre el comercio electrónico), D.O.C.E., de 17 de julio de 2000, L 178/1.

4 De Miguel Asensio, P. A., «Servicios y mercados digitales: modernización del régimen de responsabilidad y nuevas obligaciones de los intermediarios», en *La Ley Unión Europea*, n.º 88, enero de 2021, p. 5.

5 Santisteban Galarza, M., «Garantías frente a la moderación de contenidos en la Propuesta de Reglamento único de servicios digitales», en *Revista CESCO de Derecho de Consumo*, n.º 41, 2022, p. 163.

arts. 19 a 28); cuarto, las que, adicionalmente, se imponen a aquellas plataformas que permitan al consumidor contratar a distancia con comerciantes (Sección 4, arts. 29 a 32); y, quinto, las obligaciones que, junto a las establecidas en las secciones previas, deben respetar las plataformas en línea y los motores de búsqueda que hayan sido considerados como de muy gran tamaño (Sección 5, arts. 33 a 43).

De entre los distintos tipos de prestadores intermediarios a los que la Ley de Servicios Digitales impone obligaciones de diligencia debida, a efectos del presente trabajo nos interesan las *plataformas en línea* como prestadoras de servicios de alojamiento; ello es así puesto que son estas quienes tienen capacidad para adoptar decisiones que afecten a los contenidos (información) que, a través de las mismas, ponen a disposición del público sus propios usuarios. Con tal propósito, debemos recordar, de antemano, que el alojamiento de datos es un servicio de la sociedad de la información —en concreto, un servicio intermediario, junto al de mera transmisión y al de memoria caché—, cuya función esencial es la de almacenar datos (información) que no son de producción propia, sino que han sido facilitados por un destinatario de su servicio y son guardados en su servidor a petición de este.

Dentro de la categoría general de prestadores intermediarios que son los alojadores encontramos, como subcategoría, las plataformas en línea, definidas en el Reglamento como «un servicio de alojamiento de datos que, a petición de un destinatario del servicio, almacena y difunde información al público» [art. 3.i)][6]. En consecuencia, la característica principal de las plataformas en línea no es que almacenen los contenidos que les facilitan terceros, sino que, adicionalmente, los ponen a disposición del público a petición de esos terceros. Es relevante, por tanto, explicar dos conceptos más para concretar lo que, según este nuevo Reglamento, son las plataformas en línea.

De una parte, el concepto *destinatario del servicio*, que incluye tanto las personas físicas como las personas jurídicas que hagan uso de la plataforma de dos maneras distintas: con el propósito de alojar información para hacerla accesible al público y/o para acceder a la información que ha sido alojada allí a petición de otro destinatario [*vid.* art. 3.b) y p)]. De otra parte, el concepto *difusión al público*, entendido como dejar la información disponible para un número ilimitado de terceros previa solicitud del destinatario del servicio que la ha proporcionado, al margen de que estos, efectivamente, accedan a la información [*vid.* art. 3.k) y considerando 14]. Por tanto, las redes sociales, los mercados en línea (*online marketplaces*), los foros de internet, las tiendas de aplicaciones (*app stores*), las páginas que permiten compartir contenidos como imágenes, videos... (*content-sharing platforms*) son, entre otros, prestadores de servicios de plataforma que quedarán sujetos a las obligaciones

6 Regulación que deja fuera expresamente aquellos supuestos en que «esa actividad sea una característica menor y puramente auxiliar de otro servicio o una funcionalidad menor del servicio principal y que no pueda utilizarse sin ese otro servicio».

que establece el Reglamento en sus Secciones 1, 2 y 3 del Capítulo III —y, cuando ello proceda, también a las previstas en las Secciones 4 y 5—.

Por tanto, resulta incuestionable la relevante función que desempeñan las plataformas en la configuración actual de internet como herramienta esencial de nuestra sociedad —a saber, alojar contenidos que han sido proporcionados por terceros y permitir que un número ilimitado de personas accedan a los mismos—; sin embargo, puede plantear problemas cuando los contenidos son de carácter ilícito o contrarios a las condiciones generales de la propia plataforma. Es en tales supuestos cuando la plataforma se ve obligada a adoptar decisiones que afectan a los mismos —así como decisiones que están directamente relacionadas con estos— y que pueden ser cuestionadas por los destinatarios del servicio que, de algún modo, se han visto afectados. Frente a tales decisiones adoptadas de manera unilateral por la plataforma —bien actuando previa notificación, o bien por iniciativa propia—, el legislador de la Unión ha previsto expresamente en la Ley de Servicios Digitales dos medios de impugnación que podrán utilizarse por quienes entiendan que se han lesionado sus derechos; así, forman parte de las obligaciones que se imponen a las plataformas en línea en virtud de la Sección 3 del Reglamento *el establecimiento de un sistema interno de gestión de reclamaciones* (art. 20) y *el sometimiento al órgano certificado de resolución extrajudicial que haya sido elegido por el destinatario del servicio* (art. 21).

Por último, debemos referirnos al alcance territorial de esta nueva regulación a efectos de concretar, de un modo definitivo, qué plataformas en línea quedarán sujetas a las obligaciones que introduce la Ley de Servicios Digitales —y, con ello, a los dos medios de impugnación que son objeto de análisis en este trabajo—. Al referirse a su ámbito de aplicación, el Reglamento pone su atención en los destinatarios del servicio y no, en cambio, en los prestadores de esos servicios; así, en su articulado prevé que esta nueva norma se aplique a los servicios intermediarios que se ofrezcan a destinatarios establecidos o situados en la Unión Europea —y añade que es irrelevante el lugar donde el prestador tenga su establecimiento— (art. 2.1). A pesar de lo indicado, entendemos que esta amplia delimitación de los prestadores que quedarían obligados por el Reglamento ha de matizarse prestando atención a las definiciones del art. 3 y en los considerandos 7 y 8[7]. Así, es necesario que la plataforma en línea *ofrezca sus servicios en la Unión Europea*, de modo que permita que las personas de uno o varios Estados miembros puedan hacer uso de los mismos [art. 3.d)]. Pero, adicionalmente, se exige que esta plata-

7 Respecto de la Propuesta de Reglamento —que ya presentaba una regulación cuasi idéntica—, De Miguel Asensio destacó que en el articulado (art. 1.3 de la Propuesta) «la delimitación del ámbito de aplicación espacial no parece suficientemente precisa», remitiéndose a los considerandos 7 y 8, donde se establecen los elementos determinantes de su ámbito de aplicación [De Miguel Asensio, P. A., «Servicios y mercados digitales: modernización del régimen de responsabilidad y nuevas obligaciones de los intermediarios», *op. cit*, p. 4].

forma tenga una *conexión sustancial con la Unión Europea* lo que se produce cuando se encuentra establecida en su territorio o, en su defecto, cuando concurran hechos que permitan afirmar que existe tal conexión[8] [art. 3.e)].

2. Las decisiones controvertidas de las plataformas susceptibles de impugnación

Como hemos anticipado, la función que llevan a cabo las plataformas en línea puede exigirles que, en determinados supuestos, tomen decisiones en relación con los contenidos (información) que han sido difundidos por los destinatarios de su servicio haciendo uso del mismo. Estas decisiones, adoptadas de manera unilateral por la plataforma, son susceptibles de originar conflictos con el destinatario del servicio que se ha visto afectado al entender que la reacción del prestador es contraria a sus derechos —pudiendo, en ocasiones, lesionar derechos fundamentales como la libertad de expresión e información, el respecto de la vida privada y familiar o la protección de datos personales (arts. 11, 7 y 8, respectivamente, de la Carta[9])—. Frente a tales controversias, el legislador de la Unión ha optado por incluir, a favor del destinatario y frente a la plataforma, dos medios de impugnación adicionales a la tutela judicial (esto es, al recurso a los tribunales), ambos instrumentos no solo se regulan expresamente en el Reglamento, sino que se configuran como obligaciones para quienes prestan servicios de plataforma. A efectos de concretar las situaciones en que pueden utilizarse estos medios de impugnación —a cuyo examen destinamos nuestro trabajo— debemos referirnos, brevemente, a tres cuestiones interrelacionadas entre sí: *los contenidos controvertidos* —por ser ilícitos o incompatibles con las condiciones generales de la plataforma—, *la notificación y la moderación* —destinadas a localizar contenidos que presenten las características de ilicitud o de incompatibilidad— y *las distintas decisiones* que la plataforma puede adoptar y que son susceptibles de impugnación por parte de quienes se hayan visto afectados.

8 Sin establecer una lista cerrada de supuestos, la propia disposición señala como *criterios fácticos específicos* que permiten confirmar la existencia de conexión el tener un *número significativo de destinatarios del servicio en uno o varios Estados miembros en relación con su población* o el *que dirijan actividades hacia uno o varios Estados miembros.* En relación con este último criterio, el considerando 8 enumera una serie de factores a tener en cuenta para afirmar que el prestador *orienta sus actividades hacia un Estado*, entre otros, la lengua, la moneda, el dominio, la publicidad... y concluye que el simple hecho de poder acceder a la página web desde la Unión Europea no puede ser motivo suficiente para afirmar que existe conexión sustancial.

9 Carta de los Derechos Fundamentales de la Unión Europea, *adoptada por el Parlamento Europeo, el Consejo y la Comisión,* en Niza el 7 de diciembre de 2000, *DOUE*, C 83, de 30 de marzo de 2010.

En primer lugar, la decisión controvertida de la plataforma tendrá su origen en contenidos que han sido considerados ilícitos o incompatibles con sus condiciones generales. Dejando esta segunda circunstancia de lado, puesto que depende exclusivamente de lo que las plataformas hayan considerado en sus términos, debemos centrarnos en la primera. Como apuntó De Miguel Asensio respecto de la Propuesta de la Comisión[10] —y se ha mantenido en la versión definitiva del Reglamento— el texto «no incorpora reglas para determinar qué contenidos en línea son ilícitos»[11]. Así, adquirirá la condición de ilícita aquella información que resulte contraria al derecho aplicable —incluidas las normas que rigen en el entorno fuera de línea—, siempre que ese derecho aplicable sea el Derecho de la Unión Europea o, en su caso, Derecho de nacional conforme con el Derecho de la Unión. Un concepto que ha de entenderse de forma amplia, de modo que la información puede hacer referencia a todo tipo de productos, servicios y actividades, mientras que el derecho aplicable puede ser de cualquier naturaleza o versar sobre cualquier materia, lo que le permite abarcar un catálogo extenso en el que tienen cabida, entre muchos otros, comentarios, videos, conductas delictuales, ilícitos civiles, propia imagen, derechos de autor... [*vid.* art. 3.h) y considerando 12].

En segundo lugar, la decisión controvertida de la plataforma se adopta de manera unilateral —puesto que no la somete a un tercero imparcial que valore el contenido ilícito o incompatible con las condiciones generales y se pronuncie sobre la medida oportuna—. Esta primera decisión de la plataforma puede adoptarse como consecuencia de una previa actividad de moderación de contenidos, es decir, después de que el propio prestador lleve a cabo labores destinadas a detectar e identificar tales contenidos y a reaccionar contra ellos [art. 3.t)][12]. Sin embargo, en la medida en que todos los prestadores de servicios de alojamiento de datos —incluidas las plataformas en línea— deben prever mecanismos de notificación, la primera decisión puede tener su origen en la comunicación que cualquier persona física o entidad les hace llegar a través de este sistema (para mayor detalle, *vid.* art. 16 y considerandos 52 y siguientes). Reaccionar, por iniciativa propia o previa notificación, frente a contenidos ilícitos o contrarios a sus condiciones generales, es algo

10 Propuesta de Reglamento del Parlamento Europeo y del Consejo relativo a un mercado único de servicios digitales (Ley de servicios digitales) y por el que se modifica la Directiva 2000/31/CE, COM(2020), 825 final, de 15 de diciembre de 2020.

11 «[I]nstrumento esencial para combatir la presencia de contenidos ilícitos en Internet [...] se limita a definir el término «contenido ilícito» por remisión a lo dispuesto en el Derecho de la Unión o de un Estado miembro» [De Miguel Asensio, P. A., «Servicios y mercados digitales: modernización del régimen de responsabilidad y nuevas obligaciones de los intermediarios», *op. cit*, p. 5].

12 Sobre la moderación de contenidos y las obligaciones de los prestadores cuando realizan esta actividad, *vid.* Santisteban Galarza, M., «Garantías frente a la moderación de contenidos en la Propuesta de Reglamento único de servicios digitales», *op. cit.*, pp. 165 y ss.

que la plataforma puede realizar por medios completamente automatizados[13]; sin embargo, queda obligada a comunicar al destinatario del servicio que difundió el contenido controvertido la decisión adoptada, su justificación y los medios de impugnación que pueden usarse contra la misma.

En tercer y último lugar, son distintas las decisiones que la plataforma puede adoptar respecto de los contenidos ilícitos o incompatibles con las condiciones generales; sin embargo, todas ellas tienen en común la posibilidad de impugnarlas haciendo uso de los diferentes medios previstos en el ordenamiento jurídico. Así, cuando la plataforma estime la ilicitud o la incompatibilidad de los contenidos difundidos por un destinatario de su servicio, puede adoptar una decisión que afecte directamente a *la información* que ha sido publicada eliminándola de la plataforma, bloqueando su acceso o restringiendo su visibilidad —algo que, entendemos, será lo habitual, y habrá de darse en todo caso para mitigar los daños que su publicación en Internet pueda generar—. Frente a la difusión de contenidos ilícitos o incompatibles la plataforma también podrá adoptar decisiones que recaigan sobre *la prestación del servicio* —acordando su suspensión o cesación, de un modo total o de un modo parcial— o sobre *la cuenta del destinatario* —suprimiéndola o suspendiéndola—; asimismo, si la información proporcionada puede, de algún modo, convertirse en dinero —y al margen de quien sea el beneficiario de esa monetización—, la plataforma puede decidir paralizar provisionalmente, interrumpir o restringir *los pagos monetarios* que tales contenidos generan.

En caso contrario, es decir, de valorar los contenidos difundidos como lícitos y/o como respetuosos con sus condiciones generales, la decisión de la plataforma consistirá en no actuar del modo descrito sobre la información, la prestación del servicio, la cuenta del destinatario o los pagos monetarios —esto es, en no adoptar medida alguna—; frente a tal decisión quien se considere titular de un interés legítimo, podrá recurrir a los medios a su disposi-

---

13 Ello porque, en sus disposiciones relativas a estas actividades, el Reglamento no contiene una expresión con el mismo carácter que la prevista en el art. 20 —la cual es objeto de examen detallado en el punto 4.3.3— donde se establece, expresamente, que quienes prestan servicios de plataforma «velarán por que las decisiones a que se refiere el apartado 5 [relativas a estimar o desestimar la reclamación presentada mediante el sistema interno] se adopten bajo la supervisión de personal adecuadamente cualificado y no exclusivamente por medios automatizados». Respecto de la moderación de contenidos, al proporcionar una definición, se refiere a «actividades, estén o no automatizadas, realizadas por los prestadores de servicios intermediarios» [art. 3.t)]; mientras que, en relación con las notificaciones, solo menciona que, si utilizan medios automatizados para su tratamiento o decisión, están obligadas a incluir información sobre este uso en la notificación (art. 16.6). Finalmente, más claro es el considerando 54 al referirse a las medidas que la plataforma puede adoptar respecto de la información proporcionada por los destinatarios de su servicio «después de recibir una notificación o de actuar por propia iniciativa» y añadir que esto puede hacerlo «también [...] exclusivamente mediante herramientas automatizadas».

ción para impugnarla. Finalmente, cuando una persona física o una entidad, de manera proactiva, pidió a la plataforma que actuara sobre determinados contenidos haciendo uso de su mecanismo de notificación, la decisión que adopta la plataforma en atención a esta solicitud también es susceptible de impugnación. Tanto en el primer supuesto como en el segundo, entendemos que el interesado en impugnar la decisión será quien presentó una notificación sobre los contenidos controvertidos en caso de que esta haya sido desestimada por la plataforma.

3. Distintos medios de impugnación según el tamaño y el volumen de las plataformas

Los destinatarios del servicio que, de algún modo, se hayan visto afectados por la decisión adoptada por la plataforma en línea —conforme a lo expuesto en el epígrafe inmediatamente anterior—, disponen de tres medios de impugnación para hacer valer su posición respecto de la controversia que pueda plantearse con el prestador de servicios: el sistema interno de reclamaciones, la resolución extrajudicial de litigios y el recurso a los órganos jurisdiccionales[14]. No obstante, los instrumentos para oponerse a las decisiones de la plataforma pueden quedar reducidos exclusivamente a la tutela judicial en la medida en que no todas las plataformas en línea están obligadas a facilitar el sistema interno de reclamaciones ni a someterse a la resolución extrajudicial de conflictos que regula la Ley de Servicios Digitales.

3.1. El recurso a los tribunales como único medio de impugnación frente a decisiones adoptadas por microempresas o pequeñas empresas

Así, con una regulación que recuerda a la del Reglamento 2019/1150[15], el legislador ha optado por aplicar el «criterio de proporcionalidad»[16], quedando exentos de la obligación de introducir medios de impugnación alternativos

14 Así lo prevé expresamente el considerando 59, en el que se hace referencia expresa a que deben poder elegir entre cualquiera de los tres, matizando, además, que deben poder iniciar en cualquier momento un procedimiento judicial.

15 *Vid.* los arts. 11 y 12, referidos, respectivamente, a la obligación de establecer un sistema interno de tramitación de reclamaciones y a la obligación de designar mediadores con los que el prestador de servicios de intermediación estará dispuesto a colaborar [Reglamento (UE) 2019/1150, del Parlamento Europeo y del Consejo, de 20 de junio de 2019, sobre el fomento de la equidad y la transparencia para los usuarios profesionales de servicios de intermediación en línea, *DOUE*, de 11 de julio de 2019, L 186/57].

16 De Miguel Asensio, P. A., «Servicios y mercados digitales: modernización del régimen de responsabilidad y nuevas obligaciones de los intermediarios», *op. cit.*, p. 5.

todos los prestadores de servicios de plataforma que tengan la condición de *microempresas* o *pequeñas empresas* conforme al Derecho de la Unión Europea[17]. Ello deja fuera a las plataformas que cuenten con menos de 10 empleados y su volumen de negocios anual sea inferior a los 2 millones de euros (por tratarse de microempresas), así como a las que ocupen a menos de 50 personas y tengan un volumen de negocios anual que no supere los 10 millones de euros (por tratarse de pequeñas empresas). Ahora bien, a propósito de esta exención hay que realizar una serie de matices en cuanto se trata de una regla con dos notorias excepciones.

La primera excepción determina que algunas plataformas, aun siendo microempresas o pequeñas empresas conforme a la definición proporcionada, estarán obligadas a prever el sistema interno de reclamaciones y a ser parte en el procedimiento de resolución extrajudicial de conflictos que establece la Ley de Servicios Digitales siempre que encajen en el concepto de plataformas en línea *de muy gran tamaño* conforme a esta nueva norma[18]. En consecuencia, frente a estos prestadores, los destinatarios del servicio contarán con los dos medios de impugnación que se desarrollan en los siguientes epígrafes, así como con la posibilidad de instar la tutela ante los tribunales.

La segunda excepción permite excluir de estas obligaciones a aquellas plataformas en línea que reunían los requisitos para ser microempresas o pequeñas empresas, pero que han perdido tal condición (convirtiéndose en un prestador de mayor tamaño y/o de mayor volumen)[19]. Ahora bien, esta exclusión es temporal y limitada a un año (respondiendo a la lógica de facilitar un periodo de adaptación y un plazo para cumplir con las nuevas exigencias), pues transcurridos doce meses desde que dejaron de ser microempresas o pequeñas empresas quedan obligadas a introducir el sistema interno de reclamaciones y a participar en la resolución extrajudicial de conflictos

17 Para concretar los conceptos de *microempresa* y *pequeña empresa*, el Reglamento nos remite a la Recomendación 2003/361/CE de la Comisión, de 6 de mayo de 2003, sobre la definición de microempresas, pequeñas y medianas empresas (DOUE, L 124 de 20 de mayo de 2003, p. 36); en el Anexo de la referida Recomendación, se fijan los efectivos y límites financieros que definen las distintas categorías de empresa (para la cuestión que nos ocupa, deben tenerse en cuenta los arts. 2.2 y 2.3).

18 Lo que nos obliga a tener en cuenta el art. 33 del Reglamento, donde se definen las plataformas en línea *de muy gran tamaño* como aquellas que, en toda la Unión Europea, cuenten con un número de destinatarios del servicio activos —esto es, quienes solicitan que se aloje información y quienes se exponen a la información alojada— igual o superior a una media mensual de cuarenta y cinco millones; para adquirir tal condición, además, deberán haber sido designadas como tal por la Comisión Europea.

19 Para que esto suceda, como indica el art. 4.2 del Anexo de la Recomendación 2003/361 (al que nos remite el Reglamento), es necesario que los números indicados (de tamaño o de volumen) se superen por la plataforma en dos ejercicios consecutivos.

que prevé el Reglamento[20], ofreciendo, con ello, a los destinatarios de su servicio, estos dos medios de impugnación adicionales.

El motivo por el que se excluye de estas obligaciones a las microempresas o pequeñas empresas (y a las que recientemente han perdido tal condición) es claro e indiscutible; así, como se apunta en los considerandos, se pretende *evitar cargas desproporcionadas* derivadas de estas exigencias adicionales. Igualmente, responde a la lógica el hecho de que, al margen de las personas que ocupen y de su volumen de negocio anual, las plataformas en línea de muy gran tamaño deban ofrecer los dos instrumentos alternativos a la jurisdicción previstos en el Reglamento a efectos de solucionar toda controversia que pueda surgir en relación con las decisiones que adoptan, algo que se justifica por su mayor alcance y, en consecuencia, por su capacidad para *influir en la forma en que los destinatarios del servicio obtienen información y se comunican en línea* (considerando 57). Sin embargo, en el primer caso, limitar a la vía judicial los medios de impugnación frente a las decisiones de las plataformas conducirá a que un número significativo de estas no sean objeto de segunda revisión, dadas las circunstancias que pueden dificultar, o directamente impedir, que los interesados acudan a los tribunales —relacionadas entre sí, estas circunstancias incluyen, entre otras, los elevados costes para el destinatario del servicio; el tener que litigar ante los tribunales de otro Estado, incluso fuera de la Unión Europea; el ser parte en un procedimiento que se sigue en otro idioma; la previsible demora en obtener una resolución definitiva y las dificultades para la eficaz ejecución de las medidas cautelares, así como de la sentencia que finalmente se dicte—.

3.2. Los medios de impugnación alternativos que podrían introducir las microempresas y las pequeñas empresas

Es cierto, como además recuerda expresamente el legislador de la Unión en el considerando 57 *in fine*, que nada obsta para que las plataformas excluidas introduzcan de forma voluntaria un sistema interno de reclamaciones y/o se sometan voluntariamente a mecanismos de resolución extrajudicial de conflictos; estos medios de impugnación podrían ser los regulados en el Reglamento u otros similares que permitan alcanzar idénticos objetivos. Respecto de los similares y a título de ejemplo, las plataformas podrían proporcionar un sistema para la solución de reclamaciones inter-

20 Por supuesto, lo indicado siempre sujeto a que la plataforma no haya sido considerada como *de muy gran tamaño* conforme a lo expuesto *supra*, en cuyo caso, aunque se tratara de una microempresa o de una pequeña empresa (o aunque hubiera tenido tal condición durante el año anterior), habría de proporcionar a los destinatarios de su servicio estos medios alternativos de solución de conflictos.

nas basado exclusivamente en decisiones automatizadas (algo que, como se expone en el siguiente epígrafe, no permite la Ley de Servicios Digitales cuando regula la obligación de introducir un sistema interno de gestión de reclamaciones; sin embargo, no debemos descartar que la plataforma no obligada decida incorporarlo a través de medios completamente automatizados —con la ventaja adicional de que, de forma previsible, los costes que requiere su mantenimiento serán más reducidos—). Asimismo, también como medios similares, estas plataformas podrían optar por designar previamente mediadores especializados, en una o en varias materias, con los que acepten colaborar para alcanzar un acuerdo extrajudicial (recordando la figura de los mediadores especializados, prevista con detalle en los arts. 12 y siguientes del Reglamento 2019/1150, siendo la propia plataforma quien decida —siempre con carácter previo, a efectos de que el destinatario de su servicio sea conocedor antes de intentar la mediación—, si se compromete a soportar una parte razonable de sus costes).

Ahora bien, salvo que voluntariamente tomen la iniciativa de ofrecer estos medios de impugnación, los destinatarios del servicio prestado por la plataforma solo podrán recurrir a la vía judicial para oponerse a las decisiones que esta adopte; por ello, quizá hubiera sido conveniente equilibrar la balanza, evitando las cargas desproporcionadas a la par que ofreciendo a sus usuarios alternativas a los tribunales. Con tal propósito, opciones como las apuntadas en el párrafo anterior podrían haberse incluido en el Reglamento (a saber, los sistemas internos de reclamación completamente automatizados o la predisposición a someterse de buena fe a la mediación especializada) rebajando, de este modo, el nivel de exigencia respecto de las obligaciones que se imponen a quienes no son microempresas ni pequeñas empresas.

En nuestra opinión, de entre todas las alternativas posibles para ampliar los medios de impugnación más allá de los órganos jurisdiccionales, en la medida en que los mecanismos de notificación se exigen a todas las plataformas en línea —sin distinción en función de su tamaño y volumen anual de negocios—, la obligación de prever un sistema interno de reclamaciones también debería haberse hecho extensiva a cualquier prestador de servicios de plataforma —es decir, incluyendo a las que tengan carácter de microempresa y de pequeña empresa—. Esta opción garantizaría la revisión de la decisión adoptada, en otras palabras, permitiría que fuera objeto de un segundo análisis sin necesidad de solicitar, de entrada y como única vía, la tutela judicial; algo especialmente relevante si tenemos en cuenta que la Ley de Servicios Digitales no prohíbe el uso de medios automatizados, incluso de manera exclusiva, para adoptar decisiones de moderación de contenidos ni de respuesta a las notificaciones (a condición de que se informe del uso de estos medios).

Finalmente, podría valorarse la posibilidad de permitir que esta revisión realizada por la propia plataforma se desarrollara íntegramente de manera automatizada, en especial, para aliviar las cargas de las microempresas o pequeñas empresas —materializadas en los costes de mantener de forma continuada personal adecuadamente cualificado que dé respuesta a la impugnación—[21]. Por cuanto lo que estamos proponiendo es la obligación de prever sistemas internos de reclamación para ofrecer a los destinatarios del servicio un medio de impugnación adicional y más inmediato y sencillo que el recurso a los tribunales, así como la oportunidad de un segundo examen tras una primera decisión que puede haber sido adoptada de forma automatizada —tras una moderación de contenidos o en respuesta de una notificación—, entendemos que la respuesta a la reclamación interna a través de medios completamente automatizados solo debería ser posible si aquello que se impugna ha sido objeto de decisión por parte de la plataforma concurriendo algún tipo de intervención humana. En caso contrario, esto es, si la decisión de la plataforma contra la que se presenta la reclamación interna se adoptó exclusivamente con medios automatizados, consideramos que en la revisión de la misma debería intervenir, en alguna medida, personal adecuadamente cualificado.

4. El sistema interno de reclamaciones gestionado por la propia plataforma

En la medida en que el prestador está obligado a ello, el primer medio de impugnación a disposición de los destinatarios del servicio consiste en presentar su reclamación directamente ante la plataforma que ha adoptado la decisión controvertida y esperar que esta sea resuelta mediante un sistema interno gestionado y costeado completamente por el propio intermediario. El recurso a esta vía para solucionar el conflicto ha de ser voluntario para quien desee reclamar, siendo posible que, de forma alternativa, opte por acudir directamente a los medios de resolución extrajudicial o a los órganos jurisdiccionales; asimismo, agotada esta opción, y al margen de la respuesta obtenida, nada impide que, de forma sucesiva, recurra a los instrumentos extrajudiciales o solicite la tutela judicial de sus derechos.

4.1. Los destinatarios del servicio legitimados para reclamar mediante el sistema interno

A tenor de lo que establece el art. 20 del Reglamento, cualquier destinatario del servicio puede presentar reclamaciones mediante el sistema de

21 Con carácter general —esto es, no limitado a las plataformas excluidas de las obligaciones previstas en los arts. 19 y siguientes del Reglamento—, CASTELLÓ PASTOR realiza una clara apuesta por el recurso a la inteligencia artificial con carácter exclusivo para resolver las cuestiones planteadas mediante el sistema de reclamación interna de la plataforma [CASTELLÓ PASTOR, J. J., «Mediación en los conflictos derivados de los servicios digitales en la Unión Europea», en *Meditaciones sobre mediación (MED+)*, obra colectiva, directora Barona Vilar, S., ed. Tirant lo Blanch, 2022, p. 376].

gestión interna contra las decisiones adoptadas por la plataforma[22] —decisiones que han de corresponderse con lo que ha sido expuesto en el segundo epígrafe—. Esto incluiría a quienes han presentado con anterioridad una notificación y no están satisfechos con la respuesta[23], así como a quienes, de algún modo, más o menos personal, directo e inmediato, se vean afectados por esas decisiones relativas a la información, a la prestación del servicio, a la cuenta de los usuarios o a la monetización de aquello que se difunde al público. Parece ser que el legislador de la Unión ha querido marcar una diferencia entre quienes están legitimados para recurrir al sistema interno de reclamaciones y quienes pueden solicitar la resolución extrajudicial. Así, mientras a propósito de la segunda, como se abordará *infra*, matiza el concepto destinatarios del servicio añadiendo la expresión «a quienes vayan destinadas las decisiones» de la plataforma, respecto del sistema interno, del que nos ocupamos en este apartado, no ha introducido este matiz.

En consecuencia, cabría pensar que un destinatario del servicio, que no sea de manera personal, directa e inmediata el sujeto de la decisión —sino un tercero respecto de la misma—, pero que se vea afectado de algún modo por esta, también podría recurrir al sistema interno para reclamar frente a la actuación de la plataforma (p. ej., respecto de la información proporcionada por otro destinatario del servicio que ha sido retirada o respecto de la suspensión de la cuenta de otro destinatario del servicio). En la misma línea, los considerandos se refieren a que los destinatarios del servicio deben poder impugnar decisiones que «les afecten desfavorablemente», una afectación que, entendemos, puede producirse aunque no sea el destinatario personal, directo e inmediato de la decisión de la plataforma (considerando 58[24]). Esta idea no solo dejaría la puerta abierta a la reclamación por parte de terceros a título individual, sino que, además, permitiría la intervención de asociaciones u organizaciones que velen por los intereses colectivos de los usuarios de internet.

---

22 Por supuesto, condicionado a que, en aplicación de una medida contra usos indebidos, la plataforma no le haya suspendido, temporalmente y previa advertencia, la posibilidad de presentar reclamaciones mediante su sistema interno. Esto se producirá, tal y como permite el art. 23.2 del Reglamento, cuando el destinatario del servicio envíe con frecuencia reclamaciones que sean manifiestamente infundadas.

23 Así lo establece el Reglamento, al mencionar que esto debe facilitarse «a los destinatarios del servicio, en particular a las personas físicas o entidades que hayan presentado una notificación»; una previsión posiblemente motivada por el hecho de que la norma no prohíbe que las plataformas respondan a estas notificaciones haciendo uso, de manera exclusiva, de medios automatizados (por lo que se les reconoce expresamente la posibilidad de una revisión no completamente automatizada), pero que no excluye otros posibles legitimados, tal y como defendemos en este trabajo.

24 Donde se mantiene, además, que los sistemas internos previstos por la plataforma «deben permitir *a todos los destinatarios del servicio* presentar una reclamación y no deben establecer requisitos formales» (cursivas propias).

4.2. Las características y los requisitos que ha de reunir el sistema interno de reclamaciones

Si bien el Reglamento impone a las plataformas en línea la obligación de facilitar un sistema interno de reclamaciones, les concede cierta libertad para configurarlo y gestionarlo; en este sentido, el legislador de la Unión ha previsto las características y los requisitos esenciales que necesariamente ha de reunir el medio de impugnación proporcionado por el prestador a favor de los destinatarios de su servicio. En cuanto a las características que debe presentar, todas ellas van dirigidas a hacer de este un instrumento atractivo para los interesados en plantear reclamaciones; por ello, además de un sistema interno eficaz para su gestión, se exige que sea gratuito para quien recurra al mismo y que la tramitación se realice de forma electrónica.

Por lo que respecta a los requisitos, el primero de ellos se refiere al tiempo mínimo durante el cual debe ser posible impugnar las decisiones de la plataforma haciendo uso del sistema interno. Así, si bien nada excluye que el prestador limite temporalmente la posibilidad de reclamar mediante el sistema interno, esto queda condicionado a respetar un plazo mínimo de seis meses cuyo *dies a quo* será la fecha (el mismo día) en que se informe al destinatario del servicio sobre la decisión adoptada, bien en respuesta a una notificación previa remitida por el mismo, o bien como reacción frente a la información de contenido ilegal o contrario a las condiciones generales de la plataforma que ha sido proporcionada por este. En línea con lo defendido en el apartado anterior, este plazo mínimo será común para todo interesado en impugnar la decisión, aunque se trate de un tercero respecto de la misma y, por tanto, no haya recibido a título personal la información sobre la decisión de la plataforma. No debe olvidarse que el transcurso del plazo fijado libremente por la plataforma —pero siempre superior a seis meses—, solo impide utilizar el sistema interno, pero no determina la imposibilidad de acudir a la resolución extrajudicial ni a los tribunales mientras la acción no prescriba.

Adicionalmente, como requisitos, se exige que para los destinatarios del servicio sea fácil acceder al sistema interno y hacer uso del mismo —materializando, de ese modo, la idea de eficacia—, a la par que debe permitir que las reclamaciones que estos presentan a través del instrumento previsto por la plataforma sean *suficientemente precisas* y *adecuadamente fundamentadas* —es decir, que puedan identificar aquello que se impugna e incluir las razones por las que se realiza tal impugnación—[25]. En la medida en que se respete esto, la plataforma estaría cumpliendo con la obligación que le

25 Para ello, la previsión de un formulario o modelo preestablecido, en el que el interesado en presentar la reclamación se limite a completar el contenido básico que ha de reunir la misma, sería suficiente y facilitaría la labor de todos los implicados [en este sentido, Castelló Pastor, J. J., «Mediación en los conflictos derivados de los servicios digitales en la Unión Europea», *op. cit.* p. 375].

impone el Reglamento; sin embargo, debe tener presente, como matizan los considerandos, que no puede ir más allá, introduciendo requisitos formales cuyo efecto sea restringir el recurso por parte de los destinatarios de su servicio al sistema interno y, en especial, exigiendo a quien presenta la reclamación que, al precisar y fundamentar la misma, incluya los argumentos jurídicos que la sustenten[26].

Por último, al referirse al tratamiento de las reclamaciones presentadas, el legislador de la Unión exige que este se realice mediante el sistema interno de forma *no discriminatoria, diligente y no arbitraria*. En estrecha relación con esto, el detalle con que la plataforma cumpla con la obligación de transparencia que le impone el art. 15.1.d) del Reglamento puede ayudar a conocer el precedente y contribuir a generar seguridad en torno a la posible decisión de la plataforma; ello es así porque en esa información que deben publicar —como mínimo anualmente y de forma legible y accesible—, harán referencia a cuestiones relativas a su sistema interno de reclamaciones entre las que se encuentran la base de las reclamaciones que han sido presentadas, las decisiones adoptadas respecto de las mismas, el tiempo medio para resolverlas y el número de veces en que la decisión previa de la plataforma fue revocada.

4.3. Las exigencias en cuanto a la resolución de la reclamación mediante el sistema interno

4.3.1. Las actuaciones a realizar según la respuesta que se proporcione a la reclamación

El eficaz funcionamiento del sistema interno provisto por la plataforma conducirá a que el mismo finalice mediante la resolución de la reclamación presentada por el destinatario del servicio. La respuesta que, de manera unilateral, proporcione el prestador podrá ser estimatoria o desestimatoria de la petición realizada por el reclamante. En el primer caso, conceder al destinatario del servicio aquello solicitado en su reclamación implicará realizar dos cosas. Por una parte, confirmar que debería haber atendido a la notificación presentada conforme al art. 16 del Reglamento (la que ha dado lugar a la reclamación) o, en su caso, reconocer el carácter lícito y compatible con sus condiciones generales de la información (la que ha motivado la reclamación); en otras palabras, realizar una declaración, algo que habrá de llevar a cabo la plataforma proporcionando al destinatario del servicio una respuesta escrita y motivada haciendo uso de los medios electrónicos. Por otra parte, y, sin *dilación indebida*, en la medida en que la respuesta estimatoria implica admi-

26 Así lo establece el Reglamento en los siguientes términos «Estos sistemas [...] no deben establecer requisitos formales, como la remisión a las correspondientes disposiciones jurídicas concretas o a explicaciones jurídicas complejas» (considerando 58).

tir que su decisión fue incorrecta, procederá a revertir la misma volviendo la situación al estado anterior; en otras palabras, materializar la acción adecuada, realizar una ejecución inmediata conforme a lo declarado (p. ej., permitir de nuevo el acceso a la información que había sido bloqueado o activar de nuevo la cuenta del destinatario del servicio que había sido suspendida).

Por su parte, cuando la plataforma desestime la reclamación presentada, el Reglamento le exige ponerlo en conocimiento del reclamante también *sin dilación indebida*. Una comunicación que habrá de realizarse por escrito, a través de medios electrónicos y en la que, necesariamente, deberá incluir dos cosas. Por una parte, los motivos por los que considera que no procede atender a la notificación o por los que mantiene que la información controvertida es ilícita y/o incompatible con sus condiciones generales, ofreciendo una justificación adecuada al reclamante que le permita valorar si continúa impugnando la decisión de la plataforma por otros medios[27]. Por otra parte, la comunicación que la plataforma remita a quien presentó la reclamación deberá informar acerca de la posibilidad de intentar el procedimiento para la resolución extrajudicial de la controversia regulado en el art. 21 del Reglamento y de otros instrumentos que tenga a su disposición para impugnar la decisión adoptada —entre los que debe incluirse la vía judicial, así como otros medios alternativos de solución de conflictos con los que el prestador esté dispuesto a colaborar para llegar a un acuerdo—.

4.3.2. La necesidad de fijar un plazo para responder a la reclamación presentada

El legislador de la Unión exige que las reclamaciones presentadas sean tratadas mediante el sistema de gestión previsto por la plataforma *en tiempo oportuno*; asimismo, como se ha anticipado, también requiere que la plataforma actúe *sin dilación indebida*, por lo que, al entender oportuno dejar sin efecto su decisión previa, o al comunicar su intención de denegar la petición del reclamante, tendrá que evitar demoras innecesarias e injustificadas; por último, en los considerandos se incluye la producción de *resultados rápidos* entre las condiciones que debe cumplir el sistema. Sin embargo, más allá de estos conceptos no concreta un plazo exacto, ni un tiempo máximo, para responder a la reclamación, ni prevé las consecuencias de no proporcionar una respuesta transcurrido un periodo prudencial.

27 La norma no matiza si la motivación requerida ha fundamentarse en argumentos jurídicos, sin embargo, entendemos que responder a la reclamación con una mínima base legal es necesario y a ello puede ayudar el hecho de que se exija que las respuestas sean supervisadas por *personal adecuadamente cualificado.* En todo caso, si bien el art. 20.5 del Reglamento habla de *decisión motivada* sin diferenciar en función de si se estima o desestima la reclamación, en este segundo supuesto consideramos que el nivel de exigencia de la motivación debe ser mayor dadas las implicaciones que tiene y la previsión de que el reclamante recurra a otras vías por no haber logrado una respuesta satisfactoria.

Así, contrasta el hecho de que, mientras en el caso de la resolución extrajudicial de las controversias sí se han delimitado claramente los plazos distinguiendo en función de la complejidad del asunto —tres meses, con posibilidad de prórroga de hasta otros tres—, para el sistema interno de tramitación no se obligue a la plataforma a responder en un tiempo máximo y no se prevean las consecuencias derivadas de la falta de respuesta en plazo. Es cierto que, al resolver estas reclamaciones, las plataformas se enfrentarán con cuestiones de distinto grado de dificultad, por lo que fijar un plazo común resulta, en efecto, menos apropiado que exigir la producción de resultados rápidos, en tiempo oportuno y actuando sin dilaciones indebidas. Además, como se expone en el punto inmediatamente posterior, conviene anticipar que no se permite utilizar medios completamente automatizados para responder a las reclamaciones, lo que repercutirá en la imposibilidad de reaccionar con inmediatez y en la necesidad de más tiempo para ofrecer una respuesta.

A pesar de lo que ha sido apuntado, tampoco debemos olvidar que la rapidez con que se espera que la plataforma realice un nuevo examen de su decisión y ofrezca un segundo pronunciamiento —en particular, si lo comparamos con el tiempo que requiere obtener una respuesta mediante la resolución judicial y la resolución extrajudicial de litigios—, es una de las razones por las que el sistema interno de reclamación tiene atractivo para quienes pretenden impugnar las decisiones adoptadas por el prestador. Por este motivo, entendemos oportuna y necesaria la propuesta que realiza Castelló Pastor, consistente en obligar a las plataformas no solo a publicar en sus condiciones generales las normas del procedimiento a seguir para la tramitación interna de estas reclamaciones, sino, además, a incluir el plazo exacto (mediante un número concreto de días) para responder a las mismas[28]. Lo más similar a esto que encontramos en el texto del Reglamento es la obligación que impone el art. 15.1.d) en materia de transparencia informativa de publicar anualmente información sobre el tiempo medio necesario para adoptar las decisiones en respuesta a las reclamaciones presentadas mediante el sistema interno (algo que, sin lugar a dudas, ayudaría al reclamante a generarse una expectativa sobre cuándo, previsiblemente, obtendrá una respuesta de la plataforma).

Retomando la idea defendida en el párrafo anterior, la previsión a título individual por cada plataforma de un plazo razonable de respuesta en sus condiciones generales se realizaría teniendo en cuenta tanto el nivel de complejidad de las reclamaciones que se le presentan, como su capacidad de reacción según los medios de que dispone (p. ej., que, por el tipo de servicio que presta, haya de atender a cuestiones que pueden versar sobre distintas

28 Castelló Pastor, J. J., *Daños digitales y derechos de la personalidad: determinación del tribunal competente en conflictos internacionales originados en la red,* ed. Aranzadi — Thomson Reuters, 2022, p. 39.

materias jurídicas; o que, por su tamaño y volumen de negocio, no resulte proporcionado destinar a más personal cualificado para encargarse de estas resoluciones). Ahora bien, este plazo razonable previsto en número de días exacto —y que variaría de unas plataformas a otras—, habrá de encajar, en todo caso, en las exigencias de tiempo oportuno, dilación indebida y resultados rápidos impuestas por el Reglamento[29].

Finalmente, bajo nuestro punto de vista, un problema estrechamente ligado al hecho de que no se concrete un plazo máximo para que la plataforma se pronuncie sobre la impugnación mediante su sistema interno —ni común, fijado en el Reglamento, ni individual, previsto en las condiciones generales— es que tampoco pueden establecerse las consecuencias de que, transcurrido el mismo, el destinatario del servicio que presentó la reclamación no haya obtenido respuesta. Es lógico que la inactividad de la plataforma implica la falta de reacción respecto de la decisión impugnada, de modo que, mientras esta se mantenga, el reclamante no conseguirá aquello que pretende —en otras palabras, no se revertirá la situación controvertida—; sin embargo, puede suceder que, transcurrido un plazo que el destinatario del servicio considere razonable según las exigencias del Reglamento, opte por recurrir a alguno de los otros medios de impugnación (p. ej., intentar la resolución extrajudicial o acudir a los tribunales) y sea una vez iniciado este cuando la plataforma atienda y responda a lo que había sido reclamado. A lo indicado debe añadirse la oportunidad de delimitar las consecuencias de que la plataforma permanezca en silencio frente a la reclamación por lo que respecta a posteriores intentos de solucionar la controversia mediante otras vías de recurso (p. ej., si en el marco de un posterior procedimiento, cabría atribuir mala fe o incidiría en la condena en costas).

4.3.3. La prohibición de decidir usando exclusivamente medios automatizados

Dentro de los márgenes de libertad que el Reglamento concede a las plataformas en línea para configurar y gestionar su sistema interno de reclamaciones, destaca el hecho de que les impida responder adoptando sus decisiones haciendo uso exclusivo de medios automatizados. Así, mientras que para la adopción de decisiones relativas a la moderación de contenidos y para ofrecer respuesta a las notificaciones no prohíbe el uso de instrumentos completamente automatizados —como hemos expuesto *supra*-, en el caso de la respuesta a las reclamaciones presentadas a través del sistema interno sí impone que, en todo caso, la decisión final de la plataforma se adopte *bajo la supervisión de personal adecuadamente cualificado*.

29 Podría incrementarse el grado de precisión de estos conceptos recurriendo a normas de *soft law*, recomendaciones que ayudaran a todos los implicados a saber qué cabe considerar como plazo razonable para ofrecer una respuesta a estas reclamaciones.

Asimismo, como ya hemos anticipado, este límite puede estar justificado por que cabe la posibilidad de que la decisión objeto de la reclamación presentada por el destinatario del servicio ya se haya adoptado, previa moderación de contenidos o previa notificación, actuando de un modo completamente automatizado. El motivo que ha sido expuesto determina, en nuestra opinión, que tenga sentido y sea oportuno exigir que, en este segundo examen realizado a instancia de quien se ha visto afectado, deba concurrir, en todo caso, un mínimo control humano antes de que la plataforma adopte y comunique la decisión al reclamante[30]; una postura que debemos mantener incluso aunque este último disponga de otros medios de impugnación, en sede extrajudicial o judicial, que ya serán examinados y resueltos por humanos.

Apoyando la necesidad de una mínima intervención humana a la hora de ofrecer una respuesta debemos recordar que, quien remitió la notificación cuya resolución se impugna por desestimatoria, ya ha tenido la oportunidad de ser atendido por la plataforma —de un modo exclusivamente automatizado o no—, en relación con los contenidos que considera ilícitos o incompatibles con las condiciones generales del prestador; en cambio, para los afectados por la decisión relativa a la información, la prestación del servicio, la cuenta de los usuarios o la monetización de lo difundido, es posible que el sistema interno de reclamaciones constituya su primer contacto directo con la plataforma a efectos de hacerle valer sus argumentos en contra de la decisión adoptada. Además, como se ha indicado, este instrumento constituye para todos ellos el último paso antes de recurrir a otros medios de impugnación más exigentes en cuanto a costes, complejidad y demora[31].

A lo anterior debemos añadir que el uso exclusivo de medios automatizados para resolver las reclamaciones presentadas mediante el sistema interno puede resultar disuasorio para el destinatario del servicio interesado en reclamar, pues no debemos olvidar que este se ha visto afectado por una decisión adoptada por la propia plataforma en la que posiblemente se habrán utilizado herramientas de decisión automatizada similares —cuando no idénticas—, lo

---

30 En sentido contrario, Castelló Pastor, quien, a propósito de la Propuesta de Reglamento, ya defendía la posibilidad de adoptar decisiones automatizadas sin que haya un mínimo de intervención humana, exponiendo las ventajas que el recurso a la inteligencia artificial puede tener en cuanto a costes, tiempo y fiabilidad [Castelló Pastor, J. J., «Mediación en los conflictos derivados de los servicios digitales en la Unión Europea», *op. cit.* p. 376].

31 A este propósito, debemos destacar la reflexión de Santisteban Galarza, quien mantiene que los medios automatizados pueden ser útiles para retirar contenidos, pero no para realizar juicios autónomos, y pone como ejemplo el tener que valorar la ilicitud de una expresión o su incompatibilidad con las condiciones generales de la plataforma, tarea que precisa atender a aspectos subjetivos: «analizar el contexto en el que es vertida, y en su caso, la finalidad del autor. Ello requiere de un juicio humano, que entienda el significado social de las expresiones controvertidas y pueda atribuirle una calificación derivada del sentido global de lo comunicado y que es difícil de extraer de cada carácter o extracto de contenido» [Santisteban Galarza, M., «Garantías frente a la moderación de contenidos en la Propuesta de Reglamento único de servicios digitales», *op. cit.*, p. 173].

que le generaría desconfianza en este medio de impugnación por la expectativa de obtener, en todo caso, un resultado de nuevo desfavorable[32]. Ahora bien, debemos insistir en la idea de que, conforme al Reglamento, la tarea que desarrollan las herramientas de inteligencia artificial para dar respuesta a las reclamaciones presentadas mediante el sistema interno no solo puede coexistir con la labor de las personas físicas, sino que, además, esta última puede ser reducida, limitándose a la función consistente en verificar las decisiones automatizadas[33].

5. La resolución extrajudicial no vinculante por órganos certificados

Del mismo modo que en el sistema interno de gestión de reclamaciones, en la medida en que la plataforma esté obligada a ello, el segundo medio de impugnación que podrán utilizar los destinatarios de su servicio es la resolución extrajudicial de litigios regulada en el art. 21 del Reglamento. Conviene insistir en esta idea, el hecho de que sea solo la regulada en la referida disposición de la conocida como Ley de Servicios Digitales, porque más allá de eso, no se prevé la obligatoriedad de someterse a otros medios alternativos de solución de conflictos distintos al que ha creado *ex novo* el Reglamento. En los siguientes apartados son objeto de análisis las características propias de este mecanismo de resolución extrajudicial

5.1. Los órganos certificados de resolución extrajudicial como tercero imparcial que resuelve el conflicto

Bajo la denominación genérica de *resolución extrajudicial de litigios* se introduce una nueva figura de tercero imparcial, competente para resolver las controversias que surjan en relación con decisiones adoptadas por la plataforma, a la que el Reglamento se refiere como el *órgano certificado* —calificativo que adquiere por la necesidad de haber sido previamente certificado *ad hoc* por el *coordinador de servicios digitales del Estado miembro donde esté*

32 Una disuasión que les conducirá a recurrir directamente a la resolución extrajudicial por órganos certificados en la medida en que, como se expone *infra*, los costes mínimos —cuando no inexistentes— que estos pueden tener para los destinatarios del servicio los hacen muy atractivos; algo que también interesa evitar a las plataformas dados los costes que este procedimiento extrajudicial puede acarrearles —pago de los honorarios en su integridad y reembolso de gastos razonables al destinatario reclamante—.

33 En términos de los considerandos, se tratará de someterlas a una revisión humana, con lo que personas cualificadas para ello valorarían, en última instancia, si la decisión resulta ser, en efecto, no discriminatoria, no arbitraria y justa (considerando 58).

establecido[34]—. Así, detallando las condiciones que debe reunir quien solicite la certificación, pero sin especificar el tipo de persona, organismo o entidad que puede solicitarlo, lo primero que debemos destacar es que la regulación permite que estos sean de naturaleza privada[35], pública[36] e, incluso, mixta[37], mientras que respecto de estos dos últimos solo encontramos una referencia a tal posibilidad, la norma se centra en concretar las exigencias y el régimen de los primeros.

Para ello, fija una serie de condiciones cuyo cumplimiento deberá demostrar el órgano de naturaleza privada que solicite la certificación que habilita para resolver extrajudicialmente estas controversias. La primera de ellas es su imparcialidad e independencia respecto de los dos sujetos implicados en el conflicto: la plataforma en línea y los destinatarios de su servicio; a efectos de garantizar que esto se cumple, los considerandos se refieren a la introducción de normas que regulen los posibles conflictos de intereses. Sobre este requisito destaca el hecho de que la versión definitiva haya añadido dos ideas que no se preveían en la Propuesta inicial de la Comisión; por una parte, matiza que esta imparcialidad e independencia deberá demostrarse, en particular, respecto de quienes hayan enviado notificaciones (personas físicas o entidades que actuaron con base en el art. 16 del Reglamento); por otra parte, menciona expresamente que esa imparcialidad e independencia también habrá de ser financiera, posiblemente con el propósito de evitar que quienes contribuyen a su mantenimiento influyan en las decisiones que finalmente adopten[38]. En estrecha relación con esto último, también se exige que la remuneración de quienes intervienen como miembros del órgano no dependa del resultado que finalmente se alcance.

---

34 El *coordinador de servicios digitales* se define como la autoridad a nivel estatal responsable de supervisar y garantizar el cumplimiento del Reglamento en su Estado, así como de asegurar que ello es objeto de coordinación en su ámbito nacional y de contribuir a la efectividad y a la coherencia en el cumplimiento de esta norma de Derecho de la Unión (art. 49.2 del Reglamento).

35 Son de naturaleza privada aquellas cuyas condiciones se regulan con detalle en el art. 20.3 del Reglamento.

36 Tendrán naturaleza pública, en principio, los órganos que establezcan los Estados miembros conforme al art. 20.6 del Reglamento —si bien, como concluye el considerando 59, no cabe entender que estén obligados a ello—.

37 Estaremos ante órganos mixtos cuando los Estados miembros decidan colaborar con el órgano de resolución extrajudicial que ha sido previamente certificado, tal y como permite el art. 20.6 del Reglamento.

38 Una regulación que recuerda a la del Reglamento 2019/1150, donde al fijar los requisitos de las organizaciones y asociaciones legitimadas para solicitar la tutela colectiva de los usuarios profesionales, se refiere expresamente a la necesidad de garantizar que «su proceso de toma de decisiones no esté indebidamente influido por un tercero prestador de financiación, en particular por proveedores de servicios de intermediación en línea» [art. 14.3.d)].

Encontramos también en el art. 20.3 condiciones relativas al procedimiento previsto por el órgano que solicita la certificación, siendo necesario que este se ofrezca por medios electrónicos que sean fácilmente accesibles y permitan a los interesados solicitar su inicio y presentar toda la documentación a través de internet. Además, su procedimiento se regirá mediante normas claras, justas y conformes a Derecho que deberá hacer accesibles al público; asimismo, entendemos que la Ley de Servicios Digitales exige que tanto este procedimiento, como su resolución puedan realizarse por el órgano certificado en al menos una de las veinticuatro lenguas oficiales de la Unión Europea[39]. Finalmente, también en relación con el modo en que soluciona los conflictos que se le plantean, es requisito para obtener la certificación el demostrar su capacidad para resolverlos con rapidez, eficiencia y eficacia.

La última condición que impone el Reglamento a quienes soliciten la certificación es la de demostrar que disponen de los conocimientos necesarios para poder resolver el conflicto de un modo eficaz. Ahora bien, consciente de la diversidad de problemas jurídicos que podrían plantearse en relación con la ilicitud de los contenidos, así como del amplio catálogo de sectores que tienen cabida en la economía de las plataformas, el legislador de la Unión anticipa que esos conocimientos del órgano no serán generales respecto de cualquier cuestión planteada, sino que se limitarán a *uno o varios ámbitos específicos de los contenidos ilícitos* o a *las condiciones generales de uno o varios tipos de plataformas*; en otras palabras, se requiere de cierto nivel de especialización para poder ocuparse de la resolución extrajudicial de estos conflictos[40].

Si el órgano interesado en actuar como tercero imparcial y resolver estas controversias demuestra el debido cumplimiento de las condiciones, será certificado por el coordinador de servicios digitales y ello se notificará por la autoridad estatal a la Comisión Europea. Es relevante el hecho de que en el documento con el que se certifique su capacidad para actuar como órgano de resolución extrajudicial de conflictos, se haga referencia expresa a dos aspectos: por una parte, las materias concretas sobre las que tiene conocimientos conforme a lo expuesto en el párrafo anterior; por otra parte, la lengua o lenguas oficiales de la Unión en que puede resolver litigios. Ambos extremos habrán de ser comunicados a la Comisión Europea, quien incluirá en la lista pública donde se dan a conocer todos los órganos certificados

39 La cual no necesariamente tendrá que ser la lengua oficial del Estado miembro donde tiene su establecimiento y cuyo coordinador de servicios digitales le otorga la certificación, ello porque, como exponemos a continuación, una vez certificado, puede actuar en todo el territorio de la Unión Europea.

40 Conflictos que podrían ser distintos según las características de la materia a la que afecte la decisión de la plataforma que se pretende impugnar (p. ej., protección de datos, derecho a la propia imagen, derechos de autor, propiedad industrial...).

las referidas especificaciones respecto de cada uno de ellos —esto es, su área de conocimiento y su idioma de trabajo— a efectos de que puedan ser conocidos de antemano por los destinatarios del servicio que decidan acudir a este medio de impugnación.

Finalmente, si bien no se menciona en el articulado del Reglamento, su considerando 59 recuerda que la certificación realizada por el coordinador de servicios digitales a nivel nacional *debe tener validez en todos los Estados miembros*. En otras palabras, aunque el órgano solicite su reconocimiento ante la autoridad estatal competente del lugar donde esté establecido, una vez obtenido el mismo podrá actuar resolviendo extrajudicialmente conflictos en toda la Unión Europea, al margen de que el destinatario del servicio o la plataforma tengan mayor vinculación con otro Estado miembro —y, por ello, cabría pensar que los órganos que hayan sido certificados por el coordinador de este Estado miembro son los únicos competentes o tienen prioridad a la hora de resolver la controversia—. Ahora bien, es oportuno hacer una matización a este respecto: conforme al Reglamento, parece suficiente con obtener la certificación del coordinador estatal para que el órgano quede habilitado a resolver extrajudicialmente los conflictos entre la plataforma y los destinatarios de su servicio, de modo que la notificación a la Comisión y la inclusión en su lista pública no son requisitos de los que dependa la atribución de tal potestad. En cambio, deberíamos valorar si lo que prevé el considerando 59, esto es, la extensión del ámbito de actuación del órgano certificado a toda la Unión Europea, está condicionada, adicionalmente, al hecho de que la Comisión la haya incluido en su lista pública; en todo caso, sin lugar a dudas, tal publicación contribuirá a proporcionar a los implicados seguridad y garantías de la legitimidad para resolver el conflicto que tiene el órgano extrajudicial seleccionado por el destinatario del servicio.

5.2. Los aspectos regulados de la resolución extrajudicial de litigios introducida por la Ley de Servicios Digitales

La lectura del art. 21 del Reglamento pone de manifiesto que el legislador de la Unión ha optado por conceder cierta libertad a los órganos certificados a la hora de establecer las normas procedimentales que estos deben seguir para resolver el conflicto que se les plantea. Así, por lo que respecta a las actuaciones que las partes implicadas —destinatario del servicio y plataforma en línea— han de realizar ante el órgano designado, se limita a prever que se basen en unas *normas de procedimiento claras y justas, fácilmente accesibles al público y conformes a Derecho* —requisito que introduce entre las condiciones para obtener la certificación—. Adicionalmente, la Ley de Servicios Digitales hace referencia a que el conflicto habrá de resolverse en un *plazo razonable* y, en todo caso, no superior a noventa días naturales, los cuales empezarán a contar en el momento en que recibe la solicitud impugnando la decisión problemática[41] —exigencia que prevé entre las obligaciones que los órganos certificados han de cumplir—.

Esta libertad permite al órgano certificado llevar a cabo su función de tercero imparcial encargado de resolver el conflicto del modo que estime más adecuado; sin embargo, en nuestra opinión, un mínimo de actividades que garanticen la igualdad de ambas partes y su oportunidad de ser oídas para poder influir en la decisión que finalmente se adopte, sí debería llevarse a cabo. Por ello, respetando la exigencia de desarrollar sus actividades de forma electrónica y a través de internet, en ese plazo de noventa días desde la presentación de la solicitud, el órgano certificado debería notificar la reclamación recibida a la plataforma implicada —dándole traslado de toda la documentación—, ofrecerle la oportunidad de responder por escrito a la misma —haciendo valer todos sus argumentos— e, incluso, cuando ello se considere necesario por el encargado de resolver, dar audiencia a ambas partes —también por medios electrónicos— antes de ofrecer una solución definitiva al conflicto[42].

Si bien la falta de previsión expresa determina que el órgano certificado disponga de cierta libertad a la hora de configurar el procedimiento que se sigue ante el mismo, el Reglamento sí que regula, con mayor o menor detalle, cuestiones relativas a los sujetos, al objeto y a los honorarios y costas en este nuevo instrumento de resolución extrajudicial; al examen de todas ellas dedicamos los siguientes puntos.

5.2.1. Los sujetos que pueden o deben someterse al procedimiento extrajudicial ante el órgano certificado

Ante el órgano certificado que actúa como tercero imparcial resolviendo el conflicto intervienen los dos sujetos directamente implicados en la controversia: el destinatario del servicio y la plataforma en línea; sin embargo, respecto de ambos, conviene hacer una serie de matizaciones.

En primer lugar, la legitimación activa corresponde con carácter exclusivo a los destinatarios del servicio; son estos quienes tienen derecho a elegir a cualquier órgano que haya sido certificado para que dé una solución respecto de una previa decisión controvertida de la plataforma. En cambio, a tenor del

41 Si bien permite que en casos que presenten gran complejidad se amplíe este plazo hasta una duración máxima de ciento ochenta días.

42 También en el marco de este procedimiento para la resolución extrajudicial debería tener cabida la posibilidad de que las partes recusen a un miembro del órgano certificado y de que las personas físicas que lo integran se abstengan de intervenir si consideran que concurre alguna norma sobre conflicto de intereses que no permite garantizar su completa independencia e imparcialidad en el asunto.

Reglamento las plataformas no tienen reconocido este derecho a acudir a los órganos certificados para la resolución extrajudicial de litigios; ofrecerles tal posibilidad podría ser útil, en particular, cuando al verse obligadas a responder una notificación o cuando pretendan adoptar una decisión por iniciativa propia, tengan serias dudas sobre el modo correcto de proceder y prefieran recurrir a la ayuda de un tercero —destacando la idoneidad para ello de los órganos certificados, en la medida en que son imparciales e independientes y están especializados tanto por lo que respecta al tipo de contenido ilícito como al tipo de plataforma—[43].

En segundo lugar, debemos incidir de nuevo en una diferencia ya expuesta respecto de los sujetos legitimados para solicitar la actuación de estos órganos extrajudiciales. Así, mientras en el sistema interno hemos defendido que la redacción del Reglamento parece permitir que cualquier destinatario del servicio reclame contra las decisiones adoptadas por la plataforma, en el caso de la resolución extrajudicial la legitimación activa se restringe mediante la redacción siguiente «Los destinatarios del servicio, incluidas las personas físicas o entidades que hayan enviado notificaciones, *a quienes vayan destinadas las decisiones a las que se refiere el artículo 20, apartado 1*» (énfasis añadido). De este modo, parece que los únicos legitimados para hacer uso de este medio de impugnación son los que se han visto afectados de un modo personal, directo e inmediato por una decisión que, además, se dirige a ellos.

Lo defendido en el párrafo precedente incluiría únicamente a quien presentó la notificación y pretende impugnar la decisión adoptada, así como al destinatario que, sobre la base del art. 17 del Reglamento y de su considerando 54, recibe una declaración motivada de la plataforma comunicándole su decisión —es decir, aquel que ha proporcionado la información considerada por la plataforma como constitutiva de contenido ilícito o incompatible con sus condiciones generales, tal y como hemos expuesto en el epígrafe segundo—. Esta restricción determina que el resto de los destinatarios del servicio, afectados por la decisión, pero que sean terceros respecto de la misma —es decir, cuando no vaya destinada a ellos—, solo cuenten con dos medios de impugnación: el sistema interno de reclamaciones y el recurso a los órganos jurisdiccionales[44].

43 No concederles tal posibilidad puede terminar siendo contraproducente, sobre todo, en aquellos casos en que la plataforma, aun teniendo serias dudas que requerirían de su examen por expertos, decide de manera unilateral sobre un contenido y el destinatario del servicio afectado, por distintas circunstancias, no recurre esta decisión ante un órgano certificado, ni ante los tribunales.

44 Algo que, entendemos, sería posible en todo caso, no solo por interés legítimo, sino porque en ocasiones estos pueden ser titulares de derechos fundamentales que se han visto afectados por la decisión de la plataforma.

En tercer y último lugar, solicitado por el destinatario del servicio el inicio del procedimiento para la resolución extrajudicial —quien habrá seleccionado de manera unilateral al órgano certificado concreto ante el que se desarrollará el mismo— la plataforma en línea está obligada a colaborar de buena fe con este medio alternativo. Si bien esta obligación rige como regla general —debiendo participar el prestador en el procedimiento ante el órgano extrajudicial que ha sido elegido por la parte contraria—, a modo de excepción se concede a la plataforma la potestad de negarse a colaborar con el órgano certificado en aquellos casos en que haya sido *resuelto un litigio* con el mismo objeto, es decir, cuando verse sobre la misma información controvertida y la decisión impugnada se base en los mismos motivos —para justificar bien la ilegalidad del contenido, o bien su incompatibilidad con las condiciones generales—.

Es cierto que, a partir de la redacción del articulado del Reglamento, pueden surgir dudas sobre si la previa resolución mediante el sistema interno de reclamaciones legitima al prestador para acogerse a la excepción y, con ello, no someterse al procedimiento extrajudicial ante el órgano certificado. Sin embargo, los considerandos no solo dejan claro que las resoluciones unilaterales de la plataforma en respuesta a reclamaciones internas quedan excluidas del concepto *litigio* del art. 21.2, apartado 2, sino que, además, se posicionan a favor de reconocerle esta facultad cuando el asunto esté pendiente —algo que no se menciona en el referido artículo de esta norma de Derecho de la Unión—.

Así, por *litigio* que permita a la plataforma negarse a colaborar con este medio de impugnación, solo cabe entender los supuestos en que el tribunal competente u otro órgano certificado para la resolución extrajudicial se hayan pronunciado sobre la misma controversia, así como los supuestos en que dicha controversia esté pendiente de resolución —encontrándose el procedimiento en curso— ante el tribunal que sea competente e, incluso, ante otro órgano certificado de resolución extrajudicial (considerando 59). Aunque la resolución que proporciona el órgano certificado no es vinculante —como analizamos *infra*—, una regulación como la analizada, que no se limita a las situaciones en que han actuado o están actuando los tribunales competentes, sino que incluye en ambos casos la vía extrajudicial prevista en el propio Reglamento, evitará que el destinatario del servicio intente obtener respuesta a la misma cuestión controvertida ante dos órganos certificados distintos.

Finalmente, en la medida en que entendemos que se refiere tan solo a este instrumento de resolución extrajudicial, el hecho de que, a través de otro medio para la resolución de conflictos —alternativo a la jurisdicción— la controversia haya sido resuelta, se haya hecho una propuesta de resolución o, al menos, haya habido un intento de aproximación entre las partes —según el tipo de medio alternativo al que se recurra—, ello no será suficiente para fundamentar la negativa de la plataforma a colaborar con el órgano certificado elegido por el destinatario del servicio.

5.2.2. El objeto de la resolución extrajudicial y el carácter alternativo y subsidiario de este medio de impugnación

El artículo de Reglamento en virtud del cual se introduce la resolución extrajudicial de conflictos ante el órgano certificado es bastante claro a la hora de delimitar qué tipo de cuestiones pueden plantearse ante al mismo: aquellas a las que se refiere el art. 20, apartado 1. Así, sin ningún requisito adicional, todas las decisiones que eran impugnables mediante el sistema interno de gestión de reclamaciones lo son, a su vez, mediante este nuevo instrumento extrajudicial. Ello incluye, como hemos expuesto en el segundo epígrafe, las decisiones con las que la plataforma se pronuncia respecto de una notificación previa remitida por un destinatario de su servicio y las decisiones con las que la plataforma, motivada por el carácter ilícito o contrario a sus condiciones generales del contenido puesto a disposición del público, opta por actuar sobre la información, la prestación del servicio, la cuenta de sus usuarios o la capacidad de monetizar lo publicado.

Adicionalmente, al referirse a las decisiones que pueden ser impugnadas ante los órganos certificados, el legislador de la Unión Europea añade el matiz «incluidas las reclamaciones que *no se hayan resuelto* a través del sistema interno de tramitación de reclamaciones mencionado en dicho artículo [el art. 20]» (cursivas propias); en nuestra opinión, es relevante esta mención expresa, pues contribuye a predeterminar el carácter que debe concederse a la resolución extrajudicial ante los órganos certificados. Así, la redacción que realiza el art. 21.1, en su apartado 1, sobre el objeto de este procedimiento extrajudicial, nos permite mantener que estamos ante un medio de impugnación que puede ser, de entrada, *alternativo* al recurso al sistema interno de reclamaciones, pero también, cuando se haya agotado este y el resultado no haya sido el esperado por el destinatario del servicio, podrá utilizarse de un modo *subsidiario* al propio sistema interno de reclamaciones.

En línea con el carácter alternativo que hemos defendido, nada impide que, de forma directa, el destinatario del servicio a quien se dirija la decisión adoptada por la plataforma impugne la misma a través de la resolución extrajudicial de litigios —en otras palabras, recurra a este medio sin pasar previamente por el sistema interno de reclamaciones—. Ello es así porque al establecer las decisiones cuya revisión puede solicitarse por esta vía, el Reglamento menciona expresamente aquellas a las que se refiere el art. 20, apartado 1; con ello, no se limita a las adoptadas previa reclamación a través del sistema interno, pues de ser este el propósito del legislador, la norma nos hubiera remitido a las decisiones a las que se refiere el art. 20 en su apartado 5[45].

45 Esto es, la decisión motivada que adopta la plataforma respecto de la información a que se refiere la reclamación presentada a través del sistema interno y en respuesta a la misma.

La posibilidad de acudir de forma directa a un órgano certificado sin necesidad de agotar la vía interna de la plataforma permitirá, a su vez, que los legitimados que no hayan presentado su reclamación en el plazo previsto[46] puedan valerse de este instrumento de resolución extrajudicial para impugnar una decisión que vaya dirigida a ellos. Además, la idea que hemos mantenido nos permite confirmar la voluntariedad del sistema interno de tramitación de reclamaciones, no siendo necesario que, de manera previa a buscar la intervención de un tercero imparcial, se intente someter el asunto a una nueva toma en consideración del conflicto por parte de quien adoptó la decisión controvertida[47].

Por su parte, el carácter subsidiario de los órganos certificados posibilita que, tras intentar que la plataforma revise su primera decisión mediante el sistema interno, y, lo que es más importante, al margen de la respuesta que esta ofrezca a la reclamación presentada, el destinatario del servicio a quien se dirija la decisión sobre el contenido ilícito o contrario a las condiciones generales pueda impugnarla a través de este medio de resolución extrajudicial. Ello es así porque el concepto de *reclamaciones que no se hayan resuelto* debe entenderse de forma amplia, de modo que no solo incluya aquellas respecto de las cuales el destinatario del servicio no haya obtenido una respuesta por parte de la plataforma (transcurrido un plazo razonable para ello o, en su caso, el plazo que el propio prestador haya previsto en sus condiciones generales), sino también aquellas que, como apuntan los considerandos, *no puedan resolverse de manera satisfactoria* a través del sistema interno (considerando 59). Sin perjuicio de que haya otros motivos por los que devenga imposible ofrecer una resolución satisfactoria, en nuestra opinión, este concepto debe abarcar los supuestos en que la plataforma, de manera unilateral, desestima lo solicitado por el reclamante y, en consecuencia, no revierte su decisión controvertida.

Por último, contribuye a reforzar la idea de que es posible recurrir a este medio incluso cuando la plataforma ya se haya pronunciado en una primera instancia sobre el objeto de la reclamación, el hecho de que, como hemos expuesto *supra*, esta solo pueda negarse a colaborar con los órganos certificados si un tribunal u otro órgano de resolución extrajudicial ya se han pronunciado al respecto o están conociendo del mismo —pero no, en cambio, cuando ella misma haya resuelto la cuestión controvertida—. A lo indicado debemos añadir que, si bien el Reglamento permite que la resolución extrajudicial se use subsidiariamente al sistema de reclamación interna, haber optado por este en un primero momento, obtener una respuesta motivada de la plataforma y acudir luego a un órgano certificado, podría, siempre que

46 Recordemos que las plataformas pueden limitar temporalmente la posibilidad de reclamar mediante el sistema interno, siempre que, como mínimo, esté disponible durante un plazo de seis meses.

47 La idea expuesta se refuerza por lo previsto en el considerando 59, donde se establece que los destinatarios del servicio deben poder elegir entre el sistema interno de reclamación, la resolución extrajudicial de litigios y el inicio de un procedimiento judicial.

concurran determinadas circunstancias, considerarse como una actuación manifiesta de mala fe por parte del destinatario del servicio y justificar su obligación de reembolsar los honorarios u otros gastos en que haya incurrido el prestador por someterse al procedimiento de resolución extrajudicial (cuestión que abordamos con detalle en el punto siguiente).

5.2.3. El pago de los honorarios del órgano certificado y la posible condena en costas a la plataforma

La labor que desarrolla el órgano certificado es remunerada mediante los denominados *honorarios*, estos son objeto de regulación en el Reglamento con tres previsiones. En primer lugar, se impone al órgano certificado la obligación de informar tanto a la plataforma en línea como al destinatario del servicio de los honorarios que percibirá a cambio de intervenir como tercero imparcial resolviendo el conflicto —o, en su caso, del modo en que procederá a su cálculo—; se exige, además, que esto se comunique a ambas partes con carácter previo a iniciar el procedimiento extrajudicial, sin embargo, en la medida en que la plataforma no puede negarse y ha de respetar la elección del destinatario del servicio[48], conocer el coste de someterse a este medio de impugnación debe permitirle, antes de actuar en el procedimiento —p. ej., inmediatamente después de recibir la primera notificación del órgano certificado—, valorar si modifica la decisión adoptada y concede lo que ha sido solicitado sin que sea necesario continuar con la resolución extrajudicial.

En segundo lugar, la Ley de Servicios Digitales introduce normas sobre la condena en costas atendiendo al resultado del procedimiento seguido ante el órgano certificado. Así, en caso de que se estime la solicitud del destinatario del servicio, corresponderá a la plataforma pagar íntegramente los honorarios del órgano certificado —además de reembolsarle al solicitante los gastos derivados de su participación en este procedimiento extrajudicial, a condición de que sean razonables—. Por su parte, si el destinatario del servicio ve desestimada su petición sin que se observe mala fe por su parte[49], no estará obligado a reembolsar a la plataforma los honorarios abonados al órgano certificado — ni tampoco otros gastos en los que esta haya podido incurrir como consecuencia de someterse a la resolución extrajudicial—. Ahora bien, de la redacción de la norma no se infiere que este medio de impugnación sea, en todo caso,

48 No debemos olvidar que se trata de una obligación que se impone al prestador de plataformas en línea —conforme a su ubicación en el capítulo III del Reglamento—, quien, además, salvo causa justificada, deberá colaborar de buena fe con el órgano de resolución extrajudicial seleccionado (art. 21.2).

49 Es el propio órgano certificado quien debe valorar si, en el supuesto concreto, hubo una actuación manifiesta de mala de por parte del destinatario del servicio, algo que deberá incluir en su resolución para justificar la condena al pago de los honorarios y de los gastos a favor de la plataforma.

gratuito para el destinatario del servicio, puesto que, mientras en el primer supuesto, sí que es la plataforma quien habrá de costear todos los honorarios del órgano certificado, en el segundo cabe entender que su coste se repartirá entre las dos partes de un modo proporcional y razonable —sin perjuicio de que, aun cuando obtenga una resolución a su favor, la plataforma carezca de derecho a que se le reintegren los honorarios que haya abonado—.

La idea que terminamos de defender se confirma con la tercera y última previsión del Reglamento a propósito de los honorarios que percibe el órgano certificado. En el art. 21.5, apartado 2, el legislador de la Unión deja clara la distinción entre plataformas en línea y destinatarios del servicio por lo que respecta a la remuneración del tercero imparcial que resuelve el conflicto. Así, mientras que para las plataformas los honorarios serán *razonables y en ningún caso superiores a los costes en que haya incurrido el órgano*, para los destinatarios del servicio este medio de impugnación será *gratuito o estará a su disposición a un coste mínimo*. Respecto de estos últimos, los considerandos matizan todavía más cómo deben ser los honorarios, exigiendo que sean *razonables, accesibles, atractivos, poco costosos, proporcionados y que se valoren caso por caso* (considerando 59); conforme a lo mantenido en el párrafo anterior, entendemos que hace referencia a los honorarios a coste mínimo que se aplicarán cuando el destinatario del servicio, actuando de buena fe, haya obtenido una resolución desfavorable.

Finalmente, entendemos oportuno destacar la condición impuesta por la Ley de Servicios Digitales consistente en que «Los honorarios que el órgano de resolución extrajudicial [...] cobre a los prestadores de las plataformas en línea [...] *en ningún caso serán superiores a los costes en que haya incurrido el órgano*» (énfasis añadido). A la espera de que esta norma de Derecho de la Unión empiece a ser aplicable, será interesante ver cómo se conjuga la referida exigencia con otras previsiones que conducen a pensar que estamos ante un nuevo caso de apuesta por la privatización de la justicia para solucionar los conflictos que surgen en el ámbito digital[50]; nos referimos, en especial, al considerando 59 *in fine* donde se afirma expresamente que *las disposiciones de este Reglamento no deben exigir a los Estados miembros que establezcan tales órganos de resolución extrajudicial*.

Una privatización que dejará la solución de estas controversias en manos de órganos que habrán de ser independientes financieramente respecto de

50 Con carácter previo, el Reglamento 2019/1150 ya realizó una clara apuesta por la privatización de la solución de las controversias originadas en el entorno digital mediante la introducción del sistema interno de tramitación de reclamaciones y de la mediación especializada para resolver los conflictos que pudieran surgir entre los prestadores de servicios de intermediación y los usuarios profesionales [*vid.* Llopis Nadal, P., «La evolución del comercio digital: nuevos sujetos, nuevos conflictos y nuevas soluciones alternativas a la jurisdicción», en *Era digital, sociedad y derecho, obra colectiva, directora* Fuentes Soriano, O., coordinadores Arrabal Platero, P., Doig Díaz, Y., Ortega Giménez, A. y Turégano Mansilla, I., ed. Tirant lo Blanch, Valencia, 2020, pp. 503 y ss.].

las plataformas y de los destinatarios del servicio [art. 21.3.a)] y que actuarán mediante personas físicas sujetas a normas sobre conflictos de intereses (considerando 59) para garantizar que son terceros imparciales. Órganos que, además, deberán contar con personal cualificado con conocimientos específicos para resolver este tipo de conflictos y con medios para hacerlo a través de tecnologías de comunicación electrónicas de un modo rápido, eficiente y eficaz [art. 21.3.b), d) y e)]. Y órganos que, cabe prever, serán de naturaleza privada, pero que, en la medida en que el Reglamento no les permite excederlos, solo podrán percibir por la labor que realizan una remuneración igual a los costes derivados de su actuación (art. 21.5, apartado 2). Establecidas de ese modo las condiciones, habrá que esperar para ver qué entidades solicitan la certificación y/o si, finalmente, como sería en nuestra opinión lo más oportuno dadas las posibilidades de que en la decisión controvertida estén en juego derechos fundamentales, los Estados miembros introducen órganos certificados de naturaleza pública.

5.3. El carácter no vinculante para las partes de la decisión del órgano certificado resolviendo el conflicto

La diferencia más destacable entre la Propuesta inicial de Reglamento y el texto que ha sido finalmente aprobado es la falta de valor vinculante de las resoluciones dictadas por los órganos certificados. Así, en el art. 18.1, apartado 1 *in fine* de la Propuesta presentada por la Comisión Europea en diciembre de 2020, no solo se establecía la obligación de las plataformas de tratar de buena fe con el órgano seleccionado por el destinatario del servicio, sino que, además, se preveía expresamente que estos prestadores quedaran vinculados por la decisión adoptada en el procedimiento extrajudicial[51]. En cambio, la versión definitiva del Reglamento, de octubre de 2022, si bien mantiene la obligación de colaborar de buena fe, modifica completamente el sentido del texto inicial por lo que respecta al carácter de las decisiones que adopten los órganos certificados, refiriéndose, de forma expresa, a que estos *no estarán facultados para imponer una resolución del litigio vinculante a las partes*.

51 Es interesante la postura crítica mantenida por Castelló Pastor sobre la Propuesta de Reglamento en la medida en que la decisión del órgano certificado solo era de obligado cumplimiento para una de las partes, la cual, además, no había podido participar en su elección ni tenía opción de oponerse a esta. En esa línea, mantiene el autor que estos órganos «al menos para las plataformas en línea, cumplen más bien las características propias de un tribunal *de facto*», y termina defendiendo la conveniencia de modificar la disposición tal cual estaba redactada en la Propuesta —algo que, como hemos expuesto, ha realizado finalmente el legislador de la Unión en la versión definitiva del Reglamento— [Castelló Pastor, J. J., «Mediación en los conflictos derivados de los servicios digitales en la Unión Europea», *op. cit*. p. 379].

Estamos, por tanto, ante un medio de resolución extrajudicial *sui géneris*, en el que un tercero imparcial adopta una decisión sobre la cuestión controvertida y la pone a disposición de las partes —de la plataforma en línea y del destinatario del servicio—, pero cuyo cumplimiento, en última instancia, depende de la voluntad de estas en la medida en que la Ley de Servicios Digitales ha optado por no conceder carácter vinculante a su pronunciamiento. Lo anterior pone de manifiesto la singular naturaleza de los órganos certificados, cuyo funcionamiento parece tener difícil encaje en los medios alternativos de solución de conflictos frecuentemente utilizados en nuestro ordenamiento jurídico, a saber, la conciliación, la mediación y el arbitraje.

Así, en la conciliación el tercero se sitúa *inter partes* y se limita a aproximar sus posiciones, siendo las propias partes quienes solucionan el conflicto existente entre ellas; en la mediación el tercero se sitúa *infra partes*, aproximando sus posiciones mientras estas buscan solucionar la controversia, pero también realizando propuestas para la resolución de su conflicto que las partes pueden aceptar o rechazar libremente; y, en el arbitraje, el tercero tiene potestad para imponer la solución de la controversia a las partes, en la medida en que estas así lo han acordado previamente[52]. Quizá en el texto de la Propuesta la labor de los órganos certificados se asemejase más a la de un tribunal arbitral[53]; sin embargo, la figura introducida definitivamente por la Ley de Servicios Digitales no responde a las características de la conciliación —en cuanto no se limita a aproximar a las partes—, ni del arbitraje —en cuanto no puede imponerles la solución—.

Mención aparte merece su comparación con la mediación, un medio con el que es cierto que guarda cierta similitud, pero del que se ha querido desvincular el legislador de la Unión incorporando un nuevo modo de resolución extrajudicial —el cual no impedirá, como ya hemos defendido *supra*, que la plataforma y el destinatario opten, voluntariamente, por recurrir a mediadores que les ayuden a solucionar la controversia—. En este sentido, si bien es cierto que la *no facultad* de los órganos certificados *para imponer una resolución vinculante a las partes* podría entenderse como sinónimo de la potestad de las partes para aceptar o rechazar libremente su decisión, no es menos cierto que el Reglamento se refiere a que los órganos certificados *pondrán sus decisiones a disposición de las partes*, y no, en cambio, a que realizarán propuestas de resolución del conflicto —o una redacción con significado equivalente—. A pesar de lo indicado, y sin lugar a duda, la principal muestra de su desvinculación respecto de esta figura más tradicional es el

52 Cucarella Galiana, L. A, «Capítulo 2. I. La solución no jurisdiccional de los litigios de Derecho Privado», en *Derecho Procesal Civil, obra colectiva, director y coordinador* Ortells Ramos, M., ed. Aranzadi – Thomson Reuters, 19.ª ed., 2020, pp. 67 y 68.

53 Actuando, no sobre la base de un convenio o acuerdo entre las partes para someter el asunto a este medio de resolución extrajudicial, sino sobre la base de una obligación legal para las plataformas y un derecho reconocido a los destinatarios del servicio.

hecho de que el legislador haya prescindido completamente de los términos mediación y mediadores a lo largo del texto de la Ley de Servicios Digitales, algo que ha utilizado en recientes normas de Derecho de la Unión en cierta medida relacionadas[54].

De lo anterior, podemos concluir que ni las plataformas en línea ni los destinatarios del servicio están obligados a acatar la decisión que finalmente adopte el órgano certificado resolviendo el conflicto. Esto debe implicar, en nuestra opinión, tanto lo relativo al pronunciamiento sobre la actuación de la plataforma que ha sido impugnada, como lo previsto en su resolución a propósito del reembolso de los honorarios y de los gastos razonables; con ello, lo que debemos preguntarnos es, ante un incumplimiento de lo finalmente decidido en el marco de este procedimiento de resolución extrajudicial, qué pueden hacer las partes interesadas y, sobre todo, cuál es el valor que cabe dar a la decisión del órgano certificado.

La primera cuestión es resuelta expresamente por los considerandos del Reglamento en los siguientes términos «Dado que el resultado del procedimiento de resolución extrajudicial de litigios no es vinculante, no debe impedirse a las partes que inicien un procedimiento judicial en relación con el mismo objeto» (considerando 59). Por tanto, si bien no era necesaria previsión expresa —en la medida en que solicitar la protección ante los tribunales forma parte del derecho fundamental a la tutela judicial efectiva de todo titular de derechos—, se cumpla o no voluntariamente la solución dada por el órgano certificado, el recurso a la jurisdicción mediante la interposición de una demanda constituye la última oportunidad para que la plataforma revise la decisión controvertida que adoptó en su momento respecto de una información considerada contenido ilícito o incompatible con sus condiciones generales.

La duda que quedaría por resolver es la segunda, esto es, qué incidencia puede tener, en el marco de un posterior proceso seguido ante los tribunales, la decisión no vinculante dictada por el órgano certificado. Es evidente que la resolución extrajudicial procedente del órgano certificado carece de valor de título ejecutivo —como sí lo tiene, entre otros, el laudo que se dicta tras someter el asunto a arbitraje—, en consecuencia, cuando la decisión no sea voluntariamente cumplida por la plataforma, el destinatario del servicio no podrá, a partir de la misma, acudir al tribunal competente instando de forma

54 Nos referimos, en concreto, a la mediación y a los mediadores especializados que regulan los arts. 12 y 13 del Reglamento 2019/1150 respecto de las relaciones entre las plataformas y los usuarios profesionales. Asimismo, si bien como mecanismo de negociación y no para la solución de conflictos, en el art. 13 de la Directiva 2019/790, también se prevén los mediadores para ayudar a las partes alcanzar acuerdos e, incluso, presentar propuestas [Directiva (UE) 2019/790, del Parlamento Europeo y del Consejo, de 17 de abril de 2019, sobre los derechos de autor y derechos afines en el mercado único digital y por la que se modifican las Directivas 96/9/CE y 2001/29/CE, *DOUE*, de 17 de mayo de 2019, L 130/92].

directa la ejecución de este pronunciamiento —es decir, iniciar un proceso ejecutivo—. Por tanto, la posibilidad de solicitar la tutela judicial implica realizar un proceso de declaración en el que las partes presenten sus alegaciones sobre la decisión controvertida y el tribunal competente declare lo que corresponda conforme a derecho.

En el marco de este procedimiento judicial de naturaleza declarativa convendría aclarar qué valor cabe reconocer a la resolución previa del órgano certificado. En nuestra opinión, debemos descartar que el documento que decide sobre el conflicto entre la plataforma y el destinatario del servicio disponga de fuerza o de carácter especial, hasta el punto de que vincule a los tribunales a respetar lo establecido en el mismo —algo que parece claro cuando el órgano certificado es de naturaleza privada, pero que podría cuestionarse en el caso de que fuera de naturaleza pública—.

Sin embargo, en la medida en que podemos considerar que estos órganos certificados son especialistas, puesto que se les exige tener conocimientos en uno o varios ámbitos específicos de los contenidos ilícitos o en las condiciones generales de una o varias plataformas en línea, entendemos que los pronunciamientos —y, en especial, las explicaciones y justificaciones— que contenga su decisión resolviendo la controversia deben valer en el posterior proceso ante los tribunales como informes elaborados por expertos, sin perjuicio de que se cite a declarar, en su condición de especialistas, a las personas físicas que se han encargado en sede extrajudicial de resolver el asunto. Finalmente, en nuestra opinión, una reacción de la plataforma cumpliendo con la decisión del órgano certificado tras la notificación de la demanda y antes de contestar a la misma, también debería repercutir en la condena en costas, imponiendo su pago a favor del destinatario del servicio por actuación manifiesta de mala fe.

6. Bibliografía

Castelló Pastor, J. J., «Mediación en los conflictos derivados de los servicios digitales en la Unión Europea», en *Meditaciones sobre mediación (MED+)*, obra colectiva, directora Barona Vilar, S., ed. Tirant lo Blanch, 2022, pp. 357 a 380.

Castelló Pastor, J. J., *Daños digitales y derechos de la personalidad: determinación del tribunal competente en conflictos internacionales originados en la red,* ed. Aranzadi — Thomson Reuters, 2022.

Cucarella Galiana, L. A., «Capítulo 2. I. La solución no jurisdiccional de los litigios de Derecho Privado», en *Derecho Procesal Civil, obra colectiva, director y coordinador* Ortells Ramos, M., ed. Aranzadi — Thomson Reuters, 19.ª ed., 2020, pp. 67 y 68.

De Miguel Asensio, P. A., «Servicios y mercados digitales: modernización del régimen de responsabilidad y nuevas obligaciones de los intermediarios», en *La Ley Unión Europea*, n.º 88, enero de 2021.

Llopis Nadal, P., «La evolución del comercio digital: nuevos sujetos, nuevos conflictos y nuevas soluciones alternativas a la jurisdicción», en *Era digital, sociedad y derecho, obra colectiva, directora* Fuentes Soriano, O., coordinadores Arrabal Platero, P., Doig Díaz, Y., Ortega Giménez, A. y Turégano Mansilla, I., ed. Tirant lo Blanch, Valencia, 2020, pp. [495] a 506.

Santisteban Galarza, M., «Garantías frente a la moderación de contenidos en la Propuesta de Reglamento único de servicios digitales», en *Revista CESCO de Derecho de Consumo*, n.º 41, 2022, pp. [159] a 179.

APUNTES CRÍTICOS SOBRE EL MODELO REGULATORIO EUROPEO DE LA RESPONSABILIDAD DEL PRESTADOR DE SERVICIOS PARA COMPARTIR CONTENIDOS EN LÍNEA: ENIGMA JURÍDICO EN EL DIGITAL SERVICES PACKAGE[1]

Sara Martín Salamanca

Prof. Titular Derecho Civil. Universidad Carlos III de Madrid

sara.martin@uc3m.es

SUMARIO: 1. De la sociedad de la información al mercado único digital: un esquema europeo de responsabilidad en tránsito para los prestadores de servicios para compartir contenidos en línea. 2. La motorización normativa de los modelos de responsabilidad. Dos directivas, un reglamento y un tribunal en apuros. 3. El sistema de regulación europea horizontal. La Directiva 2000/31 sobre el Comercio Electrónico y el Reglamento 2022/2065 de Servicios Digitales. Conocimiento del prestador y régimen de puertos seguros. 4. Desajustes en el sistema: causas del movimiento hacia un cambio de régimen. 5. El régimen intermedio: jurisprudencia del TJUE sobre la responsabilidad de los prestadores por infracciones de derecho de autor de acuerdo con la DCE. 6. El sistema de la Directiva 2019/790 sobre los derechos de autor y derechos afines en el mercado único digital. El cambio de paradigma regulatorio en el sistema de responsabilidad. Estatuto vertical, responsabilidad y un nuevo puerto seguro. 7. Epílogo. Fricciones de un sistema tricéfalo, prueba de contraste y conclusiones. 8. Bibliografía

1 Esta publicación es parte del proyecto de I+D+i PID2020-115352GB-I00, financiado por la AEI/10.13039/501100011033. Mis agradecimientos a la AEI y al Ministerio de Ciencia e Innovación por su contribución.

1. De la sociedad de la información al mercado único digital: un esquema europeo de responsabilidad en tránsito para los prestadores de servicios para compartir contenidos en línea

Si el Derecho Europeo de la primera década del siglo XXI se caracterizó por la planificación, la generación y la ordenación sostenibles de la llamada Sociedad de la Información, el crecimiento y desarrollo de aquellos ecosistemas jurídicos, digitales y comerciales han propiciado, durante la segunda década, la entrada en una fase consecutiva y diferente: el Mercado Único Digital. En la Sociedad de la Información, primaba la necesidad de guiar y acompañar el proceso de transformación desde el entorno analógico a los paradigmas digitales. El Mercado Único Digital es el objetivo que sucede al anterior y lo presupone. Se trata de lograr la adaptación del Mercado Único Europeo (instaurado en 1993) a la era digital. La Unión Europea encumbra este objetivo, hasta el punto de que se incluye como uno de los pilares de la Agenda Europea[2]. Lo concibe como un espacio donde los agentes económicos y los ciudadanos puedan aprovechar todas las oportunidades de crecimiento económico y de conectividad sin obstáculos ni barreras administrativas[3]. Precisamente, la supresión de barreras nacionales es el reto a batir por las autoridades europeas en toda su actividad al servicio de la consecución de este objetivo. Para su implementación efectiva, la Comisión Europea adoptó en 2015 la Estrategia para el Mercado Único Digital[4], que a su vez, programaba en su hoja de ruta hasta 16 acciones.

---

2 El mercado único digital ha sido reconocido por la Comisión como una prioridad en su Estrategia para el Mercado Único Digital [COM(2015)0192], así como recientemente en la Agenda para Europa 2019-2024 de la presidenta de la Comisión.

3 El 6 de mayo de 2015, la Comisión adoptó la Estrategia para el Mercado Único Digital, compuesta por tres pilares: 1) la mejora del acceso de los consumidores y las empresas a los bienes y servicios digitales en la Unión; 2) la creación de unas condiciones adecuadas y equitativas para el éxito de las redes digitales y los servicios innovadores, y 3) el aprovechamiento máximo del potencial de crecimiento de la economía digital. Desde la publicación de la estrategia, la Comisión ha presentado una serie de propuestas legislativas con vistas a la realización del mercado único digital (en extenso, ver: https://www.europarl.europa.eu/factsheets/es/sheet/43/la-ubicuidad-del-mercado-unico-digital)

4 La Estrategia del Mercado Único Digital, que parte de la Comunicación de 6 de mayo de 2015 COM 2015 192 final— A Digital Single Market Strategy For Europe— ha sido desarrollada a través de diversas intervenciones europeas, entre las más recientes programaciones estratégicas, *cfr.* Comunicación de la Comisión de 19/02/2020 COM 2020 67 final, Shaping Europe's Digital Future, Comisión Europea, 2015 ([COM(2020)0067]). Los últimos instrumentos concordados en este sentido han sido el Reglamento de Mercados Digitales (acordado por la Comisión el 25 de marzo de 2022) y el Reglamento de Servicios Digitales (acordado por la Comisión el 23 de abril de 2022).

Además, el movimiento de un concepto a otro arrastra, inexorablemente, un cambio de perspectiva, de tratamiento y de interés regulatorio. La Sociedad de la Información se dirigía, específicamente, al fomento y apuntalamiento de la figura del intermediario. Es esta una pieza crucial para el crecimiento del ecosistema del mercado digital porque constituyen punto de conexión entre los agentes, entre oferta y demanda. Estos nodos son los que van a garantizar el fenómeno de la transacción y, en esta medida, quienes van a provocar, como efecto espontáneo, el crecimiento de un tráfico jurídico propio. Quienes desempeñaban esa tarea no eran otros que las plataformas. El Mercado Único Digital se enfrenta a la necesidad de regular el juego instaurado y corregir, en esta nueva etapa, desviaciones de la finalidad perseguida. Los agentes ya han sentado posiciones, se han robustecido y han madurado, no solo su funcionamiento, sino paradigmas propios de desenvolvimiento, al amparo de la Sociedad de la Información. Es más, en concreto, la figura de las plataformas, en muchos casos, ya no se percibe como un mero intermediario, sino como un auténtico guardián de acceso (*gatekeeper* es la palabra que se lee a menudo en los documentos), en el sentido de controlador de acceso al mercado[5]; y quizá incluso algo más.

Esas sendas de actividad creadas por las plataformas han acabado sembrando el germen de pronunciamientos del Tribunal de Justicia de la Unión Europea (en adelante, TJUE) a lo largo de una década. La generosidad de un entorno digital regido por Directivas propiciaba la intervención del Tribunal como unificador de las reglas del juego, en un espacio tan abierto como el digital, donde los jugadores se amparaban, a menudo, en un margen de operatividad amplio, solo matizado, a veces, y, en cualquier caso, no de modo uniforme, por las regulaciones de mínimos (en forma de Directiva), altamente permisivas con los intermediarios. Incluso, a medida que pasaba el tiempo, además, resultaba siempre más difícil establecer si las actividades de los «intermediarios» no desbordaban los márgenes identificados y establecidos en la DCE[6]. Este escenario, a su vez, ha alimentado la actividad cuasi-legislativa del TJUE, a través del caso concreto y, además, a través de la acuñación de no pocos «conceptos autónomos», cuya reclamación por el TJUE garantizaba al órgano judicial un margen suficiente de maniobra para dotarlos de régimen propio. En esta nueva actividad, el TJUE, además, se ha anticipado, precisamente, al Parlamento Europeo, cuyos tiempos son más largos, aunque su competencia, en cambio, es más general. El Alto Tribunal Europeo,

---

5 *Cfr.* Recomendación (UE) 2018/334 de la Comisión, de 1 de marzo de 2018, sobre medidas para combatir eficazmente los contenidos ilícitos en línea, 2018, DO L 63/50;

6 Por todos, Sebastian Felix SCHWEMER; Tobias MAHLER; Håkon STYRI. «Liability Exemptions of Non-Hosting Intermediaries: Sideshow in the Digital Services Act?», en *Oslo Law Review,* n.° 18, 2021, pp. 4-9 https://ssrn.com/abstract=4156047. Los autores señalan, entre otros servicios de difícil encaje, los sistemas de nombre de dominio, las redes de difusión de contenidos, los sistemas de procesado en la nube y los prestadores de difusiones *streaming* en vivo.

no obstante, a través de sus pronunciamientos, ha evidenciado muchas de las deficiencias del esquema regulatorio y ha puntualizado algunas de las cuestiones, a modo de balizas, que, después, como se ha comprobado, han sido empleadas como eje de la intervención legislativa. Las viejas Directivas de la Sociedad de la Información, por su parte, se están viendo sustituidas por un paquete sistemático de Reglamentos, que nacen con la vocación de convertirse en la guía estatutaria del Mercado Único Digital[7].

En este contexto, el presente trabajo se propone ofrecer un análisis de las disrupciones que este proceso ha presentado, en concreto, para los prestadores de servicios de contenidos en línea (en adelante, PSCL[8]), así como una perspectiva de los retos a batir para superarlas. Su caso es particular porque: 1.º) su régimen ha ocupado extensamente al TJUE, en su papel de intérprete y adaptador del régimen general de responsabilidad horizontal que establecía la Directiva sobre Comercio Electrónico para los intermediarios. Instado a resolver sobre la base de la Directiva 2000/31[9] y de la Directiva 2001/29[10], el TJUE ha diseñado un régimen de responsabilidad por la infracción de contenidos protegidos por propiedad intelectual que, por momentos, ha llevado a discutir hasta qué punto se correspondía (o no) con el patrón general, derivado, inicialmente, de la Directiva 2000/31 y, posteriormente, del Reglamento de 2022 que lo ha sustituido (Reglamento de Servicios Digitales, en adelante RSD[11]); 2.º) En 2019, en paralelo a la tramitación de la reglamentación europea llamada a renovar y sustituir la Directiva 2000/31, el Parlamento Europeo ha promulgado una Directiva sobre Derechos de Autor

7 *Cfr.* Reglamento (UE) 2022/1925 del Parlamento Europeo y del Consejo de 14 de septiembre de 2022 sobre mercados disputables y equitativos en el sector digital y por el que se modifican las Directivas (UE) 2019/1937 y (UE) 2020/1828 (Reglamento de Mercados Digitales), *DO* n.º L 265, de 12 de octubre de 2022; Reglamento (UE) 2022/2065 del Parlamento Europeo y del Consejo de 19 de octubre de 2022 relativo a un Mercado Único de Servicios Digitales y por el que se modifica la Directiva 2000/31/CE (Reglamento de Servicios Digitales), *DO* n.º L 277, de 27 de octubre de 2021.

8 OCSP, en inglés, como acrónimo de la expresión en inglés: *online content service providers*.

9 Directiva 2000/31/CE del Parlamento Europeo y del Consejo, de 8 de junio de 2000, relativa a determinados aspectos jurídicos de los servicios de la sociedad de la información, en particular el comercio electrónico en el mercado interior (Directiva sobre el comercio electrónico), *DOCE* n.º.L 178, de 17 de julio de 2000.

10 Directiva 2001/29/CE del Parlamento Europeo y del Consejo, de 22 de mayo de 2001, relativa a la armonización de determinados aspectos de los derechos de autor y derechos afines a los derechos de autor en la sociedad de la información (Directiva Infosoc), *DOCE* n.º L 167, de 22 de junio de 2001.

11 Reglamento (UE) 2022/2065 del Parlamento Europeo y del Consejo de 19 de octubre de 2022 relativo a un Mercado Único de Servicios Digitales y por el que se modifica la Directiva 2000/31/CE (Reglamento de Servicios Digitales), *DO* n.º L 277, de 27 de octubre de 2021.

en el Mercado Único Digital (Directiva 2019/790[12]) que, entre otras novedades, instaura un régimen especial y vertical de responsabilidad solo para los PSCL, en lo que afecta a las infracciones de propiedad intelectual. El resto de los intermediarios que no constituyan un PSCL y los casos en que un PSCL no infrinja derechos de autor, se regirán por el régimen horizontal general, que actualmente se contiene en el Reglamento de Servicios Digitales (RSD), que ha reemplazado la antigua Directiva de Comercio Electrónico.

Esta construcción, casi modular, abona el campo a una revisión que recorra y sistematice, primero, el fundamento y los efectos de los distintos estatutos que, en la práctica, se han generado; y, segundo, analice las brechas de coherencia que, en nuestra opinión, se han generado y manifieste también sus causas y líneas de reparación.

2. La motorización normativa de los modelos de responsabilidad. Dos directivas, un reglamento y un tribunal en apuros

Como se ha apuntado más arriba, el presente trabajo parte de la conciencia de estar asistiendo a la modificación revisoria de un sistema que provenía del inicio del milenio y que hacía que las plataformas de intermediación, en sentido *lato*, y fuera cual fuese el campo de su actividad, se rigiesen por una normativa horizontal, la Directiva 2000/31, de 8 de junio[13] (conocida como Directiva sobre el Comercio Electrónico, DCE, en adelante).

La DCE se construye sobre el concepto de «prestador de servicios de la sociedad de la información». Por «servicio de la sociedad de la información» ha de entenderse *cualquier servicio prestado normalmente a cambio de una remuneración, a distancia, por vía electrónica y a petición individual de un destinatario de servicios*, de conformidad con lo que previamente había establecido el legislador europeo (art. 1.2.a Directiva 98/34, de 22 de junio[14], por la que se establece un procedimiento de información en materia de las normas y reglamentaciones técnicas, tras la redacción conferida por la Directiva 98/48/CE, de 20 de julio[15]). Los intermediarios a los que se refiere son agen-

12 Directiva 2019/790 del Parlamento Europeo y del Consejo de 17 de abril de 2019 sobre los derechos de autor y derechos afines en el mercado único digital y por la que se modifican las Directivas 96/9/CE y 2001/29/CE, DOCE n.° 130, de 17 de mayo de 2019.

13 Directiva 2000/31/CE del Parlamento Europeo y del Consejo, de 8 de junio de 2000, relativa a determinados aspectos jurídicos de los servicios de la sociedad de la información, en particular el comercio electrónico en el mercado interior (Directiva sobre el comercio electrónico), *DOCE* n.°.L 178, de 17 de julio de 2000.

14 *DOCE* n.° L 204, de 21 de julio de 1998.

15 *DOCE* n° L 217 de 05 de agosto de 1998.

tes cuya actuación es técnicamente neutra y pasiva, lo que se correspondía con el desarrollo tecnológico vigente al inicio de internet. En consecuencia, el sistema de responsabilidad que la DCE pivota sobre la exoneración de la que habían de disfrutar, como regla, estos prestadores. En concreto, entre los intermediarios a los que se aplica la DCE[16], la figura más afín a las plataformas que se desenvuelven en ámbito de contenidos protegidos por derechos de propiedad intelectual era el proveedor de servicios de alojamiento de contenido (art. 14 DCE). Según establece la DCE, este proveedor de contenidos no responderá por las actividades ilícitas que comete el destinatario del servicio gracias a o valiéndose de la prestación que ofrece la plataforma, siempre que la actuación de la plataforma sea alguna de las consideradas como casos de «puerto seguro», que la Directiva describe (art.14 DCE). Por lo demás, la DCE no establece un régimen de responsabilidad propio ni criterios de imputación singulares. Es decir, en caso de no estar cubierto por alguna de esas excepciones, el prestador de servicios será devuelto al régimen de responsabilidad pertinente y, por ende, se le considerará responsable solo si así resulta de las reglas nacionales de responsabilidad.

Los presupuestos y régimen de la Directiva 2000/31 han comenzado a mostrar signos de fatiga para adaptarse a la creciente interacción del entorno digital. Esta, a su vez, ha generado roles bien diversos entre los prestadores de servicios y los usuarios. Consciente de ello, el legislador europeo, no solo ha impulsado el Reglamento de Servicios Digitales (en adelante, RSD), una normativa que ha sustituido a la DCE en materia de responsabilidad de los intermediarios[17], sino que, en particular, por lo que se refiere a las infracciones de derechos de autor ha promulgado una Directiva específica que rompe con el tratamiento general de esta responsabilidad y reclama un régimen propio. Así se gesta y diseña la Directiva 2019/790, de 17 de abril, sobre los derechos de autor y derechos afines en el mercado único digital (en adelante DMUD)[18]. Constituye una normativa de carácter vertical (específica sobre Derechos de Autor), y establece un régimen donde la plataforma es contemplada como un proveedor de contenidos e información y está sometida a un régimen de responsabilidad general para la plataforma que facilita el intercambio masivo de contenidos entre usuarios, con un criterio de imputación

---

16 Proveedores de acceso, de memoria caché y de alojamiento (arts. 12, 13 y 14 DCE).

17 Reglamento (UE) 2022/2065 del Parlamento Europeo y del Consejo de 19 de octubre de 2022 relativo a un Mercado Único de Servicios Digitales y por el que se modifica la Directiva 2000/31/CE (Reglamento de Servicios Digitales), DO n.° L 277, de 27 de octubre de 2021. Su artículo 89 deroga y reemplaza los preceptos referidos al sistema de responsabilidad de la DCE. El Reglamento ha entrado en vigor a los 20 días de su publicación en Diario Oficial de la Unión Europea. En cualquier caso, será de aplicación a partir del 17 de febrero de 2024 (art. 93 RSA).

18 Directiva 2019/790 del Parlamento Europeo y del Consejo de 17 de abril de 2019 sobre los derechos de autor y derechos afines en el mercado único digital y por la que se modifican las Directivas 96/9/CE y 2001/29/CE, *DOCE* n.° 130, de 17 de mayo de 2019.

propio. En la excepción, cuando la plataforma se comporte en el modo que describe un elenco de «puertos seguros» recogido por la Directiva, podrá considerarse no responsable de los ilícitos contra la propiedad intelectual que se generen en su seno.

El RSD deroga y sustituye el art. 14 de la DCE (art 89 RSD), pero lo hace retomando (literalmente) el contenido de la DCE, por lo que aquí interesa. Es más, en línea de máximos, el sistema de responsabilidad aplicable a los PSCL, permanece intacto. La nueva regulación sobre el proveedor de alojamiento no difiere esencialmente de lo que preveía la DCE[19]. Replica el sistema de «puertos seguros» de la Directiva de 2000, sometida a los mismos condicionantes (ausencia de conocimiento efectivo; actuar con prontitud respecto a la retirada, en caso de existir conocimiento). Igualmente, se les libera de cualquier obligación general de monitorización general de la información que transmitan o almacenen (art. 8 RSD; art. 15 DCE). Asimismo, por tanto, hace suya también la carencia de un régimen de responsabilidad propio. Por lo tanto, el RSD, por lo que aquí interesa, se ha limitado a mantener el mismo esquema instaurado en el año 2000 y no supone una disrupción argumental[20].

---

19 Terminológicamente, el legislador europeo, en el nuevo RSD sí incluye específicamente las «plataformas en línea». Las define como un servicio de alojamiento de datos que, a petición de un destinatario del servicio, almacena y difunde información al público, salvo que esa actividad sea una característica menor y puramente auxiliar de otro servicio o una funcionalidad menor del servicio principal y que no pueda utilizarse sin ese otro servicio por razones objetivas y técnicas, y que la integración de la característica o funcionalidad en el otro servicio no sea un medio para eludir la aplicabilidad del presente Reglamento (art.3.i). Por consiguiente, en general, el régimen aplicable será el del alojador de datos. No obstante, es verdad que se recogen pasajes en el Reglamento, donde hay referencia específica a la plataforma en línea (así, por ejemplo, Sección 3 del Capítulo 3: Disposiciones adicionales aplicables a los prestadores de plataformas en línea). En cualquier caso, de la lectura del Reglamento resulta que las adiciones o especificidades, en general, solo resultan de aplicación a las plataformas grandes, esto es, operadores que no sean microempresas o pequeñas empresas (de acuerdo con la Recomendación 2003/361/CE).

20 Lo anterior no obsta al hecho de que el nuevo RSD incluya novedades, que, acompañan a este régimen general y, sin duda, van a completarlo. Así, todos los intermediarios en línea tendrán que cumplir, respetar y adecuarse a nuevas obligaciones de transparencia de diverso alcance para aumentar la rendición de cuentas y la supervisión, por ejemplo mediante un nuevo mecanismo de alerta para los contenidos ilícitos (arts 9 y, en especial, mecanismos de notificación, acción y reclamación: arts. 16-20). Tratándose de empresas que no sean micro empresas o pequeñas empresas, los arts.20 a 28 les imponen obligaciones variadas en relación a sistema interno de gestión de reclamaciones, resolución extrajudicial de litigios, aseguramiento de notificaciones enviadas por alertadores fiables, medidas de protección contra usos indebidos, obligaciones de transparencia informativa, transparencia y confiabilidad en diseño y organización de la interfaz, publicidad clara e inequívoca y en relación a la protección de menores.. Pero se introduce un régimen especial para las plataformas con más de 45 millones de usuarios: para las plataformas o motores de búsqueda de muy gran tamaño, se establecen obligaciones adicionales (Sección 5 del Capítulo 3) que incluyen evaluaciones anuales de amplio alcance de los riesgos de perjuicio de sus servicios en línea, por ejemplo en relación con la exposición a productos o contenidos ilícitos o la difusión de desinformación. En el marco de la Ley de Servicios

Expuesto en síntesis el itinerario de la aceleración normativa que ha afectado a los PSCL en el ámbito de la responsabilidad por infracciones de propiedad intelectual, veamos con detenimiento el balance real del complejo entramado estatutario que ha terminado generándose en torno a este marco normativo.

3. El sistema de regulación europea horizontal. La Directiva 2000/31 sobre el Comercio Electrónico y el Reglamento 2022/2065 de Servicios Digitales. Conocimiento del prestador y régimen de puertos seguros

La Directiva 2000/31, como se ha dicho, contiene la estructura de montaje del comercio electrónico en la primera etapa de internet. Los intermediarios, en este nuevo contexto, son agentes nuevos y expuestos, de cuya actividad depende la aceleración y viabilidad de un futuro mercado digital europeo. Con este previo, es fácil entender la sencillez (casi rudimentaria) de esta norma de tan solo 24 artículos y 65 considerandos[21].

La DCE, en coherencia, se construye sobre el concepto de «prestador de servicios de la sociedad de la información». Por «servicio de la sociedad de la información» (art.2.a DCE) ha de entenderse cualquier servicio prestado normalmente a cambio de una remuneración, a distancia, por vía electrónica y a petición individual de un destinatario de servicios, de conformidad con lo que previamente había establecido el legislador europeo (art. 1.2.a Directiva 98/34, de 22 de junio, por la que se establece un procedimiento de información en materia de las normas y reglamentaciones técnicas, tras la redacción conferida por la Directiva 98/48/CE, de 20 de julio). De hecho, a salvo algún margen adicional para los Estados miembros[22], la Directiva solo

Digitales, deberán establecerse medidas adecuadas de reducción de riesgos, y dichas plataformas y motores de búsqueda estarán sujetos a una auditoría independiente de sus servicios y de sus medidas de reducción de riesgos.

Las plataformas más pequeñas y las empresas emergentes se beneficiarán de un conjunto reducido de obligaciones, exenciones especiales de determinadas normas y un aumento fundamental de la claridad y la seguridad jurídicas para operar en todo el mercado único de la UE.

21 Frente a los 93 artículos y 156 considerandos del RSD de 2022.

22 Así, el legislador nacional, al trasponer la DCE, incluyó también a los prestadores de servicios que faciliten enlaces a contenidos o instrumentos de búsqueda (art. 17 Ley 34/2002, de 11 de julio, de servicios de la sociedad de la información y de comercio electrónico, *BOE* n.° 166, 12 de julio de 2002).

se detiene en los tres tipos de intermediarios de la sociedad de la información que identifica[23]: a) servicio de «mera transmisión», consistente en transmitir, en una red de comunicaciones, información facilitada por el destinatario del servicio o en facilitar acceso a una red de comunicaciones[24]; b) servicio de «memoria caché», consistente en transmitir por una red de comunicaciones información facilitada por el destinatario del servicio, que conlleve el almacenamiento automático, provisional y temporal de esta información, prestado con la única finalidad de hacer más eficaz la transmisión ulterior de la información a otros destinatarios del servicio, a petición de estos[25]; y c) servicio de «alojamiento de datos», consistente en almacenar datos facilitados por el destinatario del servicio y a petición de este. La amplitud de los términos en los que se expresa la Directiva hace que resulte aplicable a un grupo variopinto de intermediarios. Así, plataformas de e-commerce, las que permiten alojar vídeos, las de e-learning o las relativas a redes sociales, entre otras muchas[26]. A falta de una nominación más específica, el PSCL también resulta englobado por esta última categoría[27].

---

23 No obstante, compartimos con la doctrina mayoritaria que, a través de estas tres categorías, entendidas, en sentido amplio, el legislador no cerró el paso a considerar bajo su régimen cualquier otro servicio que cumpliese las condiciones genéricas (que, como se ha visto, resultaban poco excluyentes). Así, habrían de considerarse también cualesquiera otros que actúan como intermediarios en la red alojando y poniendo a disposición del público internauta informaciones, datos o servicios de terceros, incluida información publicitaria (anuncios en cualquier forma) y comercial (ofertas de venta), como sucede con aquellos prestadores de servicios de la sociedad de la información que actúan como «agregadores» y «difusores» de datos e informaciones diversas de terceros; sean sitios de búsqueda y enlace como Google Search y Google AdWords, sean sitios de hospedaje o alojamiento de comunidades sociales (el denominado «hosting web 2.0», como sería el caso de YouTube), sean sitios que ofrecen de manera organizada enlaces a descargas *peer to peer* o descargas directas de contenidos protegidos por derechos de autor alojados en servidores como Megaupload o Rapidshare, o sean puntos de encuentro que actúan a modo de corredores en línea como eBay o Mercado Libre (por todos, *cfr.* Fernando Carbajo Cascón. «El caso Google AdWords: Sobre la infracción de marcas en la comercialización de palabras clave y puesta a disposición de enlaces patrocinados y la responsabilidad de intermediarios de la sociedad de la información», en *Revista de Derecho, Comunicaciones y Nuevas Tecnologías*, n.° 5, 2011, p. 24)

24 Este tipo de servicios permite que el usuario se pueda conectar a la red, bien por cable o de forma inalámbrica. El servicio del proveedor es puramente técnico, mediante el cual se le asigna una IP.

25 Este es un servicio es conocido como cache web y permite que internet no se sature y los usuarios puedan navegar por internet más rápidamente.

26 Isabel Juárez Antón. «Infracción de un derecho de marca en plataformas de ecommerce. La actuación de la plataforma y el impacto en su responsabilidad», en *Cuadernos de derecho transnacional*, vol.12, núm2, 2020, p. 67.

27 Se ha dicho ya: la plataforma en línea sí ha encontrado estatus propio en el RSD, entendida como un servicio de alojamiento de datos que, a petición de un usuario del servicio, almacena y difunde información al público. El prestador de servicios para compartir contenidos en línea, en realidad, es una especie de lo anterior. Su identidad proviene de la Directiva (UE) 2019/790 del Parlamento Europeo y del Consejo, de 17 de abril de 2019,

La DCE establece que los Estados miembros deben garantizar que el proveedor de *servicios de alojamiento*, no pueda ser considerado responsable de los datos almacenados a petición del destinatario, a condición de que (art.14 DCE):

a) el prestador de servicios no tenga conocimiento efectivo de que la *actividad o la información* es *ilícita* y, en lo que se refiere a una acción por daños y perjuicios, no tenga conocimiento de *hechos o circunstancias* por los que la actividad o la información *revele su carácter ilícito*; o de que, alternativamente,

b) en cuanto tenga conocimiento de tal información, el prestador de servicios actúe con prontitud para retirar los datos o hacer que el acceso a ellos sea imposible.

Hay que tener presente que la exención de responsabilidad no resultaría de aplicación cuando el destinatario del servicio actúe bajo la autoridad o control del prestador del servicio (art. 14.2 DCE). Con este precepto se persigue que el prestador protegido por la exención de responsabilidad sea realmente un puro intermediario. Este escenario puede desaparecer cuando el destinatario del servicio trabaje para el prestador del servicio; la neutralidad de la plataforma desaparece, deja de ser un mero intermediario debido a la función de supervisión que ejerce sobre el destinatario del servicio[28].

Es llamativa la generalidad de la Directiva que, por lo demás, no facilita especificaciones ni criterios para materializar conceptos clave en su construcción del esquema de exención de responsabilidad. Especialmente conflictivo iba a resultar esto en relación al «conocimiento efectivo».

Por su parte, la Corte Europea, obligada a pronunciarse a través de planteamientos de cuestiones prejudiciales por los Estados miembros, ha decidido ligar, especialmente, el criterio de la falta de «conocimiento efectivo», con otra condición que se ha revelado determinante para aceptar que se expulse al prestador de servicios de alojamiento de su puerto seguro. Se trata de una «actuación neutral». El TJUE se apoya en el CDO 42 de la DCE, cuando dispone que las exenciones de responsabilidad solo se aplican a aquellos casos en que la actividad del prestador de servicios tiene naturaleza «*meramente técnica, automática y pasiva*», lo que implica, como ha dicho el TJUE, que «no tiene conocimiento ni control de la información transmitida o almacenada»[29],

sobre los derechos de autor y derechos afines en el mercado único digital y por la que se modifican las Directivas 96/9/CE y 2001/29/CE, *DO* L n.º 130, de 17 de mayo de 2019 (art. 2.6). Se analizará más adelante en este mismo trabajo.

28 Isabel Juárez Antón, *op.cit.* p. 68.

29 STJUE 23-03-2010, as. acumulados C-236/08 a C-238/08, Google France SARL, Google Inc. y Louis Vuitton Malletier SA (asunto C-236/08), entre Google France SARL y Viaticum SA, Luteciel SARL (asunto C-237/08), y entre Google France SARL y Centre national de recherche en relations humaines (CNRRH) SARL, Pierre-Alexis Thonet, Bruno Raboin, Tiger SARL (asunto C-238/08)

parafraseando el cdo. 42 de la DCE. Hasta tal punto ha permeado este requisito en la aplicación del puerto seguro, que el umbral de conocimiento determinante de la privación del beneficio se ha hecho siempre más laxo, como si fuese servil de esa naturaleza técnica neutra. Simplemente conocer o poder conocer ciertas actividades ilícitas (por ejemplo, un índice de referenciación/de anuncios, que ordena la publicidad ofrecida y que es un servicio remunerado —no gratuito; o bien ofertar ventas de falsificaciones de firma conocida e incluso publicitarse a través del servicio AdWords de Google, para promocionar alguna de esas ofertas, caso sobre el servicio de pago de Google Adwords, STJUE 23-03-2010[30]) no es suficiente para perder el papel neutral[31].

Solo tiene relevancia, entonces, el tipo de conocimiento que haga perder esa neutralidad. Pero su caracterización ha resultado que debe elaborarse

30 La Sentencia del Tribunal de Justicia de la Unión Europea de 23 de marzo de 2010 es fruto de varias cuestiones prejudiciales planteadas por la Cour de Cassation francesa en los Asuntos C-236/08 (Louis Vuitton S.A. c. Google France SARL y Google Inc.), C-237/08 (Viaticum S.A. y Luteciel SARL c. Google France SARL) y C— 237/08 (Pierre-Alexis Thonet y Centre National de Recherche en Relations Humaines (CNRRH)SARL, c. Bruno Raboin y Tiger SARL y Google France SARL). En el Asunto C-236/08, Vuitton S.A. demanda a Google France SARL y Google Inc. por violación de sus derechos exclusivos sobre la marca comunitaria europea «Vuitton» y sobre las marcas nacionales francesas «Louis Vuitton» y «LV» (empleadas todas ellas para identificar y distinguir en el mercado bolsos de lujo y otros productos de marroquinería), tras comprobar que al introducir dichas marcas en el motor de búsqueda de Google aparecían enlaces patrocinados a sitios donde se comercializaban copias falsas e imitaciones de sus productos. Asimismo se comprobó que Google ofrecía a los anunciantes interesados la posibilidad de combinar dichas marcas con otros términos, como «copia» o «imitación». Google fue condenada en primera y segunda instancia, y, cuando llegó a la Casación, la Corte francesa decidió suspender el procedimiento y plantear las cuestiones prejudiciales (Fernando Carbajo Cascón. «El caso Google AdWords: Sobre la infracción de marcas en la comercialización de palabras clave y puesta a disposición de enlaces patrocinados y la responsabilidad de intermediarios de la sociedad de la información», en *Revista de Derecho, Comunicaciones y Nuevas Tecnologías*, n.° 5, 2011, p. 7).

31 En su sentencia, el Tribunal indica, en relación concreta con el servicio AdWords, que la mera circunstancia de que Google fije formas de remuneración por su servicio y el hecho de que exista una concordancia de la palabra clave seleccionada y el término de búsqueda introducido por el usuario, no bastan por sí mismos para que se considere que Google tiene conocimiento efectivo o control de los datos introducidos en su sistema por los anunciantes y grabados en su servidor, ni que, por tanto, se tenga que excluir a Google de las exenciones de responsabilidad previstas por la Directiva 2000/31/CE (pfos. 116-117). Sin embargo, apunta a continuación que sí es pertinente a fin de determinar si el servicio AdWords de Google es exclusivamente técnico, automático y pasivo ya que Google, entre otras cosas, determina el orden de aparición de los anuncios, que depende, en particular, de la cantidad pagada por los anunciantes (pfo. 115). El TJUE concluye que corresponde al órgano judicial nacional verificar si la actividad de Google, en este sentido, se corresponde con la de un intermediario verdaderamente técnico (pfo.119).

caso por caso. El TJUE, llamado a esta labor, solo ha generado indicaciones generales al respecto. Por ejemplo, en el asunto C-324/09, STJUE 12-07-2011, caso L'Oreal vs E-Bay[32], el tribunal señala:

> «Cuando, (...), este operador presta una asistencia consistente, entre otras cosas, en optimizar la presentación de las ofertas de venta en cuestión o en promover tales ofertas, cabe considerar que no ha ocupado una posición neutra entre el cliente vendedor correspondiente y los potenciales compradores, sino que ha desempeñado un papel activo que le permite adquirir conocimiento o control de los datos relativos a esas ofertas. De este modo y por lo que se refiere a esos datos, tal operador no puede acogerse a la excepción en materia de responsabilidad prevista por el artículo 14 de la Directiva 2000/31».

El Tribunal, como se ve, conecta sin fisuras este tipo de actividad (*«papel activo»*) con el conocimiento relevante para dejar de ser un intermediario neutral. Por conocimiento, la Directiva 2000/31, según el TJUE, se refiere a *«cualquier situación en la que el prestatario en cuestión adquiera conocimiento, de una forma o de otra, de tales hechos o circunstancias»* (pfo. 121). Bastará con que se verifique que el prestador del servicio ha tenido *«conocimiento de hechos o circunstancias a partir de los cuales un operador*

---

32 La sentencia resuelve la petición de cuestión prejudicial presentada en el marco de un litigio entre, por un lado, L'Oréal SA y sus filiales Lancôme parfums et Beauté & Cie SNC, Laboratoire Garnier & Cie y L'Oréal (UK) Ltd (en lo sucesivo, conjuntamente, «L'Oréal») y, por otro lado, tres filiales de eBay Inc. [eBay International AG, eBay Europe SARL y eBay (UK) Ltd (en lo sucesivo, conjuntamente, «eBay»)], en relación con la comercialización, sin el consentimiento de L'Oréal, de productos de ésta a través del mercado electrónico gestionado por eBay. Por lo que aquí interesa, de los antecedentes de hecho del litigio principal,(resumidos en los pfos 39 a 42 de la sentencia), se desprende que eBay, mediante la selección en el operador del motor de búsqueda Google de palabras clave correspondientes a marcas de L'Oréal, hace aparecer, cada vez que coinciden tales palabras con las contenidas en la búsqueda efectuada por un internauta a través de ese motor de búsqueda, un enlace publicitario al sitio www.ebay.co.uk, acompañado de un mensaje publicitario acerca de la posibilidad de comprar, en dicho sitio web, productos de la marca buscada. Este enlace publicitario se mostraba en el apartado «anuncios», que figura en la banda derecha o en la parte superior de la pantalla de resultados de la búsqueda presentados por Google. Además, en segundo término, cuando tales ofertas tienen por objeto productos de marca, aparecerán inevitablemente signos idénticos o similares a marcas en el sitio web del operador del mercado electrónico (pfo.100 de la sentencia). El tribunal concluye que, de acuerdo con lo adverado (*cfr.*párrafos 28 a 31) se desprende que eBay realiza un tratamiento de los datos introducidos por sus clientes vendedores. Las ventas a las que pueden dar lugar estas ofertas se ajustan a las condiciones establecidas por eBay. En su caso, eBay también presta asistencia para optimizar o promover determinadas ofertas de venta. Pero añade que el mero hecho de que el operador de un mercado electrónico almacene en su servidor ofertas de venta, determine las condiciones de su servicio, sea remunerado por el mismo y dé información general a sus clientes no puede implicar que se le excluya de las exenciones de responsabilidad previstas por la Directiva 2000/31. De modo que deja al criterio de la jurisdicción nacional el análisis de si la actividad de eBay puede considerarse «neutra» (o, por el contrario, «activa»), pfo.116 de la sentencia.

económico diligente hubiera debido deducir ese carácter ilícito». Por tanto, diríamos, un conocimiento aproximativo o genérico; no necesariamente un conocimiento concreto o individualizado de las actividades ilícitas acaecidas. Además, la Directiva no incluyó una regla clara sobre cómo deba adquirirse conocimiento de la ilicitud, a pesar de que pueda un prerrequisito de la aplicación de las reglas de atribución de responsabilidad propias. Valdría, por tanto, cualquier fórmula (notificación de un usuario, resolución de un órgano administrativo o jurisdiccional, etc). Aunque ciertamente, al tratarse de una Directiva, todos estos extremos han quedado derivados a la actuación de los legisladores nacionales[33].

La DCE indica que el prestador protegido es aquel que desarrolla su actividad de manera «meramente técnica, automática y pasiva», sin que el prestador tenga «conocimiento ni control» de la información transmitida o almacenada (CDO 42). Sin embargo, la dicotomía activo/pasivo, referida a la actividad del prestador de servicios, no es tan clara como podría parecer. De hecho, ha sido una de las características de la norma europea que peor ha envejecido. Su delimitación, tanto conceptual como técnicamente, en la práctica, se enfrenta a muchos matices. A menudo, el intermediario puede llevar a cabo una actividad que no es «solo pasiva» o «solo activa»[34]. Enfrentado a esta realidad, por la fuerza de los hechos, el TJUE se ve emplazado a elaborar un discurso interpretativo del conocimiento al que se refiere el art. 14. El TJUE apoya fuertemente el carácter pasivo (técnicamente) y ajeno (funcional[35] y materialmente) en la actividad del prestatario del servicio,

33 Así, el legislador español, en su trasposición de la norma europea, mediante la Ley 34/2002 de 11 de julio, de servicios de la sociedad de la información y de comercio electrónico, *BOE* n.° 116, de 12 de julio (en adelante, LSSICE). El art.17 de la LSSICE con cuño propio, (esto es, sin precedente en la Directiva), redacta el final de su primer párrafo disponiendo algo que, en principio, debiera haber servido para facilitar la aplicación del precepto y, sin embargo, ha resultado todo lo contrario.
Dispone que:
«*Se entenderá que el prestador de servicios tiene el conocimiento efectivo a que se refiere el párrafo a) cuando un órgano competente haya declarado la ilicitud de los datos, ordenado su retirada o que se imposibilite el acceso a los mismos, o se hubiera declarado la existencia de la lesión, y el prestador conociera la correspondiente resolución, sin perjuicio de los procedimientos de detección y retirada de contenidos que los prestadores apliquen en virtud de acuerdos voluntarios y de otros medios de conocimiento efectivo que pudieran establecerse*» (el destacado es añadido).

34 Joris Hoboken y otros. *Hosting intermediary services and illegal content online An analysis of the scope of article 14 ECD in light of developments in the online service landscape : final report*, 2019, accessible en: https://www.researchgate.net/publication/335978477_Hosting_intermediary_services_and_illegal_content_online_An_analysis_of_the_scope_of_article_14_ECD_in_light_of_developments_in_the_online_service_landscape_final_report_-_Study; Sebastian Felix Schwemer; Tobias Mahler; Håkon Styri, *cit*, p. 12.

35 Recuérdese aquí el tenor literal del apartado 2 del art. 14 DCE («El apartado 1 no se aplicará cuando el destinatario del servicio actúe bajo la autoridad o control del prestador de servicios»).

como se ha visto. En definitiva, puede deducirse prácticamente que acerca al servicio de alojamiento las características que, por definición y concepto, hace neutros, con muchas menos fisuras, a los intermediarios que despliegan actividades de mera transmisión o de «caching». No obstante, como puede imaginarse, continúa resultado un concepto altamente escurridizo en el caso de los alojadores de contenidos. Como más adelante se verá, en el ámbito sectorial de las infracciones de derechos de autor, ha sido uno de los elementos analizados reiteradamente y sobre el que ha construido una doctrina jurisprudencial propia y compleja, no exportable fuera del contexto de la propiedad intelectual.

El *papel pasivo* del prestador de servicios se refuerza (y, si se me permite, casi se impulsa) por la imposibilidad de imponer a la plataforma una obligación general de supervisión o monitorización para supervisar los datos o contenidos que almacenan, o de búsquedas activas de hechos o circunstancias que indiquen actividades ilícitas (art. 15 DCE)[36]. Concreta que ello no obsta, por tanto, a obligaciones de supervisión impuestas en «*casos específicos*», y, en particular, no afecta «*a las órdenes de las autoridades nacionales formuladas de conformidad con la legislación nacional*» (CDO.47.II). Además, el CDO.48 determina que lo anterior no impedirá a los Estados miembros que, en su Derecho Nacional, exijan a los prestadores de servicios de alojamiento (y parece que solo a ellos), un deber de diligencia «*que cabe esperar razonablemente de ellos*», a fin de «*detectar y prevenir*» determinados tipos de actividades ilegales.

La totalidad de los analistas de la DCE advirtieron de la necesidad de puntualizar y detallar casi todos los extremos de estas aseveraciones. Esencialmente porque podían producir un vaciamiento del art. 15 DCE, de modo indirecto[37]. No fue así, porque, en la práctica, ningún Estado miembro dio desarrollo a esa facultad.

En cualquier caso, el TJUE, interrogado por los Estados miembros, sí nos ha ofrecido alguna pauta de aproximación. Orientativamente, ha establecido que contravendría el Derecho Europeo, precisamente por colisionar con el principio consagrado en el art. 15 DCE, un mandato (proveniente de un órgano nacional) que impusiese a un prestador de servicios (en aquel caso, de alojamiento de datos), establecer un sistema de filtrado preventivo que se aplicase generalmente con respecto a toda su clientela (sin limitación de

36 Reproducido íntegramente en el art.8 del RSD de 2022.

37 Por todos, ver, entre otros: Sophie STALLA-BOURDILLON. «Internet Intermediaries as Responsible Actors? Why It Is Time to Rethink the E-Commerce Directive as Well». En *The Responsibilities of Online Service Providers. Law, Governance and Technology Series*, obra colectiva, dir. M. Taddeo y L. Floridi, 2017, vol 31, Springer, Manheim, 2017, p. 287; Martin HUSOVEC. *Injuctions Against Intermediaries in the European Union. Accountable but Not Liable?*, Cambridge University Press, Cambridge, 2017, p. 55.

tiempo y exclusivamente a sus expensas)[38]. No obstante, también este parámetro, a falta de una intervención normativa, ha sido objeto de una cuestionable evolución en la jurisprudencia del TJUE. Valga el contraste con la doctrina del caso Eva Glawischnig-Piesczek vs Facebook (STJUE 3 de octubre de 2019, as. C-18/18, ECLI:EU:C:2019:821). La sentencia versaba sobre el tema de la eliminación de contenido de Facebook, específicamente en relación con discurso difamatorio dirigido contra un político austriaco (la señora Eva Glawischnig-Piesczek). El TJUE permitió al Tribunal Supremo de Austria emitir una orden judicial contra Facebook con un alcance global para eliminar contenido que era idéntico, y, en determinadas circunstancias, *«equivalente»* al contenido inicial identificado como difamatorio según la ley austriaca. La fórmula de detección de contenidos equivalentes, ¿se relaciona con facilidad con la prohibición de monitorización del art. 15 DCE? Es, cuando menos, dudoso. El fallo fue objeto de una viva discusión doctrina. Algún sector ha opinado que el TJUE, en él, ha dado a entender la prevalencia de una lectura extremadamente rigurosa de las obligaciones de los prestadores de servicios frente a contenidos ilícitos, en detrimento del espacio de la prohibición de monitorización que beneficia a los prestadores de servicios[39].

Además, paradójicamente, según un notable sector doctrinal, la prohibición de monitorización general, tal como quedaba recogida en la DCE, podía provocar un efecto perverso: que se acabase promocionando una actuación *descuidada* o desidiosa, cuando menos, de parte del intermediario, en la medida en que, si un prestador quisiera desplegar una actividad de vigilancia (altamente diligente o cuidadosa), podría encontrarse con que ha perdido el beneficio protector de la neutralidad o pasividad tecnológica. Es más, el colofón pragmático puede ser el siguiente: cuanto menos control ejerza el intermediario, menos riesgo (para él) de conocer ilicitudes. Es lo que evitan las *leyes o excepciones del «buen samaritano»,* bien conocidas en el Derecho Americano[40], inspiradas en la parábola bíblica y que favorecen la responsabilidad limitada de quienes, voluntariamente, realizan cuidados y rescates en situaciones de emergencia. Esto, aplicado a los prestadores de alojamiento se traduce en que no sean penalizados (*i.e.* privados de la posibilidad de acogerse a la exención de responsabilidad) por medidas llevadas a cabo de buena fe y con diligencia, de manera proactiva, contra contenido ilegal u otras formas de contenido inapropiado. Precisamente la paliación de este defecto es una

---

38 Sobre la reiteración de este criterio, *cfr.* STJUE 24-11-2011, as. C-70/10, ECLI:EU:C:2011:771, caso Scarlet Extended; STJUE 16-02-2012, as. C-360/10, ECLI:EU:C:2012:85, caso Netlog.

39 *Cfr.* Luc von Danwitz, «The Contribution of EU Law to the Regulation of Online Speech», en *Michigan Technology Law Review*, n.° 27, 2020, p. 167-211. Disponible en: https://repository.law.umich.edu/mtlr/vol27/iss1/5.

40 Con origen en la Sección 230(c)(2) Communications Decency Act of 1996, (CDA), Pub. L. n.° 104-104 (Tit. V), 110 Stat. 133 (Feb. 8, 1996), codified at 47 U.S.C. §§223, 230.

de las diferencias incorporadas por el RSD de 2022. De conformidad con las motivaciones recogidas en el Cdo. 26[41], el art. 7 del RSD dispone que:

> «Investigaciones voluntarias por iniciativa propia y cumplimiento del Derecho
>
> No se considerará que los prestadores de servicios intermediarios no reúnen las condiciones para acogerse a las exenciones de responsabilidad a que se refieren los artículos 4, 5 y 6 por la única razón de que realicen, de buena fe y de modo diligente, investigaciones por iniciativa propia de forma voluntaria, o adopten medidas con el fin de detectar, identificar y retirar contenidos ilícitos, o bloquear el acceso a estos, o adoptar las medidas necesarias para cumplir los requisitos del Derecho de la Unión y del Derecho nacional en cumplimiento del Derecho de la Unión, incluidos los requisitos establecidos en el presente Reglamento».

En cualquier caso, la ausencia de responsabilidad por estar amparado por el beneficio de un puerto seguro, no impediría que el prestador fuese objeto de acciones de cesación (principales o cautelares). Podrá exigirse al prestador de servicios poner fin a una infracción o impedirla, incluso suprimiendo los datos ilícitos o impidiendo el acceso a ellos[42] (HUSOVEC, 2013). La Direc-

41 El CDO 26 establece lo siguiente:
«A fin de crear seguridad jurídica y no desincentivar las actividades destinadas a detectar e identificar contenidos ilícitos y actuar contra ellos que los prestadores de todas las categorías de servicios intermediarios llevan a cabo de forma voluntaria, conviene aclarar que el mero hecho de que los prestadores realicen esa clase de actividades no supone que ya no puedan acogerse a las exenciones de responsabilidad establecidas en el presente Reglamento, siempre que esas actividades se lleven a cabo de buena fe y con diligencia. La condición de actuar de buena fe y con diligencia debe implicar actuar de manera objetiva, no discriminatoria y proporcionada, teniendo debidamente en cuenta los derechos e intereses legítimos de todas las partes implicadas, y proporcionar las garantías necesarias contra la retirada injustificada de contenidos lícitos, de conformidad con el objetivo y los requisitos del presente Reglamento. A tal fin, los prestadores de que se trate deben, por ejemplo, adoptar medidas razonables para garantizar que, cuando se utilicen herramientas automatizadas para llevar a cabo tales actividades, la tecnología de que se trate tenga la fiabilidad suficiente para limitar en la mayor medida posible el porcentaje de errores. Además, conviene aclarar que el mero hecho de que los prestadores adopten medidas, de buena fe, para cumplir los requisitos del Derecho de la Unión, incluidos los establecidos en el presente Reglamento en lo que respecta a la aplicación de sus condiciones generales, no debe excluir la posibilidad de que se acojan a las exenciones de responsabilidad establecidas en el presente Reglamento. Por consiguiente, las actividades y medidas que un determinado prestador pueda haber adoptado no deben tenerse en cuenta a la hora de determinar si el prestador puede acogerse a una exención de responsabilidad, en particular en lo que se refiere a si presta su servicio de forma neutra y, por tanto, puede quedar sujeto al ámbito de aplicación de la disposición pertinente, sin que este criterio implique, no obstante, que el prestador pueda necesariamente acogerse a ella. Las acciones voluntarias no deben utilizarse para eludir las obligaciones de los prestadores de servicios intermediarios en virtud del presente Reglamento».

42 Martin HUSOVEC. «Injunctions against innocent third parties: case of website blocking», en *Journal of Intellectual Property. Information Technology and Electronic Commerce Law*, 4 (2), 2013, p. 116-129.

tiva sobre el comercio electrónico no se opone a que un juez o tribunal o una autoridad administrativa de un Estado miembro puedan obligar a un prestador a retirar los datos que almacene o a bloquear el acceso a aquellos (arts. 12.2, 13.2 y 14.3 DCE). Es así, de nuevo, por coherencia con el carácter técnicamente medial que tiene la actividad de estos prestadores de servicios.

Como se ha visto, por tanto, la DCE prefirió optar por un estilo esquemático, abierto y sin concreción *a priori* de los elementos críticos de aplicación de este esquema de exención de responsabilidad. Aunque, en su contexto, esta opción no carecía de lógica, seguramente estaba reñida con una vida longeva. Por el contrario, la DCE ha estado plenamente vigente hasta el año 2022. El RSD, sin embargo, por lo que afecta al tema de este estudio, ha resultado de firme continuismo. Se identifica nuevamente como una norma de aplicación horizontal, con el mismo esquema de exención de responsabilidad. Sus artículos 4, 5 y 6 sustituyen los puertos seguros de la Directiva 2000/31, pero en idéntica traslación de contenido y sistema, igualmente referidos a los prestadores de servicios de mera transmisión, memoria caché y alojamiento de datos y manteniendo también la prohibición de obligar a los intermediarios a adoptar medidas de monitorización general (art.8). A modo de sucinta enumeración de las novedades que el RSD aporta a la responsabilidad de los PSCL que puedan quedar sometidos a él, han de considerarse las siguientes:

- amparo y fomento de las investigaciones voluntarias, de buena fe, por iniciativa propia de los intermediarios en pro del cumplimiento del Derecho (art.7), enunciado *supra*, en relación a la incorporación de la regla «del buen samaritano».
- obligación de establecer mecanismos de notificación que permitan que cualquier persona física o jurídica les notifique la presencia en su servicio de datos o información ilícita, y que pongan en marcha un protocolo de acción por parte del intermediario de alojamiento de datos. El RSD dispone que, cuando tales notificaciones reúnan las características establecidas por la norma, los prestadores deberán tratarlas y adoptar sus decisiones respecto a la información en tiempo oportuno, verificando su retirada o bloqueo, si procede (art.16).
- a su vez, el prestador de servicios deberá proporcionar una declaración de motivos clara y específica a cualquier destinatario del servicio afectado por alguna de las restricciones impuestas en respuesta al carácter ilegal de la información proporcionada por el prestatario del servicio (el art.17 detalla las condiciones y forma de tal motivación).
- asimismo, cuando un prestador de servicios de alojamiento de datos tenga conocimiento de cualquier información que le haga sospecha que se ha cometido, se está cometiendo o es probable que se cometa un ilícito que implique amenaza para la vida o la seguridad de las personas, habrá de activar un protocolo de alerta a las autoridades policiales o judiciales de modo inmediato (art. 18);

- solo si el PSCL no es una microempresa ni una pequeña empresa, se le somete a una serie de obligaciones de sistema interno de gestión de reclamaciones, resolución de conflictos, de instauración de protocolo de atención a alertadores fiables, medidas de transparencia y protección a sujetos vulnerables recogidos en los arts.20-28.
- por último, las plataformas de muy gran tamaño[43], se sujetan a las obligaciones específicas de evaluación y reducción de riesgos, auditorías, mecanismos de respuesta de crisis y transparencia recogidas en la Sección 5 del Capítulo III del Reglamento.

Como se aprecia, en nada relevante cambia el sistema preexistente de exención de responsabilidad con el RSD, si hablamos de los PSCL y su responsabilidad por infracciones referidas a derechos de propiedad intelectual[44]. En consecuencia, no ha resultado oportuno dedicarle en nuestro análisis una reflexión aparte más allá de su necesaria presentación y apunte, ya que, cronológicamente sustituirá a la DCE y, por ello, resultará aplicable a algunos de los prestadores de compartición en línea de contenidos protegidos por derechos de propiedad intelectual.

4. Desajustes en el sistema: causas del movimiento hacia un cambio de régimen

El desarrollo de la tecnología, el crecimiento natural de los intermediarios, la aparición de nuevos estándares entre los agentes del mercado digital y la evolución hacia un ecosistema 2.0, han ido dejando atrás la verificabilidad del sistema anterior. Se han puesto al descubierto fallas del sistema, tanto en sus resultados, como en su sistemática.

1) En el resultado: el *value gap* o brecha de valor. Este concepto se relaciona con el desequilibrio fruto de la evolución de las plataformas de alojamiento de contenidos y su plan y margen de negocio. Alude a la diferencia existente entre el valor añadido que las plataformas de almacenamiento de contenidos generados por usuarios obtienen de las obras y prestaciones protegidas y el retorno que reciben, a cambio, los titulares de los derechos sobre las mismas. Su origen, en parte, también se localizaba en un sistema bastante permisivo, tal como era el de la DCE[45]. Es importante señalar que se

---

43 De conformidad con el criterio del art. 33 RSD.

44 Aunque sí añada una responsabilidad adicional, distinta, independiente y propia: la que se genera por el incumplimiento de las obligaciones instauradas en el Reglamento (art. 52).

45 *Cfr.* Burak Özgen. « El artículo 17 de la directiva sobre los derechos de autor en el mercado único digital y la perspectiva de futuro», en *Cuadernos jurídicos: Instituto de Derecho de Autor*, 2020, pp. 99-119; Análisis económico de los puertos seguros elaborado por el prof. Stan J. Liebowitz a instancia de CISAC (2018), accesible en: https://www.cisac.org/media/4051/download.

discute si la brecha de valor realmente existe porque no hay sólida evidencia empírica de su existencia. Se erigió como uno de los motores que inspiraban la necesidad adaptación del Derecho de Autor al mercado único digital, más allá de la Directiva Infosoc y de la DCE[46]. Se había acuñado por la industria de la música y el entretenimiento a partir de un informe elaborado por la IFPI en 2015[47], pero sin evidencias empíricas robustas ni discusión técnica. No obstante se introdujo como moneda de uso común en las discusiones de política legislativa y caló profundamente en la propuesta de Directiva. No obstante, la doctrina ha contestado con contundencia, tanto su existencia, como su posible remedio (caso de existir) a través de las reformas legislativas acometidas en su nombre[48].

2) En la sistemática: El sistema de exención de responsabilidad a través de mecanismos de puertos seguros tiene su encaje natural en un entorno de responsabilidad *secundaria*, en el que el prestador que es expulsado del beneficio del puerto seguro, es remitido a una fórmula de responsabilidad no directa o también llamada «secundaria», en la que la responsabilidad asumida lo es porque, de alguna manera, contribuye o colabora con un acto infractor (en nuestro caso, de explotación ilícita de contenidos protegidos). Es razonable, si tenemos en cuenta que la «llave» que abre la puerta a la consideración de la responsabilidad del proveedor de alojamiento, es el conocimiento de la ilicitud de lo que le usuario está realizando.

46 Así se verificaba en el CDO 38 y el art. 13 de la Propuesta de Directiva de los Derechos de Autor en el Mercado Único Digital COM(2016) 593 final.

47 IFPI Digital Music Report 2015 22-23 (2015), https://www.ifpi.org/downloads/Digital-Music-Report-2015.pdf

48 *Cfr.* Giancarlo Frosio «To Filter or Not to Filter? That is the Question in EU Copyright Reform», en *Cardozo Arts& Entertainment Law Journal,* n.º 36 (2), 2018, p. 331-368; Thomas Spoerri, «On Upload-Filters and other Competitive Advantages for Big Tech Companies under Article 17 of the Directive on Copyright in the Digital Single Market», en *JIPITEC,* n.º 10 (2), 2019, disponible en: https://www.jipitec.eu/issues/jipitec-10-2-2019/4914/#ftn.N10147; Michael, Stedman, «Mind the Value Gap: Article 17 of the Directive on Copyright in the Digital Single Market», 2019, disponible en: https://ssrn.com/abstract=3810144 or http://dx.doi.org/10.2139/ssrn.3810144.También la European Copyright Society apuntó la falta de fundamento en su aclamación por la propuesta de Directiva (General Opinion on the EU Copyright Reform Package, (24 de enero de 2017), disponible en: https://europeancopyrightsocietydotorg. Incluso un informe encargado por la Comisión Europea, que fue publicado únicamente tras la presentación de una solicitud de acceso por parte de la eurodiputada del Partido Pirata, Julia Reda, afirma que no había ninguna evidencia estadística sólida de un desplazamiento de valor (value gap) por infracciones de derechos de autor en línea (*cfr* Julia Reda, «What the Commission found out about copyright infringement but 'forgot' to tell us», septiembre 2017, https://juliareda.eu/2017/09/secret-copyright-infringement-study).

De hecho, este es precisamente el esquema en el Derecho Americano, que sirvió de modelo para el legislador europeo a la hora de redactar la DCE, y que se contiene en la Digital Millenium Copyright Act (DMCA, 1996)[49].

Sin embargo, los ordenamientos europeos continentales ofrecen una familiaridad muy variable con la figura de la «responsabilidad secundaria» que van desde «algo» en el Ordenamiento alemán, a nada, en el francés o el español, por ejemplo[50]. Esta dificultad de encaje provocó en buena medida la oleada de cuestiones prejudiciales planteadas al TJUE y que marcan una etapa muy particular del tratamiento de la responsabilidad del PSCL en materia de propiedad intelectual, como vamos a ver a continuación.

5. El régimen intermedio: jurisprudencia del TJUE sobre la responsabilidad de los prestadores por infracciones de derecho de autor de acuerdo con la DCE

En la pasada década, el TJUE se enfrentó a una serie de cuestiones prejudiciales que le obligaron a contextualizar la aplicación de la Directiva 2000/31 en el marco de intermediarios de diversos tipos de servicios que, ilegalmente, usaban y ponían a disposición del público contenidos protegidos. Siguiendo su lectura a través del hilo conductor de la responsabilidad de los prestadores de servicios, puede decirse que ha resultado en un cierto «*upgrade*» (de secundaria a primaria) de la responsabilidad de los prestadores de servicios que no podían beneficiarse del puerto seguro. En buena parte, como anticipábamos, esto era resultado de la dificultad de encontrar, en los Ordenamientos europeos, un anclaje conceptual para la responsabilidad secundaria. Pero no por la incorrección del tratamiento[51]. Esto es: una vez evidenciada la imposibilidad de aplicar la exención del puerto seguro, el TJUE optó por hacer responsables (directamente) al intermediario de las infracciones cometidas

---

49 En extenso, sobre ello, *cfr.* Miquel Peguera Poch. *La exclusión de responsabilidad de los intermediarios en internet*, Comares, Granada 2007; «La enoxeración de responsabilidad por infracción directa en la Directiva de derechos de autor en el mercado único digital», en *Actas de derecho industrial y derecho de autor*, tomo 39, 2018-2019, p. 229-249; Julián López Richart. «Responsables, ma non troppo. Las reglas de exención de responsabilidad de las plataformas para el intercambio de contenidos en línea en la directiva sobre derechos de autor en el mercado único digital», en *Propiedad intelectual y mercado único digital europeo*, obra colectiva, dir. Concepción Saiz García y Raquel Evangelio Llorca, Tirant lo Blanch, Valencia, 2019, p. 308-366.

50 En detalle, *cfr.* Matthias Leistner. «Structural aspects of secondary (provider) liability in Europe», en *Journal of Intellectual Property Law & Practice*, n.º 9 (1), 2014, pp. 75-90.

51 Resulta especialmente esclarecedora la intervención del Abogado General Szpunar en sus conclusiones generales sobre el asunto C-610/15, emitidas el 8 de febrero de 2017, ECLI:EU:C:2017:99, pfos. 65 y 66, especialmente.

por usuarios que se beneficiaban de su intermediación. Así se decidió en el caso del sitio web que publicitaba la posibilidad de acceder a una obra, a través de enlaces a la URL de una segunda página web, independiente de la primera y que explotaba ilícitamente obras ajenas (STJUE 8 de septiembre de 2016, ECLI:EU:C:2016:644, caso GsMedia). Asimismo, consideró infractora a la plataforma descentralizada de intercambio de contenidos P2P «The Pirate Bay» por las acciones de intercambio de material ilegal entre los usuarios de dicha plataforma, STJUE 14-06-2017, as. C-610/15, ECLI:EU:C:2017:456, caso Pirate Bay. También se declaró responsable por infracción de derechos de propiedad intelectual al comercializador de un dispositivo que contenía vínculos a webs de difusión ilícita, aunque se trataba de extensiones informáticas que debía activar el usuario y que habían sido implementadas por persona distinta al responsable de la plataforma de comercialización, STJUE 26-04-2017, as. C-527/15, ECLI:EU:C:2017:300, caso Filmspeler.

Esta doctrina invita a cierta renuencia, porque, analizada de cerca, se descubre que ha sido generada sobre casos límite, en el sentido de que los prestadores enjuiciados, efectivamente, participaban en un altísimo grado de la comisión de los ilícitos, mostrando su confabulación (por ejemplo, en una publicidad extraordinariamente explicita sobre la ilicitud de los contenidos y en el diseño de un modelo de negocio anclado en buena medida en el intercambio de archivos ilegales). En definitiva, quizá debió pensarse que «*malos casos no hacen buen Derecho*»[52], antes de trasladar al estatus de doctrina jurisprudencial, esta inercia de responsabilidad directa del prestador que no puede acogerse a un puerto seguro. Sin negar aquí el resultado final (esto es, hacer responsable a los prestadores de servicios involucrados en aquellos casos), lo que resulta chirriante es su sujeción a una responsabilidad primaria o directa. Y, sobre todo, la relación sistemática que en este marco desempeña un esquema de exención de responsabilidad del tipo que establecía la DCE y que, en apariencia, era el que se estaba aplicando, quizá con muchos matices. De hecho, la intervención del TJUE hacía o podía hacer concluir que la responsabilidad [directa] del prestador era una consecuencia inmediata de la no aplicabilidad del puerto seguro[53]. Esto, como apuntamos antes, comporta disrupciones sistemáticas considerables, porque, entre otras cosas, parece erigir un criterio de imputación nuevo en la responsabilidad por infracción de derechos de propiedad intelectual: saber o conocer de una defraudación que está cometiendo un tercero.

Además, el TJUE apuntala algunas consideraciones sobre el *conocimiento efectivo* y el *papel activo* de los agentes. En relación al primero, parece admitir la relevancia de un conocimiento que tenga por objeto, tanto de la ilicitud de los contenidos difundidos (STJUE 8 de septiembre de 2016), como de

52 Adagio proveniente del Common Law (*Hard cases make bad law*)

53 *Cfr.* por todos Rafael Sánchez Aristi. «Enlazadores y seudoenlazadores en internet:del rol de intermediarios hacia el de proveedores de contenidos que explotan obras y prestaciones», en *Revista Doctrinal Aranzadi Civil-Mercantil*, n.º 5-/2012, pp. 91-135.

las consecuencias de su comportamiento, para proporcionar acceso a las obras protegidas (STJUE 14-06-2017). En relación al segundo, advierte que se reconoce en el carácter «deliberado», «necesario» y/o «ineludible»[54] de la participación de estos sujetos en la efectiva puesta a disposición ilegal de ciertos contenidos (que recordemos, realizaban otros).

En este contexto, fue evidente que la estrategia de la DCE de no necesariamente unificar, sino, solo, generar espacio mínimo común (que no llegó a cumplirse tampoco) había sido rebasada por una incontenible revolución técnica y funcional de todos los implicados en el Mercado Digital. En consecuencia, por lo que aquí interesa, la responsabilidad por infracciones de Derechos de Autor, se codificaba más en una jurisprudencia interpretativa sectorial de la norma horizontal que en un compendio normativo, con los correspondientes riesgos de fraccionamiento. Se convierte en un clamor que elevan todos los grupos implicados y del que se hace eco la Unión Europea en su agenda de Estrategia Digital hacia el Mercado Único. Fruto de ello, se traza una nueva ruta de política legislativa de la preservación de la propiedad intelectual, siguiendo un impulso que podría catalogarse de pendular respecto a la situación de partida:

1. se acomete una intervención normativa vertical (específicamente pensada para el Derecho de Autor);
2. se elabora un sistema de responsabilidad completamente desconectado del de la DCE, que, por lo demás, se mantenía como régimen general para los prestadores de servicios que no constituyesen elegibles como sujetos sometidos al régimen de la DCE.

6. El sistema de la Directiva 2019/790 sobre los derechos de autor y derechos afines en el mercado único digital. El cambio de paradigma regulatorio en el sistema de responsabilidad. Estatuto vertical, responsabilidad y un nuevo puerto seguro

El artículo 17 de la Directiva 2019/790 (DMUD) contiene el *core* del nuevo tratamiento de la responsabilidad de los «*prestadores de servicios en línea de compartición de contenidos protegidos*». Este precepto instaura un régimen de responsabilidad específico (vertical) para las infracciones de derechos de autor que sean cometidas por prestadores de servicios de compartición en línea de contenidos protegidos, que se desvinculan, por lo tanto, del régimen general (horizontal) marcado primero por la DCE y después por el RSD. Este asunto resultó altamente conflictivo durante la tramitación de la Directiva,

54 Todas estas nomenclaturas alterna el TJUE en las sentencias indicadas.

hasta el punto de retener su aprobación y demorarla por un rechazo sobrevenido[55]. Posteriormente a su adopción, será este mismo artículo 17 el que genere la necesidad de emitir unas orientaciones sobre su aplicación, en forma de Comunicación de la Comisión al Parlamento Europeo y al Consejo[56], situación poco frecuente también.

Analicémoslo con algo de detalle en su ámbito de aplicación y consecuencias jurídicas.

a) Ámbito subjetivo de aplicación: son los «*prestadores de servicios de la sociedad de la información cuyo fin principal o uno de cuyos fines principales es almacenar y dar al público acceso a una gran cantidad de obras u otras prestaciones protegidas cargadas por usuarios, que el servicio organiza y promociona con fines lucrativos*».

La definición contiene elementos de difícil precisión («gran cantidad de obras o prestaciones protegidas», «tiene como uno de sus fines principales dar acceso a una gran cantidad de obras»). Puede verse, al respecto, lo que aportan los Cdos. 62 y 63 de la DMUD. Pero aún así establece la decisiva línea divisoria entre prestadores de servicios de la sociedad de la información que se mantienen dentro de la regulación de la DCE (y posteriormente el RSD) y los que, en cambio, entran en este nuevo régimen vertical. Quedan fuera del ámbito de aplicación de la DMUD los agregadores de enlaces y los buscadores, porque facilitan acceso a obras, pero no las almacenan. Igualmente, aquellas plataformas que sí lo hacen, pero fuera del marco de una actividad comercial, como sucede con plataformas colaborativas al estilo de Wikipedia.

También excluye explícitamente la Directiva los repositorios científicos o educativos sin fines lucrativos, las plataformas para desarrollar y compartir programas informáticos de código abierto, los proveedores de servicios de comunicaciones electrónica, los mercados en línea y los prestadores de servicios entre empresas y de servicios en la nube (que permiten que usuarios carguen contenido para su propio uso, pero no para compartir).

b) Ámbito objetivo de aplicación: relación con la DCE. La DMUD establece (art.17.3) que, cuando los prestadores de servicios para compartir contenidos sean responsables, no debe aplicarse el puerto seguro del art. 14 de la DCE. También lo dice el Cdo. 65 DMUD[57]. En realidad, la frase no es afortunada. Carece de sentido. Si es considerado responsable, será porque previamente no le era aplicable una exención de responsabilidad (por ejemplo, la del art. 14 DCE). En realidad, la DMUD quiere decir otra cosa. Parte del sobreentendido de que la actividad de un PSCL nunca se podrá amparar en el puerto seguro del art. 14

55 La propuesta de Directiva fue rechazada por el pleno del Parlamento en su sesión de 5 de julio de 2018. En septiembre de 2018, toda la propuesta fue aprobada, por lo que tras una repetición de la votación a principios de 2019, fue finalmente adoptada el 17 de abril de 2019.

56 Bruselas, 4.6.2021 COM(2021) 288 final.

57 Que hay que entender referido al art. 6 del RSD, *ex.* art. 89 RSD.

DCE. La explicación apareció durante la tramitación de la Directiva, aunque no se ha mantenido en su texto. El Cdo. 38 de la propuesta de la Directiva explicaba que la exclusión se justifica en que, en casos de que las plataformas *«optimizan»* y *«promocionan»* los contenidos que almacenan, su intervención no es la de un intermediario neutral, sino que juegan un papel activo y por ello no pueden acogerse a las reglas de exención de responsabilidad de la DCE. Criterio que, por otra parte, provenía, como hemos visto de la jurisprudencia de la Corte Europea en el caso L'Oreal vs. EBay, 2011. Hay que decir, no obstante, que, a la luz de la jurisprudencia del TJUE al respecto, no existía una afirmación categórica de este tipo. La Corte Europea se había limitado a enjuiciar casos concretos, que, por otra parte, como aquí hemos puesto de relieve, presentaban unas características propias que difícilmente harían exportable sus razonamientos a la media de prestadores de servicios de su mismo género. En cualquier caso, la frase del art.17.3 abre la puerta a un sentido que tampoco es el que se colige de su literal, pero que sí está presente en la lectura sistemática del precepto. Es el siguiente: los PSCL van a regir su responsabilidad por un esquema propio y no por el de las normas europeas sobre comercio electrónico (o servicios digitales), en general. Su nuevo estatuto es el que se contiene en este mismo art.17, y que el legislador europeo nos desvela a continuación.

c) El nuevo régimen de responsabilidad: se construye sobre una premisa legal y el establecimiento de un (nuevo y diferente) puerto seguro

1. la premisa: los prestadores de servicios para compartir contenidos en línea (que no están amparados por el puerto seguro, debido a la falta de «pasividad») realizan un acto de comunicación al público a través de su servicio, por los actos de compartición concreto que realicen sus usuarios, por ejemplo. Por lo tanto, el desempeño de su actividad les haría incurrir en responsabilidad, si los contenidos compartidos no lo son con el consentimiento de sus titulares. Por eso, los prestadores necesitan obtener una autorización de estos titulares. Tal autorización debe cubrir, tanto la actividad de puesta a disposición de la plataforma, como la de carga por parte de los usuarios (que naturalmente no tendrá carácter comercial ni generará ingresos *significativos)*. Si lo pensamos, no cae esta manzana demasiado lejos del árbol de la doctrina de los fallos emitidos por el TJUE, sobre prestadores de servicios y propiedad intelectual infringida a través de ellos, por lo que hasta aquí ha quedado referido.
2. el nuevo puerto seguro: para el caso de no lograrse esa autorización, se crea, a modo de excepción, un nuevo puerto seguro a favor de este tipo de prestadores, en virtud del cual, no serán considerados responsables por la comunicación al público no autorizada que en ellos se genere, siempre que se cumplan estas tres condiciones de comportamiento:
   i. demuestren haber hecho sus mayores esfuerzos por obtener una autorización;
   ii. demuestren haber hecho sus mayores esfuerzos por garantizar la indisponibilidad de obras y prestaciones respecto a las que los titu-

lares les hayan facilitado información pertinente y necesaria. No se trata, por tanto, de adoptar un deber de monitorización general —prohibido por el propio art. 17.8 DMUD, al estilo de lo que ya existía en la DCE y se ha mantenido en el RSD—, sino concreto, a petición de titulares que, sabiendo que su obra se está compartiendo o no, solicitan al prestador que garantice que deje de estar alojada en su servicio o que nunca lo esté;

iii. demuestren haber actuado de forma expeditiva al recibir una notificación lo bastante motivada de parte de los titulares de derechos, para inhabilitar el acceso a la obra o para retirarla de su sitio web, así como sus mayores esfuerzos por evitar que se carguen de nuevo en el futuro (no solo un sistema de «*notice and take down*»-como el que se aplica en el contexto de la DCE—, sino de «*notice and stay down*», para evitar reincidencia[58]).

Se trata, por lo tanto, de una obligación de medios (sus «mayores esfuerzos») en la mayor parte de los casos, que solo se convierte en obligación de resultado en la intervención expeditiva, en caso de notificación motivada por el titular, para inhabilitar el acceso a una obra o prestación.

Obligación de medios que, además, requiere de concreciones notables. Será tarea de los legisladores y tribunales concretar en qué se derivan los «mayores esfuerzos», medidos según qué parámetros de diligencia, por ejemplo. La Directiva propone líneas genéricas o principios de valoración del caso concreto (así: el tipo de prestador, la audiencia, la magnitud del servicio, tipo de obras o prestaciones, la disponibilidad de medios adecuados y su coste para los prestadores de servicios).

Por lo demás, el art. 17 DMUD impone, además, una batería de obligaciones a cargo de la plataforma cuyo incumplimiento, seguramente, generará responsabilidades adicionales (cooperación y facilitación de información sobre el funcionamiento de sus prácticas a titulares que lo requieran; establecimiento de un mecanismo de reclamación y recurso ágil y eficaz para los usuarios en caso de litigio sobre inhabilitación de acceso, en el que se les informe de los motivos y además sea una persona física quien atienda sus posibles objeciones o reclamaciones a la decisión de bloqueo o retirada; articulación de mecanismos extrajudiciales de resolución de posibles conflictos con los usuarios; deber de informar en sus condiciones generales de que los usuarios pueden usar obras ajenas al amparo de excepciones a los derechos de propiedad intelectual; deber de garantizar que los usuarios disfrutan de tales límites y no son neutralizados por una sobrerrepresentación de la actividad de bloqueo y retirada).

---

58 Aleksandra KUCZERAWY. «From «Notice and Takedown» to «Notice and Stay Down»: Risks and Safeguards for Freedom of Expression», en *Oxford Handbook of Online Intermediary Liability*, obra colectiva, dir. Giancarlo Frosio, Oxford Academic, Oxford, 2020, pp. 524-543.

Con todo ello, puede concluirse que se ha generado un nuevo esquema que supone un cambio ortogonal de paradigma, respecto a lo que tenía establecido el Derecho Europeo en la etapa previa. Ello se evidencia en el sistema que se perfila:

1. el prestador de servicios de compartición de contenidos en línea es un prestador de servicios no neutral, y, por ende, considerado responsable por infracción *directa* de copyright si los contenidos compartidos no lo son con consentimiento de los correspondientes titulares;

2. en esta situación tiene dos alternativas:

   a) bien obtener licencia/acuerdo de autorización (para su actividad y la de los usuarios), que habrá de cumplir y que, seguramente, contendrá un catálogo de deberes informados por la pauta que da el legislador al regular las obligaciones que la ley impone a la plataforma, en caso de no acordar la cesión de derechos correspondiente); o

   b) bien desplegar una actitud diligente frente a las demandas de titulares, referida a que sus creaciones no lleguen a estar disponibles a través de sus servicios; o referida a que se retiren y no vuelvan a estarlo, en caso de que, a pesar de sus mejores esfuerzos desplegados, se hayan compartido a través de la plataforma.

El carácter prolijo de esta obligación de diligencia, así como las dificultades para su valoración por los tribunales han hecho pensar a la doctrina científica que el efecto fundamental de esta norma ha sido: 1) privar a estas plataformas de la protección de las reglas del puerto seguro previo y casi por defecto, convirtiéndolas en explotadores directos de las obras y prestaciones protegidas que se comparten en su seno; y 2) aunque no sea de forma declarada, dotar a los titulares de derechos de un instrumento de presión en la negociación de licencias, que les van a permitir llegar más lejos en la participación en beneficios que obtienen esas plataformas[59]. No obstante, parece claro que, especialmente esta última consecuencia, podrá verificarse o no, en función del modo en que se implemente y aplique la Directiva, tanto por los tribunales nacionales, como por el TJUE. Dependerá, efectivamente del alcance de la prueba de la obligación de medios y el umbral de exigencia en él contenido.

59 *Cfr.* López Richart, *op.cit*; Rafael Sánchez Aristi; Nora Oyarzabal Oyonarte. «Decadencia y caída del Texto Refundido de la Ley de Propiedad Intelectual: la transposición de la Directiva 2019/790 sobre derechos de autor en el mercado único digital por el Real Decreto-ley 24/2021, de 2 de noviembre», en *Pe. i.: Revista de propiedad intelectual*, n.° 69, 2021, pp. 13-188.

7. Epílogo. Fricciones de un sistema tricéfalo, prueba de contraste y conclusiones

Revisadas las dos posibilidades de régimen de responsabilidad, hay que considerar que en el sustrato del concepto de diseño del art.17, permanece la reserva de este sistema de responsabilidad a un grupo de intermediarios muy concretos. Eso significa que, ante un mismo supuesto de hecho, procederá la subsunción, bajo el art. 17 de la DMUD o bajo las previsiones de la DCE o del RSD, si este hubiese entrado en vigor al momento de cometerse el ilícito (como se vio, son pocas las diferencias). El problema es que, teniendo presentes las claves interpretativas con las que el TJUE ha aplicado este último régimen a las infracciones referidas a derechos de autor, puede generarse una disparidad de resultados cuya justificación material no es fácil de explicar. Ciertamente, habría una respuesta intuitiva, relacionada con el tipo de prestador. Como establece el CDO 62 de la DMUD, «la definición de prestador de servicios para compartir contenidos en línea con arreglo a la presente Directiva debe comprender solamente los servicios en línea que tienen un papel importante en el mercado de contenidos en línea por competir con otros servicios en línea, como los servicios de emisión en continuo de audio y vídeo, por las mismas audiencias». La entidad del sujeto sugiere la oportunidad del cambio de régimen, que comporta pasar a considerar al prestador como responsable, en lugar de lo contrario. Por lo demás, recuérdese que, si el TJUE mantiene (y así debería ser) su doctrina jurisprudencial de aplicación del régimen horizontal de prestadores de servicios digitales a los casos de ilícitos de propiedad intelectual, la deriva al conocimiento efectivo y el rol activo, se haría de un modo bastante simple. No obstante, el Alto Tribunal Europeo ha mostrado que aún guardaba un as en la manga para recordarnos que, en este discurso tan poco lineal, es difícil sacar conclusiones que sí lo sean.

El pasado 22 de junio de 2021[60], el TJUE resolvió un caso planteado por un tribunal alemán, a raíz del litigio surgido contra la actividad desplegada por Youtube, en relación con varias obras musicales. Los titulares de derechos reclamaban la responsabilidad de la plataforma por la comunicación inconsentida de sus obras. El TJUE no pudo valorar el caso a la luz de la Directiva 2019/790, aún no traspuesta en el Estado remitente de la cuestión prejudicial, al momento de generarse los hechos enjuiciados[61]. De modo que aplicó al caso la DCE 2000/31. De acuerdo con ella, Youtube fue considerado no responsable por la comunicación no consentida de las obras musicales. Por tanto, amparado por un puerto seguro.

---

60 STJUE 22 de junio de 2021, asuntos acumulados C-682/18 y C-683/18, ECLI:EU:C:2021:503.

61 De acuerdo con el art. 29 de la DMUD, la trasposición debía verificarse en los Estados miembros, a más tardar, el 7 de junio de 2021.

Literalmente, el TJUE establece: *«el operador de una plataforma de intercambio de vídeos o de una plataforma de alojamiento y de intercambio de archivos, en la que los usuarios pueden poner ilegalmente a disposición del público contenidos protegidos, no realiza una «comunicación al público» de estos, en el sentido de dicha disposición, a menos que, más allá de la mera puesta a disposición de la plataforma, contribuya a proporcionar al público acceso a tales contenidos vulnerando los derechos de autor. Ello sucede, en particular, cuando ese operador tiene conocimiento concreto de la puesta a disposición ilícita de un contenido protegido en su plataforma y se abstiene de eliminarlo o de bloquear el acceso a él con prontitud, o cuando dicho operador, pese a que sabe o debería saber que, de manera general, usuarios de su plataforma ponen ilegalmente a disposición del público, por medio de ella, contenidos protegidos, se abstiene de aplicar las medidas técnicas apropiadas que cabe esperar de un operador normalmente diligente en su situación con el fin de combatir de forma creíble y eficaz violaciones de los derechos de autor en esa plataforma, o también cuando participa en la selección de contenidos protegidos y comunicados ilegalmente al público, proporciona en su plataforma herramientas destinadas específicamente al intercambio ilícito de tales contenidos o promueve a sabiendas esos intercambios, de lo que puede ser prueba el hecho de que el operador haya adoptado un modelo económico que incite a los usuarios de su plataforma a proceder ilegalmente, en ella, a la comunicación al público de contenidos protegidos».*

Descartó, por consiguiente, que esto se produjese por el hecho de la indexación automatizada y de subida de archivos que hace Youtube. Tampoco constituye conocimiento relevante para expulsarle del puerto seguro, el conocimiento *«de manera general»* de la disponibilidad ilícita de contenidos protegidos, si, como era el caso, disponía de un protocolo de desactivación y bloqueo ante notificaciones, informaba a usuarios de la necesidad de respetar los derechos de propiedad intelectual y, además, no generaba un modelo de negocio orientado al intercambio ilícito de contenidos, aun cuando este se produzca en algún caso.

A la luz de lo anterior, resulta inevitable formular una reflexión de consternación. En primer lugar, en cuanto al régimen aplicable, cabe preguntarse qué hubiera sido de Youtube si se hubiera podido aplicar la Directiva 2019/790. No parece muy arriesgado responder que, de conformidad con el régimen de la DMUD, para considerarlo no responsable, se aplicaría a Youtube la condición de prestador con necesidad de estar autorizado para la comunicación pública de obras ajenas, o, alternativamente, acreditar el cumplimiento de la obligación de garantizar retirada y «stay down» de las mismas[62].

62 Aunque no resulte concluyente, en los comentarios no científicos de la Directiva, siempre surgía el nombre de plataformas como Youtube y Facebook como ejemplo de PSCL al que quería aludir la DMUD. Razón añadida por la que este fallo del TJUE ha causado asombro.

Pero más allá de esto, afloran nuevas conclusiones turbadoras de la lectura de este fallo y se manifiestan antiguas fricciones interpretativas tintadas por la más absoluta contradicción. El Tribunal de Justicia ha puesto sobre la mesa toda una serie de desarticulaciones de sistema que impiden considerar cerrado (salvo que sea en falso) el sistema europeo de la responsabilidad de los PSCL en el ámbito de los Derechos de Autor. Si el TJUE estaba haciendo un ejercicio de aplicación de la que hasta ahora conocíamos como su línea argumental sobre aplicación de la DCE al sector de la propiedad intelectual, tampoco hubiera sido fácil anticipar un final como este. Resulta consternador que la actividad de Youtube no se subsuma en una «promoción» u «optimización» de contenidos. El Tribunal argumenta que: Youtube «no tiene conocimiento concreto de los contenidos protegidos subidos por usuarios a esa plataforma y, más allá de la mera puesta a disposición de la plataforma, no contribuye a proporcionar al público, vulnerando los derechos de autor, acceso a tales documentos» (pfo.89). Añade que, de acuerdo con la DCE, « para que dicho operador quede excluido, con arreglo a esa disposición, de la exención de responsabilidad prevista en ese artículo 14, apartado 1, debe tener conocimiento de los actos ilícitos concretos de sus usuarios referentes a contenidos protegidos que han sido puestos en línea en su plataforma»(pfo.103), y «el hecho de que el operador de una plataforma de intercambio de contenidos en línea proceda a una indexación automatizada de contenidos subidos a esa plataforma y de que esta contenga una función de búsqueda y recomiende vídeos en función del perfil o de las preferencias de los usuarios no puede bastar para considerar que ese operador tiene un conocimiento «concreto» de las actividades ilícitas realizadas en esa misma plataforma o de las informaciones ilícitas almacenadas en ella». (pfo.114). En conclusión, por tanto, aparecen lecturas nunca antes habilitadas por el TJUE sobre el conocimiento efectivo (parece que ahora debiera ser concreto) y que la actividad de indexación y recomendación no pasan de ser funciones automatizadas, a pesar del matiz de promoción que comportan. Aunque no se trate de promoción de ilicitud, sino mera promoción, es sabido que esta es parte del negocio de la plataforma. Es en este punto donde empieza a diluirse la distinción entre proveedor de servicio de alojamiento y proveedor de contenido, que es lo que, en realidad, hace expulsar al prestador del puerto seguro de la regulación horizontal de servicios digitales.

La tercera de las disrupciones a las que nos aboca este fallo es cuál es y cuál será la línea interpretativa del TJUE sobre el esquema de responsabilidad de la DCE y del RSD. En realidad, leyendo al TJUE que emite el fallo sobre el asunto Youtube, no parece seguro si la aplicación de la DCE que ejecuta en este caso es la misma a la que nos tenía habituados. Recordemos, a título de contraste, los casos aquí mencionados que consideraban responsables a la plataforma de intercambio P2P y al comercializador de un dispositivo de visualización digital (STJUE 14-06-2017, as. C-610/15, caso Pirate Bay; STJUE 26-04-2017, as. C-527/15, caso Filmspeler); el conocimiento efectivo aludido en ellas, en lo aplicable, era genérico y no concreto. Acaso el Tribunal europeo ha decidido separarse de aquel entendimiento, porque, en realidad, se enfrentaba a casos de flagrante actuación no pasiva de los intermediarios (eran solo «malos casos» y de ellos no se puede derivar «buena doctrina»). No obstante, esta lectura buenista, choca con otros obstáculos lógicos. Primero: se necesitaría una advertencia explícita por parte el TJUE, que evidenciase la conciencia de estar apartándose de una doctrina anterior y esto no sucede. Por lo tanto, se abriría una nueva incógnita sin solución: la referida a cuál es el régimen a aplicar en el futuro a los PSCL que no se sometan a la DMUD, si es que, como nos ha parecido, son dos distintos. ¿El de antes de la sentencia de 2021 o el del fallo sobre el caso Youtube? Segundo: si, aparentemente, la nueva regulación de la DMUD recoge buena parte de lo que el TJUE había establecido aplicando la DCE a casos de prestadores de servicios de la sociedad de la información a través de los que se infringían derechos de propiedad intelectual, y así se señaló durante su tramitación a efectos de legitimar la estructura que regulaba, es incomprensible el motivo por el que la aplicación de la DCE a este caso concreto provoca un resultado completamente distinto.

Como última conclusión, y ya en línea de principios de acción, lo más seguro es empezar afirmando que a pesar de la entrada en vigor de dos textos normativos (uno de ellos con carácter de Reglamento) y la existencia de una jurisprudencia con cierta veteranía, aún permanecen vivos muchos de los desafíos interpretativos entre los que discurre el régimen de responsabilidad de los prestadores de servicios por infracciones de derechos de propiedad intelectual. No parece que resulte deseable continuar patrocinando para el TJUE una labor de legislador al estilo *Common Law*. El resultado de ello, ya ha quedado demostrado, puede ser el de generar más confusión que claridad. Que el prestador de servicios a gran escala haya obtenido uno de los fallos más favorables en la última década (mucho más generoso que con el pequeño empresario del caso Filmspeler), hace tambalear los cimientos de la razonabilidad del sistema de responsabilidad horizontal que tan orgullosamente porta como su abanderado el RSD. Y hace dudar sobre si ya ha comenzado el vaciado de contenido del régimen de responsabilidad que instaura la DMUD, aparentemente, agravado, respecto al que se dejaba ver en la DCE y en el RSD.

8. Bibliografía

Carbajo Cascón, F. «El caso Google AdWords: Sobre la infracción de marcas en la comercialización de palabras clave y puesta a disposición de enlaces patrocinados y la responsabilidad de intermediarios de la sociedad de la información», en *Revista de Derecho, Comunicaciones y Nuevas Tecnologías*, n.º 5, 2011, p. 321 y ss.

Frosio, G. «To Filter or Not to Filter? That is the Question in EU Copyright Reform», en *Cardozo Arts& Entertainment Law Journal,* n.º 36 (2), 2018, p. 331-368.

Hoboken, Joris y otros. *Hosting intermediary services and illegal content online An analysis of the scope of article 14 ECD in light of developments in the online service landscape: final report*, 2019, accessible en: https://www.researchgate.net/publication/335978477_Hosting_intermediary_services_and_illegal_content_online_An_analysis_of_the_scope_of_article_14_ECD_in_light_of_developments_in_the_online_service_landscape_final_report_-_Study

Husovec, M. «Injunctions against innocent third parties: case of website blocking», en *Journal of Intellectual Property. Information Technology and Electronic Commerce Law*, 4 (2), 2013, p. 116-129.

— *Injuctions Against Intermediaries in the European Union. Accountable but Not Liable?*, Cambridge University Press, Cambridge, 2017.

Juárez Antón, I. «Infracción de un derecho de marca en plataformas de ecommerce. La actuación de la plataforma y el impacto en su responsabilidad», en *Cuadernos de derecho transnacional*, vol.12, núm2, 2020, pp. 52-75

Kuczerawy, A. «From «Notice and Takedown» to «Notice and Stay Down»: Risks and Safeguards for Freedom of Expression», en *Oxford Handbook of Online Intermediary Liability*, obra colectiva, dir. Giancarlo Frosio, Oxford Academic, Oxford, 2020, p. 524-543.

Leistner, M. «Structural aspects of secondary (provider) liability in Europe», en *Journal of Intellectual Property Law & Practice*, n.º 9 (1), 2014, pp. 75-90.

López Richart, J. «Responsables, ma non troppo. Las reglas de exención de responsabilidad de las plataformas para el intercambio de contenidos en línea en la directiva sobre derechos de autor en el mercado único digital», en *Propiedad intelectual y mercado único digital europeo*, obra colectiva, dir. Concepción Saiz García y Raquel Evangelio Llorca, Tirant lo Blanch, Valencia, 2019, p. 308-366.

Özgen, B. « El artículo 17 de la directiva sobre los derechos de autor en el mercado único digital y la perspectiva de futuro», en *Cuadernos jurídicos: Instituto de Derecho de Autor*, 2020, pp. 99-119

Peguera Poch, M. *La exclusión de responsabilidad de los intermediarios en internet*, Comares, Granada 2007;

— «La enoxeración de responsabilidad por infracción directa en la Directiva de derechos de autor en el mercado único digital», en *Actas de derecho industrial y derecho de autor*, tomo 39, 2018-2019, p. 229-249;

Reda, J. .«What the Commission found out about copyright infringement but 'forgot' to tell us», septiembre 2017, https://juliareda.eu/2017/09/secret-copyright-infringement-study

Sánchez Aristi, R. «Enlazadores y seudoenlazadores en internet:del rol de intermediarios hacia el de proveedores de contenidos que explotan obras y prestaciones», en *Revista Doctrinal Aranzadi Civil-Mercantil*, n.° 5-/2012, pp. 91-135

Sánchez Aristi, R.; Oyarzabal Oyonarte, N. «Decadencia y caída del Texto Refundido de la Ley de Propiedad Intelectual: la transposición de la Directiva 2019/790 sobre derechos de autor en el mercado único digital por el Real Decreto-ley 24/2021, de 2 de noviembre», en *Pe. i.: Revista de propiedad intelectual*, n.° 69, 2021, pp. 13-188.

Schwemer, S. F.; Mahler, T.; Styri, H. «Liability Exemptions of Non-Hosting Intermediaries: Sideshow in the Digital Services Act?», en *Oslo Law Review,* n.° 18, 2021, pp. 4-29 https://ssrn.com/abstract=4156047.

Spoerri, T. «On Upload-Filters and other Competitive Advantages for Big Tech Companies under Article 17 of the Directive on Copyright in the Digital Single Market», en *Journal of Intellectual Property Law & Practice*, n.° 10 (2), 2019, disponible en: https://www.jipitec.eu/issues/jipitec-10-2-2019/4914/#ftn.N10147

Stalla-Bourdillon, S. «Internet Intermediaries as Responsible Actors? Why It Is Time to Rethink the E-Commerce Directive as Well». En *The Responsibilities of Online Service Providers. Law, Governance and Technology Series*, obra colectiva, dir. M. Taddeo y L. Floridi, 2017, vol 31, Springer, Manheim, 2017.

Stedman Bernal, M. «Mind the Value Gap: Article 17 of the Directive on Copyright in the Digital Single Market», 2019, disponible en: https://ssrn.com/abstract=3810144

von Danwitz, L., «The Contribution of EU Law to the Regulation of Online Speech», en *Michigan Technology Law Review*, n.° 27, 2020, p. 167-211. Disponible en: https://repository.law.umich.edu/mtlr/vol27/iss1/5.

PROPIEDAD INTELECTUAL, FILTRADO AUTOMATIZADO DE CONTENIDOS Y DERECHOS FUNDAMENTALES DE LOS USUARIOS DE LAS PLATAFORMAS EN LÍNEA

Julián López Richart
Profesor titular de Derecho civil
Universidad de Alicante

1. Planteamiento

Sin duda, uno de los temas que ha centrado el debate sobre la tutela de la propiedad intelectual en los últimos años ha sido el papel que deben jugar los prestadores de servicios de intermediación en la lucha contra las infracciones que se comenten a través de Internet. La Unión Europea decidió dar un paso adelante en este sentido al hacer responsables a las plataformas para compartir contenidos cuando sus usuarios suben obras o prestaciones protegidas por derechos de autor o derechos afines. La cuestión se halla regulada en el artículo 17 de la Directiva (UE) 2019/790 sobre derechos de autor en el mercado único digital (en adelante, DDAMUD) que implícitamente impone a estas plataformas la obligación de implementar técnicas de filtrado automatizado de los contenidos subidos por sus usuarios para impedir la puesta a disposición de obras o prestaciones protegidas previamente identificadas por los titulares de los derechos. El problema que plantea el filtrado automatizado es que se ha demostrado que estas herramientas tecnológicas no son infalibles y muchas veces bloquean contenidos que no están protegidos por derechos de autor o cuyo uso está amparado por una excepción o limitación. Así lo reconocía la propia valoración de impacto que acompañaba a la Propuesta de Directiva, que hablaba en estos casos de «falsos positivos»[1]. La consecuencia de bloquear contenidos que no infringen ningún derecho es que con ello se están viendo afectados injustificadamente ciertos derechos fundamentales de los usuarios, como el derecho a la libertad de expresión o al acceso a la información.

Esta posibilidad de vulneración de derechos fundamentales de los usuarios ha hecho de este artículo (y de su antecesor, el artículo 13 de la Propuesta de Directiva) uno de los aspectos más controvertidos de la DDAMUD[2]. La prueba es que, poco después de ser adoptada la Directiva, la República de Polonia presentó un recurso ante el Tribunal de Justicia solicitando la anulación del artículo 17 por ser contrario a la Carta de Derechos Fundamentales de la Unión Europea (en adelante, la Carta)[3]. Otra muestra de las dificultades que plantea la norma es que, tres días antes de que se cumpliera el plazo establecido para la transposición de la Directiva, la Comisión publicó una guía dando orientaciones a los Estados miembros sobre cómo llevar a cabo la transposición del artículo 17 de una manera que fuera respetuosa con los derechos fundamentales de los usuarios y de los operadores de las plataformas para compartir contenidos en línea[4].

---

1 EUROPEAN COMMISSION, Staff Working Document. *Impact Assessment on the Modernisation of EU Copyright Rules Accompanying the document Proposal for a Directive of the European Parliament and of the Council on copyright in the Digital Single Market and Proposal for a Regulation of the European Parliament and of the Council laying down rules on the exercise of copyright and related rights applicable to certain online transmissions of broadcasting organizations and retransmissions of television and radio programs*, SWD(2016) 301 final, Part. 1/3, pp. 141 y 153-154.

2 No es exagerado afirmar que pocas normas de la UE han sido sometidas a tan intensas críticas no solo por parte de las propias plataformas de alojamientos de contenidos y sus usuarios, sino también de buena parte de la doctrina. En este sentido, ESPÍN ALBA, I., «Online content sharing service provider's liability in the Directive on Copyright in the Digital Single Market», *UNIO — EU Law Journal*. Vol. 6, n.º 1, January 2020, p. 102.

3 Recurso interpuesto el 24 de mayo de 2019 — Republica de Polonia / Parlamento Europeo y Consejo de la Unión Europea (Asunto C-401/19), Diario Oficial de la Unión Europea C 270/21, 12 de agosto de 2019, p. 21.

4 COMISIÓN EUROPEA, Comunicación de la Comisión al Parlamento Europeo y el Consejo *Orientaciones sobre el artículo 17 de la Directiva 2019/790 sobre los derechos de autor en el mercado único digital*, Bruselas, 4.6.2021, COM(2021) 288 final.

2. Antecedentes de la norma contenida en el artículo 17 de la Directiva (UE) 2019/790 sobre derechos de autor en el mercado único digital

El germen del artículo 17 DDAMUD se encuentra en el lobby ejercido por los titulares de derechos de autor y derechos afines —sobre todo por parte de la industria discográfica— contra una situación que consideraban injusta y que se supo presentar de manera convincente a través de la retórica del *value gap* (o brecha de valor). La Federación Internacional de la Industria Fonográfica (IFPI) venía denunciando desde su informe anual de 2015 que las plataformas que almacenan contenidos cargados por sus usuarios (como YouTube, Dailymotion o Vimeo) ponen a disposición del público grandes cantidades de obras y prestaciones protegidas por derechos de autor sin contar con la autorización de sus titulares y sin pagar, por tanto, una remuneración justa por el uso de esos contenidos, contenidos que, sin embargo, les reportan grandes beneficios, pues sirven para atraer a muchos usuarios[5]. A juicio de las industrias de contenidos, el origen de esta situación estaba en el sistema de exención de responsabilidad de los prestadores de servicios de alojamiento establecido en el artículo 14 de la Directiva 2000/31/CE sobre Comercio Electrónico (en adelante, DCE) al que se acogían las plataformas de almacenamiento de contenidos para no someterse al sistema de concesión de licencias de uso al que sí estaban sujetos otros agentes económicos, como los servicios de suscripción (Spotify, Deezer...), lo que, por otro lado, situaba a estos últimos en una posición de desventaja competitiva respecto de aquellas. Es cierto que algunas plataformas, como YouTube, venían ofreciendo desde hacía años a los titulares de derechos la posibilidad de participar de los beneficios publicitarios asociados a la visualización de sus contenidos, pero, incluso en este caso, la queja era que las cantidades que los prestadores de servicios para compartir contenidos estaban dispuestos a abonar no se correspondían con el valor real que generan dichos contenidos, porque los titulares de derechos carecían de un verdadero poder de negociación, pues, a falta de acuerdo, no podían exigir responsabilidades a la plataforma por el uso no autorizado de sus obras y prestaciones protegidas. Es por ello que los titulares de derechos sostenían que había una tremenda desproporción entre los inmensos beneficios que generan estas plataformas,

---

5 IFPI Digital Music Report 2015, *Charting the path to sustainable growth*, p. 23, disponible en http://www.ifpi.org/downloads/Digital-Music-Report-2015.pdf. Llama la atención que justo un año antes el informe publicado por la industria fonográfica presentaba un panorama bien distinto, destacando las mejoras en el manejo de los contenidos por parte de las plataformas de almacenamiento de contenidos generados por usuarios y cómo ello estaba ayudando a los titulares de derechos a aumentar sus ingresos a través de licencias de uso, *vid*. IFPI Digital Music Report 2014, *Lighting up new markets*, p. 20, disponible en https://www.promusicae.es/descarga-informes/informe-ifpi-digital-music-report-2014.pdf-n103/.

en parte gracias a esos contenidos profesionales, y el retorno que reciben a cambio los titulares de derechos por el uso de los mismos. Esa diferencia entre lo que generan las plataformas gracias a los contenidos protegidos cargados por sus usuarios y lo que reciben los titulares de derechos es lo que se conoce como el *value gap* o brecha de valor.

Pues bien, esos argumentos calaron en las instituciones europeas y llevaron a incluir en la Propuesta de Directiva sobre los derechos de autor en el mercado único digital un precepto, el artículo 13, cuya finalidad no era tanto impedir que se subieran a este tipo de plataformas contenidos protegidos por derechos de autor o derechos afines, sino reforzar la posición negociadora de los titulares de derechos, negando que las plataformas pudieran acogerse al régimen de exención de responsabilidad de los prestadores de servicios de alojamiento[6]. Al no estar al abrigo de las normas de puerto seguro y partiendo de que las plataformas realizan un acto de puesta a disposición del público de los contenidos cargados por sus usuarios (cosa que en el *aquis* de la Unión no estaba ni mucho menos claro), la conclusión era que tenían que contar con un contrato de licencia para no incurrir en responsabilidad. En realidad, todo esto no lo decía el articulado de la Propuesta de Directiva, sino que se recogía en sus considerandos[7]. El artículo 13 se limitaba a imponer a los prestadores de este tipo de servicios la obligación de adoptar las «medidas pertinentes para asegurar el correcto funcionamiento de los acuerdos celebrados con los titulares de derechos para el uso de sus obras u otras prestaciones o para impedir que estén disponibles en sus servicios obras u otras prestaciones identificadas por los titulares de derechos en cooperación

---

6 A tenor de la Exposición de Motivos que precede a la Propuesta de Directiva, «[e]s necesario, por tanto, garantizar que los autores y los titulares de derechos reciban una parte equitativa del valor que se obtiene por la utilización de sus obras y demás prestaciones. En concreto, la presente propuesta prevé medidas destinadas a mejorar la posición de los titulares de derechos para negociar y ser remunerados por la explotación de sus contenidos por parte de servicios en línea que permiten acceder a contenidos cargados por los usuarios», Comisión Europea, Propuesta de Directiva del Parlamento Europeo y del Consejo sobre los derechos de autor en el mercado único digital, Bruselas, 14.9.2016, COM(2016) 593 final, 2016/0280 (COD), p. 3.

7 En efecto, el considerando 38 de la Propuesta de Directiva afirmaba, por un lado, que la actividad de los servicios de la sociedad de la información que almacenan y facilitan el acceso público a obras u otras prestaciones protegidas constituye un acto de comunicación al público y, además, que no podían acogerse a la exención de responsabilidad del artículo 14 DCE si desempeñaban un papel activo optimizando la presentación de obras o prestaciones cargadas o promocionándolas, independientemente de la naturaleza de los medios utilizados a tal fin. Con ello la Propuesta pretendía presentar ambas conclusiones como una derivación de la jurisprudencia del Tribunal de Justicia, lo cual era más que discutible. Sobre esta cuestión, ampliamente, López Richart, J., «Un nuevo régimen de responsabilidad para las plataformas de almacenamientos de contenidos generados por usuarios en el mercado único digital», *Pe. i. Revista de Propiedad Intelectual*, n.º 60, septiembre-diciembre 2018, pp. 94 y ss.

con los proveedores de servicios». Entre esas medidas el precepto aludía expresamente al uso de técnicas efectivas de reconocimiento de contenidos.

Esta norma generó un intenso debate. Se dijo que iba en contra de la libertad de expresión, que suponía una censura de los contenidos que los usuarios pueden transmitir, que iba en contra de la prohibición de imponer un deber de supervisión recogida en el artículo 15 DCE e incluso que iba a suponer el fin de Internet tal y como lo conocíamos[8]. Estas críticas no sólo provenían de las empresas tecnológicas afectadas, sino también de personajes relevantes en el desarrollo de Internet, organizaciones de usuarios y consumidores y de una buena parte de la doctrina[9].

Las críticas recibidas por la propuesta hicieron mella en los miembros del Parlamento Europeo, hasta el punto que estuvieron cerca de hacer descarrilar la propuesta de Directiva. En efecto, en la votación plenaria del Parlamento Europeo celebrada el 5 de julio de 2018 fue rechazado el texto propuesto por Axel Voss, relator de la Comisión de Asuntos Jurídicos (JURI), por 318 votos frente a 278 y 31 abstenciones. Tras la incorporación de una

8 Aige Mut, B., «El polémico «fin de internet» a raíz del artículo 13 de la propuesta de Directiva sobre copyright: ¿serán eficientes las garantías propuestas en el mismo?», en Jiménez Conde, F./ Bellido Penadés, R. (dir.), *Justicia: garantías versus eficiencia*, Tirant lo Blanch, Valencia, 2019, pp. 507 y ss.

9 Entre los que se manifestaron en contra del artículo 13 de la Propuesta cabe destacar a David Kaye, Relator Especial de Naciones Unidas sobre la promoción y protección del derecho a la libertad de opinión y de expresión, quien en una carta abierta explicaba las razones por las que, en su opinión, el artículo 13 era incompatible con los compromisos asumidos por la Unión Europea en materia de derechos humanos, *vid*. Kaye, D., «Mandate of the Special Rapporteur on the promotion and protection of the right to freedom of opinion and expression», Reference OL OTH 41/2018, 13.06.2018, https://www.ohchr.org/Documents/Issues/Opinion/Legislation/OL-OTH-41-2018.pdf. También Tim Berner-Lee, junto a Vint Cert y otros pioneros de Internet escribieron una carta abierta dirigida al presidente del Parlamento Europea alertando de los riesgos que la aprobación del artículo 13 de la Propuesta podía suponer para una Internet abierta y participativa (https://www.eff.org/files/2018/06/13/article13letter.pdf). Una coalición formada por diversas organizaciones no gubernamentales, agrupaciones de internautas y de consumidores y empresas del sector se expresaron públicamente en contra del artículo 13 de la Propuesta en una carta remitida a las autoridades de la UE, *Copyright: Open Letter calling for the deletion of Articles 11 and 13*, 19.01.2019, https://edri.org/our-work/20190129-coalition-deletion-art-11-and-13/. Por su parte, numerosos académicos y expertos en la materia se encargaron de poner de relieve las inconsistencias de la propuesta con el marco jurídico vigente de la Unión Europea, *vid*. Stalla-Bourdillon, S. y otros, «An academic perspective on the copyright reform», *Computer Law and Security Review*, Vol. 33, 2017, pp. 3 y ss.; Senftleben, M. y otros, «The Recommendation Measures to Safeguard Fundamental Rights and the Open Internet in the Framework of the EU Copyright Reform», *E.I.P.R.*, Vol. 40, Issue 3, 2018, pp. 149 y ss.; European Copyright Society, *Opinion on the EU Copyright Reform Package*, 24.01.2017, p. 7, disponible en https://europeancopyrightsocietydotorg.files.wordpress.com/2015/12/ecs-opinion-on-eu-copyright-reform-def.pdf; European Policy for Intellectual Property (EPIP), *The Copyright Directive: EPIP Academic Statement*, 10.09.2018, disponible en https://www.ipi.si/en/izjava-epip-akademikov-o-direktivi/.

serie de enmiendas, un nuevo texto fue sometido a votación y el Parlamento adoptó finalmente su posición negociadora el 12 de septiembre de 2018 (el Consejo había hecho lo propio el 25 de mayo), dando paso así al triálogo con el Consejo y la Comisión para llegar a un texto de consenso que, tras ser aprobado por el Parlamento y el Consejo, fue finalmente adoptado el 17 de abril de 2019. La Directiva entraría en vigor el 7 de junio de 2019, fijándose el 7 de junio de 2021 como fecha tope para su transposición por los Estados miembros.

Fruto de los compromisos que fueron necesarios para llegar a un acuerdo, el texto resultante del que terminaría convirtiéndose en el artículo 17 DDAMUD es muy extenso, estando compuesto por diez apartados llenos de matices y redactados de una manera (deliberadamente) poco clara. Por ello, tras la adopción de la Directiva no cesaron los debates sobre la interpretación de aspectos cruciales del precepto, especialmente sobre la compatibilidad entre la obligación de filtrado de contenidos y determinadas garantías establecidas en favor de los usuarios de las plataformas para compartir contenidos en línea, lo que, como ya dijimos, desembocó en un recurso de anulación del artículo 17 DDAMUD ante el Tribunal de Justicia de la Unión Europea.

3. El régimen de responsabilidad de las plataformas para compartir contenidos en línea por las vulneraciones de derechos de autor y derechos afines

3.1. Fundamento de su responsabilidad

Muy resumidamente el contenido del artículo 17 DDAMUD se puede reducir a una regla general y una excepción. La regla general es que los prestadores de servicios para compartir contenidos responden frente a los titulares de derechos cuando sus usuarios suben contenidos protegidos por derechos de autor. Esta regla se asienta sobre dos pilares fundamentales, que suponen una transformación radical del *status quo* existente con anterioridad[10].

En primer lugar, dispone el artículo 17.1 DDAMUD que los prestadores para compartir contenidos en línea realizan un acto de comunicación al público (o de puesta a disposición del público) cuando ofrecen acceso a

---

10 En efecto, el propio Tribunal de Justicia ha venido a confirmar que el Derecho de la Unión anterior a la DDAMUD ni permitía calificar la conducta de las plataformas en línea como un acato de comunicación al público, ni excluía a estas de la posibilidad de acogerse al régimen de exención de responsabilidad del artículo 14 DCE por el mero hecho de optimizar la presentación de los contenidos alojados por sus usuarios, *vid*. STJUE (Gran Sala) de 22 de junio de 2021, asuntos acumulados C-682/18 y C-683/18 (Google/Cyando), ECLI:EU:C:2021:503].

obras o prestaciones protegidas por derechos de autor o derechos afines que hayan sido cargadas por sus usuarios[11]. Por consiguiente, si realizan un acto de comunicación al público de una obra o prestación protegida, una de dos: o cuentan con la autorización de su titular o estarán realizando un uso no autorizado y, por lo tanto, serán responsables de dicha infracción.

En segundo término, el artículo 17.3 DDAMUD dispone que cuando los prestadores de servicios para compartir contenidos en línea sean responsables por esos actos de comunicación al público de contenidos subidos por sus usuarios no podrán acogerse a la exención de responsabilidad prevista por el artículo 14 DCE[12], precepto que en el momento de su entrada en vigor

---

11 Llama la atención que la responsabilidad que se atribuye a los prestadores de servicios para compartir contenidos en línea es una responsabilidad por hecho propio y no por hecho ajeno. Al menos en teoría, responden porque ellos realizan un acto de comunicación al público. Así lo dispone expresamente la DDAMUD. Sin embargo, hay argumentos para sostener que la suya se asemeja más a una responsabilidad por hecho ajeno (aunque sea una responsabilidad objetiva) y ello por tres razones. En primer lugar, porque solo responden si la conducta del usuario es ilícita, pero no si estos cuentan con la autorización de los titulares o si están amparados por una excepción o limitación a los derechos de autor. En segundo lugar, porque solo se aplica a quienes reúnan la condición de «prestador de un servicio para compartir contenidos en línea» según el artículo 2 DDAMUD, pero si la misma conducta la realiza por ejemplo una enciclopedia sin ánimo de lucro (como la Wikipedia) no se consideraría un acto de comunicación al público. Y, por último, porque la propia Directiva establece un régimen especial de exención de responsabilidad (que el Considerando 66 califica como un régimen de responsabilidad específico) que es más propio de una responsabilidad por hecho ajeno que de un supuesto de responsabilidad por hecho propio.
Uno podría preguntarse por qué establecer un régimen de responsabilidad por hecho propio, cuando hasta ahora lo que se discutía era si cabía imponer a las plataformas una responsabilidad indirecta (por hecho ajeno) por las infracciones cometidas por sus usuarios. La explicación es sencilla: la responsabilidad por hecho ajeno no está armonizada dentro de la UE, cada ordenamiento se basa en sus propias construcciones dependiendo de su diferente tradición jurídica. Sin embargo, el derecho de comunicación al público sí está armonizado en el artículo 3 de la Directiva 2001/29. En otras palabras, el derecho de comunicación al público es un concepto autónomo del Derecho de la UE y, por lo tanto, esta puede darle el sentido que desee.

12 Conviene destacar que esta exclusión del régimen de exención de responsabilidad del artículo 14 DCE está doblemente limitada: por un lado, desde el punto de vista de los sujetos, solo se aplica a los «prestadores de servicios para compartir contenidos en línea» tal y como los define el artículo 2 de la DDAMUD, es decir, «un servicio de la sociedad de la información cuyo fin principal o uno de cuyos fines principales es almacenar y dar al público acceso a una gran cantidad de obras u otras prestaciones cargadas por sus usuarios, que el servicio organiza y promociona con fines lucrativos». Por lo que se refiere al ámbito objetivo, solo se aplica a las infracciones por los derechos de autor o derechos afines, de manera que esta norma no impediría a un prestador de servicios para compartir contenidos en línea (por ejemplo, YouTube) acogerse a las reglas de puerto seguro de la DCE en un caso de infracción de un derecho al honor o a la intimidad causado por un video subido a la plataforma por uno de sus usuarios. Se da la paradoja de que el régimen de exención de responsabilidad del artículo 14 DCE no se aplica ahora a las infracciones del derecho de autor, cuando precisamente las infracciones del *copyright* son las contempladas por la Digital Millennium Copyright Act (DMCA) estadounidense de 1998, que está en el origen de las reglas de puerto seguro de la DCE.

habrá de entenderse referido al artículo 5 del Reglamento (UE) 2022/2065 de Servicios Digitales (en adelante, LSD, que es el acrónimo de Ley de Servicios Digitales, denominación que llevaba la Propuesta de Reglamento)[13].

Ahora bien, la regla general de la responsabilidad de los prestadores de servicios de alojamiento tiene una excepción, consagrada en el artículo 17.4 DDAMUD, que recoge una serie de presupuestos de exención de responsabilidad —eso sí, más severos que los del artículo 14 DCE—, de manera que la responsabilidad que se impone a los prestadores de servicios para compartir contenidos no es una responsabilidad objetiva, como en la Propuesta de Directiva, sino más bien una responsabilidad basada en la culpa con inversión de la carga de la prueba[14].

3.2. Supuestos de exención de responsabilidad

A tenor del artículo 17.4 DDAMUD los prestadores de servicios para compartir contenidos en línea podrán exonerarse de responsabilidad si demuestran que cumplen con estas tres condiciones: (a) que realizaron los mayores esfuerzos para obtener una autorización por parte de los titulares de derechos; (b) que realizaron los mayores esfuerzos, de acuerdo con las normas sectoriales de diligencia profesional, para garantizar la indisponibilidad de obras y otras prestaciones protegidas respecto de las cuales los titulares de derechos les hubieran facilitado la información pertinente y necesaria; y (c) que, tras recibir una notificación suficientemente motivada de los titulares de derechos, actuaron de modo expeditivo para inhabilitar el acceso a las obras o prestaciones protegidas alojadas en su plataforma y realizaron los mayores esfuerzos para impedir que en el futuro se vuelvan a subir a la plataforma esas mismas obras o prestaciones.

El artículo 17.4 DDAMUD (a diferencia del artículo 13 de la Propuesta) no se refiere en ningún momento a una obligación de implementar técnicas de reconocimiento automatizado de contenidos. En su lugar, el legislador europeo recurre a un eufemismo y habla de la «cooperación entre prestadores de servicios de contenidos en línea y los titulares de derechos»[15]. Sin embargo, no cabe duda de que los apartados b) y c) *in fine* del artículo 17.4 DDAMUD estaban pensando en las técnicas de reconocimiento automatizado de contenidos cuando disponen que el prestador del servicio para compartir conte-

---

13 Reglamento (UE) 2022/2065 del Parlamento Europeo y del Consejo de 19 de octubre de 2022 relativo a un mercado único de servicios digitales y por el que se modifica la Directiva 2000/31/CE (Reglamento de Servicios Digitales), ELI: http://data.europa.eu/eli/reg/2022/2065/oj.

14 LÓPEZ RICHART, J., «Responsables, *ma non troppo*: las reglas de exención de responsabilidad de las plataformas para el intercambio de contenidos en línea en la Directiva sobre derechos de autor en el mercado único digital», en Saiz García, C./ Evangelio Llorca, R. (dir.), Propiedad intelectual y mercado único digital, Tirant lo Blanch, Valencia, 2019, pp. 325-326.

15 *Cfr.* artículo 17.7 y artículo 17.8, párrafo 2, DDAMUD.

nidos en línea debe realizar los mayores esfuerzos atendiendo a las normas sectoriales estrictas de diligencia profesional para impedir que se suban a la plataforma contenidos previamente identificados por los titulares de derechos o para que no se vuelvan a subir aquellos que hayan sido retirados tras una notificación[16]. Si se puede hablar de «colaboración» es porque los titulares de derechos deben facilitar a los prestadores de servicios para compartir contenidos la información pertinente y necesaria para que sus obras y prestaciones puedan ser identificadas[17].

Esta conclusión se asienta sobre dos premisas: por un lado, que para impedir que se suba un determinado contenido es necesario filtrar con carácter previo todos los archivos que los usuarios pretenden alojar en la plataforma y, por otro, que, debido a la ingente cantidad de contenidos que estas plataformas alojan, esta tarea no se puede realizar de forma individualizada por medio de personas, sino que es preciso recurrir a mecanismos automatizados[18]. Así lo ha venido a reconocer expresamente el Tribunal de Justicia:

> «...del tenor y del sistema del artículo 17, apartado 4, letras b) y c), de la Directiva 2019/790 resulta que para exonerarse de responsabilidad (...) los prestadores de ser-

16 Así se ha pronunciado la doctrina de manera prácticamente unánime, *vid.*, entre otros, GRISSE, K., «After the storm — examining the final version of Article 17 of the new Directive (EU) 2019/790», *Journal of Intellectual Property Law & Practice*, Vol. 14, Issue 11, 2019, p. 890; LÓPEZ RICHART, J., «Responsables, *ma non troppo...*», *cit.*, p. 339-340; SENFTLEBEN, M., «Bermuda Triangle — Licensing, Filtering and Privileging User-Generated-Content Under the New Directive on Copyright in the Digital Single Market», April 4, 2019, disponible en SSRN: https://papers.ssrn.com/sol3/papers.cfm?abstract_id=3367219, p. 5; MONTAGNANI, M. L., «Virtues and Perils of Algorithmic Enforcement and Contengt Regulation in the EU — A Toolkit for a Balanced Algorithmic Copyright Enforcement», *Journal of Law, Technology and the Internet*, Vol. 11, n.º 1, 2019-2020, p. 25; SCHWEMER, S./ SCHOVSBO, J., «What is Left of User Rights? — Algorithmic copyright Enforcement and Free Speech in the Light of the Article 17 Regime», en Torremans, p.(ed.), *Intellectual Property Law and Human Rights*, Kluwer Law International, Alphen aan den Rijn, 2020, p. 574; GEIGER, Ch./ JÜTTE, B. J., «Platform liability under Article 17 of the Copyright in the Digital Single Market Directive, Automated Filtering and Fundamental Rights: An Impossible Match», *GRUR International*, 70(6), 2021, p. 519.

17 En este sentido, afirma el considerando 66 DDAMUD que los prestadores de servicios no serán responsables en el caso de que los titulares de derecho no faciliten a los prestadores de servicios para compartir contenidos en línea la información pertinente y necesaria sobre sus obras y otras prestaciones de que se trate, o no realicen una notificación relativa a la inhabilitación del acceso a determinadas obras u otras prestaciones o a su retirada.

18 Recientemente YouTube publicaba su primer Informe de Transparencia sobre Derechos de Autor, donde se informa que en los seis primeros meses de 2021 solo a través de ContentID se detectaron más 722 millones de contenidos presuntamente infractores, cifras que sería imposible gestionar manualmente. En este sentido, BAILEY, J., «7 Takeaways from YouTube's Copyright Transparency Report», *PlagiarismToday*, 07.12.2021, disponible en https://www.plagiarismtoday.com/2021/12/07/7-takeaways-from-youtubes-copyright-transparency-report/; NODEMANN, J. B., «YouTube's first Copyright Transparency Report 2021 — A step towards «factfulness»», *Kluwer Copyright Blog*, 20.01.2022, disponible en http://copyrightblog.kluweriplaw.com/2022/01/20/youtubes-first-copyright-transparency-report-2021-a-step-towards-factfulness/.

> vicios para compartir contenidos en línea no solo están obligados a actuar de modo expeditivo para hacer que cesen en sus plataformas las violaciones concretas de los derechos de autor una vez estas se hayan producido y se les hayan notificado de mantera suficientemente motivada por los titulares de derechos, sino que además, tras recibir tal notificación o cuando estos titulares les hayan facilitado la información pertinente y necesaria antes de producirse una violación de los derechos de autor, deben hacer, "de acuerdo con las normas sectoriales estrictas de diligencia profesional, los mayores esfuerzos" por evitar que tales violaciones se produzcan o se reproduzcan. Por lo tanto, estas últimas obligaciones imponen *de facto* a estos prestadores, tal como afirma la República de Polonia, la realización de un control previo de los contenidos que los usuarios deseen cargar en sus plataformas siempre que hayan recibido de los titulares de derechos la información o las notificaciones a que se refiere el mencionado artículo 17, apartado 4, letras b) y c).
>
> Asimismo, como ha señalado el Abogado General en los puntos 57 a 69 de sus conclusiones, para poder realizar tal control previo, los prestadores de servicios para compartir contenidos en línea se ven obligados, en función del número de archivos cargados y del tipo de prestación protegida de que se trate, dentro de os límites fijados en el artículo 17, apartado 5, de la Directiva 2019/790, a utilizar herramientas de reconocimiento y de filtrado automatizados...»[19].

Existen distintas tecnologías de reconocimiento automatizado de contenidos, que difieren en su eficacia, complejidad y coste[20], pero desde hace tiempo, la más utilizada por parte de los principales servicios para compartir contenidos de audio y video es la que se basa en la huella digital (*fingerprint*)[21]. Esta huella digital consiste en un archivo que contiene una descripción de las características diferenciadoras de una obra, lo que permite identificarla incluso en los casos en los que el contenido subido a la plataforma no sea exacto al original —por ejemplo, la grabación de una actuación en vivo o la ejecución de una obra por otro intérprete— o contenga tan solo un fragmento reconocible de la obra en cuestión. Por el contrario, la identificación a través del código *hash* sólo permite reconocer un contenido si es idéntico al que se ha utilizado para generar dicho código. Aunque mucho menos sofisticadas e imprecisas, hay otras formas de reconocimiento de contenidos, como el uso de metadatos (por ejemplo, el nombre del artista o el título de la obra) o las búsquedas por palabras clave. La determinación de cuál de ellas supera el estándar de «los mayores esfuerzos», es algo que se debe deter-

---

19 STJUE (Gran Sala) de 26 de abril de 2022, asunto C-401/19 (República de Polonia c. Parlamento Europeo y Consejo de la Unión Europea), ECLI:EU:C:2022:297, aps. 53 y 54.

20 Sobre las distintas tecnologías de reconocimiento de contenidos y sus diferentes aplicaciones, *vid*. EUIPO, *Automated Content Recognition: Discussion Paper — Phase 1 'Existing technologies and their impact on IP'*, 2020, doi: 10.2814/52085.

21 Comisión Europea, Orientaciones sobre el artículo 17 de la Directiva 2019/790 sobre los derechos de autor en el mercado único digital, Bruselas, 1.6.2021, COM(2021) 288 final, p. 14.

minar caso por caso, pues la Directiva no impone el uso de ninguna tecnología específica, ni mucho menos una herramienta o *software* determinado (neutralidad tecnológica), es más, el artículo 17.5 DDAMUD puntualiza que el nivel de exigencia dependerá del tipo, la audiencia y la magnitud del servicio, el tipo de obras u otras prestaciones almacenadas, la disponibilidad de medidas para impedir la presencia de contenidos no autorizados y su coste para el prestador de servicios[22].

Pero independientemente de cuál sea la técnica empleada, todas ellas comparten dos características: la primera es que requieren que se inspeccionen todos y cada uno de los contenidos que cualquier usuario quiere alojar en la plataforma para luego compararlos con los contenidos previamente identificados por los titulares de derechos y que se incluyen en una gran base de datos; la segunda, que las medidas de reconocimiento automatizado suponen un control preventivo de los contenidos, porque si se detecta una coincidencia entre el archivo que pretende subir un usuario y un contenido previamente identificado por un titular de derechos, se va a bloquear el acceso de dicho archivo impidiendo que llegue a estar a disposición del público.

4. Tutela de la propiedad intelectual, colisión de derechos fundamentales y el principio de proporcionalidad

El problema que plantean las tecnologías de reconocimiento automatizado de contenidos, y particularmente las que se basan en la huella digital, es que en ocasiones producen resultados no deseados, como cuando bloquean contenidos que no infringen derechos de autor, lo que puede ocurrir porque se trata de contenidos que no están protegidos (por ejemplo, obras que han pasado a formar parte del dominio público), porque el usuario estaba autorizado para subirlos a la plataforma, pero, sobre todo, en aquellos casos en los que el uso de una obra puede estar amparado por una excepción o una limitación. Esto es así porque —al menos por el momento— la tecnología puede identificar fácilmente si una obra ha sido copiada y en qué medida, pero no puede entrar a valorar los elementos cualitativos de los que depende en muchos casos la apreciación de si debe entrar en juego una excepción o una limitación a los derechos patrimoniales exclusivos, por ejemplo, si la reproducción de un fragmento de una obra constituye una cita o si la utilización de ciertos elementos de una obra puede calificarse como una parodia[23].

22 Aclara el considerando 66 DDAMUD que, para evitar la disponibilidad de contenidos no autorizados protegidos por derechos de autor, pueden resultar adecuados y proporcionados medios diferentes según el tipo de contenido.

23 Depoorter, B./ Walker, R. K., «Copyright false positives», *Notre Dame Law Review*, Vol. 89, 2013, p. 335. Para una visión más optimista sobre la posibilidad de utilizar soluciones

En estos casos en los que se bloquea un contenido que no infringe derechos de terceros se habla de extralimitación de las tecnologías de filtrado de contenidos (*overblocking*) o falsos positivos, y estos falsos positivos suponen una restricción de determinados derechos fundamentales de los usuarios, como el derecho a la libertad de expresión e información (consagrado en el artículo 11 de la Carta), puesto que se está impidiendo comunicar o acceder a contenidos que son perfectamente lícitos, o el derecho a la libertad artística (artículo 13 de la Carta), en la medida en que se restringe la posibilidad de compartir obras creadas a partir de contenidos preexistentes que pueden estar o no protegidos por derechos de autor o derechos afines.

Los derechos fundamentales han jugado siempre un papel importante en el desarrollo del Derecho de la Unión Europea[24], pero sin duda este se vio reforzado de manera significativa con la adopción del Tratado de Lisboa, que confiere a la Carta de los Derechos Fundamentales fuerza jurídicamente vinculante e integra este texto en el Derecho primario de la Unión Europea[25].

En los últimos años han sido muchas las decisiones en las que el Tribunal de Justicia ha analizado el Derecho derivado de la Unión (y en particular las directivas en materia de derechos de autor y derechos afines) a la luz de la Carta, lo que le ha llevado a tratar de encontrar un equilibrio entre la tutela de la propiedad intelectual (consagrada en el artículo 17 de la Carta) y otros derechos fundamentales, como el derecho a la libertad de expresión e información (artículo 11) o el derecho a la libertad de empresa (artículo 16). Algún autor habla en este sentido de la constitucionalización del derecho de autor[26],

automatizadas basadas en *machine learning* e Inteligencia Artificial que sean capaces de identificar usos autorizados por la ley, *vid.* ELKIN-KOREN, N. «Fair use by design», *UCLA Law Review*, Vol. 64, 2017, pp. 1082 y ss.

24 En efecto, incluso antes de la entrada en vigor del Tratado de Lisboa, el Tribunal de Justicia se refirió directamente a la Carta de los Derechos Fundamentales al comprobar la validez de una directiva, sobre la base de que, aunque la Carta no fuera todavía un instrumento jurídicamente vinculante, en ella se recogen los principios generales del Derecho comunitario derivados del Convenio Europeo para la Protección de los Derechos Humanos y de las tradiciones constitucionales comunes a los Estados miembros, que son vinculantes para las instituciones europeas, *vid.* STJCE (Gran Sala), de 27 de junio de 2006, asunto C-540/03 (Parlamento Europeo c. Consejo de la Unión Europea), ECLI:EU:C:2006:429, ap. 38.

25 El artículo 6 TUE en su versión consolidada reconoce los derechos, libertades y principios enunciados en la Carta de los Derechos Fundamentales, que tendrá el mismo valor jurídico que los Tratados. Asimismo, dispone que los derechos fundamentales garantizados por el Convenio Europeo para la Protección de los Derechos Humanos y de las Libertades Fundamentales y los que son fruto de las tradiciones constitucionales comunes a los Estados miembros forman parte del Derecho de la Unión como principios generales y por tanto se enmarcan dentro del Derecho primario, *vid.* versión consolidada del Tratado de la Unión Europea, Document C:2016:202:TOC, Diario Oficial de la Unión Europea, C 202, 7 de junio de 2016.

26 GEIGER, Ch., ««Constitutionalizing» Intellectual Property Law? The Influence of Fundamental Rights on Intellectual Property in Europe», *IIC*, Vol. 37, Issue 4, 2006, pp. 371 y ss. Este mismo autor destaca en otro lugar la importancia de los derechos fundamentales como

que se traduce en la incorporación al análisis del derecho de autor de normas externas al mismo y métodos que tradicionalmente le han sido ajenos. Así, de un sistema centrado en la protección del autor se pasa a otro basado en la ponderación de derechos situados en un mismo rango.

Parte el Tribunal de Justicia de la premisa de que el derecho de propiedad intelectual no es un derecho absoluto, por lo que su tutela no debe imponerse a toda costa en detrimento de otros derechos fundamentales que puedan verse afectados[27]. Pero, del mismo modo, el hecho de que puedan verse afectados otros derechos fundamentales no significa tampoco que deba rechazarse necesariamente la tutela de la propiedad intelectual, sino que la solución ha de buscarse caso por caso, tratando de encontrar un equilibrio entre los distintos derechos en conflicto[28].

A tenor del artículo 52 de la Carta de Derechos Fundamentales (que, recordemos, forma parte del Derecho primario de la Unión, junto con los Tratados fundacionales y los principios generales), «cualquier limitación del ejercicio de los derechos y libertades reconocidos por la presente Carta deberá ser establecida por la ley y respetar el contenido esencial de dichos derechos y libertades. Sólo se podrán introducir limitaciones, respetando el principio de proporcionalidad, cuando sean necesarias y respondan efectivamente a objetivos de interés general reconocidos por la Unión o a la necesidad de protección de los derechos y libertades de los demás».

El principio de proporcionalidad es una herramienta que tiene una larga tradición en la jurisprudencia de los tribunales constitucionales nacionales y a la que el Tribunal de Justicia ha recurrido de manera constante en los últimos tiempos a la hora de determinar la extensión de los derechos de autor[29].

límite a los derechos de propiedad intelectual debido a la tendencia a la sobreprotección de estos derechos experimentada en los últimos años, que ha llevado a transferir a entidades privadas facultades que antes solo correspondían al Estado, con el riesgo de que el abuso de poder pueda provenir de estos agentes económicos, *vid*. Geiger, Ch., «Fundamental Rights as Common Principles of European (and International) Intellectual Property Law», en Ohly, A. (ed.), *Common Principles of European Intellectual Property Law*, Mohr Siebeck, Tübingen, 2012, p. 226.

27 Artículo 11 CDFUE.

28 Entre otras, STJUE (Gran Sala), de 29 de enero de 2008, asunto C-275/06 (Promusicae), ECLI:EU:C:2008:54, ap. 68; Auto TJUE (Sala Octava) de 19 de febrero de 2009, asunto C-557/07 (LSG-Gesellschaft), ECLI:EU:C:2009:107, ap. 29; STJUE (Sala Tercera) de 19 de abril de 2012, asunto C-461/10 (Bonnier Audio), ECLI:EU:C:2012:219, aps. 56-60, STJUE (Sala Cuarta) de 27 de marzo de 2014, asunto C-314/12 (Telekabel), ECLI:EU:C:2014:192, aps. 46-63; STJUE (Sala Tercera) de 15 de septiembre de 2016, asunto C-484/14 (McFadden), STJUE (Sala Tercera) de 18 de octubre de 2018, asunto C-149/17 (Bastei Lübbe), ECLI:EU:C:2018:841, ap. 51; aps. 83-101; STJUE (Gran Sala) de 29 de julio de 2019, asunto C-516/17 (Spiegel Online), ECLI:EU:C:2019:625, aps. 56-59.

29 El recurso la ponderación de derechos hunde sus raíces en la doctrina del Tribunal Constitucional Federal Alemán, cuya influencia se ha dejado sentir en muchos tribunales consti-

El juicio de proporcionalidad, como es bien sabido, se descompone en tres fases o momentos: el juicio de adecuación, el juicio de necesidad y el test de proporcionalidad en sentido estricto[30]. El primero obliga a valorar la idoneidad de la limitación o restricción de un derecho para alcanzar el objetivo propuesto. El juicio de necesidad ha de servir para comprobar que no existen medias alternativas menos gravosas para otros derechos fundamentales y que permitan alcanzar el mismo objetivo. Por último, el juicio de proporcionalidad en sentido estricto consiste en la ponderación de los derechos en conflicto para determinar si las ventajas que supone dar preferencia a uno de ellos superan, o al menos compensan, los inconvenientes de restringir otros derechos en el supuesto específico en el que dicho conflicto se plantea[31]. De lo que se trata, en definitiva, es de valorar la intensidad o la medida en que un derecho se haya de ver afectado por la prevalencia del otro y determinar cuál de ellos posee más peso en el caso concreto o, en su caso, tratar de buscar un punto de equilibrio, lo que en nuestro caso supondría garantizar la protección de los derechos de propiedad intelectual pero solo en la medida en que la afectación de otros derechos fundamentales se considere tolerable.

En un primer momento el Tribunal de Justicia pareció dejar en manos de los legisladores y autoridades nacionales la tarea de buscar un equilibrio entre los posibles derechos fundamentales que puedan entrar en conflicto, al considerar que:

---

tucionales nacionales. Es el caso del Tribunal Constitucional español, que desde mediados de los años noventa ha ido perfilando las diferentes etapas en las que se divide el juicio de proporcionalidad, al que recurre, entre otros casos, ante la colisión de derechos fundamentales. Sobre esta cuestión, *vid*. Roca Trías, E./ Ahumada Ruíz, M. A., «Los principios de razonabilidad y proporcionalidad en la jurisprudencia constitucional española», ponencia presentada en el marco de la *Reunión de Tribunales Constitucionales de Italia, Portugal y España*, Roma, 24 a 27 de octubre de 2013, pp. 11 y ss., disponible en https://www.tribunalconstitucional.es/es/trilateral/documentosreuniones/37/ponencia%20espa%C3%91a%202013.pdf.

30 *Vid*. STJUE (Gran Sala) de 23 de enero de 2013, asunto C-283/11 (Sky Österreich), ECLI:EU:C:2013:28, aps. 50-68.

31 Sin duda, la racionalización más elaborada de cómo utilizan los jueces el principio de proporcionalidad la encontramos en la obra de Alexy, R., *Teoría de los derechos fundamentales*, 2.ª ed. en español, Centro de Estudios Políticos y Constitucionales, Madrid, 2012, pp. 67 y ss. Explica este autor alemán que la ley de la ponderación debe su justificación a la distinción entre reglas y principios. Las reglas son normas que pueden ser cumplidas o incumplidas, pero no admiten término medio, y por ello el conflicto de reglas solo puede ser resuelto mediante la inclusión de una excepción en una de ellas o mediante la declaración de que por lo menos una de las reglas es inválida. Por el contrario, los principios son «mandatos de optimización», que ordenan que el objeto protegido se realice en la mayor medida posible de acuerdo con las posibilidades fácticas y jurídicas, y por ello cuando dos principios entren en conflicto este no se resuelve declarando la invalidez de uno de ellos, ni estableciendo una cláusula de excepción, sino que la prevalencia de uno sobre otro dependerá de las circunstancias, por lo que nada se opone a que bajo otras circunstancias la respuesta a cuál sea el principio que deba prevalecer sea distinta.

«...corresponde a los Estados miembros, a la hora de adaptar su ordenamiento jurídico a las Directivas citadas, procurar basarse en una interpretación de éstas que garantice un justo equilibrio entre los distintos derechos fundamentales protegidos por el ordenamiento jurídico comunitario. A continuación, en el momento de aplicar las medidas de adaptación del ordenamiento jurídico a estas Directivas, corresponde a las autoridades y a los órganos jurisdiccionales de los Estados miembros no sólo interpretar su derecho nacional de conformidad con dichas Directivas, sino también procurar que la interpretación de éstas que tomen como base no entre en conflicto con dichos derechos fundamentales o con los demás principios generales del Derecho comunitario, como el principio de proporcionalidad»[32].

Sin embargo, en decisiones posteriores el Tribunal de Justicia no ha dudado en llevar a cabo él mismo esta labor de ponderación, delimitando en qué casos se consideraría compatible con el principio de proporcionalidad la restricción de un derecho fundamental. Por ejemplo, ya en el asunto *Bonnier Audio*, el Tribunal aplicó el estándar del «justo equilibrio entre los distintos derechos fundamentales» para llegar a la conclusión de que el artículo 53 de la Ley sueca sobre derechos de autor, que permite recabar de los proveedores de acceso a Internet la identidad de sus usuarios en el curso de un procedimiento civil por vulneración de los derechos de autor, era compatible con el Derecho de la Unión siempre que se cumplieran una serie de condiciones, en concreto: que el demandante presente indicios reales de que se han vulnerado sus derechos de propiedad intelectual, que la información requerida pueda ayudar a la investigación sobre la infracción de los mismos y que el fin perseguido sea más importante que el daño o perjuicio que se pueda causar a la persona afectada[33].

5. Compatibilidad de la obligación de filtrado automatizado de contenidos con el respeto a los derechos fundamentales de los usuarios

5.1. Precedentes en la jurisprudencia del Tribunal de Justicia

Desde el punto de vista de los usuarios, el principal derecho que puede verse afectado por la obligación de filtrado automatizado es el derecho fundamental a la libertad de expresión e información. Tanto el Tribunal de Justi-

32 STJUE (Gran Sala) de 20 de enero de 2008, asunto C-275/06 (Promusicae), ECLI:EU:C:2008:54, ap. 68.

33 STJUE (Sala Tercera) de 19 de abril de 2012, asunto C-461/10l (Bonnier Audio), ECLI:EU:C:2012:219, aps. 58-60.

cia como el Tribunal Europeo de Derechos Humanos han puesto de relieve en numerosas ocasiones el papel central del derecho a la libertad de expresión en una sociedad democrática, destacando particularmente la importancia que tiene hoy en día Internet para el ejercicio de este derecho[34]. No obstante, se admite la posibilidad de restringir el derecho a la libertad de expresión a condición de que dichas restricciones vengan determinadas por la ley, no afecten a su contenido esencial y respeten el principio de proporcionalidad[35].

La cuestión de la compatibilidad de la imposición de un deber de filtrado con el derecho fundamental a la libertad de expresión e información no es nueva, el Tribunal de Justicia ya había tenido ocasión de pronunciarse sobre ella en más de una ocasión. En efecto, en los célebres asuntos *Scarlet Extended* y *SABAM* ya se planteó si una entidad de gestión podía exigir al proveedor de una red social o a un proveedor de acceso a Internet la implementación de un sistema de filtrado de contenidos para impedir el almacenamiento o la transmisión de obras o prestaciones protegidas pertenecientes a su catálogo. En ambos casos el Tribunal de Justicia respondió que dicha obligación no superaba el test de proporcionalidad en la medida en que el sistema de filtrado propuesto por la actora podía vulnerar el derecho fundamental de los usuarios a la libertad de recibir o comunicar información, «dado que se corre el riesgo de que el citado sistema no distinga suficientemente entre contenidos lícitos e ilícitos», entre otras razones porque el carácter lícito de una transmisión puede depender de la aplicación de excepciones legales a los derechos de autor que dependen de elementos subjetivos que un sistema automatizado no puede valorar[36].

Sin embargo, unos años más tarde, en otro asunto en el que lo que se debatía era la compatibilidad con los derechos fundamentales de una orden judicial de bloqueo de un sitio web desde el que se estaban comercializando ilegalmente obras protegidas, el Tribunal de Justicia pareció matizar su propia doctrina, al afirmar que la medida sería lícita siempre que esta estuviera «rigurosamente delimitada» para poner fin a la vulneración cometida por un tercero, pero sin que se vieran afectados los usuarios de Internet que recurren a los servicios de dicho proveedor para acceder lícitamente a la información y siempre que estos dispusieran de herramientas para recurrir ante los tribunales en caso contrario[37].

---

34 TEDH (Sección Segunda), asunto Ahmet Yildirim c. Turquía (demanda n.° 3111/10), ap. 54; TEDH (Sección Segunda), asunto Cengiz y otros c. Turkey (demandas nos. 48226/10 y 14027/11), ap. 49; STJUE (Sala Segunda), de 8 de septiembre de 2016, asunto C-160/15 (GS Media), ECLI:EU:C:2016:644, ap. 45.

35 *Vid*. artículo 10.2 del Convenio Europeo de Derechos Humanos.

36 STJUE (Sala Tercera) de 24 de noviembre de 2011, asunto C-70/10 (Scarlet Extended), ECLI:EU:C:2011:771, ap. 52; STJUE (Sala Tercera) de 16 de febrero de 2012, asunto C-360/10 (SABAM), ECLI:EU:C:2012:85, ap. 50.

37 STJUE (Sala Cuarta) de 27 de marzo de 2014, asunto C-314/12 (UPC Telekabel), ECLI:EU:C:2014:192 aps. 55 y 56. En esta ocasión el Tribunal consideró que las medidas

Con estos precedentes y tras la polémica que precedió la adopción de la Directiva, la República de Polonia presentó un recurso solicitando la anulación del artículo 17.4 (o, subsidiariamente, del artículo 17 DDAMUD en su totalidad) por considerar que el mismo impone la utilización de técnicas de filtrado automatizado de contenidos sin establecer salvaguardas para el derecho a la libertad de expresión y de información, lo que supondría una vulneración del contenido esencial de dichos derechos y del principio de proporcionalidad, por lo que no podría considerarse justificada la medida.

5.2. La aparente contradicción entre el artículo 17.4 y el artículo 17.7 de la Directiva

Los intereses de los usuarios de los servicios para compartir contenidos en línea son tomados en consideración fundamentalmente por los apartados 7 y 9 del artículo 17 DDAMUD. El artículo 17.7 dispone que la cooperación entre titulares de derechos y los prestadores de servicios para compartir contenidos en línea no impedirá la disponibilidad de obras u otras prestaciones que no infrinjan derechos de autor o derechos afines. Es más, en su párrafo segundo el artículo 17.7 hace una referencia expresa a determinadas excepciones que sirven para garantizar la libertad de expresión, como el uso con fines de cita, crítica o reseña y el uso a efectos de caricatura, parodia o pastiche, que como aclara el considerando 70 de la Directiva pasan a tener carácter obligatorio[38].

---

bloqueo de páginas web que ponen a disposición del público obras y prestaciones protegidas sin autorización de los titulares de derechos no debían privar inútilmente a los internautas de la posibilidad de compartir información de forma lícita y acceder a ella, lo que se traduce en la necesidad de que las medidas de bloqueo estén «rigurosamente delimitadas» para evitar que se vean afectados contenidos que no infringen derechos, por ejemplo, cuando la medida de bloqueo afecta a otro sitios web que compartan la misma dirección IP con aquel que se quiere bloquear. Por su parte, la STJUE (Sala Tercera) de 15 de septiembre de 2016, asunto C-484/14 (Mc Fadden), ECLI:EU:C:2016:683, aps. 93 y 94, consideró que no se podía imponer al prestador de un servicio de acceso gratuito a Internet la obligación de cerrar esa conexión, pero sí la de protegerla mediante una contraseña que obligue a los usuarios a revelar su identidad en el momento de registrarse, para así disuadir a estos de infringir derechos de propiedad intelectual.

38 En efecto, el considerando 70 DDAMUD deja clara la importancia de aquellas excepciones que persiguen garantizar la libertad de expresión de los usuarios, lo que justifica la voluntad del legislador de la Unión de que el reconocimiento de estas excepciones y limitaciones sea obligatorio, aunque solo sea en relación con el uso de obras y prestaciones protegidas a través de plataformas para compartir contenidos en línea. Es decir, que un Estado miembro podría no reconocer con carácter general la parodia o el pastiche, pero tendría que permitir que los usuarios de los servicios para compartir contenidos en línea puedan hacer valer estas excepciones. Recordemos que con carácter general las excepciones relativas el uso con fines de cita, crítica o reseña y el uso a efectos de caricatura, parodia o pastiche se reconocen en Directiva 2001/29/CE sobre determinados aspectos de los derechos de autor y derechos afines en la sociedad de la información (en adelante, DDASI) pero con carácter facultativo, de manera que los Estados miembros son libres de incorporarlas a no a su ordenamiento interno.

Lo dispuesto en el artículo 17.7 resulta difícil de conciliar con las obligaciones impuestas a los prestadores de servicios por el artículo 17.4.b) y c) de realizar los mayores esfuerzos para evitar que se suban a la plataforma contenidos previamente identificados por los titulares de derechos o que hayan sido retirados tras recibir una notificación. En efecto, si para cumplir con dichas obligaciones no queda otro remedio que acudir a técnicas de filtrado automatizado de contenidos y si, como hemos visto, las técnicas de reconocimiento de contenidos no son capaces de evitar los falsos positivos, llegaríamos a la conclusión de que estamos ante una evidente contradicción interna. Además, es preciso resaltar que, mientras la obligación impuesta por el artículo 17.4 es una obligación de medios («realizar los mayores esfuerzos»), el artículo 17.7 recoge claramente una obligación de resultado («no dará lugar»). Esa aparente contradicción interna está en la base del recurso presentado por la República de Polonia solicitando la anulación del artículo 17.4 DDAMUD, por considerar que el precepto no garantiza la protección de los derechos fundamentales de los usuarios.

Por otro lado, ese conflicto entre el artículo 17.4 y el artículo 17.7 se ve reflejado en el artículo 17.9, que dispone que, para el caso de litigio sobre la inhabilitación del acceso a contenidos subidos por los usuarios, estos deberán contar con un mecanismo de reclamación y recurso ágil y eficaz. Con ello, el legislador de la Unión está reconociendo implícitamente que cabe la posibilidad de que se impida el acceso o se retiren contenidos que no infringen derechos de autor[39].

La relación entre lo dispuesto en los apartados 4 y 7 del artículo 17 ha dado lugar dos a interpretaciones contrapuestas, aunque, como veremos, también es posible encontrar una solución intermedia.

Por un lado, se ha llegado a sostener que la formulación del artículo 17.7 DDAMUD sugiere que el legislador ha querido dar preferencia a los intereses de los usuarios que ejercen legítimamente su derechos a la libertad de expresión e información, por lo que no estaría permitido el bloqueo automático de contenidos para garantizar la indisponibilidad de obras y otras prestaciones protegidas, en la medida en que podrían verse afectados contenidos no infractores, lo que supondría una restricción injustificada de los artículos 11 y 13 de la Carta de Derechos Fundamentales de la Unión Europea[40]. Sin embargo, esta interpretación resulta difícilmente compatible con la historia legislativa y la sistemática del precepto.

En el extremo opuesto encontramos la postura de los titulares de derechos y los gobiernos de algunos de los países miembros de la Unión Europea,

39 SCHWEMER, S./ SCHOVSBO, J., *op. cit.*, p. 14.

40 GEIGER, Ch./ JÜTTE, B. J., «Platform liability under Article 17 of the Copyright in the Digital Single Market Directive, Automated Filtering and Fundamental Rights: An Impossible Match», *GRUR International*, 70(6), 2021, p. 539.

encabezados por Francia y España, que han venido sosteniendo que el mecanismo de reclamación y recurso contemplado en el artículo 17.9 constituye una medida suficiente para garantizar los derechos de los usuarios frente a las situaciones de retirada o bloqueo de contenidos no infractores. Según sus defensores, la única interpretación del artículo 17 que permite lograr un justo equilibrio de los derechos en juego se basa en la aplicación de los instrumentos de reconocimiento de contenidos, tal y como venían utilizándose ya por algunas plataformas con carácter voluntario, combinados con la implantación de un mecanismo de reclamación y recurso ágil y efectivo a disposición de los usuarios que puedan verse afectados por la retirada de contenidos[41]. Quienes defienden esta solución alegan que la restricción del derecho a la libertad de expresión que puede resultar del bloqueo preventivo de contenidos que no infringen ningún derecho sería residual y temporal, mientras que la alternativa de restringir el uso de las técnicas de reconocimiento conllevaría graves daños para los titulares de derechos.

Sin embargo, la simple existencia de un procedimiento para reclamar frente al bloqueo o la retirada injustificada de contenidos no es suficiente para garantizar el derecho fundamental a la libertad de expresión de los usuarios. En primer lugar, porque la rapidez con la que se sucede la información en un entorno caracterizado por la inmediatez como es Internet, la posibilidad de reclamar *a posteriori* el restablecimiento de la información que ha sido bloqueada puede no tener ya sentido. Pensemos, por ejemplo, en un meme que se quiere utilizar para hacer un comentario sarcástico sobre una noticia o un acontecimiento de actualidad. Además, hay estudios empíricos que demuestran que en aquellos sistemas jurídicos en los que, además de un mecanismo de notificación y retirada (*notice and take down*), se prevé un procedimiento para que la persona que inicialmente subió el contenido controvertido manifieste su oposición para que este vuelva a ponerse en la red (*counternotice and put back*), son muy pocas las veces en las que los afectados recurren a ellos, incluso en los casos de contenidos eliminados o bloqueados de manera injustificada[42]. Y lo mismo cabe decir de los procedimientos utilizados por algunas plataformas que ya venían aplicando voluntariamente técnicas de reconocimiento automatizado de contenidos. En este sentido, YouTube reconoce que menos del 1% de los usuarios reclama ante el

41 Mochon, J. —Ph. *et al.*, *Les outils de reconnaissance des contenus sur les plateformes numériques de partage: propositions pour la mise en œuvre de l'article 17 de la directive européenne sur le droit d'auteur*, Rapport présenté à la réunion plénière du CSPLA du 15 décembre 2020, Janvier 2021, disponible en https://www.culture.gouv.fr/Sites-thematiques/Propriete-litteraire-et-artistique/Conseil-superieur-de-la-propriete-litteraire-et-artistique/Travaux/Missions/Mission-du-CSPLA-sur-les-outils-de-reconnaissance-des-contenus-et-des-oeuvres-sur-les-plateformes-de-partage-en-ligne-II.

42 Urban, J. M./ Karaganis, J./ Scholfield, B. L. «Notice and Takedown in Everyday Practice», UC Berkeley Public Law Research Paper n.° 2755628, 2016, pp. 44-46, disponible en https://ssrn.com/abstract=2755628.

bloqueo de contenidos a través de la herramienta desarrollada por la propia plataforma (Content ID), mientras que los titulares de derechos aceptan una de cada tres reclamaciones presentadas[43], lo cual además viene a confirmar que en muchos casos el uso de esta tecnología puede dar lugar al bloqueo de contenidos que no infringen derechos de autor.

Si llegamos a la conclusión de que el mecanismo de reclamación y recurso previsto en el artículo 17.9 no es suficiente para dar satisfacción a la obligación impuesta en el artículo 17.7 de no impedir la disponibilidad de contenidos que no infrinjan derechos de autor o derechos afines, la cuestión que inmediatamente se plantea es cómo evitar el riesgo de los falsos positivos inherente a las tecnologías de reconocimiento automático de contenidos. Como hemos visto el principal problema proviene de aquellas excepciones o limitaciones que dependen de una valoración individualizada de determinados elementos subjetivos (como la finalidad perseguida) que no puede ser apreciada de manera automatizada. Ante esta situación se ha propuesto restringir el recurso a las técnicas de filtrado automatizado, de manera que solo pudiera bloquearse de forma preventiva un contenido en aquellos casos en los que la vulneración de los derechos de autor o derechos afines es evidente sin necesidad de recurrir a un análisis pormenorizado (por ejemplo, la reproducción literal de la totalidad de una obra musical o audiovisual, que difícilmente va a poder ser amparada por una excepción o limitación). De este modo no se eliminaría totalmente, pero sí se reduciría de manera significativa el riesgo de que se vean afectados por la medida de filtrado contenidos que no vulneran derechos de autor o derechos afines, y ello independientemente de arbitrar mecanismos para facilitar la rápida reposición de los contenidos que hayan sido erróneamente bloqueados. Por supuesto, los titulares de derechos siempre tendrán a su disposición la opción de solicitar al prestador del servicio la retirada de contenidos infractores cuando las medidas de filtrado no los hayan bloqueado de forma preventiva.

En este sentido, la Comisión en sus orientaciones sobre el artículo 17 propuso que el bloqueo automático de contenidos previamente identificados por los titulares de derechos se limitase a aquellos que constituyan una «infracción manifiesta», atendiendo a criterios tales como la duración o el tamaño del contenido detectado, la proporción respecto de la obra en su conjunto, si el contenido se utiliza aisladamente o en combinación

---

43 *Cfr.* Japiot, O./ Durand-Viel, L., *La protection du droit d'auteur sur les plateformes numériques: les outils existants, les bonnes pratiques et leurs limites*, Rapport de la mission d'étude sur les outils de reconnaissance des contenus protégés par le droit d'auteur sur les plateformes numériques, Conseil Supérieur de la Propriété Littéraire et Artistique, Rapport présenté au CSPLA le 19 décembre 2017, p. 27, disponible en http://www.culture.gouv.fr/Thematiques/Propriete-litteraire-et-artistique/Conseil-superieur-de-la-propriete-litteraire-et-artistique/Travaux/Missions/Mission-du-CSPLA-sur-les-outils-de-reconnaissance-des-oeuvres-sur-les-plateformes-en-ligne.

con otros contenidos o si el contenido ha sido modificado previamente por el usuario. Estos factores podrían ser un indicio de que el uso de la obra o prestación protegida está amparado por ciertos límites y en particular por los límites de cita, crítica, reseña, caricatura, parodia y pastiche, que a tenor del párrafo segundo del artículo 17.7 DDAMUD merecen una especial protección[44].

El legislador alemán ya había incluido cautelas semejantes en la Ley sobre la responsabilidad por vulneración de derechos de autor de los prestadores para compartir contenidos en línea con la finalidad de limitar el bloqueo preventivo a través de procedimientos automatizados de determinados contenidos[45]. Ahora bien, a diferencia de las orientaciones de la Comisión, la ley alemana no se basa en la noción de contenido manifiestamente infractor, sino, al contrario, en la de «contenidos presuntamente autorizados por la ley». Para merecer dicha calificación un contenido ha de cumplir tres requisitos de carácter cumulativo: en primer lugar, reproducir menos de la mitad de la obra original; en segundo lugar, combinar partes de una obra o prestación protegida con otros contenidos; y, por último, que el uso del contenido protegido sea menor (lo que según la ley significa que ha de tratarse de un uso no comercial de menos de 15 segundos en el caso de archivos de audio o video, 160 caracteres en el caso de texto, o 125 kilobytes de archivos gráficos) o, en su defecto (uso comercial o que supera los límites indicados), que el propio usuario expresamente alegue que se trata de un uso cubierto por una excepción. Si se cumplen estas condiciones el contenido no podrá ser objeto de un bloqueo preventivo a través de medios automatizados. Los titulares de derechos conservan la facultad de impugnar la legalidad de estos usos no autorizados, pero las plataformas están obligadas a mantener los contenidos controvertidos en línea hasta que la reclamación haya sido revisada internamente. Este sistema, que fue muy criticado por los titulares de derechos durante la tramitación de la ley, tiene, no obstante, una señalada excepción, referida a la utilización de obras cinematográficas o vídeos hasta que finalice su primera emisión pública, lo que se extiende a la transmisión en directo de acontecimientos deportivos, a los que no se aplica la condición de «contenido presuntamente autorizado por la ley».

---

44 Comisión Europea, Comunicación de la Comisión al Parlamento Europeo y el Consejo *Orientaciones sobre el artículo 17 de la Directiva 2019/790 sobre los derechos de autor en el mercado único digital*, Bruselas, 4.6.2021, COM(2021) 288 final, pp. 24-25.

45 Gesetz über die urheberrechtliche Verantwortlichkeit von Diensteanbietern für das Teilen von Online-Inhalten (Urheberrechts-Diensteanbieter-Gesetz — UrhDaG). Esta ley está recogida en el artículo 3 de la Ley de transposición de la DDAMUD aprobada definitivamente el 31 de mayo de 2021 (Gesetz zur Anpassung des Urheberrechts an die Erfordernisse des digitalen Binnenmarktes, Bundesgesetzblatt Jahrgang 2021 Teil I Nr. 27, 4.6.2021).

5.3. La postura del Tribunal de Justicia ante el recurso presentado por la República de Polonia

El 26 de abril de 2022 se conocía el esperado fallo del Tribunal de Justicia en relación con el recurso de anulación del artículo 17.4 DDAMUD planteado por la República de Polonia[46]. Las consideraciones del Tribunal vienen respaldar la idea de que es necesario restringir la obligación de filtrado automático de contenidos para garantizar su compatibilidad el principio de proporcionalidad.

El Tribunal de Justicia considera que el artículo 17.4 no puede analizarse aisladamente, sino en conexión con otras disposiciones contenidas en el artículo 17 que vendrían a ofrecer garantías suficientes para proteger los derechos fundamentales de los usuarios. Parte el Tribunal de que cuando el artículo 17.7 dispone que la cooperación entre los prestadores de servicios para compartir contenidos y los titulares de derechos «no dará lugar» a que se impida la disponibilidad de obras o prestaciones cargadas por usuarios que no infrinjan derechos de autor, está imponiendo una obligación de resultado, dando a entender que tendría más peso que las obligaciones de medios establecidas en el artículo 17.4, cuando exige a los prestadores de servicios para compartir contenidos la realización de sus «mayores esfuerzos»[47]. Además, conecta esta disposición con la doctrina sentada en el asunto *Telekabel*, en virtud de la cual las medias adoptadas por los prestadores de servicios para luchar contra la difusión ilícita de contenidos protegidos deben estar «rigurosamente delimitadas», de manera que hagan posible la protección efectiva de los derechos de autor, pero sin que se vean afectados los derechos de los usuarios que hacen un uso lícito de los servicios de dichos prestadores[48]. También trae a colación los asuntos *Scarlet Extended* y *SABAM*, pero no para negar la compatibilidad de la obligación de filtrado automatizado con el derecho a la libertad de expresión de los usuarios, sino para concluir que sería contrario a la libertad de expresión un sistema de filtrado que entrañe un riesgo de que no se distinga suficientemente entre contenidos lícitos y contenidos ilícitos, pero no en el caso contrario[49]. Por otro lado, alude el Tribunal de Justicia a la prohibición, recogida en el artículo 17.8 DDAMUD, de imponer a los prestadores de servicios una obligación general de supervisión (prohibición que proviene del artículo 15 DCE y que hoy recoge el artículo 8 LSD), lo que, a tenor de la doctrina sentada por el propio Tribunal de Justicia en

46 STJUE (Gran Sala) de 26 de abril de 2022, asunto C-401/19 (República de Polonia c. Parlamento Europeo y Consejo de la Unión Europea), ECLI:EU:C:2022:297.

47 STJUE (Gran Sala) de 26 de abril de 2022, asunto C-401/19 (República de Polonia c. Parlamento Europeo y Consejo de la Unión Europea), ECLI:EU:C:2022:297, ap. 77.

48 *Ibid*. ap. 81.

49 *Ibid*., ap. 86.

el asunto *Eva Glawischnig-Piesczek*, se traduce en que no se puede imponer un deber de filtrado de ciertos contenidos ilícitos cargados por sus usuarios cuando para determinar la ilicitud de los mismos es necesaria «apreciación autónoma» por parte del intermediario[50], que es precisamente lo que sucede cuando la ilicitud o no depende de la posible aplicación de una excepción o limitación a los derechos de autor, como se encarga de poner de relieve el propio Tribunal de Justicia[51]. Por último, el fallo reconoce expresamente que las garantías procedimentales recogidas en el artículo 17.9 DDAMUD, «se añaden a las contempladas en los apartados 7 y 8 de ese artículo», lo que viene a confirmar que el procedimiento de reclamación y recurso (tutela *ex post*) no es suficiente para garantizar los derechos de los usuarios, sino que es necesario establecer mecanismos para impedir que estos puedan ser vulnerados en primer lugar (tutela *ex ante*).

En lo esencial, el Tribunal de Justicia parece asumir los argumentos del abogado general Henrik Saugmandsgaard Øe, aunque sin llegar a afirmar expresamente la necesidad de limitar el filtrado automatizado de contenidos a aquellos que sean «manifiestamente ilícitos» y sin fijar en qué casos estaría justificado el filtrado por medios automatizados de contenidos cargados por los usuarios[52]. Las conclusiones del abogado general utilizan un lenguaje mucho más directo, llegando a afirmar que «las medidas de filtrado que los prestadores de servicios para compartir contenidos están obligados a adoptar de conformidad con las disposiciones impugnadas deben limitarse, por tanto, a mi juicio, a los contenidos que son «idénticos» o «equivalentes» a las obras y otras prestaciones identificadas por los titulares de derechos», entendiendo por contenidos equivalentes los que incluyen modificaciones insignificantes, de manera que el público no las puede diferenciar de las prestaciones originales. Por el contrario, considera que «no puede exigirse a los prestadores de servicios para compartir contenidos que también filtren con carácter preventivo los contenidos que, pese a reproducir obras y prestaciones identificadas por los titulares de derechos, difieran de forma sustancial de estas, como ocurre con las reutilizaciones de extractos de obras en otros contextos, con los contenidos «transformadores», etc., que pueden estar cubiertos por excepciones y limitaciones de los derechos de autor», pues ello exigiría realizar una «apreciación autónoma».

50 STJUE (Sala Tercera) de 3 de octubre de 2019, asunto C-18/18 (Eva Glawischnig-Piesczek c. Facebook Ireland Limited), ECLI:EU:C:2019:821, ap. 45.

51 STJUE (Gran Sala) de 26 de abril de 2022, asunto C-401/19 (República de Polonia c. Parlamento Europeo y Consejo de la Unión Europea), ECLI:EU:C:2022:297, ap. 90.

52 Conclusiones del Abogado General Sr. Henrik Saugmandsgaard Øe, presentadas el 15 de julio de 2021, Asunto C-401/19 (República de Polonia c. el Parlamento Europeo y el Consejo de la Unión Europea), ECLI:EU:C:2021:613, aps. 201-203.

6. A modo de conclusión

La evolución experimentada por la norma hoy recogida en el artículo 17 DDAMUD es un claro ejemplo de la creciente importancia de lo que se ha venido en llamar «la constitucionalización del derecho de autor», pero también de las dificultades para encontrar un equilibrio entre la tutela de la propiedad intelectual y el respeto de otros derechos fundamentales.

El Tribunal de Justicia ha confirmado que el artículo 17.4 DDAMUD impone *de facto* a los prestadores de servicios para compartir contenidos en línea un control previo de todos los archivos que los usuarios suben a sus plataformas, lo que en muchos casos solo es posible a través de herramientas de reconocimiento y filtrado automatizado. Pero, al mismo tiempo, considera que la limitación que ello puede suponer para el derecho a la libertad de expresión e información no vulnera el principio de proporcionalidad, porque la Directiva contiene mecanismos adecuados para salvaguardar los derechos de los usuarios. A juicio del Tribunal, el artículo 17 no se limita a establecer ciertas garantías procedimentales para proteger los intereses de los usuarios afectados por la retirada injustificada de contenidos (tutela *ex post*), sino que exige también que las medidas de filtrado automatizado de contenidos estén rigurosamente delimitadas para tratar de evitar que se vean afectados contenidos que no vulneran ningún derecho (tutela *ex ante*).

La manera en que deba llevarse a cabo la delimitación de las medidas de reconocimiento y filtrado automatizado de contenidos es algo que el Tribunal de Justicia deja en manos de los legisladores nacionales. Sin embargo, a la hora de transponer la Directiva, la mayoría de los Estados miembros —entre ellos España[53]— se han limitado a reproducir el texto del artículo 17 DDAMUD en su ordenamiento interno, lo que supone trasladar el problema a los propios prestadores de servicios. Y es que, si el legislador nacional no determina los parámetros bajo los que debe operar el sistema de filtrado automatizado, serán los propios prestadores de servicios para compartir contenidos los que deban hacerlo, siendo en última instancia los tribunales los que deberán valorar la adecuación de la solución adoptada. Por ello, no sería de extrañar que la cuestión termine de nuevo en el Tribunal de Justicia.

53 *Vid.* artículo 73 Real Decreto-ley 24/2021, de 2 de noviembre, de transposición de directivas de la Unión Europea en las materias de bonos garantizados, distribución transfronteriza de organismos de inversión colectiva, datos abiertos y reutilización de la información del sector público, ejercicio de derechos de autor y derechos afines aplicables a determinadas transmisiones en línea y a las retransmisiones de programas de radio y televisión, exenciones temporales a determinadas importaciones y suministros, de personas consumidoras y para la promoción de vehículos de transporte por carretera limpios y energéticamente eficientes, BOE n.º 263, de 03/11/2021, Permalink ELI: https://www.boe.es/eli/es/rdl/2021/11/02/24/con.

7. Bibliografía

AIGE MUT, B., «El polémico «fin de internet» a raíz del artículo 13 de la propuesta de Directiva sobre copyright: ¿serán eficientes las garantías propuestas en el mismo?», en JIMÉNEZ CONDE, F./ BELLIDO PENADÉS, R. (dir.), *Justicia: garantías versus eficiencia*, Tirant lo Blanch, Valencia, 2019, pp. 507-515.

ALEXY, R., *Teoría de los derechos fundamentales*, 2.ª ed. en español, Centro de Estudios Políticos y Constitucionales, Madrid, 2012.

BAILEY, J., «7 Takeaways from YouTube's Copyright Transparency Report», *PlagiarismToday*, 07.12.2021, disponible en https://www.plagiarismtoday.com/2021/12/07/7-takeaways-from-youtubes-copyright-transparency-report/.

DEPOORTER, B./ WALKER, R. K., «Copyright false positives», *Notre Dame Law Review*, Vol. 89, 2013, pp. 319-360.

ELKIN-KOREN, N. «Fair use by design», *UCLA Law Review*, Vol. 64, 2017, pp. 1082-1110.

ESPÍN ALBA, I., «Online content sharing service provider's liability in the Directive on Copyright in the Digital Single Market», *UNIO — EU Law Journal*. Vol. 6, No. 1, January 2020, pp. 100-114.

GEIGER, CH., ««Constitutionalizing» Intellectual Property Law? The Influence of Fundamental Rights on Intellectual Property in Europe», *IIC*, Vol. 37, Issue 4, 2006, pp. 371-406.

— «Fundamental Rights as Common Principles of European (and International) Intellectual Property Law», en Ohly, A. (ed.), *Common Principles of European Intellectual Property Law*, Mohr Siebeck, Tübingen, 2012, pp. 223-238.

GEIGER, CH./ JÜTTE, B. J., «Platform liability under Article 17 of the Copyright in the Digital Single Market Directive, Automated Filtering and Fundamental Rights: An Impossible Match», *GRUR International*, 70(6), 2021, pp. 517-543.

GRISSE, K., «After the storm — examining the final version of Article 17 of the new Directive (EU) 2019/790», *Journal of Intellectual Property Law & Practice*, Vol. 14, Issue 11, 2019, pp. 887-899.

JAPIOT, O./ DURAND-VIEL, L., *La protection du droit d'auteur sur les plateformes numériques: les outils existants, les bonnes pratiques et leurs limites*, Rapport de la mission d'étude sur les outils de reconnaissance des contenus protégés par le droit d'auteur sur les plateformes numériques, Conseil Supérieur de la Propriété Littéraire et Artistique, Rapport présenté au CSPLA le 19 décembre 2017, disponible en http://www.culture.gouv.fr/Thematiques/Propriete-litteraire-et-artistique/Conseil-superieur-de-la-propriete-litteraire-et-artistique/Travaux/Missions/Mission-du-CSPLA-sur-les-outils-de-reconnaissance-des-oeuvres-sur-les-plateformes-en-ligne.

López Richart, J., «Un nuevo régimen de responsabilidad para las plataformas de almacenamientos de contenidos generados por usuarios en el mercado único digital», *Pe. i. Revista de Propiedad Intelectual*, n.º 60, septiembre-diciembre 2018, pp. 67-126.

— «Responsables, *ma non troppo*: las reglas de exención de responsabilidad de las plataformas para el intercambio de contenidos en línea en la Directiva sobre derechos de autor en el mercado único digital», en Saiz García, C./ Evangelio Llorca, R. (dir.), Propiedad intelectual y mercado único digital, Tirant lo Blanch, Valencia, 2019, pp. 307-366.

Mochon, J. —Ph. *et al.*, Les outils de reconnaissance des contenus sur les plateformes numériques de partage: propositions pour la mise en œuvre de l'article 17 de la directive européenne sur le droit d'auteur, Rapport présenté à la réunion plénière du CSPLA du 15 décembre 2020, Janvier 2021, disponible en https://www.culture.gouv.fr/Sites-thematiques/Propriete-litteraire-et-artistique/Conseil-superieur-de-la-propriete-litteraire-et-artistique/Travaux/Missions/Mission-du-CSPLA-sur-les-outils-de-reconnaissance-des-contenus-et-des-oeuvres-sur-les-plateformes-de-partage-en-ligne-II.

Montagnani, M. L., «Virtues and Perils of Algorithmic Enforcement and Content Regulation in the EU — A Toolkit for a Balanced Algorithmic Copyright Enforcement», Journal of Law, Technology and the Internet, Vol. 11, No. 1, 2019-2020, pp. 1-49.

Nodemann, J. B., «YouTube's first Copyright Transparency Report 2021 — A step towards «factfulness»», Kluwer Copyright Blog, 20.01.2022, disponible en http://copyrightblog.kluweriplaw.com/2022/01/20/youtubes-first-copyright-transparency-report-2021-a-step-towards-factfulness/.

Roca Trías, E./ Ahumada Ruíz, M. A., «Los principios de razonabilidad y proporcionalidad en la jurisprudencia constitucional española», ponencia presentada en el marco de la Reunión de Tribunales Constitucionales de Italia, Portugal y España, Roma, 24 a 27 de octubre de 2013, disponible en https://www.tribunalconstitucional.es/es/trilateral/documentosreuniones/37/ponencia%20espa%C3%91a%202013.pdf.

Schwemer, S./ Schovsbo, J., «What is Left of User Rights? — Algorithmic copyright Enforcement and Free Speech in the Light of the Article 17 Regime», en *Torremans,* p.(ed.), *Intellectual Property Law and Human Rights, Kluwer Law International,* Alphen aan den Rijn, 2020, pp. 569-589.

Senfleben, M. y otros, «The Recommendation Measures to Safeguard Fundamental Rights and the Open Internet in the Framework of the EU Copyright Reform», *E.I.P.R.*, Vol. 40, Issue 3, 2018, pp. 149-163.

Senftleben, M., «Bermuda Triangle — Licensing, Filtering and Privileging User-Generated-Content Under the New Directive on Copyright in the Digital Single Market», April 4, 2019, disponible en https://papers.ssrn.com/sol3/papers.cfm?abstract_id=3367219.

Urban, J. M./ Karaganis, J./ Scholfield, B. L. «Notice and Takedown in Everyday Practice», *UC Berkeley Public Law Research Paper n.º. 2755628*, 2016, disponible en https://ssrn.com/abstract=2755628.

EL CONOCIMIENTO EFECTIVO EN LA JURISPRUDENCIA DEL TRIBUNAL SUPREMO: ¿HACIA UNA OBLIGACIÓN GENERAL DE SUPERVISIÓN?*

Laura Herrerías Castro
Investigadora predoctoral
Universitat Pompeu Fabra
laura.herrerias@upf.edu

1. Introducción

Las plataformas en línea, especialmente las redes sociales, han supuesto una auténtica transformación en las relaciones interpersonales al proporcionar entornos participativos. En apenas una década, los usuarios han pasado de ser meros receptores de información a sujetos activos que elaboran, modifican y comparten todo tipo de contenidos[1]. Actualmente, la red social más popular es Facebook, seguida de Youtube, Instagram y TikTok, todas ellas

* El presente trabajo se enmarca en el proyecto de investigación «Responsabilidad contractual y extracontractual de las plataformas en línea» (PID2021-126354OB-I00), dirigido por el Dr. Carlos Ignacio Gómez Ligüerre y financiado por el Ministerio de Ciencia

1 STC 27/2020, 24.02.2020, FJ. 3 (ECLI:ES:TC:2020:27).

con más de 1000 millones de usuarios[2]. En España, se estima que alrededor de 43.9 millones de personas tienen cuentas activas en alguna red social, lo que equivale a más del 92 % de la población[3].

Sin embargo, factores como la difusión inmediata de los contenidos, su accesibilidad e interactividad, la ausencia de un control o moderación previa, y la permisibilidad del anonimato en línea han dado lugar a un modelo comunicativo que implica una mayor potencialidad lesiva de derechos fundamentales. No es extraño que el 90 % de la ciudadanía de la UE considere que se deben tomar medidas para limitar la difusión de contenidos ilícitos en línea, un 65 % opine que internet no es seguro, y solo un 44 % crea que las plataformas en línea combaten eficazmente los contenidos ilícitos[4].

Para lograr un espacio digital seguro, la actual Comisión Europea, presidida por Ursula von der Leyen, fijó como una de sus acciones clave incrementar y armonizar la responsabilidad de las plataformas en línea con respecto a los contenidos publicados por los usuarios[5]. Como resultado, el 15 de diciembre de 2020 se hizo pública la Propuesta de Reglamento relativo a un mercado único de servicios digitales[6] y, tras casi dos años de intensas negociaciones en los distintos triálogos[7], el 16 de noviembre de 2022 entró en vigor el Reglamento (UE) 2022/2065 del Parlamento Europeo y del Consejo de 19 de

---

2 Statista, «Most popular social networks worldwide as of January 2022, ranked by number of monthly active users», disponible en: https://www.statista.com/statistics/272014/global-social-networks-ranked-by-number-of-users/ (última consulta: 05.12.2022).

3 Statista, «Number of social network users in Spain from 2021 to 2022 (in millions)», disponible en: https://www.statista.com/statistics/1306497/internet-users-spain/ (última consulta: 05.12.2022). Según los datos publicados por el Instituto Nacional de Estadística (INE), a 1 de julio de 2022 la población residente en España ascendía a 47.615.033 personas.

4 Flash Eurobarometer 469, «Illegal content online», junio 2018, disponible en: https://europa.eu/eurobarometer/surveys/detail/2201 (última consulta: 05.12.2022).

5 Comisión Europea, «Shaping Europe's digital future», 2020, p. 6; Political guidelines for the next European Commission 2019-2024, «A Union that strives for more. My agenda for Europe. By candidate for President of the European Commission Ursula von der Leyen», p. 13.

6 Propuesta de Reglamento del Parlamento Europeo y del Consejo relativo a un mercado único de servicios digitales (Ley de servicios digitales) y por el que se modifica la Directiva 2000/31/CE, Bruselas, 15.12.2020, COM(2020) 825 final.

7 Resolución legislativa del Parlamento Europeo, de 5 de julio de 2022, sobre la propuesta de Reglamento del Parlamento Europeo y del Consejo relativo a un mercado único de servicios digitales (Ley de servicios digitales) y por el que se modifica la Directiva 2000/31/CE, (P9_TA(2022)0269). Véanse también las enmiendas aprobadas por el Parlamento Europeo, el 20 de enero de 2022, sobre la propuesta de Reglamento del Parlamento Europeo y del Consejo relativo a un mercado único de servicios digitales (Ley de servicios digitales) y por el que se modifica la Directiva 2000/31/CE, 20.01.2022 (P9_TA(2022)0014); y las enmiendas del Consejo de la UE, que se pueden consultar en: «Proposal for a Regulation of the European Parliament and of the Council on a Single Market for Digital Services (Digital Services Act) and amending Directive 2000/31/EC — General approach», 18.11.2021 (13203/21).

octubre de 2022 relativo a un mercado único de servicios digitales y por el que se modifica la Directiva 2000/31/CE (en adelante, RSD)[8].

La finalidad del RSD es contribuir al buen funcionamiento del mercado interior de los servicios intermediarios con un triple objetivo: a) crear un entorno en línea seguro, predecible y fiable, b) facilitar la innovación, y c) proteger efectivamente los derechos amparados en la CDFUE[9]. Para ello, se establece un sistema de exoneración condicionada de responsabilidad para los prestadores de servicios intermediarios (Capítulo II), obligaciones específicas de diligencia debida (Capítulo III), y normas sobre aplicación, cooperación, sanciones y ejecución (Capítulo IV).

El RSD mantiene los puertos seguros que introdujo la Directiva 2000/31/CE, de 8 de junio de 2000, relativa a determinados aspectos jurídicos de los servicios de la sociedad de la información, en particular el comercio electrónico en el mercado interior (en adelante, DCE)[10], para los servicios de mera transmisión (art. 12 DCE), memoria caché (art. 13 DCE) y alojamiento de datos (art. 14 DCE), y ello a pesar de que algunas de las razones que justificaron su adopción hace más de dos décadas son cuestionables en la actualidad[11].

Como indica el cdo. 16 RSD, este marco ha hecho posible que en el mercado interior surjan y se desarrollen servicios novedosos, por lo que debe conservarse[12]. No obstante, en vista de las divergencias en la transposición y aplicación de la directiva, y por motivos de claridad y coherencia, el RSD ha suprimido los arts. 12 a 15 DCE y ha traslado su contenido a los arts. 3, 4, 5 y 8 RSD, respectivamente[13].

Estos puertos seguros, a diferencia de la sec. 512 del U.S.C en la que se inspiran[14], tienen alcance horizontal de modo que excluyen cualquier tipo de responsabilidad —civil, penal o administrativa— derivada de la transmisión o el

8 DO L 277, 27.10.2022, pp. 1-102.

9 Art. 1 y cdos. 2, 3, 4, 8 y 15 RSD.

10 La expresión puerto seguro parece derivar de un aforismo marítimo atribuido a John Shedd: *«A ship in harbour is safe, but that is not what ships are built for», vid.* «Salt from My Attic» (1928), en Shapiro, F. (ed.), *The Yale Book of Quotations*, 2006, p. 705.

11 Edwards, L., «With great power comes great responsibility?: The rise of platform liability», en *Law, Policy and the Internet*, Hart Publishing, Oxford, 2019, pp. 257-261.

12 De Streel, A. y Husovec, M., «The e-commerce Directive as the cornerstone of the Internal Market. Assessment and options for reform», *Study Requested by the IMCO committee*, 2020, p. 47; Nordemann, J.B., «The functioning of the Internal Market for Digital Services: responsibilities and duties of care of providers of Digital Services. Challenges and opportunities», *Study Requested by the IMCO committee*, 2020, p. 22.

13 Art. 89 RSD.

14 Peguera Poch, M., «The DMCA Safe Harbors and their European Counterparts: A Comparative Analysis of Some Common Problems» en *Columbia Journal of Law & the Arts,* vol. 32, n.° 4, 2009, pp. 481-512.

almacenamiento de contenidos ilícitos[15]. Se entiende por «contenido ilícito» toda información que, por sí sola o en relación con una actividad, incluida la venta de productos o la prestación de servicios, incumpla el Derecho de la Unión o el Derecho de cualquier Estado miembro que cumpla el Derecho de la Unión[16].

Es preciso aclarar que los puertos seguros no tienen por objeto determinar la responsabilidad de los intermediarios en línea, sino tan solo limitar las situaciones en las que se les puede considerar responsables. Como señala el referido cdo. 16 RSD:

> «No cabe entender que esas disposiciones sienten una base positiva para establecer cuándo se pueden exigir responsabilidades a un prestador, lo que corresponde determinar a las normas aplicables del Derecho de la Unión o nacional»[17].

Sin embargo, los puertos seguros influyen en la determinación de la responsabilidad civil, pues las condiciones para la exoneración de responsabilidad que consisten en un requisito de actuación diligente, como las previstas en el art. 6.1 RSD, implican una concreción de cuál es la diligencia mínima que se espera de los intermediarios en la prestación de sus servicios[18].

El presente trabajo tiene por objeto analizar las condiciones que deben cumplir las plataformas en línea para exonerarse de responsabilidad por alojar contenidos ilícitos (véase *infra* apartado 2). En particular, se examina uno de los requisitos que más dudas ha suscitado en la práctica: la ausencia de conocimiento efectivo, y cómo este ha sido interpretado por el TS (véase *infra* apartado 3)[19]. Finalmente, se incluyen una serie de valoraciones

15 Comisión de las Comunidades Europeas, «Primer informe sobre la aplicación de la Directiva 2000/31/CE del Parlamento Europeo y del Consejo, de 8 de junio de 2000, relativa a determinados aspectos jurídicos de los servicios de la sociedad de la información, en particular el comercio electrónico en el mercado interior», Bruselas, 21.11.2003, COM(2003) 702 final, p. 14.

16 Art. 3, apartado h), y cdo. 12 RSD.

17 Conclusiones del AG Saugmandsgaard, 16.07.2020, YouTube y Cyando, C-682/18 y C-683/18, §134 (ECLI:EU:C:2020:586).

18 Para Arroyo Amayuelas, E., «La responsabilidad de los intermediarios en internet, ¿puertos seguros a prueba de futuro?» en *Cuadernos de Derecho Transnacional*, vol. 12, n.º 1, 2020, p. 810, se trata de una suerte de culpa indirecta o por contribución a la causación del daño. Parecidamente *vid.* De Miguel Asensio, P. A., *Derecho privado de Internet*, 6.ª ed., Thomson Reuters-Civitas, Cizur Menor, 2022, p. 315; Peguera Poch, M., «Los prestadores de servicios de internet y la normativa sobre responsabilidad», en *Derecho TIC. Derecho de las tecnologías de la información y de la comunicación*, Tirant lo Blanch, Valencia, 2016, p. 77.

19 Las sentencias de la Sala Civil del TS que han interpretado el requisito del conocimiento efectivo tienen origen en un conflicto entre el derecho al honor y el derecho

críticas sobre la interpretación amplia del conocimiento efectivo que realizan los órganos jurisdiccionales españoles (véase *infra* apartado 4).

2. El puerto seguro de los servicios de alojamiento de datos

El art. 6.1 RSD regula el puerto seguro para los servicios de alojamiento de datos que son, normalmente, los servicios que prestan las plataformas en línea. Este precepto traslada prácticamente de forma literal el contenido del art. 14.1 DCE.

Según el art. 6.1 RSD:

> «Cuando se preste un servicio de la sociedad de la información consistente en almacenar información facilitada por un destinatario del servicio, el prestador de servicios no podrá ser considerado responsable de la información almacenada a petición del destinatario, a condición de que el prestador de servicios:
>
> a) no tenga conocimiento efectivo de una actividad ilícita o de un contenido ilícito y, en lo que se refiere a solicitudes de indemnización por daños y perjuicios, no sea consciente de hechos o circunstancias que pongan de manifiesto la actividad ilícita o el contenido ilícito, o
>
> b) en cuanto tenga conocimiento o sea consciente de ello, el prestador de servicios actúe con prontitud para retirar el contenido ilícito o bloquear el acceso a este».

Así, este puerto seguro resulta aplicable a las plataformas en línea que prestan un servicio de la sociedad de la información (véase *infra* apartado 2.1) que consista, en particular, en almacenar datos facilitados por el destinatario del servicio (véase *infra* apartado 2.2). Además, las plataformas no deben tener conocimiento de que alojan contenidos ilícitos y, si lo tienen, deben reaccionar diligentemente para eliminarlos o bloquear su acceso (véase *infra* apartado 2.3).

2.1. Servicios de la sociedad de la información

En primer lugar, la aplicación del art. 6.1 RSD se condiciona a la prestación de un servicio de la sociedad de la información, que es todo servicio que

a la libertad de expresión e información, *vid.* SSTS, Civil, 773/2009, 09.12.2009 (ECLI:ES:TS:2009:7684); 316/2010, 18.05.2010 (ECLI:ES:TS:2010:2292); 72/2011, 10.02. 2011 (ECLI:ES:TS:2011:559); 742/2012, 04.12.2012 (ECLI:ES:TS:2012:8307); 805/2013, 07.01.2013 (ECLI:ES:TS:2014:68); 128/2013, 26.02.2013 (ECLI:ES:TS:2013:1441); 144/ 2013, 04.03.2013 (ECLI:ES:TS:2013:2245); 297/2016, 05.05.2016 (ECLI:ES:TS:2016:1885); 235/2020, 02.06.2020 (ECLI:ES:TS:2020:1534); y 226/2021, 27.04.2021 (ECLI:ES:TS: 2021:1570).

se ofrece normalmente a cambio de una remuneración, a distancia, por vía electrónica y a petición individual del destinatario del servicio[20]. El cdo. 18 DCE aclara que los servicios de la sociedad de la información, en la medida en que representan una actividad económica, son extensivos a los servicios no remunerados directamente por los destinatarios[21].

El Tribunal de Justicia ha determinado que son servicios de la sociedad de la información los servicios que ofrecen información en línea y por los cuales el prestador del servicio obtiene su remuneración, no del destinatario, sino de los ingresos generados por la publicidad que figura en una página de internet[22]. También son servicios de la sociedad de la información aquellos que se prestan a cambio de datos personales de los

20 El art. 3, apartado a), RSD remite al art. 1, apartado 1 b), de la Directiva (UE) 2015/1535, de 9 de septiembre de 2015, por la que se establece un procedimiento de información en materia de reglamentaciones técnicas y de reglas relativas a los servicios de la sociedad de la información (DO L 241, 17.9.2015, pp. 1-15). Esta directiva derogó, por medio del art. 10, la Directiva 98/34 del Parlamento Europeo y del Consejo de 22 de junio de 1998 por la que se establece un procedimiento de información en materia de las normas y reglamentaciones técnicas (DO L 204, 21.7.1998, pp. 37-48), modificada por la Directiva 98/48/CE del Parlamento Europeo y del Consejo de 20 de julio de 1998 que modifica la Directiva 98/34/CE por la que se establece un procedimiento de información en materia de las normas y reglamentaciones técnicas (DO L 217, 5.8.1998, pp. 18-26). Esta última directiva fue la que reguló, por primera vez, la definición de «servicio de la sociedad de la información». También *vid*. cdo. 17 DCE.

21 En el Anexo de la Ley 34/2002, de 11 de julio, de servicios de la sociedad de la información y de comercio electrónico (BOE n.° 166, de 12.07.2002), se define «servicio de la sociedad de la información» como «todo servicio prestado normalmente a título oneroso, a distancia, por vía electrónica y a petición individual del destinatario», y comprende «los servicios no remunerados por sus destinatarios, en la medida en que constituyan una actividad económica para el prestador de servicios». Asimismo, se enumeran como ejemplos de servicios de la sociedad de la información, siempre que representen una actividad económica: la contratación de bienes o servicios por vía electrónica, la organización y gestión de subastas por medios electrónicos o de mercados y centros comerciales virtuales, la gestión de compras en la red por grupos de personas, el envío de comunicaciones comerciales y el suministro de información por vía telemática.

22 STJUE, 11.09.2014, Papasavvas y otros, C-291/13, §30 (ECLI:EU:C:2014:2209). (ECLI:EU:C:2017:335). Asimismo, la STJUE, 15.09.2016, Mc Fadden, C-484/14, §43 (ECLI:EU:C:2016:689), incluyó dentro de este concepto la puesta a disposición de una red wifi pública y gratuita que se ofrecía con fines publicitarios. Como destaca el AG Szpunar en las Conclusiones de 16.03.2016, Mc Fadden, C-484/14, §§41-43: «Cuando un operador económico facilita tal acceso al público, aun gratuito, en el marco de sus actividades, proporciona un servicio de carácter económico, si bien accesorio respecto de su actividad principal. El propio hecho de explotar una red Wi-Fi abierta al público en relación con otra actividad económica se inscribe necesariamente en un contexto económico. A este respecto, el acceso a Internet puede constituir una forma de marketing para atraer y fidelizar clientes».

usuarios[23], pues no cabe hablar de gratuidad del servicio dado su innegable valor económico innegable valor económico[24].

Por el contrario, no son servicios de la sociedad de la información aquellos que se ofrecen al margen de una actividad económica, como el suministro de información o contenidos por medio de un blog personal o un perfil en redes sociales[25]. Los prestadores de estos servicios quedan exentos de cumplir con las obligaciones de diligencia debida del RSD, aunque como contrapartida no pueden ampararse en los puertos seguros.

La solución por la que aboga un sector doctrinal es aplicar analógicamente, vía art. 4.1 CC, los puertos seguros a los prestadores de servicios puramente gratuitos[26]. Como destaca Arroyo Amayuelas, los puertos segu-

---

23 Conclusiones AG Saugmandsgaard, 16.07.2020, YouTube y Cyando, C-682/18 y C-683/18, nota 132 (ECLI:EU:C:2020:586). El Supervisor Europeo de Protección de Datos afirmó que los datos personales no pueden ser considerados como una mercancía en tanto que son un derecho fundamental, por lo que debía evitarse el uso de la expresión «datos como contraprestación» en la Directiva (UE) 2019/770, de 20 de mayo de 2019, relativa a determinados aspectos de los contratos de suministro de contenidos y servicios digitales (DO L 136, 22.5.2019, pp. 1-27), *vid.* «Opinion 4/2017 on the Proposal for a Directive on certain aspects concerning contracts for the supply of digital content», 2017, pp. 9-10. Tras el dictamen del SEPD, el legislador europeo suprimió la expresión «contraprestación» y recogió casi de forma literal las palabras del SEPD en el cdo. 24 de la referida directiva. Sin embargo, el art. 119.2 ter del TRLGDCU sí incluye la expresión «datos personales como contraprestación».

24 Según las condiciones del servicio de Facebook: «en lugar de pagar por usar Facebook y el resto de los productos y servicios que ofrecemos, al usar los Productos de Meta referidos en estas Condiciones, reconoces que podemos mostrarte anuncios personalizados y contenido comercial y publicitario de otro tipo de empresas y organizaciones que nos pagan por promocionarse dentro y fuera de los Productos de las empresas de Meta. Usamos tus datos personales, como la información sobre tu actividad y tus intereses, para mostrarte el contenido publicitario y los anuncios personalizados que más te pueden interesar», *vid.* https://es-es.facebook.com/legal/terms (última consulta: 05.12.2022). El informe anual de Meta Platforms, Inc. de 2021 refleja que los ingresos totales de la familia de aplicaciones de esta compañía (Facebook, Instagram, Messenger y WhatsApp) fueron de 115.655 millones de dólares y que el 99,37 % de estos ingresos derivaron directamente de la publicidad (114.934 millones) *vid.* Meta Annual Report 2021, pp. 63-65.

25 Según Cavanillas Múgica, la mera inclusión en una página personal de un recuadro publicitario (*banner*) no la convierte automáticamente en una actividad económica, *vid.* Cavanillas Múgica, Santiago, «La responsabilidad de los proveedores de información en la Ley 34/2002, de Servicios de la Sociedad de la Información y de Comercio Electrónico» en *Responsabilidades de los proveedores de información en Internet*, Comares, Granada, 2007, p. 8. Es distinta la situación de los llamados *influencers*, pues su actividad en redes sociales frecuentemente se desarrolla en el marco de una actividad económica, *vid.* Riordan, Jaani, *The Liability of Internet Intermediaries*, Oxford University Press, Oxford, 2016, p. 390.

26 De Miguel Asensio, P. A., *Derecho privado de Internet*, *op.cit.*, p. 340; López Richart, J., «Responsabilidad en redes sociales y otros prestadores de servicios de alojamiento por los contenidos generados por sus usuarios», en *Derecho de daños (cuestiones actuales)*, Francis Lefebvre, Madrid, 2020, p. 242; Peguera Poch, M., *La exclusión de responsabilidad de los intermediarios en Internet*, Comares, Granada, 2007, p. 218.

ros dejan desprotegidas frente a demandas de responsabilidad a entidades que económicamente no son solventes, lo cual no tiene mucho sentido si, al fin y al cabo, lo que hacen unos y otros intermediarios es facilitar la comunicación al o entre usuarios[27]. En los casos de responsabilidad de titulares de blogs por alojar comentarios constitutivos de intromisión ilegítima en el derecho al honor, los tribunales españoles tienden a aplicar los puertos seguros sin analizar previamente si el servicio se presta en el marco de una actividad económica[28].

Finalmente, las plataformas de la economía colaborativa sirven de intermediarios en servicios que pueden prestarse o no por vía electrónica, por ejemplo, servicios de transporte, hospedaje o reparto. El Tribunal de Justicia afirma que, si bien un servicio de intermediación constituye, en principio, un servicio distinto del servicio subyacente al que pueda estar vinculado y, por consiguiente, puede calificarse de servicio de la sociedad de la información; no ocurre lo mismo en el supuesto de que ese servicio de intermediación forme parte integrante de un servicio global cuyo elemento principal sea un servicio al que corresponda otra calificación jurídica[29].

Para valorar si el servicio subyacente es económicamente independiente del servicio intermediario hay que tener en cuenta si plataforma ejerce una influencia o control significativos[30], por ejemplo, si fija el precio final del servi-

---

27 ARROYO AMAYUELAS, E., «La responsabilidad de los intermediarios en internet: ¿puertos seguros a prueba de futuro?», *op.cit.*, p. 813. Parecidamente *vid*. SARTOR, G., «Providers Liability: From the eCommerce Directive to the future», *In-Dept Analysis for the IMCO Committee*, 2017, p. 27; VAN EECKE, P. y TRUYENS, M., «Chapter 6: Liability for online intermediaries», en *EU Study on the Legal analysis of a Single Market for the Information Society: New rules for a new age?*, DLA Pipper, noviembre 2009, p. 39.

28 SSTS, Civil, 742/2012, 04.12.2012, FJ. 7 (ECLI:ES:TS:2012:8307); 297/2016, 05.05.2016, FJ. 7 (ECLI:ES:TS:2016:1885). SSAP, Las Palmas, sec. 5.ª, 475/2010, 05.11.2010, FJ. 2 (ECLI:ES:APGC:2010:2228); Murcia, sec. 5.ª, 178/2011, 14.06.2011, FJ. 3 (ECLI:ES:APMU:2011:1462); Valencia, 799/2011, sec. 11.ª, 30.12.2011, FJ. 5 (ECLI:ES:APV:2011:6903); A Coruña, sec. 5.ª, 130/2013, 18.04.2013, FJ. 2 (ECLI:ES:APC:2013:1298); Barcelona, sec. 1.ª, 359/2014, 30.07.2014, FJ. 2 (ECLI:ES:APB:2014:8829).

29 Cdo. 6 RSD. SSTJUE, (Gran Sala), 20.12.2017, Asociación Profesional Élite Taxi, C-434/15, §40 (ECLI:EU:C:2017:981); (Gran Sala), 19.12.2019, Airbnb Ireland, C-390/18, §50 (ECLI:EU:C:2019:1112); 03.12.2020, Star Taxi App, C-62/19, §49 (ECLI:EU:C:2020:980).

30 El AG Szpunar opina que en el caso de servicios mixtos que incluyen tanto componentes electrónicos como no electrónicos, cabe entender que el servicio se presta por vía electrónica cuando la prestación que no se facilita por esta vía es económicamente independiente. En cambio, cuando el prestador del servicio facilitado por vía electrónica es también el del servicio que no se presta por esta vía, o cuando ejerce una influencia decisiva sobre sus condiciones, hay que determinar cuál es el elemento principal de la prestación de que se trata, es decir, el que le da su sentido económico, pues la calificación de servicio de la sociedad de la información implica que el elemento principal se preste por vía electrónica, *vid*. Conclusiones AG Szpunar, 11.05.2017, C-434/15, §§ 16, 33-37, 71 (ECLI:EU:C:2017:364).

cio subyacente, si determina otras condiciones esenciales del contrato entre el prestador del servicio y el usuario final, o si es propietaria de activos clave para prestar el servicio subyacente[31].

2.2. Servicios intermediarios

En segundo lugar, la aplicación del art. 6.1 RSD se condiciona a que las plataformas presten un servicio intermediario que consista en almacenar datos facilitados por el destinatario del servicio y a petición de este[32]. De hecho, el art. 3, apartado i), RSD define «plataforma en línea» como «un servicio de alojamiento de datos que, a petición de un destinatario del servicio, almacena y difunde información al público»[33].

Los servicios de alojamiento han suscitado dudas con respecto a quién puede prestar este tipo de servicios y qué servicios concretos se encuentran incluidos en esta categoría. Sobre la primera cuestión, son prestadores de servicios de alojamiento de datos tanto el titular de un servidor que proporciona a sus clientes un espacio para almacenar información y facilita un determinado ancho de banda que conecta el servidor a internet[34], como el titular de un sitio web o el operador de una plataforma en línea que integra contenidos generados por los usuarios con independencia de que estos se encuentren o no alojados en servidores propios[35].

---

31 Comunicación de la Comisión, «Una Agenda Europea para la economía colaborativa», Bruselas, 02.06.2016, COM(2016) 356 final, p. 7; Álvarez Moreno, M.T., *La contratación electrónica mediante plataformas en línea: modelo negocial (B2C), régimen jurídico y protección de los contratantes (proveedores y consumidores)*, Editorial Reus, Madrid, 2020, pp. 227-231. En la STJUE de 20 de diciembre de 2017 dictada en el asunto *Asociación Profesional Élite Taxi*, el Tribunal de Justicia llegó a la conclusión de que Uber no presta servicios de la sociedad de la información porque los servicios que ofrece están indisociablemente vinculados a un servicio en el ámbito de los transportes en el sentido del art. 58.1 TFUE. En el mismo sentido *vid.* STJUE (Gran Sala), 10.04.2018, Uber France, C-320/16, §22 (ECLI:EU:C:2018:221). En España, *vid.* SSTS, Contencioso Administrativo, 81/2018, 24.01.2018, FJ. 2 (ECLI:ES:TS:2018:117); 87/2018, 25.01.2018, FJ. 3 (ECLI:ES:TS:2018:120). En cambio, en la STJUE de 19 de diciembre de 2019 dictada en el asunto *Airbnb Ireland* el Tribunal de Justicia concluyó que Airbnb sí presta un servicio de la sociedad de la información, ya que el servicio de intermediación que ofrece es disociable de la transacción inmobiliaria. En España *vid.* SSTS, Contencioso Administrativo, 1818/2020, 30.12.2020, FJ. 6 (ECLI:ES:TS:2020:4484); 2/2022, 07.01.2022, FJ. 4 (ECLI:ES:TS:2022:6).

32 Art. 3, apartado g), RSD.

33 Cdos. 13-14 RSD.

34 Yanguas Gómez, R., *Contratos de conexión a internet, «hosting» y búsqueda. Servicios de intermediación en red con consumidores*, Civitas Thomson Reuters, Cizur Menor, 2012, pp. 315-316.

35 De Miguel Asensio, P.A., *Derecho privado de Internet*, *op.cit.* p. 333. Arroyo Amayuelas, E., «Article 14» en *EU digital law: article-by-article commentary*, Nomos/Hart, Cambridge, 2020, p. 475.

En cuanto a la segunda cuestión, cuando se aprobó la DCE los servicios típicos de alojamiento de datos eran las páginas web, los tablones de anuncios electrónicos y salas de chat[36]. Desde el año 2000 han aparecido nuevos servicios y tecnologías que han contribuido significativamente a la formación de un ecosistema en línea cada vez más complejo[37]. Ello ha obligado al Tribunal de Justicia a decidir si determinados servicios, algunos imposibles de prever al tiempo de la redacción de la DCE, tienen encaje en este puerto seguro.

En concreto, el Tribunal de Justicia ha reconocido que pueden ser servicios de alojamiento de datos: los servicios remunerados de referenciación[38], los mercados electrónicos[39], el alojamiento web[40], las redes sociales[41] y las plataformas de intercambio de contenidos multimedia[42]. El cdo. 29 RSD también aclara que el alojamiento de datos incluye la computación en nube.

Por otro lado, para determinar si una plataforma presta un servicio de intermediación, en este caso de alojamiento de datos, es necesario examinar si el papel que desempeña es neutro. De conformidad con el cdo. 18 RSD:

> «Las exenciones de responsabilidad establecidas en el presente Reglamento no deben aplicarse cuando, en lugar de limitarse a la prestación neutra de los servicios mediante un tratamiento meramente técnico y automático de la información proporcionada por el destinatario del servicio, el prestador de servicios intermediarios desempeñe un papel activo de tal índole que le confiera conocimiento de dicha información o control sobre ella»[43].

---

36 COM(2003) 702 final, p. 14, nota 64.

37 Cdo. 28 RSD.

38 STJUE (Gran Sala), 23.03.2010, Google France, C-236/08, C-237/08 y C-238/08, §111 (ECLI:EU:C:2008:389).

39 STJUE (Gran Sala), 12.07.2011, L'Oréal y otros, C-324/09, §110 (ECLI:EU:C:2011:474).

40 STJUE, 11.09.2014, Papasavvas, C-291/13, §30 (ECLI:EU:C:2014:2209).

41 SSTJUE, 03.10.2019, Glawischnig-Piesczek, C-18/18, §22 (ECLI:EU:C:2019:821); 16.02.2012, SABAM, C-360/10, §27.

42 STJUE (Gran Sala), 22.06.2021, Youtube y Cyando, C-682/18 y C-683/18, §§103-118 (ECLI:EU:C:2021:503).

43 Cdo. 20 RSD. Para una crítica al requisito de la neutralidad *vid.* PEGUERA POCH, M., «The Platform Neutrality Conundrum and the Digital Services Act», en *IIC — International Review of Intellectual Property and Competition Law,* vol. 53, 2022, pp. 681-684; VAN HOBOKEN, J. y otros, «Hosting Intermediary Services and Illegal Content Online. An analysis of the scope of article 14 ECD in light of developments in the online service landscape», en *A Study prepared for the European Commission DG Communications Networks, Content and Technology by the Institute for Information Law (IViR)*, 2018, pp. 32-33. Como destaca GILLESPIE, la moderación de contenidos es una función esencial y un rasgo definitorio de las plataformas en línea: «*Moderation is not an ancillary aspect of what platforms do. It is essential, constitutional, definitional. Not only can platforms not survive without moderation, they are not platforms without it*», *vid.* GILLESPIE, T., «Custodians of the Internet. Platforms, Content Moderation, and the Hidden Decisions That Shape Social Media», en *Yale University Press*, New Haven/London, 2018, p. 21.

En consecuencia, no cabe acogerse al puerto seguro cuando los contenidos deriven del propio prestador del servicio, incluso cuando estos son elaborados bajo su responsabilidad editorial, como ocurre típicamente con los portales de noticias. En este sentido, la STJUE, de 11 de septiembre de 2014, dictada en el asunto *Papasavvas,* indicó que:

> «Como una sociedad editora de prensa que publica en su página de Internet la versión digital de un periódico tiene conocimiento, en principio, de la información que publica y ejerce un control sobre esta, no puede ser considerada un prestador de servicios intermediarios»[44].

Por el contrario, según el art. 7 RSD, las plataformas en línea no desempeñan un papel activo «por la única razón de que realicen, de buena fe y de modo diligente, investigaciones por iniciativa propia de forma voluntaria, o adopten medidas con el fin de detectar, identificar y retirar contenidos ilícitos, o bloquear el acceso a estos»[45].

La STJUE, de 22 de junio de 2021, dictada en el asunto *Youtube y Cyando* afirmó que la utilización de sistemas algorítmicos de detección de contenidos ilícitos no implica necesariamente dejar de prestar un servicio intermediario[46]. En el mismo sentido el cdo. 26 RSD establece que:

> «A fin de crear seguridad jurídica y no desincentivar las actividades destinadas a detectar e identificar contenidos ilícitos y actuar contra ellos que los prestadores de todas las categorías de servicios intermediarios llevan a cabo de forma voluntaria, conviene aclarar que el mero hecho de que los prestadores realicen esa clase de actividades no supone que ya no puedan acogerse a las exenciones de responsabilidad establecidas en el presente Reglamento, siempre que esas actividades se

44 STJUE, 11.09.2014, Papasavvas, C-291/13, §45 (ECLI:EU:C:2014:2209). En España, *vid.* SSTS, Civil, 668/2018, 23.11.2018, FJ. 3 (ECLI:ES:TS:2018:3905); 689/2019, 18.12.2019, FJ. 6 (ECLI:ES:TS:2019:4200).

45 Recomendación (UE) 2018/334 de la Comisión, de 1 de marzo de 2018, sobre medidas para combatir eficazmente los contenidos ilícitos en línea, COM (2018)1177 final, cdo. 26; Comunicación de la Comisión, «Lucha contra el contenido ilícito en línea Hacia una mayor responsabilización de las plataformas en línea», Bruselas, 28.9.2017, COM(2017) 555 final, pp. 14-15. El art. 7 RSD se inspira en la sec. 230 (c)(2) del Título 47 del U.S.C que codifica la regla del buen samaritano, *vid.* Goldamn, E., «An overview of the United States' Section 230 Internet immunity», en *The Oxford Handbook of Online Intermediary Liability*, Oxford University Press, Oxford, 2020, pp. 155-171.

46 De acuerdo con la sentencia: «El hecho (...) de que el operador de una plataforma de intercambio de vídeos, como YouTube, aplique medidas técnicas para detectar, entre los vídeos comunicados al público por medio de su plataforma, contenidos que puedan vulnerar los derechos de autor, no implica que, con ello, dicho operador desempeñe un papel activo que le confiera el conocimiento o el control del contenido de tales vídeos, y ello so pena de excluir del régimen de exención de responsabilidad previsto en el artículo 14, apartado 1, de la Directiva sobre el comercio electrónico a los prestadores de servicios de la sociedad de la información que adoptan medidas para, precisamente, luchar contra tales vulneraciones» (§109).

lleven a cabo de buena fe y con diligencia (...). Por consiguiente, las actividades y medidas que un determinado prestador pueda haber adoptado no deben tenerse en cuenta a la hora de determinar si el prestador puede acogerse a una exención de responsabilidad, en particular en lo que se refiere a si presta su servicio de forma neutra y, por tanto, puede quedar sujeto al ámbito de aplicación de la disposición pertinente, sin que este criterio implique, no obstante, que el prestador pueda necesariamente acogerse a ella»[47].

2.3. Conocimiento de la ilicitud

El art. 6.1 RSD exige que las plataformas no tengan conocimiento de que alojan contenidos ilícitos y, en caso de tenerlo, actúen con prontitud para retirarlos o bloquear su acceso. Sin embargo, no incluye un plazo para retirar o inhabilitar el acceso a los contenidos ilícitos, por lo que la reacción diligente depende de factores tales como la naturaleza y la evidencia de la propia ilicitud, la precisión de las notificaciones o la disponibilidad de mecanismos técnicos o humanos de moderación de contenidos[48].

En particular, el art. 6.1, apartado a), RSD prevé dos niveles de conocimiento de la ilicitud. Con carácter general, el intermediario no debe tener «conocimiento efectivo de una actividad ilícita o de un contenido ilícito» y, en el caso de acciones de daños y perjuicios, no debe ser consciente de «hechos o circunstancias que pongan de manifiesto la actividad ilícita o el contenido ilícito». Este doble nivel de conocimiento proviene de la sec. 512 (c)(1)(A) del U.S.C que hace referencia, por un lado, al conocimiento efectivo (*actual knowledge*) y, por otro lado, al conocimiento aparente o presunto (*red flag knowledge*)[49].

De acuerdo con la sentencia dictada en el asunto *Viacom International, Inc. v. YouTube,* Inc, la diferencia entre ambos niveles de conocimiento estriba en que el conocimiento efectivo se basa en un estándar puramente subjetivo,

---

47 La Comisión Europea ha insistido en que el uso de mecanismos de moderación de contenidos no implica la pérdida automática de los puertos seguros, *vid*., COM (2018)1177 final, §§24-26.

48 COM (2017) 555 final, pp. 15-16. En relación con la sec. 512 U.S.C, el Congreso de los EE. UU reconoció que no era posible determinar un plazo para retirar o inhabilitar el acceso a los contenidos ilícitos porque las circunstancias fácticas y los parámetros técnicos podían variar en función del caso, *vid*. Informe del Senado n.º 105-190 (1998), p. 44. Nótese el contraste con el art. 3 (2) *Gesetz zur Verbesserung der Rechtsdurchsetzung in sozialen Netzwerken* (*Netzwerkdurchsetzungsgesetz* — NetzDG).

49 Según la sec. 512 (c)(1)(A) U.S.C: «*A service provider shall not be liable for monetary relief, or, except as provided in subsection (j), for injunctive or other equitable relief, for infringement of copyright by reason of the storage at the direction of a user of material that resides on a system or network controlled or operated by or for the service provider, if the service provider — (A) (i) does not have actual knowledge that the material or an activity using the material on the system or network is infringing; (ii) in the absence of such actual knowledge, is not aware of facts or circumstances from which infringing activity is apparent; (iii) upon obtaining such knowledge or awareness, acts expeditiously to remove, or disable access to, the material*».

es decir, si el intermediario tiene conocimiento de un contenido ilícito específico; mientras que el conocimiento aparente se basa tanto en un estándar objetivo como subjetivo, es decir, si el intermediario es consciente de hechos o circunstancias que permitirían a una persona razonable inferir una actividad infractora específica[50]. Ambos niveles de conocimiento deben recaer sobre infracciones de copyright concretas e identificables[51].

Parecidamente, el Tribunal de Justicia interpreta que el conocimiento presunto al que hace referencia el art. 14.1 DCE, actual art. 6.1 RSD, implica el «conocimiento de hechos o circunstancias a partir de los cuales un operador económico diligente hubiera debido deducir ese carácter ilícito»[52]. Además, el cdo. 22 RSD señala que el conocimiento debe recaer siempre sobre contenidos ilícitos concretos:

> «No cabe considerar que dicho conocimiento efectivo o consciencia se obtenga por el mero hecho de que el prestador sea consciente, de manera general, de que su servicio también se utiliza para almacenar contenidos ilícitos. Además, el hecho de que el prestador indexe automáticamente la información cargada en su servicio, tenga una función de búsqueda y recomiende información basándose en los perfiles o preferencias de los destinatarios del servicio no es motivo suficiente para considerar que dicho prestador tenga un conocimiento «específico» de las actividades ilegales llevadas a cabo en esa plataforma o de los contenidos ilícitos almacenados en ella»[53].

Por otro lado, el cdo. 22 RSD enumera como posibles vías de obtener conocimiento de la ilicitud tanto las investigaciones realizadas por iniciativa propia del intermediario, como las notificaciones recibidas de personas físicas o entidades, en la medida en que sean «suficientemente precisas y estén adecuadamente fundamentadas para que un operador económico diligente, de manera razonable, pueda detectar y evaluar el contenido presuntamente ilícito y, en su caso, actuar contra él».

El art. 16.1 RSD obliga a todos los prestadores de servicios de alojamiento de datos a establecer mecanismos de notificación y acción de fácil acceso y manejo, que permitan el envío de notificaciones exclusivamente por vía elec-

50 Viacom Intern., Inc. v. YouTube, Inc., 676 F.3d 19 (2nd Cir. 2012); En idéntico sentido, *vid*. Columbia Pictures Industries, Inc. v. Fung, 710 F.3d 1020 (9th Cir. 2013); Capitol Records, LLC v. Vimeo, LLC, 826 F.3d 78 (2nd Cir. 2016); Ventura Content, Ltd. v. Motherless, Inc., 885 F.3d 597 (9th Cir. 2019).

51 UMG Recordings, Inc. v. Shelter Capital Partners LLC, 718 F.3d 1006 (9th Cir. 2013). La *US Copyright Office* es crítica con esta interpretación ya que considera que el conocimiento aparente se puede inferir de la propia naturaleza del servicio sin necesidad de conocer una concreta infracción, *vid*. United States Copyright Office, «Section 512 of Title 17. A report of the register of copyrights», 2020, pp. 122-124.

52 STJUE (Gran Sala), 12.07.2011, L'Oréal y otros, C-324/09, §120 (ECLI:EU:C:2011:474).

53 STJUE (Gran Sala), 22.06.2021, Youtube y Cyando, C-682/18 y C-683/18, §§111-113 (ECLI:EU:C:2021:503).

trónica[54]. De acuerdo con el art. 16.2 RSD, estos intermediarios deben apotar las medidas necesarias para habilitar y facilitar el envío de notificaciones que contengan todos los elementos siguientes[55]:

a) una explicación suficientemente razonada de los motivos por los que una persona física o entidad considera que un contenido es ilícito;

b) una indicación clara de la localización electrónica exacta de esa información;

c) el nombre y una dirección de correo electrónico de la persona física o entidad que envíe la notificación;

d) una declaración que confirme que la persona física o entidad que envíe la notificación está convencida de buena fe de que la información y las alegaciones que contiene la notificación son precisas y completas.

Asimismo, el art. 16.3 del RSD incorpora la jurisprudencia del Tribunal de Justicia según la cual las notificaciones dan lugar al conocimiento efectivo o consciencia de la ilicitud si permiten a un prestador diligente de servicios de alojamiento de datos «determinar, sin un examen jurídico detallado, que la información o la actividad pertinentes son ilícitas»[56].

Finalmente, el art. 8 RSD prohíbe imponer a los intermediarios en línea una obligación general de monitorizar la información que transmiten o almacenan, o de buscar activamente hechos o circunstancias que indiquen la existencia de contenidos o actividades ilícitas[57]. Añade el cdo. 30 RSD que:

> «Ello no afecta a las obligaciones de monitorización en un caso específico y, en particular, no afecta a las órdenes de las autoridades nacionales de conformidad con el Derecho nacional, en cumplimiento del Derecho de la Unión, conforme a la interpretación del Tribunal de Justicia de la Unión Europea y de conformidad con las condiciones establecidas en el presente Reglamento»[58].

54 Cdos. 50-52 RSD. Para un análisis sobre los diferentes mecanismos de notificación y acción (N&A) y su incidencia en el derecho a la libertad de expresión, *vid.* Kuczerawy, A., «From Notice and Takedown to Notice and Stay Down: risks and safeguards for freedom of expression», en *The Oxford Handbook of Online Intermediary Liability*, Oxford University Press, Oxford, 2020, pp. 526-543.

55 Este precepto se inspira en el 17 U.S.C §512 (c)(3)(A).

56 Cdo. 53 RSD. STJUE (Gran Sala), 22.06.2021, Youtube y Cyando, C-682/18 y C-683/18, §116 (ECLI:EU:C:2021:503). El art. 14.3 de la propuesta de RSD elaborada por la Comisión Europea incluía una presunción de conocimiento efectivo si las notificaciones cumplían los requisitos previstos en el actual art. 16.2: «Se considerará que los avisos que incluyan los elementos a que se refiere el apartado 2 confieren un conocimiento efectivo para los efectos del artículo 5 al respecto del elemento de información concreto de que se trate», *vid.* COM(2020) 825 final.

57 Cdo. 30 RSD. En el mismo sentido *vid.* art. 8.1 de las *Model rules on online platforms* elaboradas por el *European Law Institute* (ELI).

58 STJUE, 03.10.2019, Glawischnig-Piesczek, C-18/18, §53 (ECLI:EU:C:2019:821).

3. El conocimiento efectivo en la jurisprudencia española

Por razones temporales, las sentencias dictadas por la Sala Civil del TS hacen referencia a los arts. 16.1 y 17.1 de la Ley 34/2002, de 11 de julio, de servicios de la sociedad de la información y de comercio electrónico (en adelante, LSSICE), que fue la ley que transpuso la DCE al ordenamiento jurídico español.

Los referidos artículos no distinguen entre dos niveles de conocimiento, únicamente prevén que los servicios de alojamiento de datos o, en su caso, los prestadores de servicios que faciliten enlaces a contenidos o instrumentos de búsqueda, no deben tener «conocimiento efectivo de que la actividad o la información almacenada (o a la que remiten o recomiendan) es ilícita o de que lesiona bienes o derechos de un tercero susceptibles de indemnización». Al prescindir del requisito de la falta de conocimiento indiciario o circunstancial, la LSSICE concede una exclusión de responsabilidad con relación a la responsabilidad civil mucho más amplia que la DCE[59].

Asimismo, ambos artículos señalan como vías para obtener conocimiento efectivo: «cuando un órgano competente haya declarado la ilicitud de los datos, ordenado su retirada o que se imposibilite el acceso a los mismos, o se hubiera declarado la existencia de la lesión, y el prestador conociera la correspondiente resolución», sin perjuicio de «los procedimientos de detección y retirada de contenidos que los prestadores apliquen en virtud de acuerdos voluntarios» y «otros medios de conocimiento efectivo que pudieran establecerse».

Lejos de aportar luz, ello provocó que algunos órganos jurisdiccionales entendieran que la única forma de obtener conocimiento efectivo era mediante una resolución judicial que declarase la ilicitud de un contenido[60]. Así, la sentencia de la AP de Madrid, sec. 9.ª, n.º 95/2010, de 19 de febrero, argumentó que:

> «El propio legislador en aras de ese principio recogido en la Directiva Comunitaria que parte de que no puede imponerse a los prestadores de servicios una

---

59 Peguera Poch, M., *La exclusión de responsabilidad de los intermediarios en Internet*, *op. cit.*, 2007, p. 286.

60 SAP, Madrid, sec. 14.ª, 835/2005, 20.12.2005, FJ. 3 (ECLI:ES:APM:2005:13727); sec. 12.ª, 278/2008, 17.04.2008, FJ. 4 (ECLI:ES:APM:2008:4869); sec. 10.ª, 511/2008, 16.07.2008, FJ. 3 (ECLI:ES:APM:2008:12603); sec. 28.ª, 131/2009, 18.05.2009, FJ. 6 (ECLI:ES:APM:2009:10712); y sec. 9.ª, 95/2010, 19.02.2008, FJ. 4 (ECLI:ES:APM:2010:1638). En contra, *vid.* SSAP, Madrid, sec. 13.ª, 420/2008, 22.09.2008, FJ. 4 (ECLI:ES:APM:2008:18214); Lugo, sec. 1.ª, 538/2009, 09.07.2009, FJ. 2 (ECLI:ES:APLU:2009:611). Algunos argumentos a favor de la tesis limitativa del conocimiento efectivo pueden leerse en Cavanillas Múgica, S., *Deberes y responsabilidades de los servidores de acceso y alojamiento. Un análisis multidisciplinar*, Comares, Granada, 2005, pp. 39-43.

supervisión previa de dichos contenidos, da una definición y alcance que debe darse a conocimiento efectivo, que solo existirá cuando un órgano competente haya declarado la ilicitud de los datos ordenando su retirada, o se hubiera declarado la existencia de la lesión ( ) hasta ese momento ( ) no puede entenderse que el proveedor del servicio haya tenido conocimiento efectivo».

Esta tesis limitativa del conocimiento efectivo fue rechazada por la STS n.° 773/2009, de 9 de diciembre, que fue la primera sentencia en que la Sala Civil interpretó el art. 16.1 LSSICE.

Los hechos que dieron lugar a la sentencia fueron los siguientes: la SGAE y el presidente de su consejo de dirección interpusieron una demanda por intromisión ilegítima en el derecho al honor contra la Asociación de Internautas por alojar en sus servidores las páginas «www.putasgae.org» y «www.antisgae.internaturas.org». En estas páginas web se publicaron expresiones tales como «banda de desocupados», «matones a sueldo», «oportunistas sanguijuelas», «canallas», «pandillas de mafiosos» y «putos chorizos».

Los demandantes solicitaron el cese de la intromisión mediante la eliminación de la expresión «Putasgae» del dominio de internet y los comentarios ofensivos, así como una indemnización de 18.000 € para cada uno de ellos. El JPI n.° 42 de Madrid, en sentencia de 15 de junio de 2005, estimó íntegramente la demanda. Recurrida en apelación, la AP de Madrid, sec. 19.ª, mediante la sentencia n.° 50/2006, de 6 de febrero, confirmó la sentencia de primera instancia.

La Asociación de Internautas interpuso recurso de casación denunciando, entre otros, la infracción del art. 16.1 LSSICE, al considerar que no tuvo conocimiento efectivo de la ilicitud ya que ningún órgano competente había declarado, previamente a la demanda, que la información que alojaba era constitutiva de intromisión ilegítima. El TS desestimó el recurso de casación y concluyó, con acierto, que esta interpretación era contraria al art. 14.1 DCE, en tanto que:

> «Reduce injustificadamente las posibilidades de obtención del "conocimiento efectivo" de la ilicitud de los contenidos almacenados y amplía correlativamente el ámbito de la exención, en relación con los términos de la norma armonizadora, que exige un efectivo conocimiento, pero sin restringir los instrumentos aptos para alcanzarlo»[61].

El TS añadió que se puede obtener conocimiento efectivo «a partir de hechos o circunstancias aptos para posibilitar, aunque mediatamente o por inferencias lógicas al alcance de cualquiera, una efectiva aprehensión de la

61 STS, Civil, 773/2009, 09.12.2009, FJ. 4 (ECLI:ES:TS:2009:7684).

realidad de que se trate»[62]. El nombre del dominio «Putasgae», por su carácter insultante, era un medio adecuado para revelar el tenor injurioso de los datos alojados.

Parecidamente, la STS n.º 805/2013, de 7 de enero, señaló que remitir al perjudicado a la previa obtención de una declaración formal de la ilicitud de un contenido, cuando esta es notoria, «multiplicaría los perjuicios ocasionados, hasta el extremo de que, cuando obtuviese respuesta a la tutela judicial pretendida, aquellos perjuicios pudieran ser ya irreparables»[63].

En la práctica, la forma más habitual de que una plataforma obtenga conocimiento efectivo es por medio de una investigación realizada por iniciativa propia o a partir de una notificación (véase *infra* apartado 3.1). Además, el TS admite como forma de adquirir conocimiento efectivo la propia evidencia de la ilicitud (véase *infra* apartado 3.2).

3.1. Sistemas de notificación y acción

Para que una notificación pueda dar lugar a conocimiento efectivo es necesario que contenga datos suficientes para determinar la ilicitud de un contenido, especialmente en aquellos casos en los que no es manifiesta o depende del contexto en el que se ha producido.

Por ejemplo, la STS n.º 144/2013, de 4 de marzo, consideró que Google carecía de conocimiento efectivo de que en sus resultados de búsqueda aparecían enlaces que dirigían a informaciones constitutivas de intromisión ilegítima. En concreto, el periodista Graciano Palomo interpuso una demanda por intromisión ilegítima en el derecho al honor contra Google Inc. y contra su director ejecutivo porque mediante los enlaces facilitados por el motor de búsqueda era posible acceder a las páginas de «Aquí Hay Tomate», «PRNoticias» y «Lobby per la Independència» donde aparecían publicadas informaciones que relacionaban al periodista con la conocida como «Operación Malaya».

El JPI n.º 19 de Madrid, en sentencia de 13 de mayo de 2009, desestimó la demanda en aplicación del art. 17.1 LSSICE. Posteriormente, la AP de Madrid, sec. 9.ª, por medio de la sentencia n.º 95/2010, de 19 de febrero, confirmó

62 En aplicación de esta doctrina, la STS, Civil, 316/2010, 18.05.2010, FJ. 2 (ECLI:ES:TS:2010:2292) concluyó que el titular de la página web «www.quejasonline.com», no conocía ni podía razonablemente conocer, directamente o a partir de datos aptos para posibilitar la aprehensión de la realidad, que el usuario que publicó el mensaje: «soy abogado de la Mutua Madrileña y estoy cansado de engañar a la gente, pues la Mutua me hace retrasar los expedientes con el fin de no pagar, tiene pinta de irse al garete», era una persona que había suplantado la identidad del demandante. Para un análisis de esta sentencia *vid*. Rubí Puig, A., *Derecho al honor online y responsabilidad civil de ISPs*, InDret, n.º 4, 2010, pp. 1-20.

63 STS, Civil, 805/2013, 07.01.2013, FJ. 4 (ECLI:ES:TS:2014:68).

la sentencia de primera instancia. El demandante, entonces, interpuso un recurso de casación denunciando. Interpuso un recurso de casación denunciado la infracción del art. 17.1 LSSICE.

El TS desestimó el recurso al considerar que de los hechos acreditados no podía inferirse de forma lógica, al alcance de cualquiera, que la información a la que dirigían los enlaces era falsa. La sentencia destaca que Google no tuvo conocimiento efectivo de la ilicitud porque el demandante se limitó a comunicarle la incoación de acciones civiles y la existencia de un auto de homologación en el que se reconocía la falsedad de la noticia, sin remitir copia de dicha resolución, por lo que:

> «La circunstancia de que la persona que se consideraba ofendida se hubiera dirigido a Google para la retirada de la información por considerarla ilícita no es suficiente para que se produzca esta conducta, cuando, como aquí ocurre, la información por sí misma tampoco revelaba de manera notoria su carácter ilícito»[64].

En cambio, la STS n.º 128/2013, de 26 de febrero, confirmó que el portal de noticias «elEconomista.es» tuvo conocimiento efectivo porque la ilicitud de los comentarios que alojaba era patente y evidente por sí sola, por más que el burofax enviado por el demandante no fuera lo suficientemente preciso.

En particular, «elEconomista.es» publicó una noticia titulada: «Los usuarios de Facebook "fusilarán virtualmente" a Ramoncín». Al hilo de esta noticia, algunos usuarios publicaron comentarios como: «este tío es un sinvergüenza y un mercenario», «este sarnoso se comerá sus propias mierdas», «cerdo», «fascista», «indeseable», «lo mejor es darle una hostia cuando lo veas por la calle», «su obra musical e intelectual es una mierda», «fantasma putrefacto», «parásito», «sinvergüenza», «si le fusilan de verdad mejor», «que asco de pavo», «es un tío patético», «deberían fusilarlo a él», «que se joda puto cocainómano de mierda», «yonqui», «muérete ya» o «es un gran hdp».

A consecuencia de lo anterior, José Ramón Julio Márquez (Ramoncín) interpuso una demanda por intromisión ilegítima en el derecho al honor contra Editorial Ecoprensa, S.A., en la que solicitó la eliminación de los contenidos injuriosos, la publicación de la sentencia a costa del demandado y una indemnización de 20.000 €. El JPI n.º 59 de Madrid, en sentencia de 28 de noviembre de 2009, estimó parcialmente la demanda y condenó a la demandada a abonar una indemnización de 10.000€. La AP de Madrid, sec. 8.ª, en la sentencia n.º 174/2011, de 25 de abril, desestimó la demanda al considerar que el portal de noticias no tuvo conocimiento efectivo porque en el burofax no aparecía el remitente ni se identificaban los mensajes que se consideraban ofensivos.

64 STS, Civil, 144/2013, 04.03.2013, FJ. 5 (ECLI:ES:TS:2013:2245).

El demandante interpuso un recurso de casación denunciando la infracción del art. 16.1 LSSICE. El TS dio la razón al demandante ya que los mensajes eran «sumamente graves y claramente ofensivos al honor», por lo que:

> «La entidad demandada, como titular de la página web y creadora del foro de debate abierto, debió extremar las precauciones y ejercer un mayor control sobre las opiniones y comentarios alojados, cuyas connotaciones despectivas y peyorativas para el demandante no podían pasarle inadvertidas, pese a que del contenido del burofax no se desprendiera qué comentarios eran los que se consideraban ofensivos y procurar de este modo la pronta retirada de aquellos que manifiesta e inequívocamente aparecían como gravemente injuriosos o incitadores a la violencia»[65].

Finalmente, la STS n.º 235/2020, de 2 de junio, también llegó a la conclusión de que la demandada tuvo conocimiento efectivo de la ilicitud, al menos desde el momento en que recibió la primera notificación. El conflicto que dio lugar a la sentencia se inició el 5 de noviembre de 2015, día en el que se publicó en el portal de noticias «Meneame.net» una noticia titulada: «El concejal de Fiestas del PP de Marbella gastó 14.600 euros en un teléfono en un mes». Al hilo de esta noticia, algunos usuarios publicaron comentarios que incluían las siguientes expresiones: «este es un hijo de puta» y «un ladrón de toda la puta vida».

Por ello, el perjudicado interpuso una demanda por intromisión ilegítima en el derecho al honor contra Menéame Comunicacions, S.L. y solicitó la difusión íntegra de la sentencia a su costa y una indemnización de 30.000€. El JPI n.º 3 de Marbella, en sentencia de 12 de abril de 2017, desestimó la demanda al considerar que las expresiones carecían de entidad suficiente para constituir una intromisión ilegítima. Recurrida en apelación, la AP de Málaga, sec. 4.ª, mediante la sentencia n.º 82/2018, de 5 de febrero, revocó la sentencia y condenó a la demandada al pago de 1.200€ en concepto de indemnización.

La mercantil Menéame Comunicacions, S.L. interpuso un recurso de casación denunciando la infracción del art. 16.1 LSSICE. No obstante, el TS desestimó el recurso y confirmó la sentencia de segunda instancia porque las notificaciones que recibió la demandada contenían suficientes datos para permitirle tener conocimiento de la ilicitud. Así, los remitentes se identificaron como abogados del demandante, señalaron con precisión la noticia y las expresiones que se consideraban ofensivas y solicitaron de forma expresa e inequívoca que se procediera a retirarlas bajo apercibimiento de iniciar acciones judiciales. Lo anterior lleva al TS a concluir que el portal de noticias:

> «Tuvo conocimiento efectivo de los comentarios y de su ilicitud, no desde la notificación de la demanda —tesis de Menéame desde un principio—, sino al menos desde la primera comunicación dirigida por medio de correo electrónico,

65 STS, Civil, 128/2013, 26.02.2013, FJ. 4 (ECLI:ES:TS:2013:1441).

sin que la demandada obrara con la diligencia que le era exigible a la hora de retirar esos contenidos ilícitos o de impedir que se pudiera seguir accediendo a ellos»[66].

3.2. Ilicitud manifiesta

La Sala Civil también admite como forma de obtener conocimiento efectivo la propia evidencia de la ilicitud, en línea con la jurisprudencia del TEDH. La sentencia del TEDH, de 16 de junio de 2015, dictada en el asunto *Delfi c. Estonia* reconoció que:

> «En casos como el actual, donde los comentarios de usuarios de terceros tienen la forma de discurso de odio y amenazas directas a la integridad física de las personas (...) el Tribunal considera (...) que los derechos e intereses de los demás y de la sociedad en su conjunto pueden facultar a los Estados contratantes a imponer responsabilidades sobre los portales de noticias de Internet, sin contravenir el artículo 10 de la Convención, si no toman medidas para eliminar los comentarios claramente ilícitos sin demora, aun sin mediar previo aviso de la presunta víctima o de terceros»[67].

La STS n.º 72/2011, de 10 de febrero, resolvió que el titular de la página web «Alasbarricadas.com» tuvo conocimiento efectivo de que alojaba contenidos ilícitos porque en uno de sus foros se difundió una imagen manipulada del perjudicado, nuevamente el cantante Ramoncín, en la que aparecía decapitado. Además, se publicaron insultos y expresiones tales como: «este gilipollas», «pedante, creído, tocapelotas/ovarios, farandulero, feo pasado por los quirófanos», «solo siento no haber estado en el último festival que estuvo *pa descalabrarle con un pedrolo del vente*», «a ver si un día de estos le da un paro cardíaco después de haberse metido todo el dinero en dietas en cocaína, menudo imbécil», «grandísimo payaso», o «es eskoria, la hipocresía personificada».

Por este motivo, el perjudicado interpuso una demanda por intromisión ilegítima en el derecho al honor contra el titular de la página web, en la que solicitó la supresión de las expresiones y fotografías referidas, la publicación de la sentencia a costa del demandado y una indemnización de 6.000€. El JPI n.º 44 de Madrid, en sentencia de 13 de septiembre de 2007, estimó íntegramente la demanda. Posteriormente, la AP de Madrid, sec. 13.ª, en la sentencia de 22 de septiembre de 2008, confirmó la sentencia de primera instancia.

El titular de «Alasbarricadas.com» interpuso un recurso de casación y alegó la infracción del art. 16.1 LSSICE. Sin embargo, el TS compartió el razo-

66 STS, Civil, 235/2020, 02.06.2020, FJ. 4 (ECLI:ES:TS:2020:1534).

67 STEDH (Gran Sala), 16.06.2015, asunto 64569/09, Delfi c. Estonia, §159.

namiento de la AP al entender que la ilicitud de los contenidos era patente y evidente por sí sola, por lo que no dependía de datos que no se encontraran a disposición del intermediario[68]. Según la sentencia:

> «Tanto la foto como las expresiones empleadas constituyen una intromisión en el derecho al honor del demandante notoria y manifiesta que no era precisa resolución judicial que declarase la ilicitud del contenido de las mismas»[69].

Asimismo, el TS destacó que el demandado impidió al demandante notificarle de forma fácil y directa la presencia de contenidos ilícitos ya que sus datos de contacto estaban desactualizados, por lo que no actuó diligentemente en la retirada de los mismos[70]. El actual art. 12 RSD obliga a todos los intermediarios en línea a designar un punto único de contacto que permita a los destinatarios del servicio comunicarse directa y rápidamente con ellos, por medios electrónicos y de manera sencilla. El incumplimiento de esta obligación, así como del resto de obligaciones de diligencia debida reguladas reguladas en el capítulo III del RSD, puede dar lugar a la acción de indemnización de daños y perjuicios del art. 54 RSD[71].

Parecidamente, la STS n.º 297/2016, de 5 de mayo, confirmó la condena de Izquierda Unida, titular del blog «iucolmenarviejoblog.wordpress.com», por alojar contenidos ilícitos. En el referido blog se publicó una entrada sobre el «Partido Político Democracia Directa del Amor, la Sonrisa y el Método Científico» y su presidente. Durante el mes de marzo de 2011 diversos usuarios comentaron la publicación, y entre los mensajes podían leerse las siguientes afirmaciones: «esto es la penúltima cagada del susodicho personaje y el que le conozca un poco sabe que amaga pero no da», «es el gerente administrador único de la empresa (...) en concurso de acreedores, con sentencia en firme en contra de ella y su administrador, al no pagar durante más de un año a una trabajadora suya, dejándola a deber más de 140.000 euros, así como diversos préstamos a entidades bancarias (...) monta empresas paralelas, periódicos etc...menudo sinvergüenza en Colmenar Viejo», y «que quede claro que porque mi padre sea un sinvergüenza y un chorizo no todos los de la familia lo somos. Sí es cierto que tiene muchas demandas y ha estafado a

68 La STS, Civil, 742/2012, 04.12.2012, FJ. 7 (ECLI:ES:TS:2012:8307), comparte esta interpretación, si bien concluye que los comentarios que alojaba el titular del blog «merodeando.com» en los que se calificaba a la SGAE como «ladrones» no eran constitutivos de intromisión ilegítima en el derecho al honor (FJ. 8).

69 STS, Civil, 72/2011, 10.02.2011, FJ. 4 (ECLI:ES:TS:2011:559).

70 El art. 10.1 LSSICE, *vid.* art. 10.1 LSSICE.

71 Según el art. 54 RSD: «Los destinatarios del servicio tendrán derecho a solicitar, de conformidad con el Derecho de la Unión o nacional, una indemnización con cargo a los prestadores de Servicios intermediarios por cualquier daño o perjuicio sufrido como consecuencia del incumplimiento por parte de dichos prestadores de sus obligaciones en virtud del presente Reglamento».

los bancos, pero yo no soy así». El 31 de marzo de 2011, el perjudicado trató de publicar un comentario en el blog, pero fue censurado por el moderador y eliminado de la web.

Por todo lo anterior, el perjudicado interpuso demanda por intromisión ilegítima en su derecho al honor contra Izquierda Unida Federal e Izquierda Unida de la Comunidad de Madrid, y solicitó la publicación de la sentencia a costa de las demandadas y una indemnización de 10.000€. El JPI n.º 6 de Colmenar Viejo, en sentencia de 25 de marzo de 2014, desestimó la demanda. En cambio, la AP de Madrid, sec. 12.ª, en la sentencia n.º 47/2015, de 25 de marzo, estimó la demanda al entender que las demandadas tuvieron conocimiento efectivo de los comentarios.

Izquierda Unida Federal interpuso un recurso de casación por infracción, entre otros, del art. 16.1 LSSICE. El recurso fue desestimado por el TS al considerar que la demandada tuvo conocimiento efectivo porque el blog contaba con un moderador que decidía acerca de los mensajes que se publicaban[72]. En consecuencia:

> «No puede por tanto alegarse la dificultad de controlar el contenido de la página web, porque el control existía. Y, con "conocimiento efectivo" del contenido de los comentarios y de su ilicitud, se publicaron comentarios con expresiones que, a simple vista, el moderador del foro de la página web podía ver que resultaban difamatorias para el demandante y que no estaban relacionadas con el contenido de la información que se publicaba sobre el mismo»[73].

El TS va un paso más allá y afirma, como ya hizo en la STS n.º 128/2013, de 26 de febrero, que el titular de un foro o blog:

> «Debe extremar las precauciones y ejercer un mayor control sobre las opiniones y comentarios alojados, cuyas connotaciones despectivas y peyorativas para terceros no podían pasarle inadvertidas, y procurar de este modo la pronta retirada de aquellos que manifiesta e inequívocamente aparecieran como gravemente injuriosos».

Por otro lado, la STS n.º 226/2021, de 27 de abril, ilustra la tendencia de la Sala Civil a interpretar de forma cada vez más amplia el requisito del conocimiento efectivo, hasta el punto de confirmar la condena a un diario digital por alojar comentarios que, si bien podían ser de mal gusto, en ningún caso suponían una intromisión ilegítima evidente.

Así, el 15 de julio de 2015, en la edición digital de El Mundo se publicó un artículo con el siguiente encabezado: «La vida perra de Marina. Esta semana enterraba a dos de sus tres hijos, presuntamente asesinados por su marido. Ya perdió a un hermano electrocutado y a su primer esposo ahogado cuando

72 Parecidamente, *vid*. STS, Civil, 805/2013, 07.01.2013, FJ. 4 (ECLI:ES:TS:2014:68).

73 STS, Civil, 297/2016, 05.05.2016, FJ. 7 (ECLI:ES:TS:2016:1885).

intentaba rescatar a una persona... Una amiga: "Es difícil entender por qué la vida se ensaña tanto con una persona"». A partir de la noticia, se publicaron una serie de comentarios en los que los usuarios calificaban a la protagonista como una persona «gafe», mientras que otros cuestionaban aspectos de su vida privada: «ella, una mujer que, además y simultáneamente a la pérdida del padre de sus hijos, pierde a un hermano y a un cuñado... se vuelve a casar, tiene más hijos y se divorcia, todo prácticamente en el mismo espacio de tiempo que ocurren las desgracias. El instinto de conservación, el derecho a rehacer la vida, lógico, pero en tan corto espacio de tiempo... se me ponen los pelos de punta» o «a decir verdad, la parte en la que se va con un segurata narcisista y con sospechosos cambios de humor sí podría haberla evitado. Con casi cuarenta años y liándose con malotes como si siguiera en el instituto...».

El 15 de junio de 2017 la perjudicada interpuso una demanda por intromisión ilegítima en el derecho al honor, intimidad y propia imagen, suyo y de sus dos hijos fallecidos, contra Unidad Editorial Información General S.L.U. —editora del diario El Mundo— por la información contenida en el artículo y por los comentarios de los usuarios. En la demanda solicitó el cese de la intromisión, la publicación de la sentencia en el portal de noticias y una indemnización de 60.000€ en concepto de daño moral. El JPI n.º 1 de Murcia, en la sentencia 90/2019, de 26 de marzo, declaró la existencia de intromisión ilegítima en el derecho al honor y a la intimidad de la actora y de sus 2 hijos y condenó a la demandada al pago de 20.000€. La AP de Murcia, sec. 1.ª, en la sentencia n.º 9/2020, de 13 de enero, confirmó la sentencia de primera instancia, aunque dejó sin efecto la declaración de intromisión ilegítima en los derechos al honor e intimidad de los hijos fallecidos.

Unidad Editorial Información General S.L.U. interpuso recurso de casación alegando la infracción del art. 16.1 LSSICE. El TS estimó parcialmente el recurso y dejó sin efecto la declaración de intromisión ilegítima en el derecho a la intimidad de la actora, por lo que redujo la indemnización a 15.000€. En relación con el art. 16.1 LSSICE, el TS afirmó que no era imprevisible para los responsables de la edición digital del diario que, en caso de habilitar una sección de comentarios, algunos de ellos fueran constitutivos de intromisión ilegítima en el derecho al honor. En otras palabras:

> «El propio hecho de abrir un chat anejo a este tipo de noticias supone un riego objetivo ante la posibilidad de comentarios ofensivos, malintencionados o simplemente poco cuidadosos, que acentúen el dolor de las personas afectadas por hechos tan luctuosos, lo que aumenta el deber de supervisión del responsable de la página web»[74].

74 STS, Civil, 226/2021, 27.04.2021, FJ. 5 (ECLI:ES:TS:2021:1570).

La sentencia no explica cómo es posible tener conocimiento efectivo de unos comentarios específicos inmediatamente después de su publicación si, como era el caso, la ilicitud no era patente o manifiesta y, además, la perjudicada en ningún momento notificó al portal de noticias la presencia de aquellos comentarios que consideraba hirientes.

Finalmente, la STS n.º 747/2022, de 3 de noviembre, confirmó la condena de un usuario de Facebook por permitir la publicación en su perfil de comentarios de terceros constitutivos de intromisión ilegítima en el derecho al honor. Aunque no se trata de un supuesto de responsabilidad de una plataforma en línea, el TS motiva su decisión en base a argumentos muy similares a los expuestos anteriormente:

> «En un caso como el presente, en el que se produce una intromisión ilegítima de carácter evidente en el derecho al honor de los recurridos por los comentarios publicados por terceros en el (Facebook) del recurrente, la responsabilidad de este por no eliminarlos de su perfil público, una vez conocidos, no puede ser excusada por falta de legitimación, peligro de censura o dificultades de ponderación, puesto que existe un deber de diligencia reactiva y cuidado que le obliga, ejercitando su poder de control, a su borrado inmediato. Y si no actúa y se desentiende, incumple ese deber, convirtiéndose en responsable de los daños y perjuicios causados a título de culpa por omisión derivada de dicha falta de diligencia y cuidado»[75].

4. Conclusiones

La jurisprudencia del TS interpreta de forma amplia el requisito del conocimiento efectivo previsto en el actual art. 6.1 RSD. La admisión de la evidencia de la ilicitud como vía de obtener conocimiento ha llevado al alto tribunal a exigir a los intermediarios en línea un deber de supervisión o control de todos los contenidos que alojan. Ello implica un alto riesgo de censura privada ya que, en caso de duda sobre la ilicitud de un contenido, los intermediarios tenderán a eliminar o bloquear su acceso para evitar incurrir en responsabilidad[76]. Este riesgo se acentúa al existir sentencias que han condenado a un intermediario por no detectar y eliminar contenidos cuya ilicitud cuya ilicitud no era manifiesta.

---

75 STS, Civil, 747/2022, 03.11.2022, FJ. 4 (ECLI:ES:TS:2022:3970).

76 Según BALKIN, J., «Old-School/New-School Speech Regulation», en *Harvard Law Review*, vol. 127, p. 2.309, este tipo de situaciones pueden dar lugar a una censura colateral que ocurre cuando un Estado responsabiliza a una plataforma por los contenidos de los usuarios. Véase también la Opinión Disidente de los jueces Sajó y Tsotsoria en el asunto *Delfi c. Estonia*; FROSIO, G., GEIGER, C. y IZYUMENKO, E. «Intermediary liability and fundamental rights», en *The Oxford Handbook of Online Intermediary Liability*, Oxford University Press, Oxford, 2020, pp. 138-139.

Esta interpretación tan amplia entra en contradicción con el art. 8 RSD que prohíbe, precisamente, imponer a los intermediarios una obligación general de supervisar los datos que almacenan o una obligación general de realizar búsquedas activas de hechos o circunstancias que indiquen actividades ilícitas. Como advierte el cdo. 30 RSD: «los prestadores de servicios intermediarios no deben estar sujetos, ni *de iure* ni *de facto*, a una obligación de monitorización con respecto a obligaciones de carácter general».

En futuras sentencias, que no tardarán en llegar, se podrá comprobar si el TS adecua su doctrina al tenor del RSD y a la reciente jurisprudencia del Tribunal de Justicia o si, por el contrario, sigue con una interpretación del conocimiento efectivo que conduce, irremediablemente, hacia una obligación de control de todos los contenidos de los usuarios.

5. Bibliografía

Álvarez Moreno, M. T., La contratación electrónica mediante plataformas en línea: modelo negocial (B2C), régimen jurídico y protección de los contratantes (proveedores y consumidores), Editorial Reus, Madrid, 2020.

Arroyo Amayuelas, E., «La responsabilidad de los intermediarios en internet, ¿puertos seguros a prueba de futuro?» en Cuadernos de Derecho Transnacional, vol. 12, n.º 1, 2020.

— «Article 14» en *EU digital law: article-by-article commentary*, Nomos/ Hart, Cambridge, 2020.

Balkin, J., «Old-School/New-School Speech Regulation», en *Harvard Law Review*, vol. 127.

Cavanillas Múgica, S., «La responsabilidad de los proveedores de información en la Ley 34/2002, de Servicios de la Sociedad de la Información y de Comercio Electrónico» en *Responsabilidades de los proveedores de información en Internet*, Comares, Granada, 2007.

— Deberes y responsabilidades de los servidores de acceso y alojamiento. Un análisis multidisciplinar, Comares, Granada, 2005.

De Miguel Asensio, P. A., *Derecho privado de Internet*, 6.ª ed., Thomson Reuters-Civitas, Cizur Menor, 2022.

De Streel, A. y **Husovec, M.**, «The e-commerce Directive as the cornerstone of the Internal Market. Assessment and options for reform», en *Study Requested by the IMCO committee*, 2020.

Edwards, L., «With great power comes great responsibility?: The rise of platform liability», en *Law, Policy and the Internet*, Hart Publishing, Oxford, 2019.

Frosio, G., Geiger, C. y Izyumenko, E. «Intermediary liability and fundamental rights», en *The Oxford Handbook of Online Intermediary Liability*, Oxford University Press, Oxford, 2020.

Gillespie, T., «Custodians of the Internet. Platforms, Content Moderation, and the Hidden Decisions That Shape Social Media», en *Yale University Press*, New Haven/London, 2018.

Goldamn, E., «An overview of the United States' Section 230 Internet immunity», en *The Oxford Handbook of Online Intermediary Liability*, Oxford University Press, Oxford, 2020.

Kuczerawy, A., «From Notice and Takedown to Notice and Stay Down: risks and safeguards for freedom of expression», en *The Oxford Handbook of Online Intermediary Liability*, Oxford University Press, Oxford, 2020.

López Richart, J., «Responsabilidad en redes sociales y otros prestadores de servicios de alojamiento por los contenidos generados por sus usuarios», en *Derecho de daños (cuestiones actuales)*, Francis Lefebvre, Madrid, 2020.

Nordemann, J. B., «The functioning of the Internal Market for Digital Services: responsibilities and duties of care of providers of Digital Services. Challenges and opportunities», en *Study Requested by the IMCO committee*, 2020.

Peguera Poch, M., «The Platform Neutrality Conundrum and the Digital Services Act», en *IIC — International Review of Intellectual Property and Competition Law*, vol. 53, 2022.

— «Los prestadores de servicios de internet y la normativa sobre responsabilidad», en Derecho TIC. Derecho de las tecnologías de la información y de la comunicación, Tirant lo Blanch, Valencia, 2016.

— «The DMCA Safe Harbors and their European Counterparts: A Comparative Analysis of Some Common Problems» en Columbia Journal of Law & the Arts, vol. 32, n.º 4, 2009.

— La exclusión de responsabilidad de los intermediarios en Internet, Comares, Granada, 2007.

Riordan, J., *The Liability of Internet Intermediaries*, Oxford University Press, Oxford, 2016.

Rubí Puig, A., *Derecho al honor online y responsabilidad civil de ISPs*, InDret, n.º 4, 2010.

Sartor, G. «Providers Liability: From the eCommerce Directive to the future» en *In-Dept Analysis for the IMCO Committee*, 2017.

VAN EECKE, P. y **TRUYENS, M.**, «Chapter 6: Liability for online intermediaries», en *EU Study on the Legal analysis of a Single Market for the Information Society: New rules for a new age?*, 2009.

VAN HOBOKEN, J. Y OTROS, «Hosting Intermediary Services and Illegal Content Online. An analysis of the scope of article 14 ECD in light of developments in the online service landscape», en *A Study prepared for the European Commission DG Communications Networks, Content and Technology by the Institute for Information Law (IViR)*, 2018.

VERBIEST, T. Y OTROS, *Study on the Liability of Internet Intermediaries* (MARKT/2006/09/E), 2007.

YANGUAS GÓMEZ, R., *Contratos de conexión a internet, «hosting» y búsqueda. Servicios de intermediación en red con consumidores*, Civitas Thomson Reuters, Cizur Menor, 2012.

LA RESPONSABILIDAD CIVIL DE LAS PLATAFORMAS DE DONACIÓN PARTICIPATIVA POR LA FALTA DE EJECUCIÓN DEL PROYECTO (*CROWDFUNDING*-DONACIÓN)[1]

María Teresa Alonso Pérez

Catedrática de Derecho civil. Universidad de Zaragoza

e-mail: alonsop@unizar.es

SUMARIO: 1. Planteamiento. 2. Concepto y características. 3. Modalidades de articulación de la donación participativa. 4. Análisis del conjunto normativo susceptible de aplicación a las plataformas de donación participativa. 4.1. Posible aplicación del Reglamento (UE) 2020/1503 del Parlamento europeo y del Consejo, de 7 de octubre de 2020, relativo a los proveedores europeos de servicios de financiación participativa para empresas. 4.2. Estudio de la incidencia del Reglamento DSA. 5. La retribución del servicio como requisito controvertido. 6. ¿Se aplican a las plataformas de donación las exenciones de responsabilidad?. 7. Remisión al Derecho nacional. 8. Condiciones generales o términos de uso de las plataformas en relación a su responsabilidad frente al donante por la falta de ejecución del proyecto. 9. Responsabilidad civil por incumplimiento del proyecto. 9.1. La ejecución del proyecto como remedio prioritario. 9.2. La plataforma como garante de la ejecución del proyecto. 9.3. Las medidas del Reglamento 2020/1503 como referencia. 9.4. Medidas específicas para la donación participativa a través de plataformas digitales. 9.5. ¿Puede ser responsable la plataforma por la falta de ejecución del proyecto?. 10. Reflexiones finales. 11. Bibliografía

1 Este trabajo se ha realizado en el marco del grupo de investigación LegMIBIO de la Universidad de Zaragoza, financiado por el Gobierno de Aragón y en el marco del Proyecto de I+D+i PID2020-115352GB-I00, financiado por AEI/10.13039/501100011033.

1. Planteamiento

Uno de los principales problemas que suscita la contratación intermediada a través de plataformas digitales es el de si las entidades que las gestionan son responsables cuando se produce el incumplimiento del contrato que se perfecciona a través de las mismas. Cuando esta cuestión se suscita en torno a los contratos de donación, los problemas presentan una dimensión distinta a la que tienen cuando se trata de contratos onerosos porque la gratuidad aumenta considerablemente la complejidad de los problemas que pueden plantearse. Y esto es precisamente lo que me propongo estudiar: la responsabilidad civil derivada del incumplimiento del proyecto para el que se solicitan donaciones de una multitud de sujetos —donaciones participativas— y que se obtienen a través de plataformas digitales. Quiero advertir *ab initio*, para no defraudar las expectativas que se puedan generar, que no sé si podré llegar a conclusiones sólidas y firmes sobre cómo solucionar el problema planteado; acaso sólo pueda llegar a señalar cuáles son las dificultades que suscita su solución y, en su caso, proponer alguna vía de solución. La inseguridad que suscita la dificultad de fijar el régimen jurídico de este tipo de relaciones y el escaso tratamiento doctrinal de la figura por encontrarnos en una fase incipiente de su estudio científico jurídico[2] hace que sea complicado avanzar en esta materia. No obstante, asumo el reto, aunque, como digo, soy muy consciente de la dificultad de llegar a algún avance significativo. Ojalá lo consiga.

El plan de trabajo consiste en comenzar exponiendo el concepto de donación participativa intermediada a través de plataformas digitales o *crowdfunding*-donación para pasar a explicar sus modalidades, es decir, las diferentes formas de funcionamiento de las plataformas que generan diferentes tipos de estructuración de las relaciones[3]. Seguidamente, tomaré en consideración el conjunto normativo de referencia y valoraré qué normas del mismo pueden entenderse aplicables a este fenómeno que carece de regulación específica. Todo ello es necesario para poder reflexionar acerca del tema central del trabajo que se refiere a si se puede imputar responsabilidad civil a la plataforma en caso de incumplimiento del contrato que intermedia; más precisamente, si la plataforma responde frente a la multitud de donantes (*crowd*) en caso de que no se lleve a cabo el proyecto que se promueve a través de la misma y para el que recauda las donaciones.

---

2 Salido-Andres, Noelia, Álvarez-González, Luis Ignacio, Rey Garcia, Marta, Vázquez, Rodolfo, «Mapping the Field of Donation-Based Crowdfunding for Charitable Causes: Systematic Review and Conceptual Frameworks», en *International Journal of Voluntary and Nonprofit Organizations,* April 2021, *Voluntas* 2021, paginas 288 a 302.

3 Sobre aspectos generales de esta figura puede consultarse mi trabajo «Servicios digitales prestados por plataformas on-line de crowdfunding-donación», en *Servicios digitales, condiciones generales y transparencia*, dir por Alonso Pérez, M. Teresa/Hernández Sáinz, Esther, edit. Aranzadi, 2020, ISBN 978-84-1308-669-9, pp. 21-52.

Me gustaría aclarar preliminarmente para precisar el alcance del trabajo que el problema de la responsabilidad civil de la donación participativa a través de plataformas digitales puede estudiarse desde diferentes perspectivas en función de los diferentes sujetos que entran en relación con la mencionada plataforma y todas ellas suscitan cuestiones interesantes dignas de ser estudiadas: pueden analizarse las obligaciones que asume la plataforma frente al donante como consecuencia del contrato de acceso y la responsabilidad derivada de su incumplimiento; ese mismo planteamiento puede hacerse desde la perspectiva del promotor del proyecto e incluso del beneficiario de las aportaciones cuando éste es usuario de la plataforma y un sujeto distinto al promotor. En esta ocasión voy a centrarme, como he explicado, en estudiar si la plataforma debe tener algún papel en términos de responsabilidad civil proyectada sobre el contrato de donación participativa que intermedia en caso de que el mismo se incumpla. En definitiva, si la falta de ejecución del proyecto por parte del promotor o, en su caso, del receptor de las aportaciones puede generar responsabilidad a cargo de la plataforma y si, en consecuencia, ésta debe responder frente a la pluralidad de donantes por dicho concepto.

2. Concepto y características

El *crowdfunding* donación o donación participativa es el conjunto de relaciones jurídicas a través de las cuales una cantidad indeterminada de personas aporta dinero, a través de una plataforma digital, con el objetivo de contribuir a la ejecución de un proyecto. La plataforma se encarga de proporcionar la información pertinente sobre el proyecto y su promotor y, también, de solicitar las contribuciones económicas, de recaudarlas y de entregarlas posteriormente al promotor para que desarrolle él mismo el proyecto o para que entregue la cantidad obtenida a quien corresponde ejecutarlo; no obstante, algunas plataformas, como expongo más adelante, proceden a entregar el dinero directamente a quien va a ejecutar el proyecto, aunque sea un sujeto distinto del promotor, lo que implica que el beneficiario mantiene una relación con dicha plataforma. Las aportaciones se hacen sin esperar nada a cambio, es decir, sin contraprestación, son donaciones. Es acertada la consideración de SALVADOR en el sentido de que la intención que mueve al donante es caritativa, pero *no existe la necesidad de que el destinatario lo sea, pudiendo ser perfectamente legítimo que las empresas lucrativas se puedan financiar a través de este modelo de crowdfunding*[4]. No obstante, las plataformas de este tipo que operan en el tráfico atienden en su mayor parte finalidades de tipo social, solidario y caritativo.

---

4 Salvador Saez, Diego, *El crowdfunding: función económica, tipologías de la realidad, naturaleza y régimen jurídico*. Tesis doctoral, Facultad de Derecho. Universidad de Valencia, 2016, pp. 79-80. Accesible en: http://hdl.handle.net/10550/56200

Según lo dicho, las plataformas que vamos a analizar son aquellas a través de las cuales se articulan donaciones que se caracterizan porque, con respecto a cada operación tramitada, aparecen como donantes una cantidad indeterminada de personas y, por lo tanto, pueden calificarse como donaciones participativas. En segundo lugar, debe destacarse que estas plataformas cumplen una función de intermediación, es decir, que no son parte de los contratos cuya concertación facilitan. Y, por último, debe reseñarse que el contrato que intermedian es el de donación, un contrato lucrativo o gratuito, lo cual introduce una característica que las diferencia de las de financiación participativa.

Las plataformas de recompensa que ofrecen al aportante algún tipo de contraprestación plantean problemas específicos y voy a dejarlas al margen para concentrarme únicamente en las plataformas que operan donaciones participativas[5].

3. Modalidades de articulación de la donación participativa

Los términos y condiciones que aparecen en las páginas webs de las plataformas estudiadas no aclaran suficientemente el conjunto de relaciones jurídicas que se establecen a través de las mismas y, para entenderlas, es conveniente conocer su funcionamiento, el cual se ajusta a uno de los tres modelos que paso a explicar.

— Modelo A: el promotor recibe las aportaciones y ejecuta el proyecto

En las plataformas que responden a este modelo el promotor es el destinatario final de las aportaciones y el que va a ejecutar dicho proyecto. Esta forma de operar suele ser característica —aunque no exclusiva— de los casos de mecenazgo en que los artistas aparecen como promotores-receptores.

El hecho de que el promotor sea el beneficiario de las aportaciones facilita que la plataforma pueda efectuar un control previo a la publicación de la campaña acerca de la legitimidad de la entidad que solicita la financiación y que la recibe; algunas plataformas incorporan un coste por este estudio previo que será reclamado en el caso de que el promotor retire la campaña. Además, la plataforma, en estos casos, podría incluso efectuar un control sobre la ejecución posterior del proyecto.

5 Sobre el *crowdfunding* de recompensa puede verse GIMENO RIBES, Miguel, «*Crowdfunding* de recompensa», en *Perspectiva legal y económica del fenómeno FinTech* / Matilde CUENA CASAS (dir.), Javier Wenceslao Ibáñez Jiménez (dir.), 2021, ISBN 978-84-18662-46-1, pp. 505-526.

— Modelo B: el promotor recibe las aportaciones pero no es el destinatario final de las mismas

Otras plataformas parecen favorecer precisamente que los promotores efectúen campañas en favor de otros sujetos —entidades sin ánimo de lucro u ONGs—, o incluso de particulares que tienen alguna necesidad que cubrir, por ejemplo, de tipo sanitario o educativo.

Con esta estructura subjetiva de las relaciones se quiere evitar que el potencial aportante recele de la presencia de un ánimo fraudulento en el promotor. Sin embargo, la disociación entre la figura del promotor de la campaña y del beneficiario de las aportaciones genera riesgos, al reducirse la capacidad de control por parte de la plataforma de aspectos como la veracidad del proyecto o de la efectiva recepción de los fondos por quien aparece como beneficiario. El control de estos extremos quedaría en manos del promotor. Mientras que, si es el promotor quien recibe el dinero como beneficiario final y encargado de la ejecución del proyecto, la plataforma puede efectuar una labor de control previa a la publicación de la campaña e incluso posterior sobre el destino del dinero para la efectiva ejecución del proyecto.

En el modelo B, la determinación de entre qué sujetos se concierta la donación puede plantear dudas. Puede entenderse que en la medida en que la plataforma entrega el dinero al promotor, éste es el donatario; sin embargo, el promotor recibe los fondos para entregarlos al cuarto sujeto o beneficiario, de modo que cabría también entender que el donante y el promotor han convenido una donación en favor de tercero, siendo el beneficiario el tercero, el cual, para poder recibir la prestación directamente de la plataforma, debería aceptar según lo previsto en el artículo 1257 del Código civil. Algunas plataformas exigen que el promotor haya recabado el consentimiento del tercero a quien se beneficia[6], lo que podría ser suficiente como aceptación del beneficio y acaso permitiría al beneficiario recibir las aportaciones de la plataforma. Otras plataformas, para sortear este obstáculo, recurren a una estructura diversa de las relaciones concertadas que conforman el modelo C que analizo seguidamente.

Mi opinión es que la seguridad para el donante sería más elevada si se entendiera donatario al promotor, pero, tal y como se desenvuelven las plataformas en la práctica, no creo que actualmente pueda entenderse así con total seguridad. Insisto en la idea de que, si las relaciones fueran sólo entre promotor, donante y plataforma, se podría ofrecer jurídicamente un mayor nivel de seguridad.

6 Hemos encontrado en una de estas plataformas la siguiente cláusula en las CGC que parece exigir el consentimiento del tercero a quien se beneficia: «El usuario que cree un proyecto manifiesta que serán proyectos propios o con el consentimiento de tercero y que de ningún modo vulneran los derechos de terceros».

— **Modelo C: el beneficiario recibe el dinero directamente de la plataforma**

El último modelo, responde a que algunas plataformas, conscientes de la brecha de seguridad en el sistema que genera el modelo B por el hecho de que el promotor recibe el dinero para entregarlo al destinatario de las aportaciones, lo que hacen es incluir en la plataforma exclusivamente campañas que favorezcan a ONGs y entidades a las que se les atribuye en la página web la condición de «receptor de las donaciones»; de tal manera que, cuando alguien crea un reto o campaña como promotor, debe seleccionar la entidad beneficiaria de entre una lista proporcionada por la plataforma, lo cual requiere un acuerdo previo entre la plataforma y las entidades listadas, que se registran en la plataforma y que, por tanto, pueden ser consideradas usuarias de la misma.

De este modo la plataforma puede, antes de publicar la campaña, controlar la legitimidad de la entidad receptora de las aportaciones, permitiéndole también ofrecer al donante la garantía de que su donación es entregada directamente a quien figura como destinatario final de la misma que, a su vez, es responsable de la ejecución del proyecto. El dinero no pasa por las manos del promotor, pudiéndose controlar por la plataforma la trazabilidad del dinero que se aporta hasta el destinatario final.

De los tres modelos expuestos, tanto el A como el C (promotor-beneficiario y lista de entidades receptoras del dinero registradas en la plataforma) permiten a la plataforma verificar que quien recoge el dinero es efectivamente quien se menciona como beneficiario de la campaña; además, se podría comprobar la veracidad del proyecto y hasta si el dinero se destina a su ejecución.

Ahora bien, no dejan de ser controles dejados en manos de las propias plataformas[7], las cuales se sustentan económicamente por un porcentaje detraído de la cantidad donada, lo que puede afectar negativamente la confianza de los potenciales donantes en cuanto que las plataformas pueden caer en la tentación de aligerar el control sobre los promotores y las campañas o proyectos a desarrollar para que sean más numerosos los proyectos que se publican en la web y, en consecuencia, su rentabilidad se vea incrementada. Como he dicho con antelación, hay plataformas en las que se registran campañas abiertas por las propias plataformas, lo que creo que debería evitarse para no dañar la credibilidad del sistema.

De lo expuesto puede deducirse cuál es el conjunto de relaciones jurídicas que se conciertan en el *crowdfunding*-donación a través de plataformas digitales. Por un lado, la plataforma celebra contratos de acceso con los sujetos

---

7 Sería más oportuno un organismo regulador de carácter público que controlara, entre otras cosas, que el destino de estos fondos es efectivamente el señalado en la campaña. Tal organismo existe en Reino Unido no solo para las plataformas sino para cualquier tipo de *fundraising* https://www.fundraisingregulator.org.uk/.

que, interviniendo en la operación, se registran como usuarios en la misma, ya sea en el rol de promotor, de donante, o como receptor de las aportaciones. Además, se produce una donación intermediada por la plataforma; desde el punto de vista subjetivo, es claro quién es el donante —quien aporta el dinero—, pero quién sea el donatario es cuestión que, en algunos casos, resulta difícil de precisar y puede depender del modelo de funcionamiento de la plataforma.

Tras exponer los aspectos más generales de la donación a través de plataformas participativas, paso a abordar el problema que la ausencia de una regulación específica plantea en orden a la delimitación de su régimen jurídico.

4. Análisis del conjunto normativo susceptible de aplicación a las plataformas de donación participativa

En España, a diferencia de lo que ocurre en países cercanos al nuestro como Portugal o Francia[8], la donación participativa intermediada a través de plataformas digitales carece de regulación específica, mientras que las que permiten invertir o concertar contratos de préstamo han sido objeto de atención normativa. Veamos el conjunto normativo que debe atenderse o tomarse en consideración en relación a cualquier tipo de plataformas de financiación participativa y precisar cuáles de estas normas pueden entenderse aplicables a las que intermedian contratos de donación participativa.

Debe empezarse este examen por la Ley 5/2015, de 27 de abril, de fomento de la financiación empresarial (en adelante, LFFE), cuyo Título V (artículos 46 a 93) se refería a las plataformas de financiación participativa, que se definían en los siguientes términos —artículo 46-:

> 1. Son plataformas de financiación participativa las empresas autorizadas cuya actividad consiste en poner en contacto, de manera profesional y a través de páginas web u otros medios electrónicos, a una pluralidad de personas físicas o jurídicas que ofrecen financiación a cambio de un rendimiento dinerario, denominados inversores, con personas físicas o jurídicas que solicitan financiación en nombre propio para destinarlo a un proyecto de financiación participativa, denominados promotores.

8 En Portugal, la Lei n.° 102/2015 Regime jurídico do financiamento colaborativo incluye en su ámbito de aplicación a las plataformas que recaudan dinero mediante donaciones y además de serles de aplicación las disposiciones generales a cualquier plataforma de financiación participativa —artículos 4 a 11— se disponen una serie de normas específicamente aplicables a las de donación —artículos 12 a 14— .
En Francia, el Code monetaire et financier regula en la L 548 1-6 los intermediarios en financiación participativa, materia que es desarrollada en ese mismo Código en los artículos D 548 1-10. La L-548-1.1.° incluye las donaciones como mecanismo de financiación participativa y, por tanto, las normas que regulan este fenómeno les resultan de aplicación.

El segundo párrafo de este mismo artículo 46 excluía expresamente del ámbito de aplicación de esta ley a las plataformas a través de las cuales se articula la venta de bienes y servicios, el préstamo sin interés y por intermedio de las cuales se obtiene financiación para proyectos específicos de manera gratuita; en el último inciso de las exclusiones podían entenderse contempladas las donaciones. De modo que estaba claro que esta ley no les era aplicable.

Este párrafo segundo del artículo 46 LFFE ha sido derogado por la Ley 18/2022, de 28 de septiembre, de creación y crecimiento de empresas (en adelante, LCCE), la cual además ha introducido la diferenciación entre plataformas de financiación participativa armonizadas por el Derecho Europeo (arts. 46 a 54 de la LFFE) y no armonizadas por el Derecho Europeo (art 55 LFFE). Lo que nos remite a la regulación europea en la materia que está contenida en el Reglamento (UE) 2020/1503 del Parlamento Europeo y del Consejo, de 7 de octubre de 2020, relativo a los proveedores europeos de servicios de financiación participativa para empresas, y por el que se modifican el Reglamento (UE) 2017/1129 y la Directiva (UE) 2019/1937. Parece evidente, ya sólo por el título de la norma que alude a «empresas», que no deben entenderse aquí contempladas las plataformas que articulan donaciones porque no es un cauce habitual por el que se financien empresas, aunque pueden hacerlo. Pero conviene analizar en profundidad el ámbito de aplicación del Reglamento 2020/1503 para ver si efectivamente puede confirmarse esta primera apreciación de que las plataformas objeto de estudio quedan fuera de su alcance.

4.1. Posible aplicación del Reglamento (UE) 2020/1503 del Parlamento europeo y del Consejo, de 7 de octubre de 2020, relativo a los proveedores europeos de servicios de financiación participativa para empresas

Desde el punto de vista subjetivo, el artículo 1.2.a) del Reglamento 2020/1503 excluye de su aplicación las relaciones en las que quien pide financiación es un consumidor y, para fijar el concepto de consumidor, se remite a la definición del mismo en el artículo 3 a) de la Directiva 2008/48 de crédito al consumo que sólo incluye dentro del mismo a las personas físicas que actúan al margen de cualquier actividad comercial o profesional, excluyendo a las personas jurídicas. En este punto debe atenderse especialmente a una peculiaridad del Derecho de Consumo español, en cuanto que, en nuestro país, a diferencia de lo que ocurre en el resto de Europa, las personas jurídicas pueden tener la consideración de consumidores, siempre y cuando no tengan ánimo de lucro y actúen en un ámbito ajeno a una actividad comercial (art 3.1 TRLGDCU). Sin embargo, cuando se trata de las relaciones de crédito al consumo se les excluye del concepto de consumidor con independencia de cualquier otra consideración, de modo que sólo las personas físicas pueden serlo a estos efectos (*cfr.* artículo 2.1 de la Ley 16/2011, de 24 de junio, de contratos de crédito al consumo). Esta norma española sigue en esto al artículo 3.a) de la Directiva 2008/48 de crédito al consumo. Por su parte, el artículo 3.1 de la Propuesta de directiva sobre crédito al consumo 130.6.2021 COM (2021) 347 final— también contempla únicamente a las personas físicas como sujetos que pueden ser considerados consumidores a efectos de aplicación de la Directiva. Por lo tanto, atendiendo al criterio subjetivo, podrían entenderse incluidos del Reglamento 1053/2020 aquellas donaciones participativas cuyo promotor o beneficiario fuera una persona jurídica, porque el artículo 1.2.a) sólo permite excluir desde el punto de vista subjetivo aquellas en las que el sujeto que actúa al margen de una actividad comercial o profesional sea una persona física.

Recapitulando lo dicho hasta aquí, puede decirse que el Reglamento 2020/1053 excluye de su ámbito de aplicación los servicios de financiación participativa cuando quien solicita la financiación es un consumidor; a efectos de su aplicación, debe tenerse en cuenta la definición de consumidor que aparece en la normativa de crédito al consumo que, incluso en España, excluye de tal consideración a las personas jurídicas, con independencia de cualquier otra circunstancia. Esto podría llevarnos a pensar que, aunque las personas jurídicas que suelen solicitar aportaciones a través de plataformas no tienen ánimo de lucro y no ejercen su actividad con fines comerciales, sino más bien, de manera altruista y desinteresada, pueden encontrarse bajo el ámbito de aplicación del Reglamento 2020/1053. Pero, como explico seguidamente, esta primera apreciación debe descartarse.

En efecto, debe atenderse a la delimitación del ámbito de aplicación de este Reglamento *desde el punto de vista objetivo*. Según el artículo 1.a) esta norma se aplica a los «servicios de financiación participativa», los cuales están definidos en el artículo 2.1. a) del Reglamento como la conexión de los intereses de inversores y promotores mediante el uso de plataformas que incluyan la facilitación de préstamos y la colocación de valores negociables y de instrumentos admitidos para la financiación participativa emitidos por los promotores de proyectos o por una entidad instrumental, y la recepción y transmisión de órdenes de clientes. Como la donación no es un préstamo ni supone la colocación de valores negociables, las relaciones que estamos estudiando deben excluirse del ámbito de aplicación del Reglamento en virtud de criterios objetivos y deben considerarse por tanto plataformas no armonizadas por el Derecho europeo de las referidas en el artículo 55 LFFE.

Aunque, curiosamente, este mismo artículo 55 LFFE dispone que las plataformas no armonizadas por incurrir en las excepciones del art 1.2 a y c del Reglamento —estas excepciones son aquellas en que aparece un consumidor y las de importe superior a cinco millones de euros— deben entenderse sometidas al mismo. Como las plataformas de donación no prestan servicios de financiación participativa tal y como las define el artículo 2.1. a) del Reglamento ni siquiera este precepto permite incluirlas en su ámbito de aplicación[9].

Nos encontramos, por tanto, en el mismo punto en el que estábamos durante la vigencia del artículo 46 LFFE antes de su derogación por la LCCE que excluía estas plataformas de su ámbito de aplicación y en el que valorábamos la aplicación a este fenómeno de la Ley 34/2002, de 11 de julio, de servicios de la sociedad de la información y de comercio electrónico (en adelante, LSSI) y del Código civil. No obstante, en relación a la LSSI se han producido algunos cambios normativos de entidad con la aprobación del Reglamento (UE) 2022/2065 del Parlamento Europeo y del Consejo de 19 de octubre de 2022 relativo a un mercado único de servicios digitales y por el que se modifica la Directiva 2000/31/CE —Reglamento de Servicios Digitales— (en adelante Reglamento DSA) que examino seguidamente.

4.2. Estudio de la incidencia del Reglamento DSA

Como digo, debe valorarse para intentar precisar el conjunto normativo regulador de las plataformas objeto de estudio la Ley 34/2002, de 11 de julio, de servicios de la sociedad de la información y de comercio electrónico (en adelante LSSI). Dicha ley es la transposición al Derecho español de la Directiva 2000/31/CE del Parlamento Europeo y del Consejo, de 8 de junio de 2000, relativa a determinados aspectos jurídicos de los servicios de la sociedad de la información, en particular el comercio electrónico en el mercado interior (Directiva sobre el comercio electrónico, en adelante DCE) y cuyos artículos 13 a 17 regulaban la responsabilidad civil. Dicha regulación sobre responsabilidad contenida en la Directiva 2000/31 (DCE) ha sido incorporada al Reglamento (UE) 2022/2065 del Parlamento Europeo y del Consejo de 19 de octubre de 2022 relativo a un mercado único de servicios digitales y por el que se modifica la Directiva 2000/31/CE (Reglamento de Servicios Digitales (en adelante, Reglamento DSA), como aparece recogido en el apartado 16

9 Excluye del ámbito de aplicación a las plataformas de donación, Marcé Calzada, Jordi, «La financiación participativa en la economía de las plataformas. Un cambio de paradigma en las relaciones de crédito», en *Actualidad Jurídica Iberoamericana*, número 16, febrero 2022, página 1074.

de su Exposición de Motivos. La incorporación a este Reglamento se efectúa para homogeneizar las diferencias regulatorias que se habían originado entre los distintos Estados miembros como consecuencia de las transposiciones nacionales; también para clarificar el régimen una vez que el mismo ya tenía recorrido y había algunos pronunciamientos jurisprudenciales del TJUE de cierta relevancia a tomar en consideración. Por lo dicho, la regulación que pueda contener la LSSI española sobre responsabilidad debe entenderse derogada por lo previsto en el Reglamento DSA si es que se da alguna discordancia.

Entiendo que, pese a que no se trata de normativa diseñada para su aplicación a este tipo de plataformas[10], a las que articulan contratos de donación participativa les alcanza esta norma porque pueden ser consideradas servicios de la sociedad de la información conforme los define el artículo 1.1. b) de la Directiva 2015/1535 —a dicho artículo remite el art 3.a del DSA que contiene la lista de definiciones— que indica que es servicio de la sociedad de la información *todo servicio prestado normalmente a cambio de una remuneración, a distancia, por vía electrónica y a petición individual de un destinatario de servicios.* Además, los servicios de intermediación en la donación no aparecen en el listado de servicios no cubiertos por dicha definición que recoge el Anexo I de la Directiva 2015/1135.

Más concretamente, el artículo 3 g) del Reglamento DSA define los servicios intermediarios como servicios de mera transmisión de información, de transmisión de información con almacenamiento automático, provisional y temporal de esta información, prestado con la finalidad de hacer más eficaz su transmisión a otros destinatarios (memoria caché) y, finalmente, como servicios de alojamiento de datos facilitados por el destinatario del servicio y a petición de éste.

Las plataformas que son objeto de estudio encajarían en los servicios de alojamiento de datos y de transmisión, tal y como argumenta Marcé Calzada[11], pero es obvio que estas plataformas no se limitan al almacenamiento de datos y a su transmisión entre diferentes usuarios, sino que su operatividad va mucho más allá. Puede, por tanto, considerarse que, en la medida en que los servicios más amplios que prestan este tipo de plataformas incluyen los específicamente contemplados en el Reglamento DSA, pueden considerarse englobados en su ámbito de aplicación.

10 En el mismo sentido vid. Álvarez Moreno, María Teresa, *La contratación electrónica mediante plataformas en línea: Modelo negocial (B2C), régimen jurídico y protección de los contratantes (proveedores y consumidores)*, edit. Reus, Madrid, 2021, página 191.

11 Marcé Calzada, Jordi, «La financiación participativa en la economía de las plataformas. Un cambio de paradigma en las relaciones de crédito», en *Actualidad Jurídica Iberoamericana*, número 16, febrero 2022, página 1077

5. La retribución del servicio como requisito controvertido

El Reglamento DSA, según su art. 3.a) se aplica a los servicios de la sociedad de la información tal y como los define la Directiva 2015/1535, que los concibe (artículo 1.1.b) como los servicios prestados a distancia, por vía electrónica, a petición del destinatario del servicio y, normalmente, a cambio de una remuneración.

Este último es el elemento que podría considerarse problemático en el caso de las plataformas de donación participativa, aunque no se otorga un carácter categórico en la formulación literal del precepto a la necesidad de que sea remunerado el servicio. Es cierto que la jurisprudencia ha flexibilizado este presupuesto y se considera que concurre aunque ninguno de los usuarios retribuya a la plataforma si se trata de una actividad económica para la entidad que es titular de la misma; tampoco es necesario para considerarlos dentro del ámbito de aplicación que todos los usuarios retribuyan a la plataforma[12]. En esta misma línea se entiende que quedan incluidos en el ámbito de aplicación los servicios en los que el prestador obtiene sus ingresos de la publicidad[13].

De modo que puede afirmarse que el carácter gratuito de los servicios no impide necesariamente la aplicación de esta normativa. Es cierto que algunas plataformas de este tipo son gratuitas para todos los usuarios y que sólo retienen los gastos de transacción (las cantidades que cobran las pasarelas de pago que utilizan); estas plataformas subsisten con donaciones que efectúan algunos usuarios a la propia plataforma. En relación a este supuesto específico cabría plantear más fundadamente si se da el presupuesto de la retribución de los servicios que permite incluirlas en el ámbito de aplicación del Reglamento DSA, lo cual creo que es muy dudoso[14].

La mayoría de las plataformas de donación participativa retienen una cantidad en concepto de retribución por los servicios que prestan y que hay que distinguir de los costes de transacción que cobran los servicios de pago que utilizan para recaudar las aportaciones y transferirlas al promotor o al bene-

---

12 *Cfr.* STJUE de 19 de diciembre de 2019. Asunto C-390/18 (Airbnb Ireland) ECLI:EU:C: 2019:1112. STJUE 3 de diciembre de 2020 (Asunto 62/19 Star taxi App) ECLI:EU:C:2020:980.

13 *Cfr.* STJUE de 11 de septiembre de 2014 (Asunto c-291/13) Papasavvas (ECLI:EU:C:2014:2209).

14 Castelló Pastor, José Juan, «Nuevo régimen de responsabilidad de los servicios digitales que actuán como intermediarios a la luz de la propuesta de Reglamento relativo a un mercado único de servicios digitales», en *Desafíos jurídicos ante la integración digital: aspectos europeos e internacionales*, José Juan Castelló Pastor (dir.), 2021, ISBN 978-84-1345-005-6, epígrafe II 1 considera que la retribución consiste en los datos que obtienen de los usuarios.

ficiario de la aportación. Los términos y condiciones en que se fijan estas retribuciones no son todo lo claras que sería deseable, pues en algunas no queda claro si retienen alguna cantidad, o no se dice nada; en otras, se fija la retribución en el 5% de la cantidad aportada por las organizaciones que reciben las aportaciones, pero no queda claro si se cobra otro 5% de la cantidad finalmente recaudada. Otras cobran cantidades que van desde el 5 al 12 % de las donaciones según el tipo y la entidad de los servicios que prestan. Otro modelo consiste en cobrar mayor o menor retribución en función de si el donante es una entidad empresarial o es un particular.

De modo que nos encontramos modelos muy variados en relación a la retribución de los servicios prestados por las plataformas de donación participativa. No sé si, como digo, todos pueden incluirse en el ámbito de aplicación del Reglamento DSA, pero debe tenerse en cuenta que, siendo que esta normativa contempla supuestos de exoneración de responsabilidad, resultaría poco razonable que las plataformas gratuitas no disfrutaran de la exoneración de responsabilidad que se establece para las que actúan mediando retribución en los artículos 4 y ss de dicho Reglamento[15]. Ahora bien, otra cosa es que, efectivamente, puedan disfrutar de alguna exención como explico en el epígrafe siguiente.

Uno de los problemas que suscita la retribución que, en su caso, retienen este tipo de plataformas es que es difícil precisar si la retribución la paga el donante o el promotor o receptor de las donaciones. Debería, como en el caso de las de financiación participativa prohibirse que el pago de los servicios corresponda al promotor del proyecto o al beneficiario porque esto podría acarrear que la plataforma diera preferencia a unos proyectos sobre otros. Además, el hecho de que se considere que la retribución la paga el donante permite entender que la relación de acceso que entablan los donantes con la plataforma se pueda considerar una relación de consumo, con todo lo que ello conlleva en términos de protección del donante.

6. ¿Se aplican a las plataformas de donación las exenciones de responsabilidad?

La regulación de la responsabilidad civil se contiene en los artículos 4 y siguientes del Reglamento DSA, los cuales contemplan una serie de supuestos en los que los prestadores de servicios intermediarios quedan exentos de responsabilidad, incidiendo en el sistema de puerto seguro alumbrado por la DCE (Directiva 2000/31) y que se valora por la Exposición de Motivos del DSA como un marco digno de ser conservado porque ha permitido el desarrollo

15 ARROYO AMAYUELAS, Esther, «La responsabilidad de los intermediarios en internet ¿puertos seguros a prueba de futuro?», en *Cuadernos de Derecho Transnacional* (marzo 2020), vol 12, n.º 1, página 813.

de servicios muy novedosos. Las exenciones de responsabilidad reguladas en artículos 4 y ss del DSA se apoyan, como digo, en el principio de neutralidad de los prestadores de servicios intermediarios al desarrollar su actividad, es decir, en el hecho de que se limiten a ser agentes meramente pasivos que prestan servicios técnicos; se les exime en cuanto su actividad es meramente automática[16]. Este principio de indemnidad de la plataforma en base a su pretendida neutralidad operativa no parece ser objeto de discusión, aunque quizás debiera serlo porque la neutralidad técnica no implica que concurra también desde un punto de vista jurídico y/o económico[17].

El artículo 6 referido al servicio de alojamiento de datos —en el que encajaría mejor el servicio prestado por plataformas de donación—, dispone que las entidades que prestan este tipo de servicios se eximen de responsabilidad cuando desconocen que en el entorno digital que ellas mismas configuran hay contenido ilícito o se está llevando a cabo una actividad ilícita o cuando, enterados de tal circunstancia, retiren el contenido ilícito o bloqueen el acceso al mismo. Uno de los avances o mejoras del Reglamento DSA con respecto a la DCE se manifiesta en que actualmente se contempla que la exención de responsabilidad no sólo se produce cuando el prestador del servicio ignora que se están transmitiendo o alojando contenidos ilícitos sino que también debe ignorar que se esté llevando a cabo una actividad ilícita lo que es más adecuado para las plataformas de donación participativa porque, si bien puede ocurrir que en las mismas se aloje contenido ilícito, son un marco que puede viabilizar la comisión de fraudes y estafas.

El párrafo segundo de este artículo 6 dispone que la exención de responsabilidad del párrafo primero no se aplica cuando el destinatario del servicio actúa bajo la autoridad o el control del prestador del servicio, debiendo exa-

16 Jurisprudencia relevante sobre el concepto de neutralidad: STJUE de 23 de marzo de 2010 (Google France versus Louis Vouiton) Asuntos C-236/08 a C-238-08. ECLI: EU:C:2010:159; STJUE de 12 de julio de 2011 (L'Oreal y otros versus eBay International y otros) Asunto C-324/09. ECLI:EU:C:2011:474. STJUE de 11 de septiembre de 2014 (Papasavvas) Asunto C-291/13. ECLI: EU:C:2014:2209).

17 Desde una perspectiva asentada en los principios que han venido sirviendo para regular cuestiones relacionadas con la responsabilidad civil y a la jurisprudencia para solventar problemas de este tipo, hay un elemento que quizás deba ser atendido y es que las entidades que gestionan este tipo de plataformas se lucran con esta actividad económica y, quizás, debería ser considerado a la hora de imputar la responsabilidad por el incumplimiento del contrato que ayudan a perfeccionar. Se ampara el principio de indemnidad de las plataformas en materia de responsabilidad civil en su neutralidad que es tomada como referencia al regular estas exenciones; pero la neutralidad técnica no significa que lo sea desde el punto de vista económico o jurídico. También cuestiona la neutralidad de las plataformas Castelló Pastor, José Juan, «Nuevo régimen de responsabilidad de los servicios digitales que actuán como aintermediarios a la luz de la propuesta de Reglamento relativo a un mercado único de servicios digitales», en *Desafíos jurídicos ante la integración digital: aspectos europeos e internacionales*, José Juan Castelló Pastor (dir.), 2021, ISBN 978-84-1345-005-6, epígrafe II.1.

minarse si, en las plataformas de donación participativa puede sostenerse que los usuarios (donantes, promotor y, en su caso, beneficiario) actúan bajo la autoridad o el control de la plataforma, en cuyo caso las entidades que son titulares de las mismas no podrán disfrutar de la exención de responsabilidad. Entiendo que la existencia de esta autoridad o control habrá de examinarse caso por caso, pero puede hacerse un análisis genérico atendiendo al funcionamiento de las plataformas antes expuesto.

Los criterios que se han sugerido como indicativos de la existencia del control de la plataforma sobre sus usuarios son la fijación del precio, la determinación del contenido del contrato y la propiedad de los medios activos[18]. En nuestro caso, al tratarse de donación no hay precio en el contrato que se intermedia porque es una donación y tampoco tiene sentido estudiar la cuestión de la propiedad de los medios activos, debiendo concretar, para apreciar si hay control de los usuarios por la plataforma, si esta tiene algún protagonismo en la concreción del contenido del contrato.

Si se analiza el modo de funcionamiento de estas entidades puede comprobarse que inciden de manera importante en la conformación del contenido del contrato: es dicha entidad la que decide publicar un determinado proyecto o no, de modo que realiza una selección que excluiría, de entrada, la neutralidad de su actuación[19]; además, a través de sus términos de uso o condiciones generales, conforma el contenido del contrato de la relación triangular que se establece y perfila las consecuencias de la falta de ejecución del proyecto, entre otros extremos del convenio. Además, las plataformas son las que operan la transmisión de las aportaciones de una a otra parte del contrato. Por tanto, puede decirse que no les será de aplicación la exención de responsabilidad del artículo 6 DSA[20] porque inciden en mayor o menor medida en el contenido del contrato que vincula a cada uno de los donantes con el promotor o el receptor de las aportaciones.

Apoya esta consideración el contenido del Reglamento 2020/1503, el cual regula específicamente las plataformas de financiación participativa —inversión y préstamo— y, aunque quedan excluidas de su alcance las de donación, la normas que también contiene están pensadas para plataformas que colaboran o intermedian en la concertación de contratos, de modo que refleja las necesidades normativas de entidades con un tipo de operatividad

18 ÁLVAREZ MORENO, María Teresa, *La contratación electrónica mediante plataformas en línea: Modelo negocial (B2C), régimen jurídico y protección de los contratantes (proveedores y consumidores)*, edit. Reus, Madrid, 2021, página 227.

19 ARROYO AMAYUELAS, Esther, «La responsabilidad de los intermediarios en internet ¿puertos seguros a prueba de futuro?, en *Cuadernos de Derecho Transnacional* (marzo 2020), vol 12, n.° 1, página 820.

20 En sentido similar MARCÉ CALZADA, Jordi, «La financiación participativa en la economía de las plataformas. Un cambio de paradigma en las relaciones de crédito», en *Actualidad Jurídica Iberoamericana*, número 16, febrero 2022.

cercano o similar a la que estamos estudiando. Como digo, el contenido de dicho Reglamento 2020/1503 evidencia que las plataformas que regula intervienen en los contratos que ayudan a concertar, pudiendo tomarse como ejemplos la obligación que tienen de evaluar el riesgo de los préstamos propuestos, pueden fijar el precio de las ofertas en base a la evaluación que hagan del riesgo, deben garantizar un precio justo y adecuado (art 4.4 d), deben ser diligentes estudiando a los promotores que promueven proyectos de financiación (art 5), los proveedores de servicios de financiación participativa deben disponer en todo momento de salvaguardas prudenciales por un determinado importe (art 11), deben contar con una garantía como la que supone un seguro (art 11.2.b).

Consecuentemente, puede afirmarse que la regulación de este tipo de plataformas por parte del Reglamento 2020/1503 evidencia que las mismas no son neutrales en el desarrollo de su actividad porque, entre otras cosas deben seleccionar los proyectos que publican— y que, además, su funcionamiento implica que los usuarios están bajo su control o autoridad porque conforman el contenido del contrato que cada inversor o prestamista concierta con el promotor del proyecto de inversión o de préstamo; por lo tanto, no les es aplicable la exención de responsabilidad del artículo 6.2 del Reglamento DSA.

Atiéndase a que el artículo 7 DSA insiste en mantener el principio de exención de responsabilidad cuando el prestador del servicio investigue *motu proprio* y en base a la buena fe la comisión de ilicitudes en su entorno por parte de los destinatarios de sus servicios. El objetivo de esta norma es que la actividad de la plataforma no pierda la caracterización de «neutral» por la realización de dichas investigaciones y pueda seguir exenta de responsabilidad. De este modo se incentiva el control de la legalidad de las actuaciones que se traban a través de las mismas por parte de las plataformas, lo cual tiene pleno sentido. Pero para aplicar tal exención de responsabilidad entiendo que no sería necesario dicho precepto, pues parece obvio que, si la propia plataforma descubre un comportamiento ilícito y lo denuncia, no va a ser responsable de los daños que puedan derivarse de tal comportamiento de los usuarios de la plataforma. Estas normas tienen pleno sentido si van referidas a servicios intermediarios que se limitan a transmitir información o sirven para comunicarse, porque su objetivo es evitar la censura o recortes a la libertad de expresión, opinión e información; sin embargo, cuando la ilicitud que puede cometerse a través de una plataforma es una estafa, como puede ocurrir en el caso de las plataformas de donación, esta norma tendente a preservar la neutralidad de la plataforma pese a la investigación de la comisión de fraudes o estafas a través de las misma puede resultar superflua.

Puede afirmarse por lo dicho que las plataformas de donación participativa se encuentran dentro del ámbito de aplicación del DSA, pero que las exenciones de responsabilidad no están pensadas para su aplicación a las mismas y, generalmente, no les serán aplicables.

7. Remisión al Derecho nacional

El hecho de que los prestadores de servicios no estén exentos de responsabilidad en base al Reglamento DSA determina que pueden ser responsables, siendo necesario concretar en qué términos puede serles imputada la obligación de resarcir los daños que hayan podido causar. Para ello, tal y como se especifica en el punto 17 de la Exposición de Motivos, debe atenderse al Derecho nacional o, en su caso, al Derecho de la Unión que resulte de aplicación[21]. En tal sentido, el artículo 54 del Reglamento DSA dispone que:

> Los destinatarios del servicio tendrán derecho a solicitar, de conformidad con el Derecho de la Unión o nacional, una indemnización con cargo a los prestadores de servicios intermediarios por cualquier daño o perjuicio sufrido como consecuencia del incumplimiento por parte de dichos prestadores de sus obligaciones en virtud del presente Reglamento.

En cuanto al Derecho nacional y tratándose de intermediación en la donación debe atenderse a la regulación de la responsabilidad del mediador o intermediario y, en su caso, a la regulación de la donación en los artículos 618 a 656 en el Código civil. Si bien antes procede estudiar cómo las propias plataformas regulan en sus condiciones generales o términos de uso esta cuestión.

8. Condiciones generales o términos de uso de las plataformas en relación a su responsabilidad frente al donante por la falta de ejecución del proyecto

Las plataformas que intermedian contratos de donación participativa contemplan, en sus términos de uso y condiciones generales, cómo solucionar el problema que puede plantearse cuando el promotor o destinatario de los fondos no ejecuta el proyecto promovido o destina las aportaciones recibidas a fines distintos de los comprometidos.

Las opciones que se reflejan en las distintas plataformas son muy diferentes, de modo que pueden encontrarse algunas que ni siquiera mencionan esta posible incidencia y otras que la mencionan para exonerarse completamente de cualquier responsabilidad en este sentido, cargando a la multitud de donantes con el riesgo de que las aportaciones no se destinen al fin para el que se solicitaron.

---

21 Arroyo Amayuelas, Esther, «La responsabilidad de los intermediarios en internet ¿puertos seguros a prueba de futuro?, en *Cuadernos de Derecho Transnacional* (marzo 2020), vol 12, n.° 1, página 809. Esta autora considera que la pérdida de exención de responsabilidad puede suponer un indicio de falta de diligencia.

Otras plataformas de donación prevén que el promotor tiene obligación de devolver las donaciones a los donantes en el caso de que el proyecto no se llegue a ejecutar, pero, puede plantearse la duda de hasta qué punto este compromiso entre donante y promotor es oponible al beneficiario al que se entrega el dinero cuando no coincide con la figura del promotor, teniendo en cuenta que el donante no contrata con él (modelo B). Por otro lado, este retorno puede encontrarse —no sé hasta qué punto— con el inconveniente del tratamiento de datos por parte de la plataforma, además de con la circunstancia de que muchas donaciones pueden ser anónimas lo que puede obstaculizar la devolución y, por qué no, también con el hecho de que la reducida cantidad que cada aportante dona a través de este tipo de relaciones desincentiva su interés en un control sobre el destino dado a los fondos en la campaña en que colabora, o en caso de que conozca que no se han destinado al fin previsto, desincentiva también el ejercicio de las acciones correspondientes.

Hay plataformas en las que expresamente se establece que la aportación se hace con carácter definitivo e irrevocable y no contemplan, bajo ningún concepto, un posible retorno al donante de la cantidad aportada. En relación al carácter irrevocable de las aportaciones, hay que tener en cuenta que en los países del Common Law se consideran atribuciones patrimoniales en las que la mera voluntad de donar por parte del donante provoca el cambio en la titularidad del bien donado, aunque el donatario pueda rechazar la atribución una vez que ya las ha adquirido. De ahí que algunas plataformas radicadas en países de Common Law contemplen las aportaciones como definitivas e irrevocables. Esta forma de operar de las entidades ubicadas en países de Common Law se aprecia también en plataformas del ámbito del Civil Law, sin embargo, con respecto a estas últimas no puede afirmarse tan rotundamente que las aportaciones sean irrevocables, porque la donación es un contrato y hay causas de revocación que deben ser atendidas, de modo que habría que ver en qué medida a las aportaciones se les puede dar el carácter de irrevocables; no obstante, este problema excede el propósito de este trabajo. Este mismo tipo de plataformas arbitra mecanismos que resuelven la circunstancia de que el proyecto no se llegue a ejecutar porque el encargado de ejecutarlo defrauda dolosa o negligentemente las expectativas del donante, incluyendo un sistema de denuncia por parte del donante en caso de sospecha. En tal caso y si la plataforma decide que la reclamación es fundada, la plataforma devuelve el dinero al donante para lo cual tiene concertado un contrato de seguro que cubre dicho riesgo.

Otras plataformas, para el caso de que el proyecto no se ejecute, obligan al promotor o destinatario del dinero a devolver los donativos no a los donantes, sino a la propia plataforma, la cual, en caso de que el donante no manifieste su voluntad de a qué otro proyecto imputa la cantidad devuelta, puede decidir destinarla a proyectos de similares características al que se ha cancelado, siempre que los haya. Mientras tanto el dinero queda en manos de la plataforma. Este es un aspecto en el que creo que debería intervenirse normativamente para evitar que el dinero pueda ser retenido por la plataforma o que sea ésta la que decida el destino de los fondos, debe evitarse fundamentalmente porque algunas abren proyectos en los que ellas mismas son promotoras, lo que —como he dicho— debería prohibirse.

Cabe concluir, por lo tanto, que las plataformas intentan esquivar la responsabilidad que, en su caso, puedan tener por el incumplimiento del proyecto por parte del receptor final de las aportaciones. La cuestión es si esas condiciones generales por las que las plataformas pretenden esquivar o eludir la responsabilidad rigen el contrato.

En esta línea, será conveniente analizar la responsabilidad que el promotor o el destinatario de los fondos puede tener frente a cada uno de los donantes para lo cual debe atenderse a lo previsto en el Código civil.

9. Responsabilidad civil por incumplimiento del proyecto

De entrada, resulta contradictorio hablar de responsabilidad contractual en un contrato gratuito, pues no parece que el donatario asuma ninguna obligación de la que sea acreedor el donante y, por tanto, no cabe incumplimiento por el que deba aquél responder e indemnizar los daños y perjuicios que hayan podido generarse a éste. Es por eso que, no se halla en la regulación de la donación que efectúa el Código civil ninguna norma que regule esta cuestión, a excepción del artículo 647 que es justamente la que puede resultar de aplicación al supuesto objeto de análisis.

Las donaciones participativas objeto de análisis tienen como finalidad la realización de un proyecto, lo que conlleva la calificación de la donación como «modal»[22]. El artículo 647 del Código civil que, aunque alude a las condiciones, se entiende por la doctrina referida a la donación modal o con carga, viene a indicar que la donación puede revocarse por incumplimiento del modo. Pero, además de dicha revocación, se admite como remedio frente al incumplimiento la exigencia del cumplimiento de la carga[23].

---

22 Vid. mi trabajo: ALONSO PÉREZ, María Teresa, «Servicios digitales prestados por plataformas on-line de *crowdfunding*-donación», en *Servicios digitales, condiciones generales y transparencia*, dir por Alonso Pérez, M. Teresa/Hernández Sáinz, Esther, edit. Aranzadi, 2020, ISBN 978-84-1308-669-9, pp. 40 y ss.
Califica también esta donación como modal: CALLEJO RODRÍGUEZ, Carmen, "El *crowdfunding* de donación", en *Aspectos legales de la financiación en masa o crowdfunding*, dir. por CUENA CASAS, Matilde, edit. Tirant lo Blanch, Valencia, 2020, página 190.

23 En el texto se sigue la doctrina generalizada que existe sobre la donación modal que se entiende contemplada en el artículo 647 Código civil, aunque me suscita muchas dudas que no es éste lugar ni momento de analizar.

9.1. La ejecución del proyecto como remedio prioritario

Para la donación intermediada a través de plataformas entiendo que es más adecuado orientar la exigencia de responsabilidad dando prevalencia o prioridad al remedio consistente en el desarrollo y ejecución del proyecto promovido sobre la revocación de la donación por las razones que expongo seguidamente.

Puede argüirse en esta línea el hecho de que muchas plataformas configuran las aportaciones como irrevocables, lo que no quiere decir que lo sean como ya he explicado. No obstante, optar por la solución que obliga a ejecutar el proyecto en caso de incumplimiento evita el problema del reembolso de las donaciones a los aportantes y la concreción de quién y cómo debe proceder a dicha devolución: si debe devolver la plataforma (algunas tienen concertado contratos de seguro a tal efecto), el promotor o el beneficiario-receptor de las mismas, y si son estos últimos si deben hacerlo a través de la plataforma o pueden reembolsar las aportaciones por otra vía.

Además, en este tipo de relaciones que son objeto de análisis, el donante no espera ningún retorno a diferencia de lo que ocurre en otros tipos de plataformas en las que el prestamista y el inversor esperan una contraprestación o un rendimiento, lo que implica que, en caso de no recibirla, dichos sujetos pueden exigir la rentabilidad comprometida o esperada y, probablemente, actúen para obtenerla. Por el contrario, en la donación, al no esperar el donante ningún retorno, lo normal es que, una vez efectuada, el donante se desentienda y no es descabellado pensar que en muchas ocasiones ni siquiera va a controlar si efectivamente se desarrolla el proyecto al que contribuye económicamente, lo que no quiere decir que le resulte indiferente su realización; las escasas cantidades que suelen donarse a través de este tipo de plataformas desincentivan no sólo el control, sino la adopción de alguna medida en el caso de que el donante llegara a enterarse de que el proyecto no se ha realizado o de que hubo algún tipo de fraude por parte del promotor o del destinatario de las aportaciones.

Por otro lado, estamos hablando de responsabilidad, lo que implica la producción de un daño, es decir, una disminución del patrimonio del perjudicado; en estos casos, la merma patrimonial del donante la ocasiona él mismo de manera voluntaria al donar y es perfectamente cuantificable por ser equivalente a la cantidad donada. Y, aunque es cierto que habría que añadir el daño inmaterial que se produce al haberse defraudado su confianza en la ejecución de un proyecto que, finalmente, no se efectúa, creo que el hecho de que el daño patrimonial al donante no parece que concurra, hace más adecuado optar por el remedio consistente en la ejecución del proyecto; también es la solución más conveniente para atender los intereses de los terceros a quienes iba a favorecer el proyecto que quizás también puedan reclamar una indemnización por los daños que se les irrogan.

Por todo lo expuesto, entiendo que el remedio que debería primarse en una futura regulación de la figura y en caso de falta de ejecución del proyecto pasa por la exigencia de su realización y sólo subsidiariamente debe solventarse el problema con la revocación de las donaciones y el reembolso de las aportaciones a los donantes.

9.2. La plataforma como garante de la ejecución del proyecto

Teniendo en cuenta que debe priorizarse como remedio la efectiva realización del proyecto promovido, lo más adecuado sería disponer de una serie de medidas jurídicas que garantizaran su efectividad.

Como digo existe el control que se deja en manos de los donantes y que, desde luego, pueden activar exigiendo el cumplimiento del proyecto o la revocación de la donación; pero no es un mecanismo suficiente y debe irse más allá porque el hecho de tratarse de donación participativa supone, por las razones antes referidas, una rémora a la operatividad de este control que el artículo 647 del Código civil deja en manos de los propios donantes una vez perfeccionado el contrato.

En línea con lo expuesto, la plataforma debe tener alguna función de control del cumplimiento del modo, debe tener un protagonismo, que debe ser central, de manera que su presencia en este tipo de relaciones suponga para el donante una garantía de la realización del proyecto. Y así debe preverlo una futura regulación de esta figura. Puede invocarse la figura del tercero de confianza o gatekeeper de los mercados financieros y a la que se alude en relación a otro tipo de plataformas de financiación participativa[24].

Para fundamentar la atribución a la plataforma del papel de garante en la realización del proyecto que opera como modo o carga de la donación, pueden traerse a colación las normas reguladoras de otras relaciones jurídicas en las que ciertos sujetos ayudan a concertar contratos de los que no son parte, como el agente, el intermediario inmobiliario o incluso la mediación en asuntos civiles y mercantiles: en estos casos, la ley pone a cargo de estos sujetos obligaciones que guardan relación con la plena efectividad del contrato que ayudan a concertar[25].

---

24 Rodriguez de las Heras Ballell, Teresa «La responsabilidad de las plataformas», Capítulo 15 de *Crowdfunding: Aspectos legales*, 2016, epígrafe IV.

25 Así, el artículo 9 de la Ley 12/1992, de 27 de mayo, sobre Contrato de Agencia exige al agente un nivel de diligencia en la prestación de sus servicios que pasa entre otras cosas por: d) Recibir en nombre del empresario cualquier clase de reclamaciones de terceros sobre defectos o vicios de calidad o cantidad de los bienes vendidos y de los servicios

Otro apoyo a la opinión que sostiene que la plataforma debe ocupar la posición de garante de la efectividad y realización del proyecto lo representa el artículo 1258 del Código civil, conforme al cual los contratos se integran con las consecuencias que, según su naturaleza, sean conformes a la buena fe, a los usos o a la ley. En este caso, la buena fe integra el contrato que celebra cada donante con la plataforma de manera que ésta aparece como garante de la ejecución del proyecto al que contribuye económicamente aquel, debiendo vigilar su efectiva realización.

Habrá que perfilar en qué se concretan las obligaciones de la plataforma en este orden de cosas porque, evidentemente, no está obligada a la realización de dicho proyecto. Por ello no cabe exigirle responsabilidad en sentido estricto porque no es parte del contrato de donación que sólo ayuda a concertar, de modo que es dudoso que pueda proveérsele de acciones que le legitimen para exigir la consecución de dicho proyecto, aunque habría que estudiar si en una futura regulación de la figura sería conveniente prever la posibilidad de subrogación de las mismas en la posición del donante.

Si bien las soluciones que legitimaran a la plataforma para exigir el cumplimiento del proyecto pueden estudiarse, entiendo que las medidas que deben adoptarse para otorgar a la plataforma la posición de garante deben poner el acento en otros aspectos y no centrarse en legitimar a la plataforma en orden a la exigencia de responsabilidad en términos de revocación de la donación y/o de permitirle exigir la realización del proyecto al promotor porque, aun reconociéndosele esa posibilidad, la plataforma podría no ejercitar este tipo de acciones y no se le puede obligar a litigar; acaso esta opción ni siquiera sea viable siendo que no es parte del contrato que, en su caso, se habría incumplido.

---

prestados como consecuencia de las operaciones promovidas, aunque no las hubiera concluido. Lo que equivale a exigir al agente un cierto control del buen éxito de las operaciones en que interviene.

Además, el artículo 9 del Real Decreto 1294/2007 contempla varias obligaciones de los agentes inmobiliarios, pero es destacable para el discurso que estamos realizando la indicada en la letra k) en que se les insta a actuar con toda lealtad y diligencia respecto a sus clientes considerándose obligado a proteger los intereses de los mismos. En Italia se ha considerado el régimen de responsabilidad de los agentes inmobiliarios como evidencia por Macchiavello, Eugenia, Valenti, Chiara, "Beyond the ECSPR and financial-return: the regulation of donation and reward-based crowdfunding in the EU", en *Regulation on european crowdfunding service providers for business: a commentary (Elgar commentaries in financial law series, 2022)*, E Macchiavello (ed), párrafo 40.68. EnlaceSSRN: https://ssrn.com/abstract=4169286 or http://dx.doi.org/10.2139/ssrn.4169286

Puede referirse también la regulación aplicable a la mediación, aunque la figura se aleja más que las anteriormente mencionadas de la figura de la plataforma, el artículo 14 de la Ley 5/2012, de 6 de julio, de mediación en asuntos civiles y mercantiles conforme al cual los mediadores pueden incurrir en responsabilidad por los daños y perjuicios que causen, indicando que el perjudicado tendrá acción directa contra el mediador o la institución de mediación que corresponda.

9.3. Las medidas del Reglamento 2020/1503 como referencia

Como vengo diciendo, una regulación futura de la figura en materia de responsabilidad por incumplimiento del proyecto debe dar protagonismo a la plataforma y convertirla en garante de la consecución del proyecto atribuyéndole una serie de obligaciones o deberes que favorezcan que los que se promueven a través de la misma lleguen a realizarse.

En este sentido, no es baladí que el control que ofrece el artículo 647 del Código civil a los donantes sea posterior a la aportación que efectúa el donante, momento en que ya es complicado, muy complicado, revertir la operación efectuada a través de este tipo de plataformas. Las garantías para que la operación sea eficaz y ejecutada conforme a la voluntad de los sujetos implicados deben arbitrarse mediante mecanismos previos a la donación y, por ello, es importante que se implique a la plataforma que es quien puede recabar del promotor toda la información pertinente y hacerla accesible a sus usuarios.

Las medidas adecuadas para la plena efectividad de la relación triangular que se establece en estos casos deben ser, podríamos decir, «preventivas» del incumplimiento del modo por parte del promotor o del receptor de las aportaciones y, a este fin, es muy útil la referencia que ofrece el Reglamento (UE) 2020/1503 del Parlamento Europeo y del Consejo, de 7 de octubre de 2020, relativo a los proveedores europeos de servicios de financiación participativa para empresas, y por el que se modifican el Reglamento (UE) 2017/1129 y la Directiva (UE) 2019/1937. Como he dicho más arriba las plataformas de donación participativa quedan fuera de su alcance, pero muchas de las medidas de este texto normativo son adecuadas para las mismas, de modo que debería estudiarse la ampliación de su campo de aplicación para englobarlas, al menos los artículos que les fueran referibles. Entre las medidas que este texto contiene para su aplicación a las plataformas de inversión y de préstamo y que podrían extenderse a las de donación con las adaptaciones pertinentes se encuentran las siguientes:

a) El establecimiento de una cuantía máxima de financiación para el proyecto cuya realización ofrece el promotor.

b) La plataforma debe seleccionar los proyectos cuya financiación se ofrece en su página web de manera profesional, imparcial y transparente.

c) Debe entenderse que la cantidad que recibe la plataforma como retribución de sus servicios procede del donante y no del promotor pues de este modo se garantiza la imparcialidad a la hora de promover determinados proyectos, dándoles más visibilidad; además, esto permitiría entender que la relación entre donante y plataforma es una relación de consumo con lo que ello conlleva.

d) Deben establecerse mecanismos de gobernanza que garanticen una administración eficaz y prudente; las personas físicas que gestionan la plataforma deben poseer conocimientos, capacidades y experiencia suficientes.

e) Debe prohibirse a los proveedores de servicios de financiación participativa que intervengan como promotores de los proyectos que ofrecen; así mismo debe impedirse el acceso como promotores o receptores de las aportaciones a cualquier sujeto relacionado laboral o personalmente con los profesionales que trabajan en la plataforma.

f) Establecimiento de un sistema de garantías sobre la custodia de las aportaciones y, en su caso, aplicación de la normativa en materia de servicios de pago.

g) Debe existir un control público de la actividad de las plataformas participativas que prestan servicios de donación: la exigencia de una autorización inicial para su establecimiento, un Registro público actualizado de las entidades; además, deben arbitrarse mecanismos que permitan revocar la autorización inicial.

h) La información que ofrezca la plataforma sobre los proyectos que ayuda a financiar debe ser imparcial, clara y no engañosa. Debe proporcionar información fiable y clara y sustancial sobre el promotor y sobre el proyecto que va a realizar. En su caso, también sobre los receptores de las atribuciones.

i) Debe ofrecerse un período en el que el donante pueda revocar la atribución patrimonial realizada, similar al desistimiento que se ofrece al consumidor en determinadas relaciones contractuales.

j) Establecimiento de sistemas de reclamaciones internos que resuelvan las incidencias con agilidad.

9.4. Medidas específicas para la donación participativa a través de plataformas digitales

Además, deben adoptarse otro tipo de medidas indicadas específicamente para este tipo de relaciones. Así, puede pensarse en mecanismos que permitan comprobar a los usuarios de la plataforma y a las autoridades la cantidad efectivamente recogida de los donantes y la cantidad entregada a los promotores del proyecto o a los beneficiarios. Debería haber transparencia en este sentido y que el donante y las autoridades pudieran seguir la trazabilidad de las aportaciones.

También sería oportuno prever un sistema por el que no se descontara la aportación de la cuenta del donante hasta que se completara la cantidad necesaria para la realización del proyecto en aquellos que se configuran condicionalmente como «todo o nada», es decir, en los que si no se recoge la cantidad solicitada se anula la campaña y no se reciben las aportaciones o las realizadas deben retornarse a cada donante.

9.5. ¿Puede ser responsable la plataforma por la falta de ejecución del proyecto?

Al no existir regulación sobre este tipo de donaciones participativas es difícil fundar normativamente de manera clara una responsabilidad de la plataforma por la falta de ejecución del proyecto propuesto por el promotor. Sin embargo, podríamos remitirnos a los principios que rigen con carácter general la responsabilidad civil y podríamos alegar algunos que acaso permitieran fundarla llegado el caso.

En este orden de cosas, nunca debe ser irrelevante en materia de responsabilidad que la entidad que gestiona la plataforma obtiene un beneficio económico como consecuencia de su actividad en la gestión y tramitación de contratos de donación; tendría sentido poder imputarle responsabilidad por los daños que con su actividad pueda ocasionar. En materia de responsabilidad civil la obtención de rentabilidad económica siempre es atendida, en mayor o menor grado, en el ámbito de atribución o imputación de responsabilidad por los daños causados lo que ubicaría, en este caso, a la plataforma que se lucra en una posición de garante del buen fin de la operación.

Por otro lado, podría pensarse, si se analizan los términos habituales en que se piensa en materia de imputación de la responsabilidad, que el titular de la plataforma podría asumir una posición solidaria en términos de responsabilidad junto al promotor del proyecto o, en su caso, al destinatario final de las aportaciones.

10. Reflexiones finales

Como decía al principio de este trabajo resulta complicado realizar aportaciones en una materia cuyo tratamiento científico-jurídico es incipiente y escaso, la cual carece de regulación específica; además, debe tenerse en cuenta la dificultad añadida de tratarse del análisis de una relación triangular gratuita. Más difícil es todavía si el aspecto concreto que se estudia es la responsabilidad civil y, si bien, existen normas generales aplicables a los prestadores de servicios en entornos digitales que podrían ser invocadas, como la DCE sustituida por el régimen del DSA, no se trata de normas pensadas específicamente para este tipo de plataformas, sino que tienen un halo de generalidad tendente a englobar cualquier servicio intermediario, pero cuyo diseño y propósito —exonerar de responsabilidad— es difícil referir al objeto de estudio.

Las normas contenidas en los artículos 4 y ss DSA intentan asegurar un marco de indemnidad a los prestadores de servicios intermediarios en entornos digitales —puerto seguro— en base a que su actuación es neutral y puramente técnica. Sin embargo, en el caso de las plataformas de donación participativa, no parece razonable eximirlas de responsabilidad puesto que es dudoso que su operatividad sea neutral porque, por ejemplo, seleccionan los proyectos que publican. Por otro lado, el control que tienen de los usuarios a través de la conformación del contenido del contrato de donación que intermedian permite entender que no se eximen de responsabilidad —artículo 6.2 DSA— y, en consecuencia, pueden llegar a ser responsables.

Como he expuesto, no hay un conjunto normativo específico aplicable a esta realidad que he intentado analizar. A ello se suma que en materia de donación no parece tener mucho sentido hablar de responsabilidad frente al donante porque es él mismo quien provoca, con su aportación gratuita, la merma en su patrimonio para la realización de un proyecto que en modo alguno puede entenderse como contraprestación, pero al que resulta obligado el promotor o, en su caso, el receptor de las aportaciones. En este punto y afirmada la cualidad de modal de la donación que persigue el desarrollo de un proyecto, las opciones que pueden remediar su falta de ejecución pasan por exigir el cumplimiento del modo —la realización del proyecto— o por la revocación de las donaciones efectuadas, debiendo primarse la primera opción porque es menos problemática como he argumentado.

Ante el escaso aparato normativo específicamente aplicable al supuesto analizado, el trabajo adquiere en determinados puntos una perspectiva, quizás excesivamente marcada, *de lege ferenda*; en esta línea, he intentando destacar aquellas ideas que deberían guiar la regulación futura de la responsabilidad civil de las plataformas de donación participativa por el incumplimiento del proyecto promovido a través de las mismas, debiendo atenderse a las particularidades de la relación en sí misma, así como a recursos normativos referibles a otro tipo de realidades que le son cercanas.

En esta línea entiendo que, en base a las particularidades de este tipo de relaciones el remedio prioritario debe ser la realización del proyecto; lo cual, además de dar plena efectividad a la relación, evitaría los inconvenientes que el reembolso de las aportaciones plantearía desde el punto de vista operativo. Partiendo de esta idea, hay que tener claro que a la entidad que gestiona la plataforma no puede exigírsele que ejecute el proyecto porque no es parte del contrato de donación modal, pero sí pueden otorgársele ciertas funciones de control de la operación que permitan ofrecer al donante confianza en que los proyectos que se promueven a través de la plataforma se realizan porque concurren una serie de elementos que garantizan su viabilidad.

Con este propósito se recurre a referencias normativas aplicables a otro tipo de plataformas como las que canalizan inversiones o préstamos participativos, más precisamente al Reglamento 2020/1503, abogando por la extensión de alguna de las medidas que adopta a las de donación. Por ejemplo, puede considerarse adecuado el establecimiento de un control público con autorización previa para el desarrollo de esta actividad, por un registro público y porque se contemple en la norma la posibilidad de revocación de la autorización; debería instarse a la plataforma a estudiar la seriedad y honorabilidad del promotor o del beneficiario de las aportaciones, según el caso, así como la viabilidad del proyecto en atención a la cantidad que se solicita o a la alcanzada; debería conformarse un procedimiento de perfección del contrato que garantizara la concurrencia de transparencia formal y material en la celebración del contrato, amén de un período de reflexión que permitiera al donante desistir de la donación en un período de tiempo determinado después de efectuar la aportación económica.

Este tipo de plataformas precisan también de medidas específicas que fortalezcan la posición del donante. Así, sería oportuno prever un sistema de trazabilidad de su aportación, que no se descontara la aportación de la cuenta del donante hasta que se complete la cantidad necesaria para la realización del proyecto en aquellos proyectos que se entiende que son «todo o nada».

Finalmente, me queda insistir en la necesidad de regular específicamente este tipo de plataformas de donación participativa para garantizar que la confianza de las personas que deciden financiar este tipo de proyectos no sea defraudada y evitar las estafas que pueden cometerse a través de las mismas.

11. Bibliografía

Alonso Pérez, M. T., «Servicios digitales prestados por plataformas on-line de *crowdfunding*-donación», en Servicios digitales, condiciones generales y transparencia, dir por Alonso Pérez, M. Teresa/Hernández Sáinz, Esther, edit. Aranzadi, 2020, ISBN 978-84-1308-669-9, pp. 21-52.

Álvarez Moreno, M. T., *La contratación electrónica mediante plataformas en línea: Modelo negocial (B2C), régimen jurídico y protección de los contratantes (proveedores y consumidores)*, edit. Reus, Madrid, 2021.

Arroyo Amayuelas, E., «La responsabilidad de los intermediarios en internet ¿puertos seguros a prueba de futuro?», en *Cuadernos de Derecho Transnacional* (marzo 2020), vol 12, n.º 1, pp. 808 a 837.

Callejo Rodríguez, C., «El *crowdfunding* de donación», en *Aspectos legales de la financiación en masa o crowdfunding*, dir. por CUENA CASAS, Matilde, edit. Tirant lo Blanch, Valencia, 2020, pp. 163 a 198.

Castelló Pastor, J. J., «Nuevo régimen de responsabilidad de los servicios digitales que actuán como intermediarios a la luz de la propuesta de Reglamento relativo a un mercado único de servicios digitales», en *Desafíos jurídicos ante la integración digital: aspectos euronetrapeos e internacionales*, José Juan Castelló Pastor (dir.), 2021, ISBN 978-84-1345-005-6, pp. 37-76.

De Artiñano Marra, P., «Responsabilidad civil de plataformas de mediación electrónica. Dificultades de su determinación», en *Revista Crítica de Derecho Inmobiliario*, número 789, pp. 569 a 586.

Devolder, B., «Contractual liability of the platform», en *The platform economy (Unravelling the Legal status of online intermediaires)*, edit. Intersentia, Cambridge — Antwerp — Chicago, 2019.

García Mico, T. G., «La responsabilidad de Amazon por los daños sufridos por consumidores como consecuencia de los productos defectuosos ofrecidos por usuarios profesionales», en *La digitalización de los contratos en Europa*, (dir. por ARANAU RAVENTÓS, Lídia), edit. Atelier, pp. 213 a 238.

Gimeno Ribes, M., «Aproximación a la naturaleza jurídica del corwdfunding», en *Revista de Derecho Mercantil*, 2014, n.º 291, pp. 451 a 490.

Gimeno Ribes, M., «*Crowdfunding* de donación», en *Perspectiva legal y económica del fenómeno FinTech* / Matilde Cuena Casas (dir.), Javier Wenceslao Ibáñez Jiménez (dir.), 2021, ISBN 978-84-18662-46-1, pp. 481-504

Gimeno Ribes, M., «*Crowdfunding* de recompensa», en *Perspectiva legal y económica del fenómeno FinTech* / Matilde Cuena Casas (dir.), Javier Wenceslao Ibáñez Jiménez (dir.), 2021, ISBN 978-84-18662-46-1, pp. 505-526.

Macchiavello, E., Valenti, Ch., «Beyond the ECSPR and financial-return: the regulation of donation and reward-based crowdfunding in the EU», en *Regulation on european crowdfunding service providers for business: a commentary (Elgar commentaries in financial law series, 2022*), E Macchiavello (ed), EnlaceSSRN: https://ssrn.com/abstract=4169286 or http://dx.doi.org/10.2139/ssrn.4169286

Marcé Calzada, J., «La financiación participativa en la economía de las plataformas. Un cambio de paradigma en las relaciones de crédito», en *Actualidad Jurídica Iberoamericana*, número 16, febrero 2022, pp. 1066 a 1087.

Rodriguez De Las Heras Ballell, T., «El tercero de confianza en el suministro de información (Propuesta de un modelo contractual para la sociedad de la información), en *Anuario de Derecho Civil,* tomo LXIII, 2010-3, pp. 1245 a 1284.

Rodriguez De Las Heras Ballell, T., «Las plataformas de financiación participativa (*crowdfunding*) en el Proyecto de Ley de Fomento de la Financiación Empresarial: Concepto y funciones (1)», en *Revista de Derecho del Mercado de Valores*, n.º 15, Segundo semestre de 2014 (20 pp.).

Rodriguez De Las Heras Ballell, T. «La responsabilidad de las plataformas», Capítulo 15 de *Crowdfunding: Aspectos legales*, 2016

Rodriguez De Las Heras Ballell, T., «Las plataformas: nuevos actores (y reguladores) de la actividad económica», en *Anuario de la Facultad de Derecho de Madrid*, Extraordinario, 2021, pp. 403 a 417.

Salido-Andres, N., Álvarez-González, L. I., Rey Garcia, M., Vázquez, R., «Mapping the Field of Donation-Based Crowdfunding for Charitable Causes: Systematic Review and Conceptual Frameworks», en *International Journal of Voluntary and Nonprofit Organizations,* April 2021, *Voluntas* 2021, paginas 288 a 302.

Salvador Saez, D., *El crowdfunding: función económica, tipologías de la realidad, naturaleza y régimen jurídico*. Tesis doctoral, Facultad de Derecho. Universidad de Valencia, 2016, pp. 79-80. Accesible en: http://hdl.handle.net/10550/56200

PRÉSTAMOS EN MASA O *CROWDLENDING* Y RESPONSABILIDAD DEL OPERADOR DE LA PLATAFORMA[1]

Matilde Cuena Casas
Catedrática de Derecho Civil
Universidad Complutense
Editora Blog Hay Derecho
m.cuena@telefonica.net

1. La financiación en masa. Descripción del fenómeno

Son muchos y variados los bienes y servicios que se procuran a través de la denominada «economía de la plataforma»[2] y uno de ellos es el finan-

---

1 Trabajo realizado en el marco del Proyecto de investigación (DER 2017-83321-P) sobre «Tutela de los consumidores y clientes de servicios FinTech», financiado por el Ministerio de Ciencia, Innovación y Universidades y del que soy investigadora principal. El trabajo se enmarca en las actividades realizadas como miembro del Instituto de Derecho Europeo e integración regional (IDEIR). Universidad Complutense.

2 A través de estas plataformas los usuarios adoptan una posición activa, se generan comunidades de usuarios, cambio de paradigma en el uso de internet que se engloba en el término Web 2.0, que surgió para referirse a nuevos sitios web caracterizados por la participación colaborativa de los usuarios. El término engloba las aplicaciones que permiten interactuar y colaborar a los usuarios quienes pueden generar su propio contenido en la

ciero, facilitándose mecanismos de financiación alternativa a la bancaria[3]. Me refiero a la financiación participativa o *crowdfunding* que constituye una manifestación de la economía colaborativa en el sector financiero.

Por virtud de esta modalidad de financiación, se recaudan pequeñas cantidades de fondos de un gran número de personas físicas o jurídicas para financiar proyectos empresariales específicos o necesidades de consumo individual. Esta conexión entre proveedores de fondos y sujetos con necesidades de financiación se produce a través una plataforma intermediaria que facilita la conexión a través de internet, gracias a la tecnología digital[4]. El riesgo se diluye en una pluralidad de inversores o prestamistas que apuestan por un proyecto empresarial o de consumo.

La clave está en la intermediación que se lleva a cabo a través de la plataforma intermediaria en línea, empresas que operan en mercados bilaterales o multilaterales, que utilizan internet para permitir la interacción entre dos o más grupos de usuarios distintos pero interdependientes, de forma que se

red, generando una comunidad virtual. Ello a diferencia de los sitios web tradicionales en los que se producía una intermediación meramente técnica y los usuarios adoptaban una posición pasiva limitándose a visualizar el contenido de una página web, modelo denominado Web. 1.0. Las plataformas de economía colaborativa son una manifestación de una nueva generación en la historia de internet donde los usuarios se intercambian información, contenidos, bienes y servicios, adoptando una posición activa, aprovechando la inteligencia colectiva. *Cfr.* TRUMAN, R (2007). «What is web 2.0?» *B&T Weekly,* p. 18.

3 El término financiación alternativa es un paraguas que engloba formas de financiación distintas de la banca tradicional en la que los financiadores no captan recursos del público. Así, dentro de este término los denominados *business angels,* personas que invierten recursos propios en la financiación de proyectos con la intención de rentabilizar su inversión. Venture capital o sociedades de capital riesgo que invierten en una empresa a cambio de parte de su capital (acciones o participaciones de la empresa) y, por supuesto no puede dejar de mencionarse el Mercado alternativo de renta fija, (MARF) y mercado alternativo de renta variable (MARV). En estos casos la financiación es a cambio de adquirir parte de la empresa y depender de su suerte.
Dentro de la financiación alternativa en la que el prestamista no adquiere capital, y los recursos no proceden de los depositantes, entrarían los préstamos concedidos por entidades no bancarias, crédito comercial en la que el proveedor aplaza el pago a la empresa, el *factoring*, y las famosas «tres F» (*family, Friends and fools*).

4 En cuanto a las nuevas tecnologías que han originado los cambios que se engloban en fenómeno *FinTech*, cabe citar la inteligencia artificial, las redes sociales, el aprendizaje automático (*machine learning*), las aplicaciones móviles, la tecnología de contabilidad distribuida, la computación en nube y los grandes análisis de datos (*big data*). A ello hay que sumar la tecnología biométrica que se basa en el reconocimiento de características fisiológicas o de comportamiento, que puede utilizarse para la autentificación de la identidad mediante la detección de características únicas de los individuos. Ejemplos de estas técnicas es el escaneo de huellas dactilares, la autenticación por voz, el reconocimiento facial, el escaneo del iris y el reconocimiento de la marcha. Esta tecnología es un instrumento imprescindible para garantizar la seguridad de los usuarios en el uso de los servicios financieros.

genere valor para al menos uno de los grupos[5]. El elemento diferencial de otras figuras es que, en una plataforma intermediaria en línea, el operador de la plataforma no presta el servicio subyacente, cualquiera que sea este, sino que se limita a favorecer la interacción de los usuarios.

Aunque el *crowdfunding o financiación en masa* ya existía, debe su impulso actual al avance tecnológico de una estructura organizativa que permite una plataforma intermediaria en línea, enmarcándose en el fenómeno Fintech. Las posibilidades de comunicación y actuación conjunta que ofrece internet han creado un entorno idóneo para el desarrollo de estas modalidades alternativas de financiación. La infraestructura tecnológica hace viable el acceso a un amplio colectivo de usuarios en unas condiciones de interacción directa y multilateral, a bajo coste y alcance territorial y subjetivo inalcanzable mediante las fórmulas tradicionales de financiación por captación del ahorro público.

Dentro de modalidad de *crowdfunding* lucrativo son varios los servicios financieros que están bajo el paraguas del término *FinTech.*

En primer lugar, el denominado *crowdfunding de inversión*: la financiación se articula mediante la suscripción de valores representativos de deuda, como las obligaciones (*debt crowdfunding*). La microfinanciación colectiva basada en valores mobiliarios supone la emisión de valores de renta fija o variable destinados a los contribuidores. La diferencia con respecto a una oferta pública de suscripción (OPS) radica en que los valores emitidos no suelen negociarse en un mercado secundario ni se realiza ningún aseguramiento de la emisión[6].

También la financiación puede realizarse mediante la suscripción de acciones, participaciones que otorguen derechos de participación en el capital de la sociedad promotora (*equity crowdfunding*). El financiador en ambos casos es un inversor en sentido estricto, adquirente de acciones u otros instrumentos financieros y percibe ingresos en función de las ganancias de la compañía y asume el riesgo de la actividad financiada. En este caso, el prestatario o promotor de la financiación es la sociedad que emite los valores o participaciones. El rendimiento esperado de su inversión no es fijo, sino asociado a la marcha de la empresa en la que invierte.

---

5 Comisión Europea, 'Consultation on Regulatory environment for platforms, online intermediaries, data and cloud computing and the collaborative economy', 24 september de 2015 p. 5. Traducción propia. Son múltiples y variadas las definiciones legales de plataforma en función del contexto normativo que nos encontremos. Ya he denunciado en otro lugar (*cfr.*, Cuena Casas, M. (2020). La contratación a través de plataformas intermediarias en línea. *Cuadernos de Derecho transnacional 12*(2), 283-348. https://doi.org/10.20318/cdt.2020.5612) el caos regulatorio que está generando la regulación sectorial de esta materia en la UE, con reiteraciones y solapamientos normativos.

6 Comunicación de La Comisión Europea, «Liberar el potencial de la microfinanciación colectiva en la Unión Europea» 27 de marzo de 2014, COM (2014) 172 final, http://ec.europa.eu/internal_market/finances/docs/crowdfunding/140327-communication_es.pdf p. 3.

En segundo lugar, destaca la financiación colectiva por medio de préstamos o *crowdlending*. A través de plataformas digitales un usuario con superávit financiero (prestamista o inversor) presta a otro que requiere financiación, bien para llevar a cabo un proyecto empresarial o para su propio consumo (prestatario o promotor de la financiación). El prestatario obtiene financiación no de una única fuente, sino de varios prestamistas que son puestos en contacto a través de internet por medio de la plataforma de financiación. Se trata de una financiación colectiva fruto de la participación de muchos financiadores que no suelen tener la condición de profesionales y que usualmente aportan pequeñas cantidades. El riesgo de la operación se propaga a varios financiadores que no ponen en riesgo fondos del público, como sucede con la banca tradicional, sino fondos propios.

Antes de analizar el régimen jurídico del *crowdlending* conviene destacar sus diferencias con la financiación bancaria, sobre todo porque —adelanto ya— las entidades financieras tradicionales también pueden actuar como inversores profesionales, generándose una cierta confusión de régimen jurídico cuando actúan financiando a través de plataformas.

El proveedor de servicios de financiación participativa (en adelante, PSFP) es la persona jurídica que presta los servicios de financiación participativa, es un mediador y no capta fondos del público en forma de depósitos. Su labor es de mediación[7] porque no crea activos ni asume riesgos en las operaciones de financiación[8].

Este dato las diferencia de las entidades de crédito que captan recursos de los ahorradores transformándolos en activos que sirven para financiar a los demandantes de recursos financieros. La clave es que las entidades financieras asumen el riesgo de crédito lo cual, como veremos, no sucede con los proveedores de servicios de financiación participativa (PSFP).

7 García-Pita y Lastres, J. L. «Plataformas de financiación participativa y «Financial *crowdfunding*»», Ed. Tirant lo Blanch, Valencia, 206, p. 33.

8 Como señala Rodríguez de las Heras Ballel T., «La responsabilidad de las plataformas: Alcance, límites y estrategias», en Moreno Serrano, E., y Cazorla Rodríguez Serrano, L., (Coord.) *Crowdfunding: Aspectos legales*, Thomson Reuters Aranzadi, 2016, p. 375, la plataforma «no interviene como intermediario en las transacciones realizadas entre los usuarios salvo que así se haya configurado. De este modo, si en una plataforma de financiación, los inversores aportan, en forma de capital, sus contribuciones adquiriendo acciones de la sociedad promotora, el operador no se convierte automáticamente en una empresa de servicios de inversión que recibe, transmite y ejecuta las órdenes de clientes en relación con instrumentos financieros». De ahí que, en el marco que estaba vigente en la Ley 5/2015, de 27 de abril, de fomento de la financiación empresarial (LFFE) ahora vigente en la LFFE, tratándose de servicios de préstamo, las plataformas de financiación participativa no fueran supervisadas por el Banco de España y no se vean afectadas por la reserva de actividad de las entidades de crédito.

Tal y como se refleja en el siguiente cuadro, los intermediarios bancarios captan recursos del público en forma de depósitos para prestarlo a los demandantes de crédito y operan con el privilegio de reserva fraccionaria, pudiéndose producir el fenómeno descalce de plazos[9]. Ello hace necesaria su supervisión por el Banco de España y que opere a favor de los depositantes el fondo de garantía de depósitos[10]. De ahí la normativa en materia de préstamo responsable. La estabilidad del sistema financiero exige que presten los recursos (de los depositantes) con prudencia, a personas que tienen capacidad de reembolso.

Préstamos a través de la Banca tradicional

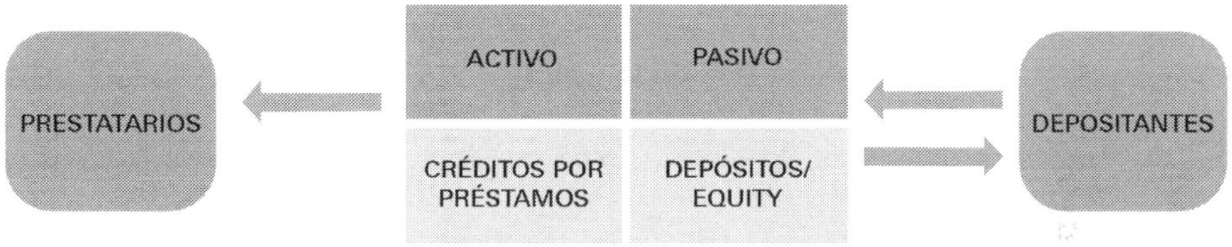

Préstamos a través de plataformas de financiación participativa

Las plataformas no invierten capital propio en la concesión de préstamos y, por ello, no están expuestas al riesgo de crédito.

Por lo tanto, de la propia estructura del fenómeno de la financiación a través de plataformas intermediarias se deduce ya una consecuencia importante: el proveedor de servicios de financiación participativa no es parte en el contrato de préstamo y no soporta el riesgo de crédito. El problema, como

9 La entidad se endeuda a corto, pero invierte a largo plazo (por ejemplo, concediendo préstamos hipotecarios a 30 años), estrategia que puede favorecer una crisis de liquidez que termine siéndolo de solvencia.

10 El art. 1 de la Ley 10/2014, de 26 de junio, de ordenación, supervisión y solvencia de entidades de crédito define las entidades de crédito como «*las empresas autorizadas cuya actividad consiste en recibir del público depósitos u otros fondos reembolsables y en conceder créditos por cuenta propia*». Son entidades de crédito, tal y como se dispone en el art. 2, los bancos, las cajas de ahorro, las cooperativas de crédito y el Instituto de Crédito Oficial.

veremos, es que a pesar de no soportarlo sí que va a evaluarlo y veremos qué consecuencias se desencadenan cuando, fruto de una evaluación incorrecta del riesgo de crédito, el inversor formaliza el contrato de préstamo con base en ese error.

Precisamente porque el PSFP no capta fondos del público, el prestamista o inversor no se beneficia del fondo de garantía de depósitos. Como se ha señalado, los recursos del prestamista pasan directamente al prestatario sin que entren en el balance de la plataforma, quien no soporta riesgo de crédito ni de descalce de plazos. Usualmente, la plataforma se sirve de una entidad prestadora de servicios de pago a través de la cual se realizan los trasvases de fondos.

España fue uno de los primeros países en regular la financiación participativa en el Título V de la Ley 5/2015, de 27 de abril, de fomento de la financiación empresarial (en adelante, LFFE). También a nivel europeo se ha dado prioridad a la regulación sectorial de las plataformas de financiación participativa en el Reglamento (UE) 2020/1503 del Parlamento europeo y del Consejo de 7 de octubre de 2020 relativo a los proveedores europeos de servicios de financiación participativa para empresas, y por el que se modifican el Reglamento (UE) 2017/1129 y la Directiva (UE) 2019/1937 (en adelante, RPESFP), a cuyo régimen me referiré en el presente trabajo.

Ya he criticado en varias ocasiones[11] que el enfoque sectorial en la regulación de la contratación a través de plataformas intermediarias en línea me parece censurable. Nos encontramos ante una nueva forma de contratar que deja obsoleto el acervo comunitario en materia de contratación con consumidores. El denominador común es que el operador de la plataforma no presta el servicio subyacente, sino que favorece la interacción que muchas veces se produce entre pares (P2P). Existen una serie de características comunes que aconsejan un planteamiento general y global, enfoque que se ha adoptado

11 Cuena Casas, M., *Las FinTech de préstamos o crowdlending. La contratación a través de plataformas intermediarias en línea*, Reus, Madrid, 2019, pp. 29 y ss; «La contratación a través de plataformas intermediarias en línea», *Cuadernos de derecho transnacional,* Vol. 12, n.º. 2, 2020, pp. 283-348; «La financiación a través de plataformas intermediarias en línea», en Fernández Chacón, I., y Gómez Pomar, F., (Dirs.), *Estudios de Derecho contractual europeo: nuevos problemas, nuevas reglas*, Thomson Reuters Aranzadi, 2022, pp. 587 y ss. Defiende un planteamiento horizontal PERI M., «Loi pour une République numérique et plateformes en ligne: aproche(s) sectorielle (s) ou aproche transversale? Approche préventive ou approche curative? » En Sénéchal J., y Stalla-Bourdillon, S., /Dirs.) *Rôle et responsabilité des opérateurs de plateforme en ligne: aproche (s) transversale (s) ou aproches sectorielles?*, Institut de recherche juridique de la Sorbonne, Paris 2018 p. 92. El enfoque transversal es el adoptado en el Derecho francés (art 49 y ss Loi n.º 2016-1321 de 7 de octubre 2016 pour une République numérique) con una regulación general de las plataformas en línea en sus relaciones con los consumidores, al margen de cuál sea el servicio prestado. El objetivo es adaptar el Derecho del consume para garantizar los derechos de los consumidores en el ecosistema digital.

en algunas iniciativas[12] doctrinales, si bien desde la Unión Europea, como veremos, el enfoque regulatorio es fragmentado y, a mi juicio, confuso[13] en

12 Research Group On The Law Of Digital Services, «Discussion Draft of a Directive on Online Intermediary Platforms», Journal of European Consumer and Market Law, n.° 4/2016, p. 164 y ss. https://papers.ssrn.com/sol3/papers.cfm?abstract_id=2821590 También se sigue este enfoque en las «Model rules on online platforms», elaboradas por un grupo de investigadores en el marco del European Law Institute (ELI) https://www.europeanlawinstitute.eu/fileadmin/user_upload/p_eli/Publications/ELI_Model_Rules_on_Online_Platforms.pdf

13 Con objeto de crear un Mercado Único Digital (Comunicación de la Comisión al Parlamento Europeo, al Consejo, al Comité Económico y Social Europeo y al Comité de las Regiones Una Estrategia para el Mercado Único Digital de Europa, COM (2015) 192 final, Bruselas, 6.5.2015, la UE ha regulado las plataformas intermediarias en línea, consciente de su papel esencial para el desarrollo de dicho mercado y su papel en el mercado transfronterizo. Los distintos aspectos de la regulación se han desarrollado de manera fragmentaria en distintas normas en función de la naturaleza de los sujetos implicados. El Reglamento (UE) 2019/1150 del Parlamento Europeo y del Consejo, de 20 de junio de 2019, sobre el fomento de la equidad y la transparencia para los usuarios profesionales de servicios de intermediación en línea, aborda deberes de transparencia para el operador de la plataforma, Se aplica a las relaciones entre el operador de las plataformas que prestan servicios de intermediación en línea y motores de búsqueda con los proveedores de bienes y servicios a consumidores (P2B). En esta norma no se alude a la plataforma, sino que se habla de «servicio de intermediación en línea».
Sí se contiene alguna regulación en aspectos contractuales a través de plataformas intermediarias en línea en la Directiva del Parlamento Europeo y del Consejo de 27 de noviembre de 2019 por la que se modifica la Directiva 93/13/CEE del Consejo y las Directivas 98/6/CE, 2005/29/CE y 2011/83/UE en lo que atañe a la mejora de la aplicación y la modernización de las normas de protección de los consumidores de la Unión. Esta regulación se centra en las relaciones B2C y, tal y como se declara en su Exposición de Motivos, uno de sus objetivos es lograr más transparencia para los consumidores en los mercados en línea. Se introduce una regulación específica en el nuevo art. 6 bis Directiva 2011/ 83 con nuevos deberes precontractuales de información cuando el consumidor celebra un contrato en un mercado en línea. En esta norma tampoco se alude a plataforma, sino a "mercado en línea". El enfoque regulatorio es caótico, así como también lo es la terminología.
Sí se adopta un enfoque general horizontal, centrado en todas las plataformas en el Reglamento (UE) 2022/2065 del Parlamento Europeo y del Consejo, de 19 de octubre de 2022, relativo a un mercado único de servicios digitales y por el que se modifica la Directiva 2000/31/CE. (RSD) que ha modificado la Directiva de Comercio electrónico. Con todo, no se ha avanzado lo que debiera en el diseño de un operador que verdaderamente responda a la naturaleza de las plataformas intermediarias en línea que están muy lejos de ser meros servicios de intermediación de la sociedad de la información, particularmente servicios de *hosting*. Las exenciones de responsabilidad previstas en el art. 14 DCE se han visto sustituidas por las reglas previstas en el art. 5 y 6 RSD. Las plataformas intermediarias en línea van más allá del mero almacenamiento de datos. En lugar de crear un nuevo prestador de servicio de intermediación de la sociedad de la información que se adapte a las especificidades de las plataformas intermediarias en línea que prestan servicios adicionales, se ha mantenido el mismo modelo de la DCE, debiéndose en cada caso valorar si la plataforma en cuestión cumple o no los requisitos del "puerto seguro" para que sean aplicables las exenciones de responsabilidad Se mantiene la exención de responsabilidad, pero con imposición de nuevos deberes de diligencia (art. 5 RSD) y no se armoniza el régimen de responsabilidad de los proveedores de servicios de internet en los Estados miembros. La

la línea de lo que se viene haciendo con la normativa de protección de consumidores: regulación fragmentaria y por sector de actividad lo cual genera duplicidades y favorece rompecabezas normativos.

Cualquiera que sea el bien o servicio que se ofrezca en la plataforma intermediaria, en todas, el valor creado por el operador de la plataforma es precisamente la interacción, servicio por el que recibe una remuneración que puede cargar al proveedor del servicio o al usuario del servicio o adquirente del bien[14]. Cuanto más fácil sea la interacción, mayor valor tiene la plataforma y crecerá cuantos más usuarios consiga atraer. Se produce así el denominado «efecto de red» que significa que los usuarios obtienen un beneficio

principal contribución normativa de la DSA consiste en separar las obligaciones de diligencia debida de la responsabilidad por los contenidos subyacentes. Antes de la DSA, la mayoría de las leyes intentaban influir en el comportamiento de los proveedores amenazando con una responsabilidad conjunta por lo que hicieran sus usuarios. Salvo en algunos ámbitos del Derecho, los tribunales solían enfrentarse a una decisión binaria: imponer un deber de diligencia o negarlo y confirmar una exención de responsabilidad. La DSA acaba con este binario. Plantea sus propias expectativas formuladas como obligaciones de diligencia debida. Los proveedores que las infrinjan pueden tener que rendir cuentas. Estas obligaciones legales son independientes de las de sus usuarios. Las violaciones de la DSA no influyen en la preservación por parte del proveedor de las exenciones de responsabilidad. Incluso los proveedores que no son responsables de los usuarios siguen siendo responsables de sus propias faltas de diligencia. Lo razonable es que el operador de la plataforma responda por el incumplimiento de sus específicos deberes, nada más. *Cfr.* HUSOVEC, M. y ROCHE LAGUNA, I., «Digital Services Act: A Short Primer (July 5, 2022)». Martin Husovec and Irene Roche Laguna, Principles of the Digital Services Act (Oxford University Press, Forthcoming 2023), SSRN: https://ssrn.com/abstract=4153796 or http://dx.doi.org/10.2139/ssrn.4153796

Por el contrario, se vuelve a prescindir del enfoque horizontal en el Reglamento (UE) 2022/1925, de 14 de septiembre, de Mercados Digitales (Reglamento de Mercados Digitales, o RMD). Esta norma regula algunas plataformas calificadas de guardianas de acceso al mercado digital (gatekeepers). Para ser calificada como guardián de acceso una empresa ha de cumplir una serie de *criterios cualitativos* contenidos en el artículo 3(1) de la DMA. Esto es, (1) si la empresa tiene un impacto significativo en el mercado interior; (2) presta un servicio básico de plataforma que constituye una pasarela importante para el acceso de sus usuarios empresariales a los usuarios finales; y (3) disfruta de una posición consolidada y duradera en sus operaciones. El reglamento **presume** que se reúnen dichas condiciones si se cumplen una serie de criterios cuantitativos previstos en su artículo. Se está pensando en las GAFA (Google, Facebook, Amazon, Apple)

Este tipo de plataformas deben cumplir unas obligaciones especiales dirigidas a evitar comportamientos poco equitativos.

Tanto el RSD o DSA como el RMD o DMA son compatibles con regulaciones específicas que puedan diseñarse en función de la naturaleza del servicio prestado. Por eso, procederá plantearse la coexistencia de la regulación contenida en el RPESFP con la DSA o DMA en el supuesto de que estemos ante una plataforma calificada de *gatekeeper*.

14 Explícito en este sentido es el RPESFP que define el servicio de financiación participativa (art. 2.1.a)) como la conexión de los intereses de los inversores y de los promotores de proyectos en materia de financiación empresarial mediante el uso de plataformas de financiación participativa, que consista en cualquiera de las actividades especificadas en art. 2.1.b) (crowdlending y *crowdfunding* de inversión).

adicional por la existencia de más usuarios en el lado opuesto del mercado[15]. El valor de la plataforma para un determinado grupo de usuarios (por ejemplo, proveedores) obtiene una mayor utilidad cuantos más usuarios tenga la plataforma, lo cual es un efecto lógico (es la también denominada interdependencia). El éxito de la plataforma residirá en el correcto funcionamiento de la interacción y no tanto en el bien o servicio que se intercambia de cuya calidad, en principio, se mantiene al margen por cuanto son los usuarios los que lo proporcionan y no la plataforma que tan solo es un «medio». Obsérvese que, trasladado a los servicios financieros, y como trataré detenidamente, el operador de la plataforma no padece el riesgo de crédito, no lo soporta y como mediador tiene derecho a cobrar su comisión, aunque el contrato finalmente no se cumpla y el prestamista pierda su derecho de crédito.

La intermediación que genera la plataforma es técnica, como prestador del servicio de la sociedad de la información, facilitando la contratación entre los usuarios que generan relaciones que pueden ser entre iguales (*peer to peer*, P2P, *Consumer to Consumer*, C2C) o entre empresarios (*Business to Business*, B2B), o entre empresario y consumidor (*Business to Consumer*, B2C). Se crea una relación contractual compleja de estructura triangular: contrato celebrado por los usuarios con la plataforma que les permite el acceso para poder lograr la interacción y, posteriormente, el contrato celebrado entre los usuarios. El negocio subyacente lo celebran entre sí los usuarios y en ningún caso lo presta la plataforma. De hecho, el aspecto clave es determinar en todos los casos si la plataforma es auténtica intermediaria o no, dado que su naturaleza varía sustancialmente si prestara el servicio subyacente[16]. Por ello, cuando hablamos de prestación de servicios financieros a través de plataformas intermediarias en línea, debe aclararse ya que la plataforma, en principio, no es proveedora de prestación de servicios financieros.

La «horizontalidad» de las relaciones jurídicas que se producen en un mercado multilateral es la que genera retos normativos porque el acervo

15 Comisión Europea, «Las plataformas en línea y el mercado único digital. Retos y oportunidades para Europa», *COM* (2016) 288 final, 25 de mayo de 2016, p. 3.

16 Si la plataforma es un mero prestador de servicios de la sociedad de la información su actividad no puede estar sujeta a autorizaciones previas o cualquier requisito equivalente dirigidos específica y exclusivamente a la prestación de dichos servicios. Si la plataforma prestara de facto el servicio subyacente sin sujeción a normativa específica, su actuación podría suponer una violación de las normas en materia de competencia desleal en los términos previstos en la Ley 3/1991, de 10 de enero de Competencia Desleal (en adelante, LCD). Esta cuestión es la que se planteó en el caso UBER (sentencia del TJUE en la sentencia de 20 de diciembre de 2017) en el caso Airbnb (sentencia del TJUE de 19 de diciembre de 2019), el caso Homeaway [sentencia del TS (sala 3.ª)] de 30 de diciembre y el caso YouTube (sentencia del TJUE de 22 de junio de 2021). Respecto de la responsabilidad de los prestadores de servicios de intermediación *cfr.* arts. 6 Reglamento (UE) 2022/2065 del Parlamento Europeo y del Consejo, de 19 de octubre de 2022, relativo a un mercado único de servicios digitales y por el que se modifica la Directiva 2000/31/CE (Reglamento de Servicios Digitales), regulación a la que posteriormente me referiré.

comunitario en materia de protección de los consumidores está basado en un modelo de distribución en cadena: fabricante, mayorista, minorista y consumidor en una escala vertical. El desequilibrio entre las posiciones de las partes (B2C), sirvió de justificación para el diseño de un sistema contractual de protección del consumidor, precisamente porque el canal habitual de adquisición de bienes y servicios era B2C. La economía de la plataforma deja obsoleto este esquema porque los bienes y servicios se intercambian entre usuarios que muchas veces no tienen la consideración de empresarios (B2C). En las plataformas es usual el modelo *peer to peer,* relaciones entre consumidores a las que no es de aplicación la normativa de protección de consumidores.

Toda esta problemática se va a reproducir en los contratos de préstamo celebrados a través de plataformas de financiación participativa que, como veremos, el RPESFP no aborda. Así, cabe citar a título de ejemplo de los problemas que suscitan los contratos a través de plataformas el hecho de que el PSFP predispone el contenido del contrato que vincula a promotor de la financiación con inversor. En tal contrato hay condiciones generales y condiciones particulares, naciendo estas últimas de las características concretas determinadas en el proyecto de financiación por el promotor. Obsérvese que es el prestatario el que predispone las condiciones particulares a través del proyecto de financiación.

Ninguna de las partes contractuales (promotor e inversor) predispone las condiciones generales presentes en el contrato de préstamo, sino que ambos se adhieren a un contrato predispuesto por un tercero que no es parte. Hay que recordar que el ámbito subjetivo de aplicación de la Ley 7/1998, de 13 de abril, sobre Condiciones Generales de la Contratación (en adelante, LCGC) son los contratos que contengan condiciones generales celebrados entre un profesional —predisponente— y cualquier persona física o jurídica —adherente—. El PSFP predispone las condiciones y las impone porque los usuarios de la plataforma no tienen otra opción razonable disponible que asumir el contrato propuesto por el PSFP. La LCGC y los mecanismos de protección allí establecidos para la protección del adherente están diseñados para los supuestos es los que una de las partes contratantes es el predisponente (al margen de la autoría material de las cláusulas) y otra parte contractual es la adherente. En la contratación de préstamos a través de plataformas, este esquema se altera y, en principio, no cabría señalar que el inversor (prestamista) es el predisponente[17]. Este es tan solo un ejemplo entre muchos que pueden citarse respecto a la obsolescencia regulatoria contractual que se plantea también cuando el objeto de la contratación es la obtención de financiación. La regulación europea no está dando respuesta a estas cuestiones.

---

17 Analizo más extensamente esta problemática en mi trabajo, CUENA CASAS, M., *Las FinTech de préstamos o crowdlending. La contratación a través de plataformas intermediarias en línea*, Reus, Madrid, 2019.

Las iniciativas europeas de regulación parten de un enfoque fragmentario que se refleja incluso en la diversidad terminológica respecto de la plataforma en línea[18], o también denominado «mercado en línea»[19], o «servicio de intermediación en línea»[20]. El recientemente aprobado Reglamento de Servicios Digitales[21] (en adelante, RSD) define la plataforma en línea como «*un servicio de alojamiento de datos que, a petición de un destinatario del servicio, almacena y difunde información al público, salvo que esa actividad sea una característica menor y puramente auxiliar de otro servicio o una funcionalidad menor del servicio principal y que no pueda utilizarse sin ese otro servicio por razones objetivas y técnicas, y que la integración de la característica o funcionalidad en el otro servicio no sea un medio para eludir la aplicabilidad del presente Reglamento*». Dado que las distintas regulaciones tratan de distintos aspectos de una misma realidad, lo razonable habría sido partir de un mismo concepto. Un enfoque sectorial acompañado de distintas definiciones creo que dificulta enormemente la aplicación de esta normativa.

---

18 Inicialmente la COMISIÓN EUROPEA (CE) definió las «plataformas en línea» como «*empresas que operan en mercados bilaterales o multilaterales, que utilizan internet para permitir la interacción entre dos o más grupos de usuarios distintos pero interdependientes, de forma que se genere valor para al menos uno de los grupos. Ciertas plataformas pueden ser calificadas como proveedoras de servicios de intermediación*» COMISIÓN EUROPEA, «Consultation on Regulatory environment for platforms, online intermediaries, data and cloud computing and the collaborative economy», 24 septiembre 2015 p. 5. Traducción propia.

19 Así lo hace la Directiva del Parlamento Europeo y del Consejo de 27 de noviembre de 2019 por la que se modifican la Directiva 93/13/CEE del Consejo, de 5 de abril de 1993, la Directiva 98/6/CE del Parlamento Europeo y del Consejo, la Directiva 2005/29/CE del Parlamento Europeo y del Consejo y la Directiva 2011/83/UE del Parlamento Europeo y del Consejo, en lo que atañe a la mejora de la aplicación y la modernización de las normas de protección de los consumidores de la UE. Se entiende «mercado en línea» *como un servicio que emplea programas («software»), incluidos un sitio web, parte de un sitio web o una aplicación, operado por el comerciante o por cuenta de este, que permite a los consumidores celebrar contratos a distancia con otros comerciantes o consumidores* (art. 4 Directiva 2011/83/UE, modificada por la Directiva del Parlamento Europeo y del Consejo de 27 de noviembre de 2019).

20 Este es el término utilizado en el art. 2 del Reglamento (UE) 2019/1150 del Parlamento europeo y del Consejo de 20 de junio de 2019 sobre el fomento de la equidad y la transparencia para los usuarios profesionales de servicios de intermediación en línea. Se define como «*aquel que cumple los servicios que cumplen todos los requisitos siguientes: a) constituyen servicios de la sociedad de la información según lo previsto en el art. 1 Directiva (UE) 2015/1535. del Parlamento Europeo y del Consejo. b) permiten a los usuarios profesionales ofrecer bienes o servicios a los consumidores, con el objetivo de facilitar el inicio de transacciones directas entre dichos usuarios profesionales y consumidores, con independencia de dónde aquellas concluyan en última instancia; c) se prestan a los usuarios profesionales sobre la base de relaciones contractuales entre el proveedor de los servicios y los usuarios profesionales que ofrecen los bienes o servicios a los consumidores*».

21 Reglamento (UE) 2022/2065 del Parlamento Europeo y del Consejo, de 19 de octubre de 2022, relativo a un mercado único de servicios digitales y por el que se modifica la Directiva 2000/31/CE.

A este caos terminológico, hay que añadir el introducido por el RPESFP para los concretos servicios financieros, aunque no todos, porque la norma europea tiene un ámbito de aplicación más restringido que el que tenía la regulación de las plataformas de financiación participativa en la LFFE en tanto solo se refiere a la financiación participativa a empresas.

En ausencia de normativa *ad hoc* respecto de la problemática de los contratos que se derivan de esta estructura triangular de contratación será preciso construir esta reglamentación desde los principios generales ya que la escasa regulación existente en España en la LFFE ha desaparecido gracias a la desafortunada reforma de la LFFE introducida por la Ley 18/2022, de 28 de septiembre, de creación y crecimiento de empresas (en adelante, LCCE).

Lo que parece claro es que la normativa relativa a financiación a través de plataformas es regulación especial que debe ser aplicada con carácter preferente[22]. Si bien, como veremos, el PSFP no es financiador, sí tiene una influencia decisiva en el contrato de financiación que le aleja del régimen general establecido en la Directiva de Comercio electrónico (en adelante, DCE)[23] a los prestadores de servicios de intermediación de la sociedad de la información y con ello de las exenciones de responsabilidad que ahora se regulan para las plataformas en el Reglamento de Servicios Digitales (art. 6).

2. Marco regulatorio. Préstamos a empresarios y préstamos a consumidores

España fue uno de los primeros países en regular el *crowdfunding* lucrativo (de inversión y de préstamo) y lo hizo en el Título V de la LFFE de 27 de abril de 2015, régimen muy diferente al implantado tras la aprobación del Reglamento europeo relativo a los proveedores europeos de servicios de financiación participativa para empresas de 7 de octubre de 2020. La Ley 18/2022, de 28 de septiembre, de creación y crecimiento de empresas pretende adaptar la regulación española al Reglamento europeo y el panorama tras su aprobación es, como veremos, poco claro. En primer lugar, realizaré un análisis de las principales reformas introducidas en el RPESFP, comparándolo con el régimen hasta ahora vigente. Posteriormente se analizará las novedades introducidas por la LCCE en cuyo capítulo V se introduce un nuevo régimen jurídico para las plataformas de financiación participativa

22 Entiende E. Macchiavello, «The scope of the ECSPR: The difficult compromise between harmonization client protection and the level playing field» en Eugenia Macchiavello (ed.), *Regulation on European Crowdfunding Service Providers for Business: A Commentary* (Cheltenham: Edward Elgar, 2022), 3.12., p. 52, que el Reglamento de servicios digitales (DSA en sus siglas en inglés) no es aplicable al *crowdfunding* pues dicha normativa excluye los servicios financieros de su finalidad.

23 Directiva 2000/31, de 8 de junio de 2000, sobre comercio electrónico.

y, a la luz de la nueva regulación valorar la responsabilidad de las plataformas en este nuevo marco regulatorio en el marco de la regulación introducida por el Reglamento de Servicios digitales.

El RPESFP establece normas uniformes en toda la UE para la prestación de servicios de *crowdfunding* basados en inversiones y préstamos relacionados con la financiación empresarial con el objetivo de que puedan prestar servicios de forma transfronteriza. Hasta ahora existían importantes obstáculos normativos por la diversidad de requisitos para la concesión de licencias en toda la UE. El RPESFP permite a las plataformas solicitar un pasaporte de la UE basado en un conjunto único de normas, lo que les permitirá ofrecer sus servicios en toda la UE con una única autorización.

Desde el 10 de noviembre de 2021 el RPESFP es de aplicación directa en los estados miembros de la UE. Por lo tanto, las nuevas plataformas necesitan solicitar la licencia europea para ofrecer sus servicios en los países de Europa. Respecto a las plataformas de *crowdfunding* existentes en el momento de la entrada en vigor del RPESFP, podrán seguir operando con su licencia nacional hasta el 10 de noviembre de 2023[24] o hasta que se les conceda la licencia europea, si esta fecha fuera anterior.

El instrumento legislativo utilizado es un reglamento, por lo que es de aplicación directa. No obstante, el propio RPESFP prevé la posibilidad de que la Autoridad Bancaria Europea (ABE) y la Autoridad Europea de Valores y Mercados (AEVM) puedan elaborar proyectos de normas técnicas de ejecución del RPESFP de determinados aspectos de la regulación contenida en el RPESFP (por ejemplo, se delegan facultades en el art. 6.7 RPESFP, art. 12.16, art. 7 RPESFP). Tales proyectos se remiten a la Comisión en la que se delegan poderes para completar el RPESFP. Por tanto, para determinar el alcance exacto de la regulación europea de la financiación participativa hay que tener en cuenta estos Reglamentos Delegados. En el DOUE del 8 de noviembre de 2022 se han publicado 9 Reglamentos Delegados y 4 Reglamentos de Ejecución[25] de la Comisión Europea que desarrollan la normativa contenida en el RPESFP.

24 El art. 48 RPESFP establecía la fecha del 10 de noviembre de 2022 como término del periodo transitorio. Tal plazo ha sido prorrogado por el Reglamento delegado (UE) 2022 /1988 de la Comisión de 12 de julio de 2022 por el que se prorroga el periodo transitorio previsto en el artículo 48, apartado 1, del Reglamento (UE) 2020/1503 del Parlamento Europeo y del Consejo para continuar prestando servicios de financiación participativa de conformidad con el Derecho nacional.

25 Las materias afectadas por esta regulación delegada son:
Requisitos relativos a los conflictos de interés de los proveedores de servicios de financiación participativa (Reglamento Delegado (UE) 2022/2111).
Requisitos y modalidades de la solicitud de autorización como proveedor de servicios de financiación participativa (Reglamento Delegado (UE) 2022/2112).
Actividades de investigación, supervisión y control del cumplimiento con respecto a los proveedores europeos de servicios de financiación participativa para empresas (Reglamento Delegado (UE) 2022/2113).

La primera diferencia importante entre el régimen introducido en el RPESFP y la LFFE es su ámbito de aplicación. La LFFE se aplicaba a las operaciones de *crowdfunding* lucrativo en las que el promotor de la financiación podía ser empresario o consumidor. Por el contrario, el RPESFP solo resulta aplicable a los casos en los que el prestatario es un empresario. Expresamente se excluye el *crowdfunding* al consumo. Esta es ya una novedad llamativa por cuanto las cifras ponen de relieve que la modalidad de *crowdfunding* que más ha crecido es aquella en la que el prestatario es un consumidor.

El RPESFP excluye de su ámbito de aplicación los préstamos al consumo por considerar que están fuera de la finalidad del Reglamento el cual tiene por objeto fomentar la financiación transfronteriza de las empresas, a través de la eliminación de los obstáculos al funcionamiento del mercado interior en los servicios de financiación participativa (Considerando 8). En la Propuesta de Reglamento se entendió que los préstamos a consumidores a través de plataformas de financiación participativa encontraban ya regulación en la

---

Prueba inicial de conocimientos y la simulación de la capacidad de soportar pérdidas para inversores potenciales no experimentados en proyectos de financiación participativa (Reglamento Delegado (UE) 2022/2114).
Metodología para calcular las tasas de impago de los préstamos ofrecidos en una plataforma de financiación participativa (Reglamento Delegado (UE) 2022/2115).
Medidas y los procedimientos del plan de continuidad de las actividades de los proveedores de servicios de financiación participativa (Reglamento Delegado (UE) 2022/2116).
Requisitos, modelos de formatos y procedimientos para la tramitación de reclamaciones (Reglamento Delegado (UE) 2022/2117 de la Comisión de 13 de julio de 2022).
Normas técnicas de regulación sobre la gestión individualizada de carteras de préstamos por parte de los proveedores de servicios de financiación participativa, que especifican los elementos del método utilizado para evaluar el riesgo de crédito, la información sobre cada cartera de préstamos que debe comunicarse a los inversores, y las políticas y procedimientos que deben adoptarse en lo que respecta a los fondos de contingencia (Reglamento Delegado (UE) 2022/2118).
Normas técnicas de regulación relativas a la ficha de datos fundamentales de la inversión (Reglamento Delegado (UE) 2022/2119).
Normas y formatos de datos, plantillas y procedimientos para la comunicación de información sobre los proyectos financiados a través de plataformas de financiación participativa (Reglamento de Ejecución (UE) 2022/2120).
Modelos de formularios, plantillas y procedimientos para la cooperación e intercambio de información entre las autoridades competentes y la AEVM en relación con los proveedores europeos de servicios de financiación participativa para empresas (Reglamento de Ejecución (UE) 2022/2121).
Modelos de formularios, plantillas y procedimientos para la cooperación y el intercambio de información entre las autoridades competentes en relación con los proveedores europeos de servicios de financiación participativa para empresas (Reglamento de Ejecución (UE) 2022/2122).
Formularios, plantillas y procedimientos para la notificación de los requisitos nacionales de comercialización aplicables a los proveedores de servicios de financiación participativa por parte de las autoridades competentes a la AEVM (Reglamento de Ejecución (UE) 2022/2123).
https://eur-lex.europa.eu/legal-content/ES/TXT/?uri=OJ:L:2022:287:TOC

Directiva 2008/48 y en la Directiva 2014/17 sobre los contratos de crédito celebrados con los consumidores para bienes inmuebles de uso residencial[26]. Nada más lejos de la realidad en la medida que cuando se trata de préstamos al consumo, tal normativa exige que el prestamista tenga la condición de profesional, lo cual no sucede en los préstamos P2P a través de plataformas[27] en los que el prestamista puede ser un consumidor.

El RPESFP excluye la hipótesis en que el consumidor es el promotor de la financiación, es decir, es el prestatario. Por el contrario, sí entra en el ámbito de aplicación de la norma el caso en el que el consumidor es el inversor.

En la revisión que actualmente se está debatiendo en la Comisión europea de la Directiva de Crédito al Consumo, en el informe realizado tras la consulta pública[28], precisamente se sugiere la conveniencia de extender el ámbito de aplicación de la Directiva de Crédito al Consumo a los préstamos P2P a través de plataformas[29]. Así se hace en la Propuesta de Directiva de Crédito al Consumo (en adelante, PDCC), publicada el 30 de junio de 2021, extendiendo su aplicación a la financiación participativa al consumo. En este contexto, «*la presente Directiva tiene por objeto complementar el Reglamento (UE) 2020/1503, corregir esta exclusión y aportar claridad jurídica sobre el régimen jurídico aplicable a los servicios de financiación participativa cuando un consumidor desea obtener un crédito a través de un proveedor de servicios de crédito de financiación participativa*» (Considerando 16).

Ello evidencia la consciencia acerca de la insuficiencia de la normativa vigente y la censurable exclusión de la financiación participativa al consumo del ámbito de aplicación del RPESFP[30], sobre todo si se tiene en cuenta que es

---

26 Comisión Europea, «Propuesta de Reglamento del Parlamento Europeo y del Consejo sobre los proveedores de servicios de *crowdfunding* europeos (PSCE) para las empresas» COM (2018) 113 final, 2; Comisión Europea, SWD (2018) 56 final, 32.

27 De ahí que la regulación de crédito al consumo en Dinamarca, Finlandia y Estonia haya incluido los préstamos P2P que originariamente no entraban en su ámbito de aplicación. *Cfr.* Sciarrone, A. y Grossule E. «Crowdfunding and the consumer credit protection», en Eugenia Macchiavello (ed.), *Regulation on European Crowdfunding Service Providers for Business: A Commentary* (Cheltenham: Edward Elgar, 2022), 38.12, P. 641.

28 Comisión Europea, Evaluation of the Consumer Credit Directive https://ec.europa.eu/info/law/better-regulation/have-your-say/initiatives/1844-Evaluation-of-the-Consumer-Credit-Directive/public-consultation_en

29 Comisión Europea, «Evaluation of the Consumer Credit Directive (Directive 2008/48/EC). Sumary report. Public Consultation» Ref. Ares (2019)3218540 — 16/05/2019, p. 9.

30 Así lo entienden también Macchiavello, E., The European Crowdfunding Service Providers Regulation and the Future of Marketplace Lending and Investing in Europe: the «Crowdfunding Nature» Dilemma (July 30, 2020). Forthcoming in European Business Law Review 2021, 3, Available at SSRN: https://ssrn.com/abstract=3668590 or http://dx.doi.org/10.2139/ssrn.3668590 p. 10. Ebers, M., y Quarch, Benedikt M., EU Consumer Law and the Boundaries of the Crowdfunding Regulation (April 8, 2021). Pietro Ortolani/Marije Louisse (eds.), Crowdfunding and the Law, pending for publication, Oxford University

la modalidad de *crowdfunding* que más crece a nivel europeo[31], habiéndolo hecho un 50% entre 2015-2019. A pesar de este crecimiento, solo supone el 1,4% de la financiación al consumo proporcionada por el sector bancario[32] y no parece que esta proporción pueda aumentar pues el RPESFP deja huérfano de regulación el *crowdlending* al consumo restringiéndose la competencia transfronteriza, puesto que las limitaciones regulatorias de cada Estado miembro actuarán como factor disuasorio. De nuevo, la banca tradicional ha conseguido bloquear esta forma de financiación alternativa que tantos beneficios le reporta. Y todo ello, claro está, en contra de los intereses de los consumidores. No parece que la Propuesta de DCC vaya a cubrir este déficit porque deja fuera de su ámbito de aplicación las operaciones que más atención regulatoria requieren, que son los préstamos P2P. Se genera una compleja situación para las plataformas que admitían con arreglo al Derecho interno ambos tipos de promotores de financiación: empresarios y consumidores.

La normativa contenida en la PDCC me parece confusa, pues contempla la posibilidad de que el proveedor de servicios de financiación participativa actúe como prestamista (es la plataforma quién facilita directamente crédito a los consumidores) y también como intermediario de crédito (la plataforma facilita la concesión de créditos entre prestamistas que actúan, o no, en el ejercicio de su actividad comercial, empresarial o profesional y los consumidores). Parece permitir que el PSFP preste el servicio subyacente (financiación), algo que prohíbe de manera expresa el RPESFP (art. 8.1). Lo razonable habría sido que en un solo instrumento se regulara toda la financiación participativa. Este solapamiento normativo genera disfunciones. No se puede

Press, Oxford 2022. Available at SSRN: https://ssrn.com/abstract=3822692 También censuran la exclusión del crédito al consume de RPESFP, Sciarrone, A. y Grossule E. «Crowdfunding and the consumer credit protection», en Eugenia Macchiavello (ed.), *Regulation on European Crowdfunding Service Providers for Business: A Commentary* (Cheltenham: Edward Elgar, 2022), 38.19, P. 642.

31 El 41% del mercado de financiación alternativa es el crowdlending al consumo. La financiación a empresarios ocupa el 14%. Ziegler T. *et al.*, «Shifting paradigms. The 4th European alternative finance benchmarking report (2019)», https://www.jbs.cam.ac.uk/wp-content/uploads/2020/08/2019-05-4th-european-alternative-finance-benchmarking-industry-report-shifting-paradigms.pdf p. 33.

32 ZIEGLER T. *et al.*, *The 2nd Global Alternative Finance Market Benchmarking Report,* publicado en junio de 2021 por la Universidad de Cambridge (2021). https://www.jbs.cam.ac.uk/wp-content/uploads/2021/06/ccaf-2021-06-report-2nd-global-alternative-finance-benchmarking-study-report.pdf
Como señalan Barahona, R., y Barreira R., «Las plataformas de financiación participativa de crédito para consumo en España», https://repositorio.bde.es/bitstream/123456789/23227/1/be2203-art27.pdf p. 5, el volumen de nueva financiación para consumo concedida a través de dos plataformas europeas con presencia significativa en España para las que se dispone de información creció durante los últimos años a un ritmo muy superior al importe del crédito bancario para este fin. A pesar de este avance, su peso sigue siendo muy reducido en comparación con el crédito para consumo bancario: apenas representaba, en 2019, menos del 1 % .

tratar y aplicar el mismo régimen jurídico a un prestamista sometido a la DCC que a un PSFP porque su naturaleza es diametralmente distinta, y su responsabilidad también.

Con todo, aunque la PDCC se refiera a la financiación participativa, su regulación no es completa porque, como he adelantado, parece excluir de su ámbito de aplicación los casos en los que el PSFP favorece el contrato de financiación entre dos consumidores (C2C o P2P). Así, en la memoria previa a la propuesta, se señala que «*no se aborda la protección de los consumidores que obtienen créditos a través de plataformas de préstamo entre particulares, ya que dicha modalidad no se ajusta a la lógica de la propuesta. Por lo tanto, la protección de los consumidores que invierten a través de estas plataformas y las responsabilidades de las plataformas con respecto a estos consumidores se evaluarán en otro contexto y, si procede, serán objeto de una propuesta legislativa*».

Sin embargo, en el articulado no se excluye de manera expresa la financiación participativa entre particulares (P2P). Basta leer el Considerando 18 de la PDCC[33] para deducir que sí se incluyen en su ámbito de aplicación los contratos entre particulares, si bien con especificidades de régimen. El consumidor-prestamista no tiene obligación de evaluar la solvencia, prestación que asume el PSFP. Se aclara que el consumidor-prestamista no está sujeto a las obligaciones que el la PDCC establece para los prestamistas.

El esquema que cabe deducir de la PDCC en cuanto al rol que puede asumir el proveedor de servicios de financiación participativa es el siguiente:

- *Casos en que es el PSFP el que actúa como prestamista.* Este supuesto que expresamente prohíbe el RPESFP, se admitiría en el ámbito del crédito al consumo y el PSFP asumiría todas las obligaciones que la Propuesta establece *para el prestamista empresario.*
- *Casos en los que el PSFP actúa como intermediario de crédito entre un prestamista empresario y un prestatario consumidor.* En tal caso el PSFP no tiene obligación de evaluar la solvencia. Es un mero facilitador del préstamo y es el prestamista profesional quien tiene obligación de evaluar la solvencia.

33 «*Algunas disposiciones de la presente Directiva deben aplicarse, además, a los proveedores de servicios de crédito de financiación participativa que actúen en calidad de prestamistas o intermediarios de crédito, cuando faciliten la concesión de créditos entre, por una parte, las personas que conceden créditos al consumo fuera del ejercicio de su actividad comercial, empresarial o profesional y, por otra, los consumidores. En este contexto, el proveedor de servicios de crédito de financiación participativa debe cumplir determinadas normas y obligaciones de la presente Directiva, incluida la obligación de llevar a cabo una evaluación de solvencia y de cumplir las normas sobre información precontractual. Las personas que concedan créditos al consumo al margen del ejercicio de su actividad comercial, empresarial o profesional a través de una plataforma de crédito de financiación participativa no deben estar sujetas a las obligaciones para los prestamistas en virtud de la presente Directiva*».

– *Casos en los que el PSFP actúa como intermediario entre el prestamista-consumidor y el prestatario-consumidor.* Como se excluye del ámbito de aplicación de la PDCC a los prestamistas que actúen al margen de su actividad profesional (Considerando 18 y art. 3.2) PDCC), no les resulta de aplicación las obligaciones impuestas a prestamista que serán asumidas por el PSFP quien evaluará la solvencia y cumplirá los deberes de información precontractual (Considerando 18 y art. 18 PDCC). Es decir, formalmente se reconoce que el PSFP no es el prestamista, pero asume las obligaciones como si lo fuera.

El 7 de junio de 2022 se ha publicado la «orientación general» del Comité de Representantes dirigida al Consejo, documento en el que se sugieren cambios en la PDCC[34]. Se proponen cambios relevantes y se excluyen del ámbito de aplicación de la PDCC a los préstamos P2P o C2C (se elimina el Considerando 18). Este cambio me parece censurable porque estos contratos son los más necesitados de regulación dado que los contratos B2C ya entraban en el ámbito natural propio de la DCC.

En cualquier caso, esta regulación separada del RPESFP genera también disfunciones respecto a la cuantía de financiación que un consumidor puede obtener a través de plataformas. Parece que el límite es de 100.000 euros, ya que el art. 2.2.c) de la PDCC excluye de su ámbito de aplicación los créditos de cuantía superior a dicha cantidad. La desproporción con el régimen para empresarios contemplado en el art.1 del RPESFP es notable, ya que se pueden financiar hasta cinco millones de euros. Esto significa que la financiación al consumo a través de plataformas de financiación participativa por cantidades superiores a 100.000 euros queda huérfana de regulación.

Como se puede apreciar, me muestro poco optimista respecto de la forma de abordar la regulación de esta materia por parte del legislador europeo. Veremos qué cambios se introducen a lo largo de la tramitación de esta reforma.

3. Régimen jurídico del préstamo en masa contenido en el Reglamento UE 2020/1503. Obligaciones asumidas por el proveedor de servicios de financiación participativa

Con el objeto de determinar la responsabilidad asumida por el PSFP es imprescindible determinar su papel en el contrato de financiación y las obligaciones que asume.

34 9433/1/22 REV 1 MI 422 COMPET 398 EF 146 ECOFIN 501 DIGIT 105 CODEC 784 CYBER 190 https://data.consilium.europa.eu/doc/document/ST-9433-2022-REV-1/es/pdf

No sólo se excluye del ámbito de aplicación del RPESFP el *crowdfunding* cuando el prestatario o promotor del proyecto es un consumidor, sino también cuando la financiación exceda de cinco millones de euros. Así mismo, se excluye el *crowdfunding* que no consista en facilitar la concesión de préstamos y en la colocación de valores negociables e instrumentos admitidos para la financiación participativa en los términos del art. 2.1.a) RPESFP. Queda fuera el *crowdfunding* no lucrativo de recompensa[35] y de donación[36]. Se supone que las operaciones excluidas se rigen por el Derecho nacional, aunque ya veremos cómo nuestro Derecho nacional hace otra remisión al RPESFP[37], lo cual no deja de ser llamativo.

Es una característica relevante de la regulación contenida en el RPDFP el que el PSFP no puede financiar directamente al promotor de la financiación. Se suprime la posibilidad que existía en nuestra LFFE derogada (art. 63.1.a)) de que la plataforma pudiera financiar hasta el 10% del objetivo de financiación de cada proyecto. Me parece razonable[38] que esto no sea ya posible por imperativo del art. 8.1. RPESFP (Considerando 11), ya que, de lo contrario, el PSFP podía considerarse prestador del servicio subyacente (financiador) complicándose sobremanera su régimen jurídico y su responsabilidad. Por lo tanto, no cabe ninguna duda de que el PSFP se limita a intermediar entre inversor y promotor de la financiación, intermediación que debe ser *neutral* (Considerando 26)[39], para lo cual el RPESFP contiene reglas para evitar los conflictos de interés (art. 8 RPESFP).

---

35 *Crowdfunding de recompensa (reward crowdfunding):* El financiador realiza aportaciones económicas a un proyecto del cual solo espera un premio o recompensa que no es financiera. Así, por ejemplo, si el proyecto consiste en grabar un disco, la recompensa sería un ejemplar del mismo, entradas a concierto. La recompensa puede tener contenido económico o no, lo cual es determinante para valorar su naturaleza y teniendo tal contenido, habría que valorar si hay correspondencia entre el valor de la aportación por el financiador y lo obtenido a cambio.

36 *Crowdfunding de donación (donation-based crowdfunding)*: El financiador actúa sin ánimo de lucro, actúa de forma altruistra apoyando proyectos específicos de individuos o asociaciones. El financiador es un donante y la operación es una donación simple, que se beneficia de incentivos fiscales según la Ley 49/2002, de 23 de diciembre de incentivos fiscales al Mecenazgo.

37 *Cfr.* Apartado 5 del presente trabajo.

38 Me mostré muy crítica con esta posibilidad admitida en la ley española. *Cfr.* Cuena Casas, M., *Las FinTech de préstamos o crowdlending. La contratación a través de plataformas intermediarias en línea*, Reus, Madrid, 2019, pp. 191 y ss.

39 Considerando 26: «*Los proveedores de servicios de financiación participativa deben operar como intermediarios neutrales entre los clientes en su plataforma de financiación participativa. Para evitar los conflictos de intereses, deben establecerse ciertos requisitos con respecto a los proveedores de servicios de financiación participativa, sus socios y sus administradores y empleados, o cualquier persona física o jurídica estrechamente vinculada a ellos por una relación de control. En particular, debe evitarse que los proveedores de servicios de financiación participativa tengan participación alguna en las ofertas de financiación*

Aunque el PSFP es un mero intermediario, dadas las asimetrías de información entre inversores y promotores de financiación, el papel del PSFP es más intenso que en otras plataformas intermediarias en línea[40]. Sólo así se entiende que el RPESFP establezca como obligación del PSFP la evaluación de riesgo de crédito (art. 4.4 RPESFP) cuyo régimen jurídico será analizado posteriormente. Si bien el PSFP no presta el servicio subyacente que en este caso es el de financiación, lo cierto es que tiene un protagonismo relevante en la prestación del mismo, protagonismo impuesto legalmente a través de obligaciones de información y transparencia. Como desarrollaré posteriormente, el PSFP no puede ser considerado como un mero alojador de datos que pueda acogerse a las exenciones de responsabilidad que prevé el art. 5 del Reglamento de Servicios Digitales.

Otra regla fundamental de la financiación participativa regulada en el RPESFP y que la distingue también de la financiación a través de banca tradicional es que no hay mercado secundario de financiación participativa en el que los inversores puedan ceder los préstamos a terceros a través de la plataforma[41]. Ello se justifica en que estructuralmente la financiación participativa es una operación de alto riesgo que no debe ser propagado a terceros sin garantías. El art. 25 del RPESFP se refiere a esta cuestión y no admite un mercado secundario, si bien autoriza que los proveedores de servicios de financiación participativa creen un tablón de anuncios en el que sus clientes puedan anunciar su interés en la compraventa de préstamos, valores negociables o instrumentos admitidos para la financiación participativa que inicialmente se ofertaron en sus plataformas de financiación participativa. El PSFP no puede casar oferta y demanda, sino tan solo admitir que se publiciten los créditos en su plataforma.

Tanto el inversor, ya sea institucional o no, como el promotor de la financiación deben registrarse en la plataforma formalizando el contrato de acceso, normalmente a través de la aceptación de las condiciones generales de la

participativa de sus plataformas. Los socios mayoritarios, administradores y empleados, y cualquier persona física o jurídica estrechamente vinculada a ellos por una relación de control, no deben actuar como promotores de proyectos en relación con los servicios de financiación participativa ofrecidos en su plataforma. Sin embargo, no debe prohibirse a dichos socios mayoritarios, administradores, empleados y personas físicas o jurídicas actuar como inversores de los proyectos ofrecidos en su plataforma de financiación participativa, siempre que existan las salvaguardias adecuadas contra los conflictos de intereses».

40 Valiante, D., «Regulando las plataformas digitales: la experiencia europea de *crowdfunding* financiero», en Cuena Casas,M., y Ibáñez J., *Perspectiva legal y económica del fenómeno Fintech*, Wolters Kluwer, 2021, p. 383.

41 Sí se admite esta posibilidad con limitaciones en Estados Unidos y Reino Unido. *Cfr.* Havrylchyk, O., «Regulatory framework for the loan-based crowdfunding platforms», ECO/WKP 61, Organisation for Economic Cooperation and Development (OCDE), 13 November 2018 https://www.oecd.org/officialdocuments/publicdisplaydocumentpdf/?cote=ECO/WKP(2018)61&docLanguage=En p. 21.

contratación predispuestas por la plataforma. Las plataformas predisponen no solo el contenido del contrato que celebran con los usuarios, sino también las condiciones que habrán de regir las relaciones entre inversor y promotor de la financiación.

El prestatario presenta un proyecto de financiación aportando los datos de solvencia que se publican en la plataforma una vez que ésta ha verificado (en la medida de sus posibilidades) la información. Los inversores o prestamistas eligen el proyecto a financiar sobre la base de la información facilitada por la plataforma. En ocasiones, es la propia plataforma la que hace una «autoselección de proyectos» de forma automatizada en función de la categoría del préstamo y el plazo seleccionado previamente por el inversor.

El contrato de préstamo no se celebra hasta que el importe solicitado ha sido cubierto por todos los inversores. En ese momento se le transfiere el capital al promotor de la financiación.

El operador de la plataforma no es parte en el contrato de préstamo formalizado entre promotor e inversor. Se limita a una actividad a la mediación. El capital prestado por el inversor no entra en el balance de la plataforma, sino que pasa directamente al prestatario o promotor de la financiación.

Los ingresos de la plataforma se limitan a las comisiones que son los únicos activos que entran en su balance[42], ello a diferencia de la banca tradicional cuyos rendimientos se basan en tipos de interés que debe abonar el prestatario. No obstante, desde el punto de vista de las relaciones contractuales de las partes, el PSPFP predispone las cláusulas contractuales que vinculan a inversor con promotor de la financiación.

Los usuarios (inversor y promotor de la financiación) celebran un contrato de adhesión en el que ninguna de las partes contratantes predispone el contenido, sino que lo hace el PSFP. Por lo tanto, el PSFP no presta, pero interviene directamente en la operación y, como veremos, aunque no está legalmente obligada a evaluar la solvencia del prestatario o promotor de la financiación, evalúan el riesgo, otorgando una calificación crediticia al promotor de la financiación.

42 Así, por ejemplo, la plataforma Arboribus obtiene los ingresos de una comisión de entre el 1% y el 3% del préstamo que paga el promotor de la financiación y el 1% de los ingresos que cobra el inversor a medida que va recibiendo los pagos mensuales. El tipo de interés medio que paga el prestatario ronda el 7%. La rentabilidad media que percibe el inversor es del 5% https://www.enfintech.com/blog/que-es-arboribus/ https://cincodias.elpais.com/cincodias/2018/05/17/midinero/1526575990_668085.html. Por su parte October cobra una comisión de apertura del 3% y una comisión por gestión de flujos de 1/12% destinada a cubrir los costes asociados con la gestión de las diversas corrientes financieras de la operación (cobro en su cuenta y distribución de esta cantidad entre todos los inversores de acuerdo con la cantidad prestada por cada una de ellas) y se deduce directamente de las cuotas mensuales del promotor de la financiación. https://help.october.eu/es/articles/4574730-cual-es-el-precio.

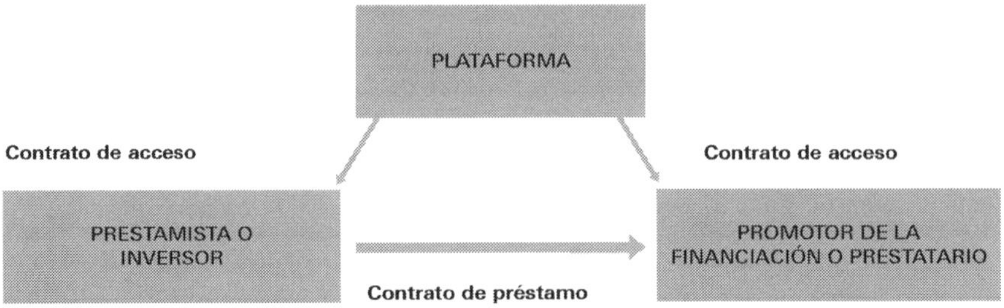

Ambas relaciones contractuales no se encuentran vinculadas. Ello significa que el derecho al cobro de la comisión por parte de la plataforma no se ve impedido por el eventual impago por parte del promotor de la financiación. Las comisiones se cobran por transacción y no por el éxito de la transacción. Es decir, no se ven afectadas por la calidad del crédito. Si los ingresos se derivaran de las comisiones de gestión de préstamos que se cobran a los prestatarios, se produciría una exposición al riesgo de crédito debido a la pérdida de ingresos en caso de incumplimiento por parte de los prestatarios[43]. Por ello, *su incentivo es no es la calidad del crédito*[44].

El RPESFP no entra en la problemática de este entramado contractual, ocupándose exclusivamente del estatuto del PSFP. Se establece un control de acceso exigiendo que el PSFP obtenga una licencia o autorización para operar como prestador de servicio de financiación participativa, existiendo reserva de actividad (art. 12 RPESFP). Aunque inicialmente se pensó que la autorización debería darla la Autoridad Europea de Valores y Mercados (ESMA), finalmente se ha remitido a la autoridad designada por cada Estado miembro, que en España es la Comisión Nacional del Mercado de Valores (CNMV), (art. 49 LFFE)[45] previo informe del Banco de España para el caso de la financiación a través de préstamos (art. 50 LFFE). Los PSFP deberán inscribirse en un registro gestionado por la CNMV quien cumplirá la tarea de supervisión de los PSFP.

A pesar de que las plataformas no realizan actividad de financiación desde su propio balance, el RPESFP se preocupa de que se cumplan unas «salvaguardas prudenciales (art. 11RPESFP).

Especialmente novedosa es la regulación de la «gestión individualizada de carteras» (Considerando 20, art. 6 RPESFP), actividad que se encontraba

43 Davis, K., y Murphy J., «Peer to peer lending: structures, risks and regulation», *The Finsia Journal of Applied Finance*, vol. 3, p. 39.

44 En este sentido, Financial Stability Board, «Financial stability implications of FinTech. Supervisory and regulatory issues that merit authorities' attention», 27 de junio de 2017, p. 20.

45 Texto reformado por la Ley 18/2022, de 28 de septiembre, de creación y crecimiento de empresas.

prohibida en el art. 52.2 e) LFFE para los inversores no acreditados[46], hoy modificado por la LCCE. El inversor celebra un contrato de mandato con el PSFP para que asigne una cantidad de fondos a varios proyectos de financiación participativa. Los PSFP tienen prohibido realizar asesoramiento financiero (art. 3.3. RPESFP), pero pueden invertir en nombre de los inversores quienes a través de un contrato de mandato señalarán las características de la inversión a realizar (por ejemplo, tipo de interés mínimo y máximo que pagará, fecha de vencimiento máximo y mínimo). La plataforma asigna una cantidad predeterminada de fondos a uno o varios proyectos. Podrá decidir, en nombre de sus inversores, dentro de los parámetros acordados sin tener que pedir a los inversores que estudien todas las ofertas de financiación participativa ni que tomen una decisión de inversión respecto de cada una de ellas. (art. 3.5 RPESFP). Se establecen unos específicos deberes de información del PSFP a los inversores en estos supuestos (art. 6.5. RPESFP).

Esta asignación de proyectos puede ser automatizada de forma que el PSFP asigne automáticamente fondos a un proyecto según los parámetros y los indicadores de riesgo predeterminados por el inversor. Como se señala en el Considerando 20 esta inversión automática se considera gestión individualizada de carteras[47] y está admitida tanto para inversores experimentados como no experimentados[48].

---

46 El RPESFP supera esta restricción impuesta en la LFFE. Como ha señalado Gracia Rubio De Casas, M., «Apuntes sobre el tratamiento del crowdlending o préstamo en masa en el Reglamento 2020/1503», en Cuena Casas, M., e Ibáñez J., *Perpectiva legal y económica del fenómeno Fintech,* Wolters Kluwer, 2021, p. 474, los temores del legislador español eran infundados: «la utilización de los *mecanismos de inversión automatizados* por los inversores profesionales (acreditados), pero no por los minoristas (no acreditados), supone un riesgo de lo que, en otro contexto, se ha llamado *the danger of crowding out the crowd (The Danger of Crowding Out the Crowd in Equity Crowdfunding (2014),* Ethan Mollick, Penn Wharton Public Policy Initiative. Book 29.Lhttp://repository.upenn.edu/pennwhartonppi/29). Los algoritmos empleados para casar los préstamos disponibles con los parámetros definidos por los inversores profesionales (acreditados) pueden resultar en que los préstamos más atractivos sean íntegramente financiados por inversores profesionales (acreditados), antes siquiera de que los inversores minoristas (no acreditados) hayan podido pujar por su financiación. Puede también ocurrir, precisamente porque distintos inversores profesionales (acreditados) habrán definido distintos parámetros, que uno de ellos financie íntegramente, y por sí solo, uno o más préstamos, sin que esta circunstancia deba en sí misma excluir el carácter de *participativa* de la financiación acordada, que, en nuestra opinión, debe entenderse referida antes a los mecanismos establecidos para hacer posible la concesión de la financiación que al modo en que finalmente ésta se conceda». Parece pues acertada la opción de política legislativa escogida por el RPESFP que permite la inversión automatizada también a inversores no profesionales.

47 Así lo entendió Esma al interpretar la primera Directiva MIFID en el caso de que un intermediario ejecutara automáticamente las decisiones de inversión de un cliente sin necesidad de su intervención, siempre que siguiera los parámetros que había designado.

48 Esma/2012/382, MiFID Questions and Answers, Investor Protection & Intermediaries, 22 June 2012, Question 9.
https://www.esma.europa.eu/sites/default/files/library/2015/11/2012-382.pdf

La participación del PSFP en esta modalidad de financiación es, si cabe, más activa, pues lleva a cabo la selección de los concretos proyectos, alejando su posición de la de mero intermediario e incrementando sus deberes de información a los inversores sobre rentabilidades y riesgos de los proyectos. Los inversores no solo están expuestos a los riesgos asociados a los proyectos o los préstamos en los que se invierten sus fondos, sino también al modo en que el proveedor de servicios de financiación participativa evalúa el riesgo de esos préstamos y proyectos y gestiona la selección de préstamos para la cartera.

Por ello se ha aprobado el Reglamento Delegado (UE) 2022/2118 de la Comisión de 13 de julio de 2022 sobre las normas técnicas de regulación sobre la gestión individualizada de carteras de préstamos por parte de los proveedores de servicios de financiación participativa, que especifican los elementos del método utilizado para evaluar el riesgo de crédito, la información sobre cada cartera de préstamos que debe comunicarse a los inversores, y las políticas y procedimientos que deben adoptarse en lo que respecta a los fondos de contingencia para compensar a los inversores por las pérdidas en que puedan incurrir en caso de que los promotores de los proyectos no reembolsen sus préstamos [49].

Todas las específicas precauciones que prevé dicho Reglamento delegado para la evaluación del riesgo de crédito en la gestión individualizada de carteras, que posteriormente analizaré, no eximen al inversor de soportar el riesgo de crédito. La diversificación de la cartera de inversión favorece que las pérdidas se minimicen, pero nunca se excluyen. La existencia de un fondo de contingencia no supone una garantía de que la inversión puede considerarse exenta de riesgo ni de que serán reembolsados en caso de impago del préstamo que han financiado, puesto que los proveedores de servicios de financiación participativa tienen total discrecionalidad para decidir sobre cualquier pago (Considerando 5). Al fondo de contingencia en caso de gestión individualizada de carteras se refiere el art. 6.5 RPESFP con determinados deberes de información destacando el relativo a la advertencia de que la existencia de un fondo de contingencia no da derecho al pago cuando sufra pérdidas [50]

49 El Reglamento se basa en el proyecto de normas técnicas de regulación elaborado por la Autoridad Bancaria Europea (ABE) en estrecha cooperación con la Autoridad europea de valores y la Autoridad europea de mercados y valores (AEVM). https://www.eba.europa.eu/eba-publishes-final-draft-technical-standards-individual-portfolio-management-crowdfunding-service

50 Según el art. 6.5 RPESFP, la advertencia del riesgo debe señalar lo siguiente: «El fondo de contingencia que ofrecemos no le da derecho a un pago, así que usted podría no recibir un reembolso aunque sufra pérdidas. El gestor del fondo de contingencia tiene total discrecionalidad para decidir la cantidad que podría pagarse o, incluso, para decidir no realizar ningún pago. En consecuencia, al decidir si invertir, o qué cantidad invertir, los inversores no deben contar con posibles reembolsos del fondo de contingencia»;

Ahora bien, como desarrollaré posteriormente el hecho de que el inversor sea el que soporte el riesgo de crédito no significa que el PSFP no responda sobre la confianza generada al inversor y por el cumplimiento de los protocolos en materia de evaluación de riesgo, dentro de un marco de responsabilidad que es contractual.

Respecto al contenido obligacional de los PSFP, el Reglamento establece una serie de normas de conducta, con deberes de actuación diligente genéricos y un sistema sancionador con multas pecuniarias (art. 39 RPESFP). Las sanciones impuestas por los Estados miembros deben ser efectivas, proporcionadas y disuasorias, estableciendo dicho precepto un sistema de sanciones administrativas «mínimas» a determinadas infracciones que pueden ser compatibles con sanciones penales. No se hace referencia a sanciones de Derecho privado, pero es claro que las mismas son compatibles con el sistema sancionador administrativo. No en vano, el PSFP celebra un contrato de acceso con los usuarios de la plataforma cuyo incumplimiento será generador de responsabilidad contractual. Y ello a pesar de que el RPESFP no entre en el ámbito de las relaciones de derecho privado entre el PSFP y los usuarios.

Tratándose del *crowdlending* de una operación arriesgada por las asimetrías de información y por fallos de base en el funcionamiento del mercado de crédito, el RPESFP diseña un sistema de protección del inversor basado en deberes de información que aseguren que el inversor conoce el riesgo de la operación. Pero estos deberes de información no son los mismos para todos los inversores, sino que el Reglamento distingue entre el inversor no experimentado y el inversor experimentado[51]. Se considera inversor a «*toda persona física o jurídica que, a través de una plataforma de financiación participativa, conceda préstamos o adquiera valores negociables o instrumentos admitidos para la financiación participativa*» (art.2.1.i) RPESFP).

La protección del inversor[52] se articula logrando una información adecuada del inversor a través de cumplimiento de deberes de transparencia, publici-

51 Es inversor experimentado «cualquier persona física o jurídica que sea un cliente profesional en virtud del anexo II, sección I, puntos 1, 2, 3 o 4, de la Directiva 2014/65/UE o cualquier persona física o jurídica que disponga de la aprobación del proveedor de servicio de financiación participativa para ser tratada como inversor experimentado de conformidad con los criterios y el procedimiento establecidos en el anexo II del presente Reglamento» (art.2.1.j). Se puede decir que hay un inversor experimentado «por naturaleza» por cumplir con los criterios de la Directiva 2014/65 y un inversor experimentado por «atribución» en tanto que requiere la aprobación previa del PSFP.

52 Se regula en el Capítulo IV (arts. 19 a 28) RPESFP y se desarrolla por el Reglamento delegado (UE) 2022/2114 de la Comisión, de 13 de julio de 2022, por el que se completa el Reglamento (UE) 2020/1503 del Parlamento Europeo y del Consejo en lo que respecta a las normas técnicas de regulación que especifican la prueba inicial de conocimientos y la simulación de la capacidad de soportar pérdidas para inversores potenciales no experimentados en proyectos de financiación participativa.

dad, de manera que el inversor sea plenamente consciente de la operación que realiza y, sobre todo, de sus riesgos. La prueba de simulación de conocimientos y capacidad de soportar pérdidas cumple tal objetivo general. Antes de dar a los inversores no experimentados potenciales pleno acceso para invertir en proyectos de financiación participativa de su plataforma de financiación participativa, los proveedores de servicios de financiación participativa evaluarán si los servicios ofrecidos son adecuados para los inversores no experimentados potenciales y, en caso afirmativo, cuáles de ellos lo son[53]. En cualquier caso, no existe prohibición de contratar para el inversor que no cumple los requisitos para soportar pérdidas. La información concedida sirve más que para proteger al inversor, para blindar al PSFP de cualquier reclamación.

A estos efectos la elaboración de la ficha de datos fundamentales de la inversión que deberá elaborar el promotor del proyecto para cada oferta de financiación participativa tiende a cubrir todas las exigencias de información que requiere el promotor de la financiación.

Centrándonos en el servicio de financiación participativa que es el objeto del presente trabajo consistente en facilitar la contratación de préstamos, son deberes o normas de conducta del PSFP en relación con los usuarios de la plataforma[54]:

a) **Obligación del PSFP de llevar a cabo una gestión eficaz y prudente** (art. 4RPESFP) en la prestación de servicios de financiación participativa. Para ello deberá establecer sistemas y controles adecuados con objeto de llevar a cabo la evaluación del riesgo de crédito; deberá separar funciones y prevenir conflictos de intereses.

b) **Obligación del PSFP de llevar a cabo una gestión diligente** en la evaluación del proyecto de financiación presentado por el promotor. Se trata de un control de acceso al sistema que debe hacer el PSFP evaluando:

   - Que el promotor carece de antecedentes penales por infracciones de normas en ámbitos del Derecho mercantil, la insolvencia, los servicios financieros, el blanqueo de capitales, el fraude o las obligaciones en materia de responsabilidad profesional.

Por su parte, el Reglamento delegado (UE) 2022/2119 de la Comisión, de 13 de julio de 2022, por el que se completa el Reglamento (UE) 2020/1503 del Parlamento Europeo y del Consejo en lo que respecta a las normas técnicas de regulación relativas a la ficha de datos fundamentales de la inversión.

53 Tapia Hermida, A., «Decálogo de la nueva regulación europea del crowfunding». Diario La Ley, n.º 9730, Sección Tribuna, 6 de noviembre de 2020, (Smarteca), p. 4.

54 El PSFP también tiene que cumplir unos requisitos prudenciales cuyo incumplimiento puede dar lugar a sanciones administrativas pero que no conforman el contenido obligacional de la prestación del servicio de financiación participativa. *Cfr.* Art. 11 RPESFP. Lo mismo cabe decir de las normas relativas a evitar conflictos de interés (art. 8RPESFP).

- Que el promotor del proyecto no está establecido en un país o territorio no cooperador, reconocido como tal por la política pertinente de la Unión, ni en un tercer país de alto riesgo con arreglo al artículo 9, apartado 2, de la Directiva (UE) 2015/849 (art. 5).

c) **Evaluación del riesgo de crédito**, que no de la solvencia del promotor de la financiación. Se trata de una medida de protección del inversor y no de prevención de sobreendeudamiento. El PSFP carece de obligación de conceder préstamos de manera responsable cuando el promotor de la financiación es un empresario[55].

El art. 4 RPESFP se refiere con carácter general a la obligación del PSFP de establecer sistemas y controles adecuados, con objeto de evaluar los riesgos relacionados con los préstamos propuestos a través de la plataforma. Además, establece una regulación pormenorizada de la obligación de evaluar el riesgo de crédito cuando el PSFP «determine el precio de una oferta de financiación participativa». Por su importancia desde el punto de vista de la responsabilidad de la plataforma, esta obligación será objeto de análisis específico, prestando especial interés a las reglas especiales que en esta materia operan cuando existe gestión individualizada de carteras.

d) **Prohibición de prestación de servicio de asesoramiento**, cuyo incumplimiento puede desencadenar responsabilidad del PSFP. Como señala el art. 3.3. de RPESFP, los PSFP no pagarán ni aceptarán ningún tipo de remuneración, descuento o rendimiento no pecuniario por orientar las órdenes de los inversores hacia una determinada oferta realizada en sus plataformas, o plataformas de terceros. Eso no significa que los PSFP no puedan proponer proyectos de financiación que correspondan a parámetros específicos o indicadores de riesgo elegidos inversor. Dispone el art. 3.4 RPESFP que «*cuando el inversor desee realizar una inversión en los proyectos de financiación participativa propuestos, tendrá que estudiar todas las ofertas de financiación participativa y tomar de forma expresa una decisión de inversión respecto de cada una de ellas*». Parece que el PSFP puede proponer, pero no recomendar. El precepto, a mi juicio, induce a confusión porque el PSFP «filtra» los proyectos de financiación para adecuarlos a las exigencias legales y los propone a todos los inversores sin hacer

55 No sucederá lo mismo cuando el promotor sea un consumidor y se apruebe la Propuesta de DCC, ya que establece la obligación de evaluar la solvencia y de conceder préstamos de manera responsable. El artículo 18 de la PDCC) obliga al prestamista o al proveedor de servicios de crédito de financiación participativa a evaluar la capacidad del consumidor de reembolsar el crédito, teniendo en cuenta el interés del consumidor y sobre la base de una información necesaria y proporcionada acerca de los ingresos y gastos del consumidor y otras circunstancias financieras y económicas, sin exceder lo estrictamente necesario para realizar dicha evaluación.

ninguna adecuación de idoneidad del proyecto con el perfil del inversor. Ello a diferencia de lo que pasa en MIFID II[56]. Por la misma razón no cabe interpretar como asesoramiento la gestión individualizada de carteras prevista en el art. 6 RPESFP. El PSFP se limita a ajustar el proyecto de financiación a los parámetros comunicados por los inversores. Así mismo, deberá comunicar a los inversores el proceso de toma de decisiones para la ejecución del mandato discrecional que han recibido (art. 3.4.II RPESFP).

e) **Si el PSFP presta además servicios de pago y de custodia de activos, debe cumplir los deberes de transparencia contemplados en art. 10 RPESFP.** Así, deberán informar a sus clientes sobre la naturaleza y las condiciones de dichos servicios, incluyendo referencias al Derecho nacional aplicable; y si dichos servicios los prestan ellos mismos directamente o un tercero.

f) **Caso de externalización de servicios**, el PSFP sigue manteniendo su responsabilidad respecto a las actividades externalizadas (art. 9.3 RPESFP).

g) **Deberes específicos dirigidos a la protección del inversor** (arts. 19-28 RPESFP). Como ya se ha adelantado, los deberes precontractuales de información tienen distinto alcance en función de que el inversor sea o no experimentado.

h) **Deberes de transparencia e información precontractual**

- Los proveedores de servicios de financiación participativa deben informar a los inversores (también a través de la publicidad) de forma imparcial, clara y no engañosa (art. 19.1 RPESFP).
- Respecto al contenido de la información, la misma debe abarcar los costes, riesgos financieros y cargas relacionados con los servicios o inversiones de financiación participativa; los criterios de selección de los proyectos de financiación participativa; y sobre la naturaleza y los riesgos asociados a sus servicios de financiación participativa (art. 19.1 y 4 RPSF). Y, por supuesto, al igual que establecía la LFFE deben informar que no hay cobertura por el sistema de garantía de depósitos (art. 19.2 RPESFP), así como del periodo de cuatro días de reflexión precontractual (más bien es un desistimiento unilateral) que el art. 22 concede al inversor no experimentado.
- Esta información debe ser visible en una sección fácilmente accesible del sitio web de la plataforma de financiación participativa.

56 Directiva 2014/65/EU relativa a los mercados de instrumentos financieros.

- Caso de que el PSFP lleve a cabo evaluación de riesgo de crédito o calificación crediticia (lo que sucede por imperativo legal en los casos de gestión individualizada de cartera, art. 6 RPESFP y cuando el PSFP determine el precio de una oferta de financiación participativa, art. 4 RPESFP), se prevé una obligación del PSFP de informar sobre el método utilizado para la evaluación del riesgo (art. 19.6 RPESFP).
- Además, el PSFP debe facilitar a los inversores una *ficha de datos fundamentales de la inversión* elaborada por el promotor del proyecto para cada oferta de financiación participativa. Aunque es obligación del PSFP la entrega de la ficha de datos, el responsable de la veracidad de los datos en ella contenidos exigidos por el art. 23 PSFP es el promotor de la financiación. No hay supervisión por parte de ninguna autoridad de la información contenida en la ficha de datos (art. 23.6 RPESFP).

  Aunque el supervisor no tiene obligación de comprobar la veracidad de los datos que aporta el promotor de la financiación, el PSFP sí tiene obligación de verificar la exhaustividad, exactitud y claridad de la información contenida en la ficha de datos fundamentales de la inversión (art. 23.11 RPESFP). Con todo, parece que se trata de una obligación de medios, en donde el PSFP debe emplear toda la diligencia debida para chequear la exactitud de la información aportada por el promotor de la financiación. Y ello porque habrá muchos datos a los que el PSFP no pueda acceder para su comprobación. Caso de que detecte la inexactitud, deberá proceder a su rectificación (art. 23.12 RPESFP)
- Sí es responsable el PSFP del contenido y veracidad de los datos de la ficha de datos fundamentales de la inversión a nivel de plataforma, preceptiva para los casos de gestión individualizada de cartera (art. 24.4 RPESFP). Sin embargo, no es responsable el PSFP cuando la falsedad de los datos es imputable a un tercero (art. 24.5).

  Deber de realizar la prueba inicial de conocimientos y simulación de capacidad de soportar pérdidas a los inversores no experimentados (art. 21 RPESFP). Se parte de la idea de que para proteger al inversor primero hay que conocerle[57]. Con todo, el PSFP no tiene posibilidad de impedir que el inversor celebre el contrato en los casos de falta de conocimientos, capacidades o experiencia. Lo más que puede hacer el PSFP en la línea de lo que acontece en MIFID es advertir al inversor del riesgo (art. 21.4 RPESFP).

57 TAPIA HERMIDA, A., «Decálogo de la nueva regulación europea del crowfunding» Diario la Ley, 4/11/2020.

4. En particular la obligación de evaluar el riesgo de crédito

4.1. Alcance de la obligación de evaluar el riesgo de crédito

Una de las novedades relevantes del RPESFP respecto de la LFFE es el establecimiento de la obligación del PSFP de evaluar el riesgo de crédito en dos supuestos: cuando el PSFP determine el precio de una oferta de financiación participativa (art. 4.4. RPESFP) y cuando el PSFP ofrezca un servicio de gestión individualizada de cartera (art. 6.2 RPESFP). Aunque el PSFP no lleve a cabo la financiación, lo cierto es que realiza la tarea previa esencial y determinante de la decisión del inversor de contratar[58]. La obligación de evaluar el riesgo lo es del proyecto de financiación o del promotor de la financiación (art. 4.4 RPESFP.

La LFFE sólo preveía con carácter general la evaluación de riesgo de crédito como servicio auxiliar que podía ser asumido o no por el PSFP. No había en la norma española ninguna regulación específica sobre esta cuestión tan relevante, ni siquiera normas de transparencia sobre la forma en la que el PSFP elabora la prima de riesgo del promotor de la financiación. Tampoco se señalaban los datos que deberían ser valorados y ni siquiera era preciso que se hicieran públicos los datos de morosidad de la plataforma. Una regulación lamentable que ya denuncié[59] y que afortunadamente ha desparecido de nuestro ordenamiento gracias al RPESFP y a la recientemente aprobada LCCE[60].

Por el contrario, en el RPSF se lleva a cabo una regulación pormenorizada de la evaluación de riesgo de crédito en los preceptos citados y, como complemento de la misma, recientemente se ha publicado un Reglamento Delegado 2022/2118 que afecta a los métodos de evaluación de riesgo de crédito en caso de gestión individualizada de carteras[61]. Se establece la obligación de transparencia acerca del método utilizado para calcular la calificación crediticia (art. 19.4 RPESFP) y se establece la obligación de publicar la tasa

---

58 Como señalan LYER, R., KHWAJA, A., LUTTMER, E.,. y SHUE, K., «Screening in New Credit Markets: Can Individual Lenders Infer Borrower Creditworthiness in Peer-to-Peer Lending?» 2009. AFA 2011 Denver Meetings Paper. https://ssrn.com/abstract=1570115 or http://dx.doi.org/10.2139/ssrn.1570115, p. 9. Los inversores toman su decisión con base en el riesgo de crédito fijado por la plataforma. Cuando se trata de promotores de similar perfil de riesgo, toman en cuenta datos como raza, sexo, edad.

59 CUENA CASAS, M., «Crowdlending» o préstamo en masa y evaluación de la solvencia del promotor de la financiación, Anuario de derecho concursal» n.º. 47, 2019, pp. 7-55

60 Ley 18/2022, de 28 de septiembre, de creación y crecimiento de empresas.

61 Puede consultarse en el siguiente enlace https://eur-lex.europa.eu/legal-content/ES/TXT/?uri=uriserv:OJ.L_.2022.287.01.0050.01.SPA

de impago de los proyectos de financiación participativa (art. 20 RPESFP). Esta publicidad constituye un incentivo a la correcta evaluación del riesgo de crédito puesto que no hay que olvidar que la financiación participativa se construye sobre un presupuesto que entraña en sí mismo cierto peligro: el PSFP evalúa el riesgo de crédito, pero no lo soporta. Su interés en la correcta evaluación del riesgo de crédito es reputacional: que entren en el mercado de financiación participativa prestatarios solventes y las pérdidas para los inversores sean mínimas. Y precisamente la publicidad de los datos de morosidad contribuye a ese incentivo reputacional. Por lo tanto, no tiene nada que ver con los objetivos que cumple la obligación de evaluar el riesgo de crédito por parte de entidades financieras que captan fondos del público y sufren la pérdida de derecho de crédito con los consiguientes riesgos para los depositantes. Ni que decir tiene que una correcta evaluación del riesgo de crédito es la vía óptima de protección del inversor. Nos encontramos con que el PSFP es quien lleva a cabo una *obligación esencial* que incide de forma notable en la formación del contrato de financiación en el que el PSFP no es parte.

También conviene aclarar que el PSFP está obligado a evaluar el riesgo de crédito, pero no la solvencia del promotor de la financiación, es decir, no operan en sede de financiación participativa las reglas sobre concesión responsable de préstamos[62]. Ambos términos no son sinónimos. En la evaluación del riesgo de crédito solo se atiende a la posibilidad de reembolso del deudor y el riesgo de lesión del derecho de crédito del prestamista que en este caso es el inversor. Por el contrario, la de evaluar la solvencia y la concesión responsable de crédito atiende a analizar la posición del deudor (promotor de la financiación), el grado de esfuerzo que le puede suponer el pago del préstamo. Por ello la evaluación del riesgo de crédito no es un mecanismo de prevención del sobreendeudamiento, sino de protección del derecho de crédito del prestamista[63]. La evaluación de la solvencia tiene en cuenta la doble perspectiva: acreedor y deudor atendiendo al grado de esfuerzo que el deudor debe realizar para devolver el préstamo en las condiciones previstas. El PSFP no tiene que evaluar la solvencia y la regulación relativa a la evaluación del riesgo de crédito no evita el sobreendeudamiento del promotor de la financiación.

En esto se distingue de la obligación de evaluar la solvencia que compete a las entidades financieras y a su deber de conceder préstamos de manera responsable. Dado que éstas utilizan recursos procedentes de los depositantes y operan con principio de reserva fraccionaria, una crisis de liquidez puede

62 Art. 18 de la Orden EHA/2899/2011, de 28 de octubre, de transparencia y protección del cliente de servicios bancarios. Art 11 de la *Ley 5/2019, de 15 de marzo* reguladora de los contratos de crédito inmobiliario y art. 14 de la Ley 16/2011, de 24 de junio).

63 Esta diferencia se destaca en el informe del FINANCIAL SERVICES USER GROUP, «Responsible consumer credit lending. FSUG opinion and recommendations for the review of the Consumer Credit Directive» , https://ec.europa.eu/info/sites/info/files/business_economy_euro/banking_and_finance/documents/fsug-opinions-190408-responsible-consumer-credit-lending_en.pdf

comprometer la solvencia de la entidad. De ahí que las entidades financieras sólo deban conceder los préstamos a personas que cumplen determinados parámetros[64] sin que se lleguen a imponer límites precisos de ratio préstamos-ingresos (*loan to income*). En el caso de las PFP no existe ningún criterio legal que deba tener en cuenta para evaluar el perfil de riesgo del promotor de la financiación

El PSFP está obligado a evaluar el riesgo de crédito en las dos hipótesis enunciadas, pero ello no implica que deba garantizar que los proyectos sean solventes. El PSFP cumpliría con su obligación incluso cuando publica que el préstamo es *subprime* o de alto riesgo. Y ello porque se limitan a determinar el nivel de riesgo y no a garantizar que el promotor de la financiación es potencialmente solvente o que el proyecto empresarial es viable. Así se deduce del art. 4.4.a) RPESFP que señala que el PSFP debe «*llevar a cabo una evaluación razonable del riesgo de crédito del proyecto de financiación participativa o del promotor del proyecto antes de realizar la oferta de financiación participativa, también teniendo en cuenta el riesgo de que el promotor del proyecto no efectúe, en el caso de un préstamo, bono u otra forma de deuda titulizada, uno o varios reembolsos en la fecha de vencimiento*». Cuando se solicita financiación para llevar a cabo una actividad empresarial, no solo se valora la capacidad de reembolso, sino también el uso que el empresario hace de los recursos[65] y su voluntad de pago. Ambas variables deben valorarse a tenor del precepto citado.

En función del riesgo medido sin arreglo a ningún criterio legal, se abonará el tipo de interés. En esta modalidad de préstamo a través de plataformas, a diferencia de lo que acontece en la banca tradicional, el coste del crédito se ajusta a la prima de riesgo real. El préstamo de alto riesgo no está prohibido a través de PFP. Basta con que el inversor sea consciente del riesgo que asume: a mayor riesgo, mayor será el tipo de interés abonado por el promotor de la financiación.

Tampoco hay que olvidar que las entidades financieras pueden ser inversores experimentados en las plataformas de financiación participativa[66]. Cabe

---

64 Norma duodécima de la Circular 5/2012, de 27 de junio, del Banco de España, a entidades de crédito y proveedores de servicios de pago, sobre transparencia de los servicios bancarios y responsabilidad en la concesión de préstamos que desarrolla el art. 18 de la Orden EHA/2899/2011, de 28 de octubre, de transparencia y protección del cliente de servicios bancarios. Así mismo, la regulación se completa con la Circular 4/2016, de 27 de abril, del Banco de España, por la que se modifican la Circular 4/2004, de 22 de diciembre, a entidades de crédito, sobre normas de información financiera pública y reservada y modelos de estados financieros, y la Circular 1/2013, de 24 de mayo, sobre la Central de Información de Riesgos.

65 SIMIONATO, A., «Prime note in tema di valutazione del merito creditizio del consumatore nella Direttiva 2008/48/CE», en *La nuova disciplina europea del credito al consumo*, a cura di Giovanni De Crisofaro, Torino, 2009, p. 188.

66 Anexo II RPESFP.

dudar sobre el régimen jurídico aplicable a los préstamos concedidos por las entidades financieras como inversores en PFP ¿Debe aplicarse su normativa prudencial? ¿Deben provisionar por morosidad de estos préstamos? ¿Tienen obligación de conceder préstamos de manera responsable cuando intervienen a través de plataformas? Si esto es así, sería una vía tremendamente sencilla para eludir la normativa bancaria precisamente cuando más préstamos de alto riesgo pueden asumir, que son en definitiva los que se conceden a través PFP[67]. A mi juicio, a los préstamos que concedan las entidades financieras como inversoras a través de PFP debe aplicarse su normativa sectorial y prudencial. De lo contrario, estaríamos ante un fraude de ley «legal». Voy más allá, opino que las entidades financieras no deberían poder ser inversoras en estas PFP con fondos de los depositantes. Y ello porque no hay un control adecuado de la evaluación del riesgo de crédito que es el único mecanismo fiable de protección del inversor. No hay que olvidar que las entidades financieras sí captan fondos del público y debe evitarse el temido riesgo sistémico[68]. Sin embargo, en la realidad hay una importante participación de los inversores institucionales en las plataformas de *crowdfunding* que estas ven con buenos ojos porque se garantizan capital para invertir[69].

4.2. El limitado acceso del PSFP a datos de solvencia fiables

La evaluación del riesgo de crédito para ser eficaz requiere de datos fiables en los que basarse. El art. 4.4.b) RPESFP señala que el PSFP debe basar la evaluación en «información suficiente» que como mínimo debe ser la siguiente: a) si las hubiera, las cuentas auditadas de los dos últimos ejercicios contables, b) la información de la que tenga conocimiento en el momento en que se realiza la evaluación del riesgo de crédito, c) la informa-

67 En este sentido, MACCHIAVELLO, E., «The European Crowdfunding Service Providers Regulation and the Future of Marketplace Lending and Investing in Europe: The 'Crowdfunding Nature' Dilemma (April 10, 2020). European Business Law Review, Forthcoming, https://ssrn.com/abstract=3594353 p. 38, defiende que los bancos y las empresas de inversión que deseen ofrecer también servicios de *crowdfunding* (sin crear entidades separadas) deberían al menos respetar también su propio régimen (en términos de requisitos de conducta, prudenciales y organizativos, con algunas adaptaciones) para preservar la confianza y la estabilidad.

68 Se hace eco de este temor, *Cfr.* HAVRYLCHYK, O., «Regulatory framework for the loan-based crowdfunding platforms», ECO/WKP 61, Organisation for Economic Cooperation and Development (OCDE), 13 November 2018 https://www.oecd.org/officialdocuments/publicdisplaydocumentpdf/?cote=ECO/WKP(2018)61&docLanguage=En p. 9.

69 *Cfr.* Datos sobre la vinculación banca-plataaformas ATTUEL-MENDÈS, L., «The Different Ways of Collaboration between a Retail Bank and Crowdfunding», Strategic change n.° 26, 2017, pp. 213-225. https://onlinelibrary.wiley.com/doi/epdf/10.1002/jsc.2121

ción que haya sido obtenida, cuando proceda, del promotor del proyecto, y d) la información que permita al proveedor de servicios de financiación participativa llevar a cabo una evaluación razonable del riesgo de crédito.

Por su parte el art. 6.2 señala que el PSFP utilizará «datos adecuados» para hacer la evaluación del riesgo de crédito.

Básicamente la información con la que el PSFP es la aportada por el promotor de la financiación que difícilmente será contrastada porque es escasa la información a la que los PSFP pueden acceder por sí mismos. Efectivamente, una correcta evaluación del riesgo de crédito es esencial para la protección del inversor en la financiación participativa y para ello se requieren datos fiables y es aquí donde el sistema falla estrepitosamente y los PSFP se encuentran con una importante barrera de entrada y de ventajas competitivas a favor de la banca tradicional[70]. Por mucho que quiera favorecer el mercado de financiación participativa europeo, ello no será posible sin un sistema de información crediticia fiable y al que puedan acceder todos los operadores en todos los Estados miembros. Si el PSFP no puede evitar los riesgos de información asimétrica, atraerá a los clientes de mayor riesgo, poniendo en riesgo su reputación que va vinculada a la tasa de incumplimientos.

Para que tal evaluación sea correcta se requiere un sistema de información crediticia eficiente que permita el flujo de datos de solvencia patrimonial, tanto positivos como negativos. De esta forma, se podrá contrastar el correcto cumplimiento de esta obligación de evaluar el riesgo de crédito por el PSFP. Sin información fiable, el sistema se cae.

En España existe un defectuoso sistema de información crediticia (en adelante, SIC) que fomenta la información asimétrica y el riesgo de selección adversa y este fallo general del sistema afecta a cualquier prestamista, entidad de crédito o no y, por supuesto, también a los préstamos realizados a través de PSFP. El RPESFP no entra en esta cuestión porque no hay un SIC europeo y, por ello, parte de los sistemas que tengan los Estados miembros. Esta falta de unificación europea en el tema de datos de solvencia patrimonial es un obstáculo a la creación de un mercado de crédito transfronterizo que es lo que realmente quiere el RESFP en el ámbito de la financiación colectiva. Es más, como explicaré seguidamente, el PSFP tiene más dificultades de acceso a información de solvencia fiable que las entidades financieras

70 Se hace eco de esta desventaja competitiva de los PSFP respecto a los bancos en cuanto a los datos de solvencia, Havrylchyk, O., «Regulatory framework for the loan-based crowdfunding platforms», ECO/WKP 61, Organisation for Economic Cooperation and Development (OCDE), 13 November 2018 https://www.oecd.org/officialdocuments/publicdisplaydocumentpdf/?cote=ECO/WKP(2018)61&docLanguage=En p. 10.

tradicionales, lo cual supone una desventaja competitiva[71]. De ahí que sea un tema muy delicado de abordar a nivel europeo, pero del que se es plenamente consciente[72].

En España la información con la que cuentan los prestamistas para evaluar el riesgo del deudor es, en su mayor parte, la ofrecida por el mismo deudor que se centra básicamente en su patrimonio, ingresos y cargas. Prevalecen los ficheros de solvencia negativos, únicos para los que no se requiere el consentimiento del deudor para que la entidad comparta los datos a las agencias de información crediticia o *credit bureaus* (Experian, Equifax son las principales agencias que operan en España).

En principio, no hay obstáculo a que los PSFP puedan acudir a los *credit bureaus*. El problema es que en España estas oficinas contienen información limitada a datos negativos de solvencia, es decir, aquellos que reflejan la morosidad de los deudores (comúnmente denominados ficheros de morosos). Estos datos los comparten los prestamistas de manera voluntaria a los *credit bureaus* que, además, operan con arreglo al principio de reciprocidad: informan de la solvencia de los clientes a los prestamistas que a su vez aportan datos al bureau. Los ficheros negativos protegen a los prestamistas y suponen mediatamente una sanción al deudor moroso quien no podrá contratar con otro prestamista. De ahí que se haya dicho que los ficheros nega-

---

71 Buccirossi P, Cerasi V. Ciari, L., Spagnolo G., y Tognoni M., (2011). «Responsible lending — Barriers to Competition: a study on the mortgage industry for the European Parliament. Responsible lending — Barriers to Competition: a study on the mortgage industry for the European Parliament, European Parliament», 2011, p. 26: «El acceso limitado a la información sobre el historial de los prestatarios puede reducir la competencia entre loslos prestamistas hipotecarios existentes, poner en desventaja a los nuevos operadores frente a los ya existentes y afectar al modo de entrada, favoreciendo las fusiones y adquisiciones frente a la entrada de nuevos operadores.
La competencia mejora significativamente si los prestamistas ya existentes y los potenciales entrantes
tienen igual acceso a la información positiva y negativa; el acceso a la primera puede verse obstaculizado por una normativa específica o una interpretación demasiado estricta de la ley de protección de datos personales".

72 De ahí que se haya creado AnaCredit, (acrónimo de *analytical credit datasets,* base de datos analítica de créditos) una base de datos con información detallada sobre préstamos bancarios individuales en la zona del euro. AnaCredit es el. El BCE puso en marcha este proyecto en 2011 en colaboración con los bancos centrales nacionales de la zona del euro y otros bancos centrales no pertenecientes a la zona. AnaCredit utiliza información y registros de las centrales nacionales de información de riesgos para crear una base de datos armonizada que servirá de apoyo a diversas funciones de banca central, como la adopción de decisiones de política monetaria y la supervisión macroprudencial. Supone un primer paso y evidencia la conciencia de un problema a nivel europeo. Su ámbito objetivo actualmente es muy limitado, ya que información sobre préstamos a empresas (u otras personas jurídicas) y únicamente cuando superan los 25.000 euros.

tivos imponen a los deudores una fuerte disciplina de pago[73] por el temor a que por ese solo dato sean considerados clientes de alto riesgo. Con un SIC en el que solo se comparta información negativa, el único dato que recibe el prestamista que consulta el dato es que ha habido un impago que puede obedecer a múltiples causas. Los ficheros negativos no informan del nivel de endeudamiento del potencial cliente. No todo deudor sin impagos es un deudor solvente y los ficheros negativos hacen esa errónea equivalencia además de impedir que se premie a los deudores con un buen comportamiento crediticio y un consumo responsable.

De ahí que, en sistemas más desarrollados, generalmente países anglosajones, USA, Canadá, Australia, Gran Bretaña, aunque también europeos como Bélgica o Suiza, los prestamistas pueden acceder a datos de solvencia positivos. Cuando se habla de un fichero positivo (*white list*), además de incluir información negativa, se incluyen datos adicionales que tienen como virtud alertar del nivel de endeudamiento del potencial cliente. Cubren el comportamiento contractual del cliente, deudas pendientes, número de préstamos, patrones de pago, activos, pasivos y garantías asumidas[74]. Se incluyen saldos de cuenta, número de consultas, las ratios de deuda, los pagos a tiempo, límites de crédito, tipo de cuenta, tipo de préstamo, institución de crédito, tasas de interés y los datos de los registros públicos, informes detallados sobre los activos y pasivos, garantías y avales, vencimiento de la deuda estructura, el calendario de amortización, los registros de empleo, etc...[75]. Es preciso aclarar desde el principio que un fichero positivo no da información sobre el concepto del gasto realizado con los fondos obtenidos a través del préstamo. Tan solo se informa del nivel de endeudamiento. Este aspecto es relevante a los efectos de los posibles conflictos con la privacidad. Así como en los ficheros negativos solo se comparte información del deudor que ha incumplido, en los ficheros positivos se comparte información de todos los deudores con independencia de que hayan incumplido o no sus obligaciones.

A la hora de valorar el riesgo crediticio no basta la capacidad de pago, sino que también hay que valorar la voluntad de pago. Los ficheros positivos dan información sobre la capacidad de pago por cuanto aportan datos sobre el nivel de endeudamiento y también predicen la voluntad de pago. Pero, sobre todo, el aspecto más sobresaliente es que benefician a los buenos pagadores favoreciendo su acceso al mercado crediticio y, como veremos, un abaratamiento del coste en términos de tipos de interés ajustados a la prima de riesgo concreta del cliente sin que tengan que operar sobre la base de riesgo promedio.

---

73 JAPPELLI, T y PAGANO, M, (2008) «The rolle and effects of credit information sharing» en *The economics of consumer credit*, Bertola, G, Disney, R y Grant, Ch, (Dir.) MIT, 2008.

74 BANCO MUNDIAL (2011), *General principles for credit reporting*. Washington, DC http://documents.worldbank.org/curated/en/2011/09/16426885/general-principles-credit-reporting p. 63.

75 BANCO MUNDIAL (2011), p. 68.

Sí se trata de un fichero de información positiva el gestionado por el Banco de España (CIRBE)[76] que ofrece una información limitada (operaciones de riesgo agregado por encima de los 1.000 euros)[77], y con un acceso a la información restringido: sólo podrán obtener la información contenida en la base de datos las entidades declarantes[78], sin perjuicio de que cualquier persona física o jurídica pueda acceder de forma gratuita a toda la información que esté a su nombre en la CIRBE. Por lo tanto, cualquier prestamista que no tenga la consideración de entidad de crédito no podrá acceder a la información contenida en la CIRBE para cumplir su obligación de evaluar la solvencia. Por lo tanto, las PFP, al no tener la consideración de entidades declarantes, no pueden contrastar la información aportada por el promotor de la financiación con los datos que constan en la CIRBE. El promotor de la financiación puede mentir acerca de su situación patrimonial y la PFP puede hacer poco para evitarlo. Solo podrá acceder a los datos de la CIRBE si el propio solicitante aporta el informe, pero los PFSP no pueden acceder a los datos del promotor sin el consentimiento de éste.

Si las PFP pudieran acceder a ficheros de solvencia patrimonial que contuvieran información positiva, como sucede en otros países que cuentan con un sistema de información crediticia más desarrollado[79], la evaluación del riesgo sería más ajustada a la realidad y los tipos de interés se ajustarían con mayor eficiencia al riesgo real del promotor de la financiación. Ello supondría una garantía para proteger el riesgo de crédito del inversor y a reducir la morosidad, algo que beneficia, sin duda, a los PSFP.

Cabría preguntarse por qué no fluyen los datos positivos de solvencia a pesar de su papel en la reducción de la morosidad, aumento de volumen de

76 Su regulación se contiene en la Ley 44/2002, de 22 de noviembre de Medidas de Reforma del Sistema Financiero y la Circular 1/2013, de 24 de mayo, del Banco de España, sobre la Central de Información de Riesgos y por la que se modifica la Circular 4/2004, de 22 de diciembre, a las entidades de crédito, sobre normas de información financiera pública y reservada, y modelos de estados financieros.

77 Art. 3 Orden ECO/697/2004, de 11 de marzo, sobre la Central de Información de Riesgos.

78 En el caso de la CIRBE en España, son entidades obligadas a declarar información: Instituto de Crédito Oficial, bancos, cajas de ahorros, cooperativas de crédito, establecimientos financieros de crédito y sucursales en España de entidades de crédito extranjeras, sociedades de garantía recíproca y sociedades de reafianzamiento, Sociedad de Gestión de Activos Procedentes de la Reestructuración Bancaria, SA (SAREB), Banco de España, Fondo de Garantía de Depósitos de Entidades de Crédito y la Sociedad Anónima Estatal de Caución Agraria (SAECA). Norma primera Circular 1/2013, de 24 de mayo del Banco de España. Y art. 60 Ley 44/2002.

79 Bachmann, A., y otros, «Online Peer-to peer lending— A Literature Review», *Journal of Internet Banking and Commerce, August 2011, vol. 16, n.º 2 (http://www.arraydev.com/commerce/jibc/),* p. 6.

crédito concedido y reducción de coste crediticio[80] y por qué no se permite a los PSFP acceder a la CIRBE. Pues está muy claro: el intercambio de información positiva de solvencia patrimonial aumenta la competencia entre las entidades financieras[81]. Si los datos positivos del cliente fluyen, éste tiene más posibilidades de cambiar de prestamista porque cualquiera de los que operan en el mercado pueden acceder a su historial crediticio y hacer ofertas a los mejores clientes[82]. Este riesgo no estimula a las entidades a compartir datos positivos y menos en la actualidad en donde las FinTech están irrumpiendo con fuerza. Las entidades financieras no están ni mucho menos interesadas en que las PFP puedan acceder a datos de sus buenos clientes. *De ahí que los prestatarios que acuden a las PFP sean potencialmente los más riesgosos porque los PSFP carecen de medios para contrastar la información*. Ello se traduce en una desprotección brutal del inversor quien tampoco tiene medios para contrastar la información aportada por el promotor de la financiación.

La otra razón que ha justificado la reticencia en España al flujo de datos positivos son los riesgos en materia de privacidad, particularmente, el derecho a la protección de datos personales. Un sistema en el que se compartan datos positivos implica una importante cesión de datos desde el punto de vista cuantitativo. No solo se recopilan datos de los incumplidores, tal y como sucede en los ficheros negativos, sino que incorpora datos de todo particular que tenga deudas pendientes. Cuantos más datos se recopilen, más riesgo para la privacidad. El argumento de la privacidad ha sido utilizado en contra de la adopción de un régimen uniforme a nivel europeo que favoreciera el crédito transfronterizo en el ámbito de la UE[83]. Con todo y como he señalado en otro lugar[84], no hay obstáculos en la regulación de protección de datos personales al diseño de un SIC con flujo de datos positivos

80 Sobre las ventajas que presenta el intercambio de información positiva, vid. CUENA CASAS, M., «Intercambio de información positiva y funcionamiento del mercado de crédito, InDret, julio 2017.
https://www.raco.cat/index.php/InDret/article/viewFile/328621/419228

81 PADILLA, J., y PAGANO, M, (1997), «Endogenous Communication Among Lenders and Entrepreneurial Incentives», *The Review of Financial Studies*, Volume 10, Issue 1, 1 January 1997p. 230. BECK, T., DEMIRGÜC-KUNT, A. y MAKSIMOVIC, V, (2004). «Bank Competition and Access to Finance: International Evidence». *Journal of Money, Credit and Banking*, 36(3), 627-654.

82 JAPELLI, T., y PAGANO, M., «*Information sharing, lending defaults: Cross-country evidence*», Working Paper, 22, CSEF, University of Salerno, 1999, p. 230.

83 EXPERT GROUP ON CREDIT HISTORIES, «Report of the Expert Group on Credit Histories», mayo 2009, DG Internal Market and Services. http://ec.europa.eu/internal_market/consultations/docs/2009/credit_histories/egch_report_en.pdf El argumento de los riesgos para la privacidad fue uno de los empleados por el Grupo de expertos para desestimar la procedencia de iniciar una acción comunitaria en este ámbito.

84 CUENA CASAS, M., «Los ficheros positivos de solvencia, privacidad y mercado de crédito», en CUENA CASAS, M. *La prevención del sobreendeudamiento privado: Hacia un préstamo y consumo responsables*, Thomson Aranzadi, 2017, pp. 281-416.

ꭍoco cambia este panorama la regulación contenida en el Real Decre- 19/2018, de 23 de noviembre, de servicios de pago y otras medidas ,ntes en materia financiera (en adelante, DLSP) que traspone la Direc- a (UE) 2015/2366 de 25 de noviembre de 2015 sobre servicios de pago en :l mercado interior (en adelante (PSD2). Me refiero a la denominada «banca abierta» (*open banking*) que permite que los datos bancarios se compartan entre dos o más actores sin relación entre sí para proveer nuevos servicios al mercado[85]. Para posibilitarlo, el art. 9 DLSP, reitera lo dispuesto en el art. 36 PSP2 y permite que las entidades de pago tengan acceso a los servicios de cuentas de pago de las entidades de crédito de forma objetiva, no discriminatoria y proporcionada. Dicho acceso será lo suficientemente amplio como para permitir que las entidades de pago presten servicios de pago sin obstáculos y con eficiencia.

El objetivo es que los proveedores de servicios de pago[86] legitimados por la PSP2 puedan acceder a las cuentas de los clientes previo el consentimiento

---

85 BRODSKY, L., y L. OAKES (2017). *Data sharing and open banking*, McKinsey & Company Financial Services, Londres & San Francisco. Ese intercambio de datos entre entidades tiene lugar a través de interfaces para la Programación de Aplicaciones (Aplication programming Interface, API) que permiten el intercambio de información entre aplicaciones informáticas.

86 Si tradicionalmente han sido las entidades financieras las proveedoras de servicios de pago (junto con entidades de dinero electrónico, junto con las instituciones de giro postal y las autoridades públicas y monetarias en determinadas circunstancias), el panorama ha cambiado principalmente por la digitalización del mercado financiero e impulsado por la irrupción de las FinTech. La PSD2 se centra en la regulación de los prestadores de servicios de pago por entidades que no administran la cuenta de pago (proveedores terceros *third party providers*). Se prestan servicios de pago respecto de cuentas que no gestionan y a las que tienen que acceder con el consentimiento del cliente. Los principales servicios que prestan estos «terceros» son de iniciación del pago en una cuenta de otra entidad (o PIS, por sus siglas en inglés, *payment initiation service*) y el ofrecimiento de información consolidada sobre saldos y operaciones de varias cuentas de pago en diversas entidades (denominado habitualmente AIS, por sus siglas en inglés, *account information service*). Con anterioridad a la aprobación de la DSP estos «terceros» proveedores de servicios de pago debían utilizar las credenciales de seguridad de sus clientes pudiendo extraer los datos representados en la cuenta, con los consiguientes riesgos en materia de seguridad y privacidad puesto que estos terceros tenían acceso a más información de la estrictamente necesaria. Estos proveedores de servicios de pagos son especialmente útiles porque permiten el pago sin necesidad de utilizar instrumentos de pago como las tarjetas de crédito. Algo que en los pagos por internet es especialmente interesante. Como con claridad explican CONESA, C., CONJÓN.S., y RUBIO, G., «Un nuevo régimen de acceso a las cuentas de pago», Revista de Estabilidad Financiera n.° 35, p. 89, los PSP quedan divididos en dos grupos básicos: los que gestionan cuentas de pago de sus clientes (denominados habitualmente «ASPSP», por sus siglas en inglés, *Account-servicing Payment Service Provider)* y los TPP, que prestan servicios de AIS o PIS sin gestionar cuentas de cliente. Dentro del primer grupo se encuadran, fundamentalmente, las entidades de crédito y las entidades de pago; en el segundo grupo se suele diferenciar entre proveedores de servicios de iniciación (PISP) y agregadores de información (AISP). No obstante, es importante destacar que los ASPSP pueden prestar todo tipo de servicios de pago, inclu-

expreso del mismo, sin necesidad de acceder con las credenciales personales del propio cliente. No se especifican en la norma comunitaria ni en la norma española de desarrollo a qué datos pueden acceder los PSP. Solo exige que la norma sea proporcionada. El cliente decidirá sobre qué cuenta permite el acceso y los datos deben ser pertinentes, por ejemplo, la comprobación del saldo de cuenta corriente. No parece que estos proveedores de servicios de pago puedan acceder a la posición global del cliente, comprobando la ratio de endeudamiento.

Por mucho que se hable de «banca abierta», la normativa citada afecta a los proveedores de servicios de pago que cumplan los requisitos legales (autorización y registro, arts. 11 y 12 DLSP) y no a cualquiera que preste servicios financieros. Las PFP pueden prestar servicios de pago y constituirse en «entidades de pago híbridas» (art. 11 LFFE). El acceso a las cuentas podrá proveer de más información a la PFP, pero esta seguirá siendo incompleta porque la habilitación que da el DLSP no es para acceder a la posición global de endeudamiento. Sí pueden acceder a más datos los proveedores de información sobre cuentas, pero solo a las cuentas de pago designadas por el usuario y las operaciones de pago correspondientes (art. 39.1 d) DLSP) y las PFP no prestan este servicio. Se accede a movimientos de cuenta corriente que incorporan información sensible y no pertinente como, por ejemplo, el concepto de los gastos del prestatario.

Sigue siendo imprescindible un sistema de información crediticia positiva que aporte una «foto global» de la posición del prestatario (promotor de la financiación) que no esté supeditado al consentimiento de éste, de manera que no pueda monopolizar la información sobre su solvencia y «filtrarla» con objeto de generar opacidad en el mercado de crédito. Se ha sobrevalorado[87], a mi juicio, el acceso a los datos bancarios del cliente que posibilita el DLSP que transpone la PSP2.

En definitiva, la inexistencia de datos fiables para la evaluación del riesgo de crédito dificulta el control sobre el adecuado cumplimiento de esta obligación voluntariamente asumida por los PSFP. Las asimetrías de información perjudican directamente al inversor quien no puede acceder a datos de solvencia del promotor de la financiación. La PFP tiene poco incentivo para evitar tales asimetrías, pues en ningún caso soporta el riesgo de crédito.

---

yendo PIS y AIS, y que un TPP podría prestar tanto servicios de iniciación de pagos como de agregación de información, siempre que cumpliera con los correspondientes requisitos regulatorios.

87 Muy optimista es Zunzunegui, F., «La digitalización de los servicios de pago» (*open banking*)», Revista del Derecho del Mercado Financiero, octubre 2018, p. 13, cuando señala que «permite una mejor protección de los clientes más vulnerables. El acceso al conjunto de los datos bancario permite avisar del sobreendeudamiento y anticiparse a los incumplimientos». Sin un sistema de información crediticia en el que se compartan datos positivos sin consentimiento del cliente no será posible una prevención eficaz del sobreendeudamiento.

Vuelve el «originar para distribuir» típico de la actuación bancaria que dio lugar a la crisis financiera de 2008. Tampoco el promotor de la financiación tendrá interés en ser especialmente sincero, consciente de que el exceso de información puede acarrearle tipos de interés más altos[88]. Fallos en los SIC se convierten en el principal obstáculo a la protección del inversor.

Ante la ausencia de un sistema de información crediticia eficaz en donde los prestamistas compartan datos positivos de solvencia en los *credit bureaus* a los que puedan acceder las plataformas, éstas calculan la prima de riesgo (*credit score*)[89] con base en la información aportada por el promotor de la financiación, acudiendo a datos en fuentes accesibles al público, y a datos hechos públicos por su titular, como pueden ser los datos presentes en redes sociales o información generada en internet.

La evaluación del riesgo se realiza de forma automatizada, con técnicas de inteligencia artificia y con datos muchas veces extraídos de redes sociales. Es la denominada prima de riesgo social. La cantidad y calidad de la presencia en las redes sociales, la identidad y características de los contactos del solicitante, los vínculos e interacciones sociales en línea del solicitante del préstamo, la situación financiera de los contactos del solicitante, son datos tenidos en cuenta para la evaluación del riesgo de crédito. Los defensores del crédito social afirman que los «amigos» en redes sociales son un indicador constructivo de la confiabilidad financiera, ya que las personas tienen más probabilidades de ser mejores prestatarios si sus amigos lo son[90].

---

88 Destacan este aspecto BACHMANN, A., y otros, «Online Peer-to peer lending— A Literature Review», *cit.,* p. 8. La asimetría de la información es el problema fundamental en los préstamos P2P en línea. El desafío es superar el problema del agente principal. Mientras que el prestamista quiere obtener tanta información válida sobre el prestatario como sea posible, el prestatario podría estar interesado en ocultar algunas de sus características con el fin de obtener una tasa de interés lo más baja posible.

89 La calificación crediticia es aquella puntuación o indicador numérico que se atribuye a cada solicitante individual, gracias a la aplicación de modelos estadísticos que permitan evaluar, en términos predictivos o probabilísticos, el perfil de riesgo, la fiabilidad y puntualidad de los pagos de cada prestatario potencial.

90 GESLEVICH PACKIN, N., y LEV-ARETZ, Y., «On social credit and the right to be unnetworked», Columbian Business Law Review, 2018, Issue 1, p. 344. https://cblr.columbia.edu/on-social-credit-and-the-right-to-be-unnetworked/ Como señalan HURLEY, M., y ADEBAYO J., «Credit scoring on the era of big data» Yale Journal of Law and Technology: Vol. 18: Issue 1, Article 5. http://digitalcommons.law.yale.edu/yjolt/vol18/iss1/5 p. 148. «En lugar de ser juzgados por sus méritos y acciones individuales, los consumidores pueden encontrar que el acceso al crédito depende de las predicciones opacas del prestamista sobre los amigos, vecinos y personas con intereses, niveles de ingresos y antecedentes similares de un consumidor. Este enfoque del crédito centrado en los datos recuerda la práctica racialmente discriminatoria y ahora ilegal de la «línea roja», mediante la cual los prestamistas clasifican a los solicitantes sobre la base de sus códigos postales, y no de sus capacidades individuales para obtener préstamos de manera responsable». Efectivamente, esta forma de evaluar el riesgo crediticio tiene el riesgo de la discriminación por raza, sexo, entre otras variables.

Así, por ejemplo, NEO FINANCE utiliza el número y la calidad de las conexiones en Linkedin del solicitante con los trabajadores de su empresa para predecir la estabilidad en el empleo y los ingresos futuros. Utiliza los contactos del solicitante con ejecutivos de otras empresas para calcular la probabilidad de que, si perdiera empleo obtuviera otro en poco tiempo. Otra plataforma como LENDDO[91], utiliza el número de seguidores de Facebook, las características de los mismos, su nivel educativo, su empleador. A partir de los datos de su red social y la localización geográfica, calcula la probabilidad de impago del crédito. Si alguno de sus amigos deja de pagar, esto afecta negativamente a su probabilidad de obtener un crédito. Parece increíble, pero esto es lo que hay.

El manejo de esta cantidad de datos se realiza a través de técnicas de big data, es decir, el almacenamiento y análisis de grandes cantidades y variados datos usando técnicas de inteligencia artificial, es decir, por sistemas informáticos capaces de realizar tareas que tradicionalmente han requerido la inteligencia humana, particularmente, a través de su subcategoría que es la técnica de machine learning o aprendizaje automático de máquinas[92].

---

91 https://www.lenddo.com El usuario debe descargarse una aplicación y autorizar a Lenddo a que acceda a sus contactos en el móvil, SMS, historial de llamadas, ubicación del usuario, historial de navegación, aplicaciones instaladas por el usuario, calendario de eventos https://www.lenddo.com/documentation/data_sdk.html#user-content-introduction Con estos datos tratados con técnicas de Big Data, la empresa formula una prima de riesgo en un plazo de 3 minutos. Florentin Lenoir, Director de Marketing de la FinTech Lenddo, afirmó respecto de la utilidad de los datos en redes sociales para la evaluación del riesgo un ejemplo cuanto menos, curioso: «si el solicitante no contacta con frecuencia en redes sociales tal vez sea una persona solitaria y no es fiable. Si, por el contrario, tiene demasiados contactos, se le considera una «mariposa social» y tampoco es fiable. Sin embargo, alguien que se conecta constantemente con contactos regulares es presumiblemente un solicitante fiable». Sin comentarios. Otra *FinTech* dedicada a la evaluación de la solvencia (*Neo Finance*) se especializa en créditos para la adquisición de vehículos de solicitantes jóvenes con un breve historial crediticio y que tendrían que pagar tipos de interés muy altos en la banca tradicional. Neo utiliza, con autorización del cliente, el historial laboral y el número y la calidad de las conexiones en Linkedin con los trabajadores de su empresa para predecir la estabilidad en el empleo y los ingresos futuros. También estima la rapidez con la que volvería a conseguir un trabajo caso de ser despedido utilizando los contactos con personal de otras empresas. De esta forma, valoran su posible estabilidad en el empleo. Rusly, E., «Bad credit: start tweeting. Wall Street Journal, 1 de abril de 2013 https://www.wsj.com/articles/SB10001424127887324883604578396852612756398

92 La técnica de *machine learning* es un método que crea sistemas que aprenden automáticamente, identificando patrones complejos a raíz de millones de datos. Se diseña un algoritmo capaz de generalizar comportamientos a través de una información suministrada en forma de ejemplos. Los algoritmos se optimizan automáticamente a través de la experiencia detectando patrones de comportamiento a través de grandes cantidades de datos. Tienen capacidad para predecir situaciones futuras favoreciendo la toma de decisiones. Los sistemas son automáticos porque mejoran de forma autónoma, sin intervención humana. Vid. Financial Stability Board, «Artificial intelligence and machine learning in financial systems», p. 4.

Estas técnicas crean sistemas que aprenden automáticamente, es decir, a través de algoritmos se analizan datos, identificando patrones complejos de forma que se puedan predecir comportamientos de forma automática

Se trata de establecer relaciones entre datos (por ejemplo, árboles de decisión) para posteriormente calcular correlaciones que permiten hacer predicciones. En nuestro caso, la decisión a tomar es la concesión o no de un préstamo tras la predicción de que el solicitante es solvente y con voluntad de pago. Con estas técnicas, el tiempo medio de resolución de una solicitud de un préstamo es de 8 segundos.

El poder predictivo de los modelos de valoración del riesgo basados en estos nuevos tipos de datos aún no se ha probado ampliamente. Se necesita más investigación para comprender el valor de estos tipos de datos alternativos y si las calificaciones crediticias que permiten son fiables tanto en ciclos de expansión como de contracción[93]. Lo que parece claro es que «más datos no necesariamente significan mejores datos[94]. La clave son los factores que tienen incidencia en los datos.

Tampoco el promotor o prestatario sabe que su «rastro social» puede suponer que no le den financiación. Todo ello, sin contar, los problemas que se plantean desde la aplicación de la legislación de protección de datos[95].

Como se puede comprobar, las dificultades que plantea la valoración del riesgo de crédito con este tipo de datos no son desdeñables. El riesgo para el inversor es potente debido a la falta de fiabilidad de estas evaluaciones de solvencia. A mi juicio, si el legislador considera que las PFP son mediadores no deberían evaluar el riesgo de crédito porque su incentivo no es a la calidad del crédito sino a la cantidad y, además, no tienen acceso a datos de solvencia fiables.

Por todo ello es importante que haya transparencia respecto a cómo evalúa el PSFP el riesgo de crédito y qué datos utiliza. Todo ello debe conocerlo el inversor y de ahí la regla contenida en el art. 19.6 RPSP.

Como ya se ha adelantado, la relevancia de la obligación del PSFP de evaluar el riesgo de crédito sobre todo en los casos de gestión individualizada de carteras ha justificado la aprobación del Reglamento Delegado 2022/2118 de la Comisión europea de 13 de julio de 2022 en el que, entre otras, se especifican los elementos del método utilizado para evaluar el riesgo de crédito.

---

93 Miller, M., «Big Data and Crowdfunding — Is this the Wild West for Credit Evaluation, the Logical Evolution of Credit Scoring or Both?» SME FINANCE FORUM, *http://www.smefinanceforum.org/post/big-data-and-crowdfunding-%E2%80%93-is-this-the-wild-west-for-credit-evaluation-the-logical-evolution*

94 National Consumer Law Center, «Big Data: a big disappointment for scoring consumer credit risk», 2014, p. 15. https://www.nclc.org/images/pdf/pr-reports/report-big-data.pdf

95 Más extensamente, Cuena Casas, M., «Las Fintech de préstamos o crowdlending. La contratación a través de plataformas intermediarias en línea», Editorial Reus. Madrid 2019.

El Reglamento Delegado (en adelante, RD) insiste en la transparencia y en el cumplimiento por parte del PSFP de deberes de información y ello porque el riesgo de los inversores es mayor en caso de gestión individualizada de cartera. Como se señala en el Considerando 3, «*los inversores no solo están expuestos a los riesgos asociados a los proyectos o los préstamos en los que se invierten sus fondos, sino también al modo en que el proveedor de servicios de financiación participativa evalúa el riesgo de esos préstamos y proyectos y gestiona la selección de préstamos para la cartera*».

Con todo, el RD está plagado de conceptos indeterminados de muy difícil valoración en el caso concreto. Así, por ejemplo, el art. 1 dispone que los datos utilizados para la evaluación de la solvencia deben ser «coherentes, completos y apropiados», que las mediciones del nivel de riesgos se basen en «datos fiables» ¿Qué se entiende por datos fiables? Normalmente la principal fuente será la aportada por el promotor de la financiación que muchas veces no se podrá contrastar por el PSFP por los fallos en el SIC y el promotor es persona física. Se exige que los procedimientos de gestión del riesgo sean sólidos y fiables, si bien no hay ningún parámetro objetivo para medir esa fiabilidad.

Sí se presta especial atención a la evaluación automatizada del riesgo de crédito generándose una prima de riesgo (*credit score*). Así, el art. 6.2 RD establece específicos deberes de información al inversor sobre la idoneidad de los modelos automatizados a la luz del tamaño, la naturaleza y la complejidad de los tipos de proyectos de financiación participativa seleccionados para la cartera del inversor, así como de las condiciones de aplicación de un proceso automatizado de toma de decisiones. Con todo, lo relevante, a mi juicio, es la calidad de los datos introducidos y que determinarán la corrección y pertinencia de las correlaciones que lleva a cabo el algoritmo.

En suma, no pudiendo en un trabajo de esta naturaleza analizar todos y cada una de las reglas, baste reseñar que el RPESFP es mucho más exhaustivo y riguroso con esta obligación que la LFFE. Es un avance en la buena dirección, pero sin acceso a datos de solvencia fiables será complicado que una correcta evaluación del riesgo se convierta en el mecanismo de protección del inversor. Siempre habrá una incertidumbre mayor en la financiación participativa que en la bancaria precisamente por el mejor acceso que esta tiene a datos de solvencia de los potenciales prestatarios y, por eso, la financiación participativa será el refugio de los prestatarios de alto riesgo y por ello el coste del crédito es mayor[96].

96 Vid los datos al respecto del coste crediticio en BARAHONA, R., y BARREIRA R., «Las plataformas de financiación participativa de crédito para consumo en España», https://repositorio.bde.es/bitstream/123456789/23227/1/be2203-art27.pdf p. 5.

5. Régimen jurídico aplicable a las plataformas de financiación participativa a consumidores tras los cambios introducidos por la Ley 18/2022, de 28 de septiembre, de creación y crecimiento de empresas

Por su condición de reglamento, el RPESFP es de aplicación directa en los Estados miembros para las plataformas que entran en su ámbito de aplicación, sin que sea precisa una norma de desarrollo interno. Ya he adelantado que la LFFE tenía un ámbito más amplio que el del RPESFP englobando las que financiaban a los consumidores y ocupándose de algunos efectos contractuales que, por el contrario, quedan huérfanos de regulación en el RPESFP que no entra en aspectos de Derecho privado.

Siendo esto así, podría haberse mantenido en vigor la regulación contenida en la LFFE para las plataformas que quedan fuera del ámbito del Reglamento europeo, de forma que los aspectos contractuales siguieran estando vigentes. Sin embargo, el legislador español ha considerado oportuno modificar la LFFE y diseñar un marco regulatorio que puede ser calificado como poco de «original».

En el Capítulo V de la Ley 18/2022, de 28 de septiembre, de creación y crecimiento (en adelante, LCCE) de empresas se modifica la LFFE. Como señala la Exposición de Motivos se pretende adaptar «*la legislación española al régimen jurídico establecido a nivel europeo, con el fin de que las plataformas autorizadas en España puedan prestar sus servicios libremente por todo el territorio de la UE, conforme a dicho Reglamento europeo*». Esta adaptación era precisa respecto de cuestiones que el RPESFP remite a su regulación por los Estados miembros, como es el caso del registro de plataformas y designación de la autoridad nacional competente responsable de desempeñar las funciones y obligaciones prevista en el RPESFP y que será la CNMV.

La LCCE deroga el antiguo Título V de la LFFE y le da una nueva redacción. Se realizan varias clasificaciones de PFP, pero la más relevante desde el punto de vista de la determinación del marco regulatorio es la delimitación entre:

- *Plataformas armonizadas* (arts. 46-54 LFFE), que son las que entran en el ámbito de aplicación del RPESFP y que prestan sus servicios en territorio de la UE. Aquellas que financian a promotores de financiación empresarios y siempre bajo la modalidad de *crowdfunding* de préstamo y de inversión. Se reproducen disposiciones del RPESFP relativas a la ficha de datos fundamentales de la plataforma (art. 52 LFFE) y la ficha de datos fundamentales de la inversión (art. 51 LFFE). Se desarrollan las facultades supervisoras de la CNMV y el régimen sancionador con base en la habilitación concedida a los Estados miembros en los arts. 29 y 30 RPESFP.

- *Plataformas de financiación participativa no armonizadas* por el Derecho de la UE, reguladas en la Sección 2.ª, reguladas en el art. 55 LFFE. Se trata de las plataformas que están excluidas del ámbito de aplicación de RPESFP (art. 1.2.ª) y que son aquellas en las que el promotor de la financiación es un consumidor o que la financiación excede de 5 millones de euros. Estas plataformas no pueden llevar a cabo financiación transfronteriza. Lo sorprendente es que el art. 55 LFFE al determinar el régimen jurídico de las plataformas no armonizadas señala que se someterán íntegramente al régimen jurídico establecido en el RPESFP. Es decir, se sujetan a una normativa que expresamente las excluye. Son plataformas no armonizadas sujetas al RPESFP por remisión realizada por la LFFE. Para evitar confusiones, entiendo habría sido preferible mantener la regulación española modificándola en los aspectos que se consideran pertinente y mantener la normativa contractual de la que carece el RPESFP.

Tanto las plataformas armonizadas como no armonizadas pueden llevar a cabo agrupación de inversores mediante entidades u otros mecanismos jurídicos (art 56LFFE)[97].

6. Responsabilidad del proveedor de servicios de financiación participativa

Visto el complejo marco jurídico y obligacional procede plantearse el régimen de responsabilidad que asumen los PSFP en la financiación que intermedian. Dado que es claro que no pueden ser financiadores, y que su papel es el de intermediación, en caso de impago por parte del promotor de la financiación, en principio, el PSFP no asume ninguna responsabilidad. El PSFP pretende intermediar con neutralidad (Considerando 26) y de ahí que haya reglas para evitar los conflictos de interés (art. 8RSPF). Sin embargo, esta neutralidad no implica ausencia de control en la contratación.

El PSFP está sujeto a supervisión que en el caso de España es la CNMV (art. 15 RPESFP y art. 49 LFFE reformada por la LCCE) entidad que debe informar a la AEVM. Muchas reglas contenidas en el RPESFP son normas de conducta y en caso de que el PSFP incumpla sus obligaciones se prevén sanciones administrativas (art. 39 RPESFP), indicándose cuándo el Estado miembro debe sancionar. Este aspecto ya ha sido desarrollado por el legislador español en el art. 54 LFFE reformado por la LCCE que prevé las sanciones concretas.

---

97 Para una descripción del régimen, *cfr.* Tapia Hermina, A, «La nueva regulación europea y española de los servicios y de las plataformas de financiación participativa (*crowfunding*) (1)», Revista de Derecho del Mercado de Valores, n.º 31, Julio de 2022, Editorial LA LEY.

Se trata, por tanto, de una supervisión del operador y no de los proyectos de financiación que escapan al control externo. Su calidad no es evaluada por la entidad supervisora. Y ya hemos visto las obligaciones de información y de comprobación que tiene el PSFP respecto al proyecto de financiación. De las escasas normas de responsabilidad que contiene el RPESFP, el art. 23.9 RPESFP se refiere a la responsabilidad por la veracidad de la información incluida en la ficha de datos fundamentales de la inversión, señalando que «como mínimo», debe recaer en el promotor del proyecto.

Lo que es claro es que el RPESFP no armoniza las reglas de responsabilidad civil, cuestión que remite a los Estados miembros, si bien sí señala en alguna ocasión cuándo considera que debe derivarse responsabilidad. Así sucede, por ejemplo, en el art. 23.10 RPESFP cuando señala que los Estados miembros velarán por que sus disposiciones legales, reglamentarias y administrativas sobre responsabilidad civil se apliquen a las personas físicas y jurídicas responsables de la información proporcionada en una ficha de datos fundamentales de la inversión, incluida su posible traducción como mínimo cuando la información sea engañosa o inexacta o la ficha de datos de la inversión omita datos fundamentales necesarios para ayudar a los inversores a la hora de considerar la financiación del proyecto de financiación participativa.

Por lo tanto, la responsabilidad por la veracidad de los datos corresponde al promotor de la financiación que es quien asume la responsabilidad por ese hecho propio. Con todo, el PSFP no mantiene una actitud pasiva al respecto pues el propio precepto dispone que si detecta un error en el proyecto que pueda tener un impacto importante en la rentabilidad esperada de la inversión, el PSFP debe actuar exigiendo al promotor la rectificación, debiendo suspender la oferta de financiación (art. 2312 RPESFP). Si en 30 días naturales no se ha producido la rectificación, entonces se anulará la oferta de financiación participativa. Obsérvese que siendo el promotor el responsable de la veracidad de la información, el PSFP tiene un deber «*in vigilando*» un control activo de la misma que, de no ejercerse, *podría contribuir* causalmente a la generación de daños al inversor que bien podría justificar una responsabilidad del PSFP conjuntamente con la del promotor de la financiación. Con todo, debe tratarse de errores sustanciales y fácilmente aprehensibles, sin que el PSFP, con arreglo al nivel mínimo de diligencia debida que impone el art. 5 al PSFP. No se trataría de un caso de responsabilidad del PSFP por el hecho ajeno, sino por el propio que le impone la regulación. De ahí que, en la solicitud de autorización, el art. 12.2.q) RPESFP ordene que el solicitante de autorización como PSFP debe incluir en la solicitud una descripción de los procedimientos establecidos por el futuro PSFP para comprobar la exhaustividad, exactitud y claridad de la información contenida en la ficha de datos fundamentales de la inversión. A su vez, el incumplimiento de estas obligaciones puede provocar la revocación de la autorización para prestar servicios de financiación participativa (art. 17 RPESFP).

La Autoridad europea de mercados y valores (AEMV o ESMA, por sus siglas en inglés) se ha pronunciado sobre el alcance de la responsabilidad del PSFP en el art. 23 RPESFP, señalando que su responsabilidad se limita «a disponer de «procedimientos adecuados para verificar la exhaustividad, corrección y claridad de la información contenida en la ficha de datos fundamentales para la inversión». En consecuencia, el propietario del proyecto es el responsable último de la información facilitada en la ficha de datos fundamentales de la inversión, mientras que el proveedor de servicios de *crowdfunding* es responsable de los procedimientos establecidos para verificar que la información facilitada es completa, correcta y clara. En otras palabras, el propietario del proyecto es el único responsable de cualquier información engañosa o inexacta, así como de las omisiones, a menos que dichas omisiones sean el resultado directo de procedimientos inadecuados por parte del proveedor de servicios de *crowdfunding* en la recopilación de esta información puesta a disposición en ficha de datos fundamentales de la inversión. En ese caso, el proveedor de servicios de *crowdfunding* podría ser parcial o totalmente responsable[98].

Parece que el control por parte del PSFP de la información contenida en la ficha de datos fundamentales de la inversión no hay que interpretarla como control de veracidad de la misma, cuestión que en muchos casos no es posible por falta de acceso del PSFP a fuentes que permitan contrastar los datos y por los costes que ello conllevaría. El PSFP debe llevar a cabo un control formal, es decir, verificar que la información es completa y comprensible para el inversor. El art. 23.11 RPESFP debe interpretarse en conexión con los deberes contenidos en el art. 5 RPESFP que se extienden a un control sobre la persona del promotor del proyecto, sin que ese control de veracidad deba extenderse a la información contenida en el proyecto de financiación. Lo contrario convertiría al PSFP en un *gatekeeper* o guardián de acceso con una responsabilidad próxima a la de un asegurador[99].

Sin duda una verificación de los datos por parte del PSFP protegería de forma más intensa al inversor, pero supondría un mayor coste de gestión

---

98 ESMA, «Questions and Answers on the European crowdfunding service providers for business Regulation», 16 December 2022 | ESMA35-42-1088 Question 5.2. https://www.ESMA.europa.eu/sites/default/files/library/ESMA35-42-1088_qas_crowdfunding_ecspr.pdf

99 En este sentido, WENZLAFF, K., ODOROVIC A., RIETHMÜLLER y WAMBOLD, P., «On the merit of the key investment information sheet in the ECSPR (arts. 23 y 24 y Annex I), en Eugenia MACCHIAVELLO (ed.), *Regulation on European Crowdfunding Service Providers for Business: A Commentary* (Cheltenham: Edward Elgar, 2022), 20.093, p. 337. Por su parte, MACCHIAVELLO, E., «The European Crowdfunding Service Providers Regulation and the Future of Marketplace Lending and Investing in Europe: The 'Crowdfunding Nature' Dilemma (April 10, 2020). European Business Law Review, Forthcoming, https://ssrn.com/abstract=3594353 p. 28, se muestra partidaria de una unificación de los regímenes de responsabilidad civil a nivel europeo y de reforzar la obligación del PSFP de forma que comprobara cierta información básica proporcionada por el promotor de la financiación sin transformarlo en un garante o asegurador.

para el PSFP y prácticamente asumiría la misma responsabilidad que el promotor de la financiación por la veracidad de la información y comprometería la naturaleza de intermediario que tiene el PSFP.

Desde el punto de vista de la responsabilidad del PSFP, cabe plantear la conexión de la normativa contenida en el RPESFP con el RSD o DSA (en sus siglas en inglés). Los PSFP son prestadores del servicio de la sociedad de la información, siendo de aplicación la normativa de la DCE y la Ley 34/2002, de 11 de julio, de servicios de la sociedad de la información y de comercio electrónico (en adelante, LSSICE). La regulación contenida en el RPESFP convive con la regulación horizontal de comercio electrónico que recientemente se ha visto afectada por el RSD.

Las plataformas de financiación participativa no prestan un mero servicio de intermediación de la sociedad de la información[100], particularmente de alojamiento de datos (*hosting*) (art. 3.g RSD). Son plataformas en línea, un sistema de información basado en internet públicamente accesible y explotado y gestionado por el PSFP (art. 2d) RPESFP) cuyo objeto es conectar los intereses de inversores y promotores de proyectos. Cabe plantear si les resulta o no aplicable el régimen de responsabilidad de los prestadores de servicios de intermediación que actualmente se regulan en los arts. 4 y ss. RSD (puerto seguro) y que antes regulaba el art. 14 DCE.

Efectivamente, el art. 6 RSD se refiere a la exención de responsabilidad cuando el prestador del servicio de intermediación de la sociedad de la información consiste en el alojamiento de datos. En tal caso *no* responderá el prestador de servicios de la información almacenada a petición del destinatario cuando:

a) no tenga conocimiento efectivo de una actividad ilícita o de un contenido ilícito y, en lo que se refiere a solicitudes de indemnización por daños y perjuicios, no sea consciente de hechos o circunstancias que pongan de manifiesto la actividad ilícita o el contenido ilícito, o

b) en cuanto tenga conocimiento o sea consciente de ello, el prestador de servicios actúe con prontitud para retirar el contenido ilícito o bloquear el acceso a este.

100 Los prestadores de servicios de intermediación hacen posible que los contenidos de terceros circulen, se alojen y sean accesibles en la red, haciendo de puente entre quienes generan o editan los contenidos y quienes acceden a éstos. Su función es, por tanto, facilitar las condiciones y medios técnicos requeridos para la transmisión y acceso de datos sin intervenir en su elaboración, siendo intermediarios «en sentido técnico», no necesariamente en sentido material. Realizan una actividad instrumental en la medida que permite la operatividad de la infraestructura de internet. Rasgo característico de los prestadores intermediarios es que mantienen una posición pasiva con respecto a los contenidos, no participando ni en su creación ni en la decisión de hacerlos accesibles Ciertamente trabajan con datos, con contenidos, pero respecto a ellos desempeñan funciones informativamente neutras.

Continúa diciendo el precepto que esta exención de responsabilidad (puerto seguro) no opera *«cuando el destinatario del servicio actúe bajo la autoridad o el control del prestador de servicios».* Este aspecto es desarrollado por el Considerando 18 RSD, en la misma línea que hace el Considerando 42 y 46 DCE, al señalar que «las exenciones de responsabilidad estipuladas en el presente Reglamento no deberán aplicarse cuando, en lugar de limitarse a la prestación neutra de los servicios, por un tratamiento puramente técnico y automático de la información proporcionada por el destinatario del servicio, el prestador de servicios intermediarios desempeñe un papel activo de tal índole que le confiera el conocimiento de dicha información, o control sobre ella. En consecuencia, no cabe acogerse a dichas exenciones al respecto de responsabilidades relacionadas con información no proporcionada por el destinatario del servicio, sino por el propio prestador del servicio intermediario, inclusive cuando la información se haya elaborado bajo la responsabilidad editorial de dicho prestador».

La actividad del intermediario merecedor de la exención de responsabilidad es que su actividad sea de naturaleza meramente técnica, automática y pasiva, lo que implica que el prestador de servicios de la sociedad de la información no tiene conocimiento ni control de la información transmitida o almacenada y de ahí la exención de responsabilidad. Esta doctrina la aplicó el TJUE en numerosos supuestos de plataformas intermediarias en línea determinando cuándo la actividad es pasiva o neutral. Así, ha declarado inaplicable la exención de responsabilidad de proveedores de alojamiento en sentido amplio, por entender que, aunque alojen datos, su actividad no es de mera intermediación técnica. Si no hay intermediación pasiva, no ha lugar a plantear si se dan o no las excepciones a la exención de responsabilidad[101].

---

101 La sentencia del TJUE de 23 de marzo de 2010 Google France y Google *vs*. Louis Vuitton (Asuntos C-236/08 a C-238/08 acumulados) resuelve una cuestión prejudicial planteada por el Tribunal Supremo francés en relación con la demanda presentada por Louis Vuitton contra Google por violación de sus derechos de marca la cual fue estimada por el tribunal de instancia. El litigio se centra en el servicio prestado por la plataforma *Google Adwords* que permite, mediante la inclusión de varias palabras clave, enlaces promocionales que, en el caso enjuiciado, llevaban a páginas web que vendían productos Louis Vuitton falsificados.

En lo que aquí interesa, el tribunal pregunta si Google presta un servicio de intermediación de la sociedad de la información y le resulta de aplicación la exención de responsabilidad prevista en el art. 14 DCE (equivalente al art. 16 LSSICE). Considera el TJUE que para comprobar si es aplicable tal exención de responsabilidad «es necesario examinar si el papel desempeñado por el prestador es neutro, es decir, si su comportamiento es meramente técnico, automático y pasivo, lo que implica que no tiene conocimiento ni control de la información que almacena». Estas son las características que determinan que la actividad de la plataforma sea un servicio de intermediación de la sociedad de la información: carácter técnico, automático y pasivo. No entra en si tuvo o no conocimiento o control de la información, sino que el TJUE analiza la actividad de la plataforma en primer lugar. No se discute si hay o no responsabilidad por cumplirse los requisitos del art. 14 DCE, sino que la resolución se centra, a mi juicio acertadamente, en analizar si Google proporciona

¿Puede considerarse que el promotor de la financiación y el inversor actúan bajo la autoridad o el control del PSFP?

Evidentemente si se concluye que los PSFP no realizan una actividad de intermediación de la sociedad de la información y que se les puede considerar como prestadores del servicio subyacente, no será necesario plantearse la segunda cuestión respecto de si opera o no la regulación en materia de puerto seguro. De no proceder la calificación de intermediario y, por ende, la exención de responsabilidad del art. 6 RSD, operaría la regla del art. 54 RSD que señala que «*los destinatarios del servicio tendrán derecho a solicitar, de conformidad con el Derecho de la Unión o nacional, una indemnización con cargo a los prestadores de servicios intermediarios por cualquier daño o perjuicio sufrido como consecuencia del incumplimiento por parte de dichos prestadores de sus obligaciones en virtud del presente Reglamento*».

Por tanto, a la hora de hablar de la responsabilidad del PSFP, el primer paso es determinar si se puede considerar un proveedor de alojamiento neutral, pasivo o no[102], pues es en ellos en los que piensa el legislador cuando habla

o no un servicio de intermediación lo cual debe valorarse en el caso concreto analizando si la plataforma asume «un papel activo que pueda darle conocimiento o control de los datos almacenados» (párrafo 120). Lo decisivo no es que la plataforma realice actividad de alojamiento de datos (hosting), sino que, caso por caso, habrá que determinar si tiene naturaleza meramente técnica, automática y pasiva, lo que implica que aquél no tiene conocimiento ni control de la información transmitida o almacenada (en el mismo sentido, la sentencia del TJUE de 11 de septiembre de 2014, asunto C-291/13, Caso Papasavvas, párrafo 45).

Más claridad arroja la sentencia del TJUE de 12 de julio de 2011 (L'Oreal contra eBay) que resuelve una cuestión prejudicial planteada por el Tribunal Supremo del Reino Unido. Su objeto es analizar si existe infracción en el uso no autorizado de una marca por particulares que ofertan y realizan ventas esporádicas de productos de marcas famosas a través de plataformas de comercio electrónico. En lo que se refiere al tema que nos ocupa, se plantea el problema de la posible responsabilidad de la plataforma eBay por las infracciones del derecho de marcas realizada por los usuarios de la plataforma que vendían productos falsificados. Reconoce que eBay almacena datos de los clientes y por lo tanto presta un servicio de alojamiento, pero la prestación de servicios de intermediación no cabe deducirla de la naturaleza de la actividad en el sentido de que preste un servicio de alojamiento o almacenamiento de datos. Ello convertiría a todas las plataformas en servicios de intermediación y no es esta la voluntad de la norma europea que tasa específica— mente determinados servicios. Tal y como se deduce del Considerando 42 antes citado, y de la doctrina emanada de las sentencias a las que he hecho referencia, es preciso que dicho servicio de almacenamiento de datos constituya «una prestación neutra, mediante un tratamiento meramente técnico y automático de los datos facilitados por sus clientes (párrafo 113)». No será servicio de intermediación de servicio de la sociedad de la información el que preste una plataforma que, aunque actúe como intermediaria, «desempeñe un papel activo que le permite adquirir conocimiento o control de tales datos» (párrafo 113). Se postula, de facto, un concepto restrictivo de servicio intermediario de sociedad de la información.

102 Spindler, G., «Role and liability of online platforms providing digital content and digital services. Some preliminary thoughts, including impact of the Digital Content Directive» 7 de marzo de 2020 https://papers.ssrn.com/sol3/papers.cfm?abstract_id=3550354

de prestador de servicio de intermediación de la sociedad de la información. Como acertadamente se ha señalado, hablar hoy de rol activo y pasivo de la plataforma no responde a la realidad de nuestros días, en que mayoritariamente las empresas prestan servicios que implican algún grado de actividad (etiquetar, indexar, proporcionar funcionalidades de búsqueda, seleccionar contenido)[103]. Por ello, parece más razonable hablar de «grado de control», cosa que finalmente hace el art. 6.2 RSD.

El Considerando 18 RSD cita como ejemplo de control que «cuando el prestador de una plataforma en línea que permite a los consumidores celebrar contratos a distancia con comerciantes determine el precio de los productos o servicios ofertados por el comerciante, se podría considerar que el comerciante actúa bajo la autoridad o el control de dicha plataforma en línea». Trasladada esta doctrina a la financiación participativa es claro que hay control por parte del PSFP puede determinar el precio de la oferta (art. 4 RPESFP).

La actividad del PSFP no es meramente pasiva o técnica, presta servicios tan esenciales para la celebración del contrato de financiación como la evaluación del riesgo de crédito, servicio que tiene una incidencia clave en la decisión del inversor de contratar. El PSFP genera confianza en los inversores gracias a la evaluación del riesgo de crédito que lleva a cabo, circunstancia que podría justificar la responsabilidad del PSFP frente al inversor cuando tal evaluación no ha sido adecuada y conforme a los parámetros legales desencadenándose el incumplimiento por parte del promotor de la financiación. Se trataría a mi juicio de una responsabilidad por hecho propio, pues su desencadenante es el incumplimiento por parte del PSFP de sus obligaciones legales estrechamente vinculadas a la prestación del servicio subyacente que es la financiación que proporciona el inversor al promotor de la financiación.

Las plataformas de *crowdfunding* no solo cumplen unas funciones de pago (como la recaudación de fondos de inversores (ya sea por sí mismos o por medio de subcontratación), sino que también actúan como intermediarios de crédito o incluso como acreedores debido a que prestan variados servicios (aceptan o rechazan prestatarios potenciales en la plataforma, evalúan su solvencia). También las condiciones de crédito, interés, volumen, costes son determinadas por el operador de la plataforma en el marco de la propuesta de financiación y no los prestamistas. La plataforma monitoriza as comunicaciones entre partes y controla el cumplimiento del contrato. Su papel es central en el *crowdlending*.

---

103 Arroyo Amayuelas, E., La responsabilidad de los intermediarios en internet: ¿puertos seguros a prueba de futuro? En Arroyo Amayuelas, E., y Cámara Lapuente, S., El Derecho privado en el nuevo paradigma digital, Barcelona, 2020, p. 354.

Por lo tanto, las PFP no son meros prestadores de servicios de intermediación de la sociedad de la información (*hosting*)[104]. Su posición es activa y aunque no prestan el servicio subyacente de financiación sí son prestadores directos de servicios respecto de los cuales se derivará su responsabilidad civil contractual además de las eventuales sanciones administrativas que prevé el art. 39 RPESFP.

Aunque formalmente el PSFP no es responsable del incumplimiento del promotor de la financiación porque no es parte en el contrato de préstamo y tiene prohibido financiar, lo cierto es que ejerce un control sobre el contrato entre inversor y promotor es (imponiendo las condiciones generales del mismo) y llevando a cabo la evaluación del riesgo de crédito con base en información aportada por el promotor, pero también con datos que el propio PSFP estime pertinentes (art 4.4. RPESFP). Los PSFP no son meros intermediarios[105] dado el control que prestan sobre el servicio subyacente y por ello no pueden acogerse a las exenciones de responsabilidad del art. 6 RSD.

También se han abierto otras vías para exigir responsabilidad al PSFP. Se ha señalado que cuando la PFP presta el servicio de calificación crediticia, actuaría como una agencia de *rating*[106], induciendo indirectamente al inversor a contratar, ya que tiene vetado legalmente la posibilidad de hacer recomendaciones. Actuarían como terceros de confianza (*gatekeeper*)[107], lo que justificaría su responsabilidad respecto de una relación jurídica en la que técnicamente no es parte, pero tiene la capacidad y el control de impedir la conducta dañosa[108]. Sin embargo, no creo que sea necesario acudir a este remedio del tercero de confianza por el incumplimiento por parte de la PFP de las obligaciones legales que el RPESFP le impone, ya que integran el contenido de los contratos entre el PSFP y los usuarios. En atención a ellos son impuestas por la ley.

---

104 Así lo mantuve en relación con la regulación del *crowdlending* en la LFFE. *Cfr.* Cuena Casas, M., *«Las Fintech de préstamos o crowdlending…, cit.* », p. 350. Va más allá Marcé Calzada, J., «La financiación participativa en la economía de las plataformas. Un cambio de paradigma en las relaciones de crédito». Actualidad Jurídica Iberoamericana n.º 15, febrero 2022, p. 1083, quien considera que las PFP no son prestadoras de un servicio de la sociedad de la información.

105 Spindler, G., « *Role and liability of online platforms…, cit.* p. 13

106 Alba Fernández M., «Las agencias de rating como terceros de confianza: responsabilidad civil extracontractual y protección de la seguridad del tráfico», Revista de Derecho Bancario y Bursátil n.º 120, 2010 BIB 2013/138996.

107 Así lo considera Rodríguez de las Heras, T., «La responsabilidad de las plataformas de financiación participativa», en Cuena Casas, M., (Dir.) *Aspectos legales de la financiación en masa o crowdfunding*, Tirant lo Blanch, Valencia 2020, p. 521.

108 Kraakman, R. H.: «Gatekeepers: The Anatomy of a Third Party Enforcement Strategy», 2 J.L. Econ.&Org., n.º 1, spring 1986, p. 53 a 104.

En cualquier caso, habría sido deseable una armonización en las normas de responsabilidad civil de las plataformas. No lo hace el RPESFP y tampoco el RSD y me parece un aspecto clave para lograr un mercado de financiación transfronteriza eficiente. No toda innovación en los modelos de negocio de las plataformas es beneficiosa en términos de estabilidad financiera. No es razonable que el PSFP controle todo el proceso de financiación y no responda en los casos de incumplimiento del promotor de la financiación en casos en los que no se adoptaron las precauciones oportunas. Este aspecto relevante debería haber sido armonizado en el RPESFP.

Lo razonable es establecer una regulación eficiente que evite el daño a los inversores y esto pasa por paliar los efectos de la selección adversa permitiendo a los PSFP acceder a datos de solvencia fiables. De lo contrario, el sistema construido es una «bomba de relojería» que puede comprometer la estabilidad financiera en cuanto participan en este sistema inversores institucionales que captan fondos del público.

RESPONSABILIDAD CIVIL DEL PSFP EN CASO DE OMISIONES, INEXACTITUDES O FALSEDADES EN LA FICHA DE DATOS FUNDAMENTALES DE LA INVERSIÓN FACILITADA AL INVERSOR EN LAS OPERACIONES DE CAPTACIÓN DE CAPITAL A TRAVÉS DE UNA PLATAFORMA DE FINANCIACIÓN PARTICIPATIVA *(EQUITY CROWDFUNDING)*[1]

Esther Hernández Sainz
Prof. Titular de Derecho Mercantil, Universidad de Zaragoza
e-mail: estherh@unizar.es

SUMARIO: 1. *Equity crowdfunding:* un nuevo mercado primario para pymes. 2. La ficha de datos fundamentales de la inversión como instrumento para garantizar la transparencia en los mercados de *Equity crowdfunding.* 2.1. La transparencia como elemento imprescindible para garantizar la eficiencia de los mercados de financiación participativa y la protección de los inversores. 2.2. La ficha de datos fundamentales: contenido y difusión. 2.3. El promotor como principal responsable del contenido de la ficha. 3. La responsabilidad civil del PSFP por errores, falsedades u omisiones en la ficha de datos fundamentales de la inversión. Fundamento y naturaleza jurídica. 3.1. Posición del PSFP y naturaleza de sus relaciones con el promotor y los inversores. 3.2. Fundamento de la responsabilidad del PSFP. 3.2.1. Posibles teorías en las que fundar su responsabilidad. 3.2.2. El incumplimiento de los deberes del PSFP en relación con la verificación, actualización, traducción y publicación de la Ficha. 3.2.2.1. El deber de verificar la exhaustividad, exactitud y claridad de la información contenida en la ficha. 3.2.2.2. La traducción de la ficha. 3.2.2.3. El deber de facilitar la ficha a los inversores potenciales. 3.2.2.4. Los deberes de velar por la actualización de la ficha. 3.2.3. La inclusión junto a la ficha de información añadida que resulte falsa

1 Trabajo realizado en el marco del Proyecto de investigación «Gobierno corporativo: desafíos regulatorios ante la digitalización del derecho de sociedades» PROYECTO/AEI/10.13039/501100011033 financiado por la Agencia Estatal de Investigación.

o engañosa como origen de la responsabilidad. 3.3. Naturaleza jurídica de la responsabilidad del PSFP: ¿responsabilidad contractual o extracontractual?. 4. Responsabilidad frente a los inversores. 4.1. Presupuestos objetivos: existencia de falsedades, inexactitudes u omisiones en la ficha o en la información añadida derivados del incumplimiento de sus deberes legales o contractuales. 4.2. Presupuestos subjetivos: imputación del incumplimiento al PSFP a título de dolo o culpa. 4.3. La determinación del daño. 4.4. La relación de causalidad. 4.5. Breve referencia a cuestiones procesales. 5. La responsabilidad del PSFP frente a los promotores. 6. Conclusiones. 7. Bibliografía

1. *Equity crowdfunding:* un nuevo mercado primario para pymes

Los mercados primarios o mercados de emisión son aquellos en los que las empresas y entes públicos captan financiación de los inversores mediante una solicitud pública. Se considera emisión toda operación económica en virtud de la cual una persona jurídica, pública o privada, apela al ahorro del público inversor, ofreciendo la suscripción originaria de un conjunto homogéneo de valores negociables (p. ej. acciones) u otros instrumentos financieros. Para que un inversor pueda adoptar decisiones de inversión racionales en estos mercados debe disponer, con suficiente antelación, de información clara, veraz y completa sobre el emisor, la inversión que se le propone y los valores u otros instrumentos a través de los que se pretende canalizarla. En los mercados primarios tradicionales esta información se suministra a través del folleto informativo habiéndose previsto un régimen especial de responsabilidad por las omisiones, inexactitudes y falsedades contenidas en el folleto[2], sobre el que existe una abundante literatura jurídica[3].

2 El régimen de responsabilidad por folleto se contiene esencialmente en el art. 11 del Reglamento UE 2017/1129 del Parlamento Europeo y del Consejo, de 14 de junio de 2017, sobre el folleto que debe publicarse en caso de oferta pública o admisión a cotización de valores en un mercado regulado que remite, en parte, a la regulación nacional; por lo que este precepto debe completarse, en España, con lo dispuesto en el art. 38 LMVSI y en los arts. 32 a 37 del Real Decreto 1310/2005, de 4 de noviembre, por el que se desarrolla parcialmente la Ley 24/1988, de 28 de julio, del Mercado de Valores, en materia de admisión a negociación de valores en mercados secundarios oficiales, de ofertas públicas de venta o suscripción y del folleto exigible a tales efectos.

3 Mencionamos aquí sin ánimo de exhaustividad y como obras relevantes: ALONSO UREBA, A., «Inexactitudes u omisiones en el contenido del folleto informativo con motivo de una emisión/oferta de valores: en torno a los arts. 20 y 21 RD 291/1992» en AA.VV., *Estudios jurídicos en homenaje al profesor Aurelio Menéndez*, vol. 3, 1996, pp. 3077-3108; DE CARLOS BERTRÁN, L., *Régimen jurídico de las ofertas públicas de suscripción y venta de valores*, Civitas, Madrid, 1998; FERNÁNDEZ DE ARAOZ GÓMEZ-ACEBO, A., «La responsabilidad civil de las entidades colocadoras de valores por el contenido del folleto informativo» en *Cuadernos de la Revista de Derecho bancario y bursátil*, n.º 2, 1994; GRIMALDOS GARCÍA, M.ª. I.; *La responsabilidad civil derivada del folleto de emisión de valores negociables*, Tirant lo Blanch, Valencia, 2001; LÓPEZ MARTÍNEZ, M., *La responsabilidad por el contenido*

Tradicionalmente, las PYMEs no han tenido acceso al mercado primario por los elevados costes y la complejidad de los procesos de emisión, lo que ha dificultado su financiación mediante la emisión de acciones u otros instrumentos representativos de capital. Sin embargo, el desarrollo de la financiación participativa ha facilitado la creación de mercados primarios para PYMEs con unas características singulares. Las plataformas en línea de financiación participativa permiten a cualquier persona física o jurídica solicitar financiación a los inversores con acceso a la plataforma para un proyecto empresarial concreto, a través de fórmulas jurídicas muy diversas (préstamos, suscripción de acciones o de obligaciones, descuento de efectos, etc). Dentro de las distintas modalidades de *crowdfunding* en atención al instrumento mediante el que se canaliza la inversión, en este trabajo nos centraremos en el *equity crowdfunding* o *crowdfunding* de inversión para empresas, que consiste en la captación de financiación de múltiples inversores, para un concreto proyecto empresarial, mediante la emisión con oferta pública de instrumentos financieros representativos de una participación en el capital de una sociedad (esencialmente acciones o participaciones), a través de una plataforma electrónica de financiación participativa gestionada por un proveedor de servicios de financiación participativa (en adelante PSFP) debidamente autorizado que vela por la transparencia del mercado y la protección de los inversores. La aportación de fondos se sustancia mediante la suscripción de acciones, participaciones u otros instrumentos financieros representativos de una participación en el capital y el posterior desembolso de su valor nominal y, en su caso, la prima correspondiente, ya sea en el marco del proceso de constitución de la sociedad que solicita la financiación (modalidad que en España presenta dificultades de articulación), o lo que es más frecuente, mediante un aumento de capital, recibiendo el inversor como contraprestación por la financiación aportada el complejo entramado de derechos económicos y políticos que entraña la condición de socio en la sociedad que recaba los fondos[4].

En los últimos años, esta fórmula de financiación ha experimentado un crecimiento sostenido en la UE, utilizándose, fundamentalmente, para financiar proyectos empresariales vinculados a los sectores biotecnológi-

del folleto informativo en las ofertas públicas de valores, Civitas, Madrid, 2003; VALMAÑA OCHAITA, M., *La responsabilidad civil derivada del folleto informativo en las ofertas públicas de suscripción y venta de acciones*, La Ley, Madrid, 2006; ROJO ÁLVAREZ-MANZANEDA, C., «El folleto informativo de las emisiones y OPVs. Responsabilidades civiles y sistema de control público» en *Revista de derecho bancario y bursátil*, n.° 164, 2021, pp. 61-130.

4 Sobre el concepto y delimitación del *crowdfunding* de inversión, véase HERNÁNDEZ SAINZ, E., «La transparencia como instrumento de protección de los inversores en PYMEs y start-ups a través de plataformas electrónicas de financiación participativa (*crowdfunding* de inversión)», *Revista de Derecho del mercado de valores*, n.° 16, primer semestre, 2015, apartado II.2 y ESTEVAN DE QUESADA, C., *El crowdfunding de inversión*, Thomson Reuters Aranzadi, 2018, pp. 69 y ss.

cos, medioambientales o de innovación tecnológica digital. Según el último informe publicado por la Universidad de Cambridge, por esta vía, se financiaron en todo el mundo proyectos empresariales por un importe total de 1.520.444.679 dólares, en 2020[5]. En Europa, el volumen de financiación alcanzó los 829 millones de dólares en 2019 y los 699 millones de dólares en 2020; siendo Gran Bretaña, España e Italia, los países donde esta modalidad alcanzó mayor relevancia[6]. Ciertamente son importes modestos, especialmente si se comparan con otras modalidades de *crowdfunding*[7]. No obstante, en España, es una modalidad de financiación participativa que ofrece la práctica totalidad de los PSFP que disponen de autorización concedida por la CNMV[8].

Inicialmente, la financiación participativa fue regulada a escala nacional por muchos países europeos. En España, se reguló por primera vez, en el Título V de la Ley 5/2015, de 27 de abril, de Fomento de la Financiación Empresarial (LFFE). Las diferencias en el enfoque legal del *crowdfunding* adoptadas en los distintos Estados miembros de la UE imposibilitaban la creación de un verdadero mercado europeo con operaciones de financiación transfronteriza. Esta es la razón esencial[9] que justifica la promulgación del Reglamento UE 2020/1503 del Parlamento Europeo y del Consejo, de 7 de octubre de 2020, relativo a los proveedores europeos de servicios de financiación participativa para empresas (en adelante citado RPESFP)[10], de aplicación directa en toda la UE desde el 10 de noviembre de 2021. No obstante, este Reglamento solo regula parcialmente el fenómeno del *crowdfunding*, pues no se aplica cuando el solicitante de la financiación tiene la condición de consumidor, ni tampoco

5 Datos obtenidos de Ziegler, T., Schneor, R. y otros, *The 2nd Global Alternative Finance Market Benchmarking Report,* Cambridge Centre for Alternative Finance, University of Cambridge, 2021, p. 41.

6 Estos datos constituyen la suma de los ofrecidos para Europa sin incluir Gran Bretaña (549 millones de dólares en 2019 y 475 en 2020) y los específicos de Gran Bretaña (280 millones de dólares en 2019 y 224 en 2020) por Ziegler, T., Schneor, R. y otros, *The 2nd Global Alternative...,* cit., pp. 74-75. En cuanto a los países con más implantación, véase los datos de la p. 77.

7 Véase una comparativa a escala mundial y europea entre modalidades de inversión alternativa en Ziegler, T., Schneor, R. y otros, *The 2nd Global Alternative...,* pp. 41, 76 y 77.

8 En enero de 2023, de las veintiocho plataformas de financiación participativa que figuraban inscritas en el registro de la CNMV, veintidós admitían la publicación de proyectos de *equity crowdfunding*.

9 Sobre la necesidad de una regulación europea homogénea, véase Hernández Sainz, E., «La transparencia como instrumento de protección de los inversores en equity crowdfunding en la Propuesta de Reglamento relativo a los proveedores de servicios de financiación participativa)», en AA.VV. *Nuevas tendencias del Derecho europeo y del Derecho español de sociedades*, Publicaciones Facultad de Derecho de la Universidad complutense, Madrid, 2019, pp. 255-256.

10 Este Reglamento se complementa con la Directiva 2020/1504 de la UE, que realiza las adaptaciones necesarias en la MiFID II.

si el importe de la oferta supera los cinco millones de euros en un periodo de doce meses (art. 1.2.c RPESFP). A efectos de la aplicación de este Reglamento solo se consideran operaciones de financiación participativa empresarial las que se canalizan mediante préstamos o mediante la suscripción de valores negociables[11] u otros instrumentos admitidos para la financiación participativa (en el caso de España, las participaciones de sociedades limitadas[12]). Con la finalidad de adecuar la regulación española al RPESFP, la Ley 18/2022, de 28 de septiembre, de creación y crecimiento de empresas ha derogado íntegramente el título V de la LFFE[13] y ha procedido a regular tan solo las cuestiones que el Reglamento deja a la decisión de los Estados miembros, así como las plataformas de financiación participativa no armonizadas[14].

Las operaciones de financiación participativa de inversión permiten captar capital a las PYMEs y facilitan el acceso del gran público a una nueva modalidad de inversión directa en sociedades no cotizadas con alto potencial de crecimiento. En definitiva, el *equity crowdfunding* permite configurar un específico segmento de mercado primario para PYMEs que permite el acceso directo de cualquier inversor sofisticado o no. Pero es un mercado primario con características especiales. A diferencia del mercado primario tradicional que carece de organización y entes gestores, las plataformas de financiación participativa son entornos digitales cerrados[15] de interacción múltiple entre inversores y promotores, que están gestionados por un intermediario financiero debida-

11 El concepto de valor negociable coincide con el establecido en la MiFID II, pues el art. 2.1 del RPESFP remite al art. 4.1.44 de dicha Directiva.

12 Conforme al art. 2.1.n RPESFP, se consideran instrumentos admitidos para la financiación participativa»: respecto de cada Estado miembro, las participaciones de una sociedad de responsabilidad limitada que no estén sujetas a restricciones que, en la práctica, impedirían que se negociara con ellas, incluidas las restricciones relativas a la manera en que dichas participaciones se ofrecen o anuncian al público. El actual art. 46 LFFE declara expresamente que las participaciones de sociedades de responsabilidad limitada se considerarán valores aptos para el desarrollo de las actividades de las plataformas de financiación participativa. No obstante, hay que matizar que no son valores y que habrá de analizarse caso por caso si cumplen con la exigencia del RPESFP de no estar sujetas a restricciones que hagan inviable su negociación.

13 Vid. art. 14 Ley 18/2022.

14 El art. 55.1 LFFE considera como tales aquellas que prestan servicios de financiación participativa a promotores que tengan la condición de consumidores y aquellas que admiten ofertas por importe superior a cinco millones de euros, supuestos ambos en que no es de aplicación el RPESFP (vid. art. 2.a y c del Reglamento). De forma incomprensible, la letra b de este precepto declara aplicable a estos PSFP lo dispuesto en el propio RPESFP, solución absurda, cuando el propio Reglamento los ha excluido de su ámbito de aplicación. Quizás por esta razón, el art. 55.1.e LFFE les prohíbe prestar servicios de financiación participativa de forma transfronteriza.

15 Sobre el concepto de mercado electrónico cerrado, véase Rodríguez De Las Heras Ballell, T., *Régimen jurídico de los Mercados Electrónicos Cerrados (e-Marketplaces)*, Marcial Pons, Madrid, 2006.

mente autorizado: el proveedor de servicios de financiación participativa (en adelante PSFP). En esta estructura triangular, desde la perspectiva subjetiva, se entablan relaciones contractuales en dos planos. En el plano vertical, se entablan relaciones entre el gestor de la plataforma y los usuarios (ya sean promotores o inversores) que van a ser considerados sus clientes, mediante un contrato de acceso a la plataforma que les permite participar en el mercado. En el plano horizontal, se entablan relaciones entre los inversores y los promotores que se van a materializar en el negocio de suscripción de las acciones o participaciones ofertadas por el promotor. En ambos planos, la transparencia juega un papel esencial en la protección de los inversores, en su condición de tales o en la de clientes del proveedor de servicios de financiación, en tanto que usuarios de la plataforma. Para garantizar la transparencia en el plano horizontal (relaciones promotor-inversor) cobra especial relevancia la Ficha de datos fundamentales de la inversión que desempeña un papel similar al del folleto informativo en los mercados primarios tradicionales.

En la práctica, puede suceder que la ficha contenga información falsa, esté incompleta o sea inexacta provocando la toma de decisiones de inversión equivocadas. Al igual que sucede con el folleto, el promotor y quienes forman parte de sus órganos de administración, dirección o supervisión son responsables civiles de los daños que tales omisiones, inexactitudes o falsedades hayan causado (art. 23.9 RPESFP y art. 51.2 LFFE). Nada nos dice el legislador sobre la responsabilidad en la que incurre el PSFP. A falta de un régimen específico de responsabilidad expresamente previsto será necesario aplicar las reglas generales sobre responsabilidad civil. El objetivo de este trabajo es precisamente determinar la responsabilidad exigible al PSFP en supuestos de falsedades, omisiones o inexactitudes en la ficha de datos fundamentales, atendidas las obligaciones de publicación, traducción, verificación y actualización de la Ficha que el RPESFP le impone.

2. La ficha de datos fundamentales de la inversión como instrumento para garantizar la transparencia en los mercados de *Equity crowdfunding*

2.1. La transparencia como elemento imprescindible para garantizar la eficiencia de los mercados de financiación participativa y la protección de los inversores

Los mercados de financiación participativa constituyen un nuevo segmento de mercado primario que, al igual que los mercados financieros tradicionales, debe sustentarse en la transparencia como requisito insoslayable para la protección del inversor, el mantenimiento de su confianza y, en definitiva, la eficiencia del mercado en la asignación de recursos[16]. La disponibilidad de la máxima información sobre el promotor y su proyecto en el menor tiempo posible y con los mínimos costes, permite a los inversores adoptar decisiones racionales debidamente fundadas, favoreciendo así la asignación eficiente del ahorro a las inversiones potencialmente más rentables. A diferencia de lo que ocurre con otros bienes, las especiales características de las acciones y participaciones de sociedades de capital no cotizadas hacen que la información sobre el emisor y su situación económica y financiera, así como sobre los caracteres concretos de los instrumentos que se emiten para captar la financiación, sea absolutamente imprescindible para determinar correctamente su precio y, en consecuencia, para que los inversores adopten sus decisiones de inversión con el debido fundamento.

Puesto que los promotores carecen de incentivos suficientes para difundir voluntariamente toda la información necesaria y los inversores no pueden obtener tal información sin incurrir en costes muy elevados[17], debe ser el legislador quien les imponga un conjunto de deberes de publicación de información. En los mercados primarios tradicionales, el principio de plena transparencia (la *full disclosure* anglosajona) se sustancia, fundamentalmente, en un deber de elaborar y publicar un extenso folleto informativo que permita al potencial suscriptor o adquirente evaluar la situación económico-financiera y las perspectivas del emisor, así como los derechos inherentes a los valores o instrumentos financieros cuya suscripción se le ofrece. Sin embargo, el cumplimiento de los estrictos y extensos deberes de transparencia y otros requisitos que el Reglamento UE 2017/1129 relativo al folleto[18] impone para las

---

16 Y es que como ya nos advirtió, hace varias décadas, el profesor Sánchez Andrés, A., «Razones y problemas de la reforma proyectada de la Ley del Mercado de Valores» *RDBB*, n.º 62, 1996: «La transparencia o disclosure es realmente la clave para diferenciar las operaciones financieras de un mero sistema de apuestas y probablemente el único mecanismo capaz de colocar la lógica del mercado por encima de aquellas otras reglas encargadas de presidir el ordenado funcionamiento de un casino».

17 Sobre la necesidad de un régimen de difusión obligatoria de información en los mercados de financiación participativa por la existencia de fallos de mercado, véase Wenzlaff, K., Odorovic, A., Riethmüller, T. y Wambold, P., «On the merits of the Key Investment Information Sheet in the ECSPR (arts. 23-24 and AnnexI)» en AA.VV. (ed. Macchiavello, E.), *Regulation on European crowdfunding service providers for business*, Elgar, Northampton, 2022., pp. 319-323.

18 La regulación del folleto se ha homogeneizado a nivel de la UE y está hoy contenida en el Reglamento UE 2017/1129 del Parlamento Europeo y del Consejo, de 14 de junio de 2017, sobre el folleto que debe publicarse en caso de oferta pública o admisión a cotización de valores en un mercado regulado, en vigor desde el 21 de julio de 2019. Este Reglamento se completa con un nutrido conjunto de Reglamentos de desarrollo, a saber: Reglamento Delegado (UE) 2019/979 de la Comisión, de 14 de marzo de 2019, en lo que respecta a las normas técnicas de regulación sobre la información financiera fundamental en la nota de síntesis de un folleto, la publicación y clasificación de los folletos, la publicidad de los valores, los suplementos de un folleto y el portal de notificación; Reglamento Delegado (UE) 2019/980 de la Comisión, de 14 de marzo de 2019, en lo que respecta al formato, el conte-

ofertas públicas de suscripción, acarrea unos costes económicos y temporales inasumibles para las PYMEs con necesidades de capital generalmente de escasa o moderada cuantía, cortándoles toda posibilidad de financiarse con recurso al ahorro público. Además, la extensión y complejidad del folleto lo convierte en un instrumento ineficaz para garantizar un adecuado nivel de transparencia frente a los inversores minoristas quienes, muy probablemente no lo lean y si lo hacen puede que no lo comprendan. De ahí la obligación de publicar también una nota de síntesis, documento más breve y en formato estandarizado, destinado principalmente a los inversores no sofisticados.

El problema de la tensión entre la necesaria transparencia del mercado y la reducción de costes y simplificación de cargas y procedimientos para facilitar la financiación de las PYMEs no tiene fácil solución. Desde luego, no estriba en la supresión de todo deber de información, pues la práctica ha demostrado que la ausencia de transparencia es terreno abonado para el fraude e impide la creación de mercados eficientes de financiación para las PYMEs, pues sin información veraz y suficiente no es posible la adopción de decisiones de inversión sensatas. De ahí que la solución que mejor equilibra los intereses en juego: protección del inversor, de un lado, y reducción de costes y simplificación de cargas, de otro, es una adecuada graduación de las obligaciones de transparencia. Es tarea del legislador diseñar un sistema de transparencia que garantice un justo equilibrio entre la facilitación de la obtención financiación por las PYMEs y una protección suficiente de los inversores que, no podemos olvidar, es también imprescindible para garantizar la confianza y, en definitiva, el eficiente funcionamiento del mercado de financiación.

El RPESFP ha optado por simplificar el procedimiento de emisión y reducir la información que se exige en las emisiones realizadas a través de una plataforma de financiación participativa —exentas del deber de elaboración de un folleto—, al tiempo que limita el importe máximo de la financiación a solicitar en un plazo de doce meses a cinco millones de euros. Además, aunque se elimina el control de las emisiones por las autoridades de supervisión, se exige que este mercado primario sea un mercado intermediado, en el que su gestor y operador, el PSFP, juega un papel de tercero de confianza que facilita a los inversores la información legalmente exigible que ha elaborado el promotor, tras su verificación y, en ocasiones, traducción. Esta opción que

---

nido, el examen y la aprobación del folleto que debe publicarse en caso de oferta pública o admisión a cotización de valores en un mercado regulado; Reglamento Delegado (UE) 2020/1272 de la Comisión de 4 de junio de 2020 que modifica y corrige el Reglamento Delegado (UE) 2019/979; Reglamento Delegado (UE) 2020/1273 de la Comisión de 4 de junio de 2020 que modifica y corrige el Reglamento Delegado (UE) 2019/980; Reglamento Delegado (UE) 2021/528 de la Comisión de 16 de diciembre de 2020 en lo que respecta al contenido mínimo de información del documento que debe publicarse con objeto de acogerse a una exención de la obligación de publicar un folleto en relación con una adquisición mediante una oferta de canje, una fusión o una escisión.

consideramos adecuada tiene, no obstante, una deficiencia relevante y es que no se ha cuidado el diseño de un régimen de responsabilidad civil adecuado que incentive al PSFP a un mejor cumplimiento de sus obligaciones dirigidas a favorecer una mayor transparencia en estos mercados.

2.2. La ficha de datos fundamentales: contenido y difusión

Con el fin de garantizar que los inversores dispongan de información sustancial sobre los promotores, los proyectos para los que solicita la financiación, los valores o instrumentos que emiten y los riesgos específicos de este entorno de inversión, el art. 23 RPESFP obliga al promotor a elaborar una ficha de datos fundamentales de la inversión que el PSFP debe facilitar a los inversores potenciales. Esta ficha, a diferencia del folleto informativo, no requiere de aprobación por ninguna autoridad supervisora del mercado de valores[19] y tiene un tamaño muy reducido, con una extensión máxima de seis caras en tamaño A4 (art. 23.7 RPESFP)[20].

Su contenido puede facilitarse en cualquier soporte, pero siempre respetando el formato estandarizado establecido en el Anexo del Reglamento delegado UE 2022/2119 de la Comisión de 13 de julio de 2022, por el que se completa el RPESFP en lo que respecta a las normas técnicas de regulación relativas a la ficha de datos fundamentales de la inversión. Esta homogeneidad en la presentación formal de la información y el reducido tamaño de la ficha permite su mejor comprensión, así como una sencilla y cómoda comparación entre fichas de distintos proyectos para los que se solicita financiación. Este formato va en la línea de reducir y homogeneizar la información que se ofrece a los inversores minoristas[21], pretendiendo que solo se les presente de manera clara y concisa la información verdaderamente relevante.

---

19 No obstante, la autoridad competente del Estado miembro en el que el PSFP obtuvo su autorización para operar puede exigirle una notificación previa de las fichas de datos fundamentales que va a entregar a los inversores con al menos siete días hábiles de antelación a dicha puesta a disposición (art. 23.14 RPESFP). El legislador español no ha hecho uso de esta opción, por lo que los PSFP autorizados por la CNMV no están obligados a esta notificación previa. No obstante, la CNMV sí podría obligarles a entregar, en cualquier momento, concretas fichas de datos fundamentales, en el marco de un proceso de investigación, puesto que conforme al art. 49.3.a LFFE la CNMV puede exigir a los PSFP que haya autorizado cualesquiera informaciones y documentos.

20 No obstante, si se ofrece la suscripción de participaciones de sociedades limitadas se permite una extensión mayor; puesto que, aunque se prevé que la información del apartado F de la ficha, relativo a los derechos del inversor no ocupe más de una cara, se admite que se añada más información en un documento anexo que se entregará junto a la ficha.

21 Se acerca así a los modelos de información breve y estandarizada previstos para los productos preempaquetados o a la nota de síntesis que acompaña a los folletos de emisión.

El contenido de la ficha también está completamente predeterminado. Se inicia con un apartado de advertencias y riesgos en los términos previstos en el art. 23.6 RPESFP[22], acompañado de la información necesaria para el ejercicio del derecho de desistimiento (periodo de reflexión). A continuación y tras un resumen en el que se identifican los datos esenciales (identificador, promotor y proyecto, tipo de oferta, importe objetivo y plazos límite) se ubican ocho grandes bloques de información, cuyo contenido varía en atención al tipo de operación (*equity crowdfunding* o *crowdlending*). En concreto y de conformidad con los Anexos del RPESFP y su desarrollo en el Anexo del Reglamento delegado 2022/2119, tratándose de una operación de *equity crowdfunding* debería proporcionarse información sobre las siguientes cuestiones:

a) Información sobre el promotor o promotores del proyecto y el proyecto de financiación participativa. Este es, a mi juicio, un apartado fundamental para valorar la inversión que se propone, pues ha de contener un apartado con la descripción de las actividades principales del promotor y los productos o servicios que ofrece. En él se incluye un hipervínculo a los estados financieros más recientes del promotor.

b) Principales características del proceso de financiación participativa y condiciones para captar capital. En este apartado debe ofrecerse información sobre el proceso de financiación con datos como el importe mínimo y, en su caso, máximo de capital que se pretende captar, el plazo para alcanzar ese objetivo, las consecuencias si no se alcanza y el importe de los recursos propios del promotor comprometidos en el proyecto.

---

22 En concreto, se prevé que se incluyan unas advertencias estandarizadas en los siguientes términos: «La presente oferta de financiación participativa no ha sido verificada ni aprobada por las autoridades competentes ni por la Autoridad Europea de Valores y Mercados (AEVM).

La idoneidad de su experiencia y conocimientos no se ha evaluado necesariamente antes de que se le concediera acceso a esta inversión. Al realizar esta inversión, usted asume plenamente el riesgo que comporta, incluido el de pérdida parcial o total del dinero invertido»

«Invertir en este proyecto de financiación participativa entraña riesgos, incluido el de pérdida parcial o total del dinero invertido. Su inversión no está cubierta por los sistemas de garantía de depósitos establecidos de conformidad con la Directiva 2014/49/UE del Parlamento Europeo y del Consejo. Su inversión no está cubierta por los sistemas de indemnización de los inversores establecidos de conformidad con la Directiva 97/9/CE del Parlamento Europeo y del Consejo.

Es posible que no obtenga rendimiento alguno de su inversión.

No se trata de un producto de ahorro y recomendamos no invertir más del 10 % de su patrimonio neto en proyectos de financiación participativa.

Es posible que no pueda vender los instrumentos de inversión cuando lo desee. Aun cuando pueda venderlos, podría sufrir pérdidas».

c) Factores de riesgo. En este apartado, también de gran trascendencia para la adopción de la decisión de inversión, se presentarán los principales riesgos que asume el inversor, a saber: riesgos asociados al proyecto, al sector de actividad o a la posible insolvencia del promotor, riesgo de no obtención de beneficios o de iliquidez de la inversión e incluso riesgos de fallos en la plataforma.

d) Información relativa a la oferta de acciones o participaciones, como el importe total, el precio de suscripción, si se acepta o no el exceso de suscripciones, las condiciones de suscripción y pago, la custodia y entrega de los instrumentos de inversión, las posibles garantías o los compromisos firmes de recompra ofrecidos.

e) Información sobre el emisor, cuando sea distinto del promotor del proyecto y sea, por lo tanto, una entidad instrumental.

f) Información relativa a los derechos del inversor inherentes a las acciones o participaciones, a las posibles restricciones a su libre transmisibilidad, a las posibilidades para desprenderse de su inversión en el futuro y a la distribución del capital y los derechos de voto, antes y después de la ampliación de capital.

Finalmente, estas informaciones relativas a la operación de financiación se completan con un apartado relativo a las tasas que se cobran al inversor y los costes que habrá de soportar, información relativa a dónde y cómo obtener información gratuita complementaria sobre el proyecto de financiación, el promotor o el emisor y también información sobre cómo y a quién poder dirigir una reclamación sobre la inversión o sobre la conducta del promotor o el PSFP.

Esta ficha de información esencial es el único documento que se exige elaborar al promotor. No puede, por tanto, equipararse a una nota de síntesis que acompaña al folleto en las ofertas públicas sometidas al Reglamento UE 2017/1129; puesto que no existe un folleto detallado o un documento informativo más amplio que venga a ser resumido en sus datos fundamentales en esta ficha que exige elaborar el RPESFP.

Con estas mínimas exigencias de información es evidente que se reducen notablemente los costes si comparamos este documento con el folleto que debe elaborarse en una oferta pública de suscripción sometida al Reglamento UE 2017/1129, pero a costa de reducir la información disponible, lo que puede conducir a mercados más ineficientes. Y es que tal y como está concebida la ficha en el Reglamento, falta información clave sobre algunos aspectos esenciales para poder adoptar una decisión razonada y sensata sobre la inversión que se propone. Pese a su importancia para que el inversor conozca el contenido de los derechos y obligaciones que asumirá como futuro socio, el Reglamento no obliga a que se le entreguen los estatutos de la sociedad cuyas acciones o participaciones se ofertan en la plataforma o, al menos, a que se garantice un acceso sencillo a su contenido[23]. En relación con la situación financiera, tan solo se exige un hipervínculo a la ficha financiera más reciente del promotor del proyecto «si se dispone de ella». Ni siquiera se exige esta información cuando el emisor sea una entidad instrumental distinta del promotor. Considero que la ficha de información esencial debería acompañarse, necesariamente, de las cuentas anuales de los últimos tres años tanto del promotor como del emisor, cuando sea un sujeto diferente. Dado que las sociedades de capital están obligadas a elaborar cuentas anuales y depositarlas en registros accesibles al público, no supone un coste relevante su entrega al inversor junto con la ficha estandarizada.

Tampoco se exige excesivo detalle en relación con el proyecto al que se quiere destinar la financiación, requiriéndose tan solo que se manifieste su finalidad y características principales. Estimo que debiera exigirse un informe de viabilidad elaborado por un experto independiente. Puede alegarse que se incrementaría el coste de obtención de la financiación, pero no requerir tal informe supone admitir que pueda solicitarse financiación para proyectos sin ninguna posibilidad de éxito.

En lo tocante al idioma, la ficha debe estar disponible al menos en una de las lenguas oficiales del Estado miembro en que el PSFP haya sido autorizado o en otra lengua que admita su autoridad competente y, además, en una de las lenguas oficiales de cualquier otro Estado miembro en el que el PSFP publicite la oferta de financiación mediante una comunicación comercial o en una lengua aceptada por la autoridad competente de ese Estado miembro (art. 23.2 y 3 RPESFP)[24]. Además, si así lo desea el PSFP puede traducir la ficha a otras lenguas siempre que refleje con exactitud el contenido de la ficha original (art. 23.4 RPESFP). Finalmente, los inversores potenciales pueden solicitar al PSFP la traducción de la ficha a una lengua de su elección. En tal caso, el PSFP puede optar entre traducir con fidelidad la ficha o no hacerlo, debiendo, en este último caso, aconsejar claramente a los inversores que se abstengan de realizar la inversión.

En cuanto a la difusión de esta información solo se exige que el PSFP facilite la ficha a los inversores potenciales (art. 23.1 RPESFP), lo que nos lleva a pensar que solo se entregará cuando exista una manifestación de interés por parte del inversor. En mi opinión, la ficha de información esencial debiera publicarse en la plataforma junto con la publicidad de la oferta y el proyecto siempre y en todo caso.

---

23 Véase las críticas al respecto de Sánchez Ruiz, M., «Digitalización de sociedades y equity crowdfunding» *Revista de derecho del mercado de valores*, n.º 29, 2021, pp. 7 y 8, al estimar que «se impone al inversor la carga de solicitar, investigar, averiguar, además de interpretar, esta información tan relevante para poder hacer efectivos los derechos asociados a la inversión por sus propios medios» (p. 9).

24 Es el caso de la CNMV que admite el castellano, las lenguas oficiales de las CC.AA. y también el inglés.

2.3. El promotor como principal responsable del contenido de la ficha

El RPESFP no contiene expresamente un régimen de responsabilidad civil por omisiones, inexactitudes o falsedades de la ficha de datos fundamentales limitándose a exigir, en su art. 23.9, a los Estados miembros que «velen por que la responsabilidad por la información que figure en una ficha de datos fundamentales de la inversión recaiga, como mínimo, en el promotor del proyecto o en sus órganos de administración, dirección o supervisión». Esto supone que el régimen de responsabilidad no estará armonizado, pues el Reglamento se limita a exigir un contenido mínimo a esa regulación, pero dejando un amplio margen a los Estados miembros. Ni siquiera es necesario que se regule un régimen de responsabilidad específico, si conforme a las normas de Derecho privado del Estado de que se trate cabe exigir al promotor o a los integrantes de sus órganos de administración, dirección o supervisión, responsabilidad civil por los daños derivados de los defectos en la información tal y como se exige en el art. 23.9 y 10 RPESFP. En concreto, el Reglamento, con el fin de facilitar el posible ejercicio de acciones de responsabilidad por los inversores, solo exige que las personas responsables de la ficha de datos fundamentales de la inversión se identifiquen claramente en la propia ficha, por su nombre y cargo, si se trata de personas físicas, o por su denominación y domicilio social, si se trata de personas jurídicas. También se les exige que adjunten una declaración en la que confirmen que, hasta donde alcanza su conocimiento, la información contenida en la ficha de datos fundamentales de la inversión responde a la realidad y no contiene omisiones que puedan afectar a su contenido. El apartado décimo del mismo precepto añade que la normativa nacional debe garantizar que las disposiciones en materia de responsabilidad civil se apliquen como mínimo cuando la información sea engañosa o inexacta o cuando la ficha de datos fundamentales de la inversión omita datos fundamentales necesarios para ayudar a los inversores a la hora de considerar la financiación del proyecto de financiación participativa. Por lo tanto, los Estados miembros pueden optar por una regulación específica y más detallada de la responsabilidad por la ficha o por aplicar las normas generales de Derecho civil, siempre y cuando se respeten los mínimos exigidos por el Reglamento.

Puesto que el promotor es quien conoce y mejor puede facilitar la información necesaria para completar la ficha y es el obligado legalmente a elaborarla (art. 23.2 RPESFP) es razonable que se le considere a él o a sus órganos de administración, dirección o supervisión como los principales responsables de su contenido. En mi opinión, estas previsiones no suponen que el PSFP no asuma ninguna responsabilidad, puesto que se le impone el deber de verificar el contenido y proporcionar la ficha a los inversores potenciales. Como reconoce el Considerando 51 del Reglamento UE 202071503, el PSFP es el responsable de garantizar que la ficha sea clara, correcta y completa. Una lectura conjunta de los apartados 9 y 11 del art. 23 RPESFP debe llevarnos a la conclusión de que el promotor o sus órganos de administración, dirección o supervisión (según lo dispuesto en la normativa nacional) son los responsables, en todo caso, de los daños causados por la falsedad, inexactitud u omisiones de la información contenida en la ficha. Pero, cuando los defectos de la información sean debidos al incumplimiento por el PSFP de sus deberes de verificación o publicación, este puede ser total o parcialmente responsable de dichos daños[25]. En todo caso, al tratarse de una materia no armonizada deberá atenderse a las concretas normas de responsabilidad previstas en cada Estado miembro, siendo de aplicación la regulación del Estado en que esté domiciliado el inversor que reclame la indemnización[26].

En España, el nuevo art. 51 LFFE introducido por la Ley 18/2022 de 28 de septiembre, de creación y crecimiento de empresas ha optado por copiar casi literalmente el art. 23.9 RPESFP, atribuyendo la responsabilidad por la información que figura en la ficha de datos fundamentales al promotor del proyecto o a sus órganos de administración, dirección o supervisión. El precepto mantiene en idénticos términos que los previstos en el Reglamento las exigencias de identificación de los responsables de la información y la inclusión de la declaración de conocimiento sobre la realidad de la información contenida en la ficha y la ausencia de omisiones. También se ha copiado literalmente el art. 23.10 RPESFP en lo relativo a los defectos de la ficha que desencadenan la responsabilidad. Esta misma solución es la adoptada en Italia[27]. En cambio en Alemania, se ha determinado con mayor precisión quién responde e incluso se han previsto causas de exoneración[28].

25 Así lo interpreta la propia Comisión Europea, en contestación a una consulta de la Esma. Véase Esma, *Questions and Answers... cit.*, p. 19 (answer 5.2).

26 Esta falta de armonización es considerada una deficiencia importante de la regulación europea por Wenzlaff, K., Odorovic, A., Riethmüller, T. y Wambold, P., «On the merits of the Key...», cit., p. 333.

27 En Italia, el art. 5 de *la Legge 4 agosto 2022, n. 127 di delega al Governo per il recepimento delle direttive europee e l'attuazione di altri atti normativi dell'Unione europea*, delega en el Gobierno la regulación del régimen de responsabilidad, pero estableciendo como principio que la responsabilidad se atribuya al promotor o a sus órganos de administración, dirección o supervisión.

28 En Alemania, se ha optado por considerar responsable, en todo caso, al promotor y a los integrantes de su órgano de dirección, si actuaron con dolo o culpa, mientras que los integrantes de los órganos de supervisión solo serán responsables si actuaron intencionadamente o con negligencia grave. Además, se han previsto supuestos de exoneración para el caso en que el inversor hubiese sido consciente de la inexactitud o el carácter incompleto de la información contenida en el documento de datos fundamentales para el inversor o en cualquier traducción a las lenguas oficiales de un Estado miembro de la UE, antes de tomar su decisión (art. 32.e.1 *Wertpapierhandelsgesetz*). También se indica expresamente que la nueva regulación no afecta a otras reclamaciones que puedan interponerse en virtud de las disposiciones del Derecho civil sobre la base de contratos o actos ilícitos. Véase los parágrafos 32 c y 32 e de la *Wertpapierhandelsgesetz*.

La redacción dada al art. 51 LFFE nos permite deducir que el promotor o quienes integran sus órganos de administración, dirección o supervisión serán responsables, en todo caso, de los daños causados como consecuencia de informaciones engañosas o inexactas en la ficha o cuando existan en ella omisiones relevantes. Estamos ante un supuesto de responsabilidad objetiva. En mi opinión, esto no significa que otros sujetos no puedan ser responsables cuando sean los causantes del daño. Lo que sucede es que, en tal caso, habrán de aplicarse las normas generales en materia de responsabilidad civil contractual o extracontractual[29]. Así, por ejemplo, si el promotor ha remitido una ficha completa al PSFP y este, negligentemente, solo proporciona una parte de su contenido a los inversores, el promotor responderá, en todo caso, de los daños que tales omisiones de información relevante puedan haber causado al inversor. No obstante, en mi opinión, el PSFP también será responsable solidario por aplicación de las normas generales en materia de responsabilidad civil, pues ha sido la infracción de su deber legal de publicar completa la ficha lo que ha causado el daño. Y por supuesto, si el promotor hace frente a la indemnización, podrá reclamar lo pagado al PSFP que, claramente, ha incumplido sus deberes contractuales frente al promotor al no facilitar íntegra a los inversores la ficha que se le entregó.

3. La responsabilidad civil del PSFP por errores, falsedades u omisiones en la ficha de datos fundamentales de la inversión. Fundamento y naturaleza jurídica

Dado que es posible fundamentar la responsabilidad civil del PSFP en las normas generales de Derecho civil sobre responsabilidad contractual o extracontractual, es preciso determinar el alcance y requisitos de tal responsabilidad y para ello, previamente es necesario atender a su posición y a la naturaleza de sus relaciones con los promotores y los inversores.

3.1. Posición del PSFP y naturaleza de sus relaciones con el promotor y los inversores

Las plataformas de financiación participativa han dado lugar a un nuevo modelo de intermediación financiera en las operaciones de mercado primario. En el mercado primario tradicional, los intermediarios financieros intervienen como colocadores, aseguradores o directores del proceso de emisión con base

29 En Alemania, el parágrafo 32 e de la *Wertpapierhandelsgesetz* así lo prevé expresamente: «*Weitergehende Ansprüche, die nach den Vorschriften des bürgerlichen Rechts auf Grund von Verträgen oder unerlaubten Handlungen erhoben werden können, bleiben unberührt*».

en un contrato con el emisor, pudiendo o no estar vinculados contractualmente con concretos inversores por medio de contratos de gestión de carteras, asesoramiento financiero, o transmisión y ejecución de órdenes. En cambio, en los mercados que generan las plataformas de financiación participativa, el PSFP desempeña un rol diferente aunque algunas de las funciones que se le atribuyen se asemejan a las propias de las entidades colocadoras o directoras.

En las operaciones de *equity crowdfunding*, los servicios que presta el PSFP consisten en la colocación de las acciones o participaciones emitidas por el promotor como vía para captar la financiación que necesita y en la recepción y transmisión de órdenes de suscripción de los potenciales inversores que concurren a la oferta (art.2.1.a.ii RPESFP). Sin embargo, a diferencia de las entidades de crédito o las ESIs que actúan como colocadores en las operaciones de mercado primario tradicional, tienen prohibido garantizar la colocación (art. 1.a.ii RPESFP) o suscribir las acciones o participaciones emitidas por el promotor (art. 8 RPESFP). Su posición también tiene puntos en común con la propia de una entidad directora de una oferta pública de suscripción, pues el PSFP, al igual que la entidad directora, viene obligado a verificar el contenido de la ficha para asegurarse de que no es falso o engañoso, ni omite informaciones relevantes[30]. De ahí que las construcciones en torno a la responsabilidad civil de las entidades directoras por el incumplimiento de su deber de verificación del folleto puedan extrapolarse en parte para justificar la asunción de responsabilidades por el PSFP frente a los inversores —e incluso frente a los promotores— en caso de incumplimiento de su deber de verificación de la información que al igual que el impuesto a las entidades directoras tiene un origen legal.

No obstante, el diseño legal de la figura del PSFP ofrece una diferencia sustancial con relación a las entidades colocadoras y directoras que justifica su asunción de responsabilidad cuando la información proporcionada en la ficha resulte engañosa, inexacta o presente omisiones relevantes. El PSFP tiene como función principal la gestión de la plataforma para conectar los intereses de los inversores y de los promotores, desde una posición neutral. Como gestor de la plataforma, el PSFP asume un papel de guardián (*gatekeeper)* o garante del buen funcionamiento del mercado y, en especial de su transparencia, ya que se le encomienda la publicación y verificación de la información esencial que necesita el inversor, con el fin de reducir las asimetrías propias de todo mercado primario que son aún mayores en un

30 El art. 35.3 RD 1310/2005 impone a las entidades directoras de una OPS la obligación de «llevar a cabo las comprobaciones que, razonablemente, según criterios de mercado comúnmente aceptados, sean necesarias para contrastar que la información contenida en la nota de los valores relativa a la operación o a los valores no es falsa ni se omiten datos relevantes requeridos por la legislación aplicable. Dichas comprobaciones podrán variar en función de factores como las características de la operación, del emisor y su negocio, de la calidad de la información disponible o facilitada por el emisor o del conocimiento previo que del emisor tenga la entidad directora».

mercado como este donde los emisores son esencialmente PYMEs. En su papel de guardián del mercado, el PSFP debe velar por la integridad, claridad y fiabilidad de la información, fortaleciendo la confianza de los inversores[31]. En coherencia con su posición, debe operar como un intermediario neutral[32], pero una lectura atenta del Reglamento nos demuestra que se le impone un especial deber de protección de los inversores, pues debe velar no solo porque dispongan de información, sino incluso porque sean capaces de comprenderla o al menos, conscientes de que no la comprenden, quedando obligado a realizarles una prueba inicial de conocimientos y una simulación de su capacidad de soportar pérdidas (art. 21 RPESFP). El PSFP juega un rol en cierta medida institucional como gestor del mercado que vela por su transparencia y por la protección de los inversores, porque los mercados de financiación participativa son mercados mínimamente organizados, a diferencia de las operaciones de mercado primario tradicional en las que no hay organización de ningún tipo, pues cada emisión es independiente de las demás. Las plataformas constituyen un entorno cerrado de negociación y su gestor debe velar por la transparencia del mercado y la protección de los inversores, pues solo así el mercado será eficiente.

En cuanto a la relación jurídica que le une con el promotor y con el inversor, la doctrina mayoritaria considera que se trata de dos contratos de mediación mercantil[33]. Esta interpretación encuentra hoy justificación en la propia

---

31 Véase LEE, J., «Investor protection on crowdfunding» en AA.VV. (ed. ORTOLANI, P. y LOUISSE, M.) *The EU crowdfunding regulation,* Oxford University Press, Oxford, 2021, parágrafo 12.58 considera que ocupa una posición de *trusted information gatekeeper*.

32 A diferencia de la LFFE española que, en su redacción inicial, permitía a los PSFP publicar proyectos o invertir en los publicados, el RPESFP opta por una estricta neutralidad del gestor de la plataforma, al que se prohíbe participar en forma alguna en las ofertas de financiación participativa que se publiquen en sus plataformas (art. 8.1 RPESFP). También tienen vedado aceptar la publicación de proyectos de personas especialmente relacionadas con el PSFP (p. ej. directivos, empleados, socios con más de un 20% el capital, etc...) —vid. art. 8.1.2 RPESFP—. En cambio, el Reglamento permite que estas personas vinculadas al PSFP inviertan en proyectos publicados en la plataforma, pero garantizando la igualdad de trato con el resto de inversores. No deben recibir un trato preferente, ni tener acceso privilegiado a información. Prueba también de su neutralidad es que se prohíbe al PSFP aceptar cualquier tipo de remuneración, descuento o rendimiento no pecuniario por orientar las órdenes de los inversores hacia una determinada oferta de financiación participativa realizada en su propia plataforma o en la de un tercero (art. 3.3 RPESFP).

33 Así lo venía considerando ya la doctrina con base en la regulación de las plataformas de financiación participativa contenida en la LFFE. Véase PAÑEDA USUNÁRIZ, F., «La responsabilidad de las plataformas de financiación participativa», en AA.VV. *Las plataformas de financiación participativa «Crowdfunding»*, Aranzadi, 2018, p. 125; MACANÁS, G., «Calificación y caracteres del contrato de mediación con la plataforma de *crowdfunding*» en AA.VV. *Crowdfunding: cooperación colectiva al servicio de la financiación*, Thomson Aranzadi, 2018, p. 78; GÁLLEGO LANAU, M., «Los remedios ante el incumplimiento de las obligaciones de transparencia en las plataformas de financiación participativa», en AA.VV. (dirs. ALONSO PÉREZ y HERNÁNDEZ SAINZ) *Servicios digitales, condiciones generales y transparencia*, Aranzadi, 2020, pp. 202-203; CUENA CASAS, M., «Régimen jurídico del crowdlen-

definición legal de los servicios de financiación participativa que ofrece el art. 2.1.a RPESFP al considerar como tal la «conexión de los intereses de los inversores y de los promotores de proyectos en materia de financiación empresarial» y en la insistencia en la necesaria neutralidad del PSFP a lo largo de todo su articulado. Contratos como el mandato o la comisión mercantil (contratos que unen a las entidades colocadoras o directoras con el emisor en el mercado primario tradicional) resultan incompatibles con la necesaria imparcialidad, independencia y neutralidad del PSFP[34]. Junto a esta relación básica de mediación pueden coexistir otras relaciones complementarias que incluyan la prestación de servicios de pago, la gestión de carteras de préstamo, etc , por lo que, en la práctica, se trata de contratos complejos.

Estos contratos complejos de prestación de servicios tienen un contenido, en gran medida reglado y predeterminado por el RPESFP que impone a los PSFP numerosas obligaciones en sus relaciones con los promotores y con los inversores. Es en este marco en el que hay que analizar la posible responsabilidad del PSFP.

3.2. Fundamento de la responsabilidad del PSFP

3.2.1. Posibles teorías en las que fundar su responsabilidad

Una lectura superficial de los arts. 23.9 y 10 RPESFP y del art. 51 LFFE podría llevarnos a la errónea conclusión de que el PSFP no asume responsabilidad alguna por las falsedades, inexactitudes u omisiones de la ficha de datos fundamentales de la inversión. El art. 23.9 RPESFP solo obliga a que la responsabilidad por la información que figure en la ficha recaiga, como mínimo, en el promotor o en sus órganos de administración, dirección o supervisión y el art. 51 LFFE parece haber optado por no ampliar ese círculo mínimo de responsables por la información incorrecta suministrada al inversor. Sin embargo, de estos preceptos lo que se deduce es que se incorpora un régimen especial de responsabilidad civil de carácter objetivo que recae solo sobre el promotor o sus órganos de administración, dirección o supervisión. Aunque hubiese sido más conveniente que se regulase expresamente su régimen de responsabilidad[35], tal ausencia de previsión legal no implica la exoneración de toda

ding o préstamo en masa en el Derecho español» en AA.VV. (dirs. Cuena Casas e Ibáñez Jiménez) *Perspectiva legal del fenómeno Fintech*, La Ley, Madrid, 2021, pp. 442-445.

34 Véase, en este sentido, Macanás, G., «Calificación y caracteres del contrato...», cit., apartado II.1. y Cuena Casas, M., «Régimen jurídico del crowdlending...», cit., pp. 444-445.

35 Así lo habían propugnado ya algunos autores como Alonso Espinosa, F., «Protección de la inversión a través de plataformas de financiación participativa», en AA.VV. *Crowdfunding: cooperación colectiva al servicio de la financiación*, Thomson Aranzadi, 2018, apartado V.

responsabilidad por el PSFP, sino que su responsabilidad habrá de regirse por las normas generales en materia de responsabilidad civil[36].

Así, en primer lugar, el propio Reglamento impone al PSFP un conjunto de deberes de publicación, verificación y actualización de la ficha, cuyo incumplimiento le hace acreedor de relevantes sanciones administrativas[37] y permite a los perjudicados, sean los inversores, sean los promotores, exigir la correspondiente indemnización con fundamento en las normas generales sobre responsabilidad civil contractual o extracontractual. De hecho, el propio Reglamento 1503/2020 prevé en su artículo 11 que las salvaguardias prudenciales de que ha de dotarse el PSFP se articulen mediante unos niveles mínimos de recursos propios o mediante una póliza de seguros. En este último caso, la póliza debe cubrir expresamente la responsabilidad por declaraciones falsas o engañosas (art. 11.7.b) y por actos, errores u omisiones que constituyan un incumplimiento de sus obligaciones legales y reglamentarias (art. 11.7.c.i). Es evidente que el legislador de la UE no pretende que los PSFP queden completamente exonerados de las responsabilidades derivadas de las deficiencias sustanciales de información de la ficha, sino que simplemente permite a los Estados miembros que opten por someterlas a un régimen más riguroso de responsabilidad objetiva como el previsto para los promotores o por la aplicación de la normativa general en materia de responsabilidad civil.

Además, como ya hemos explicado, el Reglamento atribuye al PSFP un papel de guardián (*gatekeeper*) del buen funcionamiento del mercado, pues tiene una posición que le permite inducir al obligado principal (el promotor) a cumplir con su deber de proporcionar información veraz, exacta y completa, ya que debe revisar esa información antes de publicarla y exigir su actualización cuando sea necesario, para garantizar un adecuado nivel de transparencia[38]. El Reglamento introduce un régimen de control de transparencia en el mercado a cargo del PSFP que puede clasificarse como *chaperone regime*[39], pues aunque el gestor puede excluir de su mercado a un promotor que incumpla con sus

---

36 Así se ha previsto expresamente en Alemania. Véase el art. 32.e.3 *Wertpapierhandelsgesetz*.

37 El art. 54.1.r LFFE considera infracción administrativa el incumplimiento de lo dispuesto en el art. 23 RPESFP sobre la ficha de datos fundamentales, debiendo calificarse esta infracción como muy gravo o grave, en atención a la concurrencia de las circunstancias indicadas en el art. 53.2 LFFE.

38 Véase esta misma fundamentación de la responsabilidad en el papel de guardián, en relación con las entidades directoras de un proceso de emisión en Fernández de Araoz Gómez-Acebo, A., «La responsabilidad civil...», cit., pp. 108 a 113 y Valmaña Ochaita, M., *La responsabilidad civil..., cit.,* p. 378.

39 Es una de las posibles estrategias de inducción al cumplimiento de las normas por terceros independientes (*third party enforcement strategies*). A este respecto, Kraakman, R., «Gatekeepers. The anatomy of a third party enforment strategy» *Journal of Law, Economics, & Organization*, vol. 2, n.° 1, 1986, pp. 53-104 distingue entre: *bouncer regimes* en los que el *gatekeeper* puede excluir al infractor del mercado y *chaperone regimes* en los que el *gatekeeper* dificulta, pero no llega a poder impedir la comisión de la infracción.

deberes de transparencia, anulando la oferta si la ficha contiene información falsa u omisiones relevantes y no es rectificada (vid. art. 23.12 *in fine* RPESFP), dicho promotor podría acudir a otra plataforma y si su gestor no detectase las deficiencias de la información, la oferta con información inexacta podría llevarse a cabo. El PSFP puede dificultar la comisión de infracciones del régimen legal de transparencia, pero no impedir de forma absoluta su comisión.

Otro argumento añadido en el que fundamentar su responsabilidad es la confianza suscitada en los inversores respecto de la veracidad y exactitud del folleto por su especial papel como filtro de la información que se facilita al inversor. La inclusión de un proyecto en la plataforma actúa como factor de señalización de calidad de la información que se proporciona sobre él, pues el inversor confía en que se trata de información verificada y actualizada. La intermediación del PSFP en la operación de financiación añade una garantía de mayor calidad en la información que se proporciona, pues sobre él pesan deberes de verificación y vigilancia. Su condición de intermediario autorizado y su mayor capacidad para detectar omisiones e inexactitudes antes que otros sujetos por su especial vinculación con el promotor y su bagaje profesional generan una confianza en los inversores que se verá defraudada si incumplen los deberes que el Reglamento les ha impuesto, por lo que deberá responder de los daños que cause una ficha con información falsa, inexacta o con omisiones relevantes cuando estos vengan motivados por el incumplimiento de los deberes impuestos al PSFP[40].

3.2.2. El incumplimiento de los deberes del PSFP en relación con la verificación, actualización, traducción y publicación de la Ficha

Para comprender la responsabilidad que puede llegar a asumir hay que partir de los deberes legales que el Reglamento impone al PSFP en relación con la ficha de datos fundamentales. Conviene analizarlos y determinar si se trata de obligaciones de medios o de resultado, pues no todas se configuran de la misma manera. En la exposición seguiremos un orden cronológico en cuanto al cumplimiento de los deberes que el Reglamento impone al PSFP.

3.2.2.1. El deber de verificar la exhaustividad, exactitud y claridad de la información contenida en la ficha

El Reglamento parte de considerar que será el promotor quien elabore la ficha de datos fundamentales de la inversión, pues ciertamente es él quien tiene acceso a todos los datos que deben incluirse en ella. Redactada la

40 Véase estos argumentos en relación con la posible responsabilidad de las entidades directoras o colocadoras en Fernández de Araoz Gómez-Acebo, A., «La responsabilidad civil...», cit., pp. 114 a 117; Valmaña Ochaita, M., *La responsabilidad civil..., cit.,* p. 470 o Macanás, G., «Calificación y caracteres del contrato...», cit., apartado II.

ficha, se impone al PSFP un deber de verificación de su contenido, pues el apartado 11 del art. 23 RPESFP le obliga a «establecer y aplicar procedimientos adecuados para verificar la exhaustividad, exactitud y claridad de la información contenida en la ficha de datos fundamentales de la inversión». El contenido de esta ficha no requiere de aprobación por las autoridades de supervisión (la CNMV en el caso de España), a diferencia de lo que sucede con el folleto informativo en las operaciones de mercado primario tradicional. Sin embargo, el legislador ha considerado oportuno que exista un control de su contenido por un intermediario financiero experto, en este caso, el PSFP quien debe garantizar que la ficha de datos fundamentales de la inversión es clara, correcta y completa[41], mediante una suerte de control de calidad de su contenido en beneficio de los inversores potenciales. Es razonable que se le imponga esta obligación, puesto que el PSFP mantiene una relación contractual con el promotor y le asiste en la publicación de su proyecto, por lo que está en condiciones de realizar estas comprobaciones de manera eficiente y con menor coste que los inversores[42].

En cuanto a la naturaleza de la obligación, el art. 23.11 del RPSFP la configura claramente como una obligación de medios y no de resultado[43]. No podría haberse configurado legalmente como una obligación de resultado; pues, en última instancia, la veracidad y completitud de la ficha dependerá del promotor. Esto supone que el PSFP no está obligado a indemnizar siempre que la ficha contenga información falsa, inexacta o incompleta, sino solo cuando no haya establecido y aplicado correctamente procedimientos adecuados para verificar la exhaustividad, exactitud y claridad de la información contenida en ella, habiendo permitido así que una ficha incompleta o engañosa llegue a los inversores. Tales procedimientos deben estar descritos en su solicitud de autorización (art. 12.2.q RPESFP), lo que supone que han sido considerados adecuados por la autoridad supervisora, pues, en caso contrario, no se le habría concedido la autorización. Por lo tanto, el PSFP quedará exonerado de responsabilidad si adoptó y aplicó diligentemente los procedimientos de verificación de la información previstos en su autorización, aunque pese a ello la información de la ficha sea insuficiente, inexacta o falsa.

---

41 Así lo indica expresamente el Considerando 51 del Preámbulo del Reglamento UE 2020/1503.

42 En el mismo sentido, pero refiriéndose a la obligación de verificación del contenido del folleto por la entidad directora, véase ALONSO UREBA, A., «Inexactitudes u omisiones...», cit., p. 3080; DE CARLOS BERTRÁN, *Régimen Jurídico...., cit.,* p. 340; o LÓPEZ MARTÍNEZ, M., *La responsabilidad por el contenido... cit.*, p. 242.

43 También se considera obligación de medios, la obligación de verificación por la entidad directora en caso de emisiones en el mercado primario. Véase DE CARLOS BERTRÁN, *Régimen Jurídico...., cit.,* p. 340; FERNÁNDEZ DE ARAOZ GÓMEZ-ACEBO, A., «La responsabilidad civil...», cit., pp. 151-153 o LÓPEZ MARTÍNEZ, M., *La responsabilidad por el contenido... cit.*, pp. 242-243.

En la aplicación de los procedimientos de verificación de la información, el PSFP debe actuar con la diligencia propia de un intermediario financiero experto. Además, el nivel de diligencia exigible dependerá de las características de la operación financiera que se publica en la plataforma, del tipo de promotor y su negocio, de la calidad de la información disponible o facilitada por el promotor o del conocimiento previo que de dicho promotor tenga el PSFP[44].

El procedimiento de verificación debe comenzar por comprobar que no hay omisiones relevantes en la ficha. Para ello, el PSFP debe cotejar que se han incluido todos los datos que exige el art. 23 y el Anexo I del RPSFP y sus desarrollos reglamentarios contenidos en el Reglamento delegado 2022/2119. A continuación debe comprobar la exactitud de la ficha, lo que, a mi juicio, supone comprobar que la información presentada es verdadera. Este deber de verificación alcanza a los hechos ya producidos (*hard information*) y también a los pronósticos o valoraciones (*soft information*) que se incluyan en la ficha, por ejemplo, en el apartado relativo a los riesgos o en la descripción del proyecto que se va a financiar exigida en el apartado A.f de la ficha. En relación con los primeros será necesario contrastar los datos incluidos en la ficha con la realidad, mientras que, en relación con los segundos, deberá realizarse un control de la razonabilidad de las previsiones o valoraciones incluidas atendiendo a los parámetros económicos habitualmente utilizados por los profesionales expertos. Deben verificarse tanto las informaciones incluidas en la redacción inicial de la ficha, como las incluidas con posterioridad, fruto de actualizaciones realizadas por el promotor durante el plazo en que está en vigor la oferta[45]. El deber de comprobación no alcanza al contenido de otros documentos o afirmaciones del promotor o sus representantes.

Para esta labor de verificación, el PSFP debe adoptar un papel activo de búsqueda de información y documentos para contrastarlos con el contenido de la ficha. Así, puede exigir al promotor que le muestre la documentación que ha servido de soporte para elaborar la ficha (p. ej. cuentas anuales, plan de negocio, estatutos, libro de actas de la junta o el órgano de administración, etc) o que le aporte cualesquiera otras informaciones o documentos necesarios[46]. También es razonable que compruebe en registros públicos, como el registro mercantil, la veracidad de la información aportada e incluso que mantenga reuniones o entrevistas con los representantes orgánicos del promotor, los responsables del departamento que pondrá en marcha el proyecto para el que se

44 En mi opinión, cabe aplicar aquí por analogía lo dispuesto para la entidad directora en el art. 35.3 RD 1310/2005.

45 Así lo interpreta la COMISIÓN EUROPEA. Véase ESMA, *Questions and Answers..., cit.,* p. 22 (answer 5.9).

46 Las condiciones generales de las plataformas suelen imponer a los promotores amplios deberes de suministro de información al gestor de la plataforma. Véase, a modo de ejemplo, el apartado 3.1 de las condiciones generales de la plataforma Capital Cell (https://capitalcell.es/terms-and-conditions/)

solicita la financiación o los auditores en su caso[47]. Hubiese sido conveniente regular el contenido mínimo de esta obligación de verificación de la información, mediante un sistema de *check list* en el que se indicase los documentos que como mínimo debería consultar el PSFP: estatutos, libros de actas, inscripción en registros públicos, últimos estados financieros, etc...

La falta de colaboración del personal del promotor o su negativa a entregar la documentación necesaria para realizar las comprobaciones pertinentes no es causa de exoneración de responsabilidad, puesto que el PSFP debería impedir la publicación en su plataforma de proyectos cuya información no haya podido contrastar suficientemente. Ante la negativa del promotor a proporcionar los documentos o datos que permitan comprobar la fiabilidad de la ficha el PSFP debe negarse a permitir la publicación del proyecto de financiación en la plataforma.

Finalmente, tras comprobar que no hay omisiones y que la información facilitada es veraz, el PSFP debe analizar la forma en que se presenta y está redactada la ficha para asegurarse de que resulta clara para un inversor no experimentado. Si estima que la presentación de la información es confusa o que la ficha, considerada en conjunto, puede resultar engañosa, debe sugerir al promotor alternativas de redacción o proceder a incluirlas con su permiso. No debe facilitar la ficha a los inversores mientras no se corrijan tales deficiencias.

A diferencia de lo que prevé la regulación sobre el deber de comprobación de la información impuesto a las entidades directoras en las ofertas públicas de suscripción, el RPESFP no exige que la realización de esas tareas de verificación del contenido de la ficha tenga un reflejo formal en la propia ficha mediante una declaración expresa. En mi opinión, hubiese sido conveniente que se exigiese tal declaración para que los inversores tuviesen constancia de la responsabilidad asumida por el PSFP, como garante de la veracidad de la ficha.

Indicar que a este deber legal, se añade en ocasiones un compromiso voluntario de una revisión más profunda de la información suministrada por el promotor. Así, plataformas como Crowdcube o Capital Cell se comprometen a una completa *due diligence* del promotor y su proyecto o a un análisis de viabilidad[48]. Este compromiso forma parte no solo del contrato con el promotor, sino también del contrato con el inversor, por lo que su incumplimiento dará lugar a la exigencia de responsabilidad.

47 Parecidas actuaciones consideran necesarias Fernández de Araoz Gómez-Acebo, A., «La responsabilidad civil...», cit., p. 161 o López Martínez, M., *La responsabilidad por el contenido... cit.*, p. 243 en relación con la obligación de la entidad directora de comprobar el contenido del folleto.

48 Véase el compromiso asumido por Crowdcube en https://www.crowdcube.eu/explore/investing/due-diligence-charter, si bien es cierto que, posteriormente, en las condiciones generales (accesibles en https://www.crowdcube.eu/explore/investor-terms) se incluye una amplia cláusula de limitación de responsabilidad. El compromiso de Due diligence de Capital Cell puede leerse en https://capitalcell.es/seleccion-y-due-diligence-de-empresas/.

3.2.2.2. La traducción de la ficha

En segundo lugar, la responsabilidad del PSFP puede derivar de una incorrecta traducción de la ficha. El RPESFP obliga a que la ficha se redacte, como mínimo, en una de las lenguas oficiales del Estado miembro cuyas autoridades concedieron al PSFP la autorización para operar o en otra lengua aceptada por dichas autoridades, siendo frecuente que se acepte el inglés como lengua habitualmente empleada en el ámbito financiero[49]. Si la oferta de financiación participativa se va a publicitar en otro Estado miembro, la ficha debe estar disponible en, al menos, una de las lenguas oficiales de dicho Estado miembro o en una lengua aceptada por sus autoridades competentes (art. 23.3 RPESFP). No indica el Reglamento quién debe realizar la traducción, siendo posible que la realice tanto el promotor como el PSFP. En este último caso, solo el PSFP será responsable de los daños causados por una traducción incorrecta que falsee la información, la haga inexacta o suponga que se elimina una parte de su contenido[50].

Además, también es posible que un inversor potencial solicite al PSFP la traducción de la ficha a una lengua determinada. El PSFP puede negarse a proporcionar dicha traducción, pero debe, en tal caso, aconsejar a los inversores que se abstengan de realizar la inversión. Si decide facilitar la ficha traducida, debe asegurarse de que su texto en el idioma solicitado refleja exacta y fielmente el contenido de la ficha original (art. 23.13 RPESFP). En este caso y con independencia de si es el propio PSFP el que realiza la traducción o un tercero al que este se la encargue, el PSFP responderá de los daños causados por las inexactitudes, omisiones o falsedades de la ficha traducida que sean consecuencia de una incorrecta traducción. En mi opinión, el art. 23.13 del Reglamento UE 2020/1503 impone al PSFP una obligación de resultado y no meramente de medios, por lo que el PSFP responderá siempre que la traducción no refleje de manera exacta y fiel el contenido de la ficha original habiendo causado daños al inversor.

3.2.2.3. El deber de facilitar la ficha a los inversores potenciales

El art. 23.1 y 2 RPESFP impone a los PSFP el deber de facilitar a los inversores potenciales la ficha de datos fundamentales de la inversión con toda la información exigida en el apartado 6 del propio art. 23 y en el Anexo I. Este deber es esencial, pues a diferencia de lo que sucede con el folleto en

---

49 Según se ha comunicado a la ESMA, aceptan el inglés las autoridades de supervisión de los PSFP de Bélgica, España, Croacia, Hungría, Luxemburgo y Malta. Véase el listado publicado por la ESMA en: https://www.esma.europa.eu/sites/default/files/library/esma35-42-1305_crowdfunding_tables.pdf.

50 Así lo considera también la ESMA en su *Questions and Answers ..., cit.,* p. 25 (answer 5.17).

el mercado primario tradicional, el promotor no está obligado a publicar la ficha, sino tan solo a elaborarla y entregarla al PSFP. No hay un deber de difusión o publicación generalizada de la ficha, sino que solo se exige que se facilite a los inversores potenciales, que, en principio, solo serán aquellos con acceso a la plataforma. De hecho es habitual que las plataformas publiciten en abierto los proyectos, sin adjuntar la ficha, a la que solo tienen acceso los inversores, tras su registro en la plataforma.

El precepto no determina si el PSFP debe entregar individualizadamente una copia de la ficha a todos los inversores interesados o es suficiente con que resulte accesible para cualquier inversor que acceda a la plataforma. En una interpretación conjunta del art. 23 RPESFP y el art. 1.2 del Reglamento Delegado 2022/2119, debemos concluir que la ficha debe estar disponible en la plataforma «tan pronto como el proveedor de servicios de financiación participativa publique la oferta de financiación participativa pertinente». Esto es, deberá incluirse en el mismo apartado de la página web en que se publicita el proyecto y la solicitud de financiación. Además y dado que el art. 23 RPESFP emplea el verbo «facilitar», el PSFP deberá entregar un ejemplar de la ficha, en cualquier soporte, a cualquier inversor potencial antes de que quede vinculado en forma alguna con el promotor[51]. En todo caso, la forma en que se ofrecerá la información debe acomodarse a lo dispuesto en el programa de actividades que el PSFP presentó junto a su solicitud de autorización, puesto que, conforme al art. 12.2.d RPESFP, en dicho programa debe especificarse dónde y cómo se comercializarán las ofertas de financiación participativa. Un elemento sustancial de la forma de comercialización es determinar cómo se facilitará la ficha a los inversores.

En relación con este deber de facilitación de la ficha a los inversores, el PSFP asumirá responsabilidades por las falsedades, inexactitudes u omisiones que contenga, siempre que estas se deban a una publicación incorrecta de la ficha (p. ej. se omite parte del contenido remitido por el promotor) o a una manipulación o modificación significativa de su contenido que origine la falta de veracidad o completitud. La responsabilidad del PSFP tendrá naturaleza contractual tanto frente al promotor como frente al inversor, pues el deber de facilitar la ficha con la información legalmente exigida, es un deber que integra los contratos que le unen con ambos tipos de cliente[52].

---

51 Así lo interpreta la ESMA en su documento *Questions and Answers ..., cit.,* pp. 24-35 (answer 5.16).

52 GÁLLEGO LANAU, M., «Los remedios...», cit., p. 218, con fundamento en la regulación inicial del *crowdfunding* en la LFFE, considera que es este un supuesto típico de responsabilidad del PSFP y que dicha responsabilidad será contractual en relación con el promotor y extracontractual en relación con el inversor. En mi opinión, en ambos casos se tratará de responsabilidad contractual, pues en relación con el inversor, el PSFP está obligado a facilitarle la ficha con la información exigida en el art. 23 RPESFP.

3.2.2.4. Los deberes de velar por la actualización de la ficha

Desde que la dicha se elabora y se facilita a los inversores y hasta que finaliza el periodo en que está vigente la solicitud de financiación pueden producirse cambios sustanciales en la situación del promotor, del proyecto o de las circunstancias concurrentes, siendo conveniente que se proceda a modificar la información contenida en la ficha y que se informe adecuadamente a los inversores. El Reglamento atribuye un importante papel al PSFP en relación con esta necesaria actualización de la ficha.

Así, en primer lugar, el art. 23.8 REPSFP obliga al PSFP a solicitar al promotor que le notifique cualquier cambio que se produzca en relación con la información ya publicada, para mantener actualizada la ficha de datos fundamentales de la inversión en todo momento y durante todo el período que dure la oferta de financiación participativa. Esto es, cuando el PSFP reciba la ficha debe advertir expresamente al promotor sobre su deber de comunicarle cualquier cambio en la información proporcionada inicialmente. Es recomendable que esta obligación se haga constar expresamente en el contrato de acceso de los promotores.

Si habiéndose producido cualquier cambio, el promotor cumple con su deber de comunicarlo al PSFP, este último vendrá obligado a informar inmediatamente a los inversores que hayan formulado una oferta de inversión o hayan manifestado interés en la oferta de financiación participativa, sobre cualquier cambio sustancial en la información que les hubiera facilitado con anterioridad.

Además, siempre que el PSFP detecte una omisión, error o inexactitud en la ficha que pueda tener un impacto importante en la rentabilidad esperada de la inversión, debe indicárselo sin demora al promotor del proyecto para que complete o corrija dicha información. Si el promotor no aporta inmediatamente el añadido o corrección, el PSFP debe suspender la oferta de financiación hasta que la información se complete o corrija, por un plazo que no puede ser superior a treinta días naturales.

El PSFP también debe informar inmediatamente a los inversores que hayan formulado una oferta de inversión o hayan manifestado interés en la oferta de financiación participativa de las irregularidades detectadas, así como de las medidas que haya tomado o vaya a tomar. Además, debe informársele de su derecho a retirar la oferta de inversión o su manifestación de interés en la oferta. En mi opinión, esta posibilidad de retirada de la oferta debe estar disponible para el inversor, se modifique o no la información, puesto que su decisión se basó en una información que ha variado.

Si, pasados treinta días naturales, la ficha de datos fundamentales no se ha completado o corregido para subsanar las irregularidades detectadas, el PSFP procederá a anular la oferta de financiación participativa, lo que supone su eliminación de la plataforma.

Si el PSFP conoce que la información es falsa o engañosa y no adopta ninguna de estas medidas, incurrirá en responsabilidad[53]. Este supuesto es similar al previsto en el art. 37 *in fine* del RD 1310/2005, en relación con las emisiones en mercado primario, que obliga a cualquier persona que tenga conocimientos de la falsedad de la información incluida en un folleto informativo o de la omisión de datos relevantes, a informar a las personas afectadas durante el plazo de vigencia del folleto. De no hacerlo así, será responsable de los daños y perjuicios causados.

El PSFP también deberá asumir responsabilidad por los daños que cause la información falsa o engañosa cuando, pese a no tener un conocimiento cierto de que la información suministrada es falsa u omite datos esenciales, existan alertas o indicios claros para sospecharlo, —es lo que la doctrina americana denomina *red flags*[54]—. Si el PSFP ignora los signos obvios de que la información puede ser falsa u omite datos relevantes y no adopta las medidas previstas en el art. 23.12 RPESFP, será responsable de los daños que cause la publicación de la ficha con información defectuosa[55]. Ante las dudas sobre la veracidad o completitud de la información, el PSFP debe activar el mecanismo de actualización recabando más información del promotor y si esta no es recibida, debe proceder a suspender la oferta o incluso a anularla.

3.2.3. La inclusión junto a la ficha de información añadida que resulte falsa o engañosa como origen de la responsabilidad

El PSFP puede ofrecer, si lo estima conveniente, más información que la exigida en la ficha, siempre que sea complementaria y consistente con aquella. Así se desprende del Considerando 52 RPESFP que autoriza a los proveedores de servicios de financiación participativa «a presentar más información de la exigida en la ficha de datos fundamentales de la inversión preparada por el promotor del proyecto. Dicha información deberá, sin embargo, ser complementaria y congruente con el resto de información facilitada en la ficha de datos fundamentales de la inversión». Esa información debería ofrecerse con el conocimiento y consentimiento del promotor[56]. En algunas plataformas se ofrecen valoraciones sobre la rentabilidad del proyecto u otras informaciones añadidas.

---

53 Así lo estimaba ya un sector de la doctrina con fundamento en la regulación contenida en la LFFE. Véase Gállego Lanau, M., «Los remedios...», cit., p. 218.

54 Véase Bradford, C.S., «Shooting the Messenger: the liability of crowdfunding intermediaries for the fraud of others», *University of Cincinnati Law Review*, vol. 83, 2014, pp. 373 y 379.

55 Así lo sugiere Gállego Lanau, M., «Los remedios...», cit., p. 219.

56 Véase Van Poelgeest, J. y Louisse, M., «The regulatory position and obligations of project owners» en AA.VV. (eds. Ortolani, P. y Louisse, M.) *The EU crowdfunding regulation*, Oxford University Press, Oxford, 2021, parágrafo 9.28.

En estos casos, es evidente que el PSFP debe ser responsable de los daños que cause la falsedad o inexactitud de las informaciones publicadas voluntariamente por él[57]. En el caso de las estimaciones o valoraciones, por su propia naturaleza no es exigible responsabilidad por el mero hecho de que no se hayan materializado, sino solo cuando en su elaboración no se observaron los estándares de diligencia propios del sector financiero, de forma que las previsiones o estimaciones eran irracionales o claramente infundadas.

3.3. Naturaleza jurídica de la responsabilidad del PSFP: ¿responsabilidad contractual o extracontractual?

La responsabilidad en que incurre el PSFP por las falsedades, inexactitudes u omisiones en el folleto que sean consecuencia del incumplimiento de los deberes que le impone el Reglamento es de naturaleza contractual cuando quien reclama es, o bien el promotor que elaboró la ficha o bien el inversor que suscribió las acciones o participaciones en su plataforma. Los deberes de publicación, traducción, verificación o actualización de la ficha que el art. 23 RPESFP impone al PSFP son deberes que integran el contenido tanto del contrato de mediación del PSFP con el promotor como del contrato, también de mediación, entre el PSFP y el inversor[58]. No obstante, a través del contrato puede delimitarse con más precisión o ampliarse el objeto exacto de estas prestaciones, así como las posibles condiciones o limitaciones, modulando así el régimen de responsabilidad[59]. Así, la responsabilidad también puede derivar del incumplimiento de otras obligaciones expresamente pactadas en el contrato o en las condiciones generales a las que se somete, que estén vinculadas con ese proceso de revisión y publicación de la ficha.

Dado que se trata de un supuesto de responsabilidad contractual en el que el daño deriva de un incumplimiento contractual, deberán concurrir los siguientes requisitos para que pueda apreciarse: a) incumplimiento doloso o negligente de la obligación que origine falsedades, inexactitudes u omisiones

---

57 Esta es también la opinión de GÁLLEGO LANAU, M., «Los remedios...», cit., p. 217, si bien con fundamento en la ya derogada regulación inicial del crowdfunding en la LFFE y en relación con supuestos en que el promotor del proyecto fuese el propio PSFP.

58 En este mismo sentido, RODRÍGUEZ DE LAS HERAS BALLELL, T., «La responsabilidad de las plataformas: alcance...», cit., apartado VI; e Idem, «Responsabilidad de las plataformas...», cit., p. 526. No se plantean aquí las dificultades dogmáticas para determinar la naturaleza de la responsabilidad que han existido en torno a la responsabilidad de las entidades directoras, puesto que estas no siempre mantienen una relación contractual con los inversores, relación que siempre media entre el inversor participante en la plataforma y el PSFP.

59 Véase RODRÍGUEZ DE LAS HERAS BALLELL, T., «Responsabilidad de las plataformas...», cit., pp. 526-527.

en la ficha, b) que se hayan producido daños o perjuicios, incluyendo como tales tanto el daño emergente como el lucro cesante y c) que concurra el nexo causal.

Como excepción, la responsabilidad del PSFP deberá calificarse como extracontractual frente a posteriores adquirentes de los títulos que hayan fundado su adquisición en el contenido defectuoso de la ficha. En este caso, no existe relación contractual entre el perjudicado y el PSFP.

En cuanto a la responsabilidad derivada de la inclusión voluntaria y discrecional de información añadida a la propia de la ficha por parte del PSFP que resulte ser falsa o engañosa, debe ser calificada de extracontractual, en todo caso, pues encuentra su fundamento en el deber general de indemnizar el daño causado (art. 1902 CC) con un acto u omisión antijurídica, doloso o culposo. La antijuridicidad reside en el hecho de que el PSFP viene obligado a velar por la transparencia del mercado y la protección de los inversores y es contrario a ambas obligaciones, la publicación de información añadida que resulte falsa o engañosa.

4. Responsabilidad frente a los inversores

4.1. Presupuestos objetivos: existencia de falsedades, inexactitudes u omisiones en la ficha o en la información añadida derivados del incumplimiento de sus deberes legales o contractuales

El PSFP será responsable cuando el incumplimiento, doloso o culposo, de alguno de los deberes legales o contractuales que ha asumido tenga como efecto que la ficha de datos fundamentales de la inversión contenga información falsa o inexacta u omita datos relevantes. No será posible exigir responsabilidad al PSFP si pese al incumplimiento de sus deberes, la información contenida en la ficha es exacta y completa, pues entonces, ningún daño podrá derivase de ella para los inversores. Corresponderá al inversor probar la falsedad o inexactitud de la ficha, o la omisión de contenido relevante para la toma de la decisión sobre la financiación del proyecto.

Debe considerarse que existe información falsa o inexacta cuando los datos contenidos en la información suministrada por el PSFP no coinciden con la realidad de los hechos o situaciones que deberían reflejar. Conforme a la jurisprudencia acuñada por el TS, en relación con el folleto de emisión y siguiendo a un relevante sector doctrinal, «el término falsas ha de ser interpretado en sentido amplio, de manera que abarque desde informaciones inexactas o carentes de actualidad hasta aquellas que no tengan un fundamento razonable. Es decir, en este sentido, la falsedad comprende desde las meras inexactitudes hasta las informaciones no veraces introducidas a sabiendas»[60]. Por lo tanto, se incluyen informaciones que no se acomodan a la verdad, haya existido o no intención de falsear los datos reales, informaciones que siendo veraces cuando se introdujeron quedaron desactualizadas dentro el plazo de duración de la oferta por cambios en las circunstancias concurrentes[61] y, en general, cualquier información que no sea conforme a la realidad. En cuanto a las previsiones, estimaciones, proyecciones de futuro o juicios de valor, se considerarán falsas si no son razonables o no están elaboradas conforme a los estándares contables y financieros habituales.

Para determinar el carácter engañoso o inexacto habrá de atenderse al contexto y, en especial, al resto de información que figura en la ficha, así como a la forma en que se presenta la información para determinar si los inversores pueden formarse a partir de esa información una imagen fiel del promotor y un juicio fundado sobre la inversión que les propone[62].

En cuanto a las omisiones, se entenderán producidas cuando no se hayan incluido los datos exigidos expresamente por el art. 23.6 y el Anexo I del RPESFP o por el Reglamento delegado UE 2022/2119 que los desarrolla en lo relativo al contenido de la ficha. Conviene destacar aquí que, a diferencia de lo que sucede con el folleto, la información que ha de incluirse en la ficha está tasada, por lo que resulta sencillo determinar si se han producido o no omisiones. No se exige, como sucede con el folleto, que se publique toda la información relevante o toda la información que pueda ser necesaria para que el inversor realice una evaluación informada de la situación económica y financiera del emisor y la inversión que le propone[63]. Se cumple así con el

60 Vid., en este sentido, las STS, Sala de lo Civil, de 21 de diciembre de 2021 (ECLI:ES:TS:2021:4583), Fundamento de Derecho Quinto y de 26 de abril de 2022, (ECLI:ES:TS:2022:1625), Fundamento de Derecho Quinto. El Tribunal Supremo viene a resumir en estas sentencias las interpretaciones de un importante sector doctrinal. Nos referimos, entre otros, a López Martínez, M., *La responsabilidad por el contenido..., cit.,* p. 197; Valmaña Ochaita, M., *La responsabilidad civil..., cit.,* pp. 348-350 o Sánchez Fernández, S., *El folleto en las ofertas públicas de venta de valores negociables (OPV) y responsabilidad civil: Ley aplicable,* La Ley, Madrid, 2015, pp. 103-104.

61 Véase López Martínez, M., *La responsabilidad por el contenido...,* cit., p. 198.

62 La importancia del contexto es resaltada en relación con el folleto por Alonso Ureba, A., «Inexactitudes u omisiones...», cit., p. 3094 y López Martínez, M., *La responsabilidad por el contenido..., cit.,* pp. 197-198.

63 Conforme al art. 6 del Reglamento (UE) 2017/1129 del Parlamento Europeo y del Consejo, de 14 de junio de 2017 sobre el folleto que debe publicarse en caso de oferta pública o admisión a cotización de valores en un mercado regulado; el folleto incluirá la información necesaria que sea pertinente para que el inversor pueda hacer una evaluación informada de:
a) los activos y pasivos, las pérdidas y ganancias, la situación financiera y las perspectivas del emisor y de todo garante;
b) los derechos inherentes a los valores; y
c) los motivos de la emisión y sus consecuencias para el emisor.

propósito de simplificar las emisiones en este segmento especial de mercado primario que constituyen las plataformas de financiación participativa.

En todo caso, para que surja la responsabilidad, la información defectuosa debe ser relevante para la formación del juicio del inversor. Solo si la información falsa, inexacta u omitida era esencial para la correcta valoración de la inversión y la toma de la decisión sobre su procedencia o precio, puede derivarse la responsabilidad civil[64]. Las inexactitudes o falsedades en relación con datos poco importantes (p. ej. errores u omisiones en la dirección del domicilio social o el número de teléfono) no darán lugar a responsabilidad alguna, puesto que no son determinantes del daño que haya podido sufrir el inversor. Así lo reconoce el propio art. 23.10 RPESFP al indicar que solo existirá responsabilidad si los datos omitidos eran «necesarios para ayudar a los inversores a la hora de considerar la financiación del proyecto de financiación participativa». La información será esencial si de haber sido conocidos los datos reales o la información omitida por un inversor medio, este no habría invertido o lo habría hecho a un precio inferior. El estándar al que hay que atender para valorar la relevancia de la información es el de un inversor medio sensato que opera con cierta regularidad en este tipo de mercados. No puede tomarse como referencia al inversor profesional experimentado y tampoco al inversor carente de cualesquiera conocimientos y experiencia en estos mercados.

En todo caso, estas deficiencias en la información suministrada deben ser imputables al PSFP. En principio, esto supone probar el incumplimiento de sus obligaciones, conforme a las reglas generales en materia de prueba fijadas por el art. 217 LEC, prueba esta que difícilmente podrá fundar el inversor en la aportación de documentación o testificales. Es aquí donde radica la mayor debilidad del sistema. En mi opinión, es imprescindible una reforma legal que haga responsable al PSFP de los daños ocasionados por la facilitación de información falsa, inexacta o engañosa en la ficha, salvo prueba del cumplimiento de sus deberes. Debe establecerse un régimen legal de inversión de la carga de la prueba, de forma que si existen deficiencias en la información suministrada por el PSFP, se presuma el incumplimiento de sus deberes, admitiendo la prueba de su correcto cumplimiento como causa de exoneración.

No obstante, considero que aún en ausencia de dicho régimen legal expreso de inversión de la carga de la prueba, tal inversión podría sostenerse con fundamento en la jurisprudencia del TS en materia de responsabilidad de los intermediarios financieros en relación con el suministro de información obligatoria. El TS ha sostenido que no es necesario que el inversor pruebe el incumplimiento de los deberes del intermediario financiero por dos razo-

64 Vid. Fundamento de Derecho quinto de la STS, Sala de lo Civil, de 21 de diciembre de 2021 (ECLI:ES:TS:2021:4583). Sigue aquí el Tribunal Supremo la interpretación de López Martínez, M., *La responsabilidad por el contenido... cit.*, p. 197 quien sostiene que no es necesario que exista un ánimo subjetivo de engañar, siendo suficiente con que la información no sea veraz.

nes: en primer lugar, porque al tratarse de obligaciones legales que debe cumplir en todo caso, incumbe al obligado la prueba de su cumplimiento; y, en segundo lugar, por el juego del principio de disponibilidad y facilidad probatoria (art. 217.7 LEC), puesto que es el intermediario quien tiene en su mano demostrar que suministró correctamente la información[65]. Esta argumentación puede extrapolarse perfectamente al caso que nos ocupa, puesto que las obligaciones de verificación, actualización y facilitación de la ficha son deberes legales impuestos a cualquier PSFP por el RPESFP y porque, es casi imposible para el inversor demostrar el incumplimiento de tales deberes por el intermediario profesional, mientras que este podría fácilmente probar que cumplió con sus obligaciones aportando la documentación necesaria. A ello no se opondría el tenor literal del art. 217 LEC, puesto que no estamos propiamente ante un supuesto de inversión de la carga de la prueba, sino de posibilidad de destrucción por el PSFP mediante las pruebas oportunas de una inferencia lógica, conforme a la cual si la información no era correcta, probabilísticamente tal hecho fue debido al incumplimiento de sus deberes por el PSFP. Esto es, con arreglo a las reglas de la lógica cabe deducir que los defectos en la ficha es altamente probable que sean debidos a la falta de verificación o actualización, pudiendo destruir el PSFP esta deducción mediante la prueba del escrupuloso cumplimiento de sus deberes. Si no aporta prueba alguna, ello constituye un indicio más de su culpabilidad.

4.2. Presupuestos subjetivos: imputación del incumplimiento al PSFP a título de dolo o culpa

El criterio de imputación de la responsabilidad al PSFP ha de ser el dolo o la culpa. Existirá dolo si las falsedades, inexactitudes u omisiones del folleto se deben a un incumplimiento intencionado de los deberes del PSFP. El incumplimiento intencionado puede consistir tanto en una conducta activa (es el PSFP quien voluntaria y conscientemente incluye información falsa) o en una conducta pasiva u omisiva (podríamos incluir aquí supuestos en que el PSFP no publica o entrega la ficha a los potenciales inversores o lo hace sin haber verificado previamente su contenido).

No es necesario que el PSFP haya querido o buscado con su conducta que la ficha incluya información falsa o contenga omisiones, es suficiente con que haya incumplido sus deberes de verificación, actualización o publica-

65 En el ámbito de la responsabilidad de los intermediarios financieros por incumplimiento de las obligaciones legales que les competen, en particular en materia de información y transparencia, el Tribunal Supremo ha admitido la inversión de la carga de la prueba con base en los fundamentos que hemos explicado en el texto. Véase, entre otras muchas, las sentencias de la Sala de lo civil del TS 668/2015, de 4 de diciembre (ECLI:ES:TS:2015:4946); 690/2016, de 23 de noviembre (ECLI:ES:TS:2016:5167), 618/2019, de 19 de noviembre (ECLI:ES:TS:2019:3756) o la STS de 14 de octubre de 2020 de (ECLI:ES:TS:2020:3236).

ción de la ficha o los haya cumplido de manera negligente para que se desencadene su responsabilidad. Aquellos defectos de información en la ficha que no son provocados voluntariamente, sino que obedecen a una actuación negligente o culposa que se podría haber evitado de haberse empleado la diligencia debida son considerados suficientes a los efectos de desencadenar su responsabilidad.

También habrá de responder el PSFP por los daños causados por falsedades, inexactitudes y omisiones en la ficha, cuando sean debidos al cumplimiento defectuoso por los deberes que le conciernen en relación con la ficha o cuando sean fruto de una publicación voluntaria de información añadida. El estándar de diligencia exigible es el propio de un profesional en el ámbito de los mercados financieros. Existirá responsabilidad no solo cuando se demuestre negligencia en su actuar, sino también cuando se demuestre falta de conocimientos técnicos o impericia

El PSFP no responderá si no conocía que la información suministrada por el promotor era falsa, engañosa o incompleta y no podría haberla conocido de haber actuado con la diligencia exigible aun profesional medio en el ámbito de la financiación participativa.

En principio, el demandante debe probar el dolo o la culpa, si bien demostrado el incumplimiento de sus deberes legales cabe inferir la negligencia en su actuar. A este respecto, sería deseable que se introdujese una regla explícita de responsabilidad objetiva o, al menos, de inversión de la carga de la prueba del dolo o la culpa como sucede en el art. 37 RD 1310/2005 en sede de responsabilidad por folleto. Este precepto se interpreta por la doctrina en el sentido de modular el régimen de responsabilidad como un régimen de responsabilidad por culpa con inversión de la carga de la prueba, al establecer que «una persona no será responsable de los daños y perjuicios causados por la falsedad en cualquier información contenida en el folleto, o por una omisión de cualquier dato relevante requerido de conformidad con lo dispuesto en este real decreto, si prueba que en el momento en el que el folleto fue publicado actuó con la debida diligencia[66].

4.3. La determinación del daño

Para que surja la responsabilidad del PSFP es necesario que el inversor haya sufrido un daño y así lo advere. La acreditación de la existencia de un daño es presupuesto esencial para que prospere cualquier reclamación de responsabilidad civil, de forma que el simple incumplimiento de una obliga-

66 Consideran que se trata de una responsabilidad por culpa con inversión de la carga de la prueba SÁNCHEZ FERNÁNDEZ, S., *El folleto en las ofertas...*, cit., p. 117; AGÜERO ORTIZ, A., «Responsabilidad por el contenido del folleto frente a inversores cualificados» *Diario La Ley,* n.° 9585, 2020, p. 11, quien habla de responsabilidad cuasi objetiva.

ción legal o contractual o la comisión de un acto ilícito no generan un deber de indemnizar. El daño debe haberse producido y ser cierto, correspondiendo al inversor la carga de la prueba de su existencia y cuantía[67].

Los daños susceptibles de indemnización dependerán de la calificación de la responsabilidad del PSFP como contractual o aquiliana[68]. En el primer caso, si el incumplimiento se califica de doloso o de mala fe, se indemnizarán todos los daños causados, incluso aquellos que recaigan sobre bienes o negocios distintos del que constituye el objeto de la prestación debida. En cambio, si el incumplimiento se ha producido de buena fe, el deudor solo deberá indemnizar los previstos o que se hayan podido prever al tiempo de constituirse la obligación y que sean consecuencia necesaria de su falta de cumplimiento (art. 1107 CC). Sin embargo, la virtualidad práctica de esta regla es escasa, pues la cuantía indemnizatoria se establece por los tribunales atendiendo a la extensión del daño y no a la reprochabilidad que merece la conducta de quien lo ha generado y sin que suela entrarse a analizar si el incumplimiento se ha producido con dolo o por simple negligencia[69]. En los supuestos de responsabilidad extracontractual deben indemnizarse todos los daños causados (art. 1902 CC).

En cuanto a los tipos de daños, en primer lugar, podrá reclamarse indemnización por los daños efectivamente causados (daño emergente). En el ámbito que nos ocupa este daño puede cuantificarse como la diferencia entre el precio de suscripción de las acciones o participaciones y el valor real de la inversión en el momento de presentación de la demanda si aún continuasen formando parte de su patrimonio[70]. Si ya los hubiese vendido, el daño se calculará atendiendo a la diferencia entre el precio de suscripción y el precio de venta[71]. No obstante, conviene matizar aquí que tal indemnización

---

67 En relación con la responsabilidad por folleto así lo sostiene la doctrina mayoritaria. Véase Sánchez Fernández, S., *El folleto en las ofertas...*, cit., p. 108; Valmaña Ochaita, M., *La responsabilidad civil... cit.,* p. 368.

68 Esta misma distinción se realiza en relación con la responsabilidad por el folleto de emisión por Valmaña Ochaita, M., *La responsabilidad civil... cit.,* pp. 170-171.

69 De hecho un relevante sector de la doctrina civilista considera que el deudor doloso y el de buena fe deben ser tratados de igual manera en cuanto a la determinación del daño. Véase, entre otros, Pantaleón Prieto, F., «El sistema de responsabilidad contractual (Materiales para un debate)» en *Anuario de Derecho civil,* n.º 3, 1991, pp. 1025 y 1036; Carrasco Perera, Á., «Comentario al artículo 1107 del Código Civil» en AA.VV. (dir. Albaladejo) *Comentarios al Código Civil y Compilaciones forales*, t. XV, vol. 1, Edersa, Madrid, 1989, pp. 751 y 752 o Mate Satué, L., *La configuración del daño y su relación con el nexo causal en la responsabilidad civil del abogado por incumplimiento contractual*, Tesis doctoral, Zaragoza, 2020, pp. 226-227.

70 Así lo proponen en relación con el folleto, De Carlos Bertrán, *Régimen Jurídico...., cit.,* p. 448; López Martínez, M., *La responsabilidad por el contenido... cit.*, p. 193; Valmaña Ochaita, M., *La responsabilidad civil... cit.,* p. 371

71 Así lo propone Valmaña Ochaita, M., *La responsabilidad civil... cit.,* p. 371 en relación con

puede reducirse si el PSFP logra probar que el bajo precio de las acciones o participaciones no solo trae causa de la revelación de la información verdadera u ocultada, sino de otras circunstancias completamente ajenas (p. ej. dificultades económicas generales o específicas de ese sector de actividad, posteriores a la divulgación de la información falsa o deficiente). En muchas ocasiones, el precio posterior de las acciones o participaciones va a depender de otros factores ajenos a la información eludida o falseada en la ficha, como la situación general de mercado o circunstancias adversas que afecten al emisor o a su sector de actividad.

A esta cantidad se añadirán los intereses desde la formalización de la inversión. También pueden reclamarse como daños emergentes: el importe de los gastos y comisiones que haya generado la operación de suscripción e incluso los intereses y gastos de posibles préstamos solicitados para poder llevarla a cabo.

También puede incluirse en el monto de la indemnización la ganancia dejada de obtener o lucro cesante, al amparo del art. 1106 CC. Puede calcularse como una cuantía equivalente a los beneficios promedio que podrían haberse obtenido de inversiones alternativas a la realizada en la plataforma, esto es, inversiones en el mismo sector y tipo de compañía con datos similares a los falseados. Tales beneficios deberían calcularse para el periodo comprendido entre la suscripción de las acciones o participaciones con fundamento en la información engañosa y la fecha de interposición de la demanda[72].

La cuestión que se plantea aquí es si también resulta indemnizable la pérdida de oportunidad[73], entendida como los beneficios no obtenidos en otras inversiones que el inversor no llevó a cabo por confiar en la información de la ficha. El PSFP con su conducta ha incidido en el proceso de decisión de inversión de la víctima que ha abandonado sus intenciones serias y reales de invertir en otro producto como resultado de la información ofrecida en la ficha que luego ha resultado ser inexacta, incompleta o falsa. Es difícil considerar que la pérdida de oportunidad es un supuesto de daño patrimonial, puesto que no se ha producido la pérdida de una entidad económica preexistente en el patrimonio de la víctima. La oportunidad de negocio no es un bien

el cálculo del lucro cesante en acciones de responsabilidad por falsedades o inexactitudes en el folleto La STS, Sala de lo Civil, de 21 de diciembre de 2021 (ECLI:ES:TS:2021:4583) calcula la indemnización atendiendo a la diferencia entre el precio de suscripción y el valor real de la inversión en la fecha de ejecución de la sentencia.

72 Así lo proponen López Martínez, M., *La responsabilidad por el contenido... cit.*, p. 195-196 o Valmaña Ochaita, M., *La responsabilidad civil... cit.,* p. 372 en relación con el cálculo del lucro cesante en acciones de responsabilidad por falsedades o inexactitudes en el folleto.

73 Sobre la teoría de la pérdida de oportunidad y su aplicación en el ámbito de la responsabilidad profesional, véase el detallado y relevante análisis de Mate Satué, L., *La configuración del daño....,* cit., pp. 359 a 385.

patrimonial que pueda transmitirse, queda al margen del tráfico jurídico. En cualquier caso, estas reclamaciones se enfrentarán a la dificultad de prueba.

También podríamos plantearnos, como se ha hecho en relación al régimen de responsabilidad por falsedades u omisiones en el folleto, la posibilidad de reclamar otros daños extrínsecos que no guardan relación con el objeto principal de la obligación. Podrían incluirse aquí, los daños derivados de la imposibilidad de contratar un préstamo personal con garantía de valores por la devaluación de las acciones suscritas en la plataforma, los gastos y daños derivados de la falta de pago de otras obligaciones por no poder liquidar las acciones o participaciones al precio previsto o no obtener los dividendos previsibles[74]. De nuevo aquí, el problema esencial será probar la relación de causalidad entre estos daños y el incumplimiento de los deberes del PSFP en relación con la ficha.

También podrían reclamarse daños morales como «pretium doloris» en concepto de indemnización por la inquietud, desasosiego e incertidumbre provocadas en el inversor por las pérdidas sufridas en su inversión[75].

4.4. La relación de causalidad

Para que nazca la obligación de reparar el daño es necesaria la concurrencia de una relación de causalidad entre el incumplimiento o cumplimiento defectuoso de sus deberes por el PSFP y el daño sufrido por el inversor, lo que supone un doble nexo causal: por un lado, entre la infracción de sus deberes por el PSFP y la existencia de falsedades, inexactitudes y omisiones en el folleto y, por otro, entre el contenido del folleto y las pérdidas y otros daños sufridos por el inversor.

En primer lugar, es necesario que las falsedades, inexactitudes u omisiones de la ficha traigan su causa en el incumplimiento o en el cumplimiento defectuoso de los deberes asumidos por el PSFP. Ha de considerarse que la relación de causalidad con el daño sufrido por los inversores, concurre siempre que el PSFP ha incumplido o cumplido de forma defectuosa los deberes que el RPESFP le impone; pues, además de concurrir una causalidad fenomenológica es posible una imputación objetiva de tales daños al PSFP, porque con tal incumplimiento ha creado un riesgo jurídicamente relevante (permitir la oferta de suscripción de acciones o participaciones en la plataforma a un precio superior a su valor real) y la realización de ese riesgo (la

---

74 Así lo propone VALMAÑA OCHAITA, M., *La responsabilidad civil..., cit.,* p. 372 en relación con la responsabilidad por el folleto.

75 La posibilidad de reclamar indemnización por daños morales en supuestos de incumplimiento contractual ha sido reconocida en el art. 9:501 de los *Principles of European Contract Law* y conforme a los comentarios de esta norma incluye los sufrimientos o molestias o la carga psicológica que el incumplimiento de la prestación supone para la otra parte.

pérdida de valor de la inversión cuando se hacen públicos los defectos de la información de la ficha o se publica la información omitida) entra en el ámbito de protección de la norma, en este caso, el RPESFP y la legislación nacional que la desarrolla[76]. El objetivo de la imposición de tales deberes al PSFP es garantizar un adecuado nivel de transparencia para que el inversor pueda formarse un juicio fundado sobre la inversión que se le propone y no sufra pérdidas a consecuencia de decisiones adoptadas con base en un fundamento erróneo. Por lo tanto, no será necesario que el inversor aporte prueba de la relación de causalidad. No obstante, podrá exonerarse el PSFP si prueba que las falsedades u omisiones incluidas en la ficha por el promotor eran indetectables para un profesional diligente y que, en consecuencia, no traen causa en el incumplimiento de sus deberes u obligaciones.

En segundo lugar, es necesario un nexo causal entre los defectos de la información contenida en la ficha y las pérdidas sufridas por el inversor. Aquí debe probarse que la decisión de inversión se basó en el contenido de la ficha[77] y que fue la posterior revelación de la información veraz u omitida la que materializó el daño. En relación con el primer elemento, debe invertirse la carga de la prueba, de forma que el PSFP podrá exonerarse de responsabilidad solo si prueba que el inversor no basó su decisión en el contenido de la ficha (p. ej. prueba que no la leyó) o si prueba que conocía la información verdadera o la situación real del promotor o, al menos, podía haberla conocido con una mínima diligencia[78]. En cuanto al segundo elemento relativo a la pérdida de valor ocasionada por la divulgación de la información real, el hecho de que otros factores justifiquen el bajo precio de las acciones o participaciones (p. ej. recesión económica generalizada, deficiencias en la gestión

76 Cabe aplicar aquí la misma argumentación que la seguida por el TS en materia de determinación del nexo causal entre el folleto engañoso y el daño sufrido por el inversor. Véase, al respecto, las SSTS, Sala de lo civil, de 1 de junio de 2021 (ECLI:ES:TS:2021:2251) o de 21 de diciembre de 2021 (ECLI:ES:TS:2021:4583).

77 No es posible aplicar aquí la jurisprudencia sentada por el TS en sus SSTS, Sala de lo civil, de 3 de febrero de 2016 (ECLI:ES:TS:2016:92); de 1 de junio de 2021 (ECLI:ES:TS:2021:2251) o de 21 de diciembre de 2021 (ECLI:ES:TS:2021:4583) en relación con el folleto que sostiene existe responsabilidad incluso aunque el inversor no haya leído el folleto, puesto que «La información contenida en el folleto, hecha pública y conocida por quienes crean opinión en el mercado de los valores, se reflejará en el precio de los valores, que será el indicador para el inversor sobre el valor de estos, sin que sea necesario que haya basado su decisión directamente en la lectura del folleto» (STS de 21 de diciembre de 2021). En el ámbito de la financiación participativa no hay difusión pública de la información, ni tampoco segundos mercados que permitan que la información se refleje en el precio, por lo que quedará exonerado el PSFP si prueba que el inversor no leyó la ficha.

78 Esta inversión de la carga de la prueba es propuesta, en relación con el folleto, por López Martínez, M., *La responsabilidad por el contenido... cit.*, pp. 223-225; Valmaña Ochaita, M., *La responsabilidad civil..., cit.,* p. 389 o Ventoso del rincón, A. y López Hernández, Á., «La responsabilidad derivada del folleto. Estudio sistemático considerando las últimas novedades» en *RDMV* n.° 31, 2022, p. 6.

posteriores a la publicación de la ficha) cuando se interpone la demanda, no supone la inexistencia de relación de causalidad, aunque esas otras causas deberán ser tomadas en consideración para determinar el alcance del daño y, en consecuencia, el importe de la indemnización[79]. Esto es, las demás circunstancias concurrentes pueden servir para aminorar la indemnización a satisfacer en tanto se pruebe que agravaron la pérdida de valor de las acciones o participaciones suscritas. También aquí puede presumirse que los daños son debidos a la divulgación de la información real, sin perjuicio de que el demandado (el PSFP) puede probar que otros factores ajenos al falseamiento de la información en la ficha estaban determinando el bajo precio de las acciones o participaciones en el momento de interponerse la demanda[80].

4.5. Breve referencia a cuestiones procesales

Dado que las acciones a ejercitar serán o bien la acción de responsabilidad contractual o bien la acción de responsabilidad extracontractual, el Juzgado competente será el Juzgado de lo civil de primera instancia y el procedimiento el verbal o el ordinario, según la cuantía reclamada.

La legitimación activa para el ejercicio de la acción de responsabilidad corresponderá a los inversores que hayan sufrido daños como consecuencia del incumplimiento por el PSFP de sus deberes de verificación, actualización o facilitación de la ficha de datos fundamentales de la inversión en una operación de *equity crowdfunding*. Es irrelevante que el inversor haya sido catalogado de experimentado, puesto que la ficha debe facilitarse a todos los inversores[81]. No obstante, si llegase a probarse que el inversor conocía la información omitida o sabía que la presentada era falsa, supuesto este más probable en caso de inversores experimentados, no cabría la exigencia de responsabilidad, pues se habría roto el nexo causal entre la conducta del PSFP y el daño sufrido por el inversor.

---

79 Así se ha sostenido en relación con el folleto por López Martínez, M., *La responsabilidad por el contenido... cit.*, pp. 225-227; Valmaña Ochaita, M., *La responsabilidad civil..., cit.*, p. 381; o Sánchez Fernández, S., *El folleto en las ofertas*..., cit., p. 110.

80 Véase, en este mismo sentido, pero en relación con el folleto, López Martínez, M., *La responsabilidad por el contenido... cit.*, p. 219.

81 Téngase en cuenta que, en el ámbito de las emisiones en mercado primario dirigidas a inversores minoristas y cualificados, tanto el TJUE como el TS han considerado que pueden reclamar una indemnización de daños y perjuicios los inversores cualificados, pese a que no es obligatoria la elaboración de folleto en las emisiones dirigidas solo a esta clase de inversores. Véase la STJUE de 3 de junio de 2021 (C-910/19) y la STS, Sala de lo Civil, de 21 diciembre 2021 (ECLI:ES:TS:2021:4583). Para un comentario, véase Pérez Guerra, C., «Sobre la legitimación de los inversores cualificados para exigir responsabilidad por inexactitudes en el contenido del folleto informativo» en *RDBB* n.º 164, 2021.

Es indudable que el inversor que acudió a la oferta confiando en la información de la ficha y no ha transmitido aún las acciones o participaciones que suscribió goza de legitimación activa. En los casos en que el suscriptor original de los valores o participaciones los haya enajenado, también podrá interponer la demanda si el daño ya se había materializado antes de la venta (p. ej. se publicó o conoció la información omitida o la verdadera y se depreciaron sus títulos)[82]. En este caso, la indemnización podría cuantificarse como la diferencia entre el precio de venta y el de suscripión. En cambio, si procedió a la venta sin que se hubiese materializado el daño, su demanda no prosperaría.

También gozaría de legitimación activa el posterior adquirente de los valores o las participaciones, siempre que los hubiese adquirido confiando en la información incluida en la ficha y no conociese los datos o la situación real de la compañía emisora. Así, por ejemplo, podrían incluirse aquí los casos de inversores que hubieran adquirido las acciones o participaciones inicialmente suscritas en la oferta cuya ficha contenía información engañosa u omisiones relevantes, tras haber sido anunciada su venta en el tablón de anuncios de la plataforma y habiendo accedido a la ficha de datos fundamentales que es obligatorio se incluya junto al anuncio de venta en dicho tablón (art. 25.3.b RPESFP).

En cuanto a la legitimación pasiva, la ostentará el PSFP. En los casos en que las deficiencias y falsedades de la información incluida en la ficha sean imputables tanto a la actuación del promotor, como a la falta de verificación del PSFP, ambos deberán ser considerados responsables solidarios. Por lo tanto, podrá demandarse a cualquiera de ellos, no existiendo listisconsorcio pasivo necesario[83].

En cuanto al plazo de prescripción de la acción de responsabilidad, al no existir previsiones específicas, el plazo será el de cinco años, en caso de responsabilidad contractual por aplicación del art. 1964 CC al que remite el art. 943 CCom, al no tener señalada esta acción un plazo de prescripción específico en el CCom y no resultar de aplicación el art. 945 CCom por no poder considerarse al PSFP como un agente de Bolsa. Cuando la acción de responsabilidad tenga naturaleza extracontractual, el plazo para su prescripción será el de un año señalado en el art. 1968.2 CC.

---

82 Así se ha admitido por los Tribunales, en relación con la indemnización de daños y perjuicios por falsedades u omisiones en el folleto en las emisiones en mercado primario. Véase, por ejemplo, la SAP de Palencia (Sección 1.ª) n.º 37/2016 de 3 marzo (ECLI:ES:APP:2016:19). Esta es también la opinión de VENTOSO DEL RINCÓN, A. y LÓPEZ HERNÁNDEZ, Á., «La responsabilidad derivada del folleto...», cit., p. 15.

83 En cambio, en relación con la responsabilidad de la sociedad emisora y la entidad directora en caso de falsedades, omisiones o inexactitudes en el folleto de emisión, algunos autores sí consideran que se produce una situación de listisconsorcio pasivo necesario. Véase FERNÁNDEZ DE ARAOZ GÓMEZ-ACEBO, A., «La responsabilidad civil...», cit., p. 199 o ROJO ÁLVAREZ-MANZANEDA, C., «El folleto informativo de las emisiones...», cit., apartado IV e Idem, «Responsabilidad de la entidad directora...», cit., apartado III.1.

5. La responsabilidad del PSFP frente a los promotores

El incumplimiento de los deberes que el RPESFP impone al PSFP también puede ocasionar daños al promotor del proyecto, daños que vendrá obligado a indemnizar. Así, puede suceder que haya omisiones en el folleto, debidas a que el PSFP no publicó toda la información que le suministró el promotor, o que haya falsedades en la ficha traducida, fruto de una inadecuada traducción realizada por el PSFP, habiéndose visto el promotor obligado a indemnizar a los inversores perjudicados. También puede ocurrir que el PSFP haya alterado los datos proporcionados por el promotor, provocando así un efecto disuasorio de la suscripción.

En estos y otros supuestos en que el incumplimiento de los deberes legales del PSFP causen daños a los promotores, podrán estos reclamar su indemnización. Más difícil será que prospere su reclamación por falta de verificación de la ficha, cuando el promotor haya incluido información falsa o inexacta, puesto que, en tal caso, las reclamaciones de los inversores a las que haya podido hacer frente tendrán su fundamento en el propio incumplimiento del deber de transparencia que le incumbe.

Al igual que en el caso de los inversores, considero que estamos ante un supuesto de responsabilidad contractual, pues el PSFP viene obligado a cumplir con un conjunto de deberes en beneficio de sus clientes, sean estos promotores o inversores.

6. Conclusiones

Las plataformas de financiación participativa que permiten la captación de financiación mediante la oferta pública de suscripción de acciones o participaciones (*equity crowdfunding*) constituyen auténticos mercados primarios para PYMEs en los que ha de garantizarse un adecuado nivel de transparencia como instrumento imprescindible para la protección de los inversores, el mantenimiento de su confianza y la propia eficiencia en la asignación de los recursos. A diferencia del mercado primario tradicional donde la transparencia se garantiza mediante un extenso folleto informativo con información muy detallada que debe ser sometido a la aprobación del supervisor (CNMV en el caso de España), el RPESFP solo exige la elaboración de un breve documento (máximo seis páginas) en formato estandarizado —la ficha de datos fundamentales de la inversión— que contiene la información clave y que no requiere de aprobación por ninguna autoridad de control. Habiéndose reducido sustancialmente el volumen de información que se ofrece, es absolutamente imprescindible que se garantice su veracidad, exactitud y completitud. Para ello, el legislador europeo atribuye al gestor de la plataforma, el proveedor de servicios de financiación participativa, un obligado papel de guardián o *gatekeeper*, ya que sobre él recaen los deberes legales de verificación de la información suministrada por el promotor, actualización y facilitación a los inversores (art. 23 RPESFP). Aunque la infracción de estos deberes por el PSFP está sancionada administrativamente, el Reglamento no obliga a los Estados miembros a establecer un régimen especial de responsabilidad por los daños que la información insuficiente, falsa o inexacta cause al inversor, pese a que tales deficiencias serán consecuencia, en muchos casos, del incumplimiento de sus deberes. Tampoco prohíbe su introducción.

El legislador español ha optado por una copia cuasi mimética de los apartados 9 y 10 del art. 23 RPESFP, limitándose a prever un régimen de responsabilidad especial de responsabilidad objetiva que recae tan solo en el promotor o en sus órganos de administración, dirección o supervisión, cumpliendo así con los mínimos exigidos por la norma europea. Ello no supone que el PSFP quede exonerado de cualquier responsabilidad, puesto que se le aplicarán las disposiciones generales en materia de responsabilidad contractual y extracontractual previstas en nuestro CC y que deben ser interpretadas en su aplicación con los mismos parámetros con que se dilucida la responsabilidad de los intermediarios financieros en las operaciones de mercado primario tradicional, esto es, en las OPS u OPVs en que se exige un folleto, prestando especial atención a los desarrollos doctrinales y jurisprudenciales vinculados a la responsabilidad de la entidad directora por el folleto, puesto que sobre esta entidad también recae un deber de comprobación de la información contenida en aquel documento. No obstante, la equiparación no puede ser plena por el papel de gestor y guardián de mercado que tiene atribuido el PSFP.

La responsabilidad del PSFP por las deficiencias de la ficha es de naturaleza contractual, puesto que el inversor que accede a la plataforma está vinculado por un contrato de mediación y podemos considerar que las obligaciones legales que impone el Reglamento al PSFP configuran una parte esencial de ese contrato. Los deberes de garantía de calidad de la información son deberes que el PSFP debe cumplir frente a todos sus clientes, ya sean inversores, ya sean promotores. Y si su incumplimiento ocasiona un daño a cualquiera de ellos, deberá indemnizarlo conforme a los principios generales del Derecho de obligaciones y contratos (art. 1101 CC).

Para que nazca la obligación de indemnización es necesario, en primer lugar, que la ficha contenga falsedades, inexactitudes u omisiones que traigan causa en el incumplimiento, doloso o culposo de los deberes legales (verificación, actualización o facilitación de la ficha) o contractuales asumidos por el PSFP. El inversor deberá probar que los datos de la ficha eran falsos, inexactos o incompletos. No es necesario que demuestre el incumplimiento de los deberes por el PSFP, pues de no probar este que los cumplió adecuadamente, la inferencia lógica es que tales defectos se produjeron por el incumplimiento de sus funciones como guardián de la información. Es el intermediario quien dispone de facilidad para probar el cumplimiento de sus deberes y si no aporta tal prueba, cabe deducir, en buena lógica, que los incumplió. El PSFP solo responderá en supuestos en que el incumplimiento le sea imputable a título de dolo o culpa.

En segundo lugar, será necesario que el inversor advere el daño que se le ha producido, pudiendo reclamar tanto el daño emergente, como el lucro cesante e incluso daños morales en concepto de *pretium doloris*; si bien de nuevo aquí no será sencilla la prueba de tales daños. Finalmente, debe probarse la concurrencia de un doble nexo causal, entre el incumplimiento de los deberes del PSFP y los defectos de la ficha y entre tales defectos y las pérdidas u otros daños sufridos por el inversor.

Como vemos, la aplicación del régimen general de responsabilidad contractual plantea numerosos interrogantes y hace difícil la prueba de los elementos constitutivos de la responsabilidad. Es por ello que consideramos necesaria una regulación específica de la responsabilidad del PSFP por el incumplimiento de los deberes de verificación, facilitación y actualización de la ficha. En mi opinión, debería configurarse como un régimen de responsabilidad por culpa, pero con inversión de la carga de la prueba tanto del dolo o la culpa. La regla general debe ser la responsabilidad del PSFP por los daños sufridos por el inversor debidos a las falsedades, inexactitudes u omisiones en la ficha. Probados por el inversor los defectos en la información que contiene la ficha y las pérdidas en su inversión u otros daños que se le hayan causado, el PSFP debiera ser obligado a indemnizar salvo que pudiera probar la concurrencia de supuestos de exención de responsabilidad que deberían ser tasados. Entre ellos podría incluirse, la prueba por el PSFP de que el inversor conocía la realidad oculta o falseada o la prueba del cumplimiento diligente de sus deberes de verificación, actualización o facilitación de la ficha.

7. Bibliografía

AA.VV. (ed. Macchiavello, E.), *Regulation on European crowdfunding service providers for business*, Elgar, Northampton, 2022.

Agüero ortiz, A., «Responsabilidad por el contenido del folleto frente a inversores cualificados» *Diario La Ley*, n.º 9585, 2020.

Alonso Espinosa, F., «Protección de la inversión a través de plataformas de financiación participativa», en AA.VV. *Crowdfunding: cooperación colectiva al servicio de la financiación*, Thomson Aranzadi, 2018

Alonso Ureba, A., «Inexactitudes u omisiones en el contenido del folleto informativo con motivo de una emisión/oferta de valores: en torno a los arts. 20 y 21 RD 291/1992» en AA.VV., *Estudios jurídicos en homenaje al profesor Aurelio Menéndez*, vol. 3, 1996, pp. 3077-3108.

Cuena Casas, M., «Régimen jurídico del crowdlending o préstamo en masa en el Derecho español» en AA.VV. (dirs. Cuena Casas e Ibáñez Jiménez) *Perspectiva legal del fenómeno Fintech*, La Ley, Madrid, 2021

De Carlos Bertrán, L., *Régimen jurídico de las ofertas públicas de suscripción y venta de valores*, Civitas, Madrid, 1998.

ESMA, *Questions and Answers on the European crowdfunding service providers for business Regulation*, 16 de diciembre de 2022.

Estevan de Quesada, C., *El crowdfunding de inversión*, Thomson Reuters Aranzadi, 2018,

Fernández de Araoz Gómez-Acebo, A., «La responsabilidad civil de las entidades colocadoras de valores por el contenido del folleto informativo» en *Cuadernos de la Revista de Derecho bancario y bursátil*, n.º 2, 1994.

Gállego Lanau, M., «Los remedios ante el incumplimiento de las obligaciones de transparencia en las plataformas de financiación participativa», en AA.VV. (dirs. Alonso Pérez y Hernández Sainz) *Servicios digitales, condiciones generales y transparencia, Aranzadi*, 2020, pp. 195 y ss.

Grimaldos García, M.ª I.; *La responsabilidad civil derivada del folleto de emisión de valores negociables,* Tirant lo Blanch, Valencia, 2001.

Hernández Sainz, E., «La transparencia como instrumento de protección de los inversores en PYMEs y start-ups a través de plataformas electrónicas de financiación participativa (*crowdfunding* de inversión)», en *Revista de Derecho del mercado de valores*, n.º 16, primer semestre 2015.

Hernández Sainz, E., «La transparencia como instrumento de protección de los inversores en equity *crowdfunding* en la Propuesta de Reglamento relativo a los proveedores de servicios de financiación participativa)», en AA.VV. *Nuevas tendencias del Derecho europeo y del Derecho español de sociedades, Publicaciones Facultad de Derecho de la Universidad complutense*, Madrid, 2019, pp. 253 y ss.

Kraakman, R., «Gatekeepers. The anatomy of a third party enforment strategy» *Journal of Law, Economics, & Organization,* vol. 2, n.º 1, 1986, pp. 53-104.

Lee, J., «Investor protection on crowdfunding» en AA.VV. (ed. Ortolani, P. y Louisse, M.) *The EU crowdfunding regulation*, Oxford University Press, Oxford, 2021.

López Martínez, M., *La responsabilidad por el contenido del folleto informativo en las ofertas públicas de valores*, Civitas, Madrid, 2003.

MACANÁS, G., «Calificación y caracteres del contrato de mediación con la plataforma de *crowdfunding*», en AA.VV., *Crowdfunding: cooperación colectiva al servicio de la financiación*, Thomson Aranzadi, 2018.

MATE SATUÉ, L., *La configuración del daño y su relación con el nexo causal en la responsabilidad civil del abogado por incumplimiento contractual*, Tesis doctoral, Zaragoza, 2020.

PAÑEDA USUNÁRIZ, F., «La responsabilidad de las plataformas de financiación participativa», en AA.VV. *Las plataformas de financiación participativa «Crowdfunding»*, Aranzadi, 2018.

PÉREZ GUERRA, C., «Sobre la legitimación de los inversores cualificados para exigir responsabilidad por inexactitudes en el contenido del folleto informativo» en *RDBB,* n.º 164, 2021.

RODRÍGUEZ DE LAS HERAS BALLELL, T., «La responsabilidad de las plataformas: alcance, límites y estrategias» en AA.VV. (dirs. MORENO, E. y CAZORLA, L.), *Crowdfunding: Aspectos Legales*, Thomson Reuters, Aranzadi, 2016.

RODRÍGUEZ DE LAS HERAS BALLELL, T., «Responsabilidad de las plataformas de financiación participativa» en AA.VV. (dir. CUENA CASAS), *Aspectos legales de la financiación en masa o crowdfunding*, Tirant lo Blanch, Valencia, 2020, pp. 499 y ss.

ROJO ÁLVAREZ-MANZANEDA, C., «Responsabilidad de la entidad directora por las falsedades u omisiones contenidas en el folleto informativo de una emisión u oferta pública de venta de valores» en *Revista de derecho bancario y bursátil*, n.º 105, 2007 (formato on line BIB2013/138891).

ROJO ÁLVAREZ-MANZANEDA, C., «El folleto informativo de las emisiones y O. P.Vs. Responsabilidades civiles y sistema de control público» en *Revista de derecho bancario y bursátil*, n.º 164, 2021, pp. 61-130

SÁNCHEZ ANDRÉS, A., «Razones y problemas de la reforma proyectada de la Ley del Mercado de Valores» en *RDBB*, n.º 62, 1996.

SÁNCHEZ FERNÁNDEZ, S., *El folleto en las ofertas públicas de venta de valores negociables (OPV) y responsabilidad civil: Ley aplicable*, La Ley, Madrid, 2015.

SÁNCHEZ RUIZ, M., «Digitalización de sociedades y equity crowdfunding» en *Revista de derecho del mercado de valores*, n.º 29, 2021

VAN POELGEEST, J. y LOUISSE, M., «The regulatory position and obligations of project owners» en AA.VV. (eds. ORTOLANI, P. y MARIJE, L.), *The EU crowdfunding regulation*, Oxford University Press, Oxford, 2021.

Valmaña Ochaita, M., *La responsabilidad civil derivada del folleto informativo en las ofertas públicas de suscripción y venta de acciones*, La Ley, Madrid, 2006.

Ventoso del rincón, A. y López Hernández, Á., «La responsabilidad derivada del folleto. Estudio sistemático considerando las últimas novedades» en *RDMV* n.º 31, 2022.

Wenzlaff, K., Odorovic, A., Riethmüller, T. y Wambold, P., «On the merits of the Key Investment Information Sheet in the ECSPR (arts. 23-24 and AnnexI)» en AA.VV. (ed. Macchiavello, E.), *Regulation on European crowdfunding service providers for business*, Elgar, Northampton, 2022, pp. 310-350.

Ziegler, T., Schneor, R. y otros, *The 2nd Global Alternative Finance Market Benchmarking Report*, Cambridge Centre for Alternative Finance, University of Cambridge, 2021.

EVALUACIÓN DEL RIESGO Y RESPONSABILIDAD DE LAS PLATAFORMAS DE FINANCIACIÓN PARTICIPATIVA

Jordi Marcè Calzada
Profesor Investigador Predoctoral
Universidad Pompeu Fabra
jordi.marce@upf.edu

1. La evaluación del riesgo como obligación de la Plataforma de Financiación Participativa[1]

Las situaciones de información perfecta entre contrapartes contractuales escasean en el tráfico jurídico, donde predominan las asimetrías informativas. Frente a las características inobservables de los sujetos, los contratos se erigen como herramienta de protección de aquellos hechos futuros, eventuales e inciertos.

Los mercados financieros no son una excepción: la solvencia patrimonial del prestatario resulta, a priori, inobservable para el prestamista que se ve expuesto al riesgo de no recuperar los fondos prestados. En la financiación participativa de crédito, podemos asumir que los proyectos seleccionados por la plataforma de financiación participativa (en adelante, PFP o «la plataforma») presentan distintos niveles de riesgo, conocido por el prestatario pero inobservable por la plataforma y el prestamista.

---

1 El presente trabajo se enmarca en el proyecto de investigación «Responsabilidad contractual y extracontractual de las plataformas en línea» (PID 2021-126354OB-I00), dirigido por el Dr. Carlos Ignacio Gómez Ligüerre y financiado por el Ministerio de Ciencia e Innovación.

Resulta inevitable que el riesgo generado por la incertidumbre se traslade al contrato en forma de incremento del precio, pues las plataformas establecen los tipos de interés que el prestamista percibirá en base al perfil de riesgo del prestatario.

Como consecuencia del incremento de los tipos de interés por el riesgo de incerteza, los proyectos con poco riesgo —los prestatarios solventes— se ven incentivados a abandonar el mercado, pues, de lo contrario, se les aplicaría un tipo de interés más elevado al que les corresponde[2].

Como resultado, en el mercado de financiación participativa de crédito nos encontraremos con proyectos de la parte alta de la escala de riesgo, esto es, un problema de selección adversa.

Estudios recientes[3] demuestran la magnitud del problema: en datos de 2019, en el mercado de financiación participativa de crédito al consumo se observaron tipos de interés entre el 10 % y el 57 % mientras que los concedidos por los bancos fueron, de media, del 6,7 %.

Unos tipos de interés tan elevados provocan que los prestatarios que pueden acceder a la financiación bancaria acudan a ella: en datos de 2018 en adelante, todas las operaciones de financiación participativa de créditos al consumo fueron a prestatarios que no tenían acceso al mercado bancario[4]. De esta forma, se entra en un círculo vicioso de fatídicas consecuencias por el que los prestatarios solventes huyen del mercado dejando a los que presentan un mayor riesgo de impago: una de las principales plataformas de financiación participativa que opera en España presentó en 2019 un porcentaje de impagos del 73 % en sus créditos al consumo[5].

La selección adversa ha sido una cuestión extensamente estudiada a nivel teórico y se han planteado soluciones diversas como la «statistical discrimination»[6], la «self-selection»[7] o el «self-signaling»[8], todas ellas difícilmente aplicables a la financiación participativa. En el mercado de crédito bancario se impone

2 Cuena Casas, M., *Las FinTech de préstamos o crowdlending. La contratación a través de plataformas intermediarias en línea,* Reus Editorial, Madrid, 2019, p. 221.

3 Barahona, R., y Barreira, R., «Las Plataformas de Financiación Participativa de Crédito para Consumo en España», en *Artículos Analíticos. Boletín Económico*, n.º 3, septiembre de 2022, Banco de España, p. 7.

4 Barahona, R., y Barreira, R., «Las Plataformas de Financiación Participativa», cit., p. 8.

5 Barahona, R., y Barreira, R., «Las Plataformas de Financiación Participativa», cit., p. 9.

6 Thomas Miceli, J., *The Economic Approach to Law, Stanford University Press*, Stanford, California, 2004, p. 36.

7 Rothschild, M., y Sttiglitz, J., «Equilibrium in competitive insurance markets: an essay on the economics of imperfect information», en *Quarterly Journal of Economics*, n.º 90, 1976, p. 629.

8 Spence, A. Michael, «Consumer misperceptions, product failure and producer liability», en *Review of Economics Studies*, n.º 44, 1977, p. 561.

la obligación legal al prestamista de evaluar el riesgo de insolvencia del prestatario[9] y, algo mucho más relevante, se le dota de las herramientas necesarias para ello[10]. Sin embargo, en financiación participativa de crédito, la aparición de las plataformas permite que el prestamista tenga la condición de consumidor[11], lo cual plantea la duda de si la evaluación debe seguir realizándose por el prestamista o, por el contrario, si debe pasar a ser realizada por la plataforma.

El marco jurídico central de la financiación participativa lo constituyen el Reglamento (UE) 2020/1503[12] (en adelante, RPESFP) a nivel europeo, y en título V de la Ley 5/2015[13] (en adelante, LFFE) a nivel nacional. Dicho Título V de la LFFE ha sido derogado por el art. 14 de la Ley 18/2022 (en adelante, LCCE) y sustituido por uno nuevo previsto en el art. 15 de la misma Ley, todo ello con efectos desde el 10 de noviembre de 2022. En contra del criterio seguido por el anterior título V de la LFFE[14], el nuevo articulado en gran medida remite al RPESFP, que importa el mecanismo de la evaluación del riesgo del mercado bancario a la financiación participativa. En el art. 4.2 RPESFP se obliga a la plataforma a establecer y supervisar «la aplicación de sistemas y controles adecuados, con objeto de evaluar los riesgos relacionados con los préstamos propuestos a través de la plataforma de financiación participativa». Sin embargo, el precepto citado no habla explícitamente de una evaluación del riesgo de crédito y, a lo largo del texto (entre otros, en el art. 19.6 RPESFP), se refiere a la calificación crediticia en términos condicionales, como si se tratara de una facultad voluntaria de la PFP.

Pese a lo anterior, en mi opinión, no cabe duda de que el riesgo de crédito es el principal riesgo de los relacionados con el crédito, por lo que, de

9 Las entidades de crédito tienen la obligación legal de evaluar la solvencia del prestatario ex. art. 29 de la Ley 2/2011, de 4 de marzo, de Economía Sostenible (BOE, n.° 55, de 3 de mayo de 2011), y art. 18 de la Orden EHA/2899/2011, de 28 de octubre, de transparencia y protección del cliente de servicios bancarios (BOE, n.° 261, de 29 de octubre de 2011).

10 Como se analizará en detalle más adelante, las entidades financieras, entre otros, tienen acceso al Centro de Información y Riesgo del Banco de España (CIRBE) al ser entidades declarantes.

11 Cuena Casas, M., Las FinTech de préstamos, cit., p. 221.

12 Reglamento (UE) 2020/1503 del Parlamento Europeo y del Consejo de 7 de octubre de 2020 relativo a los proveedores europeos de servicios de financiación participativa para empresas, y por el que se modifican el Reglamento (UE) 2017/1129 y la Directiva (UE) 2019/1937 (DOUE, n.° 347, de 20 de octubre de 2020).

13 Ley 5/2015, de 27 de abril, de fomento de la financiación empresarial (BOE, n.° 101, de 28 de abril de 2015). Recientemente modificada por la publicación de la Ley 18/2022, de 28 de septiembre, de creación y crecimiento de empresas (BOE, n.° 243, de 29 de septiembre de 2022), que deroga el título V de la LFFE con efectos desde el próximo 10 de noviembre de 2022 e introduce uno nuevo.

14 El anterior artículo 51.2 b) LFFE preveía la evaluación del riesgo como un servicio auxiliar que las plataformas podían voluntariamente ofrecer a los usuarios, pero no como una obligación. El actual Título V LFFE aprobado por la LCCE no se pronuncia al respecto, por lo que debe entenderse en remisión al RPESFP (art. 4.2).

acuerdo con el art. 4.2 RPESFP, debe interpretarse que la plataforma está obligada a evaluar el riesgo de crédito de todo proyecto que decida publicar.

2. Un mecanismo de protección al prestamista

En una operación de financiación participativa de crédito concurren multitud de prestamistas que pueden actuar como empresarios, pero también como consumidores. La opción elegida por el legislador europeo de imponer la obligación de evaluar el riesgo a la plataforma, toma sentido, en parte, debido a la condición de consumidor que pueden presentar los prestamistas[15], pues, en tal caso, estos carecen de los conocimientos y herramientas necesarias para realizar la evaluación. Cabe mencionar que cuando el prestamista es un empresario y el prestatario un consumidor se está ante una relación de consumo donde, en base al art. 14 de la Ley 16/2011[16] (en adelante, LCCC), el prestamista queda igualmente obligado a evaluar la solvencia del prestatario junto con la plataforma.

Así, pese a que la evaluación del riesgo de crédito se realiza sobre la información aportada por el prestatario en el proyecto de financiación y es un servicio que parece ir destinado a facilitar que el prestatario reciba la financiación que solicita, la obligación de las plataformas de evaluar el riesgo de crédito constituye, en realidad, un mecanismo de protección al prestamista y, en mi opinión, es un servicio prestado por la PFP al prestamista en exclusiva y no al prestatario.

La evaluación del riesgo de crédito implica analizar la capacidad del deudor de reembolsar los fondos que le son prestados con el objetivo de proteger el derecho de crédito del prestamista. En dicha evaluación se atiende, entre otros factores, a la situación de solvencia patrimonial del prestatario, incluidos el grado de esfuerzo económico que le supone la asunción de nuevas deudas y el riesgo de sobreendeudamiento. En financiación participativa, a diferencia de lo que sucede en el mercado bancario tradicional[17], la evaluación no necesariamente debe comprender criterios de crédito responsable[18].

El RPESFP regula exclusivamente aquellas relaciones de financiación participativa en las que el prestatario no es un consumidor (art. 1.2 letra *a* RPESFP).

---

15 Art. 2.1 letras i), j) y k) RPESFP en relación con el art. 3 del Real Decreto Legislativo 1/2007, de 16 de noviembre, por el que se aprueba el texto refundido de la Ley General para la Defensa de los Consumidores y Usuarios y otras leyes complementarias (BOE, n.º 287, de 30 de noviembre de 2007) (en adelante, TRLGDCU).

16 Ley 16/2011, de 24 de junio, de contratos de crédito al consumo (BOE, n.º 151, de 25 de junio de 2011).

17 Cuena Casas, M., Las FinTech de préstamos, cit. p. 266.

18 En este sentido, el informe del Financial Services User Group, «Responsible consumer credit lending. FSUG opinion and recomendations for the review of the Consumer Credit Directive». Disponible en: https://ec.europa.eu/info/sites/default/files/business_economy_euro/banking_and_finance/documents/fsug-opinions-190408-responsible-consumer-credit-lending_en.pdf (Consultado a 19 de septiembre de 2022).

En consecuencia, el reglamento configura la evaluación del riesgo como un mecanismo de protección exclusiva del prestamista, si bien también puede tener efectos de prevención del sobreendeudamiento del prestatario. Considero que lo óptimo habría sido distinguir entre el prestamista empresario y el prestamista consumidor, pues no parece tener mucho sentido obligar a la plataforma a evaluar el riesgo de un proyecto para proteger a un prestamista profesional que puede ser, entre otros, una entidad de crédito y, por lo tanto, que ya dispone de acceso a información y recursos suficientes —de hecho, como veremos, más que la propia PFP— para llevar a cabo una evaluación consistente.

El legislador español ha optado por extender la aplicación del RPESFP a aquellas relaciones de financiación participativa donde el prestatario también es un consumidor, pero lo ha hecho sin adaptar los mecanismos de evaluación (art. 55 LFFE) y sin tener en cuenta que, cuando el prestamista es un profesional y el prestatario un consumidor, ya resultan de aplicación la LCCC (art. 14) y la Ley 5/2019[19] (art. 11) que obligan al prestamista a evaluar el riesgo.

No es lo mismo un proyecto de financiación empresarial que un proyecto de financiación de consumo, y en consecuencia, ambos tipos de proyecto no pueden ni deben ser evaluados del mismo modo. La evaluación de un proyecto de financiación empresarial debe basarse en la capacidad de reembolso del empresario, así como en el uso que este dará a los fondos recibidos[20], pues de su rendimiento dependerá la viabilidad del negocio y con ella la efectiva devolución de los fondos. En cambio, para evaluar un proyecto de financiación de consumo, basta con analizar la capacidad de pago del consumidor: el hecho de que éste destine los fondos recibidos a la compra de un nuevo automóvil, a la devolución de un crédito anterior o a un viaje por la Polinesia Francesa, resulta irrelevante a ojos del evaluador, pues, en todo caso, la devolución de los fondos no depende de la viabilidad ni del rendimiento de ninguna actividad llevada a cabo por el consumidor. La evaluación del riesgo de crédito del prestatario consumidor se resume en la obligación de medir exclusivamente su capacidad de reembolso.

También en protección del prestamista, los apartados sexto y séptimo del artículo 19 RPESFP prevén la información que la plataforma debe aportar respecto a la evaluación de riesgo de crédito que realiza del proyecto. Así, la plataforma está obligada a describir el método que utiliza para calcular la calificación crediticia. Sin embargo, la plataforma puede desatender el cumplimiento de esta obligación si ello implica la revelación de información comercial sensible, pues se entiende que en tal caso se desincentivaría la innovación[21].

19 Ley 5/2019, de 15 de marzo, reguladora de los contratos de crédito inmobiliario (BOE, n.º 65, de 16 de marzo de 2019).

20 En financiación participativa, el empresario recibe los fondos para llevar a cabo un proyecto empresarial concreto y a este debe destinarlos. En este sentido, SIMIONATO, A., «Prime note in tema di valuatzione del merito creditizio del consumatore nella Direttiva 2008/48/CE», en DE CRISOFARO, G., La nuova disciplina europea del credito al consumo, Torino, 2009, p. 188.

21 Así lo establece el considerando 41 RPESFP.

El apartado séptimo contiene un mandato a la ABE (Autoridad Bancaria Europea) para el desarrollo —en colaboración con la AEVM (Autoridad Europea de Valores y Mercados)— de un proyecto de estándares técnicos que regule el alcance de la información que la plataforma debe aportar al prestamista en relación con el método de calificación, la evaluación del riesgo de crédito y la valoración del préstamo, entre otros. Dicho proyecto[22] supone, en mi opinión, un paso adelante hacia una mayor transparencia con el prestamista, pues obliga a la plataforma a informar del tipo de modelo usado para calificar, de la fuente de donde proviene la información que utiliza y, además, de las variables financieras y no financieras que el modelo toma en cuenta, así como el peso de cada una dentro del mismo. Así, el resultado de la calificación debe ser un *rating* —normalmente de la A a la F— acompañado de la probabilidad de insolvencia y una explicación cualitativa del grado de riesgo.

Más aún, el proyecto sigue exigiendo a la plataforma que asegure que la información utilizada en el método es exacta, fiable y se encuentra actualizada, e impone una serie de parámetros relativos a la posición financiera y modelo de negocio del prestatario que necesariamente deben ser considerados en la evaluación.

Finalmente, hay que apuntar que todas las previsiones que se incluyen en el proyecto afrontan la evaluación y calificación del riesgo partiendo de la base que se trata de proyectos empresariales, por lo que no contempla métodos ni elementos propios de la evaluación o calificación de créditos al consumo. Ante lo anterior, el legislador español inexplicablemente se limita a remitir las relaciones con consumidores a las previsiones del reglamento, pero no acompaña tal remisión de ninguna previsión específica al respecto.

3. La desalineación de incentivos

En el mercado de crédito tradicional la evaluación del riesgo de crédito resulta efectiva por dos motivos: primero, por el propio interés de las entidades prestamistas en realizar una evaluación consistente, pues son ellas quienes sufren los efectos adversos de su deficiencia en caso de impago del prestatario y, segundo, por las herramientas de las que se les dota para recabar información del prestatario. Sin embargo, en la financiación participativa de crédito no se da ninguno de los dos factores anteriores, lo que contribuye a un incremento desmedido del riesgo.

22 European Banking Authority, «Final Report. Draft Regulatory Technical Standards on credit scoring and pricing disclosure, credit risk assessment and risk management requirements for crowdfunding service providers under Article 19(7) Regulation (EU) 2020/1503», de 29 de abril de 2022. Disponible en: https://www.eba.europa.eu/sites/default/documents/files/document_library/Publications/Draft%20Technical%20Standards/2022/EBA-RTS-2022-05%20RTS%20on%20crowdfunding%20for%20service%20providers/1032645/RTS%20on%20crowdfunding%20for%20service%20providers%20.pdf (Consultado a 19 de octubre de 2022).

Centrándonos en el primero de los factores, debemos partir de la base que las PFP, en tanto que intermediarias[23], por norma general perciben su retribución a la celebración del contrato de crédito subyacente en el que no son parte. Por tanto, la retribución de la plataforma, a priori, no se ve afectada por el eventual incumplimiento de la obligación del prestatario de devolver los fondos que le han sido prestados.

Los ingresos de la plataforma aumentan en la medida en que se concluyen un mayor número de contratos o cuando estos son de mayor cuantía, pero permanecen invariables ante el incumplimiento de las obligaciones de las partes del contrato subyacente.

Al imponer la obligación de evaluar el riesgo a la plataforma intermediaria, los intereses que en el mercado tradicional se encontraban alineados ahora dejan de estarlo, pues la PFP puede verse beneficiada si rebaja sus estándares en la evaluación de los proyectos, para incrementar la oferta y, por ende, la contratación.

En el siguiente cuadro con datos de una de las principales plataformas que operan en España, se puede observar como la columna del rating no muestra una correlación clara con la columna de los impagos: los créditos calificados con una B, es decir, con una mejor evaluación crediticia, son los que presentan un mayor porcentaje de impagos, el 90%, si bien se trata de un número de préstamos poco representativo, pero sucede de nuevo con los créditos calificados con una E que presentan una tasa de impagos superior a los calificados con una F.

PRÉSTAMOS CLASIFICADOS SEGÚN EL RATING DE LA PLATAFORMA EN ESPAÑA. DATOS ENTRE 2009 Y 2020				
Rating asignado	**Número de préstamos**	**Proporción sobre el total de los préstamos (%)**	**Préstamos con impagos (%)**	**Tipo de interés medio (%)**
B	11	0,0	90,9	19,0
C	209	0,8	58,9	20,2
D	2.458	9,4	66,2	27,1
E	2.141	8,1	72,7	35,9
F	11.316	43,1	72,1	61,2
HR	10.134	38,6	77,0	89,3
Sin rating	1	0,0	100,0	26,0
Total de préstamos	26.270	100,0	73,4	66,5

Fuente: Barahona, R., y Barreira, R., «Las Plataformas de Financiación Participativa», cit., p. 10.

23 Para un estudio detallado de la posición contractual de la PFP respecto los usuarios, ver Cuena Casas, M., Las FinTech de préstamos, cit. pp. 222 y ss.

Pese a lo anterior, cabe mencionar que la reputación de la plataforma actúa como contrapeso para equilibrar el juego de intereses descrito. Una evaluación del riesgo sistemáticamente deficiente, sin duda, afecta a la reputación de la plataforma y, en este sentido, entre los mecanismos de protección al prestamista, el RPESFP incluye la obligación de publicar la tasa de impago en un lugar destacado de su web[24].

A diferencia de la regulación actual, el anterior Título V de la LFFE en su art. 61.1.f), estructuraba la información de la tasa de impago como una facultad voluntaria de las plataformas y no una obligación. Por lo anterior, hasta el momento las plataformas han venido evitando publicar sus tasas de impago de forma generalizada. Además, la inexistencia de un soporte específico relevante donde se ubiquen las reseñas de los usuarios de la plataforma, ha provocado que los casos de incumplimiento del prestatario resulten inobservables para los potenciales prestamistas, afectando a la reputación de la PFP solo respecto aquellos prestamistas afectados por un impago.

La obligación de publicar la tasa de impago resulta exigible a las PFP españolas a partir del 10 de noviembre de 2022, fecha en la cual el nuevo título V LFFE despliega sus efectos.

Por último, es necesario tener en cuenta que el perfil de prestamista que participa en financiación participativa es un perfil más propenso al riesgo[25] y que acepta la posibilidad de eventuales incumplimientos del prestatario sin vincularlos directamente con la evaluación previa realizada por la plataforma. Es por ello que el efecto reputacional, pese a publicar la tasa de impago, puede seguir siendo insuficiente para incentivar a las plataformas a realizar una evaluación del riesgo diligente, y que la única forma de alinear sus intereses con los del prestamista debe venir por la vía de atribución de responsabilidad a la PFP.

4. La falta de herramientas de las PFP y el sistema español de información crediticia

Pese a la obviedad, debe partirse de la base que quien dispone de plena información respecto la situación patrimonial y de solvencia del prestatario es él mismo. Por lo anterior, lo óptimo es que sea el propio prestatario quien

24 Para evitar el uso de métodos de cálculo de la tasa de impago imprecisos que pudieran distorsionar una imagen adecuada de la realidad, la AEVM establece el método de cálculo que deben seguir las PFP en el European Securities and Markets Authority, «Final Report. Draft technical standards under the European crowdfunding service providers for business Regulation», presentado a la Comisión Europea a 10 de noviembre de 2021, Anexo VI, pp. 115 y ss. Disponible en: https://www.Esma.europa.eu/sites/default/files/library/Esma35-42-1183_final_report_-_ecspr_technical_standards.pdf (Consultado a 19 de octubre de 2022).

25 Barahona, R., y Barreira, R., «Las Plataformas de Financiación Participativa», cit., p. 4.

aporte la información necesaria para la evaluación del riesgo. Así, el RPESFP obliga al prestatario a aportar la información en forma de fichero de datos fundamentales de la inversión (art. 23 RPESFP).

No obstante, resultaría ingenuo obviar el riesgo moral que genera el hecho de que la veracidad y la compleción de la información resulten inobservables desde la posición del prestamista y de la PFP. El prestatario tiene evidentes incentivos para mostrar una mejor situación en términos de solvencia y patrimonio que la real, pues de ello depende el tipo de interés que se le aplicará. Más aún, la visión que el prestatario proyecta de sí mismo puede estar inconscientemente sesgada por la demostrada tendencia a evaluar el riesgo de uno mismo de forma excesivamente optimista[26].

Por lo anterior, es patente la necesidad de las PFP —en tanto que obligadas a la evaluación del riesgo— de disponer de los medios necesarios para aseverar la corrección y completud de la información aportada por el prestatario. A este respecto, el RPESFP y la LFFE se limitan a detallar la información que debe tenerse en cuenta para la evaluación del riesgo (art. 19.7 RPESFP), y a establecer la responsabilidad del prestatario (arts. 23.9 RPESFP y 51.2 LFFE), pero no regulan la forma en que debe verificarse dicha información ni atribuyen herramientas a las PFP a tal efecto. Los arts. 23.11 y 23.12 RPESFP obligan a la PFP a «establecer y aplicar procedimientos adecuados para verificar la exhaustividad, exactitud y claridad de la información contenida en la ficha de datos fundamentales de la inversión», así como a alertar de cualquier «omisión, error o inexactitud» sin definir dichos procedimientos e ignorando el hecho de que tales labores únicamente pueden llevarse a cabo mediante la comparación de la información aportada por el prestatario con información verídica a la cual, como veremos, la PFP no tiene acceso.

Así, las PFP se ven abocadas a acudir a aquellas fuentes de información públicas donde la información es limitada. Las plataformas acostumbran a acudir a agencias de información crediticia, también denominadas credit bureaus o ficheros de morosos, pues para ello no es necesario el consentimiento del prestatario. Las agencias de información crediticia proporcionan información limitada a impagos, es decir, información de solvencia negativa. En cambio, existen fuentes de información de solvencia positiva que contienen datos sobre el nivel de endeudamiento del prestatario, sus patrones de pago, sus activos, sus pasivos, garantías previamente asumidas, entre muchos otros[27]. Las agencias de información crediticia presentan un sistema de acceso por reciprocidad: dan acceso a la información a aquellos usuarios

---

26 SUNSTEIN, C., (ed.), Behavioral Law and Economics, Cambridge University Press, 2000, p. 38.

27 BANCO MUNDIAL, General principles for credit reporting, Washington DC, 2011, pp. 63 a 68. Disponible en: http://documents.worldbank.org/curated/en/2011/09/16426885/general-principles-credit-reporting (Consultado a 5 de octubre de 2022)

que a su vez aportan datos a la agencia. En cambio, las fuentes de información de solvencia positivas presentan mayores restricciones para su acceso[28].

En España, el CIRBE (Central de Información de Riesgos del Banco de España)[29] es la única fuente que ofrece información de solvencia positiva[30], pero su acceso está limitado a las entidades declarantes, las entidades de crédito[31]. En consecuencia, a diferencia de lo que sucede en otros estados[32], en España las PFP no tienen acceso al CIRBE pese a los evidentes efectos positivos que tendría para el mercado de la financiación participativa.

El regulador europeo[33] ha justificado la limitación del acceso a fuentes de información de solvencia positiva en el mercado de crédito bancario, en base a la protección de los derechos de privacidad y protección de datos personales de los usuarios[34], pues las fuentes de solvencia positiva contienen información de todo deudor, haya incumplido o no sus obligaciones. Sin embargo, no

---

28 Las implicaciones que derivan del trato de información patrimonial y relativa a la solvencia del prestatario plantean evidentes riesgos en el plano de la protección de datos de los usuarios que, por motivos de extensión, se excluyen del objeto de estudio del presente trabajo. Para una detallada aproximación a la anterior cuestión, ver Alonso Martínez, C., «Evaluación del riesgo de crédito. Big Data y privacidad en el marco de la Ley 3/2018, de 5 de diciembre de protección de datos personales y garantía de los derechos digitales», en Cuena Casas, M. (Dir.), *Aspectos legales de la financiación en masa* o crowdfunding, Tirant lo Blanch, Valencia, 2020, pp. 441 y ss.

29 Regulado bajo la Ley 44/2002, de 22 de noviembre, de Medidas de Reforma del Sistema Financiero (BOE, n.° 281, de 23 de noviembre de 2011) y la Circular 1/2013, de 24 de mayo, del Banco de España, sobre la Central de Información de Riesgos por la que se modifica la Circular 4/2004, de 22 de diciembre, a las entidades de crédito, sobre normas de información financiera pública y reservada, y modelos de estados financieros (BOE, n.° 130, de 31 de mayo de 2013).

30 Limitada a operaciones de riesgo agregado por encima de los 9.000 euros según la Norma tercera de la Circular 1/2013, de 24 de mayo, del Banco de España.

31 Son entidades declarantes las descritas en la Norma primera de la Circular 1/2013, de 24 de mayo, del Banco de España y el artículo 60 de la Ley 44/2002: el Instituto de Crédito Oficial, los bancos, las cajas de ahorros, las cooperativas de crédito, los establecimientos financieros de crédito y las sucursales en España de las entidades de crédito extranjeras, las sociedades de garantía recíproca y de refinanciamiento, la Sociedad de Gestión de Activos procedentes de Reestructuración Bancaria (SAREB), el Banco de España, el Fondo de Garantía de Depósitos de Entidades de Crédito y la Sociedad Anónima Estatal de Caución Agraria.

32 Galloway, I., Peer-to-Peer Lending and Community Development Finance, Community Development Investment Center, Working Paper, San Francisco: Federal Reserve Bank of San Francisco, 2009. Disponible en: http://ideas.repec.org/p/fip/fedfcw/2009-06.html (Consultado a 5 de octubre de 2022).

33 Expert Group On Credit Histories, Report of the Expert Group on Credit Histories, DG Internal Market and Services, mayo 2009. Disponible en: https://silo.tips/download/table-of-contents-executive-summary-introduction-background-5 (consultado a 5 de octubre de 2022).

34 Cuena Casas, M., Las FinTech de préstamos, cit., pp. 277 y ss.

parece inviable mantener la protección del prestatario ampliando el acceso a dichas bases de información, y ya existe algún ejemplo[35].

Así, toma fuerza una segunda justificación: la voluntad de mantener el control sobre la competencia en el mercado de crédito[36]. Las principales beneficiadas de los elevados tipos de interés en el mercado de financiación participativa no son las PFP —que son retribuidas por la intermediación y no en base al tipo de interés—, sino las entidades de crédito, que no pierden clientes frente a la financiación participativa sino que más bien le derivan aquellos prestatarios cuyo alto riesgo no les permite aceptar[37]. Si se flexibilizara el acceso al CIRBE, se mitigaría el efecto perverso de las asimetrías informativas, reduciendo el riesgo de selección adversa y, con él, también los tipos de interés, pero eso permitiría empezar a captar prestatarios que actualmente acuden a la banca tradicional, lo cual no interesa a las entidades de crédito[38].

En resumen, las PFP tienen un acceso muy limitado a información fiable que les permita contrastar la veracidad y completitud de la información aportada por el prestatario, además de ningún incentivo a preocuparse por ello, y todo en perjuicio directo del prestamista, que se ve en un mercado de altísimo riesgo y expuesto a la altamente probable insolvencia del prestatario. Quizá por lo anterior, conocedor de la situación del prestamista, el legislador intenta limitar cuantitativamente las cantidades que presta (art. 21.7 RPESFP) y, con ello, condena al mercado de la financiación participativa a la residualidad.

Ante la situación descrita, se está generalizando el uso por parte de las PFP de mecanismos de obtención de información del prestatario basados en el BigData y la inteligencia artificial cuyo estudio se excluye del presente trabajo[39].

---

35 Es el caso de los Estados Unidos, en la Ley de crédito justo (Fair Credit Reporting Act), de 26 de octubre de 1970.

36 En este sentido, CUENA CASAS, M., Las FinTech de préstamos, cit., pp. 277 y ss.

37 Así se demuestra para la financiación participativa de consumo en BARAHONA, R., Y BARREIRA, R., «Las Plataformas de Financiación Participativa», cit., pp. 8 y 11. Todas las operaciones realizadas por las PFP tomadas en consideración en el estudio —dos de las más relevantes en el mercado español—, tanto en España como a nivel comunitario, fueron con prestatarios que no tenían acceso al mercado de crédito bancario por su elevado perfil de riesgo. De esta forma, el estudio concluye que las PFP no son competidoras directas de la banca tradicional.

38 Respecto los efectos del acceso a la información sobre la competencia en el mercado de crédito, ver PADILLA. J., Y PAGANO, M., «Endogenous Communication Among Lenders and Entrepreneurial Incentives», en *The Review of Financial Studies*, vol.10.1, enero de 1997, p. 230, BECK, T., DEMIRGÜC-KUNT, A., Y MAKSIMOVIC, V., «Bank Competition and Access to Finance: International Evidence», en *Journal of Money, Credit and Banking*, n.° 36.3, 2004, pp. 627 y ss, y JAPELLI, T., Y PAGANO, M., *Information sharing, lending defaults: cross-country evidence*, Working Paper 22, CSEF, University of Salerno, 1999, p. 230.

39 A este respecto, ver, entre otros, CUENA CASAS, M., Las FinTech de préstamos, cit., pp. 282 y ss., y FERRETTI, F., «Inteligencia artificial, algoritmos y BigData en los préstamos P2P» en CUENA CASAS, M. (Dir.), *Aspectos legales de la financiación en masa*, cit., p. 399 y ss.

5. Responsabilidad de la PFP por la evaluación del riesgo

5.1. La relación entre PFP y usuarios

La evaluación del riesgo erige a la plataforma como generadora de confianza en el prestamista sobre la relación subyacente de crédito con el prestatario en la que la plataforma no es parte, y lo hace en el marco de una relación contractual previa con cada uno de los usuarios.

El contrato entre la plataforma y el prestamista se ha denominado contrato de acceso, y consiste en un contrato de adhesión con condiciones generales. El objeto principal del contrato es proporcionar a los usuarios acceso al entorno digital creado por la plataforma y propiciar la contratación de crédito entre ellos. De este modo, la plataforma media entre prestamistas y prestatarios para casar oferta y demanda y propiciar la celebración de contratos subyacentes en los que la plataforma no es parte. La relación jurídica entre plataforma y usuario se ha calificado por gran parte de la doctrina[40] como un contrato de mediación o corretaje.

El contrato es redactado por la plataforma y habitualmente la evaluación del riesgo se incluye como una facultad. Sin embargo, como se ha argumentado, se trata de una obligación prevista legalmente (art. 4.2 RPESFP) que puede dar lugar a incumplimiento, prestación no conforme o prestación tardía por parte de la plataforma.

La evaluación del riesgo constituye una obligación de la plataforma respecto al prestamista que se añade al objeto del contrato, y, por tanto, forma parte del contenido prestacional mínimo del contrato entre ambos. En cambio, entiendo que la evaluación del riesgo no forma parte del contenido prestacional mínimo del contrato entre la plataforma y el prestatario.

40 Goñi Rodríguez De Almeida, M., «La contratación a través de plataformas intermediarias en línea», en Cuena Casas, M., *Aspectos legales de la financiación en masa*, cit., p. 77. De igual forma, Rodríguez Martínez, I., «El servicio de mediación electrónica y las plataformas de economía colaborativa», en *Revista de Derecho Mercantil*, n.º 305, julio-septiembre de 2017, p. 199, Grimaldos García, I., «Contrato de intermediación entre las plataformas colaborativas y sus usuarios», en Alfonso Sánchez, R., Y Valero Torrijos, J., (Dirs.), *Retos Jurídicos de la Economía Colaborativa en el Contexto Digital*, Thomson Reuters Aranzadi, Cizur Menor, 2017, pp. 366-367, Díaz Gómez, M.A., «Reflexiones en torno a la responsabilidad de las plataformas electrónicas de economía colaborativa», en *Revista de Estudios Europeos*, n.º 70, julio-septiembre de 2017, Monográfico economía colaborativa, p. 35, Macanás, G., «Calificación y caracteres del contrato de mediación con la plataforma de *crowdfunding*», en Lázaro Sánchez, E., Y De La Vega García, F., (Dirs.), *Crowdfunding: cooperación colectiva al servicio de la financiación*, Thomson Reuters Aranzadi, Cizur Menor, 2018, p. 99.

5.2. Primer escenario: supuesto de no prestación o incumplimiento definitivo

Como primer escenario, se analiza el supuesto en que la plataforma no evalúa el riesgo de crédito. Es decir, un caso de no-prestación, que podía darse perfectamente bajo el anterior Título V de la LFFE, pero ya no bajo el RPESFP. En este supuesto, cabe distinguir dos variantes en función de la satisfacción del interés del prestamista pese a la no prestación.

A) No prestación y cumplimiento posterior del prestatario

La plataforma no evalúa el riesgo de crédito, pero no se produce la insolvencia del prestatario en el contrato subyacente. En este caso, partiendo de la base que la obligación de evaluar el riesgo se establece con el fin exclusivo de proteger al prestamista de la insolvencia del prestatario, y que por incumplimiento debemos entender la insatisfacción del interés contractual del acreedor[41], en el presente supuesto, pese a poder estar ante un incumplimiento[42], la inexistencia de un daño a los intereses del prestamista debe comportar la inexistencia de responsabilidad de la plataforma.

B) No prestación e incumplimiento posterior del prestatario

La plataforma no evalúa el riesgo de crédito y, posteriormente, una vez celebrado el contrato de crédito subyacente[43], se produce la insolvencia del prestatario.

Partiendo de la base que quien decide si se publica un proyecto o no y el momento en que se hace es la plataforma, carece de sentido plantear supuestos de incumplimiento por imposibilidad sobrevenida, pues la evaluación se realiza antes de la publicación y, ante la imposibilidad de evaluar, la plataforma puede —y debe— optar por no publicar.

En consecuencia, se puede afirmar que en el caso que se publique un proyecto sin evaluar, se estará ante un incumplimiento definitivo de la obligación de la plataforma[44].

---

41 Carrasco Perera, A., *Derecho de contratos*, 3.ª ed., Thomson Reuters Aranzadi, Cizur Menor, 2021, p. 947.

42 El incumplimiento por sí mismo, no supone un daño *in re ipsa*. STS, 1.ª, de 5 de marzo de 2013 (ECLI:ES:TS:2013:1148).

43 Este supuesto es equiparable a un supuesto de prestación tardía de la evaluación de crédito, es decir, una vez ya celebrado en contrato de crédito subyacente.

44 Carrasco Perera, A., *Derecho de contratos*, cit., p. 949.

La evaluación del riesgo debe realizarse antes de la publicación y es exigible desde que se publica el proyecto[45]. Ante una publicación de un proyecto sin evaluar, el prestamista puede requerir a la plataforma el cumplimiento[46], pero no resulta necesario para que la obligación de la plataforma se entienda incumplida. Eso sí, el requerimiento tiene efectos sobre la carga de la prueba: si pese al requerimiento, la plataforma se mantiene en el incumplimiento, la voluntad se hace patente y sobre ella recaerá la carga de probar que no fue así por aplicación analógica del 1.183 CC[47].

No se debe olvidar que, para que el incumplimiento definitivo derive en responsabilidad de la plataforma, es necesario que, además, se produzca la insolvencia posterior del prestatario en la relación subyacente de crédito entre ese y el prestamista, pues de lo contrario nos encontraríamos en el supuesto descrito en el apartado anterior. Como se observa, pese a estar ante un incumplimiento contractual, el daño es de carácter extracontractual, pues tiene lugar en la relación de crédito subyacente en la que la plataforma no es parte y que es independiente del contrato de mediación.

Asimismo, para que derive responsabilidad a la plataforma también es necesario, además del incumplimiento contractual y del daño, que la evaluación lo hubiera podido evitar. Como se analizará en profundidad en los apartados siguientes, no todo caso de insolvencia del prestatario deriva de una evaluación del riesgo deficiente: la evaluación puede haber sido diligente y, pese a ello, producirse igualmente la insolvencia del prestatario. En un supuesto de no prestación, si la plataforma prueba que incluso habiendo evaluado el riesgo no se habría evitado el daño, no deberá responder. Sin embargo, lo anterior conduce a una valoración subjetiva de la influencia de la evaluación sobre la decisión del prestamista.

En lo relativo a las acciones de que dispone el prestamista, cabe descartar una acción de cumplimiento: el daño se da una vez ya se ha celebrado el contrato subyacente de crédito, por lo que requerir la evaluación del riesgo cuando ya se ha producido la insolvencia del prestatario resultaría ineficaz.

Así, se estará ante el resarcimiento de daños y perjuicios (art. 1.101 CC) que comprende no sólo el valor de la pérdida (los fondos aportados), sino también el lucro cesante (los intereses que el prestatario debió pagar), del cual deberán responder solidariamente la plataforma y el prestatario, pues

45 Este extremo no se prevé en el RPESFP pero carecería de sentido que fuera de forma distinta, pues de nada sirve la evaluación del riesgo si el proyecto no se encuentra publicado, ni una vez ya ha celebrado el contrato subyacente.

46 Puede requerir de forma judicial o extrajudicial, sin que esté sujeto a forma predeterminada. Basta el requerimiento de cumplimiento dirigido precisamente a la plataforma emitido después del vencimiento de la obligación.

47 Díez Picazo, L., y Gullón, A., *Sistema de derecho civil*, Vol. II, Tomo I, Tecnos, Madrid, 2016, p. 204.

el incumplimiento de la plataforma en ningún caso debe excluir de responsabilidad al prestatario por su respectivo incumplimiento.

5.3. Segundo escenario: supuestos de prestación defectuosa o cumplimiento irregular

Como segundo escenario se analiza el supuesto en que la plataforma sí que evalúa el riesgo de crédito, pero la evaluación resulta ser deficiente, es decir, un supuesto de prestación defectuosa o cumplimiento irregular. En tanto que se trata de una obligación de hacer —evaluar el riesgo—, la obligación de evaluar se puede entender incumplida en caso de mala praxis en su ejecución[48].

A) La información con la que se ha evaluado era engañosa, inexacta o incompleta.

En este punto, la LFFE sí se pronuncia y lo hace de forma clara: es el prestatario quien debe aportar la información y sobre él recae la responsabilidad en caso de que sea engañosa, inexacta o incompleta (art. 51.2 y 3 LFFE). En el mismo sentido, aunque no de forma tan rotunda, el RPESFP establece que será el prestatario quien responda de la adecuación a la realidad de la información aportada así como de la omisión de información relevante (art. 23.9 RPESFP). Sin embargo, el anterior precepto abre la puerta a que los estados miembro amplíen los sujetos responsables: «Los Estados miembros velarán por que la responsabilidad por la información que figure en una ficha de datos fundamentales de la inversión recaiga, como mínimo, en el promotor del proyecto». Resulta evidente que no se trata de una opción tomada por el legislador español.

Pese a la claridad de las normas anteriores, la responsabilidad por información engañosa, inexacta o incompleta no se agota en el prestatario. Existen deberes de diligencia exigibles a la plataforma (apartados 11 y 12 del art. 23 RPESFP en relación con el art. 1104 CC) por los cuales, pudiendo tener conocimiento de los defectos en la información, en caso de no advertirlos o de hacerlo pero no procurar su subsanación, justifican la atribución de responsabilidad también a la plataforma[49].

Dicho de otro modo, la plataforma no responde exclusivamente si no tuvo —ni pudo tener— conocimiento de los defectos en la información. Las reglas

48 Así se ha interpretado, además de en los supuestos clásicos de abogados y médicos, en casos de responsabilidad de brokers o empresas de servicios de inversión por aquellos consejos que acaban provocando la ruina de sus clientes. En este sentido las SSTS, 1.ª, de 20 de enero de 2003 (ECLI:ES:TS:2003:162) y de 30 de enero de 2003 (ECLI:ES:TS:2003:540).

49 Carrasco Perera, A., *Derecho de contratos*, cit., pp. 952 y 975.

de los arts. 51 LFFE y 23 RPESFP se aplican siempre que la plataforma no pueda detectar los defectos por la ya comentada falta de acceso a fuentes alternativas y fiables de información, o habiéndolos detectado no procura su subsanación. Sin embargo, pese a las limitaciones, si los defectos en la información sí que son detectables por la plataforma, ya sea por constar en registros públicos o por desprenderse de la propia información aportada por el prestatario, la plataforma tiene el deber de alertar e incluso de no publicar el proyecto si no se corrigen (art. 23.12 RPESFP).

Así pues, si la plataforma no detecta los defectos en la información pudiendo hacerlo, o bien los detecta pero no actúa al respecto, por ejemplo, para poder otorgar un mejor rating, la plataforma debe responder solidariamente con el prestatario en caso de acabarse produciendo un daño al prestamista por insolvencia del primero. De nuevo, estaríamos ante una acción de resarcimiento de los daños y perjuicios sufridos, esto es, los fondos aportados y los intereses dejados de percibir.

B) La información era veraz, exacta y completa, pero el método de cálculo no.

El art. 19.7 RPESFP con el desarrollo llevado a cabo por la EBA es considerablemente específico respecto al método de evaluación que deben seguir las plataformas, pero no excluye la discrecionalidad de la plataforma en el proceso de evaluación[50]. Por ello, cabe la posibilidad de que el método de evaluación se encuentre sesgado por la plataforma y otorgue calificaciones superiores a las que corresponden a cada proyecto según el grado de solvencia del prestatario.

De darse el supuesto anterior, el incumplimiento por parte de la plataforma y su consiguiente responsabilidad solidaria con el prestatario resultaría evidente. Sin embargo, se intuyen graves dificultades por parte del prestamista ya no para probar el sesgo introducido por la plataforma, sino incluso para detectarlo, y los motivos son variados. En primer lugar, el prestamista recibe la información aportada por el prestatario exclusivamente a través de la plataforma, que centraliza la gestión de la información —ya de por sí limitada— e impide un correcto análisis. En segundo lugar, las plataformas rara vez ofrecen el método de cálculo exacto bajo el amparo de la preservación de una información que puede resultar comercialmente sensible[51]. Y, en tercer lugar, para detectar un sesgo en el método de cálculo, es necesario observar su aplicación más allá de en una concreta operación y el prestamista no

50 A modo de ejemplo, el Final Report on Draft RTS en su art. 2 prevé que los métodos de calificación puedan incorporar «elementos discrecionales de toma de decisiones». Disponible en: https://www.ESMA.europa.eu/sites/default/files/library/jc_2021_50_-_final_report_on_taxonomy-related_product_disclosure_rts.pdf (Consultado a 29 de octubre de 2022).

51 Así lo prevé el propio RPESFP en su considerando 41.

dispone de esa información. La obligación de publicar la tasa de impagos contemplada en el RPESFP no exige identificar los proyectos en que se han producido los impagos, ni el prestamista dispone de la información utilizada en la evaluación de esos proyectos, por lo que demostrar un sesgo persistente en la calificación de los proyectos se torna en una tarea prácticamente imposible para el prestamista que, no olvidemos, puede ser un consumidor.

El anterior, es un problema probatorio al que le pueden resultar de aplicación los arts. 217.7 y 256 a 263 de la LEC.

5.4. Cláusulas de limitación de responsabilidad

Cuando la plataforma se dispone efectivamente a evaluar el riesgo de crédito previsto en el art. 4.2 RPESFP, la ambigüedad de dicho precepto y la falta de previsión de la LFFE provocan que el alcance de la obligación, a priori, no quede delimitado. En consecuencia, la plataforma dispone de un considerable margen de discreción para delimitar las condiciones de la prestación y, en definitiva, para limitar su responsabilidad.

En la práctica, es habitual encontrar cláusulas de exoneración de responsabilidad de la plataforma en los contratos de adhesión que estas imponen a los usuarios[52]. A la luz del art. 1 LCGC no cabe duda de que dichas cláusulas son condiciones generales de la contratación sujetas a un control de contenido. Ahora bien, dicho control de contenido variará en función de si el adherente —el prestamista— es un consumidor o no ex art. 3 TRLGDCU.

Cuando el prestamista no es consumidor, no existe un control específico de nulidad de las cláusulas por abusividad[53] y se debe estar a lo establecido en el art. 8 LCGC que, reiterando lo ya establecido en los arts. 6.3, 1255 y

---

52 Ver, por ejemplo, la cláusula 12 «exoneración de responsabilidad» del contrato de acceso de la plataforma CIVISLEND:
«12.1. La información proporcionada en la Plataforma o a través de otros medios de comunicación no constituye asesoramiento ni aprobaciones de solicitudes de préstamo o de los usuarios promotores. La información proporcionada no está destinada a ser considerada por el usuario inversor como recomendación o base para decidir sobre sus inversiones.
12.2. CIVISLEND no puede garantizar la exactitud de los datos que se muestran en la Plataforma respecto a solicitudes de préstamo, ni sobre si la información está actualizada o sin errores. CIVISLEND no es responsable del contenido descargado directamente por los Usuarios en la Plataforma».

53 Se ha tratado de reconducir la exclusión expuesta por vía de la buena fe contractual y realizar los controles de transparencia y abusividad, pero el Tribunal Supremo se ha mantenido en la idea de que dichos controles resultan improcedentes en una relación entre empresarios, pues el elemento determinante es el desequilibrio de las posiciones contractual del adherente, es decir, justamente el motivo de abusividad del art. 82.1 TRLGDCU. En este sentido, las SSTS, 1.ª, de 4 de febrero de 2020 (ECLI:ES:TS:2020:303), de 28 de noviembre de 2019 (ECLI:ES:TS:2019:3796), de 30 de enero de 2017 (ECLI:ES:TS:2017:328), de 30 abril de 2015 (ECLI:ES:TS:2015:1923) y de 28 junio de 2015 (ECLI:ES:TS:2015:3802).

1275 CC, prevé la nulidad de aquellas cláusulas que contravengan la propia LCGC o cualquier otra norma imperativa[54]. De este modo, cuando el contrato es entre profesionales, el control se limita al de incorporación de los arts. 5 y 7 LCGC que, en mi opinión, es insuficiente para estimar la nulidad de una cláusula de exoneración de responsabilidad. Las cláusulas de exoneración de responsabilidad no implican problemas de transparencia ni incorporación sino una situación de desequilibrio contractual no contemplada en la LCGC.

Por el contrario, cuando el prestamista tiene la condición de consumidor ex art. 3 TRLGDCU, sí se puede someter la cláusula a un control de validez específico. En este caso, las cláusulas de exoneración de responsabilidad resultan nulas por abusivas según lo previsto en el art. 86.2 TRLGDCU.

5.5. La insolvencia del prestatario

La obligación de evaluar el riesgo de crédito debe entenderse como una obligación de medios: medir el nivel de riesgo según las exigencias de los arts. 19 y 23 RPESFP. De este modo, la calificación que se obtiene como resultado de la evaluación resulta irrelevante, pues no resulta exigible a las plataformas el deber de préstamo responsable[55].

Dicho de otro modo, si la plataforma utiliza la información de forma adecuada, la trata de forma neutral y objetiva e informa de todo ello al prestamista, el grado de riesgo del prestatario resulta irrelevante, pues no existe obligación legal alguna exigible a las plataformas que les impida publicar proyectos manifiestamente insolventes.

La obligación de la plataforma de evaluar el riesgo se materializa en la atribución de un *rating* a cada proyecto dibujando así una escala de mayor a menor riesgo. Así, el procedimiento de calificación se asimila al seguido por las entidades financieras. Sin embargo, dado que las plataformas no son parte en la relación subyacente de crédito y los fondos del prestamista no entran en su balance, no se ven en la obligación de mantener ninguna reserva fraccionaria. A diferencia de las entidades financieras[56], las PFP pue-

---

54 Carrasco Perera, A., *Derecho de contratos*, cit., pp. 856 y 857.

55 Por el contrario, la obligación de evaluar el riesgo de crédito exigible a las entidades financieras se ha entendido como una obligación de medios: hacer todo lo posible en base a su diligencia y capacidad profesional para medir la capacidad de reembolsar el préstamo del prestatario. Que el prestatario cumpla con sus obligaciones, sin embargo, no resulta exigible al prestamista. En este sentido, Marín López, M.J., «La obligacion del prestamista de evaluar la solvencia del prestatario», en Carrasco Perera, A., (Dir.), *Comentario a la Ley de Contratos de Crédito Inmobiliario*, Cizur Menor, Thomson-Aranzadi, 2019, p. 211, junto con Ordás Alonso, M., *Los contratos de crédito al consumo en la Ley 16/2011, de 24 de junio, Cuadernos Aranzadi Civil-Mercantil*, Thomson Reuters Aranzadi, 2013, p.146, y Cuena Casas, M., Las FinTech de préstamos, cit., p. 269.

56 Sobre la evaluación del riesgo de solvencia llevada a cabo por las entidades financieras,

den publicar proyectos sabiendo que presentan un alto riesgo de insolvencia sin que recaiga sobre ellas responsabilidad por ese hecho. Es decir, la obligación de la plataforma se limita a determinar el nivel de riesgo con los medios de que dispone y presentarlo al prestamista.

De este modo, no todo caso de insolvencia del prestatario en el contrato subyacente constituye, a la vez, un caso de evaluación del riesgo defectuosa: el riesgo de crédito puede haber sido evaluado correctamente y, pese a ello, producirse igualmente la insolvencia del prestatario sin que quepa derivar responsabilidad a la plataforma.

Los casos de evaluación del riesgo defectuosa son aquellos en los que la evaluación del riesgo no muestra una imagen fidedigna de la solvencia patrimonial del prestatario. Lo anterior puede ser debido a defectos en la información sobre la que se evalúa el riesgo, y esos defectos, como se ha visto, no siempre serán detectables por la plataforma. Solo cuando la evaluación sea defectuosa y ese defecto hubiera podido ser evitado por la plataforma, esta deberá responder.

El resultado exigible de la evaluación no es la exclusión del riesgo de insolvencia del prestatario, sino una medición diligente del grado de dicho riesgo.

Por norma general, quien debe soportar la insolvencia del prestatario es el prestamista, pues es un daño que se produce en una relación contractual en la que la plataforma no es parte y que resulta externo al contrato entre plataforma y prestamista. Lo que justifica la atribución de responsabilidad a la plataforma es la generación de una expectativa de seguridad que, posteriormente, se reputa errónea o infundada, no por la insolvencia del prestatario *per se*, sino por una deficiente evaluación imputable a la plataforma dentro del marco contractual entre ésta y el prestamista.

De este modo, si se produce una insolvencia del prestatario en el contrato de crédito subyacente pero la evaluación del riesgo fue llevada a cabo acorde con la diligencia exigible, no cabe asignar responsabilidad a la plataforma.

5.6. Las PFP como generadoras de confianza

En la práctica los prestamistas toman la evaluación del riesgo realizada por la PFP como criterio determinante para adoptar la decisión de aportar o no aportar fondos al proyecto[57], de forma que se podría asimilar a un sis-

ver CUENA CASAS, M., «Préstamo responsable, información crediticia y protección de los datos personales», en *Revista de Derecho Concursal y Paraconcursal*, n.º 20, 2014, pp. 161 a 185 y, de la misma autora, «Evaluación de la solvencia y crédito hipotecario», en *Revista Crítica de Derecho Inmobiliario*, n.º 764, 2017, pp. 2871 a 2924.

57 LYER, R., KHWAJA, A., LUTTMER, E., Y SHUE, K., Screening in New Credit Markets: Can Individual Lenders Infer Borrower Creditworthiness in Peer-toPeer Lending?, AFA, Denver Meetings Paper, 2011, p. 9. Disponible en: https://ssrn.com/abstract=1570115 (consultado a 3 de octubre de 2022)

tema de recomendación o de asesoramiento. La PFP como generadora de confianza crea expectativas de credibilidad sobre los prestamistas e incluso las proyecta hacia terceros como señales hacia el mercado, propiciando decisiones que pueden comportar daños[58]. Es por ello que, cuando la confianza razonable generada por las plataformas se entienda de suficiente entidad en atención a los actos de admisión, expulsión y calificación, se las ha calificado como terceros de confianza al imprimir en cierto modo un sello de calidad sobre el proyecto[59].

Pese a lo anterior, el RPESFP ha procurado aclarar que la actividad llevada a cabo por las PFP no es asimilable al asesoramiento financiero previsto en la Directiva 2014/65/UE, siempre que se base en información presentada de forma neutral y que no constituya una recomendación[60].

6. Conclusiones

Las asimetrías informativas en la contratación de crédito mediante financiación participativa plantean un problema de selección adversa a los posibles prestamistas. El RPESFP trata de mitigar la falta de información atribuyendo a las plataformas de financiación participativa la obligación de evaluar el riesgo de crédito del proyecto de financiación que presenta el prestatario.

La evaluación del riesgo de crédito se configura, así, como un mecanismo de protección al prestamista que consiste en la adopción por parte de la plataforma de métodos de calificación crediticia para procesar la información proporcionada por el prestatario e informar del riesgo al prestamista.

Pese a lo anterior, el sistema retributivo de las plataformas no incentiva una evaluación del riesgo fiable, sino al contrario.

El acceso de las plataformas a fuentes de información de solvencia positiva les permitiría disponer de datos con los que contrastar la información aportada por el prestatario y evaluar el riesgo de forma consistente. Sin embargo, en España, las plataformas de financiación participativa no tienen acceso al CIRBE, que sigue limitado a las entidades de crédito y a otros organismos públicos.

La evaluación del riesgo se configura como una obligación de la plataforma que forma parte del contenido mínimo del contrato con el prestamista. Dicha evaluación consiste en una obligación de medios: medir el nivel de riesgo acorde con las reglas de los arts. 19 y 23 RPESFP.

58 Rodriguez De Las Heras, T., «Responsabilidad de las plataformas de financiación participativa» en Cuena Casas, M. (Dir), *Aspectos legales de la financiaicón en masa*, cit., pp. 521 y 522.

59 Rodriguez De Las Heras, T., «Responsabilidad de las plataformas», cit., pp. 521 y 522.

60 Considerando 21 RPESFP.

Sin embargo, la falta de información disponible para las plataformas actúa como límite a su responsabilidad. Se dibujan tres escenarios en los que la plataforma debe responder solidariamente del daño sufrido por el prestamista como consecuencia de la insolvencia del prestatario: (1) en caso de no evaluar el riesgo del prestatario siempre que, de haber evaluado, se hubiera podido evitar el daño, (2) en caso de haber evaluado deficientemente el riesgo debido a defectos en la información que debería haber advertido, y (3) en caso de haber evaluado deficientemente el riesgo debido al mal funcionamiento de su método de cálculo.

El alcance de la responsabilidad de la plataforma incluye los fondos del prestamista aportados a la financiación y no recuperados, así como los intereses previstos en el crédito por el lucro cesante.

Por último, las cláusulas de exoneración de responsabilidad que a menudo las plataformas incorporan a los contratos con los prestamistas, pueden considerarse nulas por abusivas cuando el prestamista tiene la condición de consumidor.

En suma, la falta de acceso a fuentes de información de solvencia positiva provoca que la evaluación del riesgo que realizan las plataformas resulte, a menudo, poco fiable y, a la vez, reduce sustancialmente su responsabilidad. Lo anterior, junto con la falta de incentivos de las plataformas provocan un alto riesgo en el mercado de financiación participativa, lo cual, convenientemente beneficia a las entidades financieras, que ven lejana la posibilidad de que las plataformas de financiación participativa se postulen como una alternativa viable al mercado de crédito tradicional.

7. Bibliografía

Alonso Martínez, C., «Evaluación del riesgo de crédito. Big Data y privacidad en el marco de la Ley 3/2018, de 5 de diciembre de protección de datos personales y garantía de los derechos digitales», en Cuena Casas, M., (Dir.), *Aspectos legales de la financiación en masa o crowdfunding,* Tirant lo Blanch, Valencia, 2020.

Banco Mundial, *General principles for credit reporting*, Washington DC, 2011. Disponible en: http://documents.worldbank.org/curated/en/2011/09/16426885/general-principles-credit-reporting

Barahona, R., y Barreira, R., «Las Plataformas de Financiación Participativa de Crédito para Consumo en España», en *Artículos Analíticos. Boletín Económico,* n.º 3, septiembre de 2022, Banco de España.

Beck, T., Demirgüc-Kunt, A., y Maksimovic, V., «Bank Competition and Access to Finance: International Evidence», en *Journal of Money, Credit and Banking*, n.º 36.3, 2004.

Carrasco Perera, A., *Derecho de contratos*, 3.ª ed., Thomson Reuters Aranzadi, Cizur Menor, 2021.

Cuena Casas, M., *Las FinTech de préstamos o crowdlending. La contratación a través de plataformas intermediarias en línea*, Reus Editorial, Madrid, 2019.

— Aspectos legales de la financiación en masa o *crowdfunding*, Tirant lo Blanch, Valencia, 2020.

— «Crowdlending o préstamo en masa y evaluación de la solvencia del promotor de la financiación», Anuario de Derecho Concursal, n.º 47, 2019.

— «Evaluación de la solvencia y crédito hipotecario», en Revista Crítica de Derecho Inmobiliario, n.º 764, 2017.

— «Préstamo responsable, información crediticia y protección de los datos personales», en Revista de Derecho Concursal y Paraconcursal, n.º 20, 2014.

Díaz Gómez, M. A., «Reflexiones en torno a la responsabilidad de las plataformas electrónicas de economía colaborativa», en *Revista de Estudios Europeos*, n.º 70, julio-septiembre de 2017, Monográfico economía colaborativa.

Díez Picazo, L., y Gullón, A., *Sistema de derecho civil*, Vol. II, Tomo I, Tecnos, Madrid, 2016.

European Banking Authority, «Final Report. Draft Regulatory Technical Standards on credit scoring and pricing disclosure, credit risk assessment and risk management requirements for *crowdfunding* service providers under Article 19(7) Regulation (EU) 2020/1503», de 29 de abril de 2022. Disponible en: https://www.eba.europa.eu/sites/default/documents/files/document_library/Publications/Draft%20Technical%20Standards/2022/EBA-RTS-2022-05%20RTS%20on%20crowdfunding%20for%20service%20providers/1032645/RTS%20on%20crowdfunding%20for%20service%20providers%20.pdf .

Expert Group On Credit Histories, *Report of the Expert Group on Credit Histories*, DG Internal Market and Services, mayo 2009. Disponible en: https://silo.tips/download/table-of-contents-executive-summary-introduction-background-5.

Ferretti, F., «Inteligencia artificial, algoritmos y BigData en los préstamos P2P» en Cuena Casas, M. (Dir.), *Aspectos legales de la financiación en masa*, Tirant lo Blanch, Valencia, 2020.

Financial Services User Group, «Responsible consumer credit lending. FSUG opinion and recomendations for the review of the Consumer Credit Directive». Disponible en: https://ec.europa.eu/info/sites/default/files/business_economy_euro/banking_and_finance/documents/fsug-opinions-190408-responsible-consumer-credit-lending_en.pdf

Galloway, I., *Peer-to-Peer Lending and Community Development Finance*, Community Development Investment Center, Working Paper, San Francisco: Federal Reserve Bank of San Francisco, 2009. Disponible en: http://ideas.repec.org/p/fip/fedfcw/2009-06.html

Goñi Rodríguez De Almeida, M., «La contratación a través de plataformas intermediarias en línea», en Cuena Casas, M., *Aspectos legales de la financiación en masa,* Tirant lo Blanch, Valencia, 2020.

Grimaldos García, I., «Contrato de intermediación entre las plataformas colaborativas y sus usuarios», en Alfonso Sánchez, R., y Valero Torrijos, J., (Dirs.), *Retos Jurídicos de la Economía Colaborativa en el Contexto Digital*, Thomson Reuters Aranzadi, Cizur Menor, 2017.

Japelli, T., y Pagano, M., *Information sharing, lending defaults: cross-country evidence*, Working Paper 22, CSEF, University of Salerno, 1999.

Lyer, R., Khwaja, A., Luttmer, E., y Shue, K., *Screening in New Credit Markets: Can Individual Lenders Infer Borrower Creditworthiness in Peer-toPeer Lending?*, AFA, Denver Meetings Paper, 2011. Disponible en: https://ssrn.com/abstract=1570115

Macanás, G., «Calificación y caracteres del contrato de mediación con la plataforma de *crowdfunding*», en Lázaro Sánchez, E., y De La Vega García, F., (Dirs.), *Crowdfunding: cooperación colectiva al servicio de la financiación*, Thomson Reuters Aranzadi, Cizur Menor, 2018.

Marín López, M. J., «La obligación del prestamista de evaluar la solvencia del prestatario», en Carrasco Perera, A., (Dir.), *Comentario a la Ley de Contratos de Crédito Inmobiliario*, Cizur Menor, Thomson-Aranzadi, 2019.

Ordás Alonso, M., *Los contratos de crédito al consumo en la Ley 16/2011, de 24 de junio,* Cuadernos Aranzadi Civil-Mercantil, Thomson Reuters Aranzadi, 2013.

Padilla. J., y Pagano, M., «Endogenous Communication Among Lenders and Entrepreneurial Incentives», en *The Review of Financial Studies*, vol.10.1, enero de 1997.

Rodríguez De Las Heras, T., «Responsabilidad de las plataformas de financiación participativa» en Cuena Casas, M. (Dir), *Aspectos legales de la financiaicón en masa o crowdfunding*,Tirant lo Blanch, Valencia, 2020.

Rodríguez Martínez, I., «El servicio de mediación electrónica y las plataformas de economía colaborativa», en *Revista de Derecho Mercantil*, n.º 305, julio-septiembre de 2017.

Rothschild, M., y Sttiglitz, J., «Equilibrium in competitive insurance markets: an essay on the economics of imperfect information», en *Quarterly Journal of Economics*, n.º 90, 1976.

Simionato, A., «Prime note in tema di valuatzione del merito creditizio del consumatore nella Direttiva 2008/48/CE», en De Crisofaro, G., *La nuova disciplina europea del credito al consumo*, Torino, 2009.

Spence, A. Michael, «Consumer misperceptions, product failure and producer liability», en *Review of Economics Studies*, n.º 44, 1977.

Sunstein, C., (ed.), *Behavioral Law and Economics*, Cambridge University Press, 2000.

Thomas Miceli, J., *The Economic Approach to Law*, Stanford University Press, Stanford, California, 2004.

Made in United States
Orlando, FL
05 November 2026

90229809R00230